行走·莱茵—多瑙河

寻找历史与现实中的欧洲

顾剑·著

陕西新华出版
陕西人民出版社

顾　剑　本名顾健，毕业于南开大学国际经济系和国际经济研究所，后赴美攻读国际商务和战略管理专业博士学位。二十年来笔耕不辍，写作兴趣从二战史延伸到欧洲近代军事史和古代罗马史，对欧洲历史颇有研究，并多次游历欧洲各地。

前后两条莱茵河，就在照片中铁路桥前的左方形成真正的莱茵河，浩浩荡荡向正北方向流去。

当时我驱车数百公里，专程前来康斯坦茨，是为了探访一座600多年前的老房子。

在阿尔卑斯莱茵河注入康斯坦茨湖之前，河东岸先要经过一个风景如画的袖珍国家列支敦士登。它是欧洲第四小的国家。

在欧洲大型城市之中，以风景秀丽而论，我以为斯特拉斯堡可以排名前三。斯特拉斯堡旧城全城都被列入联合国世界遗产名录。

今天能留存下来的加洛林和奥托时期的建筑凤毛麟角，亚琛大教堂是其中最著名的一座。

左边是布雷格河，右边是布里加赫河，它们从树林中钻出来，呈锐角汇集到我脚下的多瑙河。

一条小河从蒙绍村流过，河两岸那些保存良好的半木梁楼房，还有那两条沿河开满鲜花的卵石街，300年以来就没有变过样。

巴哈拉赫最容易辨认的地标，就是镇子边缘高耸的哥特式教堂的残垣断壁。

从附近山顶上俯瞰，把猫堡作为近景，罗内莱悬崖作为远景，莱茵河这一段河道美丽的弧线一览无余。

鼠堡河对岸，离河岸不远的山坡上，有一座城堡废墟埃伦费尔斯堡，它和河里的鼠堡组合起来，正好是一个典型的"拦河收费站"。

最经典的科隆风景照片，就是从铁桥的对岸拍摄夜景，把铁桥、河面跟科隆大教堂收进同一个画面中去。

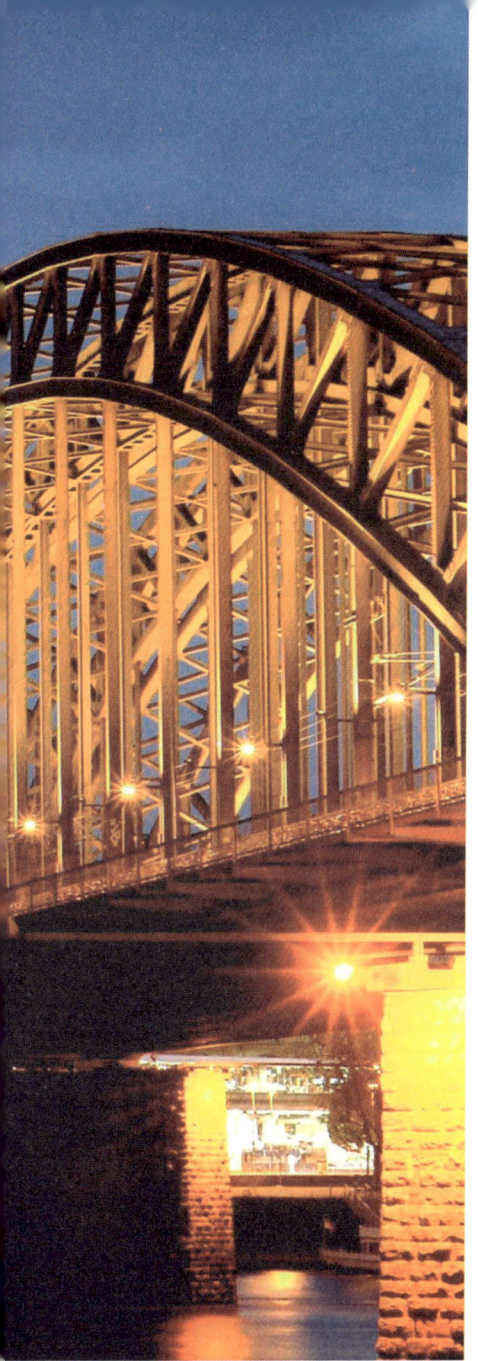

施派尔大教堂是古老的罗曼式建筑的杰出代表，所以它被列入联合国世界遗产名录。

鹿特丹立方体公寓里面包括二楼的起居室和厨房、三楼的卧室和卫生间，它构成树冠，或者说蘑菇的伞盖，一楼的入口构成树干，或者蘑菇的柄。

你在乌尔姆全城的任何地方都绝不会迷失方向，抬头就能看见乌尔姆大教堂高耸入云的哥特式塔楼。

我来到林茨圣弗洛里安修道院，不是为了圣者，也不是为布鲁克纳。我是专程前来参观它的教堂图书馆。

纽伦堡可以说是从头至尾见证了纳粹的兴亡。

这座匈牙利国会大厦,和伦敦的国会大厦、塔桥一样,都是最纯正的哥特复兴风格。

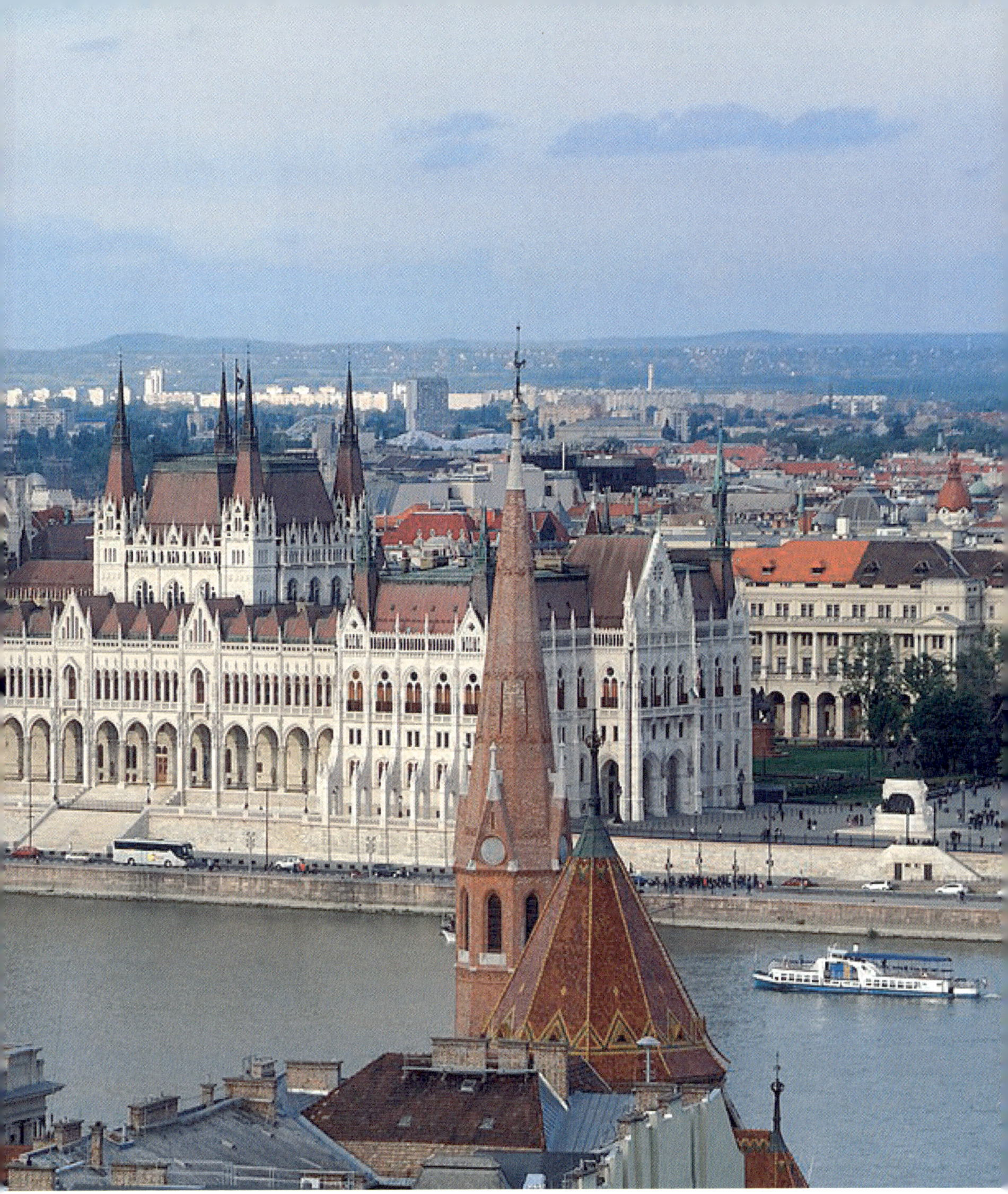

圣萨瓦大教堂，它于1935年开工，到今天还没有完全建成。它外观宏伟，是整个塞尔维亚最大的东正教堂。

帕绍在1662年经过一场大火，老城被烧毁殆尽。后来帕绍城花重金从意大利请来建筑师和绘画雕塑方面的艺术家，用17世纪最流行的巴洛克风格重建城市。

莫扎特高高地站在纪念碑基座上，微微张开的两臂，和基座两旁的小天使雕塑构成一个稳定的金字塔构图。

这座市政厅建于1386年，传说，那时统治班贝格的大主教不批给市民任何一片土地来建立市政厅，因为一个城市的市政厅是城市平民自治的机构，它可以挑战诸侯主教的权威。

在18世纪的洛可可时代，欧洲各国王室曾经流行过一阵他们想象里的"中国风"。

代自序 | 跟往事干杯

1983年，25集纪录片《话说长江》在中央电视台播出，那年我在上小学，每天坐在电视机前看得如痴如狂，不肯漏看一分钟。我小时候曾经跟着父母在上海武汉之间坐江轮往返过几次，所以看到《话说长江》的时候，把之前一路经过的那些地名、故事完全串起来了。我第一次看到如此渊博的文化类电视片，将长江两岸的自然风光、民俗生活、传说故事娓娓道来，无所不包，让小小年纪的我居然第一次体会到"醍醐灌顶"的感觉——虽然那时候我应该还没听说过"醍醐灌顶"这个成语。除了内容的渊博，那时我还特别崇拜里面的两位主播，尤其是一头白发的陈铎先生颇有诗人风度，言谈举止中，把"儒雅"两个字诠释得具体而微。自此，我对这部纪录片膜拜一生。

十数年之后，我赴美攻读工商管理博士学位。2001年，我开始在大学任教。2007年，我在美国得到终身教职，从欧洲开始国际旅行。2014年，我行至自己去过的第100个国家。到2023年为止，光是德国我就去了24次。这些年走过万里旅程的同时，我也没有少读欧洲历史的书。动笔写这本关于莱茵河、多瑙河两岸风光和历史文化的书，也是我向当年的纪录片《话说长江》的致敬。

致敬《话说长江》，为什么要写欧洲的莱茵河与多瑙河？说起来，真正的"两河流域"——底格里斯河跟幼发拉底河我也走过，从上游土耳其的群山一直走到了伊拉克的河口，伊拉克就是我旅行到的第 100 个国家。那里的历史更为悠久，但古迹的保存程度令人忧虑：当导游指着一座光秃秃的土堆告诉你"看，这就是巴别塔"的时候，你确实是需要发挥出超乎寻常的想象力，才能把眼前的景象和古籍里巴别塔的辉煌联系起来。中亚的河中地区拥有更加引人入胜的伊斯兰文明，阿姆河与锡尔河拥抱着西域无数古城，但毕竟过于小众，去过那里的人太少了。而莱茵河、多瑙河、塞纳河、泰晤士河这些欧洲著名河流则不然，绝大多数有过国际旅行经历的朋友，或多或少都曾经到过它们流经的那些著名城市，如果在流连于两岸美丽风光的同时，需要更进一步了解沿岸国家的风土人情、历史文化、美食美酒这些背景知识的话，那就正切中我写这本书的初衷。我就是想要寻找那种把过去了解的一粒一粒珍珠连成一串，突然之间融会贯通、恍然大悟的感觉！

和我的上一本书《阿尔卑斯山的彼方：意大利行走手札》相似，我写这本书的目的之一是向自己最了解的德意志历史致敬。如果我把莱茵－多瑙河沿岸的文化简单概括为德意志历史文化的话，肯定是以偏概全，毕竟莱茵河在荷兰入海，而多瑙河下游流经匈牙利、罗马尼亚，还有克罗地亚、塞尔维亚、保加利亚等众多斯拉夫民族的国家。但两条大河大部分流域不是在德国、奥地利境内，就是在瑞士的德语区，就连莱茵河西岸法国的阿尔萨斯，多瑙河两岸的匈牙利、斯洛伐克、克罗地亚也都是历史上受德意志神圣罗马帝国统治的地区，受德意志文化影响极深。所以我在这本书里串讲了从公元 800 年查理曼大帝建立帝国，到 1806 年帝国解体之间整整 1000 年的神圣罗马帝国王朝史。当然为了避免枯燥，我把这千年的帝国历史按时间顺序分成几个皇朝，放在与每个朝代最相关的地点顺便介绍，比如奥托皇朝放在莱茵河附近的亚琛、萨里安皇朝放在海德堡附近的施派尔、卢森堡朝的历史在莱茵河的支流摩泽尔河流域、霍亨施陶芬朝结合多瑙河上游，而哈布斯堡朝代自然紧密结合帝都维也纳的各处古迹。

另一个有特色的话题是德意志音乐的历史。如果说写意大利的书一定会详细叙说文艺复兴和巴洛克的绘画大师们，那么德意志乐派则是古典音乐的泰山北斗。任何细说德意志文化的文章，一定避不开瓦格纳系列歌剧《尼伯龙根指环》故事发生的背景，还有莫扎特、贝多芬、李斯特、施特劳斯这些德意志音乐巨匠们在波恩、维也纳、布达佩斯等地留下的故居和故事。

除了帝国的兴亡历史和音乐家的各种掌故之外，两条大河沿岸的风光、建筑、民俗、美食等都有很多引人入胜之处，我走遍莱茵-多瑙河沿岸这些年，对所有的题材也均有不同程度的涉猎。所以这本小书既不是单纯的风光旅游指南，也不是严肃的德意志政治史或者艺术史，而是把德意志历史文化中的方方面面联结起来，在每个地区重点介绍某个历史时期的景点和背后的故事，为美景和古迹提供文化背景。

海明威形容巴黎是一场"流动的盛宴"，其实这个词用来形容莱茵-多瑙河沿岸的文化更为贴切。就像河流本身就在不舍昼夜地流动着，相比较而言，莱茵河两岸的风景更加幽深秀丽，而多瑙河的历史更加厚重，文化也更多元。十几年间，我走遍莱茵多瑙两条大河的整个流域，又把自己了解的两岸历史和文化的方方面面和眼前的风景贯通起来，梳理清楚。这一年沉浸在写作中不能自拔，就像和沿岸这些国家谈了一场恋爱，直到完成初稿的那一天如梦方醒，竟有种宿醉一场的不真实感觉。

所以，这篇自序叫作"跟往事干杯"，既是和自己小时候痴迷于《话说长江》的过往干杯，也是和莱茵-多瑙河沿岸的千年历史文化干杯。

目 录

上卷　千里画廊莱茵河

第一章　阿尔卑斯与上莱茵河：德意志地区历史的摇篮　/ 003

　第一节　两河的源流　/ 004

　　　・莱茵河的起源　　・赫尔维提

　　　・瑞士的由来　　・今天的瑞士经济

　第二节　袖珍小国列支敦士登　/ 016

　　　・欧洲第四小国　　・列支敦士登的前生

　第三节　风光秀丽的康斯坦茨湖：三国交界　/ 023

　　　・瑞士圣加伦　　・奥地利布雷根茨

　　　・德国林道　　・德国弗雷德里希港和米尔斯堡

　　　・德国康斯坦茨城　　・德国莱歇瑙岛

　　　・瑞士莱茵石小镇　　・瑞士莱茵瀑布

第二章　从"高莱茵"到"上莱茵"：法德争斗与德意志历史的摇篮　/ 045

　第一节　幽深的黑森林，明艳的弗莱堡　/ 046

　　　・黑森林的由来　　・弗莱堡风光

　第二节　阿尔萨斯：相逢一笑泯恩仇　/ 052

　　　・阿尔萨斯的历史纠葛，独特的美食和美酒

- 科尔马城和葡萄酒之路上的最美法国乡村
- 斯特拉斯堡

第三节　海德堡和施派尔大教堂：罗曼式建筑和萨里安皇朝史　/ 067

- 从巴登－巴登到施派尔的上莱茵河
- 施派尔大教堂：罗曼式建筑与神圣罗马帝国的早期历史
- 海德堡

第四节　莱茵的黄金：从沃姆斯到美因河口　/ 093

- 沃姆斯与基督教历史的不解之缘
- 《尼伯龙根之歌》与瓦格纳的歌剧
- 美因茨与古登堡
- 法兰克福：歌德的故乡

第三章　百里画廊　/ 117

第一节　最美的莱茵童话世界：中莱茵峡谷　/ 117

- 莱茵河最浪漫的河谷
- 莱茵河中游河谷的起始点
- 莱茵峡谷和德国的葡萄酒

第二节　摩泽尔河的一座城堡、一个小镇和一座古城　/ 133

- 埃尔茨城堡
- 河边小城科赫姆和贝尔施泰因村
- 马克思的故乡特里尔：一座罗马古城

第三节　卢森堡和卢森堡皇朝　/ 143

- 摩泽尔河流域的卢森堡城·卢森堡皇朝的 150 年

第四章　奔流入海　/ 157

第一节　从波恩到科隆　/ 157

- 雷马根：士兵的纪念碑　　·贝多芬的波恩城
- 名城科隆
- 查理曼大帝的亚琛古城和世外桃源蒙绍村

第二节　荷兰境内的莱茵河下游 / 173

- "不浪漫的莱茵河"　　·阿纳姆河边那座"遥远的桥"
- 鹿特丹：浴火重生的现代海港城市
- 阿姆斯特丹，莱茵河之旅的起点和终点

下卷　民族集萃多瑙河

第五章　斯瓦本和巴伐利亚的多瑙河 / 195

第一节　多瑙河的源头 / 196

- 河源多瑙埃兴根　　·黑森林风物

第二节　乌尔姆及下游的城市 / 205

- 四战之地——乌尔姆
- 布伦海姆大战：哈布斯堡皇朝的早期历史和法德争霸
- 英戈尔施塔特
- 维尔滕堡修道院　　·古城雷根斯堡

第六章　莱茵—美因—多瑙运河畔的三座古城 / 245

第一节　维尔茨堡 / 246

- "猎巫运动"的发生地　　·"浪漫之路"向南

第二节　班贝格：低调的魅力小城 / 252

- 德国最美的小城　　·古宅"小威尼斯"

第三节　纽伦堡 / 255

- 纽伦堡最美的四张风景照
- 丢勒和北方文艺复兴绘画源流
- 纽伦堡与纳粹有关的那段历史

第七章　从帕绍到蓝色多瑙河 / 272

第一节　德奥交界，三河汇流 / 273

- 三条河流的汇合处
- 林茨与远郊的集中营、修道院

第二节　蓝色多瑙河 / 281

- 瓦豪河谷和杜恩施坦
- 多瑙河的颜色

第八章　维也纳：多瑙河的女皇 / 296

第一节　帝都维也纳：皇宫与博物馆 / 297

- 美泉宫
- 霍夫堡皇宫
- 博物馆广场
- 美景宫
- 军事历史博物馆

第二节　世界音乐之都 / 334

- 古典音乐圣地维也纳
- 音乐之都的音乐家们

第三节　维也纳的现代艺术 / 349

- "分离派"的艺术
- 四个大煤气罐

第四节　漫步维也纳，边走边吃 / 361

- 环城一周
- 内城漫步
- 围城外的风景

第九章　从斯洛伐克到匈牙利 / 386

第一节　布拉迪斯拉发 / 386
· 斯洛伐克的历史　　· 国家剧院

第二节　潘诺尼亚 / 391
· 西岸的匈牙利帝国　　· 渊源和血统

第三节　布达佩斯 / 399
· 城堡山　　· 左岸佩斯老城

· 英雄广场和塞切尼浴池　　· 革命雕像纪念馆

· 餐馆与咖啡馆

第四节　莫哈赤 / 422
· 小城莫哈赤的历史　　· 国殇的纪念

第十章　塞尔维亚和克罗地亚 / 427

第一节　大河东流 / 427
· 山海边的克罗地亚　　· 渊源与矛盾

第二节　贝尔格莱德 / 432
· "白城子"　　· 战火时代　　· 时空交错的建筑

第三节　铁门峡谷 / 445
· 铁门天险　　· 峡谷水电站

第十一章　奔流到海：罗马尼亚和保加利亚 / 454

第一节　尼科波利斯怀古 / 454
· 保加利亚和罗马尼亚的古代史

· 拜占庭帝国的衰落

第二节　久尔久和鲁塞 / 461

　　·保加利亚的鲁塞　　·罗马尼亚的久尔久

第三节　布加勒斯特 / 470

　　·"东方的巴黎"　　·市中心的遗迹

第四节　奔流到海：多瑙河三角洲 / 477

　　·最后的转折点　　·小城图尔恰

　　·百川到海

上卷

千里画廊莱茵河

第一章 | 阿尔卑斯与上莱茵河：
德意志地区历史的摇篮

多瑙河与莱茵河，是欧洲大地上最负盛名的两条历史和文化的长河。在古罗马时代，这两条长河连成一线，曾经承担过类似于中国古代长城的功能：它们作为帝国的疆界，分隔了文明和野蛮两个世界，两条大河的西面和南面，是文化成果璀璨的罗马帝国的世界，而河对岸则是没有文字历史的日耳曼蛮族世界。到了公元 5 世纪，西罗马帝国终于招架不住源源不断渡过莱茵—多瑙防线的日耳曼蛮族的迁徙浪潮，所谓"文明世界"的大厦崩塌，整个欧洲大陆变成了日耳曼语系各族各个部落国家的天下，此起彼伏，征战不已。当时欧洲大陆的这幅场景，跟同时期中国北部"五胡乱华"你方唱罢我登场的局势完全相同，欧亚大陆的一东一西遥相呼应。

群雄逐鹿的混乱局面到 6—7 世纪开始逐渐廓清，就像中国大地上隋朝统一结束了中国的分裂和混乱一样，日耳曼语系的法兰克王国基本征服了整个西欧、南欧直到中欧，接受基督教洗礼。这个时代，今天整个莱茵河流域和多瑙河上游，已经完全是日耳曼语系各个部落的天下，日耳曼各部落王国的政权、古罗马文明、基督教思想三者结合，使整个莱茵河流域成为德意志文化和文明的腹地，从早期中世纪直到今天，莱茵河上游的瑞士德语地区、奥地利西部、莱茵河中下游流经的德国黑森林、莱茵兰、威斯特伐利亚都是德意志文化和经济最为发达的地区，甚至中下游西岸属于法国的阿尔萨斯地区，也是德国、法国两个文明的因素参半。这条大河两岸，见证过瑞士山民为了独立自由不屈斗争的历史，也是瓦格纳波澜壮阔的史诗歌剧《尼伯龙根指环》发生的地方；既有莱茵河谷五步一城堡的童话世界，更诞生过歌德、贝多芬这样的文化艺术巨擘。千里画廊，一里一景，处处皆如童话故事般秀美。笔者曾从源头到入海口，驾车踏遍了莱茵河和多瑙河两岸上下数千里，在我看来，这两条河流的精神和气质有细微的区别：莱茵河幽深秀美，古堡和神话传说众多，如诗如画；多瑙河的历史积淀更为厚重，下游更从德意志文化逐渐过渡到南部斯拉夫文化，在文化历史的深度和广度上更胜一筹。

第一节　两河的源流

莱茵河的起源

莱茵河与多瑙河的源头，都在德国南部和瑞士东北部的阿尔卑斯山麓，虽然分处两个国家，但两条大河在上游最近的地方，相距仅30公里，笔者曾在半小时之内，就从德国黑森林地区某处莱茵河边，开车翻越一座山来到多瑙河的源头，多瑙埃兴根市（Donauessengen）。不过，这个两河相距最近处，在莱茵河来说，已经是中游了，莱茵河真正的发源地则更加靠南，远在瑞士境内阿尔卑斯山的群山环抱之中。

"五岳寻仙不辞远，一生好入名山游"，笔者曾专门驱车到瑞士东部群山之中的一个小镇莱歇瑙（Reichenau），只为看一眼莱茵河的起源。整个莱茵河上游没有真正的大城市，甚至连中型城市都没有：瑞士境内德语区的首都伯尔尼，旅游之都卢塞恩（Luzern），金融中心苏黎世，全都在瑞士中部或者北部，最著名的旅游景点少女峰也在瑞士中部。法语区的名城日内瓦和洛桑，在瑞士西南部。东部的这座莱歇瑙小镇坐落在群山环抱的一小块平原上，从任何一座著名城市驱车过来，都有几百公里的距离。莱歇瑙镇的人口不过百，我们把车停在镇中心修道院背后的一口井边，那是 7 月份的一个正午，周围一个人都没有，非常安静，只听见 50 米外河口的流水声。这里是莱茵河两条主要支流，前莱茵河（Vorderrhein）和后莱茵河（Hinterrhein）的交汇处，从此才能叫作莱茵河。我当时拍下的这张照片上，对面是南北流向的后莱茵河，河上有一座铁路桥。我脚下是东西流向的前莱茵河的河中沙洲，两条河的河水相当湍急，河水呈浅绿色，当时正是夏天涨水季节，上游群山会带下一些泥沙，但河水较浅的地方仍能见到水底，如果是其他季节，平日的河水应该非常清澈。

前后两条莱茵河，就在照片中铁路桥前的左方形成真正的莱茵河，浩浩荡荡向正北方向流去。这座莱歇瑙镇，就相当于四川宜宾在长江流域的地位：在宜宾的市中心有三江汇流，长江正源金沙江跟岷江汇合，从此正式称作长江。其实历史上曾经认为岷江是长江正源，直到徐霞客实地考察之后才提出金沙江是长江源头，此后历代地理学者不断探索，最终确定长江的源头分别是金沙江—通天河—沱沱河/当曲，在这个不断探寻的过程当中，遵循的唯一原则是"江河唯远"——不论流量，哪一条支流能追溯到最远的地方，那就是正源。同样，莱茵河从莱歇瑙镇这里正式得名，但源头还要顺着前莱茵河向正西方向的阿尔卑斯山群峰里面追溯。一般认为，前莱茵河向西 71 公里，有一座高山湖泊托马湖（Toma），这里海拔 2345 米，面积 2.5 公顷，是前莱茵河的发源地，也就是整个莱茵河的正源，所以在湖边的山岩上，瑞士人立了一块牌子，上书"莱茵之源，至入海口 1320 公里"以作纪念。托马湖深藏阿尔卑斯山中，湖边没有汽车路，交通比莱茵河干流开始处的莱歇瑙镇更加不便，但是有很好的步道，如果对江河探源有兴趣的朋友，可以走山间小道前去一探究竟。

莱茵河发源地和整个上游地区流经的瑞士境内没有名城，只在即将流出瑞士的上游和中游交界处才经过巴塞尔城。在流入瑞士东北的跟德国、奥地利两国交界的康斯坦茨湖（Constance）之前，莱茵河一路在高山峡谷中穿行，这里属于阿尔卑斯山北麓，海拔渐渐向平原过渡，所以山势并不太高，从莱歇瑙镇开始的莱茵河主干，向北方流淌86公里汇入康斯坦茨湖，这一段海拔从599米下降到396米，河床所在的峡谷相当宽阔平坦，开车走在高速公路上基本感觉不到地势起伏。因为没有少女峰、马特霍恩峰这样的著名景点，也没有苏黎世、日内瓦这样的名城，瑞士东北部向来游客不多，但笔者觉得，这里反倒是个能看清楚瑞士历史本质，更能体会瑞士民族精神的地方：在最近100年的高物价高品质生活背后，瑞士在历史上其实是一个资源贫乏、交通闭塞的贫困山区，甚至缺乏统一的民族、语言属性。这里的山民曾经因为生活所迫出卖劳力，以至于中世纪晚期瑞士雇佣兵闻名天下。物质匮乏的历史没有演变出"穷山恶水出刁民"的结果，反倒成就了当今世界最富有的发达国家，了解这个民族、这个过程，足以启迪很多寻求突破的发展中国家。

赫尔维提

瑞士的国名Swiss Confederation翻译过来是"瑞士联邦"，此外还有一个拉丁文的正式国名Confoederatio Helvetica，直译过来叫作"赫尔维提联邦"，这个"赫尔维提"就是瑞士人引以为豪的历史源头，赫尔维提人，在古罗马经典名著，《恺撒回忆录的·高卢战记》中文版里面译作"厄尔维几人"，至今很多瑞士的品牌和店名，都还用赫尔维提的名字。按照恺撒在《高卢战记》里的说法，当时居住在瑞士山区的厄尔维几部落，属于高卢人的一支，苦于受到莱茵河对岸日耳曼人的压迫，便离开家园，向西方迁徙。公元前58年恺撒和庞培、克拉苏缔结三头政治同盟以后出征高卢，正好赶上厄尔维几人不听罗马命令出发迁徙这件事，于是恺撒突袭厄尔维几人。厄尔维几人战败，被迫退回瑞士山区定居下来，这就是此后恺撒在高卢征战10年赢得巨大声望和财富的第一仗。今天热爱自由的瑞士人民自豪地把自己的历史追溯到厄尔维几人，但其实古代厄尔维几人是讲高卢语的，并不是今天瑞士人真正的祖先，因为罗马帝国时代后期发生过民族大迁徙，日耳曼蛮族的各个部落越过莱茵河一线占领了罗马帝国的欧洲部分，瑞士东部是阿勒曼人，西部是勃艮第人，这两个民族都属于日耳曼语系，这才是今天大多数瑞士人的祖先。民族大迁徙的尘埃基本落定，西罗马帝国灭亡于475年，此后日耳曼人的一支，克洛维国王领导的法兰克王国逐渐统一了西欧大部分土地，公元530年代，瑞士的勃艮第人和阿勒曼人都被法兰克王国征服，克洛维创立的这个基本统一大部分欧洲的法兰克王朝叫作墨洛温王朝，皈依了基督教。此后大约200年的时间，这个法兰克王国也有分裂的时候，分裂出来的几个王国仍然是由墨洛温王朝的国王们统治，但是实权逐渐转移到宫相手里。其中一个王国的宫相查理·马特重新统一起法兰克王国，并在732年的普瓦提埃战役中击败越过西班牙北上的阿拉伯入侵大军，从此建立了个人在王国内的绝对权威。但是查理·马特自己并没有篡位，而是把相位传给自己的儿子矮子丕平，丕平篡位成为法兰克国王，开创了加洛林王朝。但是此时丕平还是国王，不是皇帝。按照欧洲传统，皇帝是有特别意义的，比国王高一级，任何部落国家的首领都可以称为国王，而皇帝在理论上，是古罗马帝国正统的继承人，是万王之王，只能有两个：罗马帝国在3世纪危机结束的时候，被戴克里先皇帝分成了东、西罗马，公元475年灭亡的是西罗马帝国，东罗马继承了纯正的罗马帝国法统，以君士坦丁堡为首都，因为君士坦丁堡古称拜占庭，所以也叫拜占庭帝国。这个东罗马/拜占庭帝国又延续了1000年，直到1453年被奥斯曼土耳其帝国所灭。而在西欧，继承西罗马帝国法统称帝的，是矮子丕平的儿子查理曼大帝。他由罗马教皇加冕，把自己法兰克国王的地位进一步提升为西欧唯一的皇帝，和君士坦丁堡的东罗马皇帝平起平坐。查理·马特—矮子丕平—查理曼大帝祖孙三代开创加洛林帝国的过程，和司马氏篡魏倒是颇为相似：司马懿只是权臣，他的儿子司马昭得到了王位，但还不是皇帝，直到司马炎正式篡位并统一天下。

在当时欧亚大陆的两端，欧洲和中国的历史进程直到此时还颇为相似：大一统的汉朝和罗马帝国的极盛时期差不多同时。此后罗马世界是民族大迁徙，蛮族入侵，中原大地五胡乱华，都是持续数百年的乱世。而法兰克王国—查理曼帝国的重新统一，可以类比为差不多同时代的隋唐重新统一，只不过隋朝只有30年二世而亡，法兰克王国延续了200年才转入查理曼帝国的加洛林皇朝。但是此后，中国和欧洲的大历史走向就完全背道而驰了，中国一直维持了大一统的局面，而欧洲从此分裂再也没有统一起来。这里面最关键的原因，就是古代法兰克人的传统：诸子分封。从法兰克统一欧洲的初代国王克洛维开始，就把统一的王国平分给四个儿子，所以墨洛温王朝的法兰克王国在以后的一两百年里曾经分裂成三四个国家，所幸基督教的欧洲和东方帝国不一样，贵为帝王也不可能三妻四妾，而情妇所生的私生子没有继承权，再加上当时医疗条件很差，孩子夭折得很多，所以国王们的后代并不算多，有时候某一支派还会绝嗣，那么这一支的封地就归并给其他的支派，重新统一。因此法兰克王国在墨洛温王朝的这一两百年里时分时合，最后还是以一个完整的王国交到加洛林家族的查理·马特手里。其实查理·马特也有两个儿子平分权力，只不过后来兄长卡洛曼斗不过弟弟矮子丕平退隐到修道院里去了。到了查理曼大帝这一代，他虽然有3个儿子，但只有一个虔诚者路易比他自己活得长，因此帝国没有分裂。但到了查理曼大帝的孙子这一辈就不同了，按照法兰克人的祖制，虔诚者路易的三个儿子，也就是查理曼大帝的孙子在843年签订《凡尔登条约》，把统一的加洛林帝国一分为三，东法兰克王国是未来德国的雏形，西法兰克王国是未来法国的雏形，长子罗泰尔一世得到中法兰克王国，并且兼任加洛林帝国的皇帝，也就是三个法兰克王国名义上的大家长。罗泰尔一世的中法兰克王国包括今天的意大利、法国和德国交界的莱茵河地区几乎整个流域，一直到荷兰、比利时、卢森堡。这一长条地区纵贯欧洲南北，今天瑞士的绝大部分国土都属于这个中法兰克王国，只有东边一小部分属于东法兰克，也就是后来的德意志。中法兰克王国内部民族语言驳杂不纯，中间还有阿尔卑斯高山阻隔，其实根本不具备形成单一国家的基础，所以只存在了十来年，罗泰尔一世皇帝死后，按照法兰克人的传统，855年把中法兰克王国平分给三个儿子：第一部分是意大利王国。第二部分包括瑞士大部和德法交界处的南部，还有今天法国东南部里昂、普罗旺斯这些地方，称为勃艮第王国。这个勃艮第王国是从中法兰克王国分裂出来的，可以称为第二勃艮第王国，后世也称其为阿尔王国，因为首都在今天普罗旺斯的阿尔城（Arles），也就是19世纪法国画家凡·高住在那里画向日葵的城市。中法兰克分裂出来的第三部分是莱茵河中下游，包括今天的德国莱茵地区，法国的阿尔萨斯、洛林，直到大西洋边的荷兰、比利时、卢森堡三国，这部分叫作洛林王国，因为它的种族语言成分太混杂了，找不到一个名词来形容这一长条地方，又因为中法兰克国王是罗泰尔一世，他把这一长条莱茵河两岸的土地分封给了儿子罗泰尔二世，罗泰尔名字的拼法是Lothair，于是就把这片封地用统治者的名字命名为"罗泰尔后代的土地"，德文加表示后代的后缀ing，和表示土地的ia，中法兰克王国分出来的第三片，也是最大的一片领土就叫作Lothringia，音译"洛瑟林吉亚"，习惯音译"洛林"，这就是洛林王国，也是今天法国洛林地区名称的由来。

东法兰克王国后来发展成神圣罗马帝国，西法兰克王国后来发展成法国，中法兰克王国分出来的这三片意大利、勃艮第、洛林，在以后1000多年的时间里，就成了法、德两国争夺的焦点。洛林王国在公元900年被降格为洛林公国，并入了东法兰克王国，是东法兰克（德意志王国）的五大基干公国（Stem Duckdom）之一（组成东法兰克的五大基干公国包括西南的士瓦本、东南的巴伐利亚、东边的萨克斯、西部的法兰克尼亚、洛林）。到911年，东法兰克国王加洛林家族（查理曼大帝的后代）绝嗣，东法兰克国王改为选举制，先由五大基干公国之一的法兰克尼亚公爵做过一任德意志国王，他死后让贤给另一个基干公国，萨克森公爵捕鸟者亨利。亨利传给儿子奥托。这位萨克森公爵当选德意志国王，又征服意大利北部戴上了意大利王冠，经过教皇加冕，在962年宣布称帝。这位德意志国王兼意大利国王和"全体罗马人的皇帝"所建立的帝国，当时没有明确的称呼，后世逐渐把名称统一为"神圣罗马帝国"。后来帝国还包括了中法兰克王国遗留下来的勃艮第王国大部分，再加上洛林公国和意大利王国，可以说中世纪早期初建的神圣罗马帝国，是以东法兰克王国（德意志王国）为核心，加上几乎整个中法兰克王国的遗留地区形成的，只排除了西法兰克王国（法国）在外。在中世纪很长一段时间里，皇帝是半世袭半选举的，先被选为最核心的德意志国王,然后加冕勃艮第第二王国的王冠和意大利王冠,最后才由教皇加冕成为神圣罗马帝国皇帝。由此可见,皇帝显然要比国王高一个级别。

瑞士的由来

花了很大篇幅介绍神圣罗马帝国的由来,似乎和瑞士的历史本身关系不大,这是因为后面的章节,几乎涉及莱茵河全流域跟多瑙河中上游的所有地方历史渊源,都和中世纪的神圣罗马帝国有关,两条大河沿岸各国一切领土纠纷恩恩怨怨,都要追溯到中世纪早期,才能够理解其来龙去脉。具体说到瑞士的由来,它的东部当初归属德意志王国,西部是勃艮第第二王国,因为后来勃艮第王冠也戴在了皇帝头上,所以瑞士这片土地全境都在神圣罗马帝国版图中,在封建时代,分属于大大小小的主教和伯爵之类诸侯,几大贵族家族在这里争夺控制权。另外像伯尔尼、卢塞恩这些城市,是"帝国自由市",就是说法律上这些城市直属于皇帝,不向任何当地诸侯交税,城市在帝国议会中有自己的代表。1273年以后,哈布斯堡家族的鲁道夫当上德意志国王(鲁道夫始终没有加冕皇帝),离今天的莱茵河源头不远的中部几个省失去了自治地位,由德意志国王派总督管辖。1291年哈布斯堡家族的鲁道夫国王死后,有三个邦签订互保和平的条约,争取在帝国架构中的自治权,这就形成旧瑞士联邦的核心,也是瑞士独立的开始。1307年,在哈布斯堡家族的德意志国王、鲁道夫的儿子阿尔伯特统治下,联邦发生了威廉·退尔的反抗故事。要理解瑞士的民族精神,了解威廉·退尔的传说实为其中的关窍,就像要了解中华民族的精神,不可不知道荆轲、文天祥、史可法一样。

根据传说,故事发生在哈布斯堡家族德意志国王阿尔伯特统治下的14世纪初,盖斯勒是国王派驻阿特多夫城(Altdorf)城的总督,他是个暴君,欺压当地人,把他的帽子挂在城门大道边的木杆上,人人走过必须鞠躬。威廉·退尔是个当地猎人,因为拒绝鞠躬被盖斯勒抓住,被迫向总督放在儿子头顶上的苹果射箭。他拔出了两支箭，幸好一箭射中，但他解释道，如果第一支箭不幸射死了儿子，那么第二支箭就是为盖斯勒准备的。这个解释让他被盖斯勒投进监狱，但他因押送途中在卢塞恩湖上遇到风暴逃脱了，后来加入当地人民反抗统治者的大起义中，最终射杀盖斯勒起义获得了胜利。威廉·退尔的事迹最初只限于瑞士境内口口相传，1804年被德国诗人席勒写成戏剧，1829年又被意大利音乐家罗西尼改编成歌剧，其中的《威廉·退尔序曲》更是罗西尼一生最著名的作品。即便在中国，威廉·退尔也是一个耳熟能详的名字，因为他的故事被选入了中学英语教材。

直到19世纪，威廉·退尔的事迹都被认为是真实的历史，但现代研究认为威廉·退尔是一个传说人物，这个传说直到15世纪以后才成形，历史上真实的德意志国王阿尔伯特其实算得上关心民间疾苦，并非是一个暴君。但是历史也好，传说也罢，这种反抗暴政的精神已经深入瑞士民族精神的骨髓中，成为这个多民族多语言国家的强大凝聚力。

当时瑞士旧联邦人民起义胜利，并不是赢得完全的国家独立，而是在帝国的整体架构中，为自己赢得了自治权。后来周围的地区和帝国自由城市逐渐加入这个核心，瑞士联邦逐渐扩大。这个不断扩大地理范围和自治程度的过程延续了数百年，其间很多次，周围强大的各路诸侯想要占领吞并这片"无主之地"，都被强悍的瑞士自由战士击败。瑞士能够数百年在欧洲封建时代保持独立，一方面因为这片高山之国交通不便，物产匮乏，要征服这里所付出的代价和收益不成比例，让很多诸侯望而却步；另一方面是因为瑞士的军事实力足以确保联邦的独立地位。那是瑞士步兵历史上最强悍的时代，他们的顽强精神和作战技巧在全欧洲闻名遐迩。1386年奥地利公爵利奥波德三世率兵入侵，在桑帕赫（Sempach）战役中战败身亡，从此哈布斯堡家族再也不敢染指瑞士联邦的自治权。联邦乘机扩大，形成了雏形。百年以后，法国的勃艮第公爵大胆查理想把自己的公国扩展成独立的王国，看上了邻居瑞士的土地，结果在几次战役中连续大败，1470年兵败被杀。瑞士仍旧是神圣罗马帝国框架内一个高度自治的地区。瑞士历史上一直是贫困的农业国，自然资源匮乏，农民为了生计而从军，以勇敢善战出名以后，就出国为意大利、德意志、法国的各路诸侯卖命，当雇佣军，也算是劳动力出口，这是瑞士历史上一大经济来源。1506年开始，美第奇家族的教皇朱理二世开始用瑞士警卫，直到今天去罗马梵蒂冈的游客还能看到穿着橙色条纹文艺复兴时代军装的瑞士雇佣兵，在梵蒂冈负责警卫呢。传说教廷瑞士卫兵的服装，是米开朗琪罗设计的。

在整个中世纪，骑兵是战场上占统治地位的兵种，近代以前，只有三支步兵对阵封建重甲骑士的时候，一直都占上风，其一是英法百年战争时代的英伦三岛长弓兵，另外两支都出现在中世纪晚期到近代早期，是瑞士步兵和西班牙方阵体系。瑞士人不但作战勇敢，而且他们以忠诚认死理闻名，在雇佣兵国际市场上信誉特别好，这一点和同时代意大利、西班牙那些战技出色但朝秦暮楚的雇佣兵形成强烈的对比，因此历代教皇才放心地把自己的生命安全交给瑞士人长达500年之久。在今天莱茵河发源地以西，瑞士中部的旅游之都

瑞士雇佣兵纪念碑

卢塞恩（Luzern），有一座特别著名的瑞士雇佣兵纪念碑，雕刻着一只精疲力竭、力战而死的石狮，身上还插着箭头，以纪念18世纪末法国大革命爆发时期，为法国国王服务，对抗起义民众保卫凡尔赛宫，最终寡不敌众全体阵亡的瑞士雇佣兵。要是从意识形态来说，这批保卫国王的瑞士雇佣兵是反动的，但瑞士人看重的是他们重视忠诚和信誉，知事不可为而为之的精神。说起来，当时王宫早已被数以万计的武装民众包围了，对立双方都是法国人，瑞士卫队放下武器也无可厚非，甚至可以称之为顺应历史潮流。但瑞士人就是这样认死理，受人之托忠人之事，赔上性命也在所不惜。

今天的瑞士经济

今天的瑞士是全世界数一数二的高收入发达国家，早已不需要靠出口雇佣兵替人卖命赚取生活费了，但这种顽强勇敢，又有点认死理的认真精神传承了下来，成了近代瑞士经济起飞的基础。首先，经济发达的基础是和平的环境。因为瑞士军队在中世纪晚期和近代早期曾经威震欧洲，后来像17世纪的德意志三十年战争，18世纪的西班牙王位继承战，这类全欧规模的大混战，虽然有瑞士雇佣兵在为双方服役，但无论哪一方都不可能容忍瑞士投向敌对阵营，结果在这几百年里，瑞士始终保持中立身份，是战争旋涡中的一方净土，甚至到20世纪的两次世界大战，仍然可以凭借强大的全民军队为后盾维持中立地位。1648年，德意志三十年战争结束后的《威斯特伐利亚和约》规定，瑞士退出神圣罗马帝国，成为完全独立的主权共和国。后来在18—19世纪之交，法国大革命和拿破仑战争期间，瑞士曾被法国占领，成立过一个叫作赫尔维提共和国的法国附庸政权，但在1803年就被拿破仑取消了。拿破仑失败之后，1815年维也纳和会再次确认瑞士的独立地位，而且列强承认瑞士永久中立。瑞士在19世纪后半叶开始工业革命，此后不断创造着经济起飞的奇迹。这个经济起飞的过程，也得益于瑞士的民族精神。

笔者的本业是教师，在课堂上讲授国际商务，或者国际企业管理课程的时候，只要提到国家或者企业的竞争力来源，总喜欢拿瑞士举例：瑞士经济的发达，人均收入之高，无须我来提醒学生，然后我会问学生：你能指出瑞士有哪些自然资源吗？这个问题很难回答，因为瑞士矿产很少，会有学生指出青山绿水，自然环境秀美可以发展旅游业，还有人提到瑞士的青草长得好，适合养牛产奶，最多会想到山间的河流落差大，可以发展水电。总的来说，大家都承认瑞士是个自然资源贫乏的国家，的确，在历史上很长时间瑞士就是个很穷的偏远山区。下一个问题我会问道：那么提起现在的瑞士，你会马上联想起哪些著名的产品和产业？这个问题的答案就非常丰富了：钟表、奶酪、巧克力、军刀、银行业，不少MBA学生有工业企业的工作经验，还会提到精密仪器制造、医药和医疗设备行业，不一而足。于是我会把这些行业写下来，让学生仔细审视：这些行业没有一个是依赖自然资源投入或者大量劳动力投入的。有一些是高科技行业，依靠的是人的头脑；精密仪器、军刀、钟表这些行业，最初兴起的时候，更多是依靠少数人精益求精的工匠精神，不需要大量劳动力，不是社会化大生产的结果，更适合瑞士这种喜爱个人自由，独自就能做好的行业，这跟瑞士人热爱自由的个性有关；银行业虽然是资本密集型，但瑞士银行业成功的秘诀不是资本充裕，而是诚信和为客户保密的信誉——当然为客户保密这一条也给瑞士银行带来了很多麻烦和纠纷，比如被掠夺的犹太人资金，国际犯罪集团的资金，等等，但就是瑞士人这种保守固执的作风，让金主们相信资金的安全性不会有问题。而奶酪、巧克力这两种产品，有时候会被学生误认为是自然资源密集型行业，其实，它们恰恰是古代"高科技发明"的最好例证。瑞士的奶牛和牛奶，的确是大自然赋予的得天独厚的自然资源，但是古代山区道路交通不发达，牛奶作为液体运输不易，价值又不高，运出山区之前就坏了，于是古人想出把牛奶做成浓缩的奶酪，既缩小了体积方便运输，又大大提高了附加值，这可以算是古代的"高科技"精加工例证。巧克力更是如此：巧克力的主要原料是可可豆，那是热带植物，原产于南美。瑞士的巧克力再有名，也不可能在本土种出可可树来啊！事实上，欧洲吃巧克力、抽烟这两样爱好，都起源于西班牙宫廷，因为西班牙和葡萄牙人最早殖民南美，他们从南美获得了可可树和烟叶的经济价值，之后享用巧克力和烟草的习惯，从西班牙宫廷逐渐向全欧洲渗透。但当时西班牙宫廷享用巧克力的方式是喝热巧克力，是瑞士人想出来，把牛奶跟巧克力混合，发明出牛奶巧克力，从此巧克力不仅变成了形状可塑的固体，而且大大增加了口味的润滑。从此瑞士虽然并非可可的原产地，但它的巧克力天下闻名。这就是原始的科技发明和改造盘活一个行业的最佳例证。最后，所有的讨论归结到一个点上，那就是，自然资源和人力多寡并不是一个国家和企业腾飞的必要条件。瑞士的各个明星产品和行业，都依赖于瑞士人的素质，比如保守诚信、热爱自由、习惯单干、乐于创新和勤奋刻苦，因此，国家民族和企业的真正竞争力根源在于人，而人的背后，是国家和企业的文化价值。这一点对很多寻求经济腾飞的发展中国家来说，是值得借鉴的。

既然讲到瑞士奶酪，不能不提瑞士最经典的民族美食 Fondue，就是奶酪火锅。瑞士天寒，吃火锅再合适不过，又盛产奶酪，两者一结合，可说绝配。最早在 1699 年苏黎世出版的一本菜谱中，就记载了把切碎的奶酪用白葡萄酒调和，加热融化，用面包块蘸着吃的方法，至今都没有改变。不过从 Fondue 这个词来看，真正的起源应该比 1699 年更早，而且应该是从瑞士西部的法语区开始的，不应该是德语区的苏黎世。今天在任何一家瑞士的 Fondue 餐厅，仍然保留当年的古法，和中国的火锅今天百花齐放流派纷呈的情形形成了鲜明对比。就拿近代中国的火锅来说，最早出名的应该是北京的涮羊肉，后来，川渝的麻辣火锅、顺德的粥底打边炉、潮汕的牛肉火锅也都大行其道。与此相比，瑞士的奶酪火锅这 300 年来也只演变出了巧克力火锅这一个主要变种，用水果块，比如苹果、菠萝、草莓的清香来中和巧克力的甜腻，喜欢甜食的朋友应该乐此不疲，不过对于中国人的肠胃来说，无论奶酪还是巧克力火锅，一开始吃的时候会觉得很过瘾，但不可能多吃，很快会觉得腻得受不了。

无论是奶酪还是巧克力火锅，都要用到葡萄酒调味。瑞士的葡萄酒在世界市场上并不出名，这不是因为瑞士的葡萄酒不好，而是瑞士人每年喝掉的葡萄酒大大高于本土产量，本地葡萄酒几乎没有出口的机会。据统计，瑞士人口700万，每年要喝掉4亿瓶葡萄酒，而本土的葡萄酒产量每年只有1.5亿瓶，大多数消费都依赖进口。所以世界市场上很少看到瑞士出口的葡萄酒。但在瑞士本土旅行的时候，可以注意这么几个口碑很好的产区：西南部的瓦莱州（Valais），也就是旅游热点马特霍恩峰（Matterhorn）所在的州，这里属于法语区，主要出产白葡萄酒，特产是莎斯拉（Chasselas）葡萄，这是法文名字，瑞士当地称作芬丹（Fendant），不知道为什么，这种葡萄在法国不受待见，但在瑞士瓦莱州的水土里生长，却能酿出花果香气比法国更浓郁的干白葡萄酒。我没事喜欢喝点葡萄酒，常去欧洲，对欧洲的产区比对美国更熟悉。因为瑞士本地葡萄酒在世界市场上不多见，我在瑞士旅行的时候出于好奇，经常顺便找机会在当地买葡萄酒来品尝。后面写莱茵河跟多瑙河的部分，我们还会提到，一般来说，奥地利和德国莱茵兰这些德语区，出产的白葡萄酒比红葡萄酒好，也更有名。但瑞士东部德语区是个例外，酿的几乎全是红葡萄酒，最常见的是黑比诺葡萄，瑞士本地名字叫作 Blauburgunder。

第二节　袖珍小国列支敦士登

欧洲第四小国

前莱茵河从瑞士中部的图玛湖发源，向正东方向流淌72公里之后，在瑞士东部的莱歇瑙镇与后莱茵河汇合，真正的莱茵河干流从此开始，它在汇合点附近的塔明城（Tamin）拐了一个90度的大弯，沿着宽阔的莱茵峡谷向正北方向流淌86公里，注入瑞士东北德、奥、瑞三国交界的康斯坦茨湖。这一段莱茵河被称为阿尔卑斯莱茵河，它的河道被整治得颇为规整，河水呈浅绿色，峡谷两侧的山峰属于阿尔卑斯山脉的北麓，逐渐向平原过渡，看上去并不高大险峻，目测很多山峰只比河床所在的峡谷底高出500—1000米，但是因为河床本身的海拔高度已经有400—600米，因此两岸仍有海拔超过3000米的高峰。整段阿尔卑斯莱茵河两岸山峰里，最高的是兴格尔峰（Ringelspitz），海拔3248米，在莱茵河主干开始的塔明城附近。

在阿尔卑斯莱茵河注入康斯坦茨湖之前，河东岸先要经过一个风景如画的袖珍国家列支敦士登。它是欧洲第四小的国家。

欧洲最小也是全世界最小的国家是梵蒂冈，然后是摩纳哥和圣马力诺。而列支敦士登虽然小，但也不至于像梵蒂冈一样，全国只有一座城市。它在阿尔卑斯莱茵河右岸，面积160平方公里，比厦门主岛的面积稍大一点。到2020年，人口也还不到4万。就是这样一个弹丸小国，在2008年，按照购买力平价计算的人均国民生产总值排名全球第一，超过了14万美元。虽然近10年无论是国际货币基金组织还是世界银行都很难找到列支敦士登的人均国民生产总值数字，但相比之下，10年之后的2019年，世界银行发布的经过购买力平价调整的人均国民生产总值，瑞士将近71000美元，美国65000美元，以石油财富著称的卡塔尔96000美元，都还赶不上10年前的列支敦士登。

列支敦士登南边、莱茵河西岸是瑞士，东边和北边是奥地利，别看它的国土面积和中国一个大的地级市城区面积相仿，可全国居然也从南到北划分了11个市级行政区，沿着莱茵河纵向排开，首都瓦杜兹（Vaduz）在国家中部，给人的感觉似乎只有沿河边山谷平地上南北平行的两条街，一条走车，一条是商业步行街。其实出了步行街范围，北面山坡上才是瓦杜兹大部分居民的住宅，从平地沿着山坡向上蔓延，房子都不大，看上去和附近瑞士的萨尔甘（Sargan）等中小城市的房子没有什么分别，看不出太多的豪宅或者豪车，这一点跟阿联酋迪拜、阿布扎比的风格截然不同：同是世界上最富裕的国家之一，阿联酋等阿拉伯国家喜欢把财富堆积在超级现代的建筑和纸醉金迷的购物中心，让游客体验到财富的极大冲击力，我承认，这也有另一番让人着迷的地方。而列支敦士登和瑞士一样，低调得多。

我两次去列支敦士登都是在周末的早上，整个城市非常安静，把汽车停在步行街起始处的圣弗洛里安教堂门口，安步当车走到中心区只需要3分钟。列支敦士登的国家财富，主要是来自银行业和避税天堂的地位，吸引了很多欧洲富豪来这里居住或者成为银行客户。而普通游客最容易接触到的列支敦士登拳头产业，就是集邮了：和梵蒂冈、圣马力诺等袖珍小国一样，这里的邮票世界闻名，可以说是全世界集邮爱好者的圣地，据说邮票业的产值可以占到这个小国总产值的10%！列支敦士登的邮票绝大部分都不是实际使用，有80%都被各国的集邮者收走了。他们每年发行的新邮票在12—24种，一般集邮者也有收齐的可能，但是印数不多，每种新邮票发行数量控制在100万枚以内，而且设计精美，都有独特的艺术价值。说起来，列支敦士登发行邮票的时间并不长，19世纪一直使用奥地利的邮票，直到1911年才开始在奥地利印刷第一套本国设计和使用的邮票。列支敦士登邮票在世界集邮界负有盛名，是因为印刷精美，设计艺术独到，而且选题方面也不仅仅局限于本国甚至欧洲的题材，笔者在2019年最近一次来访的时候，就在游客中心买到了列支敦士登设计发行的中国生肖邮票，他们和我国一样，也是每年发行一枚当年的生肖票，我当时看到的是猪票。

列支敦士登邮票博物馆旁边的另一个著名景点艺术博物馆，展出大公家族的艺术品收藏。其实过去很多年来，列支敦士登的艺术博物馆都只展览大公家族的现代艺术收藏，在奥地利首都维也纳，另外有一座列支敦士登博物馆，是大公家族在维也纳的府邸，富丽堂皇的巴洛克式建筑，那里展览大公家族收藏的古典艺术大师的画作，而这批收藏足以傲视全世界很多艺术博物馆。其中最著名的一幅画，达·芬奇的《吉涅拉·德·本奇肖像》在1967年以500万美元的价格转卖给美国华盛顿国家画廊，还创造了当年的油画价格世界纪录，现在在华盛顿国家画廊可以看到这幅画，它是整个西半球唯一一幅达·芬奇原作。除了这幅达·芬奇原作外，今天仍然保存在维也纳列支敦士登博物馆的还有拉斐尔、鲁本斯、弗兰德斯的哈尔斯、凡戴克等大师的画作，其中鲁本斯的油画特别多，因为鲁本斯曾当过维也纳皇室的宫廷画家，而列支敦士登家族正是宫廷的重臣。笔者在2010年曾专程在维也纳参观过列支敦士登博物馆，说"专程"是因为它的地点虽然在维也纳老城，但宫殿处于住宅区，比较偏僻。这座博物馆放在伦敦、巴黎、维也纳以外的任何一座城市，都是一座重量级的艺术博物馆，但维也纳的优秀艺术博物馆太多了，因此多年以来这里的游客稀少，2011年底维也纳的列支敦士登博物馆不再开放，其中大批的古典大师作品都无缘与游客见面。只是其中一部分画作会轮流放到列支敦士登本土的艺术博物馆展出。

由此引出的一个饶有兴味的问题是：为什么列支敦士登顶级的国宝艺术品在维也纳？还有一个类似的问题是，今天位于瓦杜兹城中心背后半山腰上的城堡，大公的府邸，为什么不叫列支敦士登城堡，而叫作瓦杜兹城堡？实际上列支敦士登这个国名，是源于大公家族最初的产业，另一座名叫列支敦士登的城堡，不在国内，而在维也纳郊外！这又是为什么呢？

我觉得游览这些欧洲的袖珍小国，其实最有意思的不在于某处博物馆或者自然风景，而在于从历史上去寻求它存在的原因：这么小的国家是怎么形成的？为什么它居然能在列强林立的欧洲生存下来呢？大多数欧洲袖珍国家存在的答案，都可以追溯到欧洲的封建制度。

列支敦士登的前生

列支敦士登这片土地在中世纪直到近代都在神圣罗马帝国管辖下，属于小贵族的封地，也不叫列支敦士登这个名字。欧洲封建时代的贵族往往都以封地为姓氏，尤其是德意志贵族，姓氏前面往往有个Von，中文音译为冯，就是"来自某地"的意思，比如冯·舒伦堡，冯·曼施泰因，冯后面其实都是地名。有时候某个家族有自己原来固有的姓氏，新增加了更大更显贵的封地之后，也会用新封地为姓，比较极端的例子像波旁家族的很多路易国王，可以叫作路易·波旁，因为他是法国国王，所以有时候也自称路易·德·法兰西，用法兰西作为姓氏。霍亨索伦家族的德国皇帝威廉，既可以叫作威廉·冯·霍亨索伦（其实霍亨索伦本身也是封地），也可以自称为威廉·冯·德意志。

欧洲古代贵族有诸侯贵族，也有宫廷贵族，诸侯贵族是真正拥有大批领地的，在自己的领地上有自主权，无论他的爵位是公爵还是侯爵、伯爵，只要拥有自己封地上的主权，就可以统称为 Prince，这个词中文译为亲王欠妥，应该译为诸侯，因为中文习惯亲王是比公爵更高一级的爵位，而 Prince 作为诸侯，可以是伯爵、侯爵、公爵任何一级，另外还有不是诸侯的国王、公爵等高级贵族的公子，虽然没有封地，也可以称为 Prince，这种 prince 既不是诸侯，更不是亲王，而是类似于中国春秋战国时代的"公子"。另外还有一类贵族是宫廷贵族，就是本身没有大的封地，通过为国王或皇帝服务被授予贵族爵位，也许有一小片封地。列支敦士登家族就是这种情况，他们家族的封地在维也纳森林的边缘，一座叫作列支敦士登的古堡，从 1160 年代到 13 世纪属于这个家族所有，家族就以这座城堡为姓氏。1683 年维也纳围城战，维也纳森林的古堡被毁，直到今天废墟还在，一直没有修复。列支敦士登家族历代都生活在维也纳的神圣罗马帝国宫廷，是宫廷重臣，也在帝国各地拥有很多产业，但他们不是诸侯，换句话说，他们没有自己的独立主权，每一块封地都由上级贵族作为宗主，没有一块封地是直属于帝国的，而只有直属帝国的诸侯和自由城市，才能在帝国议会拥有席位。所以列支敦士登家族一直都想为自己搞一块直辖于帝国的封地，于是在 1699—1712 年，分两批购买了瓦杜兹伯爵领地和附近的谢伦贝格郡，这两块封地本身都是直属于皇帝的，1719 年，列支敦士登家族请求神圣罗马帝国皇帝卡尔六世宣布把两块封地合并，授予列支敦士登家族，建立一个直属于帝国的诸侯国，德文叫作 Feust，英语里没有对应词，在级别上，高于伯爵而低于公爵，中文可以近似翻译成侯爵，所以列支敦士登在级别上是一个侯爵国家，是先有君主，再有国名的，而君主的姓氏，则来源于古代维也纳森林边缘的那座古堡。从此列支敦士登家族才跻身诸侯之列，在帝国议会拥有了发言权。

其实列支敦士登家族早在 18 世纪初获得封国之前就已经是哈布斯堡皇朝的宫廷重臣了，这个家族第一位在帝国历史上有重要影响的族长卡尔·列支敦士登一世，还是一位公爵，先后为哈布斯堡皇朝的鲁道夫二世和马提亚斯兄弟两位皇帝效劳，1599 年从新教改宗天主教，得到皇室重用，拿到了两块公爵封地。在1618—1648年席卷全欧洲的德意志三十年战争前期，1620年，他协助帝国名将提利伯爵指挥的帝国天主教军队，在布拉格郊外的白山战役中，大败反对皇帝的新教普法尔茨选帝侯，后者和皇帝争夺波希米亚王位的梦想彻底破灭，也从此永久地改变了波希米亚的宗教属性（此前200年，波希米亚都是新教徒占统治地位）。1622年卡尔还当上了波希米亚总督，因为皇帝兼任波希米亚国王，总督就是波希米亚的实际统治者。卡尔死于1627年，他的儿子在三十年战争期间也当过上、下两个西里西亚省的军队司令。第三代列支敦士登家族族长汉斯-亚当·列支敦士登没有在朝廷担任正式职务，但他是一位金融专家，非常富有，就是他买下直属封地，建立了封国，又在维也纳城里建造豪宅，今天已经对外关闭的维也纳列支敦士登宫，收藏拉斐尔、鲁本斯、凡戴克等大师画作的艺术博物馆，就是他建造的。

此后18—19世纪，列支敦士登家族的历代族长仍然是帝国军队中的重要将领，1740年代在奥地利皇位继承战中，约瑟夫·文策尔·列支敦士登为玛丽亚-泰蕾莎女皇作战，官至意大利战场总司令，对阵法国—西班牙联军连连获胜，1753年出任驻匈牙利的奥军总司令。他的侄孙约翰-约瑟夫·列支敦士登是拿破仑战争时期的族长，在1800年法军战胜奥军的霍亨林登战役，还有1805年拿破仑巅峰之作——击败俄奥联军两位皇帝的"三帝会战"奥斯特里茨战役中，列支敦士登都是骑兵师长。在奥斯特里茨战役失败之后他代表奥皇跟拿破仑谈判，签订了《普莱斯堡和约》。1808年他晋升为骑兵将军，1809年又在卡尔大公麾下作为骑兵军长参加了胜利的阿斯佩恩—艾斯林战役和失败的瓦格拉姆战役，战败之后卡尔大公辞职，由列支敦士登代理总司令职务，并在当年晋升为元帅，代表皇帝和拿破仑签订了《肖恩布鲁克和约》。因以上一系列著名战役败多胜少，所以1810年他从军中辞职。

从上面的家族历史可以看出，不管获得封国之前还是之后，历代列支敦士登家族的族长主要从事的都是为皇帝领兵打仗的工作，重心放在维也纳宫廷，而封国只不过是他们获得诸侯地位的一个工具，他们并不在意建设自己的领地。所以历史上列支敦士登亲王从不住在本国，而是寓居维也纳，这个侯爵国家是隶属于神圣罗马帝国框架内的诸侯。但是1806年拿破仑强迫弗朗西斯皇帝解散了绵延千年的神圣罗马帝国，弗朗西斯另组奥地利帝国，后来奥地利帝国再改为奥匈二元帝国，列支敦士登不再属于新的奥地利帝国，就这么被动地突然获得了独立地位。在拿破仑倒台以后，1815年欧洲列强召开维也纳和会，再次确认了列支敦士登的独立地位，不过作为历史上的德意志诸邦之一，它还是加入了德意志联盟，并且和旧主奥地利帝国维持紧密联系。19世纪后期普鲁士为统一德意志而发动对丹麦、奥地利、法国的三场王朝战争，其中1866年的普奥战争战胜了奥地利帝国，把传统上的德意志首邦奥地利排除在德意志统一之外，以普鲁士为中心，在1871年实现了德国统一，因为列支敦士登历代都是亲奥地利的，所以就没有加入统一的德国。这就是现在列支敦士登保持独立地位的由来。其实直到1894—1899年，那一代列支敦士登大公，还当过奥匈帝国驻沙皇俄国的大使：一个独立国家的元首为另一个帝国效力出任驻外大使，也算是独一无二的奇闻了。从二次大战前的1938年到今天，这两代列支敦士登亲王才开始不住在维也纳，而常住本国。1938年奥地利被希特勒德国吞并，列支敦士登家族作为奥地利皇室的世代忠臣，历来亲奥不亲德，上一代亲王在此时选择离开维也纳，这个姿态也算是有为旧主尽忠的君子之风啊，尽管家族早已另立门户。

今天列支敦士登的必到之处，除了步行街上的邮票博物馆和艺术博物馆，就是城市背后半山腰的亲王住所瓦杜兹城堡，既可以步行从山脚的居民区拾级而上，也可以开车。亲王家族就住在这里，所以平时城堡并不对外开放。据说只有新年那一天，亲王会邀请全体国民来城堡共庆节日。但就算不能进入城堡，每一个来到列支敦士登的游客还是应该上山去看看这座建造于半山突起岩石上，下临悬崖的700年古建筑，它的外观和周围群山的景色融为一体，从下向上看仿佛振翅欲飞的，从山坡上方向下看，古城堡和远处的连绵雪峰融为一体，谷底城市边缘的莱茵河如一条翠绿的玉带纵贯南北，一群一簇的居民点之间，平原和山坡上布满一片片翠绿的果园和葡萄园，这样的田园景色宁静而悠远，历经数百年从未变化。只为了这片远景和外观，也值得游客从山下爬这20分钟的山路了。

列支敦士登市内购物可以使用欧元或者瑞士法郎，它的官方货币是瑞士法郎。这片地区是德国、奥地利、瑞士、列支敦士登四国毗邻，个人感觉瑞士境内的物价，比奥地利和德国贵，瑞士中部北部的少女峰、卢塞恩、伯尔尼和苏黎世地区，在瑞士算是便宜的。而列支敦士登虽然荣登全球人均GDP榜首，但令人惊讶的是，物价并不如想象地昂贵，至少在旅游纪念品和餐厅、咖啡馆的消费方面，价格还不如瑞士贵。在重要景点方面，主街上还有一座国家博物馆，但个人觉得国家博物馆其实还不如另外两座博物馆更有特色。如果时值周末，博物馆不巧关闭的话，隔壁的游客中心总是开着的，在那里也可以买到列支敦士登的邮票，还可以在护照上加盖入境章。其实列支敦士登没有任何边境检查措施，任何人从瑞士或者奥地利都可以自由出入这个国家。所谓入境章，只具有纪念意义，是每个游客去梵蒂冈、圣马力诺、列支敦士登、安道尔这类袖珍国家必做的事。

第三节　风光秀丽的康斯坦茨湖：三国交界

瑞士圣加伦

阿尔卑斯莱茵河离开东岸的袖珍小国列支敦士登之后，继续向北流淌约40公里，这一段河道海拔大约400米，两岸地势平坦，西岸属于瑞士，东岸属于奥地利，最终河水注入康斯坦茨湖。如果把长河比作串起珠玉的金链，那么河两岸一座座历史文化悠久的城市就像被项链串起的珍珠，而河流连接起的湖泊，则像是项链上偶尔点缀的硕大翡翠，晶莹剔透闪闪发光。康斯坦茨湖，正是莱茵河流域最美的一座湖泊。它的形状狭长，呈西北—东南走向，在西北端分岔，像一支叉子的形状。康斯坦茨湖北岸和整个西北端属于德国，南岸属于瑞士，东南顶端则是奥地利狭长国土的尽头。三国交界，同属于德意志文化，

圣加仑修道院图书馆

却有不同的民族风味，我在五年之中就曾五次专程来这片湖边游览。这里有美酒、重大历史遗迹、美丽的小城、绚丽的壁画、欧洲最大的瀑布、世界上最美的图书馆之一，甚至有已经演变为旅游胜地的高科技工厂。康斯坦茨湖，在德国称作博登湖（Bodensee），在国内游客中名气不大，知道的人尚少，却是一片欧洲最美丽的净土。

康斯坦茨湖环湖一周皆有风景，就让我们从阿尔卑斯莱茵河注入湖泊的东南角，沿逆时针方向说起吧。

在莱茵河河口以西，湖南岸瑞士领土上，最大的城市是圣加伦（St. Gallen）。它得名于7世纪时隐居于此修行的本笃派修道士盖尔。当时相当于中国的唐朝，在欧洲则是克洛维开创的墨洛温王朝法兰克王国的末期，被宫相们把持政权的时代。盖尔是个有德行的修士，终身不为名利所动，坚持清贫的隐居生活，生前就获得了极大声名，死后不久被教廷封为圣人，宫相查理·马特（就是在732年普瓦提埃战役打败阿拉伯入侵的那位）下令在他隐居的地方修建一座纪念修道院，而以修道院为中心发展起来的这座城市，也用他的名字命名为圣加伦。圣加伦修道院在查理·马特—矮子丕平—查理曼大帝这祖孙三代的时间里，发展成了中世纪早期欧洲最重要的学术中心之一，在商务印书馆发行的汉译名著系列中，有一部《查理曼大帝传》，几乎是欧洲古代关于查理曼唯一可靠的同时代史料，那部书就是当时一位圣加伦修道院的僧侣所著，后来修道院更是获得了极大的世俗权力，因为欧洲古代的诸侯大地主既可以是世袭的贵族爵爷，也可以是修道院和主教，这座圣加伦修道院占有城市附近的大片土地，发展成一个诸侯国家，后来瑞士联邦向北扩展，以武力征服这里，于是圣加伦就以一个邦的身份加入了瑞士联邦。

我专程去圣加伦，是为了参观市中心那座古老修道院中的图书馆，它是我认为全世界最美的几座图书馆之一。如今图书馆和修道院都已经列入联合国世界遗产名录。这座图书馆里藏书 16 万册，就数量来说和现代的大型公共图书馆无法相提并论（可以对比一下世界最大的大学图书馆是哈佛大学图书馆，藏书 1600 万册，中国国家图书馆藏书 3500 万册），但这里真正的宝藏，是那些古登堡印刷机发明之前，从建立修道院的 8 世纪到 15 世纪，相当于中国自唐至明的 2100 册手抄本图书，全都是善本珍本，大多数都工工整整地由僧侣抄写在羊皮纸上进行装订，再在书页和封面上用烫金和各种颜色甚至宝石加以装饰。图书馆里面 1900 年之前的书都必须在某一个特定的阅览室才能翻阅。当然，我根本都不懂这些用拉丁语写的古籍，我来这座图书馆纯粹为了参观它的内部装饰。在建筑史上，中世纪极盛期 11—13 世纪盛行罗曼式建筑，13—15 世纪盛行哥特式建筑，他们具体的样式和名作，我们在后文讲述施派尔大教堂和科隆大教堂的时候再详细叙述。此后 15 世纪从意大利开始文艺复兴式建筑，并在欧洲传播开来。相当于中国明代极盛期的 16 世纪初，欧洲开始宗教改革，罗马教廷为了和宗教改革产生的基督教新教抗衡，不仅自身也开始反腐败，而且在宗教宣传方面，从 17 世纪的罗马开始了巴洛克建筑和绘画风格，重视建筑和油画的装饰性和戏剧性，这个时代相当于中国历史上的明末清初。后来到 18 世纪，巴洛克晚期走向繁复和纤巧，多用曲线进行繁杂的装饰，连立柱也做成螺旋状，这就是洛可可艺术风格，这个时代大致相当于中国历史上清朝的康乾盛世。我曾经专门搜寻并拜访了欧洲大陆上装饰最豪华最美丽的近 20 座图书馆，所有这些图书馆全都是巴洛克—洛可可时期建造的，因为这个时期欧洲的室内装饰之豪华富丽达到了历史的顶峰。这座圣加伦修道院图书馆，还有后面将会提到的奥地利多瑙河瓦豪河谷中的梅尔克修道院图书馆、维也纳皇宫的皇家图书馆，都是其中的佼佼者。圣加伦修道院图书馆重修于 1758—1767 年，相当于清朝乾隆年间，在欧洲正是洛可可艺术风格最盛的时代，看图书馆屋顶上的壁画，不仅繁复，就连边框也充满了曲线装饰。图书室分上下两层，藏书收纳在靠墙的木制书柜里，书柜做工精致，色调优雅，四角有复杂的木雕装饰，一眼望去古色古香。二楼栏杆的柱子雕刻得更加精美。这座图书馆作为联合国世界遗产，向游客开放，但是为保护古籍善本图书禁止照相。我用的照片是从官网上下载的。其实游客们都和我一样，根本看不懂那些古籍的珍贵，但就算看一眼图书馆内部的豪华装饰，置身其中体会古代书香翰墨的华贵与高雅，也绝对值得做此一游。

洛可可艺术风格建筑

奥地利布雷根茨

圣加伦修道院图书馆仅带给人视觉上极大的冲击，而东面奥地利布雷根茨的湖上歌剧，将为游客带来视觉和听觉上的双重享受。在阿尔卑斯莱茵河注入康斯坦茨湖口以西是瑞士领土，湖口以东，整个湖面的东端属于奥地利的布雷根茨市。每年布雷根茨在7月到8月下旬举办歌剧音乐节，而音乐节最出名的活动就是夜间在湖面上搭起舞台演出世界著名的歌剧。

布雷根茨的市中心离湖不远，在湖边专门辟出半圆形剧场看台，面对湖水，有7000—8000个座位。舞台就搭在水面上，由两艘驳船承载，是全世界最大的露天歌剧舞台。每年的歌剧音乐节会在一个月多一点的时间里吸引40万游客，其中观看湖上歌剧的观众就有20万—25万。歌剧每两年换一次剧目，都是著名作曲家的经典作品，会提前两年预告，2021年和2022年夏天的剧目是普契尼的《蝴蝶夫人》。笔者曾在2011年去布雷根茨观看湖上歌剧，那年的曲目是以法国大革命为背景的《安德烈·夏尼埃》，下午到达剧院，可以在餐厅吃晚饭，或者在露天咖啡馆点一杯白葡萄酒，就着冰激凌，吹着湖上的风，非常惬意。演出在日落时分开始，因为城市在湖的东端，观众面向湖水同时也是太阳西沉的方向，彼时尚有一道霞光踟蹰于粼粼波光之上，舞台布景背后的蓝天从浅蓝逐渐变成深蓝，序曲之后舞台灯光亮起，代替了天光照亮整个舞台。演出一般持续2—3个小时，因为看台和舞台都是露天的，时值盛夏还是会感到夜凉如水，所以要多带一件外套保暖，而演员有时候根据剧情需要，会要浸泡在湖水中，当时我看的那场歌剧有一位演员在水里待了将近半个小时，真是佩服他的敬业精神。在这样优雅美丽的环境中听歌剧，绝对是人生中非常独特的享受。其实我在全世界顶尖的四大歌剧院都看过演出，它们分别是法国国家歌剧院加尼埃宫、米兰斯卡拉歌剧院、维也纳国家歌剧院、悉尼歌剧院。这些歌剧院的豪华富丽程度毋庸置疑，但布雷根茨的湖上歌剧却能给人任何一座豪华歌剧院无法比拟的独特体验。

德国林道

从布雷根茨湖上歌剧院岸边坐上两节车厢的轻轨小火车沿着湖岸向北开，不到3公里就穿越边境来到德国的小镇林道。林道是一座逛起来很有味道的古老小城，旧城区只有半平方公里多一点的面积，坐落在一座小岛上，通过一条堤坝公路和湖岸相连，围绕老城还残留着城墙。

小岛最早是围绕岛上的一座修道院发展起来的，附近这片地区都属于修道院所有，后来在中世纪成为帝国自由城市，也就是直属于皇帝，不隶属任何当地诸侯，并且在神圣罗马帝国议会拥有席位。在近代神圣罗马帝国解散以后归属巴伐利亚。城里保留了很多古色古香的旧建筑和教堂，尤其是沿着马克西米利安大街走走，在画满湿壁画，装饰着阶梯形三角形正立面的精美市政厅附近，找一家咖啡馆或者小餐馆坐坐，逛逛这里的工艺品店，是最适合这座小城的慢生活节奏。林道最出名的标志性景点是它的港口，轮船进港处右边是一座灯塔，左边是一只雄踞于高台之上的石狮子，叫作巴伐利亚之狮，建成于1856年，湖上的游船就从这两座纪念碑建筑之间进出港口。游客可以从林道港或者沿湖任何一处比较大的城镇坐船游湖。但不要忘记，这是一座高山湖泊，游船只能在湖里和莱茵河下游不远处的莱茵石小镇和莱茵瀑布边的沙夫豪森之间巡游，不能顺流而下越过莱茵瀑布，也不能上溯阿尔卑斯莱茵河到列支敦士登。

德国弗雷德里希港和米尔斯堡

从林道沿着康斯坦茨湖狭长的东北湖岸向西北方向继续前行，先后经过两座德国小镇弗雷德里希港和米尔斯堡。把这两座小城并列的原因在于，他们都曾是近现代历史上著名的齐柏林飞艇的生产基地，今天都有齐柏林飞艇博物馆。载人航空的历史上，一直就有比空气轻和比空气重的两派竞争。轻于空气的飞行器鼻祖自然是气球,但真正让充满轻质气体的航空器拥有动力和操作性,变成飞艇,并投入商业和军事使用的,是德国的齐柏林伯爵。他就是康斯坦茨湖南岸最大城市康斯坦茨的人,说起此人,应该说是19世纪那些贵族通才的杰出代表,因为他投身于飞行器事业根本是半路出家。

齐柏林是伯爵,最初也从事了德国贵族传统的职业:进入军队。当时德意志还没有统一,康斯坦茨湖附近属于巴登-符腾堡王国,1858年20岁的时候,齐柏林晋升为符腾堡陆军中尉,服役期间曾经去图宾根大学进修工程学,大致相当于现在所谓的在职培训,或者军队委托培养的军官,他在军队里的兵种是工程兵。1860年代美国南北战争爆发,齐柏林奉派去北军考察,在美国联邦军队里首次接触到气球飞行,那时候美军把气球用于侦察和为炮兵校射。齐柏林甚至还在美国中西部尚未开发的地区参加过地理探险。美国内战结束后,他回到符腾堡,参加了导致德国统一的两场王朝战争:普奥战争和普法战争,在战争中获得勋章,还成了侦察英雄。战后在新的德国军队当中,齐柏林一路晋升到中将军衔,当过骑兵旅的旅长,1890年52岁的时候退役,从此以后全身心地投入建造硬式飞艇的事业里。所谓硬式飞艇,是齐柏林在军队服役后期慢慢和工程师们探讨发展出来的概念,简单来说,就是给大气囊装上支架撑起来,再装上发动机和螺旋桨,使之可以操控,巨大的气囊下面装上吊篮载人,飞艇整体上仍然轻于空气。齐柏林伯爵当初选定的飞艇研究生产基地,就在弗雷德里希港,所以这里有世界最大的齐柏林飞艇博物馆。

齐柏林拥有政府关系,本人又精通技术,所以无论是研制过程和资金到位都进展很快:他刚刚退役就全力投入其中,1891年建立基地,1893年完成设计,1895年和1899年就已经分别在德国和美国取得了设计专利。1899年弗雷德里希港的工厂制造出第一架长达128米的庞然大物,第二年完成首次试飞。到1909年,齐柏林已经开始尝试载人商业飞行,不过还达不到在城市之间开展定期航班的程度,当时只是卖票进行观光游览,就像坐船游湖那样。与飞艇相对比,重于空气的固定翼飞机起步相对较晚,美国莱特兄弟在北卡罗来纳外海岛链上的小鹰镇进行的著名飞行,是在1903年,而载人商业航班要到一次

米尔斯堡

大战之前的 1914 年后才开始出现。在一次大战期间,齐柏林飞艇大显神通,不但和早期的固定翼飞机一样用于侦察校射,还曾经远程奔袭巴黎和伦敦,尤其是飞到伦敦进行轰炸,这是当时的飞机和远程大炮无论如何做不到的事情,而且齐柏林飞艇飞得高,一般的飞机很难爬升到它的高度摧毁它。

齐柏林死于 1917 年,一次大战结束之前,享年 79 岁,埋葬在斯图加特的布拉格公墓。战后《凡尔赛条约》曾禁止德国拥有飞艇,但是在 1920 年代禁令放松了,德国的齐柏林飞艇又迎来第二个黄金年代:1924 年德国飞艇完成了跨越大西洋的飞行,用时 80 小时多一点,1929 年更是完成了首次环球飞行的壮举,用时 21 天 5 小时多(中间有着陆)。与此相对比,固定翼飞机首次跨越大西洋是著名的查尔斯·林白驾驶"圣路易斯精神号"在 1927 年完成的,至今"圣路易斯精神号"还在美国首都华盛顿特区的航空航天博物馆中厅展出。如果想要从影片中领略 20—30 年代商用豪华飞艇航班的风采,我想最容易找到的著名电影,可能是哈里斯·福特主演的《印第安纳·琼斯》系列探险片,里面有一段戏是琼斯和纳粹军官在飞艇上打斗的场面。

但是飞艇和飞机相比的缺陷也越来越明显：一是必须有很大的气囊，操作性和抗风暴能力没有飞机可靠，二是商业航班的成本也逐渐比不上后来居上的大型运输机了，最要命的是第三点：飞艇气囊里面充盈着轻于空气的氢气，而氢气易燃易爆。其实早在1920年代，美国生产的飞艇已经用上了惰性气体氦气。但是1936年德国制造的世界上最大的飞艇"兴登堡号"仍然不得不使用氢气，因为当时氦气制备不易，由美国厂商垄断着，美国拒绝向齐柏林公司出售氦气。结果充满氢气的"兴登堡号"在1937年5月6日完成一次跨大西洋航班着陆的时候着火，顷刻之间被烧得面目全非，吊篮里的99名乘客和35名机组人员遇难。

这次灾难标志着飞艇时代的结束。根据调查的正式结论，着火的原因是静电，但是一直有间谍破坏的传说在悄悄地流传。其实"兴登堡号"灾难之后，德国飞艇仍然进行过几次飞行，只是没有用作商业航班，甚至在二次大战初期，德国还用齐柏林飞艇对波兰领土和英国舰队的母港斯卡帕弗洛进行过侦察。最后根据1940年德国空军司令戈林的命令，所有飞艇退役并被销毁。

因为飞艇的诞生地和制造基地一直都在弗雷德里希港，所以今天这里拥有航空爱好者必到的齐柏林飞艇博物馆。笔者去参观之前曾以为博物馆所在地是旧的飞艇厂房，到了以后才发现，这里其实是一栋湖边的现代建筑，面对湖水，背对火车站。博物馆里最显著的展品是"兴登堡号"飞艇的1:1模型，当然不是整个飞艇，它太大了，整座建筑都容不下，而是一部分艇身模型，有骨架，有蒙皮，大厅里有一处梯子模拟飞艇的吊篮，可以走上去一层，上面模拟了当年齐柏林式飞艇载客吊篮的内部陈设，可以亲身体会早期豪华航空旅行的场景。此外，令我印象深刻的还有几辆豪华古董汽车，仔细阅读说明牌才发现，原来其中一辆被称为"齐柏林迈巴赫"，放在这里还确实跟飞艇主题颇有渊源：我们都知道迈巴赫是德国豪华汽车厂商，他们当年为齐柏林飞艇生产引擎，这部1930年代的迈巴赫汽车使用了同样的引擎，有12气缸8升排量200匹马力，重达3吨的车身可以开到170公里时速，这在30年代是相当了不起的成就。

除了齐柏林飞艇博物馆，弗雷德里希港还有一座道尼尔飞机博物馆，但是不在湖边的市中心，而是远远地僻处郊区的当地机场，所以平时游客很少。熟悉二次大战史的军迷都知道，道尼尔是二次大战中著名的大型军用飞机公司，出产了道尼尔－17，道尼尔－217两款双引擎轰炸机。其实道尼尔公司是在战前制造大型客运水上飞机起家的，在这座博物馆里能够见识到的最好玩的飞机，是豪华水上飞船道尼尔－X的模型：因为它是水上飞机，机腹像船底，用于水面降落，所以机翼是在机身顶上，而不是机身中间的，所谓"上单翼"。

而道尼尔－X的奇特之处在于，一般飞机的发动机分别在机身两侧，而它的6个发动机全都背负在机翼中央的正上方，好像背着什么东西一样，而且每个发动机座都有向前向后两个螺旋桨，开动的时候一个正转，一个反转，好像一推一拉，所以也说不清楚是一座发动机带动两个螺旋桨呢，还是每个发动机座上装载了一正一反两部发动机，各自带动一个螺旋桨。德国的航空和坦克博物馆一般都刻意避免突出纳粹德国时期的装备，以避军国主义宣传之嫌，这里也是一样，在机库中可以看到的轻型飞机，以战后的飞机为主，这家公司直到今天仍然是德国的著名飞机制造商，战后重新研制水上飞机，也兼营直升机甚至航天设备。

康斯坦茨湖周边的几座小城各有特色，弗雷德里希港可以说是理工男技术迷的天堂。沿着湖岸继续向西北方向行进10公里左右，米尔斯堡（Meersburg）可以说是喜欢童话小镇的女生的最爱。其实米尔斯堡也有一座齐柏林飞艇博物馆，这也是我把两个城镇放在一起叙述的原因，这座米尔斯堡飞艇博物馆规模很小，大约只有两间屋子，以小规模的飞艇文物为主，还有一个电影放映室追述飞艇的历史，可以选择英语还是德语。这里给人的感觉更私密，更亲切，我就在这座博物馆里消磨了整个上午，只有我一个人，慢慢地欣赏。

米尔斯堡最大的特色，是它的小镇风情。全德国有很多这样安静秀美的城镇，很多古色古香的裸露着木制梁架的半木梁传统德国民居。其他的方方正正的建筑的水泥墙也都粉刷得干干净净，经常有房子的整面墙壁上爬满了常青藤，只露出窗户，而这些沿街房子的窗户，多数都在窗台上种花，夏天的艳阳下鲜花盛开，常青藤碧绿地蔓延着。

米尔斯堡就是这样一座美丽的城镇,而且它坐落在湖边的山坡上,湖边码头旁只有一长条狭窄的平地,是一条步行购物街,从街边就可以沿山坡走台阶或者步道攀缘而上,面对着浩瀚的湖水,走到高岸顶上的老城,这里才是旧城的中心部分,所有的街道都是立体的,有时候在这里探索那些迷宫般的街道和小广场,迷路本身就是一件特别有趣的事情。我觉得像这样的美丽小镇才是深度游览德国、法国这些欧洲国家的精髓所在,在莱茵河流域,我也尽量向读者推荐一些鲜为人知的魅力小镇。康斯坦茨湖边的林道、米尔斯堡都是其中的例子,还有后面的莱茵石、根根巴赫,法国阿尔萨斯的埃吉桑(Eguisheim)、摩泽尔河边的科赫姆(Cochem),似乎这样的无名小镇在莱茵河流域特别密集。如果读者有机会自驾游览康斯坦茨湖周边的话,我建议大家把住处定在林道或者米尔斯堡。所有沿湖边的城镇交通都很方便,因此不需要住在弗雷德里希港或者康斯坦茨这样的中心城市。在小镇过夜,本来就很少有外国游客,到晚上就连本国的游客都走了以后,漫步在几乎空无一人的街道上,最好是不吃晚饭,拐进当地小酒馆喝杯当地的白葡萄酒,吃一份蛋糕或者冰激凌,然后带着微醺继续漫步,是一种特别浪漫的旅行经历。

德国康斯坦茨城

康斯坦茨是整个湖区德国部分的中心城市,这座湖就以城市命名。但是其实在德国它反而不叫康斯坦茨湖,而叫作博登湖(Bodensee)。笔者当年第一次来博登湖区域的时候,旅行知识还很贫乏,并不知道沿湖有这么多各具特色的好玩地方,当时就是驱车数百公里,专程前来康斯坦茨,为了探访一座600多年前的老房子:那是1415年天主教康斯坦茨大公会的会址。康斯坦茨城的特色,就是它悠久而厚重的历史。

14世纪初教皇卜尼法斯八世和专制集权的法国国王美男子菲利普争夺教权,被法王派人痛打一顿,几周以后死去,1305年法王支持来自法国的红衣主教当选为教皇克莱门特五世,克莱门特一登基就把教廷迁到法国南部普罗旺斯地区的阿维尼翁，将法国境内的教会税收献给法国朝廷，并和法王合谋解散了圣殿骑士团，没收其产业，大多数骑士团高层以异端罪名被处以火刑。此后70年的"阿维尼翁之囚"有7个教皇都是法国人，全都依附于法国朝廷。今天我们在法国南部普罗旺斯旅游，会去阿维尼翁城，那里最著名的古迹是教皇宫，就是这段"阿维尼翁之囚"时代中天主教的教皇住所。

直到1378年教皇格里高利十一世才把教廷迁回罗马。此后40年的天主教会更乱：格里高利十一世教皇死后，教廷在罗马选出乌尔班六世为教皇，法国人在阿维尼翁选出克莱门特七世为教皇，他们死后各自又有继承人，后来各国想要结束这种对立，在比萨开宗教大会，选出第三个教皇，但前面两个拒绝退位，于是变成三个教皇并立。最后，在候任神圣罗马帝国皇帝西格蒙德主持下，1417年在康斯坦茨召开的宗教大会，废掉了并立的所有教皇，另选出马丁五世，这才结束了罗马教廷的纷乱局面。这次康斯坦茨大会还烧死了布拉格大学教授胡斯，罪名是异端邪说，由此引发波希米亚的反抗——"胡斯战争"。今天，布拉格市中心老城广场上的铜像，就是纪念这位新教改革的先行者。

那么谁有资格召集欧洲全境的大主教，和地位最高的贵族来决定教皇废立呢？自然只有欧洲的首席贵族，神圣罗马帝国皇帝。按照1356年卢森堡皇朝皇帝查理四世《金券诏书》定下的规矩，帝国境内七大选帝侯选出德意志国王，当时称号早已改为"罗马人的国王"，也就是候任皇帝。罗马王经过教皇加冕才是皇帝。当时皇位空缺，已经当选的罗马王就是查理四世的儿子，卢森堡家族的西格蒙德。其实这位西格蒙德并非长子，他的父亲，强大的查理四世皇帝在生前，就把自己兼任的波希米亚国王的王位传给长子——西格蒙德的哥哥文森斯劳，还让文森斯劳当选罗马王，当时的波希米亚就是今天的捷克，是帝国境内最富庶的地区之一。查理四世的皇廷也在布拉格，这种安排摆明了是要让长子将来继承帝位的。

作为弟弟，西格蒙德只得到勃兰登堡选帝侯的位子。不过他的父皇还给他定了一门亲事，岳家是强大的波兰国王兼匈牙利和克罗地亚国王，拉约什大帝。当时匈牙利吞并克罗地亚，和波兰两个国家都是帝国范围以外的东欧强国，拉约什国王兵精粮足，国力强大，是东欧的绝对统治者，可是他没有儿子，未来这三顶东欧王冠很可能落到西格蒙德手中。所以，查理四世皇帝对文森斯劳和西格蒙德兄弟也算是一碗水端平，没有明显的偏向。

但父皇的安排归安排，他驾崩以后，兄弟两个在个性和能力方面的差异就让老皇帝的安排落了空。哥哥文森斯劳作为波希米亚国王，跟国内的贵族矛盾重重，作为德意志国王又不管德意志事务，人送外号"懒王"，莱茵地区的四位德意志大主教联合普法尔茨选帝侯鲁伯特，要废掉哥哥文森斯劳的德意志王位，另立鲁伯特为王，鲁伯特和文森斯劳开始王位争夺战争。而弟弟西格蒙德那边，除了本来拥有的勃兰登堡选帝侯头衔，在老丈人拉约什大帝死后，还得到了匈牙利兼克罗地亚王位。当时匈牙利是欧洲最大的银矿区，富庶程度首屈一指，国力远远强过德意志本土。可惜西格蒙德没能得到老丈人的另外一顶波兰王冠，波兰贵族选择西格蒙德的连襟，拉约什大帝的另一个女婿为王。

西格蒙德的政治才能非常出色，但是打仗的本事平平，一生打仗败多胜少，他能够成为一代著名的帝王全靠在各种势力之间折冲樽俎、闪转腾挪的本事。西格蒙德先是充当哥哥——波希米亚国王文森斯劳和波希米亚贵族之间的调解人角色，获得了很多波希米亚贵族支持，成了哥哥死后王位的指定继承人。然后在德意志王位的继承冲突当中，他在1402年突然背叛并囚禁了亲哥哥，转而支持教廷给对立面鲁伯特加冕罗马王，交换条件就是自己获得哥哥留下的波希米亚王位。这样，帝国东境最富庶的匈牙利和波希米亚，全都归了西格蒙德。刚过8年，德意志国王鲁伯特病死，西格蒙德跟哥哥和解，把波希米亚归还给哥哥，交换条件是自己保留波希米亚继承人身份，同时当选为下届德意志国王。再过9年，他的哥哥文森斯劳病死，西格蒙德顺理成章地把波希米亚收入囊中。

就是在这一段政治上的闪转腾挪，夺取帝国储君地位，也就是德意志国王的名号，外加东欧的匈牙利、波希米亚这两大经济实力后盾期间，为了增加自己的政治威望，结束教廷分裂的乱象，西格蒙德以罗马王的候任皇帝身份，把欧洲的主要贵族代表和主教们召集到康斯坦茨城，召开废立教皇的宗教大会。当时英法两国还在百年战争期间，意大利则一贯四分五裂，放眼欧洲，也只有西格蒙德有这个威望和实力主持大会。

西格蒙德皇帝当年的康斯坦茨宗教大会在欧洲史的意义非常深远，不仅结束了教廷几十年混乱分裂的局面，使之终于回到罗马安顿下来，而且皇帝相对于教皇的地位大大提高，一改此前德意志皇帝面对教皇的弱势形象。教皇凌驾于皇帝之上的日子一去不返。

至于以异端邪说罪烧死胡斯一事，历史上有各种说法：当初召胡斯来大会的时候，西格蒙德给胡斯的理由是促进教会各派团结，也给他一个通过公开辩论为新教正名的机会，并答应过保证胡斯的人身安全，所以胡斯才敢来。后来宗教大会的主教们发动对胡斯的审判，皇帝还勃然大怒。大会对胡斯处以火刑的时候皇帝并不在场。有人说是主教们自作主张，陷皇帝于不义，也有人说皇帝本人原本就是个出尔反尔的阴险小人。我觉得从西格蒙德一贯的政治做派来看，实际上可能两种因素兼有：皇帝一开始也许不想处决胡斯，但是他没有料到教会内部的保守力量这么强；当他发现局势出乎意料的时候，决定顺水推舟牺牲胡斯和自己的信誉，换取政治资本，这符合西格蒙德皇帝的性格。

单纯从左右逢源的政治运作手段来说，西格蒙德皇帝确有几分古罗马帝国开国皇帝奥古斯都的风采，作为恺撒继承人的奥古斯都也是从不被人看好的一穷二白局面，空手套白狼变成了罗马后三头的，而且奥古斯都也是政治手腕高超，而军事能力很弱。但奥古斯都大帝有发小阿格里帕为自己赤胆忠心打遍天下，西格蒙德就没有这样一位军事上的得力助手。烧死胡斯以后，信仰新教的波希米亚人民揭竿而起，拉开了"胡斯战争"的序幕，西格蒙德后来虽如愿以偿顺利戴上帝国皇冠，和波希米亚的王冠，但直到死也没能平定波希米亚的战事，反而在新教大军面前连吃败仗。所以，康斯坦茨宗教大会的另一个意义，就是从此开启了16—17世纪愈演愈烈的全欧洲宗教战争的潘多拉魔盒。这件事对近现代欧洲的影响，甚至超过了教会统一。

这次大会从1414年开到1418年，直到今天，当年的会址还完整地保留在康斯坦茨湖边，就在火车站旁边，正对着轮渡港口，是一座三层木质楼房，大屋顶里面的阁楼至少还另有三层空间，今天是一座纪念馆，也承接各种婚礼、会议之类的活动。

除了 1418 年康斯坦茨大公会的会址，老城边缘还有一处人人都会经过，但又不太注意的地方：从湖边的大公会旧址和市政厅向北走，路过城市公园以后会有一座公路桥，过桥以后就出了旧城的范围。桥下是康斯坦茨湖的出口，莱茵河就在这里继续向西流去，这座跨越莱茵河的桥不算长，是座双向 4 车道的公路桥，很少有人注意到，它是计算莱茵河河道里程的 0 公里处。

从这里向下游，里程数逐渐增长，比如瑞士名城巴塞尔在莱茵河 167 公里处，德国西部的浪漫莱茵河谷在 550 公里前后，位于荷兰鹿特丹附近的入海口在 1033 公里。其实从瑞士莱歇瑙镇前后莱茵河交汇处，莱茵河就已经正式成形了，为什么略过康斯坦茨湖以上的整段阿尔卑斯莱茵河，从康斯坦茨湖出口才开始计算里程，那只是 19 世纪人们溯源莱茵河时约定俗成的算法而已。但无论如何，这座桥从字面意义上来说也算得上整条莱茵河的一个真正的"里程碑"。

德国莱歇瑙岛

康斯坦茨城坐落在湖的西北方向，属于南岸，因为整个湖是西北—东南方向狭长的，从这里再往西，湖水分岔，在湾汊里，有一座 5 平方公里的小岛，叫作莱歇瑙岛，岛上有一座修道院被列入联合国世界遗产名录。这座修道院和康斯坦茨湖东南角上的瑞士圣加伦修道院差不多同时建立，也在 8 世纪上半叶，也就是法兰克王国末期，宫相查理·马特击败阿拉伯人入侵，相当于唐朝开元盛世那个年代。公元 1000 年之前是这所修道院的极盛期，也和附近的圣加伦修道院一样，是文化学术中心，有一座很大的图书馆保存古老中世纪的手抄图书。和圣加伦不同的是，它的图书馆藏书后来被分走了，现在分别保存在慕尼黑的巴伐利亚国家图书馆和卡尔斯鲁厄的德国国家图书馆里，所以今天在这里看不到像圣加伦那样修建于 18 世纪的豪华图书馆。

在中世纪，这里还有两样跟圣加伦不同：其一，莱歇瑙这里是一个图书制

莱歇瑙岛修道院

作中心，因为古代还没有印刷术，书都是手抄本，抄完以后装订是一门艺术，不但全程手工，而且会加上各种设色、镶嵌等装饰工艺，没有两本书是完全相同的。如果制作得精心，那每一部书都堪称是工艺品，所以书籍的装帧制作是手工工场的工作，莱歇瑙岛修道院这里，中古时期就是远近闻名制作书籍的地方，甚至这里的僧侣装订书籍的手法自成一派，被称为莱歇瑙风格。其二，笔者看到资料上说，修道院保存了一个圣迹，就是《圣经新约》上说，耶稣基督在迦拿参加婚宴，把水变成酒，当时婚宴酒桌上的水壶在这里。不过我造访修道院的时候没有看到这件圣器，估计是深藏在圣器室里秘不示人吧。我对于所有宗教的传说都有兴趣，喜欢一探究竟，关于《圣经》里用水变酒的故事，在以色列游览的时候，曾专程开车到加利利湖区的迦拿探访，那里的遗迹尚在，现在是一座小教堂。另外，在巴黎卢浮宫见到委罗奈斯的《迦拿的婚宴》，是卢浮宫展出画幅最大的一幅油画。

现在，莱歇瑙岛修道院因其古老，而名列联合国世界遗产名录，小岛通过一条长堤和湖岸相连，游客可以坐火车到湖岸边下车，就有公共汽车驶过堤道，直接到达修道院门口。当时是盛夏，周围非常安静，只有三五个游客，修道院周围种了很多花，正在盛开的季节，修道院的办公和住宿建筑很简单纯粹，长方形的两层白色楼房，棕红色的大坡顶，每间房间的窗户都很小，半圆拱顶，可以看到墙壁很厚，正是中世纪罗曼式建筑的典型，墙壁上还有日晷，我仔细看了一眼，时间还挺准确的。虽然游人不能进入修道院宿舍，但是可以参观教堂，这座教堂明显是在13世纪之后经过改建，因为能够从外观上看出细高的哥特式大玻璃花窗，但是整座建筑是敦敦实实的，窗户上部半圆拱顶、壁柱装饰，仍然保留了更古老的罗曼式风格。教堂里面埋着查理曼帝国皇帝胖子查理三世的遗骨：我们知道查理曼大帝的父亲矮子丕平篡位，把法兰克王国的墨洛温王朝改成了加洛林王朝，到查理曼大帝手里，他登上皇帝位建立了加洛林帝国。843年查理曼大帝的三个孙子平分帝国，东法兰克王国的国王是日耳曼人路易，这就是后世德意志王国的雏形，日耳曼人路易的儿子，就是这位胖子查理，算起来，他是查理曼大帝的重孙，也曾经以东法兰克国王的身份登上帝位，是整个加洛林帝国几个王国名义上的共主。他死后就埋在莱歇瑙岛修道院。

卢浮宫藏委罗奈斯的《迦拿的婚宴》

胖子查理是德意志王国最后一个加洛林朝君主,他死后,东法兰克王国经过一段时间内乱,后来改成选举制。先选择了四大基干公国之一的法兰克尼亚公爵康拉德一世,康拉德一世死的时候,又让贤给另一个基干公国萨克斯公爵捕鸟者亨利来当德意志国王。捕鸟者亨利的儿子继承王位,就是奥托大帝,后来奥托又征服了中法兰克王国的大部分土地,加冕称帝,这才是神圣罗马帝国的开始。这段选举只有四个基干公国参与,第五个基干公国(从中法兰克王国分出来加入东法兰克王国的洛林公国)不同意选举,转投仍然是查理曼大帝后代当国王的西法兰克王国,后来才又回归神圣罗马帝国。

也许有人会觉得奇怪,康斯坦茨湖里的这座莱歇瑙岛,为什么和前后莱茵河汇合成莱茵河干流之处,那座莱歇瑙小村同名呢?其实莱茵河开始之处的那个村庄在古代就是这座莱歇瑙修道院的领地,所以同名也有其必然的联系。在今天,莱歇瑙岛上非常安静,除了偶尔有像我一样来看一眼联合国世界遗产的几个游客之外,没有外人,这里以种菜出名,岛上出产的新鲜有机蔬菜在德国南部很有名,岛上出了修道院的范围,到处都有菜地和大棚。

瑞士莱茵石小镇

康斯坦茨湖在西北分岔以后逐渐变细,从莱歇瑙岛的湖面继续向西,水面逐渐收窄变成河道,这就是莱茵河流出康斯坦茨湖的地方,从这里向西流淌150公里,海拔从395米下降到252米,基本上形成了德国南部和瑞士北部的国界,直到瑞士巴塞尔结束,这一段叫作"高莱茵河"(Hochrhein)。在高莱茵河的中段,有我特别喜欢的莱茵石小镇。

还记得我第一次到这里的时候是冬天,小镇在莱茵河北面,呈长条形临河东西向一字排开,火车站在莱茵河南面,下了火车要走过一座桥,在桥上的时候,隔着河面上冬日淡淡的雾气,看到临河彩色墙壁红坡瓦的古老建筑,还有几株仍有绿意的垂柳,枝条浮在水面上,河面有三三两两的水鸟,这一切在氤氲的晨雾当中,一下子让我仿佛走进设色水墨丹青的国画中,和中国江南水乡太神似了！同样是童话般的莱茵小镇，莱茵石的特色和米尔斯堡跟兰道还不一样，这里的居民只有3000多人，老城是一条与河流平行的主街，东端是市政厅广场，西端是古城门，只有两三百米长，在这条小街沿线，尤其是市政厅广场周围的那些德国半木梁式房屋墙壁上，布满了色彩鲜艳、画工精致的壁画。

这些壁画是所谓"湿壁画"，就是说先在墙上刷熟石灰，趁着石灰还没有干的时候，就用画笔蘸着事先调好的石灰颜料在上面作画。因为打底的熟石灰和颜料同质，所以马上就会把颜料吸进去，一方面产生晕染，就像墨在宣纸上一样，另一方面颜料和石灰底子与墙壁融为一体，历久不会褪色。但是这要求画家下笔果断，不能修改，就像在宣纸上写书法，下笔就不能改了。油画可以用小刀刮去局部，颜料也是不透明的，可以覆盖修改的地方，但湿壁画一旦等颜料干了是改不了的。湿壁画如果在室内，可以历久弥新不掉色，像罗马梵蒂冈教皇书房里拉斐尔的《雅典学院》、西斯廷小教堂天顶米开朗琪罗的《创世记》系列，全都是著名的湿壁画。但如果在室外，还是会受气

莱茵石冬天

候和污染的影响而逐渐剥落。

莱茵石这里的老房子基本都是建于15—17世纪的，也就是相当于中国明朝，其中很多精美壁画出自名家之手，比如安德烈·施穆克尔（Andreas Schmucker）、托马斯·施密特（Tomas Schmid），保存到今天不可能还是如此色彩鲜艳，一定经过不断地维护。这座小镇非常受欧洲游客欢迎，镇上居民有20%是外国人，而要买下主街上拥有壁画的这些历史建筑，必须跟市政当局签订合同，屋主承诺自掏腰包不断维护房子和外墙上的壁画，这是一笔相当大的开销。所以能在这座瑞士童话小镇上拥有古建筑的人非富即贵，但作为游客，莱茵石是一个让人忘掉现代世界、仿佛置身于中世纪的地方。我曾冬夏两次来这里体验不同的景色，这里是特别值得推荐的一处鲜为人知的世外桃源。

瑞士莱茵瀑布

从莱茵石小镇沿着河流继续向西行，"高莱茵河"的主河道在20多公里处陡然下落，就形成了蔚为壮观的莱茵瀑布。这里可能是莱茵河上游最著名的自然景观，从流量计算，它是全欧洲最大的瀑布，横宽150米，落差23米，年平均流量每秒700多立方米，但是如果论高度，莱茵瀑布不是欧洲大陆上最高的，全欧洲最高的瀑布在冰岛东北部的荒原里，叫作黛提瀑布，横宽100米，落差44米，流量每秒193立方米，比莱茵瀑布水量小。

其实从远处看，不会觉得莱茵瀑布23米的落差特别雄伟，与之相比，中国最大的黄果树瀑布主瀑高67米，宽101米，而全世界最大的三个瀑布：美加边境的尼亚加拉大瀑布、巴西阿根廷巴拉圭交界的伊瓜苏瀑布、赞比亚津巴布韦交界的维多利亚瀑布，笔者都亲身去过，气势更是不在一个数量级上。

但莱茵瀑布胜在河流冲下瀑布之后，拐了一个弯，而拐弯处的游船码头与瀑布正面相对，很容易拍到全景。瀑布中间有一块礁石，如果穿着救生衣坐船可以爬上去，礁石顶端插了一面瑞士国旗，非常上相。此外，在瀑布的侧面修建了逐级升高的步道，可以从任何一个侧面角度拍摄瀑布。而在莱茵瀑布顶端有一座铁路桥，从北岸的沙夫豪森（Schaffhausen）可以沿桥横跨瀑布顶，走到莱茵河南岸的制高点劳芬宫（Schloss Laufen）。这座劳芬宫正好在瀑布下落之后，河道向南拐弯的内角制高点，视角极佳。它本身是一座货真价实的古城堡，至少从858年就已经存在了，现在属于瑞士苏黎世政府，在城堡里除了餐馆和观景台，还有玻璃电梯可以沿着悬崖直接下到河边。城堡里有一座青年旅舍，我每次看到这座青旅就会非常羡慕，这地点绝了，千金难买，但是作为青年旅舍又不可能很贵，是给低成本旅行游客住的，也许很难订上吧。其实这座选址得天独厚的古城堡完全可以开设豪华酒店，生意一定不会差，但这里的拥有者，明显并不是把盈利作为目的。

莱茵瀑布北岸的沙夫豪森市是附近这个州的首府，在瑞士算一座中等城市，可以作为莱茵瀑布游客最方便的落脚点。但如果自驾的话，我个人推荐住在上游的莱茵石小镇更有中世纪味道，毕竟两者之间相距只有20公里。值得一提的是，瑞士钟表品牌IWC的产地就在沙夫豪森。IWC中文译成万国表，全称中规中矩，叫作国际钟表公司（Inernational Watch Co.），起源其实是一个美国工程师1868年从波士顿的美国顶尖的钟表制造公司跳槽出来单干，想要利用瑞士钟表工匠闻名全球的精湛技艺，而且当时瑞士的经济还没有现在这么发达，人工比美国更便宜，于是就创建了这家公司。

笔者之所以提到一个瑞士手表品牌，除了因为手表是瑞士的特产，游客购物的目标，更因为它有点特殊：现在蜚声世界的瑞士名牌手表，几乎都产自瑞士西部的法语区：比如劳力士（Rolex）和它旗下的帝舵（Montres Tudor），总部在日内瓦；百达翡丽（Patek Phillippe）和江诗丹顿（Vacheron Constantin）的总部也在日内瓦；欧米茄（Omega）和浪琴（Longines）的总部在伯尔尼州西部，虽然首都伯尔尼本身是说德语的，但欧米茄和浪琴两家公司分别都在州的西部法语区，靠近法国边境。在19世纪的时候，瑞士钟表都是个体工匠在家手工制作，和制造珠宝没有什么两样。但IWC的这位创始人琼斯来自美国，接受的是美国的工业化大生产理念，想要建立工厂，用机器代替至少一部分手工程序，而法语区的钟表工匠太传统，拒绝为他工作，后来沙夫豪森的市政府接受他的公司落户，建立起厂房，这才成就了今天瑞士东部和北部唯一的著名手表著名品牌。从这个故事，也可以看出瑞士的民族精神：认真固执，对传统无比尊重，热爱自由，甚至不愿意受现代化工业的束缚。

第二章 从"高莱茵"到"上莱茵":法德争斗与德意志历史的摇篮

莱茵河在康斯坦茨城的跨湖大桥开始了 0 公里标记,但这里其实并非是高莱茵河的起点,而是康斯坦茨湖分岔的湖面。真正的高莱茵河从莱茵石镇正式开始,由东向西流淌,基本上形成瑞士和德国的边界,瑞士在南,德国黑森林地区在北。但在个别地段也不尽然,比如前文介绍过的莱茵石小镇和莱茵瀑布旁边的沙夫豪森市,都是瑞士在莱茵河以北的领土。高莱茵河一直向西奔流 150 公里,河面海拔从 495 米下降到 246 米,到达莱茵河沿岸第一座大城市,瑞士的巴塞尔(Basel)。其实,高莱茵河这一段中间,也就是莱茵瀑布以南不远处,是另一座瑞士名城苏黎世,莱茵瀑布南岸顶上的古堡劳芬堡,就属于苏黎世州。但一方面苏黎世本身并不在莱茵河岸边,另一方面苏黎世和巴塞尔都是工商业、金融业非常发达的城市,以高质量高物价的生活闻名于欧洲,从旅游文化和历史的角度来说,日内瓦、卢塞恩等其他瑞士名城,和莱茵河后面一路流经的斯特拉斯堡、科隆、波恩等文化名城,苏黎世对游客的吸引力就弱了一些,所以在此就不对它多做介绍。

而巴塞尔在莱茵河流域的地位却不得不提。高莱茵河一路流到巴塞尔,画出整个瑞士北部边界的大致轮廓,在巴塞尔市内流向陡然从向西变为向北,拐了一个90度的大弯，从此直到入海口，大致都保持了正北—西北流向。从巴塞尔到中莱茵河谷入口的宾根，这一段河道长362公里，海拔从246米下降到79米，叫作"上莱茵河"。巴塞尔在莱茵河流域的重要地位还在于，从巴塞尔开始直到入海口，中型船舶可以全程在莱茵河干流通航，莱茵河全欧洲第一"黄金水道"的名气全赖于此。而巴塞尔再向上游的高莱茵河落差较大，水流更急，尤其有莱茵瀑布，无论船只航运还是鱼类洄游都是无法逾越的障碍。

巴塞尔旧城位于高莱茵河向北拐弯处，这处河湾被称为"莱茵之膝"，意思是指其地势就像弯曲的膝盖一样。作为一座有悠久历史的古城，巴塞尔旧城有宏伟的教堂、市政厅，还有众多博物馆，其中最大最好的是巴塞尔艺术博物馆，其中尤其以15世纪末到16世纪"北方文艺复兴"代表画家汉斯·霍尔拜因父子三人的画作收藏，是全世界博物馆里最多的。此外，毕加索的作品也很多，挂满了整整一个展厅。这两位画家的收藏是巴塞尔艺术博物馆的突出特色。关于"北方文艺复兴"及其代表，霍尔拜因父子和丢勒，我们在后文讲到纽伦堡的时候再细说。

总之，巴塞尔作为一座大城市，有便利的交通，也有充足的文化景点、特色餐厅和酒店，足够让任何游客在这里盘桓一两天。但笔者个人更倾向于把苏黎世和巴塞尔两座城市当成长途飞行的中转站，而把旅行的时间更多分配到下游那些美丽的中小城市。在我看来，那些小城镇才是莱茵沿岸真正吸引人的地方。

第一节　幽深的黑森林，明艳的弗莱堡

黑森林的由来

莱茵河从巴塞尔向北转弯以后就离开了瑞士，称为"上莱茵"，这里和更上游的康斯坦茨湖、中莱茵峡谷并列，是笔者认为莱茵河沿线最精彩的三段。上莱茵河的前半段构成法国和德国的边境，河东岸属于德国巴登－符腾堡州的

黑森林地区，河西岸属于法国阿尔萨斯。两边都有很多引人入胜又鲜为人知的中小型城市。

中国人描述河流两岸一般都用东南西北的方位，而欧洲人在说河流两岸的时候，喜欢用左右来区分。一般的规则是，人顺着河流的流向站立，也就是背对上游，面对下游，此时右手边就是右岸，左手边就是左岸。既然上莱茵是从南向北流，那么右岸就是东岸的德国黑森林地区，左岸就是西岸，法国阿尔萨斯。

黑森林的南边是高莱茵，西边是上莱茵，半包围在莱茵河的怀抱中，在这个怀抱里，还产生了多瑙河的源头。自古以来，在这片连绵起伏的群山中，人口相对稀少，大片土地从未得到开发，保持着原始的森林面貌。大批森林随着丘陵地势起伏，郁郁葱葱，远远望去，密集的森林比暗绿的颜色更深，接近于黑色，于是得名"黑森林"。还有一个原因，古罗马时代，罗马人生活在莱茵河以西，认为对岸这片森林过于茂密，无法居住，森林里神秘莫测，于是用"黑森林"这个名字来形容这里的神秘。黑森林地区虽然人口密度低，但却诞生了很多特别有当地特色的民居建筑、工艺品和食品，比如天下闻名的木制工艺挂钟，俗称咕咕钟。因为这里就是多瑙河的源头，我们可以把大部分的乡间游览路线和小城镇，以及地方物产，放在多瑙河的开篇去讲述。在这里，我想集中注意力来介绍在莱茵河不远处的黑森林首府，弗莱堡（Freiburg）。

弗莱堡风光

弗莱堡在德国是一座中等大小的城市，大约有 23 万人口，却拥有一座很大的高等学府，弗莱堡大学，这里的学生就有 3 万多人。这所大学全名叫阿尔伯特—路德维希弗莱堡大学，建于 1457 年，教授和校友中出了 21 位诺贝尔奖获得者，包括奥地利学派和芝加哥学派的经济学大师海耶克。海耶克任教时间最长的还是伦敦经济学院，之后在芝加哥大学经济系任教 10 年，但他最终是在弗莱堡大学退休的。此外德国哲学家海德格尔也是这里的教授。这样一座城市，不可避免地洋溢着丰富的人文主义气息，生活也很悠闲和精致。旧城很小，西边是火车站，东边城门外是山丘，步行横贯也只需要20分钟而已。

我在这座小城里，最喜欢的是一座大教堂广场，一条紫藤小街，和全城纵横交错的街边水渠网。弗莱堡的德文意思是"自由的城市"，原先也是归当地的伯爵和公爵管辖，但这里的市民热爱自由，在13—14世纪经常起来反抗弗莱堡伯爵，几次把伯爵驱逐出城，逃上东边的城堡山，还有一次在1299年弗莱堡伯爵埃吉诺为了反攻城市，请来自己的表弟，莱茵河对岸的斯特拉斯堡大主教康拉德·冯·里希登贝格带兵助战，结果连大主教也被当地的一位屠夫刺死。终于在1368年，当地市民集资，向弗莱堡伯爵赎买土地，变成了直属于皇帝的帝国自由城市，名副其实的"自由城"。

弗莱堡的大教堂从1200年后不久开始修建，当时还处于罗曼式晚期，哥特式建筑即将兴起的时候，花了130年左右基本建成，在古代的人力物力和技术能力的条件下，这样的速度已经是相当快的了——相比之下，莱茵河下游著名的科隆大教堂，断断续续花了800年时间才建成。因为修建教堂的整个时期几乎都在哥特风格盛行的时候，所以风格比较统一。它的塔楼有116米高，正好等于教堂的长度，而塔尖部分镂空，石工雕刻纤巧复杂，远远看去就像刺绣的花边一样。但是教堂建造得快也有弊端，就是他们用的石料是产自黑森林当地的红色砂岩，这种石头质地软，虽容易加工和雕刻，但也容易风化，这和西班牙南部城市格林纳达著名的阿尔罕布拉宫的优劣如出一辙：石工复杂绚丽，但是不耐久。具体到弗莱堡大教堂的建筑材料，每30—60年就要换一茬，所以教堂的某个部分永远搭着脚手架，几乎没有人见过教堂完全不被遮盖的样子。

初到欧洲旅行的游客，会觉得每个城市都有教堂和王宫，那些教堂千篇一律，看不出什么区别。所以懂一点建筑艺术史才能看出其中奥妙，中世纪的罗曼式和哥特式建筑的式样和历史，我们留在后面的章节再说，因为莱茵河流域有德国最伟大的罗曼式大教堂：施派尔、沃姆斯、特里尔教堂，也有最伟大的哥特式教堂：斯特拉斯堡大教堂和科隆大教堂，都比弗莱堡的教堂宏伟得多。但是弗莱堡教堂的塔楼石工雕刻被称为世界上最美的塔楼。另外，如果你在教堂大门口仔细看门洞上的雕塑，会发现一些很有趣的细节：门洞上有很多基督教圣者和国王的雕像，这在任何一座哥特式教堂都一样，区别是刻画的繁复程度。弗莱堡教堂大门正上方，自然是耶稣基督钉在十字架上的塑像，他下面稍微靠右一点的位置，有个非常搞笑的"祈祷的小鬼"，大大的肚皮，双手合十，脸向左，正在看天使长米迦勒为人的灵魂称重。在一派肃穆中突然出现这么一个诙谐的小人物，让人不禁莞尔。教堂正门旁边的外墙上，也有看头：那里刻着很多线条和几何形状，这是古代的标准度量衡单位。教堂前广场是古代的交易市场，而容量、长度单位在那个时候各地都不固定，比如多长是"一肘"距离，高个子和矮子就差得很远，那么买卖"三肘长的布"也就无从谈起了。教堂上刻画的，就是本地市场上的度量衡标准，还有年份。比如墙上有一处椭圆形，上面还写着 ADMCCLXX，这就是一条标准面包的横截面，必须这么大，而那些字母是拉丁年代数字，AD 是公元后，罗马数字的写法，M 是 1000，D 是 500，C 是 100，L 是 50，X 是 10，V 是 5，I 是 1。规则是：小一级的数字写在上一级数字右边是加，左边是减，因此 MCCLXX 就是 1000+100+100+50+10+10，组合起来，是 1270 年，相当于宋元交替的那个年代。再往旁边看，另有一个圆圈，也是标准面包的横截面，比 1270 年的一条面包小了，上面的数字是 ADMCCCXVII，按照同样的规则读出罗马数字，是 1317 年，相当于中国的元朝。两个年代的面包对比，今天的我们居然能看到古代德国的通货膨胀！是不是很有意思？

　　能看懂罗马数字，在欧洲看古迹的时候是很有用的。因为许多宏伟建筑和纪念碑上，都会用罗马数字标出建成日期，一眼就能看出是什么时代建造的。比如前文提到过，康斯坦茨湖边的小城林道，港口有个巴伐利亚之狮的雕塑，基座上写着这行字母：MDCCCLVI，按照规则 1000+500+100+100+100+50+5+1，就是建于 1856 年，相当于清朝咸丰年间。

　　在教堂广场上肯定会有流动售货车卖香肠，如果我没有时间坐下来好好吃午饭，就会在这里驻足，排队买一份夹香肠面包，站在桌边吃完，就是一顿典型的德国快餐了。德国是一个香肠的国度，无论德国还是奥地利，每个地区都有自己独特的香肠，所以在肉店里，他们不会标德语香肠（Bradwurst），而是直接标哪个地区式样的香肠，常见的比如维也纳、柏林、法兰克福等等，一般外国游客对德国和波兰香肠的印象总是又粗又长，但笔者印象深刻的反而是两个地方的德国香肠以小闻名，一处是纽伦堡，另一处就是弗莱堡，这里的香肠有个别名叫作 Lange Rote，翻译成英语是 long red，是细长红色的，当场烤好夹在面包里，还会问你一句"要不要洋葱"。洋葱可以随意，但是有一点千万记住，这里的细红香肠有 35 厘米，比面包长出好多，你一定不要把香肠折成两段夹在面包里，那样一看就是不懂行的。当地人一定会把香肠夹在短面包里两头戳出来，稳稳当当地一口一口吃完。

　　如果面包夹香肠觉得太干想喝点什么，在教堂广场上就有一家开在老房子里的酒馆，这栋房子在古代还是警察局呢。虽说德国是啤酒的国度，但是在莱茵河两岸，还是喝葡萄酒为最佳选择，因为莱茵河一路都是德国著名的产酒区。弗莱堡是德国的葡萄酒产区，产量很大，城市周围也有大量的葡萄园，这里是德国四季最温暖湿润的地区之一，因为莱茵河西岸是阿尔萨斯平原，再向西有孚日山把阿尔萨斯跟法国的勃艮第地区隔开，就在这里，北面的孚日山脉和南面的汝拉阿尔卑斯山脉之间有一个缺口，叫作"勃艮第大门"，来自地中海的温暖潮湿空气从这个缺口送进黑森林，造就了弗莱堡温润的气候。但是这里的葡萄酒产量比葡萄的产量大得多，原料不够用，所以弗莱堡产出的葡萄酒，很大一部分葡萄是来自法国的勃艮第地区。

　　吃饱喝足以后，离开教堂广场有两个选择，一是向西步行 200 米去市政厅广场，广场地面上还有一样好玩的东西，是排成一个圆圈的很多城市徽章。这些都是弗莱堡的各个友好城市的徽章，仔细看能辨认出来，一半以上都是大学城，比如意大利的帕多瓦，在威尼斯附近，城市虽小，却有意大利第二古老、全世界第五古老的大学，布鲁诺和伽利略居然都在那里教过书；还有美国威斯康星麦迪逊；西班牙的格林纳达，是阿尔罕布拉宫所在的城市；伊朗的伊斯法罕，那也是伊朗最有文化底蕴的城市，有一句波斯谚语叫作"伊斯法罕半世界"。

　　任何一位到过弗莱堡的游客都不会忘记旧城里每一条街边上的小小水渠：换作全世界其他任何城市，这其实就是阴沟，而在弗莱堡，这些水渠修葺得非常整洁干净，每天都有专人清理掉在里面的杂物，因为整个城市地势东高西低，这些水引自山坡，顺地势汩汩地流遍全城，水质清亮透明，很多小孩子蹲在渠边玩水。"问渠哪得清如许，为有源头活水来"，这套明渠体系早在13世纪，相当于南宋末年就形成了，因为中世纪的城市拥挤不堪，很多木头房子容易着火，这些沟渠可以把火灾限制在一个街区里面不至蔓延，而且一旦失火，大家把街上的渠一堵，泉水立刻会在原地蔓延成一个小池塘，灭火的水源就有了。自从中世纪这套遍布老城的明渠建成以来，弗莱堡就再也没有过火灾。当地还有一个有趣的民间信条：如果一个外来游客不小心踩进水渠弄湿了鞋，那么恭喜，这预示着你将会在弗莱堡当地找到另一半，共结连理，在弗莱堡安家！

如果从大教堂广场不向西而向东步行，走向古城的东门斯瓦本门，在到达城门之前，你一定会经过一条美得令人难以置信的小街，修道院街（Konviktstrasse）。这条街整齐而美丽，给人的感觉精致得无以复加，两边保留的古老房子开了很多咖啡馆和精品店，橱窗经过精心布置。如果留心的话，你会注意到街上没有一家国际连锁的商业品牌，比如麦当劳或者HM成衣这些，这是当地法律规定的，为的是保留住本地小店经营的原汁原味。如果你在春夏之交来这里，会看到街道两边二层楼上牵的过街绳索上，爬满了紫藤，此时正好蓝紫色的花开了，一簇簇茂密地从半空中垂吊下来。面对这样的童话般景色，你绝对不想匆匆而过，那就放慢脚步，在街边找家咖啡馆坐下来吧，点上一杯漂浮着香草冰激凌的冰咖啡，顶上一片巧克力脆饼干插在一球发泡奶油上，用高脚杯盛在面前，慢慢地啜饮，就让时间在这一刻停止。

再美的情境也不能永远流连，所幸前方总会另有精彩等着你。这就是旅行的魅力所在。从紫藤小街走到尽头就是弗莱堡的东城门，斯瓦本门，城门外是一条繁忙的交通干道，你可以从过街天桥来到东山脚下，这里有免费的直达电梯上山，山顶是一座已经废弃的城堡。在17世纪太阳王路易十四的时代，法军屡次入侵阿尔萨斯，并越过莱茵河占领过弗莱堡，19世纪初拿破仑的大军更是把这里作为法军集结，进一步经略整个德意志腹地的基地。城堡山上以前有法军的一处巨型兵营，要塞工事体系完整。拿破仑曾在弗莱堡地区屯兵15万，但在法军撤退的时候,他们把山上的要塞全部炸毁,防止德意志人回来以后加固城防。所以今天在城堡山上没有值得一提的完整建筑,但这里却是最好的俯瞰弗莱堡全城的天然观景台。

第二节 阿尔萨斯:相逢一笑泯恩仇

阿尔萨斯的历史纠葛,独特的美食和美酒

从弗莱堡西渡莱茵河,这片法国领土就是小说家都德笔下《最后一课》里的阿尔萨斯。因为《最后一课》从1920年代起,无论中国政局如何改变,始终入选中学或者小学课本,所以对这篇充满爱国主义热情的短篇小说国人无人不晓,很多人都记得其中的名句,比如"亡了国当了奴隶的人们,只要记住他们的语言,就好像拿着一把打开监狱大门的钥匙"。还有小说结尾的场景:韩麦尔先生转过身,拿起一支粉笔,用尽全身力气在黑板上写下两个词"法兰西,万岁"。

都德是1870年普法战争前后的法国作家,他的《最后一刻》《柏林之围》都以法国在战争中的失败为背景,洋溢着感人至深的爱国主义情怀。可是,那毕竟是小说,不是真实的历史。历史远比小说复杂和有趣。笔者初中时代也被《最后一课》感动过,但是30岁以后读欧洲历史,40岁以后亲身走遍这片土地,再回想起当初的课文,不禁莞尔:如果要说"自古以来",那阿尔萨斯和洛林"自古以来"都是属于神圣罗马帝国的土地啊,直到今天,当地的语言、饮食习惯、建筑样式还是德国风格的呢。文学家的春秋笔法实在是厉害!

阿尔萨斯西面是孚日山,东面隔着莱茵河跟黑森林相对,土地肥沃,在近代,法国人认为两国的边界应该是莱茵河,而德国人认为是孚日山,于是夹在中间的阿尔萨斯和洛林就成了两个国家世仇的根源之一。从历史上说,阿尔萨斯和洛林在民族大迁徙时代是日耳曼部落阿勒曼人的住地,后来被法兰克王国国王克洛维征服，成为法兰克王国和后来查理曼帝国的一部分。843年，查理曼大帝的三个孙子签订《凡尔登条约》三分帝国的时候，阿尔萨斯和洛林都是老大罗泰尔一世（兼任皇帝）中法兰克王国的一部分，855年罗泰尔一世再把中法兰克王国分给自己的三个儿子，阿尔萨斯属于洛林王国（Lorthringia），意思就是"罗泰尔后代的土地"，包括今天的阿尔萨斯和洛林两个省，实际上包括法、德之间，今天从上莱茵到莱茵河入海口荷兰、比利时、卢森堡的全部土地。880年，原来属于中法兰克王国遗产之一的大洛林王国归并进东法兰克王国以后降格为洛林公国，东法兰克王国就是日后的德意志王国，洛林公国是德意志王国最初的五大基干公国之一（法兰克尼亚、萨克森、斯瓦本、巴伐利亚、洛林），但是在这个时期，今天的阿尔萨斯跟洛林被分开了，阿尔萨斯被归并进斯瓦本公国。

无论如何，德意志国王奥托一世在962年称帝，建立神圣罗马帝国的时候，帝国不但拥有德意志王国，还拥有百年前中法兰克王国的另外两份遗产：勃艮第第二王国和意大利王国，也就是说，神圣罗马帝国起家的时候，基本相当于查理曼大帝整个帝国的三分之二，只排除了当年的西法兰克王国，也就是后来的法国。12—13世纪在霍亨施陶芬家族的腓特烈一世皇帝治下，阿尔萨斯单独成为帝国的一个省，由皇帝派遣总督管辖，腓特烈二世皇帝让斯特拉斯堡大主教来管辖阿尔萨斯。这个时代，相当于成吉思汗的蒙古大军横扫欧亚大陆的时代。腓特烈二世皇帝之子康拉德四世和罗马教皇交恶，后来霍亨施陶芬皇室被杀光，有数十年德意志王位和神圣罗马帝位空缺，史称"大空位时期"，阿尔萨斯的最大城市斯特拉斯堡就在这个时期成为帝国自由市。因为阿尔萨斯地区是从巴黎到维也纳的东西贸易通道和南北向的莱茵水道交汇处，因此非常繁荣。英法百年战争在15世纪中期结束，胜利的法国强大起来，1444年法国第一次入侵阿尔萨斯和洛林，强迫梅斯和斯特拉斯堡向法国缴纳保护费。但是从法理上来说，阿尔萨斯和洛林一直还是德意志神圣罗马帝国的领土范围。此后的宗教改革时代，阿尔萨斯和德国北部西部很多诸侯一样接受了新教。

1618—1648年的德意志三十年战争是一场席卷全欧洲的宗教战争，维也纳的哈布斯堡家族皇帝、西班牙和天主教罗马教皇为一方，信仰基督教新教的德意志西部、北部诸侯，加上帝国范围之外的丹麦、瑞典为另一方。法国是天主教国家，可是法国为了打击哈布斯堡皇朝的势力，反而在首相黎塞留红衣主教的领导下，加入新教一方和帝国作战。红衣主教黎塞留在大仲马的小说《三个火枪手》里是终极反派，但历史上他对法国的强大居功至伟，在战争中，法军占领了阿尔萨斯，切断神圣罗马帝国的南方部分通向北方荷兰的交通，1648年战争结束，新教一方获胜，《威斯特伐利亚和约》把阿尔萨斯割让给法国，不过法国对阿尔萨斯的控制一向松散，仍然说德语，信奉新教（法国本身是天主教国家），财政也是自主的，阿尔萨斯和东岸德意志诸邦的经济联系，比和法国的联系更多。

但是在三十年战争的最后几年，新登基的法国小孩子国王将是以后 70 年德意志诸邦的梦魇——他就是未来的太阳王路易十四。太阳王亲政之后，对阿尔萨斯加强控制，还占领了洛林省，吞并了阿尔萨斯南边和瑞士交界的弗兰奇－孔特省（Frenche-Comte），还试图吞并北边的卢森堡，总之，太阳王路易十四是沿着法德边界全线向东扩张，想要把法国边境推进到莱茵河。太阳王统治法国 72 年，是有信史记载的世界历史上在位时间最长的帝王。相比之下，中国历史上在位时间最长的帝王康熙是 61 年。他的孙子乾隆执政 60 年，因为不愿意超过乃祖康熙，退位当了太上皇，又实际执政 4 年。

太阳王执政前期，法军拥有当时欧洲最出色的两位名将，蒂雷纳公爵和孔代亲王，在他们指挥下，法军多次和帝国军队在阿尔萨斯作战并且占领了斯特拉斯堡，蒂雷纳公爵就在这里的莱茵河畔阵亡。1697 年爆发普法尔茨王位继承战，也叫大联盟战争，几乎全欧洲联合起来反对路易十四，结局还是平手，战争结束签订的《里斯维克条约》再次确认法国对阿尔萨斯的主权。再过 100 年，1792 年法国大革命，在阿尔萨斯首府斯特拉斯堡诞生了今天的法国国歌《马赛曲》，全名是《莱茵军团进行曲》，拯救了法兰西共和国的瓦尔密战役指挥者克勒曼元帅，还有埃及远征中拿破仑的副手克莱贝尔将军都是阿尔萨斯人。拿破仑战争结束以后，另一个阿尔萨斯名人豪斯曼男爵就是从这里移民去巴黎,后来他主持巴黎规划。今天全世界游客看到的富丽堂皇、整齐划一的巴黎,和欧洲所有保存完整的中世纪古城那种曲径通幽的风格大异其趣,那就是19世纪中期他在拿破仑三世支持下,把巴黎老城推平重建的结果。拿破仑三世在1870年普法战争中败给了普鲁士,普鲁士统一了除奥地利以外的德意志诸邦,建立德意志帝国,同时德国也强迫法国割让阿尔萨斯和洛林。这就是都德小说《最后一课》的背景。1918年德国在第一次世界大战中战败,阿尔萨斯和洛林回归法国,二次大战初期,1940年法国投降,再次割让阿尔萨斯和洛林,二战胜利以后两个省再次回归法国。

顺便再提一下洛林的历史,虽然洛林不在莱茵河边,不属于本书的范围,但毕竟阿尔萨斯和洛林总是被一起提及,古代和现代的历史走向也非常一致。前面说到中法兰克王国分裂出古洛林王国,后来被东法兰克吞并,降格为洛林公国成为查理曼大帝的孙子罗泰尔一世在843年《凡尔登条约》分得的中法兰克王国的一部分(另两部分是勃艮第第二王国和意大利王国),然后又作为基干公国之一加入了东法兰克/德意志王国。这一段时间,洛林和阿尔萨斯的历史走向是一致的。但是此后阿尔萨斯和洛林分开,成了东法兰克王国统治下,斯瓦本公国的一部分。而东法兰克王国的查理曼大帝后裔绝嗣,开始从基干公国的公爵当中选国王,而洛林公国不认可非加洛林皇室的人来当国王,所以转投当时仍然是加洛林后裔当国王的西法兰克。不久以后,强大的萨克斯公爵"捕鸟者亨利"当选德意志国王,他和儿子,后来建立神圣罗马帝国的奥托通过武力又把洛林拉回到德意志王国。

在奥托大帝建立神圣罗马帝国前三年,公元959年,因为洛林公国反叛,奥托大帝把它分成上、下洛林两个公国,上、下是指的莱茵河上游和下游。下洛林包括今天的荷、比、卢低地国家,后来分裂的很多小诸侯,都晋升到了公爵侯爵伯爵级别,比如林堡公爵、布拉班特公爵。这样,下洛林公国就解体了。上洛林是在莱茵河中游,后世狭义的洛林公国,其实就是指的上洛林公国。整个中世纪,上洛林公国都属于神圣罗马帝国,处于法国边境,但是逐渐分出去了特里尔大主教辖区、卢森堡伯国等地方,还分出去凡尔登和梅斯两个主教辖区属于法国。

大仲马小说《玛尔戈王后》《蒙梭罗夫人》《四十五卫士》三部曲里面的反派，天主教联盟的头头吉斯公爵这个头衔，最初是某一代神圣罗马帝国下洛林公爵的次子，他为法国国王弗朗索瓦一世服务，在意大利战争中崭露头角，在法国被封了吉斯公爵。他属于宫廷贵族，不是诸侯，并没有真正的吉斯公国，而是法国宫廷的大臣，他的孙子就是在法国宗教战争（和大仲马的小说）里，跟后来的法王亨利四世作对的吉斯公爵。

到了近代，1618—1648 年的德意志三十年战争中，洛林和阿尔萨斯一样被法国占领，但是阿尔萨斯此后一直属于法国，直到普法战争，而洛林呢，战后 1661 年太阳王路易十四把洛林还给了帝国，1670 年路易十四的法军再次占领洛林，此后两代洛林公爵都流亡维也纳的哈布斯堡宫廷，其中公爵查理五世还在 1683 年抗击奥斯曼土耳其大军的维也纳围城战中当过帝国的军队总司令，和波兰国王索比斯基配合，立下赫赫战功。1697 年"大联盟战争"结束，洛林公爵复国。1737 年法王路易十五和神圣罗马帝国打了一场波兰王位继承战，双方妥协：原来的波兰国王是路易十五的老丈人斯坦尼斯劳，他从波兰下台，作为补偿当了洛林公爵，斯坦尼斯劳死后，洛林公国归于法国成了一个省。而自古以来的洛林公爵家族，那一代公爵是帝国公主玛丽亚-泰蕾莎的驸马，作为补偿获得意大利中部的托斯卡纳，成了托斯卡纳大公爵。当时统治佛罗伦萨城和托斯卡纳地区，曾经开启了文艺复兴的美第奇家族刚好绝后，因此原来的洛林公爵、帝国的驸马和未来的皇帝，封地就从洛林搬家去了意大利的托斯卡纳。从此洛林正式成为法国的一个省。此后洛林在法德两国之间的来回易手，就和阿尔萨斯完全一样了：1870 年普法战争被割让给德国，1914 年一次大战结束又回到法国，二次大战期间再来回易手一次。

以上就是阿尔萨斯和洛林被法德两国来回争夺的来龙去脉，也是数百年所谓"法德世仇"的很大一部分原因。欧洲在 20 世纪的两次世界大战之后，已经厌倦了战争，如何利用经济合作为手段，让欧洲维持永久的和平？像"欧洲之父"法国人让·莫内、时任法国外长舒曼这样的有识之士，又以阿尔萨斯—

洛林这块两国世仇的焦点地区为突破口，开始筹划。

洛林产铁，而莱茵河下游德国鲁尔工业区产煤，要炼钢就需要大量的煤炭，所以各自拥有了其中一半的近代法德两国，都想进一步攫取另外一半。何不从行业联动入手，让法德两国实现永久经济合作？于是1951年，"欧洲煤钢共同体"正式成立，这个机构逐渐发展成今天的欧洲联盟。也许，我想可以引用金庸小说《笑傲江湖》里五岳剑派合并的时候，岳不群为并派辩护说的那句话："天下武林各派，迟早是要合并的，区别只在于一个急字和一个渐字。"这不也适用于欧洲联合，甚至全球经济一体化的渐进进程吗？通过经济关联而拉近各国的合作关系，化解历史仇怨，这就是"人类命运共同体"的精髓，而欧洲因为是历史上两次世界大战的中心战场，对战争破坏有惨痛的记忆，因此在经济联合方面已经走在了世界的前列。今天，欧盟的重要机构之一，欧洲议会，就在斯特拉斯堡城外。如果未来欧洲联盟能够发展成一个松散邦联制的"欧罗巴合众国"，那么，阿尔萨斯和洛林是属于法国还是属于德国，还有什么要紧呢？

我两次在阿尔萨斯旅行的路线，都是从西面的法国腹地向莱茵河靠拢，当我习惯了法国的饮食、建筑和红酒之后再进入阿尔萨斯省，发现当地保留了很多德意志文化的遗迹，这让我大吃一惊，以为已经越过莱茵河进入德国。就拿当地的特色食品来说，几乎每家餐馆都有 Baeckeoffe，这个词本身就更像德文，因为 Baecke 是面包师 Baker，Offe 是炉灶 Oven 的意思。它是一种传统的文火砂锅乱炖。过去，家庭主妇把一周的剩菜，包括猪肉、牛肉、香肠、土豆、洋葱放进一个陶土砂锅，再倒进当地产的白葡萄酒做调味汁，罐子口密封起来，在星期天早晨去教堂的路上，经过当地面包房，把罐子放进面包师刚刚熄火的尚有余温的砖砌炉灶里，面包师星期天休息不烤面包，于是这些砂锅在做弥撒的两三个小时里慢慢地把各种食材炖入味，等下午结束弥撒回家再把砂锅取回家，就成了阿尔萨斯的传统美食 Baeckeoffe。

此外，在阿尔萨斯的餐馆里，还能见到和吃到很多典型德国元素的菜，像什么香肠、土豆、洋葱、酸菜。但是这些菜名很多已经法国化了，比如 Poulet Riesling，用雷司令白葡萄酒调汁烤鸡，Quene 是用猪肉、牛肉、鱼肉做的小饺子。如果想吃当地的甜食，那么 tarte Alsacienne 是阿尔萨斯式水果蛋挞，而 Kuglehopf glace 是一种混合了葡萄干、果脯、杏仁和樱桃白兰地的蛋糕。阿尔萨斯的饮食中也可以看得出鲜明的法国风格：我们都知道鹅肝酱（Foi Gras）是传统法国名菜，最大的产地在法国中部多尔多涅河谷一带，但阿尔萨斯也出产很多鹅肝，有些评论人士甚至认为，阿尔萨斯出产的鹅肝质量在多尔多涅之上，是全法国口感最好的。

如果要喝酒，阿尔萨斯是法国著名的葡萄酒产区之一。这里的酒瓶和波尔多、勃艮第都不一样，是瓶颈逐渐变得细长的形状，一眼就能看出是阿尔萨斯出产。我们知道法国红酒习惯标产地或者酒庄名而不标葡萄品种，但德国的葡萄酒和美国、澳洲等地一样习惯标葡萄品种。阿尔萨斯这里和德国一样，也是标葡萄品种，而且这里产的葡萄酒基本都是白酒，在阿尔萨斯第二大城市科尔马中心的小河边，有一尊 16 世纪宗教战争年代帝国将军 Lazarus von Schwendi 的雕像，将军手中高举的不是剑，而是一串灰比诺葡萄（Pinot Gris），因为历史上是这个人把灰比诺葡萄从匈牙利引进了阿尔萨斯。除了灰比诺，阿尔萨斯酿酒常用的葡萄和德国莱茵河那边完全一样：雷司令（Riesling）和琼瑶浆（Gewurztraminer）。但是德国产的雷司令白葡萄酒和阿尔萨斯产的还是有所区别：德国用雷司令可以酿出各种甜度的白葡萄酒，而法国人的口味不喜甜，所以从整体上，阿尔萨斯出产的雷司令会比德国有更多的干白。

除了白葡萄酒，阿尔萨斯也出产一款当地的"香槟"，叫作 Cremant d'Alsace，意思是阿尔萨斯发泡葡萄酒，烈酒方面，可以注意 Eaux-de-vie，是一种水果香气浓郁的白兰地。

科尔马城和葡萄酒之路上的最美法国乡村

既然提起葡萄酒，那阿尔萨斯之行最不能错过的，就是驾车纵贯"阿尔萨斯葡萄酒之路"，这条路线南北向，和莱茵河平行，长约 110 公里，一路散布着 50 多家法国评级最高等的"大十字"（Grand Cru）级酒庄。就算是不喝酒的人，

科尔马

驾车看风景也一定不虚此行，因为这条路西边是孚日山麓，东边是莱茵河，一路地形起伏，点缀着古雅的村庄，在某些山口还有古堡的遗迹。好几处村庄曾被评为"法国最美乡村"，而在这条阿尔萨斯葡萄酒之路的南端，夹在葡萄酒之路和莱茵河之间的，就是美丽的小城科尔马（Colmar）。

"法国最美乡村"（Les Plus Beaux Villages de France）是一个从 1982 年开始的评比活动，获得这个称号的法国乡村，必须是居民在 2000 人以下，拥有至少 2 处国家历史遗产。迄今为止已经有将近 200 座村庄获得了这一称号，负责评选的组织还出版了一本书，介绍这些村庄的风光。我从图书馆借来看了一下，所有的村庄都很小，没有一处著名景点，但就我曾经去过的将近 20 处此类村庄来说，我可以负责任地讲，每一处都是花团锦簇，风景优美，都不会令游客失望的。获得法国最美乡村称号的村庄遍布法国各省，甚至连海外领地留尼汪岛上都有，从地区来看，中部的多尔多涅河谷和洛特河谷最多，加起来有十几处。阿尔萨斯有 5 处，其中 3 个村子就在葡萄酒之路上。

首先是葡萄酒之路南端的埃吉桑村（Eguisheim），它在科尔马城西南方向不到 10 公里处，一个圆形的小村，居民 1600 人，在法国算是相当大的村子了。村里最具有标志性的一处景观，是两条铺满碎石的小路分岔，中间有一座半木梁结构的夹角屋，两条窄窄的街道也各自错落着高耸的半木梁建筑，窗台上鲜花盛开。所有房子都建造于 13—17 世纪，相当于中国的元明时期。这条路曾经是古代的城墙，现在演变成了环村一周的古雅小街，几乎所有来过这里的游客都会有这座夹角屋的照片，它和德国罗腾堡那座著名的夹角屋有些相似。

沿着葡萄酒之路向北行驶 8 公里到达图克海姆村（Turckheim），这个村庄虽然不是法国最美乡村之一，但村口的城墙和城门很好看，另一个看点是村里有一座"科尔马包围圈博物馆"，纪念 1945 年初法国第 1 集团军和美军围歼德国第 19 集团军，解放阿尔萨斯的战役。从图克海姆继续沿着葡萄酒之路北行，可以到达另外两座名列"法国最美乡村"的小村，于维纳（Hunawihr）和里屈维埃（Riquewihr），也都很美，里屈维埃村的规模和埃吉桑差不多，于维纳更小，居民只有 600 人。这两个村庄的游客比埃吉桑少，可以考虑作为

埃吉桑村

过夜住宿的落脚点，肯定比埃吉桑安静。在这两个村庄的北面山坡上，还有一座古城堡的废墟，叫作上科尼希斯堡（Haut-Koenigsbourg），一听名字就知道是德国起源的，因为 Haut 是德文的高处，而 Koenigs 是国王的意思。

笔者故意把这些村庄和城堡的介绍写得很简略，是因为我不建议把它们一个一个都看过来。这些地方都很美，也比大城市宁静得多，但是如果在一天之内看三四个村庄，难免会产生雷同之感，应该避免审美疲劳。我为自己选择的夜晚落脚之处，是葡萄酒之路上的恺撒贝格村（Kaysersberg），这里其实比附近几处法国最美乡村更漂亮，只是有 2700 居民，人口数超过了评选标准才未能获评。在中世纪，这里和科尔马、斯特拉斯堡这些城市一样，都是帝国自由城市，拥有完整的城墙，一条小河分岔成为几股，从村里流过，村头有座跨河石桥，桥栏由极为坚固厚实的石墙组成，雕刻着帝国皇冠双头鹰徽章，看上去像是堡垒。它的确是一座要塞桥，可以防止敌人从上游乘船顺流进攻镇子。在恺撒贝格村边山坡上种满了葡萄，半山腰有一座城堡废墟，走上去可以俯瞰河流和小村，更可以向西远眺整个平原，直到莱茵河边。这里的原野风景如画，而山坡上也正好竖立着巨幅油画画框，站在面前通过画框望出去，这个角度形成一幅完美的风景画。

阿尔萨斯南部的中心城市是科尔马。2018 年湖南卫视综艺《中餐厅》的第二季在科尔马拍摄，播出之后很多原本不知道这座法国小城的观众，第一次领略了它的美丽。科尔马城区人口 7 万，以我们的标准来看不折不扣是座小城，但在阿尔萨斯，这已经是仅次于首府斯特拉斯堡的第二大城市，还是本省南部的中心城市，所以交通相当便利，从法国任何地方坐火车来科尔马，一出站就可以看到 19 世纪末修建的车站的红色新古典外观：一座钟塔和一座浑圆的半圆拱顶大厅。如果你去过波兰海港城市格但斯克，就会发现它和格但斯克火车站一模一样。因为 19 世纪末 20 世纪初的时候，格但斯克也属于德国，叫作但泽，他们先建成了火车站，科尔马在阿尔萨斯，当时也是德国城市，就照抄了但泽的火车站设计图纸。现在这两个城市都不是德国的了，分别位于波兰和法国的两个火车站还是一模一样。

科尔马旧城里面到处都可以步行游览。我觉得有三个地方是特别美丽的，值得好好盘桓流连。其中我觉得排名第三最好看的地方，是在老城中心商业街（Rue Des Marchands）和大道（Grand Rue）交会处，正对着关税局老楼的这个交叉路口，这里的几栋半木梁老楼古色古香，家家窗口鲜花盛开。半木梁老楼是德意志民居的典型形式，在法国也只有阿尔萨斯到处都是这种房子，内地是见不到的。

法国内地农村喜欢用石头造房子。其实在德国，有钱人也喜欢石头房子，在古代，半木梁房子是贫瘠的德意志地区穷人的住宅和仓库，因为它结构简单，取材容易。我们在这些房子外墙上看到的那些木头梁柱，并非为了装饰，是真实的房子框架。这些木料一般用松木，为了耐久和防水防腐，木料要在醋里面浸泡，之后再刷上一层公牛血！所以如果我们住的德国酒店和旅舍是半木梁的老房子，有时候可以看到内墙露出未涂油漆的梁柱，仔细观察一下，大多数是暗红颜色。用木料搭出房子框架的过程，就像搭积木，然后用稻草和泥灰混合，填充在梁架之间，这就是墙壁了。所以半木梁房屋的外墙并不坚固。因为这种房屋在古代是低成本的穷人住宅，所以有条件的人家都在外墙上再刷石灰，漆成各种颜色，不让外人看出墙的材质。所谓"半"木梁，是因为这类房子的地基和一楼部分墙体，仍然要用石料砌成，一方面给房子一个牢固的基础，防止地基下沉，另一方面可以防水防潮。直到 19 世纪，德国民族主义兴起，崇古之风的浪漫主义也同时大行其道，大家发现这些老房子是德意志地区的特色，而且剥去外墙石灰露出木梁也另有一番别致，半木梁房子这才作为德意志民族的特色民居风靡欧洲。到现在，它作为古雅的标志，连一些其他洲的国家民众在建新房子的时候，有时候都为了追求欧洲风味而故意做成半木梁的假外墙。

沿着这个大路口向东南方向走"小染匠街"（Petit Rue des Tanneurs），向老城边缘的河流方向步行，这条小街两旁有更多的半木梁房屋，狭窄而逼仄，它们比刚才路口那些气势恢宏的半木梁房子更接近历史的真实，这里在古代是城外，在任何古城靠近外围、邻近河水的地方，都有那么一两条底层人民居住和工作的街道，住在这里的一般是皮匠、染匠，或者磨坊工人。磨盘需要河水的水流来推动，而染匠需要用动物尿液做原料，污染很厉害，不但要住到城外，而且必须在河水下游，以方便排污。现在在科尔马已经看不到真正的染匠了，但在世界皮革加工中心的摩洛哥，游客们还可以在马拉喀什、菲斯这些老城里看到传统的皮革染色工艺。我建议你去那里参观的时候，一要捂好鼻子，二是今后不要多想背的真皮挎包是怎么来的。

小染匠街走到尽头河边，就是我认为全城第二美的地方：一座临水的大市场，还有市场对岸一排色彩斑斓的半木梁民居。这座市场从古代起就没变过样，但今天室内整洁干净，一点也不喧嚣，在这里可以买到奶酪、火腿，各种新鲜蔬菜水果，还可以当场买了熟食和葡萄酒，在市场里坐下来吃一顿午餐。而市场邻河的一面可以把木门打开，从台阶直接走下河里停泊的船上。古代陆地运输不便，市场里卖东西的商人就是这样用船直接把货物运到市场的。而河对面那一排房屋，既不像市中心大路口那些房子那么宏伟，也不像染匠街两边的那么逼仄，它们被刷成各种亮丽的颜色，裸露出古朴的木梁，面对河面一字排开，房子与河之间的沿河街道用鹅卵石铺路，煤气灯照明，一派复古情怀。

在这条街上右转，沿河走到下一座桥周围，这里是古城的最南端，号称"小威尼斯"，就是我个人认为科尔马城最美最上相的地点了。河面上有小船载着客人漫游，就像威尼斯的刚朵拉，在这里河边餐馆的临河座位坐下来点一杯酒和一些点心，晒晒太阳，你会不由自主地感叹一声，"C'est la vie"——这才是生活！

斯特拉斯堡

斯特拉斯堡是一座大城市，按照法国 2016 年人口普查，大都会区域人口有 78 万，城区人口 28 万，在中国，这样的城市规模比很多县城还小，但已经足够让它成为阿尔萨斯第一大城市，也是法国第九大城市了。这里的气氛很舒适,并没有大城市的喧闹和逼仄,和法国最大的两座城市巴黎和马赛大异其趣,我觉得更像是放大了几倍的科尔马。斯特拉斯堡也有一座巨型大学,创建于16世纪,有5万多学生,规模在法国仅次于巴黎大学。但是因为城市比较大,并没有弗莱堡和海德堡那样鲜明的大学城的感觉。整个斯特拉斯堡老城区呈椭圆形,莱茵河支流伊尔河的河水在城西被一系列水闸分流成几股,自西向东绕城而过,老城区完全被包围在水道之中,环城河边有垂柳和半木梁房屋,游客可以坐游船环城游览,我的感觉像是阿姆斯特丹或者比利时的中世纪小城布鲁日。在欧洲大型城市之中,以风景秀丽而论,我以为斯特拉斯堡可以排名前三。斯特拉斯堡旧城全城都被列入联合国世界遗产名录。

斯特拉斯堡大教堂是城区的焦点,这座教堂是整个莱茵河流域规模仅次于科隆大教堂的哥特式建筑,科隆大教堂建造了800年,斯特拉斯堡教堂从1176年正式动工,1439年大体完成,用了不到300年时间。在古代技术手段不发达,资金也有限的条件下,这算是正常的速度。它开始建造的时候还处于罗曼式建筑流行期的末期,刚过几十年,就有一个法国建筑师团队从巴黎附近赶来,带来了著名的法国哥特式经典——夏特雷大教堂的崭新建造经验,于是整个斯特拉斯堡教堂改弦易辙,开始按照纯粹的新兴哥特式风格建造。

今天任何一位游客站在大教堂正立面门前,都会被它高耸云天的气势所震撼,同时整个正立面上繁复的石雕像也让人目不暇接,看多了甚至会犯密集恐惧症。这座主教座堂的钟塔高142米,是古代欧洲最高的建筑物之一,其中有200年的时间(1647—1874),因为比它更高的北德施特拉松德大教堂失火烧毁了,斯特拉斯堡教堂就成了全欧洲最高的建筑物。但是你仔细看就会发现,教堂正立面左右并不对称,只有左边有一座尖塔高耸入云,右边是平的,那是因为古代建造教堂的资金出了问题,工程又太艰巨,后世索性不再建造另一座尖塔了。这类永久性"烂尾"的情况,在需要数百年时间的巨型工程中并不罕见。大家回想一下举世闻名的巴黎圣母院:说起来是杰出的哥特式建筑代表,但正立面大门两侧是两座平顶的钟楼,却并不比教堂主体更高。哥特式那种标志性的尖塔顶呢?其实巴黎圣母院原计划也是有两座对称尖顶的,但后来再也没有建造。

斯特拉斯堡大教堂里有一座天文钟不可错过。它每15分钟和每小时自鸣的时候都会有小雕像出来游行一番。每天中午十二点半是最精彩的，全部自动控制的小彩塑人物，从代表人生老病死的小人，到十二使徒，都会出来游行一圈。这座钟原型建于16世纪，但在19世纪中期重修并做过调整，除了显示时间，它还能显示星期几、月相、主要行星的位置、日象，甚至能在显示日月的时候计算闰年，不得不让人惊叹古代工匠的智慧。

斯特拉斯堡城西把伊尔河水分流成环城护城河的水闸地区，也非常精彩，这片地区叫作"小法国"，水流、堤坝、小岛纵横连接，周围全都是漂亮的半木梁房子，布满了精品店铺和街边咖啡馆。整个区域的水闸和岸边，隐隐看得出当年设防要塞的痕迹。因为建筑物的墙都很厚，街道留得窄，拦河水坝上还有一道防御工事。这个区域的规划设计，是太阳王路易十四时代由军事工程大师沃邦元帅主持的。沃邦是太阳王麾下的另类名将，因为他极少领兵作战。路易十四登基的时候只有5岁，是在1618—1648年德意志三十年战争的末期，登基不久德意志就赢来了战争的胜利。他幼年时代是红衣主教马萨林首相和王太后摄政，亲政以后开始全线向东扩展边界，不断入侵德意志诸邦和低地国家。

在路易十四王朝的早期，欧洲最出色的名将是法国的蒂雷纳元帅和孔代亲王，沃邦当时还年轻，比蒂雷纳和孔代晚一辈。1675年蒂雷纳公爵在阿尔萨斯阵亡，孔代亲王接替指挥，打了胜仗以后也在第二年隐退。此后沃邦在法军中的地位日益重要。但是路易十四王朝中后期，欧洲最出色的名将是英国的马尔巴勒公爵约翰·丘吉尔，就是二战时期英国首相丘吉尔的祖先，还有神圣罗马帝国的欧根亲王。这两位都是法国的死敌，所以路易十四在后期的全欧洲大战，西班牙王位继承战中连吃败仗。而法国元帅沃邦并不负责战场指挥，他在朝廷里负责策划围城战，并修筑和改良了法国整个东部边境的要塞防御体系。

德意志三十年战争到西班牙王位继承战这个阶段，欧洲军队早已普及了火炮，所以中世纪一道高墙、塔楼高耸的那种城堡工事，在近代火炮面前已经不堪一击。沃邦把法国整个东部的要塞城市重新构筑了一遍，他的标志性工程是棱堡和星形堡，在突出的各个尖角上部署火炮，对进攻的敌人形成交叉火力网，自己的炮台可以互相支援，所有的堡垒都不高，很敦实，不怕被炮弹炸塌。棱堡前面配以壕沟，壕沟外面还有开阔的坡道把敌人暴露在火网下，壕沟外缘构筑面对自己一方的火力点，沟底如果没有水的话，也配置地堡，这都是为了打击下到护城壕里的敌军。以上种种，是一整套防御体系，在当时几乎是牢不可破的。

沃邦修建的堡垒城市，从比利时的那慕尔、卢森堡城堡，到法国的里尔、凡尔登、梅斯，直到20世纪的两次世界大战，仍然对进攻的德军拥有威慑力，当时奥地利、西班牙、英国、俄国也都纷纷仿效他的创意。就连北美也不例外：今天去加拿大魁北克城的游客，在老城临河的古堡旅馆旁边，可以看到19世纪初英国和加拿大人为防御美军而建的星形堡。在路易十四的西班牙王位继承战当中，法军在战场上连吃败仗，可是马尔巴勒公爵与欧根亲王指挥的反法联军却啃不动沃邦的要塞：联军花了几乎整个1708年的作战季节，付出1.2万人伤亡的代价才拿下要塞城市里尔，而沃邦的所谓"布拉班特防线"上，像这样的要塞还有好几座。因此反法联盟最后才和路易十四讲和，双方以平手结束了这场战争。

因为沃邦的身份更多是一位工程师而不是野战军将领，他的工作涉及民工动员、城市规划和拆迁，还需要修建道路网运输物资，更需要钱，税收也和他有关。所以沃邦一生的著述不仅限于军事工程，他还写过统计、规划、经济方面的书。沃邦的墓在巴黎塞纳河边的残废军人院，拿破仑墓周围一圈都是法国历史上不同时期最伟大将领的墓，包括蒂雷纳公爵、沃邦，还有一次大战末期的协约国总司令福煦元帅的墓，都在这里。

在斯特拉斯堡旧城以北3公里处是欧洲议会的现代化圆形玻璃建筑，从旧城北门坐一部有轨电车就能直达。和西方民主国家大多数议会一样，这里开放给民众参观，而且可以在议会开会的时候旁听。欧盟从煤钢共同体到原子能合作，最初以主权国家经济合作的形式起家，后来发行统一的欧元货币，成员国让渡出越来越多的国家主权给欧洲联盟，从大趋势来看，的确是有向邦联发展的规划。欧洲议会的前身在煤钢共同体的时候就有了，60年代改称欧洲议会，1979年开始在各个成员国直接选举议员，按照各国人口分配议员名额，一届任期5年，目前议员总数不到800人。欧盟有三个顶级机构：欧洲议会名义上是三个机构里地位最高的，拥有欧洲立法权，可是它没有提出法律议案的权力；欧盟理事会，由各成员国的部长组成，它才有提出法律的权力，交与欧洲议会表决；欧盟委员会，是欧盟的办事机构，向理事会和议会负责。如果把欧盟比作一个国家，可以说欧洲议会和欧盟理事会分享立法权，欧洲委员会相当于国家政府的地位。

这一节写阿尔萨斯，这个历史上法国和德国争战结怨之地，但是这个地方的食物、建筑和语言，却又融合了法德两个民族的优秀文化，很好地体现了交流与合作。以欧洲议会这个国际合作的产物做结是非常合适的，因为我觉得它代表了未来的发展方向：经济合作和互惠互利可能是消弭战争，达成永久和平的唯一方法。法德经过上千年的仇杀和互相征服之后，最终在欧盟的框架中达成了和平，甚至成为欧洲合作的两个最强大的引擎。也许欧洲的经验也预示着全人类的未来。诚然，最近反全球化的潮流在世界主要国家都有抬头：英国退出欧盟、"美国优先"、欧洲很多国家的右翼民族主义势力赢得更多选民，等等。但是笔者相信，这只是全球化大趋势过程中的暂时反复，人类将会从正反两方面的经验中吸取教训，继续走向"命运共同体"的未来。

第三节　海德堡和施派尔大教堂：罗曼式建筑和萨里安皇朝史

从巴登 - 巴登到施派尔的上莱茵河

我们离开斯特拉斯堡沿着上莱茵河继续北行，下一座沿河的重要城市是巴登－巴登。这个名字就很有意思，巴登和英文的巴斯（Bath）是同一个词，意思都是洗浴，或者温泉，可能有很多人都知道英国也有一座叫作巴斯的著名温泉疗养城市。笔者听说曾有人感叹："这里的温泉太好了，德国人把一个温泉重复了两遍做地名！"其实巴登－巴登真正的官方名字叫作"巴登－符腾堡州的巴登市"，就好比中国的"吉林省吉林市"一样。

德国巴登和英国巴斯一样，都是温泉疗养城市，而无论英国人还是德国人，似乎都相信温泉水不仅泡澡能够治疗百病，而且喝温泉水也有如此功效，于是在巴登和巴斯，浴场都有专门的饮用温泉水的服务，而且是温泉水直饮，不加过滤。实际上我查过，按照德国的饮用水标准，巴登的温泉水矿物质含量太高，或者说硬度太高，所有的温泉水龙头，都有德文标明"非饮用"，可是当地人从来不听，喝了倒也没事。我建议如果出于到此一游的好奇心非要喝的话，一小杯也就够了，千万别太实诚！

巴登－巴登在近代19世纪开始风靡全欧洲，各国的王公贵族都来这里疗养，而且在这里赌博合法，当时的沙皇俄国禁止赌博，于是很多有钱的俄国人都把这里作为销金窟，其中就包括像陀思妥耶夫斯基、托尔斯泰这样的文化名人。直到今天，巴登－巴登仍然特别受俄罗斯人欢迎，全城将近一半的不动产被俄国富豪买下，几乎每一家旅馆酒店除了德文和英文标牌，也都有俄文标识，城里还有俄国东正教教堂。

巴登－巴登旧城面积不大，基本上成南北一线沿着一条山谷展开，这里有赌场和豪华酒店，绝大多数建筑都保持着19世纪黄金时期的新古典样式风貌。在这里当然要泡温泉，最大的两家浴场在老城中心侧面的山坡脚下，地势比旧城高，相互紧邻着，一家叫作卡拉卡拉浴场，虽然名字取自古罗马著名的古典遗迹，但其实比另外一家弗雷德里希浴场晚得多，建筑也是现代的方盒子。真正的古典温泉体验还是要去富丽堂皇的弗雷德里希浴场（Friedrichsbad）。它的新古典式两层建筑从外观看就像是一座宫殿。内部也是富丽堂皇，很多浴池大厅经过精心装饰，风格不同，最漂亮的大厅就在浴场中心的大穹顶下，整个空间极为开敞。至于洗浴的过程在这里不需要多说，里面标明的17个步骤很清晰，无非是先淋浴，然后桑拿、再次淋浴、不同温度的水池、按摩、喝茶休息这些，按照步骤走就行了，唯一需要注意的，就是你对男女混浴的接受度：这里每周一、四、六三天是男女分开的，但是在中庭还是混浴，而其他四天和所有假日，整个浴场的每个区域全都不分性别，而且所有游客都必须全裸。

我在里面的那次，没有见到亚裔或者非裔的女性，但欧洲人对此觉得很自然。只要你习惯了入乡随俗，其实也没有什么，德意志文化区（包括奥地利）一向就有很强的天体文化，在这一点上，反而是美国人比欧洲人和日本人都拘谨得多：在美国，很多人不用说男女混浴，就连在同性面前裸体都觉得极不自在。你看美国海滩上男人的沙滩裤都很宽大，欧洲男人习以为常的那种紧身小泳裤，在美国只有运动员在专业比赛场合才会穿。我们中国人的文化不同，能自然而然接受混浴的人就更少。如果你实在羞于在公众场合裸体，那还是去旁边的卡拉卡拉浴场吧，那里所有人泡温泉都是穿着泳装的。

巴登－巴登的弗雷德里希浴场中庭

从巴登－巴登继续向下游不远处，莱茵河就离开了法德边界，德国的领土在这里向西凸出，上莱茵河完全处于德国境内了。其实与其说德国领土向西凸出，倒不如说是法国领土在南边的阿尔萨斯和洛林处向东凸起了一大块，那是近代路易十四领土扩张的成果。再向莱茵河下游行进，当年路易十四的法军也曾几度占领德意志诸邦的莱茵河西岸领土，但是在菲利普斯堡、卢森堡几处著名要塞碰了钉子，始终拿不下来，因此最终未能把法德边界的北段向东推到莱茵河一线。

巴登－巴登向下游40公里的地方，是德意志诸侯当中巴登伯爵和巴登大公爵在近代的首都卡尔斯鲁厄（Karlsruhe），因为它在18世纪才成为诸侯的首都，所以有着整齐划一的城市规划。旧城呈同心圆状，圆心是巴登伯爵的宫殿，四周围绕着大片草坪公园。今天卡尔斯鲁厄是德国联邦宪法法院所在地，城里从事法律工作的人口极多，在火车上经常可以看到穿西装提公文包的人，应该很多都是出差的律师。我个人觉得卡尔斯鲁厄更多是一个行政中心，不是一座很适合旅游的城市。

施派尔大教堂：罗曼式建筑与神圣罗马帝国的早期历史

从卡尔斯鲁厄继续顺流而下不远处，上莱茵河在这里向左稍稍拐了个弯，然后很快右转回到南北向的正道上来。在这个河湾处的西岸，有一座今天很少游客会去注意的小镇施派尔（Speyer），对于像我这样对历史特别着迷的游客来说，这个名字如雷贯耳：在公元1000年以后的100多年里，也就是相当于中国的北宋年间，这里是整个德意志，甚至整个欧洲的中心。

今天来施派尔的游客多多少少都会知道一些建筑史知识，否则真的没有必要专程探访这座小镇。施派尔大教堂是古老的罗曼式建筑的杰出代表，因为罗曼式建筑非常古老，留存下来比较纯粹的大型建筑已经很少了，在整个德国，大型的教堂也只有施派尔、美因茨、沃姆斯和特里尔几座而已。和其他几座罗曼式教堂相比，施派尔大教堂更加纯粹，而且是存世的最大的罗曼式建筑，所以它被列入联合国世界遗产名录。更惊人的一点是，这座教堂里埋葬着四位神圣罗马帝国皇帝和四位德意志国王。

罗曼式建筑，英语是 Romanesque，从字面意思上就是"罗马式"，但我故意避免用"罗马"字样，因为古罗马的建筑和罗曼式建筑这种中世纪建筑根本就是两回事，而且中间相隔至少500年的时间！在欧洲的建筑史上，古希腊—罗马建筑被统称为古典建筑，也是第一种全欧洲通行的建筑样式。其实古希腊和古罗马还有很大区别。古希腊黄金时期的神庙比例匀称，一般正立面都有三角门楣，上面有精美的雕塑，但没有拱形结构，屋顶是用立柱支撑的。立柱柱头可以分为没有装饰的多里亚柱式、顶端涡卷装饰的艾奥尼亚柱式和顶端雕刻繁多花叶装饰的科林斯柱式。太多的立柱，就割裂了古希腊神庙的内部空间，所以你去看雅典巴台农神庙或者任何一座古希腊神庙，内殿的空间都很小而且视线不开阔。

古罗马发明了大拱顶，经典的例子就是罗马的万神殿，1500年之后还启发了佛罗伦萨圣母百花大教堂的拱顶，开文艺复兴之先声。另一个古罗马建筑成就是混凝土，因为混凝土的发明，罗马人可以把公共建筑的体量做得无比的大，经典例子就是罗马圆形竞技场。如果加上不需要立柱支撑的大拱顶，罗马"大会堂"式公共建筑，音译"巴西利卡"建筑，就是后世欧洲教堂的祖先，直到今天欧洲有很多大教堂叫作巴西利卡（Basilica）。但在罗马时代，所谓巴西利卡建筑，都是市场和会议厅之类世俗建筑，神庙建筑反而沿袭古希腊风格。

在古希腊罗马建筑之后，到中世纪的罗曼式建筑出现之前，中间这500年，相当于中国历史上南北朝到隋唐，进入了所谓"黑暗时代"，很多古典的科学和工程知识都被遗忘了，如果要找寻公元500年到1000年之间的宏伟建筑风格，恐怕只有在东罗马/拜占庭帝国去搜寻，比如今天意大利拉文纳的圣维塔莱教堂，和土耳其伊斯坦布尔的索菲亚大教堂，这些都是所谓"拜占庭式建筑"的代表。的确，拜占庭帝国就是古罗马帝国两分之后的东罗马帝国，他们是古罗马帝国文明和皇帝法统的正宗传承者，但是后来又添加了很多东方希腊文化的元素。拜占庭式建筑内部喜欢用黄金马赛克壁画装饰，这也是古罗马遗风，你去看意大利庞贝城被火山掩埋的废墟，那里面有多少精细的马赛克拼贴壁画！拜占庭/东罗马的教会，最初和罗马的教会是同一个基督教会，随着东西方政治走向渐行渐远，罗马主教和君士坦丁堡大牧首都自认为是教会的首席神职人员，在教义、仪轨上歧见丛生，最终导致1054年互相把对方革出教门。

拜占庭这一边的基督教分支，就叫作东正教，罗马主教那一边的基督教分支叫作天主教。后来拜占庭帝国被奥斯曼土耳其帝国所灭，末代皇帝的女婿是莫斯科大公伊凡三世，于是伊凡自称"恺撒"——在罗马帝国时代，东、西两帝国的正皇帝叫奥古斯都，副皇帝叫恺撒，伊凡三世自称恺撒，就意味着自称继承东罗马的大统，和自认为继承西罗马大统的神圣罗马帝国皇帝平起平坐，中文用了音译加意译的方法，翻译成沙皇，其实沙是音译，皇是意译，这就像Cambridge译成剑桥：剑是Cam的音译，桥是意译。而俄罗斯同时也继承了东正教会的保护者和领袖身份，俄国东正教的影响，在今天的保加利亚、罗马尼亚、塞尔维亚等地都能见到，我们后面在多瑙河部分再说。

回到西欧建筑，在这个时期实在是乏善可陈。直到公元1000年前后逐渐开始了罗曼式建筑风格。它的确有上承古罗马建筑的元素。你仔细看这座施派尔大教堂：它的教堂本身分为三段纵向的走廊，中间比两边的屋顶至少高出一到两层，两边只有一层，中间高出的部分是连拱开窗，靠这些窗采光。墙体特别厚实，窗户和后世的哥特式教堂相比，面积非常小。这种三段式结构就是典型的罗马巴西利卡建筑。同时，罗曼式和后代哥特式建筑在外形上特别容易区分：罗曼式的门窗顶是半圆拱形，哥特式顶端是尖拱，罗曼式的墙上和窗户两旁有壁柱装饰，哥特式没有壁柱。哥特式的飞扶壁很漂亮，而罗曼式建筑那时候还没有发明飞扶壁。但罗曼式建筑在长条形主建筑的两个圆端，有数个只有一层高的半圆形突出部，它们在建筑内部看，是顶端半圆形过道（叫作Apse）外侧凸出的小礼拜堂，从外观来看，这几个小礼拜堂半圆形的屋顶比主建筑的外墙矮一层，正好起到支撑墙面的作用。

罗曼式建筑也有塔楼，但是不像哥特式那么高耸入云，相反比较敦实，塔楼顶端要么是坡顶要么圆锥形，也有少数是城楼状的，但绝不是哥特式那样尖细的。这座施派尔镇其实很小，今天也只有几千居民，但在 11 世纪却是神圣罗马帝国法兰克尼亚皇朝的都城和陵寝之地，现在从火车站下车大约走 10 分钟的路，向左一转弯，从镇外就能远远地看见红色砂岩修建的巨大的教堂。长方形的教堂坐西向东，也就是面向莱茵河的方向，正立面在后世整修过，用的黄色岩石，显得比较新，而且方方正正的，大门正上方还有一座圆形彩色玻璃花窗，其实玫瑰花窗是后代哥特式建筑的元素，罗曼式教堂那时候还没有，这都是 19 世纪中期重修的时候混入了其他元素。如果从大教堂侧面看全景就很明显：左手是大门所在的西侧正立面，而你面前的教堂主体部分，明显侧廊的绿屋顶和主体长度一致，但是低一层，主体高于侧廊的那一层是连排的采光窗户，所有窗户都是半圆拱顶，塔楼的窗户和拱廊都有壁柱装饰。右手是教堂的西侧尽头，凸出来的半圆形小礼拜堂比主体矮一些，绿色半圆锥形的屋顶支撑教堂的墙壁。

施派尔大教堂 1030 年开始动工，1106 年全部完成，相当于中国历史上的北宋时期，只花了不到 80 年时间，在那个时代实在要算是光速，同时代的伟大教堂，比如英国的杜姆教堂、法国克吕尼派修道院的总部教堂（现在只剩遗迹）动工时间都比它要晚 50—60 年。施派尔大教堂是建筑史上罗曼式最早的典型之一，而罗曼式建筑又是古希腊罗马建筑之后，第一个风行全欧洲的建筑样式，比后世的哥特式、文艺复兴式、巴洛克式、洛可可式、新古典式都早，难怪这里被列入联合国世界遗产名录。

来施派尔大教堂，比看建筑更重要的是深入地下墓室，那里有中世纪四位萨里安皇朝的皇帝，以及四位霍亨施陶芬、哈布斯堡家族德意志国王的棺材，而且现在的标识非常清楚，会指示给游客，哪个棺材里面是哪位帝王。要看懂这些帝王的墓葬，至少要把整个神圣罗马帝国在中世纪的历史差不多捋一遍。国内出版的书籍，写到欧洲中世纪题材，关注十字军东征和骑士团历史的多，系统讲述神圣罗马帝国早期来龙去脉的通俗读物却比较少。而要理解后来的欧洲历史，看懂莱茵河跟多瑙河两岸的文化遗迹，这些背景知识是必不可少的。

那就让我们在本书里，分几段来廓清这1000年的神圣罗马帝国历史脉络吧。因为施派尔大教堂是法兰克尼亚皇朝的纪念碑建筑，我们在这一节只说帝国的开端，到奥托皇朝、法兰克尼亚皇朝。等到后面写卢森堡的时候，再接着叙述施陶芬皇朝和卢森堡皇朝。多瑙河流域的奥地利是后500年哈布斯堡皇朝的大本营，那就把哈布斯堡皇朝留到多瑙河再说。

理解欧洲皇朝史的第一个关键是懂得皇帝比国王要高一级，是"万王之王"。欧洲人在对外交往的时候，会承认印度莫卧儿皇朝的皇帝、中国皇帝、日本天皇、波斯的沙阿、奥斯曼帝国的苏丹、阿拉伯帝国的哈里发是皇帝级别，因为他们认为这些统治者下面都管辖着很多王，是"万王之王"。而欧洲内部，至少到19世纪拿破仑称帝之前，欧洲的国王会有很多，但是只承认继承罗马帝国法统的才能叫作皇帝。所以欧洲的皇帝只能有两位，分别继承自东、西罗马帝国。

前文讲到过，西罗马帝国灭亡以后，西欧经过一段时间的混乱，克洛维的法兰克王国统一了欧洲大部分地区，他也皈依了基督教。但克洛维还没有建立帝国，他的法兰克王国再强大，终究是一个王国。这个时代，大致相当于中国的南北朝。法兰克人有个坏习惯，就是没有长子继承制，而是在几个儿子之间平分国土，几个儿子的各支各房如果绝嗣了，那么其他支派可以继承，于是分裂的国家也有可能再次整合。

克洛维死后，法兰克王国也经过了分分合合、互相争斗的将近200年过程，各个法兰克国家也都是克洛维的子孙，叫作墨洛温王朝，但是基本都被宫相掌握了实权，最后又合为一体。重新统一的法兰克国家经过了和司马氏篡魏差不多的过程：宫相查理·马特，意思是"铁锤查理"，在732年击败来自西班牙的阿拉伯入侵获得极大的权力，他的儿子矮子丕平篡位结束了墨洛温王朝，孙子查理曼大帝经过教皇加冕从国王升格为皇帝，这就是加洛林皇朝的法兰克帝国。查理曼的皇帝位，上承西罗马皇帝。这个法兰克帝国的时期，相当于中国自南北朝末期经过隋到安史之乱以后的中唐时代。

但加洛林朝的法兰克帝国仍然有平分国土的传统，843年查理曼大帝的三个孙子签订《凡尔登条约》三分帝国，东法兰克王国是德意志王国的雏形，西法兰克王国是法国的雏形，而中法兰克王国就是今天的莱茵河流域到意大利这一长条，由长子罗泰尔一世继承，他同时还兼任三个王国名义上的共主，就是皇帝，但855年罗泰尔一世死的时候又把中法兰克王国再分成三份：洛林王国、勃艮第第二王国、意大利王国。所以，中法兰克王国分出来的各地，就成了东、西两个法兰克王国世代争夺的对象。洛林王国后来降格成公国，加入了东法兰克，成为东法兰克王国的五大基干公国之一：洛林、法兰克尼亚、斯瓦本、巴伐利亚和萨克森。

911年，东法兰克的加洛林国王（就是查理曼大帝的后代）绝嗣。当时欧洲是乱世，东法兰克王国除了和其他法兰克国家争斗，还要面对正值鼎盛期的北欧海盗和亚洲游牧民族马扎尔人的入侵，所以公爵们不愿去找其他法兰克国家的加洛林近亲来继承王位，就选举基干公国之一的法兰克尼亚公爵康拉德当了国王。从此东法兰克王国可以正式被称为德意志王国。康拉德一世当了一任德意志国王，并没有传位给自己的后代，而是鉴于国家危急之际，当立强主，推荐了另一个基干公国的统治者——强大的萨克森公爵"捕鸟者亨利"。

经过选举，捕鸟者亨利当上了德意志国王成为亨利一世。捕鸟者亨利和他的儿子奥托大帝，都是极有才干的统治者和战无不胜的将军，父子两代对内压服了斯瓦本公爵和巴伐利亚公爵的反抗，把洛林公国重新收入囊中，对外击败西斯拉夫人，把波希米亚公国变成臣属，奥托还在955年的里奇菲尔德会战中决定性地击败了游牧民族马扎尔人，强迫他们定居下来。这就是匈牙利王国历史的开端。后面我们说到多瑙河流域的布达佩斯的时候，还会提到。

奥托又征服了意大利王国，在962年去罗马正式加冕皇帝，这就是神圣罗马帝国的开端，它包括了德意志王国、原来中法兰克遗留下来的洛林和意大利，但是并不包括勃艮第第二王国。捕鸟者亨利一世、大帝奥托一世开创了神圣罗马帝国第一个皇朝——奥托皇朝。这个东法兰克王国向神圣罗马帝国过渡的时代，正好契合中国历史上的残唐五代。可以把神圣罗马帝国的崛起，看作和中国宋朝的统一相对应。顺便说一句，在西法兰克王国的加洛林后裔，也在此后不久的987年断绝，懒王路易五世国王死后无子嗣，贵族们选举王室近亲，巴黎公爵雨果·卡佩为国王，从此西法兰克王国就正式变成了法国。这也就是法国历史上第一个王朝，卡佩王朝的开始。

奥托一世的儿子是奥托二世，奥托二世的儿子是奥托三世，这两代皇帝托奥托大帝的福，手中的权力还相当稳固，而且在和罗马教廷的关系中也是处于强势地位，奥托三世还能打破常规，给罗马立了德意志出身的教皇，此前教廷早就习惯了把教皇的位子视作几个当地贵族家族的囊中之物。在皇权和教权的关系方面，奥托皇朝的皇帝们跟后来的萨里安皇朝形成鲜明对比。

在奥托三世统治时期的公元1000年，还发生了一件大事，就是匈牙利国王圣斯蒂芬举国皈依基督教，自从955年被奥托大帝打败并过起定居生活以后，半个世纪过去了，匈牙利至此完成了从游牧民族融入欧洲的转变。但是奥托二世和三世都是20来岁英年早逝，身后留下很多不稳定因素，尤其奥托三世突然死亡以后没有儿子，继位的是圣徒亨利二世。这个亨利是巴伐利亚公爵，他的爷爷是捕鸟者亨利的儿子，奥托大帝的弟弟，所以他的父亲应该是奥托二世的堂弟，他自己是奥托三世的堂兄弟。所以亨利二世仍然属于奥托皇朝。

亨利二世登基的时候，开始从"德意志国王"改称"罗马人的国王"，后来的历代德意志国王也沿用了"罗马王"的称谓，但是因为实质没有改变，笔者在后文仍然沿用德意志国王的称呼，以免引起混淆。亨利二世后来也获得加冕，成为意大利国王和神圣罗马皇帝。他在位期间，斯拉夫人占多数的波希米亚公国被纳入帝国范围。他是唯一一个死后被教廷封为圣人的德意志国王和神圣罗马皇帝，而且他的皇后在100多年以后也封了圣。既然夫妇两个都特别虔诚，那么我们俗人喜欢的房事，圣人大概不屑于做，于是圣亨利二世皇帝没有子嗣，也就丝毫不奇怪。奥托皇朝到亨利二世死的那一年1024年终结。整个奥托皇朝，正好相当于北宋年间：陈桥兵变黄袍加身是在奥托大帝建立神圣罗马帝国之前两年，而亨利二世死后三年是靖康之耻，金兵攻陷汴梁。

1024年奥托皇朝终结之后，德意志诸侯选举法兰克尼亚的康拉德，成为德意志国王康拉德二世。其实在五大基干公国里面，法兰克尼亚公国是最早解体的，在奥托皇朝已经分裂了。此时的法兰克尼亚故地有几大诸侯主教领地，比如美因茨大主教，还有几个法兰克尼亚伯爵领地。新国王康拉德的父亲就是法兰克尼亚的伯爵，拥有沃姆斯和施派尔，康拉德开启了萨里安皇朝以后，他的子孙，那几位德意志国王兼神圣罗马皇帝，也被称为法兰克尼亚公爵。所以尽管没有了法兰克尼亚公国，但公爵的头衔还是留下来了。1024年康拉德二世在美因茨主教座堂由德国首席神职人员美因茨大主教加冕为德意志国王，美因茨大主教就是德意志总理大臣，后来又获封意大利王国总理大臣。三年之后，康拉德国王进军意大利，在罗马接受教皇加冕为帝国皇帝，那场加冕典礼的来宾里，甚至包括英国国王兼丹麦和挪威的国王，北欧海盗克努特大王。康拉德的政策是把精力集中在德意志王国内部，加强集权，对帝国的意大利臣民任由其自治，放任不管。

我们记得，当初中法兰克王国分裂成的三块当中，一南一北的洛林和意大利，早在奥托大帝建立神圣罗马帝国的时候，就已经并进了帝国。中间这一块勃艮第第二王国，包括今天的瑞士西部、意大利西北部，直到法国普罗旺斯的领土，到康拉德这个时代国王逝世没有留下后嗣，康拉德皇帝挥军南下，在1033年加冕勃艮第国王，第二年把勃艮第第二王国正式并入帝国。从此以后，帝国皇帝一直头戴德意志、意大利、勃艮第三顶王冠，尽管后来勃艮第王国分崩离析，大部分被并入了法国，但这个国王头衔不能丢，一直延续了将近800年，1806年神圣罗马帝国解散为止。

康拉德二世国王兼皇帝开启了萨里安皇朝，又称为法兰克尼亚皇朝。也是他在1030年下令修建这座施派尔大教堂，准备建成全世界最大的教堂，还将是萨里安朝以后历代皇帝的墓地。康拉德死的时候教堂远远没有完工，而他已经埋了进去。所以他是施派尔大教堂埋的8位国王/皇帝中的第一位。

康拉德二世的儿子是亨利三世，绰号虔诚者亨利或者黑人亨利，倒不是因为他有非洲血统，而是因为他很威严。亨利从小被父亲作为皇位继承人培养，少年时期就已经加冕德意志和两大基干公国的共同国王，兼任斯瓦本与巴伐利亚的公爵，1039年在康拉德二世病死以后他顺利继位。他和匈牙利王国作战，迫使匈牙利接受了多瑙河边界。这条边界一直维持了1000年，到一次大战之后的1920年，奥地利和匈牙利的边界才有改动。1046年德意志国王亨利三世进军意大利，因为他的父亲康拉德基本不管意大利事务，罗马当地的贵族世家习惯了把教皇职务把控在自己手里，当时三个罗马本地家族为教皇职务互相争斗，竟然同时搞出了三个教皇，实在不像话。亨利国王一到，就同时废掉这三个教皇，任命班贝格的主教上位，这就是教皇克莱门特二世，然后再由新教皇给自己加冕皇帝。两年以后这个德意志教皇去世，皇帝又任命了利奥九世教皇。也正是这位利奥九世教皇，在1054年和拜占庭帝国的君士坦丁堡大牧首互相把对方破门出教，导致了西方罗马天主教会和东方东正教会的大分裂。

从这段事迹看来，当时皇帝和教皇的关系，还是皇帝占有主导地位，丝毫也看不出下一代闹得不可开交的"叙任权之争"的端倪。亨利三世皇帝40岁去世，是第二位埋在施派尔大教堂的皇帝，也是萨里安皇朝四位皇帝中最成功的一位，权力很大也很牢固，可是他任命的教皇是主张教权高于皇权的改革派；在德意志国内，亨利三世一朝，除了萨克森以外，各个公国或早或晚要么绝嗣，要么公爵叛乱被贬斥，亨利三世非常幸运，曾经在不同时期掌握过各个公国的权力，可是他却不加珍惜，全都分配出去给各家诸侯，结果给自己的儿子遗留了无穷无尽的麻烦。

亨利三世的儿子亨利四世生于1050年，一岁半就当选为德意志的共治国王，4岁正式加冕。这位亨利四世，也许是中世纪史上最有名的一位传奇皇帝，在他统治下，皇权和教权之争白热化，他本人一生四次被不同的教皇革出教门，到死都还没有被赦免。1056年他父亲亨利三世去世时，他成为德意志唯一的国王，当时他才6岁，因此不得不任命摄政，开头5年是母后摄政，1062年他12岁的时候，科隆大主教制作了一艘漂亮的船，沿莱茵河开到杜塞尔多夫附近，诱骗亨利四世上船后绑架了他。小亨利跳河逃生，却又被抓回船上。就这样，科隆大主教挟天子以令诸侯，以小国王亨利的名义统治了三年，直到亨利四世15岁亲政。

那么亨利四世朝矛盾的焦点——教权和皇权之争，或者说叙任权之争是怎么回事呢？古罗马帝国接受基督教为国教的时候，皇帝是占支配地位的，是教会的主宰。后世所谓"教皇"那是中文的意译，原文 Pope 是"爸爸"的意思，教皇的正式职务，其实是罗马大主教。西罗马帝国灭亡以后，西欧群龙无首，军阀混战，当时的罗马主教利奥一世曾凭借三寸不烂之舌说退了匈王阿提拉的大军，成就一段传奇。罗马大主教作为乱世里人民渴望安定的希望所系，声望直线上升。后来铁锤查理、矮子丕平、查理曼大帝这三代加洛林朝法兰克帝国的奠基人时期，皇帝和罗马大主教属于互相帮衬的关系：矮子丕平打进意大利半岛，替罗马大主教狠揍欺负罗马的伦巴德人，还把罗马附近的土地献给教廷，史称"丕平献土"，就是意大利中部教皇国的开始。而罗马大主教投桃报李给丕平加冕篡位，后来又给查理曼大帝加冕为皇帝。

在奥托皇朝，直到萨里安皇朝前期，德意志的武力都能震慑意大利，皇帝对教皇仍然居于优势地位，甚至废立教皇，任命德意志人当教皇都不在话下。而在德意志国内，皇帝喜欢任用主教，而不是诸侯出任宫廷要职，如果有无主领地，也喜欢分配给主教或者修道院，而不是分给世俗诸侯。一个原因是那个时代的世俗诸侯，甚至国王皇帝很多都是文盲，大字不识，二是主教没有儿子可以世袭，不像世俗诸侯父死子继很容易形成尾大不掉的地方割据势力，因此国王、皇帝更容易信任神职人员。但这就引出了一个问题：国王对本国境内的主教，尤其是诸侯主教有没有任命权和否决权？主教的任命是国王、皇帝说了算，还是罗马教廷说了算？这就是叙任权之争。

在亨利四世国王还没有亲政的幼年，罗马教会就已经显示出了强势的迹象，教皇尼古拉二世下达教令，规定由红衣主教团选举教皇，这样就把皇帝排除在教皇任命的程序之外，这个红衣主教团秘密选举产生教皇的规定，一直延续到今天。亨利四世亲政以后，积极干预意大利事务，跟教皇亚历山大二世爆发了激烈的冲突，当时就任命康斯坦斯主教、米兰主教、莱歇瑙岛修道院院长这些职务，国王和教皇对叙任权争夺不休，谁也不让步。1076年亨利四世宣布，三年前亚历山大二世教皇死后，罗马选出来的改革派教皇格里高利七世的选举无效，要把教皇废掉。格里高利七世教皇针锋相对，把亨利四世破门出教。这是史无前例的举动，震惊天下。

亨利四世如果在国内地位稳固的话，本来可以效法自己父亲，进军意大利废了教皇。可是他后院起火，德意志贵族多年来不喜欢他用平民出任宫廷要职，冷落贵族的做法，发动多起叛乱，尤其是萨克森公国。教皇一宣布皇帝被革出教门，就意味着解除了诸侯贵族对国王的效忠誓言，为叛乱的正当性背书。亨利四世看到了这个举动对国内形势的巨大危害，立即采取了一个名扬后世上千年的反制措施：他领兵南下意大利，把格里高利七世包围在卡诺莎城堡，却不攻城，而是穿上麻衣，自我鞭挞，在雪地里站在城下忏悔。这个姿态在后世几百年，都被误认为是皇权向教权屈服的表示，后世的罗马教廷也有意地把这次事件宣传成教权高于皇权的象征。

其实放在当时的条件下，卡诺莎事件其实是亨利四世皇帝的政治胜利。按照中世纪的道德习惯，一个人诚心忏悔，一定要获得宽恕。所以亨利自我鞭挞，其实是摆出一个姿态，反将教皇一军：我都这样了，你赦不赦免我？赦免，我就达到了政治目的；不赦免，在道义上你还配当教皇吗？我一样达到政治目的。何况当时是亨利包围了教皇，亨利才是实力占据上风的一方，卡诺莎的忏悔，是他主动做出的政治姿态。果然，教皇在1077年赦免了亨利，而亨利此后仍旧在德意志和意大利境内随意任免神职人员。1080年格里高利七世再次把亨利革出教门，还支持德意志国内反对亨利的贵族选举出对立的国王。但在这几年当中，亨利把国内各处叛乱平息得差不多了，加强了自己的地位，他击败并杀死了反对派贵族选出的对立国王，反过来操纵意大利和伦巴第地区的保皇派主教们，选出对立的教皇克莱门特三世，然后进军意大利，1084年由自己立的教皇克莱门特三世加冕，即皇帝位，教皇格里高利七世在自己的支持者保护下撤到意大利南部的萨莱诺，并在这一年第三次把皇帝破门出教。

亨利四世统治时期，在帝国以外发生两件划时代的大事，一是1066年诺曼底公爵威廉征服英国，建立诺曼王朝；二是1096年第一次十字军东征，并在1099年占领了圣城耶路撒冷。亨利四世曾经把凡尔登伯国赐予后来第一次十字军的领导者——布永的戈弗雷。亨利四世此人很有政治手腕，对自己的目标和任务也非常清楚,能做到坚韧不拔,但他不是捕鸟者亨利或者奥托大帝那样出色的将军,他的军事能力平平,经常打败仗,结果搞不定国内反叛的各路诸侯,自己的地位就很脆弱,每次他出征意大利的时候,国内刚刚被压服的萨克森、巴伐利亚这些公爵们就起来作乱。1089年亨利四世再次进军意大利,当时韦尔夫家族的巴伐利亚公爵起兵,把皇帝的后路断掉了。不过最终这些诸侯或者教皇的反抗,都被皇帝克服。最终打败了亨利四世的,是他的家人。首先是这次远征意大利的时候,教皇派策反了他的长子,刚被选为德意志共治国王的康拉德,然后连皇后也在1094年跑到教廷,向乌尔班二世教皇控告并诋毁皇帝。这次亨利四世总算是化险为夷,先后跟自己的长子和巴伐利亚公爵和解,返回德意志,回国以后另选幼子,12岁的亨利五世作为自己的共治国王,并且让小亨利发誓,绝不违背父亲的意志。

但这位少年继承人亨利五世,是个比父亲更狠的角色,5年以后,刚长大成人的亨利五世派人联络乌尔班教皇,运用教皇的权威解除了服从父亲的誓言,然后拉拢反对派贵族举起大旗反叛亨利四世。后人研究认为,亨利五世反叛父亲的动机不仅仅是单纯的青春期叛逆,而是看到父亲几乎失去了全国贵族的拥护,担心父亲死后自己的继承权会出大问题,于是采取主动,改换阵营反戈一击。亨利四世不想和儿子在战场上刀兵相见,两军在莱茵河边科布伦茨对垒的时候,父子两人单独见面,儿子劝说父亲解散军队,和自己一起前往在美因茨召开的德意志诸侯大会和解。没想到亨利四世刚刚解散军队,就被儿子关进了地牢。

1105年底,被囚禁的亨利四世被迫在美因茨诸侯大会上宣布退位,亨利五世成为唯一的德意志国王。两个月之后,亨利四世跳水逃出监牢回到施派尔的根据地,并打退了亨利五世军队的进攻。1106年8月,亨利四世病死。他死的时候仍然处于绝罚之中,不能以基督徒的身份埋进任何一座教堂。不过,应该说他的儿子亨利五世并不是完全不讲父子情分,两代人的对立更多出于政治需要,亨利四世死后,亨利五世坚持把父亲的尸体从今天的比利时运到施派尔大教堂,暂时停放在没有经过祝圣的教堂的一部分,之后也走上了维护皇权的道路，5年以后亨利五世进军意大利，俘虏了教皇帕斯卡尔，逼迫教皇给自己加冕为皇帝，同时赦免父亲的绝罚。所以，亨利四世在死后5年才解除绝罚，被葬进施派尔大教堂的皇室墓地。今天我在施派尔大教堂圣坛地下的墓室里，重点要看的，就是亨利四世皇帝，和后来哈布斯堡家族第一位德意志国王鲁道夫·哈布斯堡的墓。

亨利五世对父亲反戈一击，团结了国内的所有贵族，所以他在和罗马教廷的斗争中，地位比亨利四世稳固得多。1122年，当时已经在德意志和意大利取得强势地位的亨利五世皇帝和教皇就叙任权问题达成妥协：皇帝和国王仍然可以在本国范围内任命主教，但只能是授予主教世俗的权力，而教皇保留授予主教们戒指和权杖的权力，象征在精神世界的权力是来自教皇的。亨利五世1125年死于癌症，享年39岁，他是埋在施派尔大教堂的第四位皇帝。他没有儿子，于是萨里安皇朝终结。

但是萨里安皇朝的故事还没有完，尚有一个尾声：亨利五世皇帝死前属意的德意志国王继承人，是外甥斯瓦本公爵腓特烈，属于霍亨施陶芬家族。最不愿意看到的继承人，是多年来反对自己和父亲的萨克森公爵罗泰尔，或者韦尔夫家族的巴伐利亚公爵。可是他的外甥在诸侯选举国王的时候过于自信，其傲慢的态度激怒了诸侯，结果诸侯选出来的德意志国王，恰恰是萨克森公爵罗泰尔，后来加冕成为国王兼皇帝罗泰尔三世。这位皇帝统治帝国12年，其间帝国和平而强大，不但压服了霍亨施陶芬家族的两兄弟——斯瓦本公爵腓特烈和法兰克尼亚公爵康拉德的反抗，还南进意大利打败了西西里的诺曼王朝国王罗杰二世。而罗杰二世统治期间是西西里王国历史上最强大的盛世。所以，这个夹在法兰克尼亚（萨里安）皇朝和霍亨施陶芬皇朝之间的罗泰尔三世皇帝，绝不可被看扁成一个暂时性的过渡人物。

但是罗泰尔三世没有儿子，他属意的继承人，是巴伐利亚兼萨克森公爵，韦尔夫家族的骄傲者亨利。我们记得，当初罗泰尔当选之前，法兰克尼亚皇朝末代皇帝属意的继承人，属于霍亨施陶芬家族，结果在选举时落选，现在罗泰尔三世死了，德意志王位就成了两个阵营争夺的对象：一方是斯瓦本公爵和法兰克尼亚公爵、霍亨施陶芬家族的两兄弟，另一方是萨克森公爵和巴伐利亚公爵、韦尔夫家族的骄傲者亨利。结果1138年霍亨施陶芬家族的弟弟康拉德胜出，当选为德意志国王康拉德三世，从此开启了霍亨施陶芬皇朝。骄傲者亨利自然不服，他死后，他的儿子狮子亨利继续跟霍亨施陶芬皇朝不懈地斗争。这就是以后上百年，霍亨施陶芬家族和韦尔夫家族斗争的开端，也是意大利13世纪以后好几百年时间里，圭尔夫党和吉贝林党斗争的源起。

但是霍亨施陶芬皇朝和此后卢森堡皇朝、哈布斯堡皇朝的漫长而曲折的历史，放在这里篇幅太长了，况且施派尔大教堂埋葬的四位皇帝，都是萨里安皇朝的皇帝，有关的历史背景交代到这里也就够了。等后面写到莱茵河上游摩泽尔河流域，卢森堡历史的时候，再接着讲霍亨施陶芬皇朝和卢森堡皇朝的来龙去脉。而帝国最后一个也是为时最长的哈布斯堡皇朝，已经属于近现代，而且哈布斯堡的大本营在奥地利，那就放到本书后半部分的多瑙河流域，再详细交代吧。

海德堡

从上莱茵河西岸的施派尔镇顺流直下向北，大约30公里以后，来到下一座西岸的重要城市路德维希港，这里基本上是一座现代化工业城市。德国化工工业巨头巴斯夫公司的总部就在这里，但路德维希港在文化旅游方面并无可观之处。在它河对面是相对更有名的曼海姆城，莱茵河东岸的重要支流内卡河，就在曼海姆附近汇入莱茵。如果沿内卡河口向东上溯20公里，就来到了文化名城海德堡。虽说海德堡并不在莱茵河边，但它离莱茵河的距离足够近，绝大多数驾车或者乘船游览莱茵河的游客，都会专程拜访这座浪漫的文化名城。

提起海德堡，不知为何很多国人都以为那句著名的诗"我把心失落在海德堡"是歌德写的，这应该是一个误传，其实这是一首写于1925年的德文歌曲的歌词，还被收入了一部同名音乐剧，歌词作者是两位德国人洛纳尔－贝达（Loehner-Beda）和诺伊巴赫（Neubach），曲作者是雷蒙德。这首歌在德国很有名，至今还是海德堡的市歌，不知道为什么很多写游记的中文作者都喜欢把作者说成是歌德。其实正面描写过海德堡的文豪还有很多，其中不乏名气不逊于歌德者：法国大文豪雨果写过一整本书，书名就叫作《海德堡》；马可·吐温在《傻子出国记》里，也是以海德堡做开篇的。

海德堡和弗莱堡一样是不折不扣的大学城，而且海德堡大学是德国最优秀的大学之一，甚至有很多朋友告诉我，这个评价没有"之一"！它的全名叫作海德堡鲁普雷希特－卡尔大学，用的是1378年建校时当地统治者普法尔茨选帝侯的名字。德国很多历史悠久的大学都冠以创建人的名号，而这些名号都是各地诸侯，比如前面提到的弗莱堡大学叫作"阿尔伯特－路德维希大学"，是奥地利大公的名字；图宾根大学的名字叫作"埃伯哈特－卡尔大学"，是符腾堡公爵的名字；哥廷根大学叫作"乔治－奥古斯塔大学"，是汉诺威选帝侯兼英国国王乔治二世的名字。

我其实很怀疑，在今天，就算是这个学校的学生或者教授，有几个人能清楚记得校名中的诸侯名字呢？海德堡大学著名的教授或者校友里面自然有很多名人，这个不奇怪，但其中各学科的开创性人物太多了。哲学家黑格尔在这里做过三年教授，时间虽然不长，但写出了他最重要的著作之一。其他还有化学元素周期表的门捷列夫、大陆漂移说的创始人魏格纳、现代社会学奠基者马克斯·韦伯、90年代主导德国统一的总理科尔。海德堡城区人口只有16万，其中大学生占了四分之一！在今天内卡河南岸的老城里，随处可以见到属于大学的古老而典雅的建筑。

这些建筑大多数是赏心悦目的文艺复兴式建筑。在中世纪的罗曼式和哥特式之后，文艺复兴时代兴起于意大利，后来传遍整个欧洲的文艺复兴式样，是第三种全欧洲的建筑风格。它是对古希腊罗马建筑和谐比例的复兴，不像哥特式那么尖细高耸，横宽比例大得多，讲究比例和谐四平八稳，在细部装饰上借鉴了很多希腊罗马神庙的元素。用列柱、壁柱装饰墙面的时候，讲究间隔规则形成韵律。旧城中心海德堡大学图书馆的建筑，就是文艺复兴式，不过不是16世纪真正的文艺复兴，而是20世纪初建造的，特意仿文艺复兴式样的建筑，为的是跟旧城周围的建筑景观和谐一致。

海德堡大学在旧城中心有座博物馆,我觉得最有意思的是博物馆里保存的大学生监狱原址!其实在20世纪之前,上大学是年轻贵族和上层资产阶级家庭的特权,这些学生很难管理,经常故意跟学校和当地市民作对,搞些恶作剧,所以中世纪到近代的欧洲大学,基本都有这一类关押学生的监狱。海德堡大学的学生监狱原样保留得很好,里面的说明还列出了挺多种可以导致一名学生被关押的稀奇古怪的理由,有些容易理解,比如公众场合烂醉如泥,在街上或者宿舍里大声喧哗,骚扰年轻女性市民,等等,但有些理由就很奇葩了,比如这条:私自把市民家养的猪给放了!被关进监狱不算羞耻,当时的学生们甚至以此为荣,觉得犯点事情被关过学校监牢是一件倍儿有面子的事情。

其实海德堡最吸引人的景点并不在旧城,而在城背后半山上的城堡废墟,跟内卡河对岸半山上的"哲学家小道"。海德堡在18世纪之前是德意志七大选帝侯之一,是普法尔茨宫伯的首都,但是我觉得它的地势却很奇怪:内卡河从东向西汇入南北向的莱茵河,所以内卡河在这一段分成南岸与北岸,而海德堡旧城坐落在南岸,意味着主城区向北。而且这里是河谷地形,两岸平地有限,因为山峰的遮挡,平地上的城市一天基本上晒不到太阳!反倒是出城过河,到内卡河北岸半山上的"哲学家小道"在天气晴朗的时候沐浴在阳光下暖洋洋的。

海德堡旧城过河的那座石拱桥建于1788年,离现在也有200多年的历史,它用河谷一带的红砂岩搭建,拱形很优美,在石桥的老城这一段,桥头堡前有一只猴子手持一面镜子的雕像很有名。这座铜像看上去是现代的作品,它是1970年代开始放在那里的,可是古代至少从15世纪起,海德堡桥头就有一座猴子的雕像,它手里拿着镜子的寓意是让人自省,典故来源于1632年的一首诗,现在还刻在雕塑的基座上,大意是说:"你为什么紧盯着我?看看你自己和周围的人,你们不也和我一样吗?"

这座猴子雕塑在1688年的普法尔茨王位继承战中丢失了,直到1970年代才在原址立起这座现代青铜雕塑。注意看猴子不拿镜子的另一只手:食指和尾指伸直，中间两指弯曲，这是个哑谜，因为这个手势在东西方文化里都有，古今的意思不同。比如在中国寺庙的佛像雕塑中，佛陀经常使用这个手印，古代意大利人也有这种手势，大致是"群邪辟易"的意思。可是今天的重金属摇滚岂非也用这个手势吗？我不知道雕塑上的猴子用这个手势是什么意思，但我猜想，70 年代的这位艺术家未必会想到东方佛教的手印含义，应该是表示，这是一只很酷的摇滚猴子吧！今天的游客到这里也有讲究：如果你触碰猴子手持的镜面，将会发财；如果你摸猴子另一只"摇滚的手"，你将来还会回到海德堡；如果你摸猴子旁边的小老鼠，那么你会多子多孙！

过桥之后，沿着曲折的石子路走上半山，就来到了"哲学家小道"。这条道路对岸是旧城和半山上的海德堡城堡，视野开阔，风景绝佳，小道附近山坡上有一些很别致的独栋别墅，那都是海德堡大学教授们的住宅，这里是海德堡房价最昂贵的地段，也只有特别成功而且富有的名教授，才能住在这里。世界上很多地方都有安静而优美的"哲学家小道"，笔者自己就走过三条：日本京都从南禅寺到银阁寺之间，沿着溪水的那条，据说是因京都大学的哲学家西田几多郎经常散步而得名的；多伦多大学校园里也有一条，在安大略博物馆背后的公园里。但全世界的所有"哲学家小道"中，海德堡这条算是"玄门正宗"，传说黑格尔曾在此散步沉思，故而得名。

黑格尔的确在 1816—1818 年任教于海德堡大学，在海德堡期间，也几乎肯定会来这里散散步。但他毕竟只在海德堡待了短短三年，这条小道未必就是因为他而得名。事实上，"哲学""哲学家"未必指的是今天狭义的哲学，从古代到近代的大学教育里，以哲学指代一切常识性的学问和学科，和"专科"相对，相当于今天我们说的"通识教育"。举个例证，今天欧美大学里所有的博士学位分两类，一类是专科的博士，比如法学博士、医学博士、工商管理学博士；第二类是其他绝大多数学科的博士，都被称为"哲学博士"，只不过哲学博士头衔后面会加上学科大类，比如经济学哲学博士、物理学哲学博士。

而在法学、医学、工商管理领域，同时有专科博士和本学科的哲学博士，前者培养方向偏重实际,后者偏重学术理论训练,就业方向大多是大学和研究单位。这几个学科的哲学博士比专科博士要高出半格,比如美国的律师和医生,要取得从业资格都必须是法学博士和医学博士,但拿到专科博士学位以后,再在大学里进修和做论文,才能拿到进一步的法学哲学博士,和医学哲学博士。笔者本人的学位,就是"工商管理学哲学博士",而不是"工商管理学博士"。这里所谓"哲学",跟哲学学科没有关系,意指通识教育和比专科博士高半格的学术地位,笔者这辈子到现在还没有读过半页黑格尔的著作呢!所以"哲学家小道"里的哲学家,应该是泛指海德堡大学的学生,而不是特指黑格尔本人。我觉得这是又一个"歌德说把心遗落在海德堡"式的错误传说吧。

海德堡另一个精彩之处,在于旧城背后半山上的城堡废墟。雨果和马克·吐温都用浓墨重彩写过这座雄伟的城堡废墟。必须承认,欧洲古城堡如果保存完好,固然可以激发游客浪漫的联想和思古之幽情,但是如果留下一座伟岸的废墟,更能够让游客对此浮想联翩,那种"抬望眼,仰天长啸,壮怀激烈"的情绪,更是浪漫主义时代特别推崇的悲壮情怀。今天从旧城里可以乘坐轨道车上到半山坡的城堡,实际上古代这里只是城堡的一部分,再向山顶还有另一座城堡,轨道车也可到达,不过那里被破坏得更厉害,看不到太多古迹,却是从最高处俯瞰旧城和内卡河谷全景的好地方。如果只想去半山腰的海德堡城堡,其实不需要坐轨道车,它只比旧城高80米,步行一会儿也就到了。

海德堡城堡从1214年开始修建,当时还是霍亨施陶芬皇朝时期,相当于中国南宋。这里直到18世纪中期之前,都是普法尔茨选帝侯的首都,选帝侯对城堡多次改建,从最初的哥特式中世纪城堡和圆塔,到16世纪的文艺复兴式大厦,后来经过法国太阳王路易十四军队的占领,战火毁坏了大部分宫殿,战后一度想要按照正在欧洲时兴的巴洛克艺术风格重建,但是1786年重修了一半的宫殿被雷电击中引起大火,正好选帝侯正从海德堡迁都去莱茵河边平原上的曼海姆,于是海德堡城堡就以废墟的形式留存到今天。

所以,在今天的海德堡城堡,你可以看到欧洲古代和近代的好几种建筑风格杂糅在一起:走下缆车,首先见到城堡护城壕里被爆炸劈为两半,一半倾侧倒塌的中世纪圆塔，那是典型的哥特时代古城堡的塔楼。再向前走，宫殿只剩下正立面，你看这座正立面的比例，明显异于哥特式的细窄高耸。它更宽大，比例和谐，连排的窗户完全一致，形成所谓"韵律感"，这是文艺复兴式建筑的特征。而正立面墙上的装饰性人像雕塑，还有屋顶阁楼顶部两侧的弧线线条装饰，那是典型的巴洛克建筑风格。在选帝侯放弃重建城堡，迁都到曼海姆之前，巴洛克正是欧洲流行的风格，此后欧洲建筑流行过的洛可可、新古典、哥特复兴、罗曼复兴、艺术装饰风格，在这里就见不到了。

其实海德堡城堡并没有完全成为废墟，虽然正立面上部只剩一堵墙，仿佛澳门大教堂被烧毁以后，留下的正立面被误认为是牌坊，称作"大三巴牌坊"那样，但大部分低楼层的宫室还是保存下来的。里面的博物馆值得看，我印象非常深的一处，是一只巨大的橡木酒桶，据介绍是全世界最大的葡萄酒桶，可以盛下22万升葡萄酒，木材用了130棵橡树才建成，酒桶顶端铺了一个平台，据说可以在上面跳舞，但是今天的游客被禁止爬上去。这只酒桶在1751年建成，相当于清乾隆年间，但在此之前100多年就前后有4只大酒桶在普法尔茨选帝侯的宫廷酒窖里面了，这是最新最大的一只。

海德堡是选帝侯之一，是普法尔茨宫伯的首都，那么在这里顺便介绍一下德意志神圣罗马帝国的选帝侯制度来龙去脉，也是挺合适的。

843年《凡尔登条约》三分帝国以后，东法兰克王国的查理曼后代加洛林王朝绝嗣，国内诸侯在911年选举法兰克尼亚公爵康拉德一世当国王，康拉德死后推荐了萨克森公爵捕鸟者亨利，亨利成为国王也是经过诸侯选举程序的。捕鸟者亨利的儿子奥托大帝建立神圣罗马帝国，从此以后，帝国首脑继位的一般程序是：德意志诸侯先选举出德意志国王，这个选举地点不固定，到了15世纪之后，大部分选举都在法兰克福举行。然后当选国王在查理曼大帝旧都亚琛的大教堂加冕国王。之后，德意志国王有可能前往意大利，接受米兰铁冠，就是意大利王冠，在法兰克尼亚（萨里安）皇朝之后还会接受勃艮第王国（或者叫阿尔王国）的王冠，再由教皇加冕登基为皇帝。历代皇帝为了让自己的儿子顺利继承，经常让儿子先被选为德意志国王，和自己共治。久而久之，德意志国王之位，就成了皇帝大位的储君。

德意志国王这个头衔在奥托皇朝最后一位皇帝亨利二世之后，正式提法是"罗马人的国王"，而皇帝的头衔也是神圣罗马帝国皇帝，这个"罗马"源于古罗马帝国：在罗马共和国时代，罗马公民权是很宝贵的，只限于真正的罗马人，在古罗马征服的广大疆域里，拥有罗马公民权就拥有特权。在恺撒庞培之前的时代，意大利半岛上的罗马同盟城邦为了争取罗马公民权，还爆发过"同盟战争"。后来罗马把公民权有限地授予盟邦的高级贵族，作为一种荣誉。再后来到了帝国时期，公民权越来越广泛，先扩展到所有意大利半岛，然后卡拉卡拉皇帝在212年授予帝国范围内所有自由人罗马公民权。

所以在古代欧洲的语境下，"罗马人"这个词不是罗马城的人，而是泛指所有的帝国自由公民。而"神圣"这个词，其实一开始也并不在帝国和皇帝的头衔之中，奥托皇朝和法兰克尼亚皇朝都没有使用"神圣"字样，是随后的霍亨施陶芬皇朝的"红胡子"巴巴罗萨，腓特烈一世开始启用的头衔，因为霍亨施陶芬朝的腓特烈一世和二世跟罗马教廷斗了100多年，争夺意大利半岛的控制权，其激烈程度不亚于法兰克尼亚朝的亨利四世跟教皇的斗争，红胡子腓特烈一世给自己加"神圣"一词意味着皇权是上帝赋予的，不需要你教皇来赋予我神性。这是皇权和教权斗争的一种手段。后来在18世纪启蒙时代，思想家伏尔泰有一句讽刺帝国的话非常著名，他说："这个组织既非帝国也非罗马，更不神圣。"这句话知道一点欧洲历史掌故的人都听说过。它的确很辛辣，也很切中时弊。

但18世纪离开中世纪已经过了好几百年，政治环境完全变了。看过前文解说的早期中世纪帝国史，读者就会明白，其实"神圣"和"罗马"两个词，当年有它的来由，至于"帝国"，起码在中世纪，从奥托朝到霍亨施陶芬朝，皇帝们的确想要把它建设成一个真正的集权帝国，可是被教皇和国内诸侯的选举制度搅黄了，也实属无奈。

最初德意志诸侯选举的是国王，后来国王和皇帝越来越变成了一回事，"罗马王"成了皇位的继承人，所以后世干脆变成了诸侯直接选举皇帝。最初的选举人包括全体诸侯，大约在法兰克尼亚（萨里安）皇朝时代，逐渐开始由一小撮最高级别的诸侯先提出人选，再交给全体诸侯大会通过，这就是选帝侯的由来。选帝侯僧俗都有，但一开始并不固定是哪几个人，中世纪的文献对这个问题也没有特别明确的记载，大致上，包括几位大主教，还有德意志王国几大基干公国，也就是法兰克尼亚、萨克森、斯瓦本、巴伐利亚几位公爵。再往后，几位选帝侯选出国王，连交给诸侯大会批准这个程序也免除了。

随着历史的变迁，法兰克尼亚公国解体，公爵头衔变成了虚衔，霍亨施陶芬皇朝的红胡子腓特烈一世任命自己的异母弟弟康拉德为宫内伯，把前法兰克尼亚的很大一片土地封给他，选帝侯的地位也就从法兰克尼亚公爵，转到了莱茵宫内伯的身上。因为"宫廷"这个词拉丁文是 Palatinus，德文是 Pfalz，所以这个选帝侯在中文里，要么称为帕拉亭选帝侯，要么称为普法尔茨选帝侯。这个帕拉亭的职务，来自罗马城里的帕拉亭山，今天你去罗马游览古罗马遗迹，结束游览走出公园的时候，就在帕拉亭山上，那里有帕拉亭博物馆，也有米开朗琪罗设计的广场，广场上摆放着马可奥里略皇帝骑像。帕拉亭伯爵的职务，类似于墨洛温朝法兰克王国的宫相，也就是铁锤查理担任过的职务，或者是清朝的内务府大臣。

另一个早期的选帝侯，斯瓦本公爵也消亡了。我们后面会系统地叙述霍亨施陶芬皇朝的故事。简单地说，1250年施陶芬家族最后一位伟大的皇帝腓特烈二世死后，他的后代在和教廷的争夺中彻底失败，霍亨施陶芬家族的直系后裔被杀光了。斯瓦本公国是这个家族的权力基本盘，在1260年也彻底消亡。曾经由霍亨施陶芬家族把持的普法尔茨选帝侯职位，也转到维特尔施巴赫家族手里，而当时巴伐利亚公爵也是这个家族，只不过是另外一个支脉，同一个家族拥有两席选帝侯，其他诸侯无法容忍。与此同时，帝国北方的勃兰登堡边地伯爵国，和东方的波希米亚王国的地位和实力日渐提高。在1356年，卢森堡家族的查理四世皇帝发布划时代的《金券诏书》，以法律的形式明确了已经存在上百年的七大选帝侯组成，这就是所谓"三僧四俗"：美因茨大主教、科隆大主教、特里尔大主教、萨克森公爵、波希米亚国王、普法尔茨伯爵、勃兰登堡边伯。这个七大选帝侯的名单保持了近300年,直到17世纪,才又添加了巴伐利亚和汉诺威两名选帝侯。

在《金券诏书》颁布以后,七大选帝侯各人都在皇帝的宫廷担任某些荣誉虚衔,比如三大主教里,美因茨大主教是德意志王国总理大臣,科隆大主教是意大利王国总理,特里尔大主教是阿尔王国总理。四位世俗诸侯,分别担任宫廷的内务府大臣、大司马、财政大臣、司酒大臣。当然,所有七个头衔都是虚衔荣誉,就像中国古代的太师、太傅、太保三公职务一样。七大选帝侯当中,又以美因茨大主教的地位最高,作为德意志王国荣誉总理大臣,皇帝死后,他是选帝侯会议的召集人。其次是萨克森和普法尔茨两位世俗诸侯,在没有选出新皇之前,他们一东一西各自代管半壁江山,相当于临时摄政。所以普法尔茨选帝侯在帝国诸侯里的地位极高。

再回到普法尔茨选帝侯和海德堡的历史。普法尔茨选帝侯从古代到近代经历过无数大大小小的战争,其中有两场对本土造成了极大的伤害。其一是1618—1648年的德意志三十年战争。普法尔茨选帝侯就是引发战争的导火索。此前欧洲各国开始反对罗马天主教的宗教改革,德意志北部和西部的诸侯纷纷改宗新教,普法尔茨选帝侯菲德列也在其中。皇帝和罗马教皇都是反对新教的,当时已经是哈布斯堡家族世代把持帝位,兼任波希米亚国王了。但波希米亚的臣民绝大多数都是新教教徒,1618年上一代皇帝兼波希米亚国王死后,波希米亚人拒绝接受新皇帝斐迪南二世兼任波希米亚国王,在布拉格把皇帝的代表扔出窗外,史称"第二次扔出窗外事件",然后把王冠献给同为新教徒的普法尔茨选帝侯。这就是德意志三十年战争的开端。

菲德列高高兴兴地去接受波希米亚王冠,结果被皇帝的军队打得落花流水,连自己的封国也丢弃了。这就是我们前文在介绍列支敦士登历史的时候提到过的,1621年白山战役,皇帝一方天主教军队的总司令是提利伯爵,副总司令就是列支敦士登。那一仗打垮了普法尔茨选帝侯,也让波希米亚(捷克)境内人口构成彻底发生改变,从此捷克变成了一个天主教人口占多数的国家。不久,皇帝的军队占领了海德堡。

普法尔茨选帝侯很幸运，他虽然输掉了德意志三十年战争的第一阶段，但后来瑞典和法国相继站在新教一边加入战争，他这一方是最终的胜利者，1648年战争结束，菲德列复国，他开始在海德堡修复损坏的城堡和宫殿。但这次战争末期，法国一位5岁的儿童国王在红衣主教黎塞留首相的辅佐下继位，他就是将来的太阳王路易十四。后来路易十四长大成人，一次又一次向莱茵河沿线的德意志诸邦发动攻势，这在阿尔萨斯那部分已经讲过。

在1688年，当时的普法尔茨选帝侯死后无嗣，路易十四以近亲的理由要求由法国国王的弟媳奥尔良公爵夫人来继承普法尔茨选帝侯，并借此挥兵打过莱茵河，占领了普法尔茨全境。这是海德堡历史上第二次被法军占领，也是遭到破坏最严重的一次。但是这次整个欧洲列强都不愿意看到太阳王独霸欧洲，德意志诸侯空前团结在皇帝利奥波德一世的周围，加上西班牙、荷兰、英国也加入反法联盟，这就是当时欧洲所有强权反对法国的"大联盟战争"，又叫普法尔茨继承战争。这场战争打了九年，所以也叫作九年战争，最终大致以平局告终，太阳王的条件稍显不利：他要退出莱茵河以东的所有占领区，于是海德堡再次回归普法尔茨选帝侯管辖。莱茵河以西的洛林地区也归还给流亡在维也纳宫廷的洛林公爵。

在普法尔茨继承战当中，1689年和1693年，法军两度占领海德堡，撤离的时候一把火烧了旧城，并炸毁了大部分城堡要塞。战后选帝侯重建宫廷和城堡，但是工期缓慢，经费不足，1720年代因为选帝侯本人信奉天主教，和新教臣民起了冲突，决定把首都从海德堡迁移到内卡河下游汇入莱茵河处的曼海姆城。后来有一度，继任的选帝侯想从曼海姆搬回海德堡，可是1764年重修了一半的海德堡城堡再次被雷电击中烧毁，从此选帝侯的宫廷就定在曼海姆，再也没有回过海德堡。

今天从海德堡沿内卡河回到莱茵河畔，只有20公里路程，曼海姆的市中心附近的河边有一座很大的巴洛克式选帝侯宫，是普法尔茨选帝侯1720年代从海德堡搬来的时候新建的，今天是曼海姆大学的主楼。此外，在城中心还有一座60米高的水塔，是19世纪建造的仿罗曼式建筑，和附近的喷泉、剧院建筑群一起，大致可以构成城市的景点。曼海姆对普通游客来说，我觉得并不是一个值得停留半天以上的城市。

第四节　莱茵的黄金：从沃姆斯到美因河口

沃姆斯与基督教历史的不解之缘

从曼海姆沿莱茵河而下约30公里，河的左岸是小城沃姆斯（Worms）。我认识的所有没在德国住过的朋友几乎都没有听说过它。其实这里比上游的曼海姆、下游的美因茨两座大城市拥有更丰富的历史文化积淀。在中世纪的时候，沃姆斯和施派尔、美因茨同是莱茵地区最重要的交通枢纽，是萨里安皇朝帝王们的权力中心之一，今天保留下来的沃姆斯主教座堂，和施派尔、美因茨、特里尔三座教堂一样，是整个德国从中世纪至今保留最完整、规模最大的罗曼式建筑之一。当然这几座教堂在中世纪晚期到近代都有修缮，所以或多或少掺杂了哥特式的元素，而教堂内部装饰更多体现巴洛克风格，比如富丽堂皇的镀金圣坛。

沃姆斯在古代是权力很大的主教教区，沃姆斯主教座堂的规模也与之相称，它用附近的红砂岩制成，我从远处看教堂的两座塔楼和正立面，曾经觉得这是非常纯正的罗曼式，不懂为什么有些书上介绍施派尔大教堂才是传统风格保持得最统一的罗曼式建筑。直到转到教堂侧面的入口处才发现，其实教堂侧面的整个长边都已经重修成哥特式了，看它沿着侧面铺排的一座座尖拱顶上面积巨大的玻璃花窗，还有入口处大门门洞上方的石工雕刻，非常繁复也非常美丽。唯一的问题就是，那是更晚的哥特风格，而不是原来的罗曼式样。

沃姆斯的历史和德国宗教似乎总有着不解之缘。我们前文在叙述法兰克尼亚皇朝的时候提到，亨利四世跟主教的叙任权之争，在亨利五世时代告一段落。1122年，皇帝和教皇的代表在沃姆斯签订了合约。另外，在沃姆斯主教座堂附近的街道旁，还有一组气势宏伟的马丁·路德纪念碑群雕，用来纪念16世纪的宗教改革。这座纪念碑全部是铜像，建造于19世纪中期，要想看懂它上面的主要人物，还得稍微懂一点基督教的宗教知识。

基督教和伊斯兰教都源于犹太教，《圣经旧约》就是犹太人的经典，上帝耶和华、摩西、诺亚、亚伯拉罕这些人物，都是《旧约》里的神和先知，这是西方三大宗教共通的。犹太教提出了"弥赛亚"救世主这个概念，犹太人世代等待着弥赛亚的降临，而基督教是从犹太教里分出来的，尊奉耶稣基督为弥赛亚，犹太教不承认这一点。所以信奉耶稣基督为神的宗教就统称基督教。

基督教在罗马帝国初期诞生，头300年是被迫害的，罗马皇帝君士坦丁在313年接受了基督教，此后又有反复，380年提奥多西皇帝确立基督教为国教。在古罗马时代，皇帝对教会占有支配地位，很多基督教的基本神学信条，也是皇帝亲自主持召开宗教大会确立下来的，比如最著名的圣三一，就是圣父、圣子、圣灵三位一体的理论。那时候也没有所谓教皇，罗马、君士坦丁堡、耶路撒冷、安条克、亚历山大里亚五大主教平起平坐。

1054年，基督教会东、西大分裂，罗马主教（教皇）和君士坦丁堡大牧首互相把对方开除出教，罗马为首的就是天主教会，以君士坦丁堡为中心，后来转到莫斯科的东方基督教会，就是东正教。其实他们还都是基督教，信仰同一个神，历史上也多次谈到过重新合并。除了罗马天主教和东正教以外，还有一些独立教会并不隶属于两者中的任何一个，比如埃及科普特教会、亚美尼亚教会、叙利亚教会等。他们中很多成立的时间比罗马帝国接受基督教还早，直到今天仍然存在，但是影响力远不如天主教和东正教两大系统。

西欧的罗马天主教会在中世纪的势力很大，俨然凌驾于皇帝之上，但是绝对的权力导致绝对的腐败，而绝对的腐败丧失人心。从14—15世纪开始，就有很多人不服罗马教廷的统治，产生过很多所谓"异端"运动，比如中世纪法国南部的阿尔比教派、文艺复兴时期短暂控制过佛罗伦萨，驱逐美第奇家族的萨沃纳罗拉，最著名的就是波希米亚首都布拉格大学的扬·胡斯，也就是前文提到过的1414年康斯坦茨宗教大会上，皇帝西格蒙德主持废立教皇统一教会，并烧死异端者的那位扬·胡斯。他是宗教改革的伟大先驱者，今天在布拉格中心的老城广场上有胡斯纪念碑。胡斯死后，反对罗马教会的捷克人民掀起反对皇帝和教会的"胡斯战争"，打了近20年才被镇压下去。从14世纪到17世纪，这300年时间波希米亚一直都是反对罗马教廷的大本营，直到德意志三十年战争初期，1620年代白山战役以后，皇帝和教皇才联手彻底改变了波希米亚的宗教人口结构。

以上这些改革努力都以失败告终，最后成功的就是马丁·路德了。路德本身是天主教牧师，在埃尔富特上神学院，在家乡维滕堡当神父，有感于教廷的腐败，1517年他把对赎罪券和其他教廷腐败行为的质疑写成"大字报"，贴在维滕堡诸圣教堂的大门上，这就是著名的《95条论纲》，它在宗教史上的地位，不亚于马克思《共产党宣言》在国际共运史上的地位。这一年就被后世当作宗教改革的元年。

2017年宗教改革500周年纪念之前，笔者专门去游览过维滕堡、埃尔富特和马丁·路德把拉丁语《圣经》翻译为德语时居住的瓦特伯格城堡。这些地方全都位于前东德，离莱茵河与多瑙河流域很远，不属于本书的范围，在此就不赘述了。马丁·路德比前辈胡斯要幸运多了，因为他的学说赶上了印刷机和版画的发明，得以大量印刷，像克拉纳赫这样伟大的画家都是他的朋友，帮助他进行了极为成功的大众宣传，赢得比之前历次宗教改革多得多的群众支持。而且德意志诸侯也有很多支持他的，尤其是他所在城市属于萨克森，而萨克森选帝侯支持并保护了路德。

1521年，教皇对马丁·路德施以绝罚，破门出教，哈布斯堡皇朝的查理五世皇帝在沃姆斯召集帝国议会审理这件公案，召马丁·路德前来答辩。马丁·路德应召而来，但是拒绝改变信仰，拒绝承认错误。在萨克森选帝侯的保护下，路德没有遭到像胡斯100年前在康斯坦茨大会上同样的命运，而是安全离开了沃姆斯。

此后宗教改革蔓延全欧洲，整个16世纪都是宗教战争的时代，比如法国的胡格诺战争，最终新教和旧教的对抗发展成了席卷欧洲大陆的"第一次欧洲大战"，1618—1648 年，德意志三十年战争最终以新教一方的胜利告终。直到今天，基督教新教各派，比如英国的国教会、路德派、加尔文派、浸礼派等，都是不隶属于罗马天主教会的独立教会。他们当然也都是基督教。我国很多人习惯把以罗马教皇为首的教会称为天主教，而把新教各派称为"基督教"，这是错误的。实际上基督教应该是所有信仰耶稣基督的教派，包括东正教、天主教、新教各派、亚美尼亚教会等在内，而新教各派英语里有一个统一的称呼，protestant，直译过来是"抗议派"，意译可以直接称为基督教新教。

以上种种，是笔者从一个世俗的非基督徒的角度，尽量客观中立地叙述基督教各派的源流，也就是沃姆斯城里这座大型纪念碑群像的历史背景。它纪念的就是 1521 年马丁·路德那场单刀赴会。纪念碑中心立像当然是路德，碑座四角坐着的四位，面向前方的两位，右边手持十字架的是扬·胡斯，左边头戴风帽的，是佛罗伦萨的萨沃纳罗拉，这都是路德之前宗教改革的先驱者。纪念碑外围四个角的立像，有两位是宗教思想家，两位是新教德意志诸侯，其中左前角手持宝剑向天的那个，是保护路德的萨克森选帝侯"明智者"腓特烈。

《尼伯龙根之歌》与瓦格纳的歌剧

今天当你在沃姆斯这座小城里随意漫步，还能看到保存完好的中世纪城墙，而在某一处城墙和古城门边上，还有一座灰白色现代建筑，这就是尼伯龙根博物馆。沃姆斯地处莱茵河西岸，如果走到岸边，你会看到一座现代桥梁横跨莱茵河，桥头高耸着一座 1900 年建成的仿罗曼式塔楼，雄伟而古朴，这座桥名叫尼伯龙根桥，桥头堡也叫作尼伯龙根之塔。以上种种都不是偶然的：《尼伯龙根之歌》是德意志民族古代最著名的史诗篇章，它以法兰克王国统一之前，罗马帝国末世的民族大迁徙为背景，史诗中的勃艮第第一王国首都就在沃姆斯。它讲述了爱情、背叛和王国的毁灭。

《尼伯龙根之歌》史诗里的勃艮第王国，不是从中法兰克王国分出来的勃艮第第二王国，而是更早由西罗马帝国末期民族大迁徙时代打进西欧的日耳曼部落的勃艮第人建立的王国。当时是5世纪，相当于中国历史上的南北朝时期，北魏和南朝的刘宋对峙的时代。西哥特、东哥特、汪达尔等各个日耳曼蛮族横行西欧，后来再次统一西欧的法兰克人也仅仅是诸日耳曼部落之一，地位并不突出。当时西罗马帝国还在，大将军埃提亚斯还能联合亚洲草原上远道而来的匈王阿提拉，弹压各个蛮族。所以，这个勃艮第可以称为勃艮第第一王国。这是史诗故事的历史背景。

故事分为两部分，上半部讲述英雄齐格菲迎娶勃艮第长公主克里姆希尔德和他的死亡，下半部讲述克里姆希尔德嫁给匈王埃策尔，为亡夫齐格菲复仇的故事。齐格菲是传说中夏坦（Xanten）王国的王子，曾杀死了尼伯龙和施邦（Schibung）兄弟，夺取了他们的土地、黄金宝藏和宝物隐形斗篷。在夺宝过程中杀死守护宝藏的恶龙，并沐浴龙血，变得刀枪不入。在沐浴龙血的时候，一片菩提树叶落在他后背，遮住了一小片皮肤，这块没有浸到龙血的地方，就是英雄齐格菲唯一的弱点。他来到勃艮第王国的首都沃姆斯，受到国王冈瑟、王妹长公主克里姆希尔德和大臣哈根的欢迎，他帮助勃艮第人打退了萨克森人的入侵。国王兄妹两人都是单身，齐格菲求娶长公主，国王冈瑟同意了，但大臣哈根提出一个条件，就是要齐格菲陪国王去冰岛，求娶武力值极高的武士女王布伦希尔德。齐格菲同意了。

一行人来到冰岛以后，齐格菲在隐形斗篷的帮助下增长了超凡的神力，在投石、标枪、跳远三项竞赛中帮助冈瑟战胜了冰岛女王，比武招亲成功。可是冈瑟把冰岛女王娶回沃姆斯的初夜，却露出了原形被女王制服。他第二天再次求助齐格菲。齐格菲用斗篷再次打败布伦希尔德，抽去其力量源泉让她驯服于冈瑟国王。这次齐格菲取下了冰岛女王的戒指和腰带带回家，送给妻子长公主克里姆希尔德。

多年以后，齐格菲夫妇拜访冈瑟夫妇，因为进教堂的顺序，两位妻子起了争执，结果克里姆希尔德为了羞辱嫂子，拿出戒指和腰带，揭露了当年的骗局。大臣哈根为了掩盖这件事，提议冈瑟国王杀死齐格菲，冈瑟同意了。哈根骗齐格菲出门打猎，并对克里姆希尔德说打猎危险，为了保护齐格菲，让她用十字架标出齐格菲背上的弱点好多加小心。

打猎的时候，哈根用标枪从背后杀死了齐格菲，并从克里姆希尔德手中夺取黄金宝藏，扔进了莱茵河。这就是莱茵黄金的传说。克里姆希尔德为了向冈瑟和哈根复仇，主动嫁给匈王埃策尔，并邀请冈瑟和哈根一行来匈王的宫廷做客。匈王臣属，伯尔尼的迪特里希警告勃艮第人，但未引起重视。最终，在匈王和王后克里姆希尔德所生孩子的命名宴上，双方开打，所有勃艮第人被杀，冈瑟和哈根被俘后，被克里姆希尔德亲手砍下头颅。但是迪特里希的师父，武士希尔德布兰特认为请客杀死客人是不符合骑士精神的非正义行为，又出手杀死了复仇成功的克里姆希尔德。

这部《尼伯龙根之歌》的原型肯定是勃艮第第一王国，就连首都沃姆斯和末代国王冈瑟的名字都能对应。这个王国在公元437年被罗马大将军埃提亚斯联合匈王阿提拉毁灭。史诗中的匈王埃策尔明显就是阿提拉，而历史上，阿提拉453年突然去世，也有传说是被德意志族的新娘希迪戈（Hildico）暗杀的。但是齐格菲没有具体的历史原型，可能来自法兰克王国的民间传说。

这部史诗成型于公元1200年前后，有可能来自帕绍地区，作者佚名。可是悲剧在中世纪不受欢迎，所以从16世纪之后，史诗被遗忘了200多年，1755年才重新发现古代的手抄本。中世纪的手抄本对前半部分的齐格菲不感兴趣，更多篇幅用在描述后来的复仇和毁灭上，所以没有获得重视。当时德意志的那些文化名人，比如普鲁士的腓特烈大帝、歌德、黑格尔都不喜欢这部史诗。直到19世纪，随着拿破仑战争和德国统一，《尼伯龙根之歌》才被民族主义者重新发现，到今天已经成了德意志民族主义的象征。在各种版本的改编当中，往往更注重强调齐格菲的英雄事迹，比如音乐家瓦格纳，就有根据它重新创作的四部歌剧《尼伯龙根指环》，总长度超过16个小时，蔚为壮观。

这部史诗和根据史诗改编的歌剧，都是德意志文化史上的瑰宝，既然本书讲的是莱茵河多瑙河两岸的文化风物，史诗故事又正好发生在莱茵河畔，那就索性展开一些，顺便聊聊这个系列的歌剧，还有音乐家瓦格纳。毕竟，德意志音乐是西方古典音乐的玄门正宗，讲德国而不提音乐，正如讲法国而不提哥特式建筑，讲意大利而不提文艺复兴绘画一般。

瓦格纳的《尼伯龙根指环》系列，其实故事情节杂糅了北欧神话和德意志史诗，其中北欧神话的成分更多，今天看起来，甚至让人很容易联想到小说和电影《指环王》，来自《尼伯龙根之歌》的情节只是偶尔展现。

"指环"系列的第一部歌剧《莱茵的黄金》，主要交代了指环和莱茵黄金宝藏出现在神界的背景。最初，莱茵河的三女神守护着莱茵黄金的秘密，她们知道用莱茵黄金打造的指环所向无敌，但拥有者必须放弃爱。她们把这个秘密告诉了前来追逐她们的尼伯龙根侏儒阿尔伯里希。阿尔伯里希抢走了莱茵的黄金。阿尔伯里希回到地下世界，用宝藏铸造了尼伯龙根指环和隐形斗篷，并奴役地下世界的侏儒们。同时，天界众神领袖沃坦想要建造瓦尔哈拉城堡圣殿，他请法索尔特和法夫纳两位巨人兄弟替他建造瓦尔哈拉，约定事成之后把青春与美丽女神芙丽雅交给巨人兄弟作为酬谢。但芙丽雅拥有的金苹果是让众神长生不老的源泉，因而沃坦并不情愿做这笔交易，于是想到只有以莱茵黄金打造的指环作为代替的酬谢物才有足够的魅力，让巨人们甘愿放弃青春女神。于是沃坦和火神罗格来到地下世界找到守护指环的阿尔伯里希，逼迫他交出两件宝物，阿尔伯里希被迫屈服，但是发出诅咒，未来无论是人还是神，谁拥有指环都将灾难缠身并最终失去指环。瓦尔哈拉神殿最终建成，沃坦也用尼伯龙根指环向巨人兄弟换回了青春女神。得到指环的巨人法夫纳杀死另一个兄弟独占指环。尼伯龙根的指环诅咒第一次兑现。

"指环"系列的第二部歌剧《女武神》主要讲的是齐格菲的身世，以及他父母和未来妻子的故事。巨人法夫纳得到指环以后化为森林中的龙，守护指环和莱茵的黄金。众神当初自愿把魔戒送给巨人作为建造瓦尔哈拉的酬谢，碍于契约不能出手抢夺，但大神沃坦仍想夺回指环。他和神后弗莉卡生下的八个女儿，加上和地母埃尔达生下的长女布伦希尔德，九位女神合称女武神伐尔克里，她们的任务就是从世界各地的战场上把阵亡英雄的魂灵带回瓦尔哈拉神殿，为大神沃坦守护瓦尔哈拉。

沃坦又和凡间女子生下了双胞胎兄妹西格蒙德和西格林德，大神希望作为凡人英雄的西格蒙德将来能为自己夺回指环，因为凡人不受神界禁止抢夺指环的契约约束。在这对双胞胎小的时候，因为一场战争，他们的母亲被杀死，双胞胎失散。妹妹西格林德长大后，有位老人把一柄神剑诺顿插进大树上，说这将是未来保护她的利器。后来西格林德嫁给了洪丁，洪丁和他的伙伴们都拔不出树上的神剑。

西格蒙德长大以后成了一位到处游历的游侠，总被厄运伴随，某一天路见不平和洪丁与他的伙伴们决斗被打败，自己的兵器也丢了。他逃到西格林德家避难，他并不认识双胞胎妹妹，便与独自在家的西格林德相爱。洪丁回家发现妻子的私情，准备和西格蒙德决斗，西格林德向西格蒙德指示树上的神剑，西格蒙德拔出了神剑。因为西格蒙德兄妹相爱是被诅咒的，他们又是大神沃坦的私生子女，沃坦本来要长女、首席女武神布伦希尔德保护西格蒙德获胜，但是神后弗莉卡和沃坦对质，却逼迫沃坦改变初衷，指令女武神布伦希尔德杀死西格蒙德。

后来女武神被西格蒙德感动，放弃了杀意。但在西格蒙德和洪丁决斗的最后关头，大神沃坦出现，把神剑诺顿击成碎片，西格蒙德被洪丁杀死，而后大神沃坦又杀了洪丁为儿子复仇。女武神带走了已经怀孕的西格林德，和其他伐尔克里女武神一起鼓励西格林德把孩子生下来，并把神剑诺顿的碎片交付给西格林德。这个婴儿就是未来的英雄齐格菲。大神沃坦为了惩罚女儿不听命令擅自行动，去除了布伦希尔德的神性，将她变为沉睡的凡人。又在她身周燃起火圈，保护沉睡的女儿。由神变为沉睡凡人的布伦希尔德，后来成了齐格菲的妻子。

第三部歌剧的名字就叫作《齐格菲》，描述英雄杀龙夺宝娶妻的故事。西格林德生下齐格菲以后就死了，当年为侏儒阿尔伯里希铸造指环的工匠米姆收养了齐格菲。他想为孩子铸造一件神兵利器，但是总也不成功。大神沃坦化成一位老人来访，告诉米姆，只有不知道恐惧的人才能把神剑的碎片铸成剑，此人还将用神剑诺顿杀死巨人法夫纳化成的龙，夺得指环和宝藏，但也将用此剑杀死米姆自己。沃坦走后，年轻的齐格菲回到家自己铸成了神剑，米姆意识到他就是无畏之人，于是告诉他关于龙和宝藏的传说，并准备好毒药，想在齐格菲夺得指环以后毒死齐格菲，并且想要教会齐格菲恐惧。齐格菲、米姆带着神剑来到森林杀死了龙，夺取宝藏。齐格菲在喝了龙血之后能够听懂鸟语，识破米姆毒死自己的阴谋，杀死了米姆。他又听神鸟指示去解救沉睡的女武神布伦希尔德。途中大神沃坦挡住齐格菲的去路，齐格菲用神剑击碎了象征大神权威的神矛，预示着神界未来的覆灭。齐格菲越过火圈，吻醒布伦希尔德，两人相爱结婚。

最后一部歌剧叫作《众神的黄昏》，讲述齐格菲之死、勃艮第王国和神界的毁灭。女武神姐妹告诉布伦希尔德，大神的神矛被毁，神界在劫难逃，恳求布伦希尔德向莱茵女神归还魔戒才能渡劫，但是布伦希尔德拒绝了。齐格菲告别妻子出发去冒险，来到莱茵河边的戈比库姆王国（Gibichung），国王冈瑟和妹妹长公主贡特伦都是单身，而首相哈根是国王兄妹的同母异父弟弟，他的父亲是侏儒阿尔伯里希。哈根想要为阿尔伯里希夺回指环，于是向国王和长公主献计，要让齐格菲忘记布伦希尔德，娶公主贡特伦，同时让国王冈瑟娶布伦希尔德，并向国王献上失去记忆的迷药。齐格菲果然中计喝下迷药，回家把妻子和魔戒一并抢回冈瑟的宫廷。在宫廷上齐格菲、布伦希尔德和冈瑟对质。因为丧失记忆，齐格菲当庭发下毒誓，在不知情的情况下犯下了伪证罪。不明真相的布伦希尔德决心杀死背叛的齐格菲，把齐格菲的弱点告知冈瑟和哈根，哈根给齐格菲喝下解药，迫使齐格菲承认作伪证，并从背后刺死了齐格菲。冈瑟和哈根争夺魔戒，被哈根杀死。布伦希尔德明白事实真相之后自焚，熊熊大火烧毁了王宫，并蔓延到天界，众神和瓦尔哈拉神殿在火焰中毁灭。尼伯龙根指环经过火焰的淬炼脱去了诅咒，莱茵河泛滥熄灭了大火，淹死了哈根，并把指环物归原主带回给莱茵女神。

对比以上四部歌剧的情节和《尼伯龙根之歌》可以发现，瓦格纳的歌剧虽然也能看得出原版史诗的情节，但至少有一半是取材于北欧神话里12—13世纪冰岛的史诗故事《埃达》（Edda），尤其是天界众神的那部分，沃坦就是北欧神话里的大神奥丁。莱茵三女神不是北欧神话，倒是颇有莱茵河上女妖罗瑞莱唱歌引诱渔夫的影子。在最后一部《众神的黄昏》里面，还出现了希腊神话中命运女神纺线、织线、断线的情节。这四部歌剧总长度超过 16 小时，笔者也没有看过全本的，只在 2019 年去纽约林肯中心时，看过大都会歌剧院上演的第一部《莱茵的黄金》。在北美很难看到全本的《尼伯龙根指环》，除了时间太长，现代观众难以接受，商业运作上面有难度以外，还有一个意识形态的因素：瓦格纳是 19 世纪德意志浪漫主义音乐时代的大师，他的歌剧很受德国民族主义者的推崇，包括希特勒在内，所以如果在北美推出全本指环系列，也面临社会舆论的阻力。但是在笔者查找过去的新闻的时候居然发现，2010 年和 2015 年有分别来自德国和奥地利的剧团，在上海演出了全本四部《尼伯龙根指环》，在此笔者不得不对国内艺术市场的宏大手笔点赞。

全世界范围内，看整部《尼伯龙根指环》最好的地方，首推瓦格纳的第二故乡，巴伐利亚北部的拜罗伊特。每年 8 月份拜罗伊特音乐节都会在城外特意为瓦格纳歌剧而建造的剧院上演很多瓦格纳的剧目。那是一种特殊的享受，因为瓦格纳写的宏大作品不是单纯的歌剧，他有自己特殊的理念，想要把诗歌、话剧、舞蹈、舞台美术等要素全都融入歌剧，他自己把这个理念称之为"音乐戏剧""整体的艺术"。所以，他认为自己的歌剧只有在特意建造的舞台上才能淋漓尽致地表现出自己设计的艺术效果。所以他写这四部歌剧花了 20 多年时间，却从来都反对任何一部在外地单独首演，想把全本的首演留给自己一手创办的拜罗伊特音乐节和歌剧院。直到今天，拜罗伊特音乐节仍然由瓦格纳的后代在主持。我去过拜罗伊特小城，那是一座夏天开满鲜花的典雅城市，我也特意造访过城里瓦格纳旧居花园里的音乐家墓地。可惜当时是 6 月初，还不到音乐节的时间，所以我也只能参观了城外富丽堂皇的音乐节歌剧院，却至今无缘在这座最正宗的瓦格纳歌剧院观赏最正宗的瓦格纳歌剧。

说起历史上的德意志文化名人，虽然其中大多数的生涯中，都和莱茵、多瑙两条大河或多或少发生过关系，但也有一些绕不过去的大师级人物，他们生平的活动地点离两条大河很远，比如音乐之父巴赫，一生都在莱比锡活动，大文豪歌德和席勒，成名后长期以魏玛为活动中心，莱比锡和魏玛都在德国东北部。瓦格纳的拜罗伊特在巴伐利亚北部，距离多瑙河还远。按说本不应属于本书的范围，但既然指环系列的故事背景是在莱茵河畔，还是在聊到沃姆斯的时候，顺便说说瓦格纳。

瓦格纳1813年生于莱比锡，父亲是警局职员，瓦格纳出生6个月时病死，母亲带着孩子改嫁给一位剧作家兼演员。说来很巧，瓦格纳生下来以后受洗的教堂是圣托马斯教堂，正是音乐之父巴赫工作了近30年，死后长眠的教堂！他小时候应该是受过继父的影响，13岁就能写剧本，然后才正式学习音乐。瓦格纳在莱比锡大学读书的时候，老师对他的作品很欣赏，帮助他出版了第一部钢琴奏鸣曲。毕业后他在维尔茨堡剧院做乐队指挥，写出第一部完整的歌剧"仙女"（*The Fairies*），不过这部歌剧在瓦格纳1883年死后才在慕尼黑公演。

瓦格纳一生的财政状况和私人生活关系都很混乱，年轻时就曾宣告破产，23岁时和一位女演员结婚，第二年妻子就和人私奔了。后来瓦格纳先去拉脱维亚的里加（当时属于俄国）当歌剧院指导，后来又躲债逃到巴黎，在巴黎写出自己的第四部歌剧《飞翔的荷兰人》。他29岁时移居德累斯顿当了萨克森国王的宫廷乐队指挥，以后六年间他在那里待了下来，这是他声名鹊起的一段日子。《飞翔的荷兰人》和《坦豪瑟》两部著名歌剧就是在这个时候在德累斯顿首演的。

后来，瓦格纳卷入了当时左翼政治民族主义和社会主义运动。1848年欧洲革命的时候，他参与了1849年的德累斯顿骚乱，为了躲避逮捕而避居瑞士。在瑞士的时候他穷困潦倒，靠接受朋友们的救济生活。后来他的妻子患上抑郁症，瓦格纳自己也很郁闷，于是再次出轨，爱上了富商的妻子，诗人玛蒂尔达·维森多克，并且接受他们夫妇的资助。当时他住在苏黎世，就是在此期间总结出了结合音乐、歌曲、舞蹈、诗歌和舞台美术于一体的"整体艺术"的学说。他1851年写出的《歌剧与戏剧》，就主张音乐应该从属于戏剧整体的需要。

瑞士居住期间也是瓦格纳写《尼伯龙根指环》系列的最重要时期。他是1848年革命前后开始写的，其实瓦格纳一开始自己也没有想要搞那么大，他从第四部开始倒着写，先创作诗歌，然后再谱曲。一开始他只想写一部《齐格菲之死》，写着写着发现篇幅太长，一部歌剧容不下这么多素材，于是倒回去再写《青年齐格菲》，这就是指环系列后来的第四部《众神的黄昏》和第三部《齐格菲》，再之后倒回去写齐格菲的父母和天界的背景，这就是第二部和第一部。1852年在瑞士的时候，瓦格纳搞定全本的编剧和诗歌创作，搁置两年，从1854年起从头开始谱曲，花了差不多三年时间基本完成整部系列，然后搁置了12年才最终完成创作。

瓦格纳在瑞士的时候被妻子捉奸，夫妻反目，妻子离开他去了巴黎。1862年，欧洲大革命时代的驱逐令解除了，瓦格纳回德国，住在莱茵河边的威斯巴登，妻子和他分居住在德累斯顿，直到她1866年去世。在瑞士的10年间，他已在欧洲出了名，同时还有一位鼎鼎大名的好朋友钢琴家李斯特帮助他。早在1850年，李斯特就代替流亡瑞士的瓦格纳，主持了瓦格纳歌剧《洛亨格林》在德国魏玛的首演。新上台的巴伐利亚国王路德维希二世特别推崇瓦格纳的歌剧，不但买下他尚未完成的《尼伯龙根指环》系列的版权，而且盛情邀请他去慕尼黑。这位路德维希二世，就是建造新天鹅堡的那位，也是茜茜公主的表哥。

1865年瓦格纳的另一部名作《特里斯坦和伊索尔达》在慕尼黑上演，歌剧的指挥，也是当时鼎鼎大名的音乐家汉斯·冯·比洛的妻子柯西玛和瓦格纳私通，生下了女儿。但是就算柯西玛和瓦格纳公开同居，比洛还是死活不同意离婚。柯西玛的母亲当年是一位伯爵夫人，也是婚外情爱上了风流潇洒的钢琴圣手李斯特，跟李斯特私奔，生下柯西玛。所以瓦格纳其实是李斯特的女婿——当然这是瓦格纳和李斯特交朋友很久以后的事情。直到1870年，柯西玛和瓦格纳又生了一儿一女之后，冯·比洛才同意离婚，同年瓦格纳和柯西玛正式结婚，这段婚姻一直维持到瓦格纳去世。

回头再说《尼伯龙根指环》系列。这些年瓦格纳搁置了这部最宏伟的作品，想要找个合适的场所完整地呈现给观众，可是路德维希国王作为瓦格纳的迷弟，等得心痒难耐，1869年瓦格纳刚刚完成第一部《莱茵的黄金》，路德维希国王就不顾瓦格纳强烈反对，非要在慕尼黑进行首演，因为国王付了钱，拥有版权，瓦格纳本人也无可奈何，首演那天瓦格纳甚至没有进场，演出的反响也只能说是平平。第二年瓦格纳刚刚交稿第二部《女武神》，又是路德维希国王不经过他同意，安排在慕尼黑首演，这次演出比第一部成功，勃拉姆斯、圣桑、李斯特出席了首演。此后两部瓦格纳说什么也不让国王再拿去上演了，正好这时他们夫妇得到了一笔资助，可以让他建造理想的剧院，专门演出指环系列，拜罗伊特市政府还捐献了城郊的一块地皮，请他建造音乐节剧院，于是瓦格纳夫妇在1871年移居拜罗伊特（那一年德国统一），1872年音乐节剧院破土动工。到1876年，歌剧院和音乐节的一切准备工作完工，第一届拜罗伊特音乐节拉开帷幕，瓦格纳亲自作为音乐指导，第一次上演全本的四部指环系列。那次盛况空前，德皇威廉一世，巴西皇帝佩德罗二世，音乐界的大师们他的岳父李斯特、柴可夫斯基、圣桑、布鲁克纳都来了，演出取得极大成功。这座剧院的设计借鉴了著名的德累斯顿桑普尔歌剧院，大家有机会的话可以留心比较一下，这两座剧院时至今日仍然分别矗立在德累斯顿和拜罗伊特，也都是各自城市的地标建筑，不过德累斯顿在二次世界大战期间被夷平，现在你看到的经典建筑，包括桑普尔歌剧院在内，都是战后原样重建的。在1876年第一届音乐节的时候，为了不影响观众观赏舞台布景，瓦格纳革命性地在舞台前方挖了低于地面的乐池，把乐队藏在乐池里，而且在演出时把灯光熄灭。这两项改革后来都成了歌剧院的标准配置。

1876年的第一届拜罗伊特音乐节是瓦格纳生平唯一一次演出全本四部指环系列，再次演出全本要在20年之后的1896年，那时瓦格纳都已经去世13年了。他一生都受困于婚外情和债务问题，就算晚年在拜罗伊特的时候仍旧如此。第一届音乐节以后，瓦格纳开始创作生平最后一个大部头歌剧《帕西瓦尔》，1882年在第二届拜罗伊特音乐节上演，1883年瓦格纳在年初去威尼斯度假，死于威尼斯，埋葬在拜罗伊特自己家别墅的花园内，笔者2014年去拜罗伊特的时候，还特意去墓前献过花。

瓦格纳晚年越来越倾向于保守主义和德意志民族主义，他还反犹，这在德国刚刚统一的19世纪后期，倒也并不奇怪，他直到今天都是个受争议人物。

他的"全面艺术""音乐戏剧"理论对后人影响不小,比如他用某一个音乐主题来象征一个特定的剧中人物,这种手法深深影响了现代主义的德彪西和勋伯格,古斯塔夫·马勒也是瓦格纳的乐迷,很多作品受他的影响。瓦格纳自己除了作曲还是个指挥家,他也影响了指挥的原理和技术,强调指挥的作用不仅仅是协调乐队,更重要的是诠释作品。在这一点上,可以说后世所有大指挥家,比如卡拉扬、小泽征尔等,都是他的信徒。不过瓦格纳无论生前还是身后,也有很多人不喜欢他的张扬风格,就在当时的德国音乐界,就有一派更加推崇勃拉姆斯的典雅蕴藉的风格。德彪西虽然和瓦格纳运用音乐主题表现人物的风格相近,但也不喜欢他,同行意大利歌剧大师罗西尼也不喜欢瓦格纳。希特勒倒是非常崇拜瓦格纳,而且经常听瓦格纳的歌剧,但这在现代社会对瓦格纳不算是个利好消息——前面说了,在北美至今很多人反对上演瓦格纳的代表作。但瓦格纳创办的拜罗伊特音乐节延续到了今天,在他死后由妻子,李斯特的女儿柯西玛主持,二战期间停顿,战后1951年恢复举办,现在的主办方是瓦格纳基金会,瓦格纳的两个曾外孙女还是年度音乐节的音乐指导。笔者上次拜罗伊特之行去早了,错过音乐节,希望下次去拜罗伊特能够在瓦格纳本人设计的舞台欣赏全本的《尼伯龙根指环》系列。

美因茨与古登堡

从《尼伯龙根之歌》中古勃艮第王国的首都沃姆斯出发,继续向下游大约50公里,莱茵河在这里向左拐了一个90度的大弯,历史名城美因茨就在这个河湾的左岸。与美因茨隔河相望的河湾外侧是威斯巴登。今天这两座城市都很大。美因茨之所以得名,是因为美因河在这里从右岸(东岸)汇入莱茵河。美因河是莱茵河最重要的支流之一,沿美因河向上游溯流而上40公里就是德国中部最大的工商业城市法兰克福。

因为罗马帝国时代的边境是沿莱茵—多瑙一线展开的,所以莱茵河以西有很多城市的历史可以追溯到罗马时代,东岸却没有罗马时期的古城。所以美因茨的历史比法兰克福要悠久，古罗马帝国时候，美因茨是大日耳曼行省的首府。到了中世纪 1000 年的神圣罗马帝国，美因茨大主教是帝国首席神职人员，拥有德意志王国总理大臣的荣誉虚衔，作为选帝侯，他的教区就以美因茨主教座堂为中心。所以今天在美因茨城中心的大教堂，仍然是德国保存最完整的大型罗曼式教堂之一，它的红色砂岩建筑体量巨大，我觉得罗曼式的古典风格保存得比沃姆斯大教堂更好，至少从教堂广场横看中央主塔，和整个教堂的横排面，仍然是半圆拱顶和壁柱的古代风格，不像沃姆斯教堂把两侧走廊的窗户和入口大门完全换成了哥特式。在美因茨大教堂，完全哥特风的后世改建，主要是体现在把教堂内院中庭完全做成了哥特式的。

如果有朋友觉得在欧洲看教堂都是千篇一律的话，那我建议你从教堂广场向西南方向步行 10 分钟，去看一座规模较小的圣斯蒂芬教堂，保证有不一样的感受。这座教堂本身也很古老，是在 1300 年前后花了约 80 年完成的哥特式教堂。它的特殊之处在于，二战期间遭受盟军轰炸之后基本全毁，战后虽然按照原样重修，可是主持教堂的神父和当时全世界最大牌的现代主义艺术家，马可·夏加尔（Chagall）是知交，1978 年他请动这位 90 高龄的大师为教堂制作彩色玻璃窗。夏加尔是白俄罗斯的犹太人，一次世界大战前就已经在欧洲成名了，他的作品先后涉及过立体主义、抽象主义、超现实主义，可能只能用现代主义来总结和形容，是和毕加索、达利、康定斯基、米罗等同辈的现代绘画先驱。

他在 1922 年离开苏联旅居法国，所以今天在法国南部名城尼斯有夏加尔博物馆。他在二战期间避居美国，战后回到法国定居直到去世。我曾到巴黎国家歌剧院加尼埃宫里去看芭蕾舞，当时就对正中间吊灯上方那个色彩斑斓的大圆顶印象深刻。当时我并不知道那是一幅绘画，觉得只是红黄蓝白色彩鲜艳的大色块涂鸦，和周围精雕细刻的黄金雕塑十分相配。过了几年才知道，那就是夏加尔的代表作之一。

他 1978 年开始设计美因茨圣斯蒂芬教堂彩色玻璃窗的时候已经 91 岁了，一直做到 1985 年以 98 岁高龄辞世。现在我们在教堂里，抬头就能看见现代绘画大师的杰作，那些各种深度的斑驳的蓝色背景上，有各种颜色的人物轮廓，虽然我必须承认自己对现代绘画一窍不通，根本看不出画的是什么，但我至少可以保证，你在这座教堂里看到的艺术，是和绝大多数过去看到的古典教堂完全不同的。

但我自己当初来美因茨的目的，既不是古典的主教座堂，也不是现代绘画大师的作品，我是为了古登堡博物馆。

古登堡是1400年的匠人和发明家，他一生的活动都在美因茨城，是他在欧洲发明了活字印刷术和印刷机，换句话说，古登堡就是欧洲版本的毕昇。活字印刷术是中国古代的四大发明之一，毕昇是北宋仁宗时候的人，比古登堡早了400年，古登堡的时代，大致是明朝永乐帝朱棣到明英宗朱祁镇那个时代。但是古代中国和欧洲的科技交流不方便，元代马可波罗来中国，待了那么长时间，写了一大通游记，最终也没把中国的印刷术带回欧洲去。宋代毕昇发明的印刷术用的是胶泥活字和木刻活字，古登堡用的是金属活字，当然不是钢铁之类硬金属，而是铅、锡几种金属的合金，熔点低，比较软，容易加工。他还发明整理了一整套机器，所以从古登堡以后，欧洲的印刷术很快普及开来。

这个发明功德无量，因为只有普及了印刷机，书本知识才能不仅仅局限于修道院图书馆里那些手抄的拉丁文本中，才能打破教士阶层对知识和信息的垄断。而且古登堡发明印刷术几十年之后正赶上马丁·路德的宗教改革，于是路德最著名的《95条论纲》在短短两年之间就印了30万份，他的思想借此传遍欧洲。

也许有人说普通市民在那个时代是文盲，看不懂啊？不要紧，有克拉纳赫那些人替他做版画，版画也可以大量印刷，市民就算看不懂文字，至少也能看着版画听讲解。这是大众传媒首次出现在欧洲，就收到了令人震撼的效果。如果没有印刷术，宗教改革、北方文艺复兴，恐怕都不会这么快地出现。今天的文科学者，肯定都听说过"古登堡项目"，那是世界最早的数字图书馆公益项目，已经变成公共版权的经典著作，像《罗马帝国衰亡史》《高卢战记》这样的书，都可以在这里免费获取。这个项目取名古登堡，意味深长。

这座古登堡博物馆就在美因茨大教堂对面，是一座非常漂亮的文艺复兴式三层楼房，这栋房子本身就是古董，它建于1640年代，德意志三十年战争结束前后。博物馆倒没有那么长的历史，是1900年建立的，里面详细解释了古登堡当时发明的各种活字和整套机械，当然也提到中国是印刷术的鼻祖，并且详细解释了两者的类似和异同之处。但我在博物馆里面，最感兴趣的是看到价值连城的《古登堡圣经》真本。

说句老实话，笔者对艺术或者技术都不是很在行，我虽喜欢逛博物馆，但作为外行逛博物馆，无论是看画还是古董，都看不出门道。那么最直接吸引我的，往往就是"哪一件东西最贵"。

作为一个读书人，当然应该知道一点关于世界上最昂贵的书籍的知识，虽然这些最昂贵的书籍我们或许读不懂。就像在中国古籍中，数宋版书最为珍贵，在明清时代就已经一书难求，到现代文物市场，更是一页就贵达数万元人民币。古书不厚，但一本100页左右的宋版书，无论如何也要数百上千万元人民币。

而与宋版书相对应的，古登堡在1450年代印刷机刚刚发明以后印了一批拉丁文《圣经》，当时只印了100多本（具体数字专家没有确切的考证），历经战乱，目前存世的《古登堡圣经》只有50本左右，其中有21本是完整的。但即便不完整或者是散页的《古登堡圣经》，到如今也是价值连城。笔者去过

古登堡圣经

美因茨古登堡博物馆之后，出于好奇顺手查了一下现在《古登堡圣经》的下落。中国国内没有，亚洲只有日本庆应大学图书馆 1987 年以 540 万美元购得了一部不完整的。美国境内有 11 部，其中 5 部是完整的，美国国会图书馆、纽约公立图书馆、加州的亨廷顿图书馆都有，哈佛、耶鲁、普林斯顿、印第安纳、德州奥斯汀等大学的图书馆也有。剩下的《古登堡圣经》全都在欧洲。

美因茨的古登堡博物馆顶楼上有一座巨大的能够走进去的钢制保险柜，《古登堡圣经》的真迹就陈列在保险柜里的玻璃展柜中，游客可以在那里亲眼看到。这里不允许拍照，所以我虽然很激动，但没有留下影像。其实博物馆的这两部《古登堡圣经》都还不是全本，但现藏的每一页的篇幅很大，印刷之后，按照古代的习惯，还经过了精心的彩色绘画装饰。因为在 1987 年以后，全世界的文物市场再没有过关于《古登堡圣经》的交易，无论完整还是部分的都是如此，所以目前很难准确估价一本完整的《古登堡圣经》现在市场上价值几何，据维基百科上面说，一部完整的《古登堡圣经》市场价格大约在 3000 万美元，单页大约 10 万美元上下。但这些都是非常粗略的估计，毕竟有价无市。

法兰克福：歌德的故乡

虽然法兰克福并不在莱茵河边，但离美因河口只有 40 公里。它是一座经济中心城市，欧盟的中央银行就在法兰克福，德国证券交易市场、德意志银行、德国联邦银行的总部也在这里。它是极少数几个拥有现代化高耸天际线的德国城市之一，也是德国最繁忙的交通枢纽。任何飞往德国的国际旅客，入境口岸一般只有两个，慕尼黑和法兰克福。德国首都柏林的国际化程度恐怕都不如这两座城市。

正因为它太现代了，法兰克福城里没有太多可供游览的有趣的地方。但很多人不知道的是，古代的法兰克福是神圣罗马帝国一座非常重要的城市，有深厚的历史积淀，只是这一切都在二次大战的战火中被毁了。罗马时代，法兰克福因为在莱茵河以东，地理位置在当时本不是特别重要。直到神圣罗马帝国时代，尤其萨里安皇朝的统治中心就在莱茵河流域，这里在皇帝选举和加冕的过程中地位越来越重要。

中世纪神圣罗马帝国早期的规矩是，德意志国王的选举在法兰克福举行，选出的国王去查理曼大帝的旧都亚琛大教堂加冕德意志国王，然后再去意大利，在米兰加冕意大利国王，最后在罗马由教皇加冕皇帝。但这只是在一切顺利的情况下非常典型的程序。事实上，在整个中世纪，就很少有一切顺利的典型情况出现。在候选国王和诸侯、教皇打仗的时候，选举和加冕可能在任何城市发生，有很多选举不在法兰克福举行，却在法兰克福大教堂进行加冕，比如霍亨施陶芬朝"世界奇迹"腓特烈二世就是在法兰克福加冕为德意志国王的。

无论如何，法兰克福在中世纪都是一座极为重要的皇家城市，也是"帝国自由城市"，就是说城市不属于任何诸侯所有，只隶属于皇帝，在帝国议会拥有代表席位。后来到了1500年代，在哈布斯堡朝帝王的统治下，皇家仪规改了，第一不用再去亚琛加冕德意志国王，第二当选了国王也就被默认为皇帝，不需要再去意大利由教皇加冕了。那时候，皇帝的意大利王冠和普罗旺斯王冠已经没有任何实际意义，德意志国王和帝国皇帝是一回事。查理五世皇帝是最后一位由教皇加冕的神圣罗马帝国皇帝，此后300年，哈布斯堡家族的皇帝只需要履行一下当选的程序即可加冕，而选举皇帝和加冕的地点，就在法兰克福。

拿破仑战争期间，1806年奥地利被迫解散神圣罗马帝国，作为帝国自由城市的法兰克福头上没有了皇帝，突然变成了一个独立的城邦国家。1848年欧洲革命的时候，德意志民族主义者来法兰克福成立第一个全德国的议会，号召以普鲁士国王为核心组建统一的德国，因为在德意志民族主义者看来，奥地利皇室太在意德意志以外的家族世袭领地，比如波希米亚和匈牙利，所以尽管奥地利是德意志首邦，但德国统一的希望还是在后起的普鲁士身上。虽然这和普鲁士国王的野心不谋而合，但普鲁士王室绝对不会接受革命的任何主张，因此拒绝了法兰克福议会提议。不久，法兰克福被普鲁士吞并，失去了主权独立。后来二次大战期间，法兰克福和德国许多城市一样遭受轰炸，十室九空，战后重建的时候，法兰克福差点成为西德的首都，但正因为法兰克福太大，经济地位太重要，西德政治家们害怕"直把杭州作汴州"，耽误未来两德统一还都柏林的蓝图，因此反而属意于小城市波恩。

后来历史也证明了他们的远见：两德统一以后，正因为波恩的重要性比柏林差得太远，所以首都回到柏林没有任何障碍。试想如果西德首都是法兰克福，以法兰克福的经济实力和历史地位，未必就服气柏林作为首都。战后重建的时候，法兰克福人选择建设一座崭新的现代化城市，放弃原样重建，所以今天的法兰克福几乎没有古迹可看。唯一可以一窥古代风貌的小片复古建筑区在市中心，美因河步桥边上，有帝国后300年为皇帝加冕的大教堂，还有一排古色古香的古老半木梁房子。这是原来的市政厅所在地，也是现在法兰克福唯一的仿古建筑，仍然属于市政府所有。当然这些都是二战以后按原样重建的，此外，法兰克福中心最值得一提的仿古建筑，就是歌德故居了。

歌德生于法兰克福，这里是他的故乡。但歌德成年以后，一生的事业，无论是做官还是文学生涯，都以魏玛为中心。他和席勒在魏玛多年经营，形成了"魏玛古典主义学派"。事实上两次世界大战之间的德意志共和国首都在柏林，为什么被称为"魏玛共和国"呢？当然因为共和国宪法是在魏玛制定的，而选定魏玛作为一战以后制宪会议的地点，就是因为当年歌德、席勒在这里创建了古典主义学派。

魏玛是个有深厚人文主义积淀的城市，两次大战之间，德国建筑学包豪斯学派有前后两个中心，在德绍的那座著名的写着包豪斯大字的四层大楼，是包豪斯学派后期的总部，包豪斯前期的中心就在魏玛，也和歌德时代魏玛的人文精神有关。笔者也曾专程造访过德绍和魏玛，在魏玛看过歌德故居、包豪斯博物馆、李斯特住了多年的故居，还有歌德、席勒主持的剧院。但是魏玛在德国东部，不属于莱茵河、多瑙河流域。既然如此，那我们就在歌德的故乡法兰克福，谈谈这位德意志首席文豪吧。

歌德生活的时代在法国大革命前后，他生于1749年，正是法国大革命之前欧洲知识界启蒙运动的时候，孟德斯鸠、伏尔泰、卢梭、狄德罗等法国启蒙主义思想家都比他早一到两辈，在他上学工作的1770年代，这些前辈不是已经去世就是到了晚年。歌德活到 83 岁高寿，死于拿破仑战争之后的 1832 年。那时候欧洲从启蒙运动的理性主义转向浪漫主义，所谓"不列颠统治下的和平"已经开始，是个繁荣和平的时代。

法兰克福的歌德故居拥有三层楼面一层阁楼，中间还有一层塔楼，房间很大，从这些就能看出歌德的出身还是很不错的。他父亲是为皇家工作的律师，所以家里有条件从小就给他提供广泛涉猎各种语言、文艺、艺术修养的课程。虽说家里不是贵族，但在 18 世纪末的时代，家境良好的资产阶级家庭生活，条件一点也不比普通贵族逊色。他年轻时候在莱比锡大学和斯特拉斯堡大学的专业是法律，刚毕业回法兰克福开了事务所，算是子承父业，可歌德个人兴趣并不在此，开过两次事务所都倒闭了。但是在当律师的业余时间，他写出的《少年维特之烦恼》大获成功，大名蜚声全欧洲，并且还和萨克森-魏玛公爵卡尔-奥古斯特交上了朋友，受公爵邀请去魏玛常住。此后 50 多年，他一直在魏玛宫廷供职，参加管理过公国的矿业、铁路、陆军等各项事业，甚至出任过财政大臣。1782 年 33 岁时，凭借对公国政府的服务而受封为贵族。

歌德在 1786 年到 1788 年间游历意大利，出版了《意大利游记》，当时正是欧洲开始转向浪漫主义的时候，有条件的欧洲青年把游历世界作为完整教育的一部分，歌德的游记鼓励了很多德意志青年去意大利旅行。在歌德壮年时期，法国大革命爆发，说起来，歌德作为德意志诸侯的廷臣，还曾经陪伴公爵干预法国革命，1792 年他参加了瓦尔密战役，当然干涉军被法国军队打败了。也是在这个时期，歌德认识了席勒并成为好友。

顺便提一下德国的历史学家和戏剧家、诗人席勒。席勒比歌德小 10 岁，1759 年生于符腾堡，父亲是军医，所以家庭背景也是中产阶级而非贵族，家境比歌德稍微贫寒一些。他一开始也是准备子承父业的，并得到了符腾堡公爵卡尔·欧根的资助，进了斯图加特的少年军校学医。他在学校里读到前辈卢梭和当时业已出名的歌德的作品，自己也开始业余创作剧本，写了一部类似罗宾汉的剧作《强盗们》，内容表现青年的反叛，和当年歌德写作《少年维特之烦恼》一样，正好切合当时社会上青年人渴望自由和叛逆的心态，用现在的话来说，就是一下子成了网红作家。

席勒学医和歌德学法律一样，也是心不在焉，他1780年毕业以后当军医，居然开小差去曼海姆看自己的戏剧首演，结果被关了14天禁闭。1782年，23岁的席勒逃离符腾堡陆军去魏玛，法国大革命那年，1789年任耶拿大学历史和哲学教授，开始研究历史，写出了著名的《德意志三十年战争史》。笔者2002年前后开始在网上写德意志三十年战争的名将系列网文的时候，席勒的书就是重要参考资料之一。也难怪歌德和席勒会成为至交好友，这两个人除了都有文学才华以外，出身家世相似，也都是"斜杠青年"，把业余兴趣做成了主业。席勒在和歌德成为好友之后，听歌德的劝说重新开始写戏剧，他们合作建立了魏玛剧院，成了当时德国领先的剧院。前面提到瑞士独立历史的时候，《威廉·退尔》就是席勒在这个时期为魏玛剧院写的。1802年席勒也被萨克斯－魏玛公爵封为贵族。

在歌德和席勒年轻的时候，正是欧洲从启蒙运动的理性主义开始向浪漫主义过渡的时候，这两个人曾经都是"狂飙突进运动"的代表人物，实际上所谓"狂飙突进运动"就是在德意志的文学和音乐领域，浪漫主义的开始阶段，张扬个性，反对理性主义，提倡平等反对秩序和特权，文学上以歌德1774年的小说《少年维特之烦恼》、1773年的戏剧《格尔茨·冯·伯利钦根》，和席勒1781年的戏剧《强盗们》为代表。

在音乐上，"狂飙突进运动"的影响较小，1760年代莫扎特和海顿在维也纳都用小调写过一些新音乐，比如莫扎特的G小调第25交响曲，但是并不足以说莫扎特或者海顿是属于这个运动的。贝多芬既然是古典主义向浪漫主义音乐过渡的大师，他也有一些作品可以算作"狂飙突进"的作品。但是这个运动毕竟只是短暂的过渡期，最多可以说在1760年代和1770年代持续了近20年，此后德意志音乐转入成熟的浪漫主义时期，而歌德和席勒两位曾经的文坛"狂飙"，在1780年到1790年代在魏玛双剑合璧，却画风一变，竖起了魏玛古典主义的大旗。

1805年，席勒英年早逝，45岁的他死于肺结核。他一生著作颇丰，作为哲学家对道德和美学有不少研究，作为历史学教授，研究过德意志三十年战争和荷兰独立运动。戏剧方面，他的《瓦伦斯坦三部曲》对笔者当年在网上写华伦施坦因和古斯塔夫–阿道夫的名将传影响挺大的，此外还有《苏格兰女王玛丽》《奥尔良少女》《威廉·退尔》等历史剧，《威廉·退尔》是席勒最后一部全部写完的剧作。虽然歌德和席勒都是温和的自由主义者，作品里都强调独立和自由，但是他们两个人对法国大革命都很失望，因为他们看到大革命的暴力和无政府状态下的混乱，对此持否定态度。席勒是个伟大的诗人，但他的诗被谱成歌曲的却很少。

同时代的贝多芬曾经说过，给好诗谱曲容易，给伟大的诗谱曲特别难，因为作曲家要站到比诗人词作家更高的思想高度，所以席勒的诗无法谱曲，歌德的就容易得多。结果呢？我们都知道，贝多芬把席勒的诗谱成曲，放到自己的第九交响曲里用人声演唱，成就了不朽的《欢乐颂》，至今还是欧洲联盟的国歌。威尔第也把席勒的很多戏剧改编成歌剧，而罗西尼则改编了《威廉·退尔》。

歌德和席勒交往以后，文学创作明显转向多元化，涉猎的门类更多了，歌德很喜欢波斯诗人哈菲兹的作品，受哈菲兹影响还写了波斯体的诗集，他对文学和艺术评论都有涉猎，可能是因为参与管理政府和实业的关系，歌德对光谱学、生物学、地理和地质，尤其是矿物学都有研究。

1806年，拿破仑指挥法军占领魏玛公国，乱兵来歌德家里抢东西。他对法国大革命和对外扩张是持否定态度的，但是却和拿破仑皇帝个人关系不错。1808年歌德见过拿破仑，和皇帝聊伏尔泰、聊政治，也聊《少年维特之烦恼》。据说拿破仑曾读过七遍这部小说，一见歌德他第一句话就说："你居然是个真的人！"俨然一副追星的口吻。但这次会见以后，歌德反而成了拿破仑的追星族，非常尊敬拿破仑，对那次会谈念念不忘。席勒死后，歌德开始写生平的另一部名作《浮士德》，书中为了获得权力而把灵魂出卖给魔鬼的形象，后来变成了19—20世纪人类社会技术和工业力量的象征。歌德对拿破仑战争以后，德意志新兴的民族主义敬而远之，他一向就是一个强调个人自由、独立思考的人，对法国大革命、德意志民族主义这些狂热的东西不感兴趣。

1821年，70多岁的歌德经朋友介绍认识了12岁的门德尔松，对门德尔松的音乐早慧天才大为惊叹，门德尔松曾给歌德的好几首诗谱曲。1832年，83岁的歌德因心脏病去世，葬在魏玛的公爵地下墓室，和席勒的棺材放在一起。

第三章 | 百里画廊

第一节　最美的莱茵童话世界：中莱茵峡谷

莱茵河最浪漫的河谷

长达1230公里的莱茵河在美因茨—威斯巴登附近向西拐了个弯，汇合了上游最大的一条支流美因河后，继续前行不远，又右转回到南北方向。这里的左岸是宾根城，右岸山坡上的小镇叫作吕德斯海姆。上莱茵河平原在这里截止，河道陡然收窄，冲进中莱茵峡谷的丘陵和群山，激荡前行，切削出一条深而窄的山峡，夺路向北冲去。

莱茵河最有浪漫色彩的一段流域就在这里。它相当于长江上的三峡，凝聚了莱茵河流域最美的风景。整个区域被划定为联合国世界遗产。这一段河道从山峡中蜿蜒而过，两岸青山相对出，青山上坐落着座座古城堡。只是从右岸吕德斯海姆到左岸的科布伦茨之间的河道没有长江三峡的山那么陡峭峻拔，此处一般情况下不会超过300米，比三峡多了缓坡上那些翠绿的葡萄园。这里出产的雷司令酿成的葡萄酒闻名天下。在科布伦茨，摩泽尔河汇入莱茵河，再往北去，经过雷马根大桥、波恩、七峰山等名胜，会到达下游的古城科隆。科隆再向下游，是德国鲁尔工业区的核心。笔者前后三次往返于中莱茵河峡谷，每次至少会盘桓两到三天。

整个60公里的中莱茵峡谷完全没有桥梁，无论自驾还是坐火车，一定要想好是走河西岸还是东岸。两岸的交通一样方便，各自有沿着河岸的公路和火车线路，串联起沿河小镇。火车非常方便，无论东岸还是西岸，各自都是至少每半小时左右一班，经停所有城镇。景点的数量呢，基本上两岸差不多。如果要在峡谷里过河，最方便的方法就是搭轮船了，轮船在河当中开，两边的小镇每个都停。火车汽车是过不了河的。当然有汽车轮渡，但是轮渡运行的时间有限，而且间隔时间非常长。莱茵河上有几家公司经营游船，KD是规模最大的一家，其他著名的还有吕德斯海姆－宾根（Rudesheim Bingen）公司。

因为轮船远比火车慢得太多——两岸的火车走这一段要一个半小时，而上水轮船是大半个白天，公司越大，每天的定期游船就越多，也就越容易安排行程。而所有的火车和游船票都可以在码头当场买到，不用提前订。船期也会贴在码头上。现在游览莱茵河畔的城堡和小镇，有各种导游手册详细介绍每处的来历和传说，也不必害怕错过哪处或者张冠李戴：莱茵河从上游瑞士巴塞尔以下，所有通航地段都在岸边用油漆书写公里数，河船上可以清晰地看到距离康斯坦茨湖多少公里，比如科布伦茨在590公里处，马克斯城堡在580公里处。一般的导游手册，也都会标出每个城堡在多少公里，不会错过的。

莱茵河谷的浪漫之处还在于传说，在于出产的葡萄酒，以及山间点缀的那些中世纪古城堡。在短短60公里的河道两岸，有将近40座城堡，为什么有这么多呢？其中有些是国王和诸侯住宿的行宫，但更多的城堡其实有个不那么浪漫的实际功用——它们是今天高速公路收费站的古代版。当年德意志分裂成几十上百个事实上独立的诸侯邦国，而莱茵河谷这一带，则处于三个大诸侯影响力的交界地带：上游的美因茨大主教，下游的科隆大主教，还有支流摩泽尔河上的特里尔大主教，这三位都是可以选举德意志皇帝的重量级诸侯，是"三僧四俗"七大选帝侯里面的三僧。莱茵河谷虽然叫作三不管地带，可事实上是三家谁都想管，因为河上的水运发达，设卡收费致富简直太容易了，所以三家竞相建立城堡。再加上那些当地诸侯都觉得"此河是我开"，谁不交钱就给他来个"铁索横江"。大家可以想象一下，你自己在高速公路上开车，每两公里就要停下来过收费站的那种痛苦。

到近代，法国逐渐强大起来，从太阳王路易十四到拿破仑皇帝，屡屡入侵德意志诸邦，莱茵河沿线的这些城堡正好是凭险据守的防御工事，对法国人碍手碍脚的，于是路易十四在1680年代的普法尔茨王位继承战，拿破仑皇帝在1800年代的拿破仑战争中，两次打过莱茵河，把沿岸几乎所有的城堡，逐个加以摧毁。今天我们看到的莱茵河城堡，全都是19世纪重建的，还有很多今天仍然是废墟。整个中莱茵河谷只有一个下游东岸的马克斯堡当年没有被占领，仍然是原封不动的古代建筑。

笔者三次畅游莱茵河谷，两次坐船一次自驾，夏天的欧洲，行船莱茵河谷，沐浴江风浩荡，在甲板上有一刻忽然之间，仿佛有个远古的声音飘来触发一种感应，不知为何，竟觉得这一刻似曾相识，应该在前世今生的某个时刻经历过。什么时候？什么地点？感觉如此清晰，却无从回忆。

"仁者乐山，智者乐水"，我比较偏爱水，游历天下的过程中，跟水打过太多的交道。信佛的人通常都会信一点前世之说。虽然我从小在北方长大，可是去南方的时候经常有种非常非常熟悉的感觉，愿意相信自己之前多少世，一定是生活在明朝江南水乡的一介书生。很小的时候，曾经有机会跟父母在长江上来来回回坐过很多次江轮，那是在上海、南京、武汉之间，喜欢夜里在甲板上待到很晚很晚不睡觉，更喜欢下到最底一层甲板，伸手探出舷外，在湍流里激起一串小小的水花。后来上大学当背包族，趁大坝合龙涨水之前，特为去三峡，独自从重庆顺流而下到达南京。那一次印象最深的，是船出南津关，进入荆楚平原的夜里，坐在船头，看"星垂平野阔，月涌大江流"。我对莱茵河也有似曾相识的感觉，虽然不知道究竟为什么，也许前世今生也没有那么玄，只是重复了多少年前，蛰伏在潜意识里的长江记忆的某一个时刻吧。就连当初写这本书的冲动，也是出于向小时候看过的电视系列片《话说长江》致敬的动机。

莱茵河中游河谷的起始点

莱茵河中游河谷的起始点，是西岸的宾根和东岸的吕德斯海姆。这里相当于长江上游瞿塘峡的夔门，河水在此陡然收束，变得湍急而险恶。现在的长江三峡因为下游大坝蓄水把水位抬高了百米，远没有1990年代中期笔者上大学的时候游三峡时那么汹涌澎湃。同样，在左岸宾根，有一条莱茵河支流纳厄河（Nahe）河从这里汇入莱茵河。今天看这河口水流湍急，暗潮汹涌，但已是19世纪就整治过，据说当时炸掉了很多暗礁。所以今天的浪遏飞舟之势，远没有历史上那么险恶。

在河口的宾根和吕德斯海姆汽车轮渡下游不远处，莱茵河干流靠近左岸有一处水中堡垒，红白两色的方塔建在一处小岛上，岛尖迎向水流方向，像是一艘船的船头，这里有个名字叫鼠堡。它有个离奇的传说：古代某一任美因茨大主教非常残暴，在灾年囤积粮食，不顾农民死活，结果囤积的粮食招来大量饥饿的老鼠，大主教也被老鼠吃掉了。鼠堡河对岸，离河岸不远的山坡上，有一座城堡废墟埃伦费尔斯堡（Ehrenfels），它的位置正好在莱茵河转弯处，阿斯曼豪森（Assmannhausen）和吕德斯海姆（Rudesheim）两个镇子之间。它和河里的鼠堡组合起来，正好是一个典型的"拦河收费站"。事实上也的确如此：这两座堡垒是1212年美因茨大主教成对建造的，当时他为了抵御萨里安皇朝亨利五世皇帝的进攻，封锁了峡谷入口。后来两座堡垒之间拉上了铁链，运输船只只能靠岸从鼠堡和左岸宾根之间通过，不得不交税。这也难怪美因茨大主教在鼠堡的民间传说里如此不堪呢！

宾根河对岸的阿斯曼豪森和吕德斯海姆组合成了峡谷入口处一片绝不能错过的风景。莱茵河在这里向右拐了个弯，从东西向变成南北向，吕德斯海姆和阿斯曼豪森分别在这个转弯口的上游和下游，两个镇子中间被一座大山分隔开，山上有纪念德意志统一的尼德瓦尔德纪念碑，山下河边是埃伦费尔斯堡废墟。埃伦费尔斯如今只剩下废墟，地势又不高，而且只能预约参观，一般游客可以略过。而住在吕德斯海姆过夜的游客，如果有兴趣，可以沿着山坡上葡萄园的小道走过去。

吕德斯海姆是中莱茵河谷最有名的城镇，几乎所有去河谷的游客都会在此停留，镇子在半山腰，但是并不太高，游客们可以先坐缆车上到山顶，居高临下俯瞰河谷入口处，再坐另一段缆车从山坡另一面下到河边的阿斯曼豪森，游览之后上船。镇子离河边渡口不远，镇子里的街道用古代的碎石垫平，两边许多半木梁房子刷成各种鲜艳的颜色，夏天到处鲜花盛开，是个典型的德国小镇。这个镇子最著名的一条小巷叫画眉鸟街（Drosselgasse），很多家酒馆连排在小街两侧，在这里你可以喝遍全莱茵河流域出产的各种葡萄酒。如果要更带劲的，阿尔斯巴赫（Alsbach）出产的白兰地，也是用这里的葡萄酒再次蒸馏获得的（白兰地大多数 40 度，有用葡萄酒蒸馏浓缩的，也有用其他果酒浓缩的，比如樱桃白兰地，苹果白兰地）。

如果像我一样喜欢甜食，这里的酒心巧克力也不错。就算不会喝酒也没关系，吕德斯海姆的另一特产是爱尔兰式咖啡，这里叫吕德斯海姆咖啡，实际是咖啡里掺上百利酒，咖啡的浓香会冲淡甚至掩盖百利酒的味道，百利酒又为咖啡增添醇厚的香甜。在小镇南边的河边，有个葡萄酒博物馆开在一片葡萄园中的中世纪建筑里面，显得古色古香。在镇北还有一个"酷刑博物馆"，介绍中世纪的刑罚。不过我自己没有去这两个博物馆，在我看来，葡萄酒是用来喝的，不是用来看的；而酷刑，我既没有那么好奇，更没有施虐受虐倾向，还是算了吧。我在小镇上花了足够的时间逛狭窄的街道，买些纪念品小玩意儿，喝喝酒，喝喝咖啡。下午晴空万里，5 月的天气和暖舒适不温不火，露天小酒馆里外花团锦簇，正是岁月静好的时候。

从镇中心就可以坐上山索道，直达山上的尼德瓦尔德纪念碑旁边，这段缆车的车厢很窄，只能坐两三个人，如果是胖子，只能一边一个对着坐。虽然简陋，但是并不令人害怕，因为离地面很近，脚下是和缓的山坡和连片的葡萄园。

尼德瓦尔德纪念碑

山上地方很大，也很平坦，有田野。尼德瓦尔德纪念碑为纪念 1871 年德意志第二帝国统一而建，当年德皇威廉一世亲自为纪念碑奠基。纪念碑主体是青铜的日耳曼尼亚女神，高举着帝国皇冠，碑身上有巨幅青铜浮雕，浮雕正中间唯一骑马的那位是德皇威廉，威廉左手（观众右边）那位秃头的是宰相俾斯麦，俾斯麦旁边穿军大衣规规矩矩系着纽扣，双手拿着文件的那位，是总参谋长毛奇元帅。纪念碑前面山坡上是平坦的葡萄园，所以此处视野开阔，可以俯瞰这一段莱茵河的全景。游客可以在纪念碑边上的餐厅买份红葡萄酒，临窗看景，把酒当风。

从尼德瓦尔德纪念碑步行 10 分钟左右，可以找到从山的另一面下到河边阿斯曼豪森小镇的滑雪索道，索道是开放式的座椅。阿斯曼豪森是个宁静而优美的小镇，整洁优雅不亚于更有名气的旅游中心吕德斯海姆，同时还没有那么多人。这个镇子盛产红葡萄酒。一般来说，整个莱茵河谷盛产的雷司令葡萄是种白葡萄，酿出的是驰名世界的白葡萄酒。只有下游科布伦茨对岸的七峰山和阿斯曼豪森，这两处才出产口味醇正的红葡萄酒。

无论坐船还是自驾，从阿斯曼豪森这边眺望河对面，都会被里程标牌533公里处半山腰的莱茵石（Rheinstein）城堡震慑。这座城堡始建于14世纪，并在1680年代太阳王路易十四发动的普法尔茨王位继承战中被法军炸毁。19世纪修复以后，这座城堡从远处看占地非常大，是当时贵族打猎的行宫，如今被改成了餐厅和酒店。在德国、法国、西班牙等国家，很多古城堡都改成了酒店，有昂贵的超五星，也有价格相对亲民的，每晚200欧元以下的价格可以让一般的中产阶级游客也能体会住在古城堡的中世纪情调。欧洲的城堡酒店还有一个专门的跨国联盟，可以在网上很方便地查到，也可以在联盟的网页上预订。

此后20公里河水西岸的景点比东岸多。538公里标志处的左岸是宗内克（Sooneck）城堡，在543公里标志处西岸的是巴哈拉赫镇（Bacharach）。这一带自古就是中莱茵河谷葡萄酒的集散地，因为19世纪以前，巴哈拉赫镇再向上游的莱茵河谷礁石太多太险，上游各地的葡萄酒要用马车通过陆路从宾根运到这里，然后在巴哈拉赫上船顺流运到莱茵河下游各地。同时巴哈拉赫镇本身出产的白葡萄酒也很有名。这个镇的名字其实就是从罗马神话中酒神巴库斯（Bacchus）的名字演化出来的。巴哈拉赫最容易辨认的地标，就是镇子边缘高耸的哥特式教堂的残垣断壁。原来的教堂非常高大，现在塔楼早已消失，剩下墙壁上巨型哥特式尖拱顶的窗户顶天立地，从河上很远就能望见。镇上方的施塔莱克堡（Burg Stahleck）现在是青年旅舍。

莱茵峡谷和德国的葡萄酒

这里附带说说中莱茵峡谷和德国的葡萄酒。德国啤酒世界闻名，而提起葡萄酒，大多数人会想到法国和意大利。总体来说，整个德语区包括德国、奥地利和瑞士都不以红酒著称，但是却都出产非常好的白葡萄酒。此地产的白葡萄酒在世界上名气不大，但口味酸甜适中，清香爽口。尤其是德国西部的莱茵河谷、摩泽尔河流域的白葡萄酒尤其好。

大多数葡萄喜欢比较温暖的环境，莱茵河谷虽然比阿尔萨斯更冷，可是这里地质特殊，峡谷里山坡的土壤下面，是某种特殊的吸热量很大的岩层，白天岩石吸收了阳光的热量，到夜晚慢慢释放出来，所以这里昼夜温差比较小，葡萄能够得到更多的热量。德国特产的几种白葡萄，比如琼瑶浆（Gewurztraminer）、穆勒－托尔高（Muller-Thurgau）、雷司令（Riesling）在中莱茵河谷都大量出产，尤其是雷司令。

另外，很多人都知道加拿大的冰酒（Icewine）世界驰名，实际上冰酒是德国发明的，原产地就在莱茵河流域。冰酒的原理是晚收葡萄，也就是过了应该收获的季节还让葡萄留在枝头，让水分挥发掉，葡萄的糖分浓度更高，酿出来的酒甜度也越高。葡萄收获的时候，通常已经过了霜冻，所以叫作冰酒。它特别适合气候寒冷的北方，法国、意大利、西班牙这些温暖的国家则很难生产出来。葡萄的水分蒸发掉了，能够榨出来的葡萄汁产量就很少，于是冰酒一定比普通的葡萄酒昂贵，而且一定是甜酒，不可能是干红、干白——所谓"干"就是把葡萄酒里的糖分抽取出来。一般来说，法国人喜欢不甜的葡萄酒，所以干红干白是近代法国的流行风尚，进而影响了全世界的口味偏好。

古今中外，人们对于葡萄酒的口味经历过很大的变化，比如古罗马人就喜欢喝甜酒，罗马古书里称赞某种酒很好喝时就会说"它很香甜"，有时嫌酒不够甜，罗马人还会往酒里掺蜂蜜。后来冰酒的技术传到加拿大，那里的寒冷气候与这种酒相得益彰，所以加拿大的冰酒和德国相比，算是后起之秀了。冰酒一般都是白葡萄酒，就像法国香槟。但无论香槟还是冰酒，都是用红葡萄制作的，也有粉红香槟和粉红冰酒，只是不占主流而已。

从巴哈拉赫镇继续北上，下游546公里标志处，西岸考伯（Kaub）镇有两座城堡，一座在山上，叫古登费尔斯城堡（Burg Gutenfels），现在也是旅馆；另一座在水中央，任何游客都不会错过那座美丽的纯白色船形城堡——普法尔茨堡（Pfaltz）。这座河中城堡建立于14世纪，它和山坡上的Gutenfels城堡一起构成一对铁索拦江的收费站，和峡谷入口处宾根那里的一模一样。也许有人会奇怪：这座河中堡离右岸很近啊，左边还留下大半幅河面，它和右岸山坡上的城堡连起铁索，怎么能阻断左边江面的行船呢？其实古代江心到左边有很多暗礁，船只在这段江面紧贴右边而行，所以只在右边拦铁索，所有船只都只能乖乖交费。因为普法尔茨城堡形成一个河心岛，使横渡莱茵河较为容易，1813年拿破仑皇帝远征俄国败回以后，命令法军屯兵美因茨，控制上游莱茵河桥梁，想凭借莱茵河天险挡住反法同盟联军向法国本土进攻，普鲁士名将布吕歇尔却机动到这里，本来峡谷水流湍急，法军不曾预料普鲁士人会在峡谷里找渡河点。布吕歇尔元帅借助这个河心岛搭起浮桥，出其不意地迂回到法军背后。现在在考伯镇的河边，还有座布吕歇尔元帅的铜像，用来纪念这件事。

我第三次莱茵河谷之行，就住在这段江面左岸的半山坡上，打开窗就正对着这座美丽的江心堡，风景绝佳。不过这里周围没有公交，只适合自驾，如果是乘船或者火车的话，还是住到峡谷里的几个小镇比较方便，比如从这里继续向北大约2公里的上威塞尔镇（Oberwesel）。上威塞尔在550公里标志处，最显眼的地标是它背后山顶的大片城堡勋伯格（Schonburg），其中有座粉红色

莱茵河谷考伯镇河心普法尔茨堡

的建筑颇为耀目，这座城堡的历史比大多数莱茵河谷的城堡更悠久。在911年，也就是神圣罗马帝国建立前的半个世纪，东法兰克王国刚开始选举国王的时候就已经有了。1680年代被太阳王路易十四的法军烧毁。现在这座19世纪浪漫主义时期重修的城堡里面有博物馆、城堡旅馆，还有青年旅舍。山下的上威塞尔镇逛起来也很舒适，我喜欢在它沿河的城墙上走走，隔不多远就有一座座塔楼，这些城墙修葺得并不平整，正好给寻找中世纪废墟的心愿留有余地。镇子中心市政厅广场也很有意思，市政厅门前有一座巨大的葡萄酒杯雕塑，这是年度葡萄酒收获狂欢节的装饰品，表示上威塞尔镇也是葡萄酒的著名产地。

552公里标志处，江中有"七姊妹礁石"，传说在古代，上威塞尔镇山顶上那座勋伯格城堡的主人勋伯格公爵有7位骄傲的公主，她们对每位前来求婚的骑士不但不屑一顾，还公开对每位骑士的缺陷加以挖苦和嘲笑，像"你太蠢了""你太肥了""你的鼻子太大"，等等，最后前来的七位骑士被激怒了，攻下了城堡，七姊妹坐船逃走的路上，被上帝变成了这七块河中间的礁石。

下游554公里标志处东岸有一座突入江中的峭壁，从河面垂直上升150米，让人不由想起长江上的采石矶，就是著名的罗内莱悬崖。这里是中莱茵峡谷江面最窄，水流最急的地方，也有莱茵河中段最美丽也最著名的传说。罗内莱是日夜在莱茵河边悬崖上唱歌的女妖，金色的长发遮掩着她坐在礁石上的美丽胴体。河上的水手被她的歌声诱惑，疏忽了行船，船只就会在险滩礁石上撞得粉身碎骨。一位伯爵的儿子也被罗内莱女妖的歌声诱惑遇难，之后伯爵为了给儿子报仇，派手下追杀罗内莱，罗内莱被困在半山腰的山洞里无法脱身，于是向她的父亲莱茵河神呼救。一时之间莱茵河水掀起滔天巨浪，淹没了追杀者，把罗内莱托带到安全地带。后来德国诗人海涅，写了著名的《罗内莱之歌》。如果大家有时间有兴趣的话，可以从附近的圣戈什豪森镇上（St. Goarshausen），走山间小道，爬上猫堡（Burg Katz），继续向前走，到达悬崖顶上的游客中心，俯瞰这一段莱茵河。不过上山步行单程大约需要一个小时。圣戈什豪森镇北边的河边有罗内莱女妖的塑像。

东岸在556公里和559公里标志处分别有猫堡和鼠堡（Burg Maus）。这又是德国人的典型幽默感。其实鼠堡一开始不叫鼠堡，它是特里尔大主教建于1300年的"收费站"，后来当地大贵族卡曾伯格家族（Katzenelnbogen）在上游不远处修建了更宏伟壮观的城堡，因为卡曾伯格简称Katz，也就是猫，所以新堡称猫堡，人们就把附近显得寒酸的旧城堡，顺势起了"鼠堡"的绰号。这两座城堡都是在1806年拿破仑打过莱茵河的时候被法军炸毁的，19世纪重建，今天猫堡那栋顶端破损的圆形塔楼从远处望去颇有辨识度，很多杂志和网站上所用的中莱茵河谷的经典照片，就是从附近山顶上俯瞰，把猫堡作为近景，罗内莱悬崖作为远景，莱茵河这一段河道美丽的弧线一览无余。

差不多与猫堡相对，西岸有莱茵费尔斯城堡（Rheinfels）废墟和圣戈尔镇（St. Goar），圣戈尔是6世纪法兰克王国时期在这里山中隐居的僧侣，传说他非常好客，曾救起落难的水手，还建起客栈给他们容身。他死后被封为圣人，是基督教里旅馆老板的主保圣人，所以这个城镇也是个游客众多、旅游业发达的地方。而莱茵费尔斯城堡在圣戈尔镇上方不远处，是莱茵河谷这一段规模最大的城堡废墟，我们从河面仰望可以看到城堡上很多窗户背后是空的，没有屋顶。但部分废墟还是被改建成了城堡旅馆。

笔者14年来22次造访德国，有个最深的印象：德国是个好玩但不太会让人感到喜出望外的地方，就是说一切都很好，意料之中地好，一切都在它应该在的程度。所以在莱茵河谷这个德国最出名的旅游胜地，笔者想要分享一些比较超出寻常的冷门经历，一是住在少有人知的城堡酒店，二是去坐古旧的明轮船。

在568公里标志的东岸，是我两次专程下榻的里本施泰因城堡。这里的河边有个叫作坎普-本豪芬（Kamp Bornhofen）的小村庄，不是个旅游业发达的地方，很宁静，即便在7月份也少有人迹，但在朝圣季节人会特别多，因为镇子北端山下有座修道院的白色小教堂，那里供奉着一幅12世纪的圣母像，是天主教的圣物，据说圣像能显示奇迹。我两次来的时候，都发现教堂里空无一人，可以不受打扰地在教堂里参观、拍照。在本豪芬村附近山顶有两座相邻的城堡，一黑一白，从河面仰望很容易辨识。城堡之间的山梁上竖立起一道石墙，传说这两个城堡分别属于两兄弟，为了继承遗产，兄弟反目成仇，在两城堡之间修了这堵石墙，以示老死不相往来。实际上，城堡之间的墙是防御体系的需要，为了在敌人占领其中一个城堡的时候，另一个城堡还能保持完整的防御能力。这次我订的酒店是那座黑色的里本施泰因堡（Burg Liebenstein）。既然是城堡，自然都坐落在山头居高临下，不在市镇里面，我当时没开车，从市镇去城堡，起码要拎着行李爬半个小时山，还是很不方便的。还好，城堡旅馆的经营者尼肯尼希（Nickenig）夫妇在镇里码头的对面，就有一家咖啡馆，所以我可以先去咖啡馆找到尼肯尼希太太，把行李放下，然后去参观附近的朝圣教堂，之后回咖啡馆休息一会儿，下午6点左右，尼肯尼希先生来开车带我上山到旅馆。这一家很有意思，当时太太50多岁，英语很好，一般情况下，回复电子邮件或者电话订房的时候，联系人都是她。

在中莱茵河谷这样的小地方，会说英语的德国人并不是很多，这跟法兰克福、慕尼黑那些大城市截然不同。老先生当时看上去60多岁，会说不太流利的英语，初次见面的时候，我不但称呼他先生（Herr），而且加上"阁下"（your honor）的头衔，我跟他说，拥有一座城堡的人，我猜一定是位男爵。看得出来老先生对我的故意奉承感到非常高兴，谁都有那么一点点虚荣心嘛。他在开车送我上山的路上告诉我，城堡的真正拥有者确实是位男爵，他17年前从男爵那里得到了城堡的经营权，开设了这家酒店，同时，城堡本身一直还在修缮当中。这17年间，他一直在不断地一点点地修复城墙和塔楼。说起城堡酒店，实际上塔楼本身很难开辟成客房，因为水管电线无法在古老的中世纪石头城墙里面布线，而任何现代人，你都不可能去指望他去住没有抽水马桶、没有电灯空调的旅馆。真正的客房，是在塔楼边上搭出来的一个附属建筑里，城堡的院子里有露天咖啡馆，一楼有餐厅，餐厅都布置成中世纪原木的风格，还用成套的骑士盔甲和武器作为装饰。

我非常喜欢这里客房的装饰，木头衣柜、床头板、墙上的画都是中古风格，床头灯上的灯罩是盾牌形的，就像骑士族徽。就连门把手和锁都是很笨重古旧的铜质，看起来就能让人想起："从前的锁也好看，钥匙精美有样子，你锁了，人家也就懂了。"打开木头百叶窗，能看到河流浩浩荡荡地北去。当然卫生间还是完全现代化的，这就是现代人的"叶公好龙"——既想体验古代的情调，又绝对无法舍弃现代生活的方便，像无线网络啊，卫生洁具啊都是不可或缺的。想象一下如果是住在真正的城堡里，是怎么上厕所的吧：你去参观任何一种真正的城堡都会看到，所谓厕所就是在城堡高处的房间，向墙体外搭出一小间凸出的房间，就像现代住宅的飘窗那样，地面留一个洞，人坐在镂空的椅子上，排泄物就从地面的洞直接自由落体掉在城堡的墙根。所以如果在古代，千万不能贴着城堡的墙根走路。

住在城堡酒店最大的优势是可以站在山顶的残垣断壁间，俯瞰江水蜿蜒流转，附近山峰上隐隐约约有其他的城堡，两岸山坡不陡，种满了葡萄。莱茵河是黄金水道，河面上除了偶尔驶过的游船，最常见的就是极长而低矮的驳船，拉着矿砂或者其他货物，慢悠悠地在河面上爬过。

还记得我第一次来这里的时候是2007年，总共待了3天，第一天雨疏风骤，我听说KD船公司每天早晨9点从科布伦茨出发的上水船，下午4点1刻从吕德斯海姆返回的下水船，是目前在莱茵河上最后一艘真正的蒸汽明轮船"歌德号"。它1913年投入使用，1942年在科隆两次被盟军空袭的炸弹命中，1945年战争结束之前当作关押苏联战俘的监狱船，在空袭中被击沉。战后打捞起来修好重新服役。那年据说有可能是它最后的一个航行季节了，因为年代久远，不久就要退出服务。我当时一个人出游，兴致好，做什么都自己拿主意，说一不二，当天就去乘船，一来一回坐了10个小时，当时船上没有wifi，打电话上网都不太方便，当地人也大多数不懂英语，索性不用想如何与外界联系，可以完全放松自己。在船上酒吧买一玻璃小壶葡萄酒，正好1升，再给一个空玻璃杯，自斟自饮。当时，其他游客全都缩在暖和的船舱里躲雨，我不怕冷，就拿着酒杯上到顶甲板，迎着斜风细雨看着两岸的城堡、悬崖、淡绿的葡萄园，把酒临风，与美景对酌，跟往事干杯。这不也是人生一乐？不过回到酒店之后，第二天就着凉发烧了，当时30来岁，也不当回事，还是照计划到处跑，硬顶了两天，也就退烧痊愈了。

第二年这艘"歌德号"进船厂大修了两年，把原装的老式蒸汽机换成了现代的发动机，但还是保持着明轮船的水轮推进方式。在写这本书稿的时候，我很高兴地发现，换了现代发动机的"歌德号"到今年还在莱茵河上行驶，仍然是早晨9点从科布伦茨出发，下午4点1刻从吕德斯海姆返回，仍然是整条莱茵河上唯一一艘老式明轮船。

570公里标志处的西岸是古镇博帕德（Boppard）。古罗马时代就是驻军要塞，今天还能看到罗马城墙与教堂的遗迹。博帕德是个整洁漂亮的地方，镇北面相邻一座山峰，可以坐缆车上去，在山顶可以看到所谓"四湖景观（Vierseenblick），那其实不是四个湖，而是莱茵河在这一段突然向西急转弯，然后又180度转回来，接着左转90度继续向北。这九曲十八弯的河道，视线再被山峰分隔，看着好像是四个湖一样，实际是莱茵的主河道本身。

580公里标志处东岸是布劳巴赫镇（Braubach），小镇上方山顶，矗立着整个莱茵河谷唯一从中世纪完整保存下来的马克斯堡（Marks Castle）。它是白色的，很显眼，现在是德国城堡联合会的总部，也向游人开放。在莱茵河谷，如果你只想去一个城堡参观，那一定是马克斯堡。当然它也在19世纪经过改建，但大体上保持原样中世纪的结构。整个莱茵河中游地区，保存最完好的古代城堡，一是马克斯堡，二是埃尔茨堡（Burg Eltz），在摩泽尔河边，下一节还要讲到。这两处城堡是最值得参观的。两相比较，埃尔茨堡的规模更大，保存得也更好，但是它坐落在摩泽尔河畔的山沟里，交通不便，不直接临河，如果不自驾的话，从摩泽尔河边步行上山用时得超过一个小时。马克斯堡对依赖公交的游客更方便，坐火车或者轮船到布劳巴赫，步行上山25分钟，从火车站还有电瓶小火车代步上山。

莱茵河谷两岸城堡景观的再下一站，东岸585公里处是拉内克堡（Burg Lahneck），西岸与之相对的是施托尔岑费尔斯宫（Schloss Stolzenfels）。之所以叫宫殿不叫城堡，是因为19世纪重建的时候，其主人是当时的普鲁士王太子，后来的国王腓特烈－威廉四世。雨天的时候，这座杏黄色的城堡在云雾缭绕中如此醒目又如此隐约，仿佛从天外飞来，镶嵌在半山氤氲成黛青色的森林间，让我想起"忽闻海上有仙山，山在虚无缥缈间"。

作为联合国世界遗产，莱茵河中游河谷这一段60公里的航程，在左岸城市科布伦茨结束。摩泽尔河从左岸呈锐角汇入莱茵河，这处河口是著名的"德国之角"（Deutsches Eck）。在两河汇聚的尖角，竖立着1870年统一德意志的德皇威廉一世塑像。它正好跟河谷入口处吕德斯海姆镇旁边山上的尼德瓦尔德纪念碑遥相呼应，纪念德国最终的统一。在中世纪德意志王国和神圣罗马帝国的时代，也曾有过奥托皇朝、萨里安皇朝、霍亨施陶芬皇朝的皇帝们，试图加强皇权，把帝国变成像法国一样的真正中央集权的国家，但是因为这样做牵扯到罗马教廷的利益，最终都失败了。

封建制的国家体制也让德意志诸侯一心一意建设自己的领地，让皇位保持在弱势家族的手里，不来干涉自己。后来的卢森堡皇朝，和延续500年的哈布斯堡皇朝也就满足于自己的世袭领地，让德意志帝国维持在一个松散的邦联水平上。1618—1648年的德意志三十年战争更是彻底打碎了皇帝在整个帝国的最后一点权威，让整个德意志分裂成300多个小邦，只有一个名义上的皇帝而无皇权。此后欧洲进入近代，18世纪欧洲各国的大趋势是中央集权，封建体系瓦解，但是在德意志，这个中央集权是在各大诸侯水平上完成的，也就是萨克森、巴伐利亚、奥地利这样的大诸侯在内部进行中央集权，但整个德意志仍然是个名义上的帝国，这才有伏尔泰那句辛辣的讽刺——神圣罗马帝国"既不神圣，也不是罗马的，更不是帝国"。

后来拿破仑战争期间，1806年拿破仑强迫维也纳的哈布斯堡皇帝解散了神圣罗马帝国，弗兰西斯皇帝把哈布斯堡家族的世袭领地奥地利、匈牙利、波希米亚、克罗地亚、意大利境内各地另外组成奥地利帝国。其实当时拿破仑所谋者大：他自己想当神圣罗马帝国的继承者，用法兰西帝国统治德意志，而且当时法军也的确已经占领了德意志全境。不过拿破仑不久就失败了。历史上法国强大的时候，曾经不止一次想要吞并神圣罗马帝国：1310年代法王美男子菲利普曾控制了教皇，把教廷由意大利迁到普罗旺斯的阿维尼翁城，还摧毁了圣殿骑士团。那时候美男子菲利普就想让教皇给自己加冕为神圣罗马帝国皇帝。过了 300 年，太阳王路易十四也动过类似的念头。最后一位是拿破仑。但是他们全都失败了。到 19 世纪后半期，普鲁士想要统一德意志，但德意志帝国的首邦仍然是奥地利，且不说哈布斯堡皇朝是神圣罗马帝国最后 500 年的皇帝，就算帝国解散，哈布斯堡仍然兼任德意志联盟的盟主。而哈布斯堡家族对统一德意志毫无兴趣：他们已经尝试了 500 年，现在还是更在意维持自己的家族世袭领地。所以，普鲁士统一德意志的思路，是必须把盟主奥地利排除在外。普鲁士国王威廉的首相是俾斯麦，陆军总参谋长是毛奇，这三驾马车最终创造了 1000 年以来历代统治者都没能创造的奇迹。

俾斯麦是外交领域纵横捭阖的高手，他先联合奥地利，打败丹麦，因为丹麦国王拥有的石勒苏益格－荷尔施泰因是中世纪早已留下的定例，这一战把第一个外国势力踢出德意志。然后普鲁士再在普奥战争中击败奥地利，却又不乘胜追击彻底打垮它，而是适可而止，逼迫奥地利同意退出未来统一的德国。第三个轮到法国，因为当时法国皇帝拿破仑三世是拿破仑皇帝的侄子，法国通过 1860 年代在北意大利战场连续重挫奥地利帝国，帮助意大利赢得独立，在世界上仍旧显得非常强大而令人生畏。法国控制着莱茵河流域很多亲法的德意志诸侯，不彻底打败法国，就无法统一德意志。于是就有了 1870 年戏剧性的普法战争，貌似强大的法军主力分别被毛奇指挥的普鲁士人合围在色当和梅斯两座要塞，两支法军的总司令巴赞和麦克马洪投降，俾斯麦甚至十分沮丧地发现，皇帝拿破仑三世也在投降的军中，这就让俾斯麦失去了停战谈判的对手，反而拖延了战争的进程，而法国也进入了无政府状态。这就是巴黎公社起义，和都德小说《巴黎之围》《最后一课》的历史背景。

经过一番波折，再通过三场有限的王朝战争，排除了丹麦、奥地利和法国的干扰以后，普鲁士国王威廉一世在巴黎郊外的凡尔赛宫镜厅宣布成立德意志帝国，这就是第二帝国，神圣罗马帝国是第一帝国，德国统一至此完成。1888 年威廉一世皇帝去世之后，他的儿子只做了 100 天皇帝就因病去世，1889 年威廉一世的孙子威廉二世即位。这就是一次大战期间的末代德皇。科布伦茨的威廉一世骑像，就是在威廉二世倡导下建起来的，后来这里也就成了德意志民族主义和爱国主义教育的一个基地。1945年第二次世界大战接近尾声，攻打科布伦茨的是巴顿将军的美国第3集团军第8军第87步兵师，在战斗中德国之角的威廉一世骑像被美军炮火摧毁，战后将近半个世纪都没有再建，到了德国统一之后，随着德国的民族自豪感再次爆棚，重建铜像就提上了议事日程。当时还引起了很大争论，因为有些人认为威廉一世是军国主义的象征，也有人争辩说，威廉是统一德国的伟人，至少和后来的纳粹无关。最后由私人出资重建塑像，避免了联邦政府宣传军国主义的嫌疑，这才在1993年重新立起这座雕塑。

今天在科布伦茨市内可以看见很多德国军人，这里是联邦国防军的重要驻地，也是历史上兵家必争之地，当年法国大革命以后，逃到德意志诸邦的法国贵族，就以科布伦茨为中心，进行各种复辟的政治军事策划。德国之角正对着莱茵河对面山上的埃伦布莱特施泰因城堡（Ehrenbreitstein），这里现在是一座青年旅舍，和几个小型博物馆，它和德国之角以空中缆车连接，所以从德国之角坐缆车，飞渡莱茵河，然后从堡垒俯瞰对面的两河交界处，是个很有意思的活动。在我记忆中，这里也是唯一可以从空中飞越莱茵河面的地方了吧。

第二节　摩泽尔河的一座城堡、一个小镇和一座古城

埃尔茨城堡

我们从科布伦茨暂时离开莱茵河干流，溯流而上去探索它的支流摩泽尔河。摩泽尔河谷就像是安静版的莱茵河谷，两岸山坡上也到处点缀着古堡和葡萄园，平静的小村庄往往只有河边的一两条小街，半木梁的房子数百年来都仍然无恙，只是外面粉刷了一层新装。在旅游旺季8月份，如果莱茵河谷太过拥挤，就来

摩泽尔河谷的埃尔茨堡

这里吧，这里游客更少，夜里更宁静，葡萄酒却是一样的香醇。

　　埃尔茨城堡在整个德国都可以说是原样保持最好的古代城堡了，虽说公交不太方便，但如果开车的话，它应该是德国最值得专门造访的城堡。从科布伦茨的德国之角溯摩泽尔河而上，沿河两边都有公路，河北岸还有一条铁路连接科布伦茨和德国边境的特里尔城。埃尔茨堡就在离科布伦茨上游大约30公里处的河北岸山谷里，如果坐火车的话，可以在河边的摩泽尔贝恩（Moselbern）村下车徒步一个来小时，开车可以从摩泽尔河谷北岸的山脉背后过去。这个城堡从12世纪就有，相当于中国北宋年间，是同一个家族分家以后，三个支脉共同拥有的城堡，后来两支搬走了，现在城堡的主人仍旧是当初城堡主人的后代，拥有伯爵头衔，在这里已经住了33代！埃尔茨城堡不在山顶上，而是坐落在一个山环里，周围好几座山峰都比它高，城堡建在一块凸出的巨岩上，和最近的山坡隔着一条山涧，只有一座桥能通向城堡唯一的入口。从山路步行接近城堡的时候，整个城堡的侧面会在你面前一字排开，气势宏伟。这块岩石的周围三面被摩泽尔河的一条支流埃尔茨河环绕，而埃尔茨河古时候是从法国和低地国家（卢森堡、比利时）通向莱茵河干流的贸易通道，所以伯爵家族才会想要在这里建筑城堡，靠收税致富。

城堡里面维护得非常好，每天都向游客开放，可以分批跟着讲解和固定路线进去参观。它和马克斯堡是莱茵河流域完全没有被法军破坏过的城堡，城堡主人会通过外交手段和改换门庭来确保自己的安全，所以历史上甚至从没有哪支军队攻占过它。有一次，摩泽尔河流域的大领主，选帝侯特里尔大主教派兵讨伐埃尔茨城堡，围城战打了两年，都攻不下来，今天的游客还可以远远看见当年那场围城战中特里尔大主教军队在高于埃尔茨城堡的山坡上修筑的围城堡垒呢。

河边小城科赫姆和贝尔施泰因村

如果莱茵河谷里的博帕德、上威塞尔、阿斯曼豪森和吕德斯海姆游客太多，那么摩泽尔河谷里的科赫姆绝不会让你失望。笔者在德语区旅行多年，最近14年当中光去德国就有22次，一向不喜欢推荐大城市和大众景点。在我看来，任何人都可以在网上方便地找到慕尼黑、科隆和新天鹅堡的信息，但那些鲜为人知的小村和城镇，异常美丽又没有太多国际游客，安安静静地在那里待上几天感受岁月静好，才是欧洲旅行的个中真味。比如说前文写阿尔萨斯的时候提到，法国会评选居民人数2000人以下的"法国最美乡村"。德国没有类似的评选。就我这些年走过的德国小型城镇和乡村当中，如果仅提一些不在莱茵、多瑙流域的地方，那么柏林以西山区的坦哲蒙（Tangemund）、哈尔茨山区的奎德林堡（Quedlinburg）、中部的班贝格（Bamberg）、罗腾堡（Rotenburg）都有资格被称为德国最美小城。而莱茵流域的科赫姆，与上述城镇相比也不遑多让。

科赫姆有5000居民，比村庄大，应该被称为一座城镇，在科布伦茨上游50公里处的摩泽尔河北岸。它的老城在河边一片比较大的平坦地段，鹅卵石垫道的古色古香的街道上，有很多精美的工艺品店、咖啡馆、巧克力店，还有很多酒坊。摩泽尔河的白葡萄酒和中莱茵河谷的一样有名。不知为什么，这里镇中心的市政厅广场总让我想起罗腾堡的市政厅广场，可能是地势和周围的房子有些相像，可惜科赫姆没有罗腾堡那样完整地保留下来绕城一周的古代城墙，但科赫姆的美丽之处，在于镇子外缘翠绿色葡萄园山坡顶上的那座城堡，在这里河流向左拐了一个弯，于是莱茵—摩泽尔河流域那种经典的油画式场景再现：河弯—驳船—城堡—葡萄园山坡—童话般的小镇，这样的照片无论在哪座城镇，都能瞬间把人的心融化，"在康河的柔波里，我甘心做一条水草"。

另一处能拍摄出同样经典照片的地方，在科赫姆继续向上游10公里处南岸的贝尔施泰因村，如果你是特别喜欢小村庄风景，觉得就连科赫姆也太多游客，那不妨选择住在这里。这里只有100来名居民，在外界毫无名气，甚至在20世纪之前连公路都没有，就像封存在时间胶囊里一样，美得惊人。摩泽尔河在这里画了一个S形的大弯，村外布满葡萄园的山坡顶上，也有一座已经废弃的城堡。更妙的是，你可以从村里走步道爬到城堡背后，居高临下把城堡、山坡、小村、河道全都摄入镜头。

摩泽尔河村贝尔施泰因

马克思的故乡特里尔：一座罗马古城

看够了摩泽尔河的田园风光，就让我们继续沿河上溯 100 公里，来到德国和卢森堡边境的名城特里尔。在中国游客眼里，特里尔的城市名片是卡尔·马克思，而在德国人眼中，它更多是以一座罗马时代古城的风貌而被人铭记的。特里尔城里的罗马古迹已经被列入联合国世界遗产名录。

特里尔是德国最古老的城市，这一点德国其他城市很难与之竞争，因为古罗马帝国的边境就在莱茵—多瑙一线，所有莱茵河以东的城市都不可能存在于罗马时代以前。特里尔在公元前 16 年由罗马帝国的第一位皇帝奥古斯都建立，此后成为罗马贝尔及高卢行省的首府。德国历史悠久程度仅次于特里尔的城市应该是科隆，克劳迪皇帝的妻子、尼禄皇帝的母亲阿格里皮娜在公元 50 年建立了科隆。"三世纪危机"的末期，戴克里先皇帝中兴帝国，把罗马帝国分为东西两块，各有一位正皇帝"奥古斯都"和一位副皇帝"恺撒"统治，这就是"四帝共治"系统。西罗马帝国副皇帝的首都就在特里尔，戴克里先任命的西帝国副皇帝叫作君士坦提乌斯，就是后来君士坦丁大帝的父亲。所以特里尔是君士坦丁统一罗马世界之前的根据地。

在君士坦丁皇帝打败政敌，成为东西两帝国唯一皇帝之后，下决心建设君士坦丁堡作为东帝国的首都，同时接受了基督教。他自己当时没有受洗，但是他的母亲海伦娜皇太后是非常虔诚的基督徒。君士坦丁决定建造两座大教堂，都叫作圣彼得大教堂，一座在罗马城，一座在特里尔。罗马城的那座，后来是梵蒂冈教廷所在的圣彼得大教堂的前身，而特里尔的这座，就是今天的特里尔大教堂。所以，特里尔大教堂也是德国境内最古老的教堂。不过古罗马时代的教堂不可能完整地原貌保存到今天，它在法兰克人征服欧洲的时候被毁，重建之后，在 9 世纪北欧海盗横行全欧洲的时候再次被毁。实际上今天特里尔大教堂的外观，呈现出中世纪早期罗曼式的建筑风格。前文提到过，1030 年始建的施派尔大教堂，是最早最纯正的罗曼式建筑，当然比最初的特里尔大教堂晚了 700 年之多。

今天我们看到的特里尔大教堂实际上也是和施派尔大教堂同一个世纪建成的。古罗马时代的教堂有今天特里尔大教堂的 4 倍体量，显示出古罗马人在工程方面惊人的技术水平，今天整个特里尔大教堂、教堂前的广场、背后的修道院中庭、旁边的圣母教堂，当年全都是古罗马教堂室内的范围。特里尔大教堂是神圣罗马帝国七大选帝侯之一特里尔大主教的总部座堂，历经几百年修缮，混杂了各种建筑风格。从大广场上看特里尔大教堂的正立面是挺纯正的萨里安皇朝时期的罗曼式，尤其大门上方墙上的两排圆拱小柱廊，上三下四，看起来特别可爱。如果你走到左侧面长边，可以看到墙面是斑驳的红砖砌成，这里是最古老的部分，古罗马时代的遗迹。而教堂背后凸出的半圆形顶端，已经是巴洛克风格的造型了。

特里尔大教堂里葬着的是历代选帝侯大主教，我对这些主教并不了解，所以没有什么兴趣。我更感兴趣的是教堂里的圣物：古代特别著名的基督教教堂几乎都有圣物，比如巴黎圣母院的耶稣荆棘冠、都灵大教堂的耶稣裹尸布、科隆大教堂的东方三圣遗骨、威尼斯圣马可教堂的圣马可遗骨。

特里尔大教堂是君士坦丁大帝起家的地方，也是海伦娜皇太后待过很久的地方，皇太后曾经去耶路撒冷朝圣，带回来很多不知道真假的圣物，所以特里尔大教堂肯定也不会缺少顶级的圣物遗迹。我去的时候没有看到，因为这些圣物很多都是脆弱的，比如衣服头发之类，不会在日常公开展示。我查了一下资料，发现特里尔大教堂保存有耶稣基督上十字架之前穿的圣袍、钉他的钉子，还有海伦娜皇太后的一块头骨。

笔者不是基督徒，从世俗的角度，我总觉得，当时离开耶稣基督生活的年代已经过去了 300 多年，这 300 多年里基督教还是处于被迫害的地下状态，怎么会留下来那么多东西？更何况罗马帝国一接受基督教，圣地马上就掀起了一股圣物买卖热，甚至形成了一个产业，那时候又没有 C^{14}，能有多少真货？用常识都能想得明白。但我还是热衷于朝圣，无论基督教、伊斯兰教、佛教的朝圣地点都去过很多，就基督教的圣物来说，我去都灵，但只看到大教堂播放的都灵尸衣的录像；去巴黎圣母院看过耶稣荆棘冠和真十字架的碎片。此外，还有比利时布鲁日圣血大教堂的圣抹布，维也纳霍夫堡皇宫珍宝馆的圣矛和真十字架另一块碎片，罗马拉特兰教堂对门的圣台阶（耶稣接受审判时走上去的台阶），当然耶路撒冷和加利利海周边的圣物和圣迹就更多了。伊斯兰教的圣物我看得比较少，主要是在伊斯坦布尔托卜卡比皇宫珍宝馆里见到的先知穆罕默德的遗物。作为一个世俗游客，我对所有宗教圣物总是抱着一种尊敬和好奇的态度，我想，只要它们的信徒认为那是真的，它就具有真正的信仰上的力量，何必非要用 C^{14} 穷究真相呢？作为教外人士，我抱着尊敬的心态去看个热闹，当作知识来了解，也就够了。

特里尔大教堂北边有一座体量巨大的黑色城堡形建筑，外观上分为三层，那是特里尔城的地标建筑，古罗马时代的北城门堡垒。罗马时代古城有 4 座城门，其他 3 座都已不存，仅剩的这座城门堡的石料因为年代久远而变得乌黑，故叫作"黑门"（Porta Nigra），它能够保存下来，是因为在奥托皇朝末期到萨里安朝开始的时候，有一位基督教的圣人，圣西米昂在城门塔里面隐居，他死后这里被当作一个修道院，有两层教堂：一楼是给普通人的，二楼是修道院教堂。

类似的古罗马遗迹还有一座巴西利卡，在特里尔大教堂南侧，这里"巴西利卡"不是现在指代高等级基督教堂的意思，而是真正古罗马帝国的巴西利卡公共建筑。前面在施派尔大教堂那部分，谈到早期欧洲建筑史的时候提过，古罗马建筑的"巴西利卡"是一种经典建筑样式，中间高两侧低的三走道建筑，主过道内部无支柱遮拦，一般用于公共建筑，像市场会堂法庭之类，后世基督教把这些巨型罗马建筑改成教堂，于是巴西利卡就变成了大教堂的同义词。这座古罗马巴西利卡，当年是君士坦丁大帝在特里尔的皇宫宝座大厅，换句话说，它在当地拥有类似故宫太和殿的地位，所以内部空间极为高大宽敞，据说是罗马城以外，世界上保存完好的古罗马建筑里体量最大的。

其实它无论里外看起来都很简朴，只有一层，上下两排窗户，让人惊叹的是整个内部空间，67 米长，26 米宽，完全没有一根柱子支撑屋顶，在古代这是非常难做到的，你可以回想一下古埃及古希腊神庙那些成排的支柱就能体会到了。33米高的内部空间，可以把特里尔的古罗马"黑门"建筑整个装进去——而这是公元310年的建筑，相当于中国历史上的西晋末年。后来到中世纪，历代特里尔选帝侯大主教也把这里作为宝座大厅，背后跟大主教宫相连，所以才能够历经1700年完好地保存下来。走出巴西利卡，它南面就是18世纪晚期巴洛克/洛可可风格的大主教宫，粉红色的正立面、门楣上方有白色大理石饰以金色花纹的浮雕，线条繁复曲折，这种近代欧洲的建筑风格华丽而小巧，跟背后古罗马巴西利卡不加雕饰的高大威猛形成鲜明的对照。

接下来就要说起中国人在特里尔必去之地，马克思故居了。作为住宅，这栋房子很大，横排5开间，本体两层，上面有一层阁楼，走进去还有一个内院，等于是一栋回字形楼房。马克思从家世上来说是犹太人，他外公和爷爷都是犹太教拉比（犹太教的神父），但是马克思的父亲从犹太教改宗基督教新教，接受世俗教育，成为一名相当成功的律师，在特里尔城外的摩泽尔河畔还拥有葡萄园，所以马克思小时候家里相当富裕，虽然不是贵族，但也算是中产以上了，从这栋房子就能看出来。马克思兄弟姐妹9人，活到成年的7人，这是一个大家庭，也的确需要这么大的房子。他在这里出生，长到18岁去波恩大学读书，本来的兴趣是文学和哲学，可是父亲希望他子承父业找个稳定的工作，于是学了法律。所以这栋房子承载了马克思整个童年和青少年时代的回忆，在他生命里是很重要的一个存在。

马克思旧居的正立面粉刷成绿白灰三色，看上去很淡雅，里面有不少他的手稿，还有生平介绍，作为一个博物馆，里面有一些文物很有意思，比如有一个展柜展出各种语言版本的《共产党宣言》，其中中文版的那本，封面上手写钢笔字"周恩来，一九四三，延安"，那居然是周总理抗战时期在延安整风时候的书。因为德国和整个欧洲社会民主党的势力很强，他们也是社会主义政党，只不过不主张列宁式的暴力革命，所以对马克思与他的思想，在欧美更多的是作为社会和经济学术流派进行研究。后来德国的社会民主党买下了这栋旧居改建成纪念馆，希特勒时代自然又被政府没收，战后的1947年作为博物馆再次

特里尔的巴西利卡内部

特里尔选帝侯宫的洛可可风格正立面

开放。

普通德国人似乎对这里兴趣不大，平时参观者不多，此处一年大概只接待3万多参观者，其中三分之一是中国人，所以现在马克思旧居的官方网页、展览说明、语音导览，都有中文版，对中国游客非常便利。无论你是不是信仰马克思主义，都应该承认，马克思本人在哲学、经济学方面是一位相当了不起的学者和思想家，而且他的学说对20世纪的人类历史产生了巨大的影响。笔者在美国工作，自己也不是一个马克思主义者，但对马克思作为一位对人类历史影响很深的思想家，还是很景仰的。除了特里尔的马克思旧居，其他跟马克思有关的景点，我还去过两个：他写出《共产党宣言》的地方，是比利时布鲁塞尔的一家小啤酒馆，就在市中心市政厅大广场上，今天仍然开着，现在是一家很高档的餐厅。在伦敦的海格特公墓（High Gate）有马克思的墓，墓碑上写着《共产党宣言》里的一句名言："全世界无产者，联合起来。"我去看这些马克思的遗迹，其实也是抱着和去看宗教圣物一样的心态：大部分是出于好奇，同时也出于尊重和纪念历史上这些对众多人的命运产生过重大影响的巨人。这种作为旅游者而去朝圣的心态，无论对于孔子还是耶稣，希特勒还是马克思，其实是没有什么区别的。

马克思故居

特里尔马克思故居里的《共产党宣言》

第三节　卢森堡和卢森堡皇朝

摩泽尔河流域的卢森堡城

特里尔城离卢森堡边境只有 10 公里左右，过边境后不远就是卢森堡城。卢森堡离莱茵河干流实在有点远，但既然科赫姆—特里尔这一线都属于莱茵的重要支流摩泽尔河流域，而卢森堡和神圣罗马帝国历史又有千丝万缕的联系，便正好在这里扯远一点，借机会谈谈神圣罗马帝国史上中世纪的卢森堡皇朝。

卢森堡大公国是个微型国家，但是也要看和谁比：作为欧洲面积倒数第六的国家，2500 多平方公里的面积，可以轻轻松松地把欧洲面积比它更小的五个国家统统容纳进去。比它小的五个国家是梵蒂冈、圣马力诺、安道尔、摩纳哥和列支敦士登，它们都没有自己的机场，卢森堡就有，而且居然有两个！如果看人均国内生产总值，经过调整物价水平以后的"购买力平价"排名，卢森堡和前面提到过的列支敦士登，还有摩纳哥，都属于世界前五。

今天卢森堡的街道感觉和法国相似，跟德国城市就很不一样，多数餐馆里的菜式也是法餐。历史上这里是神圣罗马帝国的一个公国。卢森堡有两处比较特别的景点值得一提。其中之一是首都卢森堡城东 5 公里处的美军公墓，这里埋葬了 5000 多名二次大战期间在卢森堡作战阵亡的美军官兵，包括著名的第 3 集团军司令乔治·巴顿。巴顿是战后不久 1945 年 12 月在卢森堡车祸身亡的，死后尸体没有运回美国安葬，就埋在卢森堡的美军公墓了，他的墓和普通官兵一样，只是地面有一个十字架，不过位置比较好，在公墓前端两面巨型美国国旗的旗杆中间。

卢森堡属于巴顿第 3 集团军的作战地幅，全境都是由他手下的军队解放的，稍微靠北一点，卢森堡和比利时边境附近，比利时南部城市巴斯托尼，就是1944年圣诞新年期间著名的"凸出地带战役"的战场。在1944—1945年从法国打进德国的战役，卢森堡直到南边洛林地区的首府梅斯，都是第3集团军的战区，打到莱茵河边的时候，巴顿集团军的地段左起科布伦茨，经过莱茵河谷，右到美因茨以东，接近曼海姆。后面我们说起莱茵河再往下游的雷马根大桥，与荷兰阿纳姆的时候，还会提到。

卢森堡另一个好玩的地方，是卢森堡城堡的地下工事和城墙藏兵洞。今天你在卢森堡市中心看不太出来这里的堡垒有多壮观，但在地形上也许能略见端倪：大公的王宫下面是一面悬崖，城市分成高下分明的两层，城中心背后有弧形的绿地围绕，面对蜿蜒的河流。其实现在我们能看到的一些城堡工事都是1867年拆毁城堡以后残留的部分，远没有当年壮观，现在几乎整个城市，尤其是背后的弧形绿地，都是早年的堡垒和城墙。卢森堡在19世纪以前号称"北方直布罗陀"，是法德之间最坚固的要塞，就因为法德双方谁都害怕对方得到这个要塞，才在1867年达成妥协，完全拆毁卢森堡城堡，让卢森堡取得永久的中立国地位。

卢森堡皇朝的150年

前文讲到列支敦士登的时候我说过，游览这些欧洲的袖珍国家最有意思的是去探究：这么小的国家是怎么形成的，又是如何在丛林法则的数百年欧洲战争中幸存下来的。在卢森堡，我还有一个疑问：神圣罗马帝国中世纪晚期有个卢森堡皇朝，可是它的权力基础是在东边的波希米亚，就是今天的捷克，和这个卢森堡大公国有什么关系吗？

事情又要从查理曼大帝的三个孙子在843年签订《凡尔登条约》三分帝国说起。中法兰克王国的国王兼皇帝罗泰尔一世拿到从北海边的荷兰到意大利的纵贯南北的一长条领土。十几年后他死的时候，中法兰克王国分裂为意大利王国、勃艮第第二王国、洛林王国三块。后来洛林王国作为公国加入了东法兰克。到了东法兰克王国奥托大帝把原来的东法兰克和中法兰克整合为神圣罗马帝国的时候，他把洛林公国分解成上、下洛林两个公国。后来我们把上洛林公国称为洛林；下洛林公国包括今天的摩泽尔河流域的特里尔主教区、卢森堡、荷兰、比利时，这些地方都分裂成一个个小诸侯国，下洛林分裂消亡了。

这个时期正处于10世纪中期奥托一世、二世皇帝的时候，阿登伯爵齐格菲得到今天的卢森堡这片领地，并且开始建造城堡。他的哥哥是上洛林公爵，他们兄弟俩都是查理曼大帝的第六世后代。此后200多年，卢森堡作为一个无足轻重的伯爵国家，在几个家族之间通过联姻来回继承。卢森堡伯爵被选为德意志国王是1308年的事情，这个时代已经距萨里安皇朝绝嗣150多年了，帝国的皇位在这150年里经过霍亨施陶芬皇朝、大空位时期和第一个哈布斯堡王朝。现在就让我们暂且按下卢森堡伯爵家族的线索，回过头来补叙从萨里安皇朝到卢森堡皇朝这中间150年的脉络。

前面在施派尔大教堂的那部分里，我们讲述了神圣罗马帝国的最初两个皇朝，奥托朝和萨里安朝。萨里安朝的最后一个皇帝亨利五世1122年在沃姆斯跟教皇妥协，暂时解决了主教叙任权纠纷，1125年去世的时候，他是埋在施派尔大教堂皇家墓室的最后一位萨里安朝皇帝。他没有儿子，属意的继承人是外甥，霍亨施陶芬家族的斯瓦本公爵独眼腓特烈，可是诸侯们偏偏推选萨里安皇室的萨克森公爵罗泰尔三世当国王。12年以后罗泰尔三世国王兼皇帝死的时候也没有儿子，属意的继承人是自己的女婿、韦尔夫家族的巴伐利亚兼萨克森公爵骄傲者亨利，可是诸侯们偏偏又选了当初落选的独眼腓特烈的弟弟、霍亨施陶芬家族的康拉德三世当上德意志国王。罗泰尔的女婿骄傲者亨利当然不服，霍亨施陶芬皇室作对，他死之后，他的儿子狮子亨利继续和历代霍亨施陶芬皇帝作对。这就是霍亨施陶芬家族和韦尔夫家族世仇的根源，说起来都是因为萨里安朝和罗泰尔三世皇帝这两边的女婿家族之争而起。

康拉德三世国王是霍亨施陶芬家族的第一代国王，他在位14年从未加冕过皇帝，曾经和法王路易七世一起领导过第二次十字军，无功而返，但是他在国内打败了韦尔夫家族，保证王位能在1152年他去世的时候交给自己家族的继承人、哥哥独眼腓特烈的儿子，也就是自己的侄子腓特烈一世皇帝。这位皇帝，就是历史上著名的"红胡子"巴巴罗萨。红胡子腓特烈一世即位德意志国王三年以后加冕意大利国王和神圣罗马帝国皇帝，他年轻的时候跟随叔叔康拉德三世国王参加第二次十字军立过战功，他叔叔死的时候，其实是有儿子的，但是那位王子只有6岁，年纪太小，而红胡子腓特烈已经30岁了，只有他和一位大主教待在老国王的病床前看着他咽气，出来以后就传达遗旨说"宜立长君"，选择让侄子腓特烈而不是年幼的儿子即位。至于这当中有没有假传圣旨，甚至有没有重复宋太祖临终时"烛影斧声"的典故，那就谁也不知道了。红胡子腓特烈一世皇帝本人是个文盲，但这一点也不耽误他治理国家的杀伐决断。他统治38年，相当长寿，而且内外政策都非常成功。所以1941年希特勒发动的入侵苏联的战役，就以他的绰号"巴巴罗萨"作为行动代号。这个时代，大致相当于南宋初年，也就是岳飞、韩世忠、高宗赵构那个时代。

在德意志国内，霍亨施陶芬家族只能控制自己的根据地斯瓦本，和莱茵河流域的法兰克尼亚，也就是以前萨里安皇朝的基本盘。韦尔夫家族控制着巴伐利亚和萨克森两个公国，也就是德意志的东部和北部。经过30年的明争暗斗，红胡子腓特烈终于在1181年彻底征服了韦尔夫家族的狮子亨利的地盘，狮子亨利流亡到英国国王亨利二世在诺曼底的宫廷（因为当时英国国王兼任法国诺曼底公爵），三年以后虽然回到德意志，也只能当一个比萨克森公爵小得多的布伦斯维克公爵。

在对外战争方面，从红胡子开始，三代霍亨施陶芬皇帝全都特别重视意大利。因为当时意大利的各个独立城邦比德意志富裕得多，又互相攻伐。作为名义上的意大利国王，皇帝想要攫取意大利的财富不但有利可图，也名正言顺。但是意大利中部是教皇国，皇帝要经略北意大利，就会威胁到教皇的利益，这是整个霍亨施陶芬皇朝和教皇激烈冲突的根源。红胡子腓特烈一世前后6次远征意大利，北意大利的城邦米兰始终是皇帝的坚定反对者。这6次意大利远征几乎贯穿了红胡子的一生，前三次比较顺利，1164年的第三次远征，从米兰夺来了圣物，耶稣基督诞生的时候前来朝圣的东方三圣王的遗骨，交给科隆大主教，至今仍然是科隆大教堂的至宝，我们后面还会提到。可是1175年底第五次意大利远征，皇帝被米兰在北意大利组织的伦巴第联盟打败了，此后再也没能彻底拿下北意大利。

但他却在南意大利取得意外的成功。当时统治西西里岛和意大利半岛南部那不勒斯的，是西西里王国的诺曼王朝，这个王朝当初是北欧海盗，打进地中海，赶跑了盘踞在西西里岛的阿拉伯人。在红胡子腓特烈时代，西西里王国的诺曼王朝男性后裔绝嗣，腓特烈让自己的儿子亨利娶了诺曼王朝的女继承人，这就为皇室的下一代把整个意大利南部的西西里王冠收入囊中。这样，皇帝就能从南、北两个方向，对意大利中部的教皇国形成战略合围，这是教皇绝对不能容忍的。也是从红胡子开始，神圣罗马帝国的头衔开始加上"神圣"一词，以凸显君权神授，寓意是不买教皇的账。

红胡子皇帝的死也颇有传奇色彩。不知道有多少读者看过 2003 年的一部好莱坞古装战争电影《天国王朝》，那部片子讲的是穆斯林世界的苏丹萨拉丁在 1187 年的哈丁战役里决定性地击败十字军国家，并占领圣城耶路撒冷的故事，里面演十字军英雄贝里安（历史上真有其人）的是奥兰多·布鲁姆。萨拉丁占领耶路撒冷的消息震惊了欧洲，于是欧洲列强组织第三次十字军东征，试图夺回圣城。第三次十字军东征的对垒双方是欧洲战争史上顶级的豪华阵容，堪称"四大名王战中东"。萨拉丁不用说了，穆斯林历史上的大英雄，连欧洲人都对他的骑士气概钦佩不已。

而基督教这一方，红胡子腓特烈一世皇帝领衔，英法两位年轻国王加盟。英国国王是"狮心王"理查一世，英国历史上最出色的骑士国王，其人勇武绝伦，他的雕像至今矗立在英国议会大厦门口。法国国王是菲利普·奥古斯特，他后来把"狮心王"理查和他弟弟"失地王"约翰两任英国国王玩弄于股掌之上，几乎夺尽英国王室在法国的领地，也是法国卡佩王朝历史上最出色的国王，比他的孙子，后来封圣的那位路易九世，强得太多了。

按理说，基督教世界的这三大名王都是各自国家历史上杰出的英才，单独拿出任何一位，都不逊色于萨拉丁。可是第三次十字军的结局，竟是典型的"三个和尚没水吃"。德皇腓特烈一世率先出发，可是他当时 68 岁，在中世纪已经很高寿了，在穿越小亚细亚半岛向圣地进军的途中，在一条河里游泳被淹死了。红胡子皇帝本人体格很强壮，而且非常善于游泳，居然在水位比他的身材还低的小河沟里被淹死，也算是命运使然了。很可能是当时天气炎热，再加上鞍马劳顿，皇帝下水冲凉诱发了心脏病猝死。

他死后，英法两位国王继续领导十字军，虽然他们俩是郎舅姻亲，但一直钩心斗角，不但没有合作，反而互相拆台。最后法王菲利普·奥古斯特提前回国，留下狮心王一人和萨拉丁对阵。狮心王在战场上占了上风，但萨拉丁拥有地利，双方谁也无法奈何对方，最后以和局告终，十字军最终未能收复耶路撒冷。

红胡子腓特烈一世给儿子亨利六世打下了很好的权力基础，驾崩的时候亨利已经25岁了，他4岁时就已经当选为德意志共治国王，父亲死后第二年就顺利加冕皇帝。他在父亲的安排下，娶了比自己大10岁的西西里王国女继承人做皇后，但是有教皇在背后掣肘，亨利六世皇帝花了很多时间，才顺利让妻子和幼子腓特烈（将来的"世界奇迹"腓特烈二世皇帝）落实西西里王国的继承权。中间甚至有一次，他在和西西里国内的反对势力作战的时候兵败，连待在后方的皇后都被敌人俘虏了，后来还是在教皇的斡旋下花重金才将皇后赎回来。

在亨利六世皇帝统治的短短7年时间里，发生了一件很有趣的事情：英国的"狮心王"理查结束第三次十字军以后回国，途经奥地利，当时奥地利公爵还不是后来的哈布斯堡家族，而是巴本贝格家族，这个家族的奥地利公爵在十字军作战期间受了英王的侮辱，这回把路过的英王扣押起来作为人质送给了亨利六世皇帝，最后英国宫廷在王太后主持下，花了15万银马克巨款才把国王赎回来。这笔巨款，被皇帝用来向西西里国内的反对派赎回自己的皇后。而英国人在筹款的过程中，王弟约翰（后来的"失地王"约翰一世）想要篡权。这就是民间故事罗宾汉的背景。英国民间故事里的侠盗罗宾汉，传说就是帮助"好国王"理查回归，抵抗"坏国王"约翰和他的帮凶舍伍德郡警长。

亨利六世皇帝死后的继承问题出了很大麻烦：他死的时候儿子腓特烈二世只有 3 岁，由妈妈带着远在西西里岛上。德意志诸侯选出了霍亨施陶芬皇室的世仇，韦尔夫家族狮子亨利的儿子，布伦斯维克公爵奥托当国王。施陶芬家族这边，腓特烈二世太小，亨利皇帝的弟弟斯瓦本公爵菲利普站了出来，自己当选为国王，两边开战，这场仗打了 10 年。韦尔夫家族的狮子亨利当初曾在英王宫廷生活，所以狮子亨利的儿子，这位新当选的奥托四世国王在英国长大，狮心王理查是他的亲舅舅，为了争夺德意志王位才从英国海归。所以韦尔夫家族这边有英国支持。霍亨施陶芬家族这边的菲利普呢，则表示"只要英国反对的，法国就会支持"，所以他有法国和教皇的支持。

10 年内战，霍亨施陶芬这边占上风，眼看就要胜利的时候，1208 年菲利普被刺杀，于是韦尔夫家族的奥托四世坐稳了国王位子，并且被加冕为皇帝。他是韦尔夫家族历史上唯一一位当过国王和皇帝的成员。他一坐上皇位就开始加强意大利地区的皇权，这是教皇绝对不允许的，于是转年就被教皇逐出教门。在教皇的主持下，德意志诸侯重新选举霍亨施陶芬家族的正统继承人，亨利六世皇帝的儿子、红胡子腓特烈皇帝的孙子为德意志国王腓特烈二世。他未来的绰号叫作"世界奇迹"。在这 10 年内战期间，1204 年第四次十字军不去攻打圣地，反而占领了拜占庭帝国的首都君士坦丁堡。

世界奇迹腓特烈二世在内战的十几年里一直躲在西西里宫廷，此时已经长成了 17 岁的少年，按照中世纪的标准已经成年可以亲政了。因为他不是在德国长大的，在西西里得知自己当选德意志国王的消息以后率军穿越意大利进军德国，在法兰克福加冕。韦尔夫家族的奥托四世当然不服。1214 年奥托和英国国王约翰一世联军（狮心王理查在一次作战中阵亡，现在的国王是他的弟弟"失地王"约翰），和法国国王菲利普·奥古斯特在比利时境内的布汶战役中对垒，结果韦尔夫家族和英国联军大败，奥托四世被迫宣布退位。就这样，法国国王帮助腓特烈二世坐稳了德国的王位。

那位腓特烈二世的皇叔，他幼年时候代表霍亨施陶芬家族临危受命出来争夺王位的菲利普，也被承认为正统的国王，他和哈布斯堡家族的阿尔伯特，是历史上仅有的两位被刺杀的德意志国王,这两位也埋在施派尔大教堂里。

新皇帝腓特烈二世是霍亨施陶芬家族亨利六世皇帝的儿子,红胡子腓特烈一世皇帝的孙子,他的妈妈是西西里王国的继承人,所以他从小在意大利南部长大。他一生对德意志事务并不关心,很少待在德意志,让儿子亨利接替自己当选德意志国王,他自己专心经营意大利,所以皇帝和教廷的冲突再起,腓特烈二世一生三次被罗马教廷破门出教。他本来答应参加第五次十字军,却迟迟不出发,结果十字军在埃及错失战机导致大败,1228年腓特烈二世率领第六次十字军,但并不作战,只使用军事威胁和谈判的和平手段,让穆斯林统治者答应把耶路撒冷、拿撒勒和伯利恒交给基督教世界,但是耶路撒冷城里的伊斯兰圣地不受侵犯,城市也不设防,双方和解了事。在腓特烈二世统治后期,中国蒙古族大军在成吉思汗长孙拔都和老将速不台指挥下打进东欧,腓烈特二世按兵不动,只做警戒,而蒙古族大军因为要回去参与大汗继承权的斗争,后来也没有深入欧洲。但腓特烈二世并吞意大利的举措并不顺利,1248年帕尔马围城战失败,众多意大利城邦反对皇帝。在德意志国内,皇帝多年来弃之不管,只希望各路诸侯太太平平不给自己惹麻烦就好,但他的儿子,代替他当德意志国王的亨利则想要加强皇权,和父皇产生了冲突,甚至开始反叛,1234年腓烈特二世甚至让教皇惩罚自己的儿子。1234年他迫使长子亨利退位,让9岁的次子康拉德继任德意志国王。腓特烈二世死于1250年,他死后欧洲有传说他只是睡着了,隐居在莱茵河边的某处山洞中,只要山里所有的乌鸦不再飞翔的时候,他会醒来重新领导德意志。后来这个传说又从腓特烈二世身上,转移到他的爷爷红胡子腓特烈一世身上,其实和英国亚瑟王的传说异曲同工。

霍亨施陶芬皇朝在意大利的图谋太过强势,和教廷成水火不容之势,所以腓特烈二世死后,在教皇的主持下,霍亨施陶芬家族的势力被斩尽杀绝:首先教皇剥夺了腓特烈二世儿子曼弗雷德在西西里的王位,把西西里和意大利南部转给法王圣者路易九世的弟弟查理。在后来的战争中,曼弗雷德战败被杀。腓特烈二世其他几个儿子都已经病死,担任过德意志国王的长子亨利的儿子康拉丁也在战争中被杀。霍亨施陶芬皇朝就此绝嗣。但是法国在西西里的统治太过残酷，激起当地民众的反抗，1282年西西里人民起义赶走了教皇和法国来的查理一世国王，这场"西西里晚祷战争"在历史上非常著名，因为但丁的不朽名著《神曲》里反复提到西西里，还把相关的各位国王和教皇各自编派进了天堂和地狱。最后，西西里晚祷战争的胜利者，既不是教皇和法国来的查理一世，也不是霍亨施陶芬家族，而是西班牙半岛来的曼弗雷德的女婿阿拉贡国王彼得三世（当时西班牙还没有统一）。

腓特烈二世死后，王位和皇位空缺23年，这段时间被称为"大空位时期"。德意志诸侯们习惯了腓特烈二世和空位时代这几十年没人管的自主状态，不想选举强大的诸侯来当皇帝，于是在1273年选举了一个籍籍无名的伯爵鲁道夫一世来当德意志国王。

这位鲁道夫一世，姓哈布斯堡。把哈布斯堡家族的鲁道夫一世选上王位的诸侯们怎么也没想到，这位新王是个狠角色，一上台就为哈布斯堡家族拿到了奥地利地区，当时正好统治奥地利的巴本贝格家族绝后，这也就是大半个世纪前囚禁英国狮心王理查的那位奥地利公爵所属的家族。这次鲁道夫一世国王一下子就拿下了奥地利、施泰里亚、卡林西亚好几个公爵头衔，哈布斯堡家族一跃成为德意志强藩，此后600多年，奥地利都是哈布斯堡家族的根据地。不过鲁道夫一世死后，诸侯们因为哈布斯堡已经太强大了，不选他的儿子阿尔伯特当国王，选举了拿骚伯爵阿道夫，但是阿道夫7年以后就在扩充家族势力的战争中阵亡了，下一位国王才是鲁道夫一世的儿子，奥地利公爵阿尔伯特一世。这位阿尔伯特一世在1298年即位，前文提到的威廉·退尔在瑞士反抗奥地利统治时期，反对的就是这位哈布斯堡家族的阿尔伯特一世。1308年阿尔伯特被刺，他和前文霍亨施陶芬家族的菲利普，是德意志历史上绝无仅有的被刺杀的国王。霍亨施陶芬家族的菲利普，加上哈布斯堡家族的鲁道夫一世、阿尔伯特一世、拿骚的阿道夫，这四位德意志国王都没有加冕过皇帝，死后也都埋在施派尔大教堂的帝王墓室里。这就是施派尔大教堂所埋的四位萨里安皇朝皇帝，和四位德意志国王的来历。

但哈布斯堡家族垄断皇位的日子还没有来。鲁道夫和阿尔伯特父子，只是第一波试水。阿尔伯特被刺之后，诸侯又想选一个很弱的家族来当国王，这次他们选出了卢森堡伯爵亨利，这就接上了前面卢森堡伯国的线索。

卢森堡这个地方，领地属于神圣罗马帝国，但是文化上受法国影响很深，亨利七世从小就在法国国王圣者路易九世的宫廷长大。在他当选为德意志国王的时候，法国国王是美男子菲利普四世，这个国王很厉害：逼死教皇博尼法斯八世，立法国的教皇克莱门特五世，让教廷迁到阿维尼翁，从此教廷成为法国的傀儡近百年，摧毁圣殿骑士团，烧死大团长。但是美男子菲利普的三个儿子先后登上法国王位都没有子嗣，卡佩王朝绝后，围绕着法国王位的继承权，英国和法国从1337年开始打百年战争。这是后话。亨利七世当选德意志国王以后，也是一个狠角色，把波希米亚王国从哈布斯堡家族手中抢过来封给自己的儿子约翰（这是卢森堡家族统治波希米亚的开始），然后进军意大利加冕皇帝。但亨利七世只统治了5年，1313年病死在意大利中部托斯卡纳地区，不到40岁。但丁在《神曲》"天堂"篇里反复赞颂亨利。

亨利七世死后，他的儿子瞎子约翰是波希米亚国王，但是没有当选德意志国王，下一任德意志国王是维特尔斯巴赫家族的上巴伐利亚公爵路德维希四世，他继续和教廷敌对，因为教廷被法国控制，也就是和法国作对，在百年战争当中支持英国。这个时代卢森堡家族的族长波希米亚国王约翰兼任卢森堡伯爵，他小时候不盲，大约到40岁的时候失明。他是一位亲法的国王，最有名的事迹是1346年参加法军，带着儿子查理走上了英法百年战争中著名的克莱西战役的战场，虽然失明，但他勇敢而愚蠢，让侍从牵着自己指挥法军前锋骑士向英军长弓手的阵地猛冲，结果战死沙场。他的儿子查理带伤从克莱西战场逃走。正好第二年1347年皇帝路德维希四世病死，查理被贵族们推选为下一任德意志国王。这就是卢森堡家族的一代名王查理四世。他不但很快加冕了意大利国王、勃艮第国王和帝国皇帝，而且继承了卢森堡伯国、波希米亚王国，还得到了勃兰登堡边伯的领地。

查理四世皇帝父子两代都是波希米亚国王，所以他偏重经营东欧，这跟霍亨施陶芬家族经营意大利、萨里安家族经营莱茵河都不一样。今天你去布拉格旅游时看到的布拉格城堡、大学等，都是查理四世当皇帝的时候以布拉格为首都大兴土木留下来的。他在1348年建立的布拉格查理大学是中欧地区最古老的大学，1356年查理四世颁布《金券诏书》，规定了三僧四俗七大选帝侯，也是名垂青史的一件事。

在查理四世皇帝手里，卢森堡皇朝和卢森堡公爵分开了，他把自己兼任的卢森堡伯爵交给弟弟文森斯劳，并把伯国升格为公国。此后皇位和卢森堡公爵的位子在长幼两支分别继承。和查理四世皇帝同时代的不仅有英法百年战争，还有波兰和匈牙利历史上非常有名的两位强大国王，波兰是卡西米尔三世，匈牙利是路易一世（匈牙利语叫作拉约什一世），各自都有"大帝"的称号，他们两个曾联合起来反对查理四世，也被查理击败了。查理四世在1378年病死之前，让弟弟文森斯劳当卢森堡伯爵，长子文森斯劳继承波希米亚王国，并当选德意志国王，次子西格蒙德娶匈牙利国王路易一世的女儿，后来当选为匈牙利国王，并兼任勃兰登堡选帝侯，这样就分散了卢森堡家族的权力。查理死后儿子文森斯劳作为德意志国王不愿意多管德意志事务，专心经营波希米亚，得绰号懒王，也没有加冕皇帝，后来德意志贵族们在1400年废掉他另立普法尔茨选帝侯鲁伯特为王。文森斯劳和鲁伯特两相对立，却在1402年遭到自己亲弟弟西格蒙德的背叛，被囚禁起来，波希米亚也被弟弟占领了。后来鲁伯特在1409年病死，文森斯劳在1419年病死，西格蒙德当选了德意志国王，还继承了波希米亚、匈牙利兼克罗地亚国王，勃兰登堡选帝侯的位子。他还想拿下波兰王位，他的老丈人路易虽然兼任匈牙利、克罗地亚和波兰三个王位，但波兰贵族不希望让帝国的人来继承，他们推选了路易的小女儿女婿雅盖洛一世来当国王，也就是西格蒙德皇帝的小姨子和连襟。波兰国王雅盖洛于西格蒙德当皇帝的1410年，在著名的格隆瓦尔德战役中打败条顿骑士团，这就是波兰著名小说家显克微支名著《十字军骑士》的故事背景。

西格蒙德皇帝在政治上非常精明，但军事上不太会打仗，他1396年以匈牙利兼克罗地亚国王身份领导十字军，抵御刚刚兴起的奥斯曼土耳其帝国，结果在尼科波利斯一战中败给土耳其苏丹雷霆巴耶济特，还好活着逃了回来。对他来说幸运的是，土耳其苏丹雷霆巴耶济特不久后就在跟瘸子帖木儿的安卡拉战役中战败被俘，说明勃兴期的奥斯曼土耳其，终究还是打不过蒙古/突厥系的帖木儿帝国，此后欧洲有一段时间不需要担心土耳其入侵。所以说西格蒙德皇帝相当幸运。前文说过，西格蒙德皇帝召开1414年的康斯坦茨宗教大会，废掉三个对立的教皇，总算让教廷统一到了罗马，彻底消除了美男子菲利普以来法国对教廷的影响力。但他烧死了胡斯以后，波希米亚后院起火，新教徒起义，在胡斯战争中西格蒙德打得焦头烂额，花了20年时间，到皇帝死后才平定下来。西格蒙德皇帝还干了一件名垂青史的事情：他把自兼的勃兰登堡选帝侯位子让给霍亨索伦家族的腓特烈一世，从此开始霍亨索伦家族登上历史舞台。后来，正是霍亨索伦家族的勃兰登堡选帝侯合并条顿骑士团国家，建立普鲁士公国，以普鲁士为基础最终统一德意志。

西格蒙德皇帝死于1437年，他只有一个女儿嫁给了奥地利公爵哈布斯堡家族的阿尔伯特，于是卢森堡皇室这一支绝嗣，从此以后哈布斯堡家族开始把持皇位近500年。以后的神圣罗马帝国故事，我们在下篇多瑙河讲述奥地利的时候接着聊。以上从大空位时期到卢森堡皇朝、哈布斯堡家族交替出任国王的180年，大致相当于中国历史上南宋末期，加上整个元朝和明朝初期。

卢森堡皇朝绝嗣，卢森堡公国也没能持续多久：不管是长支幼支，查理四世皇帝兄弟的后裔都人丁不旺，传到孙女这一代，也就是西格蒙德皇帝的堂侄女，卢森堡女公爵玛丽就只有女性继承了。玛丽当了30多年女公爵，前后两任丈夫都因为和她的婚姻关系当过卢森堡的共治公爵，但都没有儿子，死得还比她早，最后因为缺钱，她把卢森堡卖给了法国的勃艮第公爵好人菲利普，从此卢森堡公爵换成了法国瓦罗亚王朝的勃艮第支系。

法国的勃艮第公爵和神圣罗马帝国皇帝兼任的勃艮第王国不是一码事，当初是从勃艮第第二王国分出来的西北部一个角，属于法国的勃艮第公国。百年战争期间，1356年法王约翰二世和幼子大胆菲利普在普瓦提埃战役中，被英军俘虏，回国以后封儿子大胆菲利浦为法国的勃艮第公爵。所以这段时间的勃艮第公爵和法国王室是长幼支的关系，都属于瓦罗亚家族。后来勃艮第公爵大胆菲利浦还给堂弟法王查理六世当过摄政王，查理六世的王太子，就是圣女贞德那位未来的法王查理七世，下令刺死了第二任勃艮第公爵无畏约翰，从此勃艮第公爵家族虽然和法国王室是近亲，但结下了死仇，所以无畏约翰的儿子，第三任勃艮第公爵好人菲利普才会反过来在百年战争里帮助英军，抓住圣女贞德送给英国人审判烧死。也就是好人菲利普兼并了卢森堡公国，他还占有今天的荷兰、比利时。百年战争临近结束的时候，勃艮第公爵和法国国王和解，改换门庭重新支持法国。好人菲利普把整个低地国家偌大一个家底传给儿子，下一任勃艮第公爵大胆查理。大胆查理想要把自己的公国扩充成一个王国，于是入侵瑞士，结果在坚强的瑞士步兵手里连吃败仗，最后被打死了，他没有儿子，低地国家就传给女儿玛丽·勃艮第。玛丽嫁给哈布斯堡家族的皇储，后来的马克西米利安一世皇帝，结果，法国勃艮第公爵的全部家底儿，包括卢森堡，都传到了神圣罗马帝国哈布斯堡皇朝的手上。

到德意志三十年战争前后，荷兰闹独立，成功地从哈布斯堡帝国分离出来，那时候的荷兰包括今天的比利时，但卢森堡要塞还是属于哈布斯堡皇帝所有，是帝国顶住太阳王路易十四侵略的一个支撑点。太阳王还曾占领过卢森堡要塞，所以在法国占领期间，卢森堡要塞经过太阳王手下的军事工程大师沃邦元帅的改建（就是之前在说斯特拉斯堡时候提到的沃邦），变得更加坚不可摧。不过太阳王又还给哈布斯堡皇帝了。直到 19 世纪初拿破仑战争结束以后，神圣罗马帝国没有了，奥地利皇帝不想管德意志诸邦的事情，根据维也纳合约，卢森堡从公国升格为大公国，取得独立地位，大公由荷兰国王兼任，但是由普鲁士军队来负责卢森堡要塞的防御。这是为了防备法军复仇。1830 年信仰天主教的荷兰南部又从新教国家荷兰独立，这就是比利时。卢森堡仍然承认荷兰国王兼任卢森堡大公，但是被新独立的比利时割走了西部一多半的土地，变成今天这么小的袖珍国家。再到 1867 年，普鲁士和法国谁都认为对方占有卢森堡这么强大的要塞，会对自己形成威胁，于是在英国的调停下达成妥协，让卢森堡永久中立，并毁掉全部要塞。所以我们今天来卢森堡，只能看到当年要塞的一点点遗迹，远没有全盛时期那样的壁垒森严。1890年，荷兰国王兼卢森堡大公威廉去世，荷兰是新教国家，可以把王位传给女儿威廉敏娜，但卢森堡奉行古代法兰克人的萨里安法，女性不能继承，所以传给拿骚家族的另一支直到今天。

这就是中世纪历史上，神圣罗马帝国卢森堡皇朝和现代卢森堡的渊源关系，以及卢森堡历代统治权在各个家族之间传承的来龙去脉。

第四章 | 奔流入海

第一节　从波恩到科隆

雷马根：士兵的纪念碑

让我们从摩泽尔河谷和卢森堡重新回到莱茵河的干流。莱茵河从科布伦茨的德国之角汇合了摩泽尔河，离开莱茵河谷，重新在坦荡辽阔的平原上向北流去。40公里之后，西岸有一处小村叫作雷马根（Remagen），熟悉二次大战史的朋友，对这个地名想必都不陌生。1945年3月二次大战接近结束的时候，美军在这里意外夺取了德军来不及炸毁的鲁登道夫大桥，这是一场著名的战役。我开车沿着莱茵河西岸从科布伦茨北上科隆途中，顺道来这里看看这处著名的战场。

9号公路一直紧贴着莱茵河东岸，我看到一处指示牌，开车下了公路来到河边停车场，从这里步行到河边的大桥只有100米左右。雷马根的莱茵河大桥是一座铁路公路两用铁桥，名叫鲁登道夫大桥，一次大战期间才建起来，所以

欧洲的桥

到1945年也没有很长时间。1945年3月的时候，盟军全面逼近莱茵河一线，中央是布莱德雷的美国第12集团军群，下辖左翼的霍奇斯第1集团军，负责科隆到波恩、雷马根这一段；右翼巴顿的第3集团军负责科布伦茨到美因茨、曼海姆这一段。巴顿再往南，是当初从蔚蓝海岸登陆，从法国南方打上来的德弗斯的第6集团军群，战线从洛林南部、阿尔萨斯一直延伸到瑞士边境。

霍奇斯的北面友邻，是英国陆军元帅蒙哥马利的第21集团军群。蒙哥马利的英军在1944年9月曾经尝试过从荷兰强渡莱茵河，结果失败了，后面我们还要讲到"遥远的桥"那场战役。到1945年3月，盟军本来的计划是让蒙哥马利发动强渡莱茵河的主攻，为此集结了百万大军，可是谁也没有想到，美国第1集团军下辖的第3军第9装甲师行动神速，一个加强营规模的混编部队渗透到雷马根附近的鲁登道夫大桥，发现德军居然还没有把桥炸掉，于是当机立断冲过河去占领了大桥。当时美军的那些大兵也就是一股冲劲打到哪儿算哪儿，一边冒着德军的轻武器火力往莱茵河对面猛冲，一边在铁桥的支架上搜索炸药包，切断导火线往河里扔，也顾不上炸药随时会在眼前爆炸。美军就这样意料之外占领了莱茵河上唯一一座原封未动的大桥。

其实当时德国人也是倒霉，守桥的只有30来人，桥上早就装上了好几千公斤炸药，导火索都拉好了，可是指挥结构太混乱，现场的低级军官都不熟悉情况，更没料到美军来得这么快。德国人要炸桥必须有上级的书面命令，而且当时正有一队新型多管火箭炮车还没过河，这种武器属于绝密，不能让美军俘虏，所以德军还等着火箭炮车过河，没想到等来了美军。德国人也不傻，在美军冲上桥的时候按下爆破钮，一声巨响，双方都以为万事皆休，谁想到硝烟过后，只有一小堆炸药爆炸，在桥面上炸出了一个大洞，几根横梁损坏，大桥仍然完好。战后复盘，都认为是美军河对岸的坦克炮火正好炸断了通向主炸药包的导火索。

美军先头部队轻易过桥之后，盟军最高统帅部仍然太保守，只交给霍奇斯5个师的兵力过河去建立桥头阵地，没有把这个突破口发展成主攻方向。德军那边动用地面部队、巨型600毫米口径迫击炮、海军蛙人、顺流放炸药船、空军刚研发的阿拉多234喷气式轰炸机，甚至V2飞弹都用上了，想要炸毁鲁登道夫大桥，都被打败了。10天之后，结构受到损害的大桥在毫无预兆的情况下自己垮塌了，但这时美军已经在它旁边搭好了两座浮桥。

又过了一个星期，鲁登道夫大桥右翼的巴顿将军在科布伦茨附近渡河，左侧的蒙哥马利元帅在荷兰和鲁尔区渡河，和中央突破的第1集团军连成一片，德军的莱茵河防线全面失守。这是西线战场的最后一次战役了，2个月以后德国投降。战后鲁登道夫大桥没有修复，反而被彻底拆除了。但是在两岸的桥头堡还留有纪念牌，就在西岸的雷马根这边，桥头堡有一个小博物馆，陈列当时的遗物和照片。我在桥边向对岸眺望，这段莱茵河宽度不到300米，水势并不算湍急，但徒涉是不可能的。河对岸的地势相当险恶：右岸比左岸高，桥头有一座接近垂直的悬崖俯瞰整段河面跟左岸，如果不是在混乱中占领这座大桥，这里的确可以算是天险。

站在鲁登道夫大桥的遗迹边上，可以感受到这是一场"士兵个人的战争"，就是说所有的战略、谋划，在战争中的有些场合根本就没有用，一个偶然的因

鲁登道夫大桥桥头堡遗迹

素,一个超出预计的情势有可能改变战争的进程,这种时候往往靠的是现场那些小人物的即兴发挥,决定大局的是个人的勇气,而不是领袖的筹划。

贝多芬的波恩城

从雷马根继续向北下游方向 20 公里的左岸,是西德的首都波恩,今天是一座非常宁静舒适的中等城市。两德统一之后,虽然官方的首都迁回了柏林,但是据说政府各部还有三分之一的人员在波恩办公。作为一个政治中心城市,波恩只有 30 万人口,在市中心走走会觉得很安静,也很干净,不过缺乏特别吸引人的大牌景点。马克思曾经在波恩大学读过书,但只待了一年就转去柏林大学继续学业了。而波恩城最引以为骄傲的是乐圣贝多芬。

今天波恩市中心的波恩街 20 号,有一座刷成淡粉红色的三层小楼,那里是贝多芬诞生的地方,这栋旧居左右两侧的房子,现在也属于贝多芬纪念博物馆,有图书馆、档案馆和室内音乐厅。其实,贝多芬在这栋房子里只住到 4 岁,就随家人搬到城里其他地方了，不像特里尔的马克思故居，马克思在那里真正住到 18 岁离家上学为止。不过在波恩城贝多芬一家住过的几个地方，也只有这座贝多芬出生的房屋保存到现在，成为故居博物馆。贝多芬 16 岁就离开波恩去维也纳学习，所以他工作和生活最多时间的地方应该是维也纳，维也纳的中央公墓也是贝多芬的葬身之地。但维也纳作为全世界的音乐首都，历史上实在是有太多伟大的音乐家了，别人不说，至少莫扎特和施特劳斯一家是一定要在维也纳的篇章里介绍的，所以，还是把贝多芬留给他的故乡波恩吧。

我们知道，神圣罗马帝国七大选帝侯里面有一位是科隆大主教，他的宫廷虽然在科隆，但因为跟科隆市民起冲突，1594 年就把宫廷从科隆迁到了波恩。所以，1770 年贝多芬出生的时候，波恩城是科隆大主教选帝侯的首都。他们家不是贵族，是为选帝侯宫廷服务的音乐世家。贝多芬的爷爷在布拉班特公国（今天的比利时）做过宫廷乐师，21 岁时搬来波恩的科隆选帝侯宫廷，从男低音歌唱演员一路晋升到宫廷音乐总监，是波恩的音乐名人。贝多芬的父亲也在宫廷里当歌手，所以贝多芬应该算是家学渊源，从小就可以跟父亲和周围的音乐家朋友学习音乐。当时莫扎特已经成名了，他比贝多芬大 16 岁，从 6 岁开始在欧洲巡回演出，贝多芬小时候正赶上莫扎特的巅峰期，所以贝多芬的父亲也想学莫扎特家庭，培养出一个神童，对贝多芬的训练相当严厉。应该说贝多芬小时候的成长道路是挺顺利的，13—14 岁在宫廷教堂当乐团的主力乐手，享受一份稳定的收入，还能写出第一批 3 首钢琴奏鸣曲，出版以后献给科隆选帝侯，而那时候的科隆大主教，是帝国玛丽亚－泰蕾莎女皇的小儿子马克西米利安－弗朗西斯，受维也纳宫廷的影响，对艺术和教育都非常支持。他在 1786 年出资送 16 岁的贝多芬去维也纳深造，据说当时贝多芬还想向住在维也纳的莫扎特学习，但两人从未见过面。第二年贝多芬的母亲去世，他从维也纳回来给母亲送葬。他的父亲常年酗酒，于是贝多芬便留在家乡波恩，回到宫廷担任乐师，以便承担起大哥的责任照顾两个弟弟。贝多芬兄弟姐妹 7 个，他排行第二，但那个时代儿童死亡率很高，活到成年的只有贝多芬和他的两个弟弟。在波恩时期，20 岁的贝多芬就已经写了很多曲子，虽然没有公演或者出版，但已经形成了自己的风格。他虽然和莫扎特失之交臂，但跟当时维也纳另一位音乐巨擘海顿有些交情：1790年海顿从维也纳去伦敦，路过波恩认识了贝多芬，1792年海顿回维也纳再次见到贝多芬，两人说好，贝多芬拜海顿为师。

1792年科隆选帝侯资助贝多芬再赴维也纳，此时莫扎特刚去世，22岁的贝多芬开始出名，周围很多人都对他寄予厚望，期望他继承莫扎特、海顿的衣钵，成为下一代的大师。贝多芬师从海顿并开始演出，那个时候，贝多芬是作为一位钢琴家，而不是作曲家而成名的。他已经写过不少作品，但大部分要到1795年以后才开始出版。这个时代，法国大革命已经是如火如荼，德意志诸邦也感受到了法国的威胁。1789年法国大革命爆发，1793年是罗伯斯庇尔恐怖统治的高峰，他甚至砍了国王王后的头，第二年罗伯斯庇尔本人也在热月政变被砍头。拿破仑出征北意大利一举成名是在1796年，当上第一执政是1799年底。从这个时间线可以看出来，贝多芬在维也纳崭露头角的时候，遥远的法国正隐约传来震动维也纳的隆隆炮声。

从贝多芬到达维也纳至1803年之前，正是他在音乐上逐渐成熟的时候，他写出了6首弦乐四重奏，又在1800年和1803年分别写出了第一和第二、第三交响乐，开始被公认为是莫扎特和海顿之后最杰出的青年作曲家。他是维也纳剧院的签约作曲家，1801年春贝多芬写出了他一生唯一的一部芭蕾舞剧《普罗米修斯的造物》，就在那几年教过一个学钢琴学生，后来的音乐家卡尔·塞切尼（Carl Czerny），塞切尼后来教出了李斯特，所以李斯特可以说是贝多芬的再传弟子。维也纳有很多贵族都愿意赞助贝多芬，让他为自己写曲子，包括皇帝利奥波德二世的皇子鲁道夫大公都跟贝多芬学习钢琴和作曲。拿破仑把弟弟热罗姆·波拿巴封作威斯特伐利亚国王，热罗姆·波拿巴邀请贝多芬去做自己的宫廷乐长，鲁道夫大公和维也纳的几位大贵族还出钱请贝多芬留在维也纳。

1802—1812年，拿破仑大军几度彻底击败奥地利，占领德意志全境，维也纳的政局动荡，这也是贝多芬创作中的"英雄时期"，交响乐风格更加宏大。他的第三到第八交响乐都是在这10年内完成的，同时他还写了唯一的一部歌剧《菲德里奥》。不过歌剧在维也纳上演的时候，正赶上拿破仑在奥斯特里茨"三帝会战"中打败俄国奥地利联军，占领维也纳。时局如此，维也纳的贵族和富裕市民也没有心思歌舞升平，所以歌剧首演既不叫好也不叫座。

在所有这些作品里，有一个著名的传说是贝多芬曾经非常崇拜拿破仑，他的第三交响曲《英雄》最初是献给拿破仑的，因为拿破仑称帝令贝多芬非常失望，转而把标题改成了献给一位英雄。其实我非常怀疑这个传说的真实性。1803—1804年，贝多芬写这部作品的时候在贵族和宫廷里还混得风生水起，未必就有多么同情革命，第三交响乐1804年4月在维也纳公演，拿破仑称帝是1804年11月的事情，比作品正式面世晚了半年，比创作时间更晚。而且贝多芬在1813年写第七交响曲的同时，还为英国统帅惠灵顿在西班牙战场的胜利写颂歌。惠灵顿公爵就是1815年最终在滑铁卢战场打垮拿破仑的人，当时他指挥英国远征军在西班牙战场，对阵拿破仑手下诸元帅率领的法军连战连捷。就算贝多芬在拿破仑称帝以后转而讨厌拿破仑了，但如果他真的如此热衷共和与革命，便不会写作品专门歌颂这位反动的英国统帅吧？所以我认为贝多芬未必就真的崇拜拿破仑，那个传说是后人替他拔高而已。贝多芬是德意志古典主义乐派的集大成者，也是转向浪漫主义音乐的过渡人物，他写《英雄交响曲》的时候，很可能崇拜的就是心中一个泛泛的英雄形象，既不是拿破仑也不是惠灵顿，更有可能是古代历史上的大英雄，甚至是神话英雄普罗米修斯。对古典传说中的英雄崇拜，是19世纪欧洲浪漫主义运动的特征，无论绘画还是音乐都是如此。

贝多芬的作品宏伟而浪漫，他自己的个性也很强，有很多朋友为他折服，也愿意帮助他。他是个有艺术家傲气的人物，不突然应召演奏，邀请者是多大牌的贵族都不行。在音乐会进行当中，如果听众在下面交谈，他会突然停下来。贝多芬浪漫的一面体现在他总是跨越自己的阶级，很多次恋爱对象都是贵族小姐，明知道不可能还要保持多年的交往关系。1799年不到30岁的维也纳明星钢琴家贝多芬，被邀请去匈牙利布伦斯维克伯爵夫人家教三位小姐弹钢琴，他爱上了其中的约瑟芬·布伦斯维克，不久约瑟芬小姐嫁给大她21岁的戴姆

（Deym）伯爵，贝多芬仍然与伯爵夫妇保持良好的友谊关系，去伯爵家教约瑟芬弹钢琴。1804年老伯爵去世之后，两人交往了5年，但终究因为社会地位不同，伯爵夫人改嫁了一位男爵，在这第二段婚姻的紧张关系和分居当中，贝多芬一直和约瑟芬秘密交往。1821年约瑟芬去世，贝多芬写了第二十一号和第二十二号钢琴奏鸣曲来纪念她。除了约瑟芬以外，1801年贝多芬通过在布伦斯维克女伯爵家教琴的机缘，还结识并爱上了朱莉·圭奇阿尔蒂伯爵夫人（Julie Guicciardi），他的第十四号钢琴奏鸣曲，即著名的《月光奏鸣曲》就是献给她的，而非传说中的在散步的时候为一位贫穷的盲人姑娘即兴创作出来的。

1810年贝多芬向特蕾莎·马尔法蒂（Therese Malfatti）小姐求婚，这次他的意中人原本并非贵族出身，可是在四年前，女孩的父亲刚被晋封为贵族，现在她成了一位男爵小姐，所以他的婚事又一次因为社会地位的差异而没能成功。这段经历，为我们留下了著名钢琴曲《致爱丽丝》。

贝多芬的耳聋是他生平一大恨事，也为今人留下很多遗憾，我们可以想象如果他的听力无碍，晚年会多写出多少伟大作品来。从1798年贝多芬春风得意的28岁起，他的听力就开始下降，在维也纳最顺利的那几年，听力障碍逐渐严重，1802年贝多芬住在维也纳郊外海利根施塔特（Heligenstadt）的时候曾经因此想要自杀，并留下了遗嘱。现在海利根施塔特已经是维也纳城区的一部分了，地铁4号线直达。不过贝多芬听力的丧失是个漫长而痛苦的渐进过程，他在1811年还登台演奏自己的作品，第五钢琴协奏曲《皇帝》。1812年他还能正常听人说话和听音乐，到1814年几乎完全失聪。后来在1824年，他的第九交响曲《合唱》首演的时候，贝多芬已经完全失聪。以上两次是贝多芬最后两次亲自公开演出。今天在波恩的贝多芬故居博物馆里，也能看到很多他当年用过的助听设备。

从1812年到1827年是贝多芬创作的晚期，他写了最后5首钢琴奏鸣曲和第九交响曲。1824年5月在维也纳市中心的卡特纳剧院首演第九交响曲《合唱》大获成功，成就了永恒的经典。1827年3月，贝多芬病逝于狂风暴雨之中，为他的人生画上了一个相称的休止符。他的葬礼上，舒伯特是抬棺者之一。一开始贝多芬并不是埋在维也纳中央墓地，现在中央墓地的音乐家之墓，是后来移葬过去的。1845 年在贝多芬 75 周年诞辰的时候，在波恩中心广场竖起了贝多芬纪念碑，至今还能看到，而且离他的故居很近，这是德国第一座为音乐家竖立的纪念碑。那一年普鲁士国王、英国维多利亚女王、大学者洪堡、音乐家柏辽兹都出席了纪念碑落成仪式，之后举行的第一届贝多芬音乐节盛况空前，在音乐节指挥第九交响曲《合唱》的是李斯特。今天，波恩每年 9 月都还举办贝多芬音乐节，地点就在莱茵河边，离贝多芬的纪念碑和故居都是步行距离。最传奇的一点在于：从 2014 年开始至今，每年贝多芬音乐节的音乐总监都是里克·瓦格纳，她是歌剧大师理查德·瓦格纳的曾孙女，也是李斯特的第四代曾外孙女！

在波恩，除了城里的贝多芬纪念碑、故居和音乐节，还可以去莱茵河东岸的科尼希温特（Konigswinter），这里是个旅游度假区，有七峰山（Siebegebirge）和龙崖。前面提到过德意志民族史诗《尼伯龙根之歌》和瓦格纳歌剧《尼伯龙根指环》四部曲里，英雄齐格菲杀死巨龙夺取莱茵的黄金和指环的传说就在这个地方。莱茵河流域一般都是以白葡萄酒闻名，偏偏此处盛产红葡萄酒，称为"龙血"。

名城科隆

从波恩到科隆只有 20 多公里，这两座城市共用同一座科隆—波恩机场。任何进城的火车都会通过市中心科隆大教堂前的铁路桥，这里的公里数标志是 688 公里，铁路桥叫作霍亨索伦大桥，三厢钢梁结构，看上去像是放大版的上海苏州河外白渡桥。现在已经彻底拆除的雷马根那座鲁登道夫大桥和它建成的时间差不多，可以比照科隆大铁桥的样子，来想象一下当年雷马根夺桥战斗的场景。最经典的科隆风景照片，就是从铁桥的对岸拍摄夜景，把铁桥、河面跟科隆大教堂收进同一个画面中去。

科隆市中心是联合国世界遗产，它说起来是德国第四大城市，但从旅游角度来看，是个非常紧凑的城市：几乎所有重要的景点，都集中在市中心河边火车站一小片地方，到处可以步行。甫出车站，广场边宏伟的科隆大教堂似乎要迎面压下来一般，这座教堂工程浩大，从中世纪的1248年开工，后来断断续续地建设到近代的1880年方始告竣。其间数十代工匠的才智、人工凝聚于此，历600年建成举世震惊的这座纯古典哥特式教堂。建成之后历经战火，二战期间盟军轰炸德国不遗余力，科隆全城几乎夷为平地，唯独这座位于市中心的科隆大教堂，几乎毫发未伤，幸运否？神意否？夜里的灯光照射下，这座巍峨的古典哥特式杰作，竟显出几分妩媚来。《圣经》中耶稣诞生时就来朝觐基督的东方三圣王的遗骨，就是这个教堂拥有的圣物。

认真说起来，科隆大教堂其实也不是连续修建了650年。它从1248年之后修了200多年就基本告停了，烂尾400年以后，在1840年代重新接续。在它最初修建的那200多年，正是欧洲哥特式建筑最兴盛的年代。而在19世纪接续完成的时代，欧洲的建筑艺术已走过了文艺复兴、巴洛克、洛可可、新古典四种风格，又流行起了仿造中世纪浪漫的罗曼式和哥特式，这些19世纪的浪漫主义仿古建筑，被称作哥特复兴风格和罗曼复兴风格。最著名的19世纪哥特复兴风格，大家都熟悉的建筑，就是伦敦的塔桥和国会大厦大本钟。科隆大教堂从古代哥特式到19世纪哥特复兴，正好经历了650年的一个轮回，风格竟然保存得极为纯正，一点也没有多数古代教堂那种掺杂其他风格的样式。

如果从建筑艺术史的角度来说，西欧在深受罗马晚期建筑影响的罗曼式建筑之后，12世纪从法国兴起的哥特风格席卷全欧，直到今天在全欧洲能看到最多的古代教堂，都是哥特式的。哥特式建筑的特点，一是柱子之间的拱顶是尖拱，这是跟半圆拱顶的罗曼式建筑外观上最显著的区别，而且哥特式建筑不用壁柱和半圆拱做墙面装饰，哥特风格建筑往纵向发展，线条高耸，多用尖细的塔楼。室外用轻盈纤细的飞扶壁支撑墙面。因为墙体不需要像以前的罗曼式建筑那么厚，所以可以在墙上大面积地开窗，色彩艳丽复杂的圆形玫瑰花窗和彩色玻璃图案是哥特式的显著特点，因此室内采光比罗曼式教堂有极大改善。哥特式的另一个特点是精美石工雕刻随处可见，教堂入口处层层叠叠的圣徒像，室外屋檐上的怪兽排水口，室内用红砖勾勒出从立柱顶端到拱顶的肋拱线条，都给人特别深刻的印象。

哥特式教堂从法国发源，最早和最经典的样式全都在法国，其次是德意志。全世界第一座纯正的哥特式大教堂，是巴黎北部埋葬历代法国国王的圣德尼大教堂，始建于12世纪初。最近几年，笔者两次去圣德尼大教堂看法国历代国王的墓，这里公共交通倒是很方便：地铁13号线到头就到了，但那附近现在是阿拉伯人聚居区，治安很乱，要特别注意安全。最经典的哥特式那就多了，比如巴黎圣母院，巴黎附近的夏特雷大教堂，法国北部兰斯、亚眠、鲁昂的教堂等。总之，要看欧洲最古典最纯粹的哥特式建筑，必须是在法国。

之后的两三百年间法国哥特式建筑逐渐影响了德意志、英国和西班牙，形成泛欧的艺术形式。像前面提到的弗莱堡、斯特拉斯堡大教堂、科隆大教堂是德国哥特式建筑的代表，比西班牙和意大利的哥特式更纯粹。西班牙人对哥特风格做了一些变动，比如巴塞罗那大教堂被称为加泰罗尼亚哥特式，塞维利亚大教堂更是全世界最大的哥特式教堂。它们没有法德的哥特式教堂那么尖细高耸，面积更庞大，飞扶壁也用得少。而意大利的哥特式喜欢花哨的装饰，结合了拜占庭建筑喜欢的马赛克壁画和众多雕塑，最著名的意大利哥特风格的变体，就是米兰大教堂，被称为"哥特火焰式"。

我很喜欢科隆这座城市，它的火车站整洁干净而且高档，站前广场集中了科隆大教堂、路德维希博物馆、罗马德意志博物馆这些名胜，还汇聚路易威登、卡提尔、鳄鱼这些精品店，兼具高档购物区的功能，无论旅游还是购物都非常方便。一般情况下，任何一个城市的车站，都是治安死角，就连慕尼黑作为全球最适于居住的城市前十名，它的中央车站看上去也有点杂乱。但科隆全无这类问题。科隆得名是从古罗马帝国早期第四位罗马皇帝克劳狄之妻、后来著名暴君尼禄的母亲阿格里皮娜（Julia Agrippina）的出生地而来，全称是"克劳狄娅-阿格里皮娜的殖民地（Colonia Claudia Ara Agrippinensium）"，后来简化成"殖民地"科隆。所以在大教堂和火车站旁边有一座罗马—德意志博物馆，专门用来保存和陈列科隆的古罗马时期遗物，实际上这座博物馆的选址就是发掘了一座古罗马时期的贵族别墅，原地建起博物馆，做原址保护。另外，这里还有一座很大的路德维希博物馆，主要陈列现代艺术，据说有德国最多的毕加索和安迪·沃霍尔画作，喜欢现代绘画的朋友不可错过。但笔者对现代绘画艺术所知太少，从来没有进过这家博物馆。

关于科隆，还有一个有趣的冷门知识：大家知道男用香水一般被称为"古龙水"，这个"古龙"，其实就是科隆的另一个音译，也就是"科隆香水"，在科隆城被命名以后，成了男用香水的代名词。那是1709年，一个名叫法里纳（Farina）的旅居科隆的意大利香水师调制出了科隆香水，在欧洲大受欢迎。其实那个时候直到现在，法里纳发明的这种香水不是男士专用的，科隆香水也有女款。而且18世纪的有钱人居然还喝香水！因为科隆香水里含有橘类植物花朵的精油，他们认为喝香水然后从皮肤毛孔中渗透出来，就能驱逐跳蚤之类寄生虫，从而避开瘟疫！法里纳家族到今天还在科隆生产科隆香水，据说是全世界最古老的一家香水工厂。他们在市政厅广场上有座科隆香水博物馆，我虽然不喜欢看现代绘画，但对这些稀奇古怪的博物馆倒挺感兴趣，以上那些冷门知识都是从那个博物馆看来的。当然，科隆肯定是全世界最正宗的卖古龙水的地方了。

从车站广场向后走2分钟，到达莱茵河边。我最喜欢科隆城莱茵河边这一段休闲的老街。当年德国各大城市多数在盟军轰炸中被夷为平地，战后筹划重建的时候，面临的是恢复旧貌，还是建设新家园的选择，科隆市民投票，仅以微弱多数通过整旧如旧的决议，而法兰克福也以微弱多数决定建设新城。今天，法兰克福是德国最现代化的城市，而科隆的旧城风貌，为它赢得了更多游客的青睐。的确，很多时候，你看不出这是一座60年前完全从废墟上重建的城市，除了大教堂原汁原味以外，那些古色古香的建筑，没有一栋历史可以超越70年。夜里逡巡在莱茵河边高低不平的石头街道上，一边是江风习习，灯火映照着铁桥飞架两岸，再倒影在水中，另一侧是连排的古旧4层5层楼房，整洁而颜色鲜艳，窗台上种着鲜花，这些房子二楼以上基本都是一家家的旅馆，一楼是酒吧和餐厅。我就住在一家这样的旅馆，正对着河边游船码头，推开窗户就可以看到莱茵河。夜里关上灯，打开窗户，仿佛在长江上，涛声依旧，枕河而眠，不亦乐乎！

夜里在这河边的石头街上散步，仿佛这些街道500年之前就应该是这样的。随便在街边连绵的露天咖啡馆找张桌子坐下来，春末的江边，风还有点冷，座位旁有电暖气，面对着一张原木桌子，古拙而质朴，桌上有小小的玻璃蜡烛盏，烛光摇曳着温暖而浪漫的光晕。我不想吃晚饭，要了一扎啤酒，又要了一壶本地产的雷司令白葡萄酒，一天路途的疲劳，就这么融化在酒杯中，飘散在风里。

查理曼大帝的亚琛古城和世外桃源蒙绍村

从科隆离开莱茵河干流，向西开行70公里，在德国、比利时、荷兰边境上有一座古城亚琛（Aachen），它虽然不在莱茵河边，但对整个德国的历史太重要了，值得专门在这里提一笔：这里就是查理曼大帝的首都，现在查理曼大帝的亚琛大教堂里还有大帝的遗骨和宝座，1531年之前的600年，几乎所有的德意志国王都在查理曼大帝的宝座上加冕。因为这段辉煌的历史，亚琛大教堂是德国第一个联合国世界遗产，也是1978年全世界第一批12处世界遗产之一。

亚琛在古罗马时期是一座以温泉闻名的驻军城镇，在克洛维的法兰克王国时代，还有查理曼大帝的祖父跟父亲铁锤查理和矮子丕平统治时期，都还不是法兰克王国的首都。直到查理曼继承王位，且称帝以后，才把亚琛作为帝国的行政中心。此后王朝大兴土木，查理曼将他的宫殿、教堂都建在这里。而今宫殿只有地下遗址，但宫廷教堂作为历代德意志国王加冕场所，不但被保存了下来，历代还加以扩建。我来亚琛大教堂的时候，原本是希望看一看古罗马建筑之后，中世纪罗曼式建筑之前，所谓"加洛林文艺复兴"时代的建筑是什么样的，但是到教堂附近远远张望过去，却以为找错了地方：它外观上那座尖塔和大片的尖拱玻璃窗，分明是一座 13 世纪以后的哥特式建筑。可是尖塔旁边有一座几乎同样高的大圆顶，又分明是巴洛克建筑的特征，两种建筑形式所在的时期都比查理曼大帝的时代晚了好几百年，况且这种又有尖塔又有大圆顶的建筑，我都不知道该怎么形容它，似乎只有在 21 世纪的国内，那种既盖了"小白宫"，又造了小金字塔的"普罗旺斯小镇"，才能看到如此的混搭风格。

　　类似的纪念碑式建筑在欧洲有不少，都是历代加盖的时候加进当时流行元素而成的，国内这几十年基建风潮里涌现的那些"普罗旺斯""恺撒皇宫"等建筑，听起来有些恶俗，但古今中外重复过多少次了。"世上无新事"，欧洲难道就少了？过个几百年，它们没准一样也能成为经典——当然，前提是这些建筑物的质量真能抗过几百年的风雨。

　　只有走进这座亚琛大教堂，你才能感觉到它是多么与众不同：后世一般的教堂都是长方形的，东西长，南北靠近圣坛处有一个短的横臂，这种一长一短的十字形布局叫作"拉丁十字"，跟纵横一样长的正方形"希腊十字"相对。东正教教堂大多数是希腊十字形平面。

　　但是亚琛大教堂内部是一个正八边形，在欧洲这种形状的教堂很少，我在北意大利的皮亚琴察、南意大利的布林迪西这些小城偶尔遇到，全都是公元 1000 年以前的古老遗存。再看亚琛大教堂的圆顶内部金碧辉煌的马赛克拼贴画，是不是有一种威尼斯圣马可大教堂即视感？内部用大理石贴面作为装饰，加上马赛克壁画，这是加洛林皇朝时代从东罗马拜占庭帝国借鉴来的，实际上，这座亚琛大教堂在公元 800 年之前建设的时候，正是模仿的意大利东海岸北部城镇拉文纳的圣维塔莱教堂（St. Vitale）。我在自己的上一部书《阿尔卑斯山的彼方：意大利行走札记》当中，专门用了一章的篇幅详细介绍过拉文纳这座西罗马帝国末期的首都，还有这座圣维塔莱教堂。从亚琛大教堂的那些柱廊、半圆拱顶，可以看到和后世的罗曼式建筑也是一脉相承。

　　实际上，所谓"加洛林式"和"奥托式"建筑风格，就是上承古罗马和拜占庭帝国，下启中世纪罗曼式建筑的一个过渡风格。当时西欧刚刚度过文明的黑暗时期，在文化、建筑方面也才开始探索，还没形成一个全欧洲的真正的建筑风格。仅限于查理曼大帝在 9 世纪建立的加洛林皇朝法兰克帝国，还有奥托大帝在 10 世纪建立的奥托皇朝时期，地域上也仅限于欧洲大陆的北部。今天能留存下来的加洛林和奥托时期的建筑风毛麟角，亚琛大教堂是其中最著名的一座，但也在后世被改得面目全非了。

这座亚琛大教堂的真正意义不在于建筑艺术史的价值，而在于它是查理曼大帝和他的儿子虔诚者路易两代法兰克帝国皇帝的首都，查理曼死后葬在这里，今天你能看到金制的查理曼大帝遗骨盒子。从奥托大帝以后，历代皇帝先当选德意志国王，再由教皇加冕神圣罗马帝国皇帝。加冕德意志国王的地方，就在这座亚琛大教堂的查理曼宝座上，今天在教堂里也能看到这个查理曼宝座。即便不加冕皇帝的德意志国王，也要来这里加冕国王。从奥托一世开始，到 1531 年之前，40 位德意志国王有 31 位在此加冕。在亚琛大教堂穹顶下方有一

亚琛大教堂内部

个圆形吊灯，那是霍亨施陶芬家族皇帝红胡子腓特烈一世敬献的礼物，现在也是珍贵的文物了。

古代德意志国王们在亚琛大教堂加冕以后，将带领群臣诸侯走过教堂背后的广场，来到市政厅举行庆祝宴会。今天亚琛市政厅是14世纪建造的哥特风格建筑，里面有一个小博物馆，当中有很多壁画可以参观。但是从哈布斯堡皇朝的马克西米利安二世皇帝开始，此后的德意志国王，当选皇帝都在法兰克福加冕，亚琛的皇家教堂从此被冷落，亚琛因为是一座古城，在近代被保存得比较完整。

如果读者觉得亚琛这座拥有25万人口的中等城市还是太嘈杂，想找一个真正宁静而美丽的世外桃源小村庄，那么我推荐蒙绍（Monschau）。这座小村在亚琛以南30公里，深藏在埃菲尔山中的小河谷里，一条小河从村庄流过，河两岸那些保存良好的半木梁楼房，还有那两条沿河开满鲜花的卵石街，300年以来就没有变过样。如果不开车的话，从亚琛坐66路公共汽车1小时就能到。汽车到村口停车，村里没有汽车路。这里不需要了解什么历史，也没有宏伟的建筑和博物馆可看，它是那种我特别喜欢的西欧小村庄：整洁、漂亮、没有什么外国游客，只在本国度假的人群中稍有名气，也许很多当地人都不说英语，但是非常友善，又有足够好的餐馆和酒店，物价便宜，风景宜人，就像世外桃源一样，可以完全地放松身心。笔者在德国、法国、意大利去过很多类似的"最美村庄"，在本书里也会尽量推荐一些这样的地方，比如"阿尔萨斯"那节里提到的科尔马郊外的恺撒贝格、瑞士的莱茵石、康斯坦茨湖畔的林道和米尔斯堡、摩泽尔河畔的科赫姆和贝尔施泰因，后面多瑙河上游将会提到的黑森林里的根根巴赫，都可以作为下榻的落脚点，以避开那些国际游客扎堆的最热门的旅游景点。

第二节　荷兰境内的莱茵河下游

"不浪漫的莱茵河"

上起河谷入口处的吕德斯海姆—宾根，下至波恩，总共 169 公里都属于莱茵河中游的范围。而从波恩开始再往下的河道，则被称为下莱茵河。科隆向下，莱茵河在德国境内基本仍按照南北流向，东岸就是德国鲁尔工业区。好几座著名的工业城市挨得非常近，比如杜塞尔多夫、杜伊斯堡、埃森、多特蒙德。不过这些城市的游览价值并不大，就不做赘述了。我看到有些介绍德国莱茵地区的英语书籍里，把莱茵河中游称为"浪漫莱茵河"，那么德国境内科隆以下的这 150 公里，便干脆称之为"不浪漫的莱茵河"。

莱茵河下游起始的波恩城海拔只有 11 米，从这里开始到荷兰境内的入海口的 370 公里河道，落差如此之小，怪不得荷兰被称为"低地国家"。莱茵河从德国进入荷兰边境以后，流向从北偏西方向往左拐了一个将近 90 度的弯，变为东西流向汇入大海。因为落差很小，莱茵河最后这段荷兰境内的河道变得水网纵横，从一条干流分岔成几条，形成了扇面状的莱茵河三角洲。主要的分支有两条：北面那条仍叫下莱茵河，听上去应该是莱茵河下游的主干，从东向西横穿荷兰，在鹿特丹附近入海。南面分出来的叫作瓦尔河，和下莱茵河平行，河水流量跟河面宽度都大大超过下莱茵河，所以有很多材料认为，这条瓦尔河才是莱茵河下游的主干。

在认定河源的时候，有一条原则叫作"河源唯远"，能上溯最远的才被视作正源，其他都是支流。但是像莱茵河、多瑙河这样最后几十公里分道入海的情况，显然每条支流从距离上都差不多，所以只能从水量来看，那么瓦尔河便该是莱茵河下游的主干了。但是既然下莱茵河保留了莱茵河之名，似乎认定下莱茵河是莱茵河下游主干也有点道理。然而这种寻找"正朔"的意义不大，那么就让我们不分彼此地同时追踪瓦尔河与下莱茵河这最后 70 多公里两岸的风物吧。

阿纳姆河边那座"遥远的桥"

莱茵河进入荷兰境内拐向东西方向，分成平行的两支，南面的瓦尔河南岸有座城市叫作内梅根（Nijmegen），北面下莱茵河北岸有座城市叫阿纳姆（Arnhem）。这两座城市都是荷兰中等规模的工商业城市，在旅游地图上并不显眼。二次大战期间，这一片是著名的战场，发生过惊心动魄的战役。我曾在某一年秋天专程造访阿纳姆，只为去看一眼那座"遥远的桥"。

1944 年秋天的西线战场，盟军在 7 月下旬突破诺曼底附近滩头的束缚，从西到东、从南到北，两个月之内就解放了整个法国。德军溃不成军，根本无法停下撤退的脚步来建立一条绵亘的防线，眼看战争很有可能在 10 月或者 11 月结束。但是随着盟军离法国海岸的港口越来越远，补给线越来越长，又接近法国东部孚日、洛林，加上比利时的水网地带困难的地形，盟军的行军速度明显慢了下来。德国人逐渐停止后撤的脚步，慢慢在盟军面前组成一道虽然脆弱，但尚能连贯的防线。

盟军在缓慢东进的同时，又将眼光盯向德军背后，法德边境另一边的莱茵河。因为莱茵河在最北端进入荷兰之后向西弯折，而盟军的战线是南北走向，向东推进的，所以战线最北段，蒙哥马利元帅指挥的英国第 21 集团军群，势必比战线中段和南段的美军更早到达莱茵河。所以 1944 年 9 月，蒙哥马利元帅就计划从比利时向北打进荷兰，再从下莱茵河渡过水障，如果能够成功，那么将来就可以从莱茵河对岸从西往东、由北往南卷起德军战线的整个北翼，在德国境内莱茵河干流以西的德军，根本无法依托莱茵河负隅顽抗。

蒙哥马利的计划是从比利时往北面荷兰境内的德军战线后方的三个要点空投 3 个伞兵师加 1 个旅，先控制住这三个要点上的各条河流的关键渡河点，同时主力装甲部队发动由南向北的一路突击接应敌后的空降兵。这三个要点从南向北，离盟军主战线越来越远，依次是：美军第 101 空降师空投到埃因德霍温，拿下这片水网交错地带几条运河上的 5 座桥梁；美军第 82 空降师空投到瓦尔河边的内梅根，拿下瓦尔河大桥；英军第 1 空降师配属波兰第 1 伞兵旅空投到阿纳姆，拿下莱茵河大桥。阿纳姆的莱茵河桥是战役的终极目标，也是离盟军主要战线最远的目标。战役的这个空降作战部分代号"市场行动"，是二战期间规模最大的空降作战，超过了诺曼底登陆动用的空降兵数量。同时，英国第 2 集团军的机动部队第 30 军在霍罗克斯中将指挥下，作为支援部队主力，从主战线一路突击，先后连起埃因德霍温、内梅根、阿纳姆这三个要点。这部分装甲突击代号"花园行动"，合称"市场花园作战"。

1944 年 9 月 17 日，盟军空降兵在三个要点空投的时候，完全出乎德军的意料之外，一开始非常顺利，而且德国 B 集团军群司令莫德尔元帅就住在阿纳姆英军空降地的附近。莫德尔不愧是在东线和苏军作战见惯大场面的防御大师，他一面率领集团军群司令部撤离险地，一面准确地判断出了盟军的作战意图，中午盟军发动进攻，到晚上德军已经开始发动有效的反击了。

在电影《遥远的桥》里对那天莫德尔的描绘太漫画化了，说他完全摸不着头脑，第一反应是以为"盟军一定是特地来抓我的"！其实莫德尔身经百战，尤其在 1943 年以后的苏德战场上，从列宁格勒（今彼得格勒）打到库尔斯克，再去乌克兰，转战东线各地堵漏，哪里有危机就被派到哪里当救火队员，是德军中最出色的防御战大师，见过的大场面远超任何一位英、美将领，所经历的危机也比 1944 年 9 月 7 日那一天严重得多，何至于此！那一天靠南的两个美国空降师空投的地带比较集中，很快形成战斗力。关键的阿纳姆地区，英军第 1 空降师着陆地点分散，而且第一波只能空投 1 个旅的兵力，英国第 1 伞兵旅到了夜里才集合起 3 个营，从莱茵河南北两岸同时向阿纳姆城的大桥桥头发动攻击，结果只有第 1 旅第 2 营在营长弗罗斯特中校带领下，占领了北岸桥头堡，并控制了大桥。沿着南岸前进的 1 营和 3 营被打散，没能到达大桥。伞兵空降没有重武器，也没有持续的补给，是非常脆弱的，当时只能看从主战线发动突击的装甲部队——英国第 30 军能不能及时接应了。

英国第 30 军用最精锐的一支部队——近卫装甲师担任突击矛头。这个师全部由英国王家近卫军各团组成：爱尔兰近卫团，威尔士近卫团，近卫掷弹兵团（也就是英格兰近卫团），寒溪近卫团（也就是苏格兰近卫团），外加近卫骑兵团。今天去伦敦游览的游客看到那些穿红色军装戴熊皮高帽的士兵，就是来自这 5 个近卫团。应该说英国近卫军确实不含糊，第一天发动进攻的时间晚了，第二天就和第 101 空降师会合，打到了第一个点埃因德霍温，第三天和第 82 空降师会合，打到第二个点内梅根。就在这里，计划出了问题：美军第 82 空降师本应提前占领内梅根城北的瓦尔河大桥，可是师长加文准将把着陆以后的重点放在河南面公路的高地，以保障部队的后方安全。这个部署说不上错误，可是忽略了最最关键的瓦尔河桥梁，不占领这座桥，英国近卫装甲师无法快速突向阿纳姆救援英国第 1 空降师。

在北面的阿纳姆，战役第三天，英国第 1 空降师的主力才第二波降落到莱茵河北岸，阿纳姆以西的地域，已被周围的德军压制住了，自身难保，无法向东跟桥头孤军作战的弗罗斯特的第 2 营会合，在阿纳姆以西大约 5 公里的地方构成环形防御阵地自保。弗罗斯特的一个伞兵营残部在最关键的阿纳姆大桥北岸桥头坚守了 4 天，在德军配备坦克的重兵围攻下弹尽粮绝被消灭，营长弗罗斯特负伤被俘。莱茵河北岸的英国第 1 空降师主力被围困了 7 天，残部在战役第 9 天乘夜色渡过莱茵河突围。其间配属英军的波兰第 1 伞兵旅空投到下莱茵河南岸，试图渡河营救英军伞兵师也告失败，最后跟已经接应过来的英军装甲师取得联系进行突围。这是二次大战中非常著名的一次战役，双方士兵的表现都很精彩，盟军也的确拿下了较近的埃因德霍温和内梅根，但没能达到最关键的从阿纳姆渡过莱茵河的目标。失败的关键在于事先的战役计划不周和执行过程中美军没能占领内梅根的瓦尔河大桥：那片地区水网纵横，第 30 军只有一条道路突击，一辆德军坦克或者反坦克炮，甚至几名士兵扛着火箭筒，就能把整个盟军挡住几个小时，因为道路以外全是沼泽，盟军大部队还无法离开道路迂回侧翼。而且第 82 空降师没有提前抢占瓦尔河大桥，从他们自己局部的战术形势来看，保住后方制高点是稳妥的部署，不能算错。但从战役全局看来，这就耽误了主力快速通过，突击阿纳姆的时间。这次突击莱茵河失败以后，德军和盟军的战线稳定下来，阿纳姆大桥也被德军炸毁，直到战后才修复。盟军最终渡过莱茵河是在 1945 年 3 月，和前文写过的美国第 1 集团军抢占雷马根大桥、巴顿的第 3 集团军强渡莱茵河同时。那已经比"市场花园行动"晚了半年之久。

今天的阿纳姆是一座经过重建的城市，规模不大，游客也很少，在南城门靠近莱茵河岸边的地方保留了一片古代建筑。大多数游客是像我一样专程来踏访过去的战场的。"遥远的桥"从阿纳姆城里步行过去并不远，最多 200 米，现在命名为约翰·弗罗斯特大桥，是为纪念当时率部夺桥的第 2 伞兵营营长弗罗斯特中校。原来的作战计划里面，要求第 1 空降师主力近 1 万人夺取并坚守大桥 2 天，等到接应部队到来。实际上弗罗斯特的一个营 740 人坚守了 4 天，相当了不起。他在德国战俘营待了半年以后被解放，战后回来重新担任英国第 1 伞兵旅第 2 营的营长，最终晋升到少将师长退役。战后不久的 1946 年，英国就拍了第一部关于这次战役的电影《他们的荣耀》（*Theirs is Glory*），弗罗斯特在电影里扮演他自己。不过最著名的还是 1977 年好莱坞的那部全明星史诗片《遥远的桥》，肖恩·康纳利、迈克尔·凯恩、劳伦斯·奥立弗、罗伯特·雷德福、吉恩·哈克曼、安东尼·霍普金斯这些第一流的老戏骨都在里面出演角色。今天，纪念"市场花园行动"的空降兵博物馆在城西 5 公里处，第 1 空降师被围困的地点，但是在桥边有一个小小的分馆，正好可以从这里遥望大桥全景，这座桥是战后重建的，跟博物馆里的战前照片相比几乎没有任何变化，唯一的区别是河边战前有很多有钱人家的豪宅，在逐屋战斗中被破坏殆尽，战后被推平了，建成河边的休闲广场。

阿纳姆除了这座大桥著名以外，我觉得城里市中心保存得也不错，几条街道重建了很多文艺复兴时代的旧式红砖大厦，还有一座很宏伟的教堂。河边的中世纪南城门也保存了下来，只是在河边南门内的市政厅这一片改建成了现代建筑和喷泉广场。阿纳姆的市民生活节奏挺慢，比较休闲，物价也比阿姆斯特丹、鹿特丹低很多了。阿纳姆城北大约 3 公里处有一座荷兰露天博物馆，欧洲各国的"露天博物馆"和中国常说的"民俗村"差不多，也是集中展示传统民居建筑和生活方式，也有工作人员穿着民族服装，表演挤奶、制作奶酪、制作纸张等传统的民间活动，还有出售当地手工艺品和吃食的商店。不过欧洲人对这些露天博物馆比国内做得更认真，真的是从各处把16—18世纪的各种典型的老房子、旧木桥整体搬迁过来，不完全为了吸引游客，还真的是想要保存古代的生活风貌，比如这里的村外，有大片草坪放养着牛群，有专人负责放牧，这些牛的品种是古代荷兰传统的奶牛和耕牛，已经不适应现代经济的需要，在产奶和长肉方面，无法跟现代经过基因改良的牛相比了，而游客又根本不懂这些品种的稀有，所以露天博物馆养这些牛跟经济效用和旅游无关，单纯就是为了保留这些传统的动物品种，因为这也是古代生活的一个方面。在荷兰，保存得比较好的民俗村有不少，国内游客熟悉的有离阿姆斯特丹比较近的羊角村（Giethoorn）、风车村（Zaanse Schans）。这里既然冠以荷兰国家的露天博物馆，规模和真实程度就更胜一筹，而且这里偏僻一些，国际游客比较少。

鹿特丹：浴火重生的现代海港城市

下莱茵河由东向西经过77公里的旅程，最终来到鹿特丹附近的入海口。莱茵河在荷兰境内分岔成为一片水网地带，它的泥沙淤积也为荷兰这片地势低洼的国土带来了宝贵的土壤。勤劳的古代荷兰人就在这片莱茵河各条支流冲积而成的平原上筑起堤坝，利用风车抽干积水，甚至填海造地。荷兰很多地名结尾都带着一个"丹"字，像鹿特丹、阿姆斯特丹，这些原来都是堤坝的意思，这些堤坝有的是河防，有的是海堤，见证着这里的人类不懈地向大海争夺生存空间的艰苦努力。在经济发展理论萌芽的阶段，有个"地理决定论"听起来还挺有意思：一个国家和民族的经济发展水平取决于它的地理和气候环境，但这个环境既不能太严酷，也不能太舒适。比如热带非洲因为获取食物容易，气候温暖不需要花很大力气营造居所，所以成了现代智人的发源地。

但也正因为生存环境太舒适，没有适当的来自自然界的挑战，所以非洲的经济水平就一直停滞。而像北美、西北欧的温带到寒温带地区，人类必须不断地与自然界搏斗才能生存下来，于是涌现了更高度的文明。这个"地理决定论"是19世纪出现的，现在在发展经济学领域早已过时。但对照荷兰的现实还真有点意思：说起来海边盐碱地是完全不适合农业种植的，甚至生活都有困难——今天我们在荷兰能看到许多色彩艳丽、做工精致的木头鞋，这在当年并不是工艺品，而是在遍地泥泞，污水横流中不得已而为之的日用发明；童话般的荷兰风车，也是实用的排水或磨面机械。可是荷兰人在这样的生存环境中竟然创造了巨额的财富，荷兰不但曾是远洋贸易中的"海上马车夫"，就连农业领域都生产出世界驰名的奶制品、郁金香和各种大棚蔬菜。实际上荷兰的农业出口产值居世界第二位，仅次于美国。荷兰人的经济发展史绝对是一部励志的历史，就和本书开篇第一章讲到的瑞士的经济腾飞一样。

鹿特丹拥有作为莱茵河黄金水道的天然地理优势，二战以后一直是欧洲第一大海运港口。在笔者上小学和中学的时候看到的资料上，鹿特丹还是全世界最大的货运港口。后来随着亚洲经济腾飞，世界第一港口的头衔才被新加坡夺去。近些年来，随着中国成为全世界的制造业中心，国际运输量激增，按2018年的吞吐量计算，全世界最大最繁忙的港口是上海，全世界前5名里，除了第2名新加坡之外，全是中国港口：上海、深圳、宁波、广州。全世界排名前10的大港口，还有青岛和天津，分别排名第8和第9。还有排名第7的香港。鹿特丹现在排名全世界第11，仍然是欧洲最大的港口，其实还是亚洲以外的最大港口。今天在鹿特丹旅行，主要看的是它的现代前卫建筑。鹿特丹老城在1940年纳粹入侵西欧的时候，被德国空军完全炸毁。战后重建的时候，鹿特丹人不再留恋过去，想要在白纸上重新规划出一座完全现代化的港口城市。

在今天鹿特丹的鲁文港口尽头有一座航海博物馆，博物馆背后的广场上有这样一座现代派雕塑，题为《被摧毁的城市》，雕塑是一个高举双手向天哭喊的人形，他的心脏部位是镂空的，这个扭曲的造型和镂空的立体结构，很容易让人联想起毕加索描绘 1937 年西班牙内战中德国空军轰炸西班牙城市的那幅《格尔尼卡》。《被摧毁的城市》就是一位俄国裔法国雕塑家扎德金（Zadkine）纪念 1940 年那场毁灭城市的大轰炸的作品，落成于 1953 年，今天已经成了鹿特丹这座城市的象征。鹿特丹是继西班牙格尔尼卡、波兰华沙之后，第三个纳粹德国对平民进行无差别轰炸的牺牲品。不过仔细说来，鹿特丹的毁灭多多少少有点阴差阳错的因素。

事情的原委是这样的：1940 年 5 月，德军对西欧发动闪击战，北线入侵中立国荷兰、比利时打进法国北部，中线越过卢森堡突击阿登森林作为主攻方向，南线在阿尔萨斯和洛林采取守势。为了迅速通过中间地带荷兰、比利时，德军精心计划了用空降兵突袭海牙，并且做出预案，如果荷兰不马上投降，就出动大机群轰炸城市，以此要挟荷兰政府。这是世界历史上首创大规模空降突袭作战，德国空降兵的创始人、第 7 航空师师长施图登特指挥部队顺利抢占了鹿特丹的机场和周围河道上的桥梁。其实荷兰人事先已知道德军要在 5 月 10 日发动进攻，只是没想到德军会以这种闻所未闻的方式进攻远在后方的鹿特丹，所以仍然被打了个措手不及，但荷兰军队仍在抵抗，3 天以后的 5 月 12 日，

鹿特丹雕塑《被毁灭的城市》

鹿特丹市内的战斗仍未平息。5月13日，施图登特请求上级，第2航空队司令凯塞林安排翌日空袭鹿特丹，凯塞林同意派莱克纳（Lackner）上校的第54轰炸机大队的100架轰炸机执行这个任务。但是他们约定，如果荷兰投降，轰炸机群看到红色信号弹一定要取消空袭。5月14日，荷兰表示愿意谈判投降，但是施图登特和后方的轰炸机大队失去联系，中午一点半，轰炸机群已经起飞，德军从地面发射红色信号弹召回轰炸机，当时第54轰炸机大队分成两个机群，霍尔纳（Hoener）上校机群的46架轰炸机，在先导的3架投弹之后，霍尔纳才瞥见信号弹，大惊之下，带主机群急转弯离开鹿特丹。可悲的是，莱克纳上校率领的第二机群54架飞机没有看到信号弹，结果97吨高爆炸弹将鹿特丹的部分市区夷为平地。下午，双方停火，德军冲进城内。

纳粹德国发动侵略战争并且屠杀平民的行径是非正义的，不过后来随着战争进程，针对平民的"战略轰炸"或者叫作"士气轰炸"是双方都奉行的方针，盟军针对德累斯顿、东京乃至广岛的轰炸，其规模和导致的平民伤亡比战争初期的华沙和鹿特丹要大不知道多少倍。而且鹿特丹的毁灭多少有点偶然因素。笔者觉得，对鹿特丹悲剧的纪念，应该是我们今天对战争本身的残酷、个人命运在历史洪流中的无力，也许比分辨某一场特定战争的性质更具有普世的意义吧。

今天的鹿特丹是一座充满现代气息的工商业大都市，城里有很多现代派建筑，最著名的是一组黄色的立方体公寓。它的设计者是荷兰建筑师彼得·布洛姆（Piet Blom），其实是一组38套公寓楼，设计师别出心裁地把公寓的一楼入口做得很小，然后二楼三楼做成大的正立方体，再旋转90度，这个正立方体里面包括二楼的起居室和厨房、三楼的卧室和卫生间，它构成树冠，或者说蘑菇的伞盖，一楼的入口构成树干，或者蘑菇的柄。再把这些单个的公寓排列组合起来，就成了现在的样子。它落成于20世纪80年代初，我小时候就从杂志上看到过这种别出心裁的房子，当时印象很深，一直记在心里，直到现在才看到实物，也算是却了一个童年心愿。立方体公寓在一座大广场上，广场周围还有几座非常前卫的现代建筑：公寓背后像铅笔一样，顶上有个方锥体的建筑是一座公寓楼。

铅笔大厦和立方体公寓旁边是新落成的鹿特丹城市图书馆，任何游客都可以进去看看书，喝杯咖啡，欣赏一下这座现代建筑舒适的内部环境。最好玩的还是广场上摩天轮旁边那座巨大的玻璃拱门，进深很深，像是拱桥的桥洞，可是拱门的夹层里面容纳了230套高级公寓，而桥洞的巨大空间是一座食品市场，在这里你可以买到世界各地的美食，也可以在市场的餐馆里现场品尝。因为整座拱形门洞是玻璃材质建造，天黑以后，在桥洞内部光滑的玻璃幕墙上会有大型的灯光秀表演。

在这座布拉斯克广场以外，还另有一片现代建筑的集中展览区域，在马斯河对面的工业和金融新区，这些楼房都是办公间和商住楼，不需要过河去一栋一栋地参观，人们可以远远地从马斯河这一边遥望河边的一排大厦，其中最显眼的三栋连体的灰色玻璃大厦，是著名建筑师库哈斯的作品。库哈斯的家乡就是鹿特丹，不过他学习建筑是在伦敦，现在是哈佛大学设计学院的教授，中国人最熟悉的库哈斯作品，就是北京的央视"大裤衩"了。库哈斯在家乡鹿特丹

KPN大厦和库哈斯的鹿特丹大厦

设计的这三栋连体建筑名字就叫作"鹿特丹",我虽然看不出来他有什么寓意,但总觉得两层立方体分开又相互搭靠的造型,似乎是指的集装箱,寓意是鹿特丹的港口起源吗?在库哈斯的鹿特丹大厦西侧,靠近桥头方向有座比较矮的玻璃建筑,墙面向左倾斜仿佛要倒下来,然后用一根白色的棍子支住。

这座 KPN 大厦的墙面有很多白色光点,夜间可以点亮进行声光秀。它的设计者比库哈斯更加大牌,是意大利设计师伦佐·皮亚诺(Lenzo Piano),他的代表作包括巴黎蓬皮杜艺术中心和伦敦最高的碎片大厦。

阿姆斯特丹,莱茵河之旅的起点和终点

莱茵河写到入海口的鹿特丹,便应该结束了。但是几乎所有莱茵河上的内河游船路线,都会以更典雅,拥有更浓厚文化历史氛围的阿姆斯特丹作为起点或者终点。虽然阿姆斯特丹远在莱茵河入海口以北,严格来说不算是莱茵河畔的城市,但为了方便读者游览,任何一本介绍荷兰历史和文化的书籍,如果跳过这座荷兰最大也是最繁荣的城市,都将难免遗珠之憾。

阿姆斯特丹是一座特殊的城市,别有一番其他地方都体会不到的风情。荷兰阿姆斯特丹的城市名片丰富多彩:运河、钻石、凡·高、伦勃朗、郁金香、安妮小屋、生青鱼、印尼菜,甚至大麻、红灯区。如果能多花几天时间放在这里一一领略过来,便可谓不虚此行。这里不但有阳春白雪,更会给你一些"不足为外人道"的经历,否则何谓猎奇?

暮春 5 月的荷兰正是郁金香盛开的季节,那里有世界最大的郁金香花园库肯霍夫(Keukenhof)。在阿姆斯特丹大约半小时车程之外,从火车站坐每 5 分钟一班的火车,到达机场,在机场大厅门口有售票处,卖 58 路专线公共汽车票和花园门票的联票,一站就到花园门口。它每年只在郁金香花期时开放 3 个月,这里的郁金香品种、数量和布展手法堪称独步天下,是荷兰郁金香的集大成之处。园内用郁金香田花圃构成了一幅幅色彩浓郁的画卷,有很多品种是别处难得见到的。我小时候看大仲马的小说和电影《黑郁金香》,印象非常

深刻。这里就有成片黑色和白色相间的郁金香，叫作"夜之骑士"和"白色的梦"。此外还有很多郁金香的花瓣边缘呈丝线状，好像装饰了一层蕾丝花边。即便在下雨天，园丁仍然不停地把一畦畦开过的旧郁金香换成怒放的新花，整个花园一直保持花开极盛的繁华场面。如果觉得花园的范围还是太有限，那么4月底5月初的郁金香花园之外，一望无际的花田会变成整条整片纯色的郁金香彩带，那才叫蔚为壮观呢。

阿姆斯特丹的城市格局，以火车站为圆心，一道又一道的运河呈半圆形围绕火车站和王宫广场，其间再以纵向运河连缀，经纬全城，像是挂在贵妇颈项上的多层钻石项链。像荷兰这么低的地势，我很惊讶这里居然有地铁，不过对旅游者来说，最实用的线路还是有轨电车。说起阿姆斯特丹的运河游船，无论在火车站前、城南的博物馆区，还是城西的安妮小屋，都有游船公司的码头，行程一小时，穿梭于城里蜿蜒狭窄的河道，有导游讲解。如果想要浪漫一把，那可以两个人单独租水上自行车在运河上游荡。

阿姆斯特丹的艺术博物馆集中在城南博物馆广场（Museumplein），包括国家博物馆（Rijksmuseum）、凡·高博物馆、音乐厅、阿姆斯特丹市立博物馆。这其中凡·高博物馆和国家博物馆是来阿姆斯特丹旅行的必到之处。我觉得国家博物馆的大厦和阿姆斯特丹火车站，是全城最为气派、最富丽堂皇的建筑了。它也是荷兰最大的艺术博物馆，于1885年建成开馆，基本形式是文艺复兴式的，比例宽大和谐。为什么阿姆斯特丹全城的很多古老建筑都属于文艺复兴样式呢？我们前面说卢森堡的时候提到过，荷兰、比利时和卢森堡在古代属于下洛林公国，后来下洛林公国解体之后，通过继承和买卖，转手给了法国的勃艮第公爵家族。到了近代，勃艮第家族绝嗣，女继承人嫁给奥地利皇帝马克西米利安，于是低地国家（包括今天的荷兰和比利时，当时是一个整体，比利时从荷兰独立是后来1830年的事情）就成了哈布斯堡家族的属地。但是16世纪中期，低地国家人民为反抗哈布斯堡家族统治，开始独立战争，其中的起因既有经济因素，也有宗教因素：低地国家北部，就是今天的荷兰信奉新教，而西班牙跟奥地利的哈布斯堡家族帝国都是天主教占统治地位。低地国家的独立战争一打就是 80 年，从 1568 年到 1648 年，史称"八十年战争"，其中最后 30 年又是全欧洲宗教大战"德意志三十年战争"的组成部分。随着新教和法国一方在德意志三十年战争的最后胜利，尼德兰（包括荷兰和比利时）获得独立。从独立战争后期开始，到 1672 年太阳王路易十四入侵荷兰为止，17 世纪的这段时间是荷兰经济最发达的时候，阿姆斯特丹很多留存至今的建筑都是那个时代的产物。在那个时代，开风气之先的意大利和法国艺术已经从文艺复兴末期进入了巴洛克时期。荷兰这边的建筑风尚稍为落后，基本还在文艺复兴风格向巴洛克过渡阶段，所以，荷兰国家博物馆的建筑为了和阿姆斯特丹极盛时期的建筑风貌保持一致，也采用文艺复兴式样。建造这座博物馆的时候毕竟已经是科技和经济更加发达的 19 世纪，博物馆建筑除了仿文艺复兴式之外，还加进了当时流行的哥特复兴式样的一些元素，更加华丽，比如你可以注意大厦装饰上用的彩色玻璃。

在这座博物馆里面，我觉得最大的看点是荷兰"黄金时代"三位大师伦勃朗、哈尔斯、维米尔的代表作，尤其不可错过荷兰第一名画《夜巡》。

所谓"荷兰画派"，如果放到整个欧洲艺术风格的大背景下，应该说属于巴洛克运动的一个分支流派。中世纪的哥特艺术，横跨建筑与绘画，从法国开始，以法国为最正宗。同样道理，哥特之后的文艺复兴艺术和巴洛克艺术这前后两个流派，也是横跨建筑、绘画甚至音乐，是从意大利发源的，以意大利为最正宗，然后逐渐越过阿尔卑斯山，向西欧传播开去。我在上一本书《阿尔卑斯山的彼方：意大利行走札记》里，详细写过大利文艺复兴和巴洛克运动的起源和兴盛，及各自在建筑、绘画领域的大师代表作。在意大利以外，文艺复兴在德意志跟低地国家，也有一个相应的"北方文艺复兴"，大师是德国的丢勒、克拉纳赫、勃鲁盖尔、凡戴克这些人，我会在后面多瑙河部分的纽伦堡详细讲述"北方文艺复兴"。

北方文艺复兴低地国家的中心是在南方，就是今天的比利时。1517 年马丁·路德开始宗教改革，为了和新教对抗，罗马天主教教廷赞助开始了巴洛克建筑风格，此后形成欧洲下一个艺术风格。正宗巴洛克绘画的开山祖师是卡拉瓦乔和鲁本斯，卡拉瓦乔的光影明暗对比，鲁本斯的肉感和史诗题材，都特别强调戏剧性，而戏剧性的不对称和强烈情绪表达，正是巴洛克艺术的精髓，也是对四平八稳的文艺复兴风格的颠覆。后来巴洛克绘画从意大利传到荷兰，却变了味道：前面说过，荷兰在八十年战争（1568—1648）取得独立以后，到1670年代法荷战争以前，是绘画和经济最繁荣的时代。艺术中心不是"北方文艺复兴"的南部比利时地区，而是以北部的荷兰为中心，这跟北方文艺复兴时代凡艾克、勃鲁盖尔父子、梅姆林等以南方的比利时为中心不同。但是荷兰的经济结构和宗教跟意大利不同。在当时的欧洲，绘画的题材存在等级，或者说是有严格的鄙视链的：历史和宗教题材高于人物肖像，肖像画又高于生活场景画，生活场景画高于风景画，鄙视链的底层是静物画。

宗教画虽然高居鄙视链的顶层，但是荷兰属于新教加尔文派，他们不允许教堂里出现圣像画，所以整个荷兰黄金时期的画作，都很少出现宗教画。而且荷兰独立以后，艺术家的客户都是比较有钱的资产阶级，不是诸侯、皇帝和教廷，家里也没有那么大地方挂宏伟的史诗性巨幅画作，所以意大利、奥地利的正宗巴洛克绘画充满了史诗性和戏剧性（回想一下你看过的鲁本斯的杰作就知道了），荷兰的画幅则较小，画风更加写实。这是小资产阶级的趣味。唯一例外的大幅画就是为团体而作的群像，比如《夜巡》。维米尔、哈尔斯、伦勃朗都处于这个荷兰黄金时期。一般来说，荷兰画家的肖像画水平最高，数量也最多，虽然技法出众，但是颜色背景单调，多数都坐着，这也符合新教的教育规范：人要谦卑，不能张扬。只有哈尔斯的画神态特别生动和张扬。而民兵群像，比如《夜巡》，在姿态和表情上就张扬得多，也更像正宗的意大利巴洛克风格。

每一个来国家博物馆的游客，都绝不会错过《夜巡》。其实《夜巡》原来不叫这个名字，而且画的分明是白天出发的场景。但后世在流传过程中，这幅画被弄脏了，画面非常灰暗，收藏家们误以为画的是晚上，便起了这个错误的名字。画《夜巡》时的伦勃朗也并不像有些书上讲的那样穷困潦倒，画作无人问津。相反，《夜巡》一问世就受到追捧，使得伦勃朗的声誉如日中天。订画的主要客户，那位画面中心的民兵队长对这幅画特别满意，很快请伦勃朗作了幅一模一样但是画幅较小的《夜巡》放在家里，天天观看。后来《夜巡》原作被悬挂在阿姆斯特丹市政厅的时候，当局削足适履，把原作裁剪以适应不够宽的墙壁，还多亏那幅袖珍版《夜巡》才让后人看到今天已经被裁剪掉的部分。现在这幅小型《夜巡》也和原作在一起展出。

画这幅《夜巡》时候的伦勃朗意气风发，正是一生事业的顶峰时期。他1606年生于莱顿，家里是富裕的中产阶级，因为他父亲是新教徒，母亲是天主教徒，他自己没有明显的宗教倾向。后来他给5个孩子受洗为新教徒，又给另外4个孩子进行了旧教洗礼。伦勃朗14岁就上了莱顿大学，不过很快就转学绘画，但他从未去意大利学习过。伦勃朗的绘画生涯成功得很早，十八九岁就在莱顿跟人合伙开工作室，21岁开始教学生。

1631年，25岁的伦勃朗搬去阿姆斯特丹，画画之余也兼做艺术品经纪人生意。他的前半生一直很成功，但是花钱如流水，买了很贵的房子，1640—1642年画《夜巡》的时候是他生涯的顶点。此后，他的巴洛克式光影对比，渐渐向古典主义的平和中正转变，也逐渐不再受到市场和客户的追捧。伦勃朗晚年越来越穷，这与他不轻易迎合客户的执拗艺术家脾气有关，当然很大程度上也因为他花钱比挣钱还快的生活习惯。最后他穷困潦倒而死，死后葬在穷人

伦勃朗《夜巡》

墓地，20年后尸骨被丢弃。所以今天你能在阿姆斯特丹找到伦勃朗的故居博物馆，但是找不到他的墓。

伦勃朗是荷兰画派最伟大的画家，在国家博物馆能看到他的其他名画还有自画像，和晚年画的《犹太新娘》。

除了伦勃朗，荷兰国家博物馆收藏画作的黄金时期大师还有哈尔斯和维米尔。弗兰·哈尔斯（Fran Hals）的岁数比伦勃朗大，他1582年生于阿姆斯特丹附近的哈莱姆（Haarlem），一辈子都住在哈莱姆，今天在那里有专门的哈尔斯博物馆。哈尔斯的绘画生涯和伦勃朗有点类似，也是一开始挺成功，但是老年时变得不时尚，变穷了，但是名望还在，哈莱姆市政府一直接济他。哈尔斯在国家博物馆最著名的画作是《快乐的酒徒》，他一辈子几乎只画肖像画，特别善于抓住小人物瞬间的神态，笔触粗放，故意让人看出笔画。另一幅哈尔斯的名画《吉卜赛女孩》现在收藏在巴黎卢浮宫。200年以后，莫奈、马奈、柯尔贝等印象派画家画人物肖像的手法都受过哈尔斯的影响，也都临摹过不少哈尔斯画作。

至于维米尔，他最伟大的画作其实不在国家博物馆，而在海牙的莫里斯博物馆，这幅画名叫《戴珍珠耳环的少女》，被誉为北方的维纳斯，近些年来的声名几乎不在《夜巡》之下。维米尔（Johannes Vermeer）生于1632年，只活了43岁，一生都待在代尔夫特城，他生前的名望不如伦勃朗和哈尔斯，不过在当地也是位有点名气的画家，曾数次当选当地画家行会的主席。他属于典型的慢工出细活类型，一幅画总要画个一两年才能完工，流传下来的作品也只有三四十幅，而且喜欢用很贵的蓝色颜料。他要养活11个孩子，所以除了画画，还兼做艺术品买卖的生意，并经营旅店以补贴家用。他死于1675年法荷战争期间，他死后，荷兰由于路易十四的入侵，经济接近崩溃，艺术上的黄金时期也结束了。在阿姆斯特丹国家博物馆里，收藏有维米尔的名作《倒牛奶的女仆》和《情书》。

另外，鲁本斯也是荷兰人，更是世界艺术史上顶级的大师。不过他是给宫廷绘画的，属于经典的巴洛克大师，没有人会把他算作荷兰画派里的人物。所

伦勃朗《犹太新娘》

哈尔斯《快乐的酒徒》

以我在后面维也纳篇，介绍维也纳艺术史博物馆的杰作时再说他。

出了国家博物馆，广场对面就是著名的凡·高博物馆的灰色现代建筑。这里是全世界收藏凡·高画作最多的博物馆，上下四层楼，不过凡·高画作的主展厅都集中在其中的一层，按时间顺序分为荷兰时期、巴黎时期、阿尔时期和最后的圣雷米疯人院时期。最近几年，凡·高博物馆和国家博物馆轮流成为全荷兰接待游客最多的景点，每年的访客都在200万—250万人次。凡·高的生平相信很多读者都熟悉，我就不在这里赘述了。我觉得凡·高真是奇才：他比荷兰画派黄金时代晚了200年，其时世界绘画艺术中心早就转到了巴黎，按说当时荷兰不具备产生这么一位大师的艺术土壤，而且凡·高也的确是去巴黎学画的。他一开始是做牧师，根本没有受过专业绘画训练，后来在巴黎跟学院派系统学画的时候，基本功也不扎实。什么使得凡·高成为一代大师？我觉得是他的悲剧性格和悲剧人生，这个人像颗流星或者超新星，1880年前后才开始作画，1890年自杀，在短短10年的时间里，凡·高把他整个生命里的能量，以一种激烈以至于疯狂的形式，燃烧在画布上，最后，他也的确是疯狂而死。看凡·高的每幅画，激烈的色彩宣泄着激烈的情绪，扭曲的笔触象征着内心的扭曲和挣扎，任何人都会感到一种强烈的震撼，如饮烈酒。

在凡·高博物馆里收藏的凡·高作品，特别著名的有《吃土豆者》、数幅向日葵、不同时期的自画像、《播种者》、《麦田里的收获者》和《乌鸦与麦田》。其中向日葵是凡·高作品中反复出现的主题，我在费城艺术博物馆、纽约大都会、伦敦国家画廊、德国慕尼黑都看过，因为1888年前后，凡·高邀请好友高更来法国南部普罗旺斯的阿尔一起创作，高更到来之前凡·高非常兴奋，画了一批向日葵等静物，作高更房间的装饰画，高更也确实很喜欢这些画的明亮色彩。后来两位印象派艺术大师吵翻了，在一次醉酒争吵中，凡·高举起刀子在高更面前挥舞，吓跑了高更。高更去了塔希提岛，而凡·高，在事后的懊悔和疯狂中，割下了自己的耳朵。这件事传到现代，居然出现一个极其"后现代"的解释，说凡·高和高更之间有"断背"之嫌，否则凡·高不会反应如此激烈。其实我觉得，以凡·高这样的病态精神，一点点鸡毛蒜皮就足以引起他思想和行为的绝大异常，谁知道他脑子里是怎么想的？有些人就是喜欢像小报记者一样，给什么事情都安上个桃色关系，无聊且庸俗。博物馆藏画中特别值得一提的是《麦田里的乌鸦》，有些艺术史的书说这是凡·高最后一幅画作，其实按照博物馆的权威解释，这仅是最后的两三幅之一，但从这幅画上乌云压顶的沉闷气氛，麦田色彩的反常和笔触的扭曲，确实可以看出凡·高自杀前的不祥之兆。顺带说一句，凡·高那幅极其出名的代表作《星月夜》不在阿姆斯特丹，而在纽约的现代艺术博物馆。

阿姆斯特丹城里第三个最著名的博物馆是安妮小屋。1942年16岁的犹太女孩安妮·弗兰克和家人为躲避德国占领当局的迫害，躲进她父亲办公室楼上一个秘密的阁楼，一藏就是25个月，最后仍在1944年8月被德国警察找到，被送进了集中营。战争结束后，8口人（包括安妮全家和另一家人）中只有安妮的父亲生还。安妮在藏匿期间写的日记经整理出版，《安妮日记》不仅有中文版，而且中央电视台还播放过这个电影译制片。阿姆斯特丹城里运河边上的这栋窄窄小楼，就是安妮一家当年的诺亚方舟，这里地方小，来的游客多，有一个省时间的窍门：这里比任何景点开得都晚，夏天高峰季节到夜里10点才关闭，所以如果在下午4点以后参观的话，根本就不用排队。另外，如果想要知道安妮后来殉难的地方，在今天的德国北部有处伯根—贝尔森集中营遗址（Bergen Belsen），离汉诺威不远，我曾经专程探访过那里，当年安妮被送到这所集中营并最终死在这所集中营，这里有安妮·弗兰克的纪念墓地。当然，纳粹是不会给任何一位集中营的受害者保留尸骨和埋葬地点的，这里的安妮墓是后人为了纪念她而立的义冢，并没有真实的尸骨在里面。

阿姆斯特丹的博物馆还有很多，从伦勃朗的故居，到喜力啤酒厂、船屋、航海、大麻，甚至卖淫，都有博物馆。

再说说阿姆斯特丹的美食吧。荷兰人喜欢生吃青鱼（Herring），这是非常有荷兰特色的街头小吃，有些街头摊点在同一个地方经营已经超过100年，其中最有荷兰特色的是生青鱼三明治。大概很多人听说过北欧的熏青鱼，阿姆斯特丹这里却生吃青鱼，在美国旅游频道上被视为怪事，其实对于习惯吃日本生鱼片的人来说，倒也没有什么大不了：洗好片好的一整片青鱼肉，加洋葱和芥末酱，夹在两片热狗面包里，就是青鱼三明治，鱼肉既香且糯，仿佛入口即化，一点也没有生腥气，很平民化的小吃，作为中午旅行路上的快餐，或者下午点心再合适不过。吃过生青鱼，再去吃大餐。荷兰本身并没有太特殊的传统大菜，反倒是从前殖民地印尼传来的 Rijsttafels 在这里发扬光大，负有盛名，它翻译成英语是 rice table，中文直译"米饭桌"，是 13 到 15 样印尼小菜与米饭同食，每样菜的分量较少，可以品尝很多不同的菜式。

在整个莱茵河流域 1230 公里的干流上，我们见识了很多大自然的美景，典雅的古城和遗世独立的村落，感受到深厚的历史文化的沉淀。在它旅程的终点处，以鹿特丹和阿姆斯特丹这样两座城市作结，一座是完全现代化的重生之城，另一座兼容并蓄，容纳了古典和现代，优雅和堕落，这也许象征着欧洲古老和年轻、沉静和生机的交错和杂陈。欧洲，特别是西欧，给人的印象总是雍容华贵的老大帝国，但它并不缺乏推陈出新的勇气和走向未来的包容。

下卷

民族集萃多瑙河

第五章 | 斯瓦本和巴伐利亚的多瑙河

从瑞士莱茵瀑布边的沙夫豪森市（Schaffhausen），向北驱车30公里，翻过一座山，就到了多瑙河源头的多瑙埃兴根（Donaueschingen）。德国西南角的所谓"黑森林地区"在南方以东西向的高莱茵河与瑞士为界，在西方以南北向的上莱茵河与阿尔萨斯为界，就在这个莱茵河90度大转弯的怀抱之中，诞生了一条里程更长、水量更大、民族文化更为多元的欧洲母亲河。这片黑森林地区西南角是弗莱堡，北至温泉城市巴登-巴登，南北长160公里，东西宽50公里，丘陵起伏、森林茂密，尤其是常绿针叶林，在冬天也郁郁葱葱的。当年莱茵河以西的罗马军团，远远望着这片黑压压的原始丛林，视为畏途，因此有黑森林这一说。今天，这里是德国人度假亲近自然的好地方。

黑森林地区值得一提的比较大的城市，只有弗莱堡和巴登-巴登两处，都已经在前文莱茵河部分讲述过了。但是有哪个德国游客来黑森林是为了看它的城市呢？山野小镇、温泉美食才是它的精髓。源远流长的多瑙河，就发源在这片曾经贫瘠，但从来都物产丰富、钟灵毓秀的群山之间。

第一节　多瑙河的源头

河源多瑙埃兴根

从古罗马时代开始，老普林尼就在名著《自然史》中认定多瑙河源自黑森林的山间泉水，罗马时代之后，历代都认为河源就在多瑙埃兴根。中世纪早期，黑森林一带是德意志王国起家的五大基干公国之一斯瓦本的地盘，12世纪神圣罗马帝国的法兰克尼亚（萨里安）皇朝结束之后，经过一番曲折，霍亨施陶芬家族开启新的皇朝，他们家族的权力基础就是斯瓦本公国。

到13世纪后期，霍亨施陶芬皇朝在和教廷的斗争中被根除（详见本书上篇莱茵河部分的卢森堡一节中关于霍亨施陶芬皇朝和卢森堡皇朝的叙述），斯瓦本公国也就分裂成很多小的公国、伯国、主教区，其中比较大的有巴登边伯，以巴登－巴登为首府，还有符腾堡伯国，以斯图加特为首府。这两家在19世纪初的拿破仑战争之后，分别都变成了公国、王国，现在这片地区就是德国的巴登－符腾堡州。

我要去的多瑙埃兴根，从中古时代起就属于菲尔斯滕贝格伯爵家族。这是一个独立的德意志小诸侯，后来升格为侯国，在1806年神圣罗马帝国解散之后随之消亡，并入了附近的巴登、符腾堡等大的诸侯国。不过这个侯爵家族的后代至今仍然存在，而且在多瑙埃兴根城里拥有很多地产和商业。每位前去参观多瑙河源头的游客都一定会造访的河源水池，也在他们家族的领地里。

无论是莱茵河还是长江黄河，恐怕没有一处世界著名河流的源头，能像多瑙源头纪念碑那么容易造访，同时清楚明了、言之凿凿。在多瑙埃兴根小城市中心的侧面高地上，有一座很大的教堂。墙壁漆成明亮的黄色，教堂面对一片花园，花园里有一处泉眼，在19世纪的时候用大理石砌起两层围栏，正面有一尊塑像，坐着的是象征本郡的大地女神巴尔，她旁边站立的少女则象征着尚未长成的多瑙河。女神一只手指向远方，告诉女儿多瑙河，那里将是你未来的诗与远方。

雕塑脚下的大理石铭牌清楚地标明"海拔 678 米""至海 2480 公里"。脚下圆形的泉眼汩汩地向水面不时吐出串串气泡，水中还有些绿色的浮藻。时值 7 月，周围的教堂和宫殿花园花团锦簇，浓荫蔽日，好一个幽静的所在，让人不禁想起徐志摩的名句："那榆荫下的一潭，不是泉，是天上虹，揉碎在浮藻间，沉淀着彩虹似的梦。"

这里虽然言之凿凿是多瑙河源头，也的确是一个非常好的纪念碑，但从地图上来看，却非常不可能是真正的水源。还记得几天前我刚刚去瑞士山区的莱歇瑙小村拍摄的莱茵河起始点：前后两条莱茵河支流在那里汇成莱茵河干流，那种三江交汇的场面怎么没有在这里出现呢？这一眼清泉，从哪里来，又到哪里去？就算她的源头来自地下，可是接下去的多瑙干流在哪里？

其实，"三江并流"的景观离此不远，就在城东 1.5 公里处林草茂盛的荒郊野外，我们可以"撑一支长篙，向青草更青处漫溯"，不难拍摄到多瑙河的起点：左边的一条是布雷格河，右边是布里加赫河，它们从树林中钻出来，呈锐角汇集到我脚下的多瑙河。这个点，就像瑞士莱歇瑙的莱茵河起点，也像四川宜宾的三江交汇处长江 0 公里。就是从这个点开始，多瑙河正式称为多瑙河。

但是这里只是多瑙河的起点，就像宜宾是长江的起点，莱歇瑙是莱茵河的起点，还不能称为河流的源头。长江的源头不可能在宜宾，一直要顺金沙江、沱沱河追溯到格拉丹东雪山脚下，莱茵河的源头也不可能在莱歇瑙，一直要顺前莱茵河追溯到托马湖。多瑙埃兴根的这处多瑙河源泉纪念碑，肯定是向布里加赫河与布雷格河注入地下水的水源地之一，但源头不会这么近。按照"河源唯远"的原则，布里加赫河长度 40 公里，布雷格河长度 45 公里，那么多瑙河正源应该是布雷格河，向西北方向上溯不太远，到达富特旺根镇地界，这里才是多瑙河的源头。

今天多瑙埃兴根是一座只有 2 万人口的可爱小镇，市中心就在河源纪念碑旁边，有很好的冰激凌店和啤酒屋。纪念碑和教堂、花园都属于菲尔斯滕贝格家族的私人城堡领地，不对外开放，但是水池纪念碑却被单独划出来，免费同

莱茵河源的泉水

游人分享。侯爵家族在当地仍然拥有很多动产和不动产，包括本地闻名遐迩的"菲尔斯滕贝格"牌啤酒，早在中世纪就获得了酿酒权，酿酒坊原先也是侯爵家族的私产，近些年才出售，据说酿啤酒用的水，就是多瑙河的源头活水。好酒一定需要用好水才能成就，大家到这里一定不要错过。侯爵家族的图书馆，还曾经拥有我们前文提及的《尼伯龙根之歌》的中世纪原稿，弥足珍贵，这部史诗在15世纪一度佚失，18世纪重新被发现，正是他们家族收藏的古代版本，俗称"C手稿"，不过2001年已经出售，现收藏在卡尔斯鲁厄的巴登国家图书馆里。

关于多瑙河的源头，我还看到过一个近乎笑话的说法，讲的是有人穷究布雷格河上游河水的来源，追踪到山间的小溪和泉水，顺着湿漉漉的山坡一直走上去，发现了一处关不上的水龙头，于是假定多瑙河就发源于一个坏了的水龙头。如果我们把水龙头关上呢？其实这一说只是博人一笑而已。这个地区是喀斯特地貌，地下水源丰富，任何一条河流最初的水源，肯定来自很多处地下水，人在地面上是不可能找到一条明确的地表径流来源的。就像格拉丹东雪峰脚下纵横交错的冰川融水，你又怎么可能指出哪一道溪水就是未来的长江？

喀斯特地貌倒是引出了另外一条值得一提的水文资料，关于多瑙河与莱茵河上游的关联：我在那次莱茵多瑙之行出发前，曾经对着地图上两河最近的这一段产生了一个疑问，为什么两条河在上游和发源地距离这么近，没有汇合成一处，而是各奔东西，分道扬镳呢？后来我从莱茵瀑布开车到多瑙埃兴根，直线距离虽然只有30公里，路上却花了40多分钟，这一路翻山越岭，这才明白，两条河之间隔着大山，不可能并流的。但是后来查到一些资料，多瑙河源头这一段，事实上跟莱茵河还真有秘不示人的"暗通款曲"之处：从多瑙埃兴根向下游20公里左右，这里的河床下面是多孔的石灰岩喀斯特地貌，有几处大的漏洞，被称为"多瑙下水道"（Danube Sinkhole），主河道的一大部分河水从这里漏到地下，形成一条地下河，向南穿越山脉，重新涌出地面以后，直接汇进了康斯坦茨湖。我们知道，康斯坦茨湖是莱茵河干流路径上的最大湖泊，换言之，多瑙河起始不到20公里，就有一大部分水流从地下漏出去，汇进了莱茵河！而且这部分漏下去的水量不少，以至于从多瑙埃兴根到下水道所在地这20多公里河面，历史上曾出现过干涸的记录，最早的记载出现在1874年。

因为喀斯特地貌的实质是石灰岩被水流持续侵蚀，因此可以想象，多瑙河最上游这几十公里河道一定还会不断地受到侵蚀，如果将来有一天这段河道在地表彻底干涸，完全变成地下河流进莱茵河，那么多瑙河源头这一段也就变成了莱茵河的支流，今天多瑙河下游的某一条支流，届时将会变成最远的多瑙河正源，多瑙河的源头，又不知道将会是哪里。

黑森林风物

既然真正的河源不在多瑙埃兴根，而且不论布雷格河和还是布里加赫河，都发源于西北方向不远处的富特旺根，那倒不妨转赴富特旺根一游。我作为一个旅行者，并不愿意执着于寻找一条河流真正的源头，那是地理学家的责任，我倒觉得，今天多瑙埃兴根的这个泉源纪念碑挺好的。不管它是不是真正的河源，至少给了游客一个到此一游的理由，以及一个颇有气势的凭吊之处。在富特旺根的山间，另有一处布雷格河水源的纪念碑。这石碑比较简陋，只是用巨石垒成的小池塘，外加一块铜制铭牌。这里也就是传说中向山坡上方走，曾有人找到的关不上的水龙头的地方。我到富特旺根并不为了追根究底，而是去参观德国钟表博物馆。

黑森林地区在古代交通不便，是个很穷的地方，主要经济支柱是伐木和采矿。这里还有丰富的地热资源，所以出现了很多像巴登-巴登这样的温泉疗养中心。到了近代，黑森林成为德国人度假的胜地，新的经济支柱是旅游业，这里的特产之一就是咕咕钟。说起来，无论是黑森林的木质工艺自鸣挂钟，还是瑞士的名牌手表，这些今天闻名世界的产品，最早都是16世纪从西边法国和阿尔萨斯传过来的手艺。前文在莱茵河部分讲过，1517年马丁·路德在德国东部的维滕堡发动了新教改革，很快蔓延整个西欧。

法国的新教徒叫作"胡格诺派"，但法国当时的瓦罗亚王朝支持天主教，新旧双方的宗教内战就叫"胡格诺战争"。法国宗教战争的背景还牵扯到了王朝更替：当时法国瓦罗亚家族国王亨利二世的几个儿子先后登上王位，却都英年早逝因而没有子嗣，他们分别是弗朗索瓦二世、查理九世和亨利三世。瓦罗亚王朝就此绝后，王位的下一个顺位继承人——纳瓦拉国王亨利·波旁是新教徒，他娶了三位年轻法国国王的妹妹玛格丽特公主，绰号玛尔戈，但丈母娘、王太后卡特琳·德·美第奇不愿意让波旁家族的新教徒继承王位，同时朝廷里的天主教联盟首脑、吉斯公爵兄弟也在虎视眈眈觊觎王位。吉斯公爵家族是卢森堡公爵家族的幼支，而卢森堡家族自认是查理曼大帝的后裔，甚至比法国的瓦罗亚、卡佩两个王朝更加有资格继承法国王位甚至德意志皇位。1572年美第奇王太后和儿子查理九世国王伙同吉斯公爵，假借玛尔戈长公主下嫁亨利·波旁的婚庆典礼，做出新教旧教和解的姿态，诱骗新教徒进京欢庆，发动了圣巴托罗缪日大屠杀。纳瓦拉国王亨利靠着新婚妻子的关系仅以身免，被迫改宗。后来经过韬光养晦和种种宫廷阴谋，亨利逃出巴黎，重新发动宗教战争，最后登上了法国王位，这就是波旁家族的第一位法国国王，亨利四世。

以上情节，大仲马在他的小说三部曲《玛尔戈王后》《蒙梭罗夫人》《四十五卫士》里描述得活灵活现，《玛尔戈王后》还被拍成了电影，由伊莎贝拉·阿佳妮主演。以上是法国16世纪宗教战争的背景，也是黑森林和瑞士钟表制造业发端的历史原因：法国是天主教国家，而在德国和瑞士的新教徒是合法的，很多法国钟表工匠都是新教徒，他们向东逃亡到黑森林和瑞士，为当地带来了钟表制造的技艺。黑森林本地木材丰富，匠人们木刻手艺高超，所以这里跟瑞士走了两条不同的道路。经典的黑森林咕咕钟从1750年代开始定型，是木雕外壳的自鸣钟，整点或者半点的时候，会有布谷鸟跳出来鸣叫报时。因为在英语、德语很多语种里面，布谷鸟这个单词都是拟音的，包括中文"布谷"也是拟音，所以这种挂钟就叫作咕咕钟了。除了模仿鸟叫，很多咕咕钟也用音乐报时，传统工艺的音乐是来自瑞士人设计的机械八音盒。

说起来，自鸣钟绝不是在黑森林发明的，远在明朝万历年间，传教士利玛窦已经向朝廷进献自鸣钟了，那还是16世纪。清朝康熙乾隆也很喜欢搜集西洋自鸣钟，到1750年代黑森林这边的自鸣钟形成产业规模的时候，连中国宫廷都能够自己制造了。黑森林这里的挂钟当时能出名，是因为当地工匠简化了挂钟的内部结构，24个齿轮就能搞定各种复杂的天文地理显示。这种挂钟不仅能报时，还能显示星相月相、星期几和哪个圣者的主祭日，大大降低了成本和售价，此外还有外观颇有特色的木雕。

1850年黑森林搞过一次自鸣钟设计大赛，拿下头奖的弗雷德里克·艾森洛尔是个铁路工程师，他设计的"铁路站房"式自鸣钟，从此成为黑森林咕咕钟最标准的式样。现在德国黑森林或者瑞士都有卖咕咕钟的，瑞士人设计了所谓小木屋式（Chalet），它和德国的火车站房式，是咕咕钟外形设计的两大流派，都是非常受欢迎的工艺品和旅游纪念品，但是也价格不菲。我在当地听说他们店里现在出售的大部分咕咕钟，已经不是当地制造的，而是中国代工产品，其中大部分只有机械挂钟的外形，实际上是现代的石英钟，唯一的好处是外观和报时的设计在现代科技的加持下，花样百出，精巧得多了，早已不仅只有布谷鸟，什么圣徒、骑士、白雪公主，你想要任何音乐、任何人物来报时都应有尽有。就算是中国制造，如今要想在黑森林买一架做工比较好的咕咕钟，也得好几百甚至数千欧元，买回家挂在墙上绝对是个引人注目又有用的旅行纪念品。富特旺根的德国钟表博物馆就在市中心，地上一层，地下还有两层展厅，不仅有黑森林地区的咕咕钟，还搜集从古到今各式各样的计时设备，设计极为精巧，做工也精细，我自己一向喜欢这些精致的玩意儿，无论是古代的扇子还是现代的飞机都感兴趣，于是对这家钟表博物馆自然不会错过。

在德国黑森林地区，弗莱堡可能是唯一值得专程游览的城市，真正精彩的经历在于在它的乡间和小镇闲逛。从富特旺根向北35公里，在古塔赫（Gutach）小镇附近有一处黑森林露天博物馆。和前文所述荷兰的露天博物馆一样，也是把当地的传统民居从黑森林各地集中搬迁到这里，展示历史上先民的生活方式。这里的老房子有住宅、面包房、锯木厂、磨坊，有些是17世纪初的老房子，相当于明末崇祯那个时代，最近的也在1800年之前，能原样保存到今天实属不易。整个园区中心的大屋子，斜坡屋顶一直快要垂到地面，远远看去像一个巨大的乌龟壳，这栋房子叫作Vogtsbauernhof，不是从别处拆迁搬来的，而是原本就在这里，是附近地区总督的大屋。它建于1612年，一直到1965年都还有人居住。

这栋大屋分好几层，上层住牲口，下层住人，它一侧是山坡，这样上层的牲口可以通过山坡上独立的出入口进出房子，就像把谷仓、住宅、牛棚三合一一样，房子中间是厨房和灶，居然找不到烟囱，我听人说是因为房子靠山坡而建，相当于半地下室，平常会比较潮湿，做饭产生的烟雾向上弥散开来，有助于取暖的同时吸收潮气，烟雾袅袅腾空，下面在烧饭，上层挂上火腿，就可以做成烟熏黑森林火腿了。黑烟当然会把室内的东西熏黑，可是经年累月的烟熏反而能让房子的木梁防潮防腐，代替了油漆的作用。听起来是挺聪明的一个因势利导的生活方式。但我真的不能想象在这样成天烟熏火燎，还采光不好的木头大屋里如何过集体生活。

在露天博物馆里还能看到伐木、钟表制作等表演，周围有不少商店，可以买到当地的特产食品，比如Schupfnudeln这种土豆粉做的面条。我想，这里很合适介绍黑森林另一种特色，就是黑森林火腿。西班牙、意大利帕尔马都有更加著名的火腿，但黑森林的火腿也是欧洲著名的美食，而且享受原产地保护，说明已经是得到认证的本地特色美食了。它的制作过程倒没有西班牙国宝火腿或者意大利帕尔马火腿那么费时，是用盐和其他香料先腌制两周，洗掉盐再陈化两周，西班牙和意大利的火腿基本过程差不多也是如此，但是过程有的要长达2年，短的也需要9个月时间。此外，用的肉和腌制香料有所不同。黑森林火腿不同之处在于，它随后要经过木屑或者杉树、柏树枝烟熏的过程，西班牙和意大利的火腿不需要烟熏，所以黑森林火腿的熏制味道是它的特色。在黑森林地区的任何餐馆，都会有各种各样用当地火腿入菜或者配冷盘的吃法，不可错过。

顺便再说说奥地利蒂罗尔地区的咸肉，德文叫作"施拜克"（Speck），也是德意志地区著名的肉食，它和火腿的区别在于，咸肉是半肥瘦的五花肉，和上海人用来做名菜"腌笃鲜"的咸肉一样，相当于英文的培根（Bacon），不同之处在于，除了腌制咸肉以外，再加上一道烟熏的工序，成品的奥地利蒂罗尔咸肉，类似于四川、湖南的老腊肉，很香的，也是欧盟原产地保护的产品。与之相对，无论黑森林还是西班牙或者帕尔马火腿，都属于火腿，切成片以后只是边条有一点肥肉，大部分是瘦肉。

在黑森林地区游荡是一件很轻松惬意的事情，不需要去担心哪一天到达哪一处著名景点，也不用在意到哪个城市住宿。我一直喜欢在法国、意大利、德国这些我特别熟悉的国家给朋友推荐一些游客很少的乡村。在黑森林地区，我推荐两处小地方，一南一北，都是很安静又很美的地方，物价便宜交通也方便，适合过夜住宿。从黑森林露天博物馆继续向西北方向走30公里，有个名字滑稽的小镇叫作根根巴赫(Gengenbach)，镇中心很美，它保存了原汁原味的古城门和小街，有人称之为上帝散落在人间的积木小镇。小城华丽的市政厅和过去有钱人家的豪宅昭示着它昔日的辉煌，防御用的城墙堡，还有城里的半木梁结构民居构成了它独特的城镇风貌。尤其不要错过一条叫作"天使巷"的小街，它不是围绕市政厅广场向四面辐射出去的主街，而是躲在主街背后与之平行的一条小巷，巷子有个自然的弧度，夏日的艳阳照在爬满半木梁房子墙壁的常青藤上，还有过街的常青藤掩映着，这条街就像童话世界一样美。我喜欢在这里的街边找家咖啡馆坐下来，点一杯清热解暑的Raddler，再配上一份黑森林蛋糕。所谓Raddler，是德文对柠檬汽水兑啤酒的叫法，并非黑森林的发明，任何德国的咖啡馆都有，在国内的德国啤酒屋也能点到，制作很简单，就是一半啤酒兑上一半柠檬汽水，比如雪碧，酒精浓度很低，不会喝酒也能享用，不像啤酒那么苦，甜甜的，又有啤酒花的清香。我喜欢葡萄酒，了解的也多，对啤酒不是太适应，就是因为它太苦了。但Raddler是我每次夏天去德语国家必点的消暑饮料。

黑森林蛋糕就很有讲究了。听名字很多人都会误以为它是黑森林地区的又一项著名特产。其实不然，所谓黑森林蛋糕，其实是喜欢甜食也精于甜食烹饪的维也纳人的发明，只不过叫了这个名字。黑森林蛋糕的基本结构说简单也简单：三到四层巧克力海绵蛋糕，每层中间夹奶油，顶上除了发泡奶油以外，还要以巧克力碎屑铺满蛋糕的顶上和侧面。但简单的巧克力奶油蛋糕绝不能叫作黑森林蛋糕——它的灵魂必须是樱桃：顶上要用红樱桃做装饰，蛋糕里还要有樱桃酒。在奥地利，蛋糕里的酒可以用朗姆酒，因为朗姆酒是用甘蔗酿的高度蒸馏酒，甜度高。而在德国，就必须用黑森林特产的无色樱桃白兰地，才能叫作黑森林蛋糕。因为蛋糕里面有酒香，黑森林蛋糕和意大利的提拉米苏是我最喜欢的两款甜点了。

那么，为什么维也纳发明的蛋糕，要叫作黑森林呢？有两种说法，一种是黑森林这边盛产樱桃，蛋糕用到樱桃装饰，还要使用黑森林特产的樱桃酒。但我觉得这个解释牵强了一些。第二个更可信：蛋糕上用很多红樱桃做装饰，就像黑森林妇女的传统民族服装。她们的传统服饰中，泡泡袖的裙子跟德国其他地方的传统服装也看不出特别明显的区别，真正特殊的是戴一顶宽檐的帽子，帽檐和帽顶上用很多红色绒球做装饰。所以把黑森林蛋糕顶上的红樱桃，比作黑森林妇女的红绒球宽檐帽非常形象，也符合维也纳人的幽默感，我觉得这个比第一种解释合理多了。虽说蛋糕原产地不是黑森林，但因为它们太有名了，很多人都误以为是这里的特产，于是黑森林地区所有的咖啡馆甜品店肯定都会卖这种蛋糕，他们也的确做得非常地道，完全可以认为是黑森林的特产。在黑森林旅行，这款甜点还真是不可或缺。

除了黑森林北段的根根巴赫之外，在南段靠近多瑙埃兴根的地方，我还推荐一处叫作圣彼得（St. Peter）的村庄。这是多瑙埃兴根以西到弗莱堡之间，群山环抱中一座幽静的小村，还有一个特别大的700多年历史的本笃派修道院，修道院的教堂在整个黑森林地区首屈一指。圣彼得村附近的步道很多，喜欢山林徒步的朋友可以在山间走2个小时7公里山路到附近的圣马根(St. Margen)村，再坐公共汽车回来。圣彼得到弗莱堡有火车。

第二节　乌尔姆及下游的城市

四战之地——乌尔姆

无论多瑙河真正的源头是否在多瑙埃兴根，至少我们可以肯定这里就是多瑙河的起始点（布雷格河和布里加赫河汇集之处就在多瑙埃兴根）。多瑙河从这里向东20—30公里的河道，河床上会有几处石灰岩腐蚀形成的"下水道"，过了这几处陷阱，多瑙河继续向东奔流40公里，河右岸是西格玛林根（Sigmaringen）宫。因为多瑙河自西向东流淌，按照前文所说判断左右的原则，我们面向下游方向，左边就是多瑙河北岸，右边是南岸。这一点跟莱茵河正好相反：莱茵河向西向北流淌，左边是指的南岸和西岸，右边是北岸和东岸。

西格玛林根宫坐落在河边的岩石上，是1890年代重建的，属于霍亨索伦家族。霍亨索伦家族历史算不上非常悠久，最初出现在史料上是1070年代，也就是法兰克尼亚皇朝亨利四世的时代，虽然这个家族后来当上了普鲁士国王，并最终统一德意志，但家族的根却在德国南部。事实上他们的姓氏出自家族城堡霍亨索伦城堡，就在西格玛林根北面50公里，开车一个小时就到。西格玛林根的霍亨索伦家族，跟1871年统一德意志的普鲁士国王霍亨索伦家族虽然同出一源，但不属于一个支系，霍亨索伦家族在德国南部始终有传承，他们信仰天主教，没有北方信奉新教的勃兰登堡选帝侯—普鲁士国王—德意志皇帝家系那么显赫。西格玛林根是一个坐落在青翠河谷中的红色屋顶小镇，人口1.7万，向南到康斯坦茨湖也只有40公里。从河边的城堡宫殿看下去，老镇的红色屋顶掩映在蓝天白云青山中，显得很安详宁静。我自己并没有在这里停留太久，小时候知道这个地名是因为读了儒勒·凡尔纳的小说《多瑙河领航员》，书里开头描写在西格玛林根举办的一场多瑙河钓鱼大赛，于是就记住了这里。不过真的在镇上停留吃午饭的时候，我很好奇地观察了一下，虽然我在餐厅里吃到了多瑙河的河鱼，但本地的渔业并不发达，河面也不宽，最多也就是个别人作为休闲钓鱼，似乎形不成产业。到了西格玛林根宫参观的时候，我才注意到这座小镇还另有一个出名的理由：1944年秋季盟军横扫法国，以贝当元帅为首的法国维希傀儡政府被德军追击到这里，就住在西格玛林根宫里，直至战争结束，算起来在这个无名的德国小镇待了半年多。在这半年里，流亡政府由另一个法国人负责，贝当本人虽然住在西格玛林根，但是没有参与这个政府的事务。

从西格玛林根继续向东80公里左右，多瑙河流经第一座大城市乌尔姆（Ulm），这里是巴登—符腾堡和巴伐利亚的交界处，过了乌尔姆就是巴伐利亚了。我前后三次来过乌尔姆市，这座城市有很多出名的理由，包括全世界第一高的大教堂塔楼、一场经典的战役、两位德国名人的一生一死，还有一座堪称世界最美的修道院图书馆。

我第一次听说乌尔姆这个地名，倒不是因为这个城市最出名的儿子爱因斯坦，而是因为研究过拿破仑战争期间的1805年乌尔姆战役。拿破仑是法国大革命之后，19世纪初的军事天才，和普鲁士国王腓特烈大帝、奥地利的欧根亲王等近代其他前辈名将不同之处在于，拿破仑运用一支革命性的军队，创立了很多前代无法想象的作战方法。而他的所有著名战役，通过克劳塞维茨、约米尼等同代人的不断研究、总结，加以系统阐述，催生了《战争论》《战争艺术概论》等名著，进而确立了整个19世纪和20世纪的现代军事原则。所以拿破仑可以说是全世界的现代军事之父。

单单从战无不胜这点来看,拿破仑比不上马其顿王亚历山大大帝和古罗马的恺撒,但对现代军事思想的影响来说,拿破仑是无与伦比的。在所有拿破仑的著名战役当中,最著名的可能是1805年的"三帝会战"奥斯特里茨战役,和他最后失败的1815年滑铁卢战役。但笔者个人的评价,拿破仑一生打得最漂亮的仗并不是奥斯特里茨战役,而是另外两个:一是早期的1796—1797年北意大利战局;二是1805年的乌尔姆战役。1796年拿破仑在北意大利,屯兵坚城之下故意不克,却以此为诱饵,以弱胜强,反复全歼奥军的援兵,利用地形将闪转腾挪的本事发挥到了极致。而1805年乌尔姆战役是另外一个极端:运用分进合击的原则,几路大军把快速机动运用到了极致,还没开战就已经把麦克将军指挥的奥地利主力团团围困在乌尔姆,把"势"字发挥到极致,真正达到战役指挥上"不战而屈人之兵"的境界。笔者曾经访问过俄罗斯以外所有拿破仑战争著名战役的古战场,像马伦戈、奥斯特里茨、耶拿、阿斯佩恩－艾斯林、瓦格拉姆、莱比锡、滑铁卢,现在全都有战场博物馆,但是在乌尔姆城,并没有找到专门的战役纪念博物馆。我不但在网上查不到,到当地的游客服务中心去问也没有。这也难怪,一方面战役双方是法国和奥地利,没有乌尔姆的人;另一方面当时乌尔姆属于奥地利,而奥地利是德意志诸邦中的首邦,奥地利人打了败仗,同为德意志人的乌尔姆也没什么面子,就当没发生过吧。

乌尔姆人最喜欢纪念并为之骄傲的人物是爱因斯坦,他就出生在这里。不过爱因斯坦在乌尔姆待到1岁就举家搬迁去了慕尼黑。他在慕尼黑上小学中,大学是在瑞士苏黎世联邦理工大学,博士学位也是在苏黎世大学拿的,一次大战之前和战后20世纪20年代获得诺贝尔奖是在柏林,1933年受到纳粹迫害之后移居美国,在普林斯顿工作直至去世。应该说以上四座城市在爱因斯坦的一生中是最为重要的城市。但乌尔姆人为自己能够贡献这样一位牛顿之后世界上最伟大的科学家而骄傲。

在这里的商店总能看到纪念爱因斯坦的工艺品和手办,虽说爱因斯坦出生的房子在火车站街20号,二次大战的时候毁于盟军空袭,但这里现在立有一座爱因斯坦纪念碑，由红色大理石立柱搭成一个立方体，庄严肃穆，但印在乌尔姆城的旅游纪念品上的科学家样子更加可爱，也更深入人心：爱因斯坦的漫画像头发蓬乱，瞪大好奇的双眼，吐出舌头神情滑稽，让人顿时消除了那种对高深莫测的数学和物理学的敬畏之感。从爱因斯坦故居纪念碑向东步行600米，有一处爱因斯坦喷泉，喷泉上爱因斯坦的头像，也采用了这个吐舌头的漫画形象。

乌尔姆城另一位和爱因斯坦同时代的名人，说起来知名度不亚于爱因斯坦，他就是二次大战中纳粹德国的名将——"沙漠之狐"隆美尔元帅。隆美尔只比爱因斯坦小12岁，他出生在乌尔姆城以北40公里的小镇，但是后来安家在乌尔姆以西、多瑙河上游7公里的海尔林根镇（Herrlingen），就在乌尔姆郊区。二次大战中德军人才济济，按照中国台湾战略学者钮先钟先生的评价，最杰出的三大名将是曼施泰因、古德里安和隆美尔。以笔者的眼光来看，隆美尔和古德里安的特点胜在进攻犀利，防御战未必擅长，我最推崇的是曼施泰因和凯塞林这两位攻守平衡、在战略和战役指挥两个层次都很成功的全才。无论如何，隆美尔是二次大战当中最有名，也同时受到德国和盟军双方尊敬的将领。他建功立业的主要舞台在北非，1944年6月盟军登陆诺曼底之前，隆美尔负责指挥法国战场的B集团军群。

我还专程去过塞纳河畔当年隆美尔的B集团军群司令部所在地，拉罗什盖扬城堡(Chateau De La Roque-Guyon)。那个地方离巴黎不远，很多游客会去画家莫奈的睡莲池塘故居纪凡尼 (Giverny)，拉罗什盖扬城堡离莫奈故居纪凡尼小镇只有7公里，在塞纳河边的一座小山旁边，从宫殿的背后可以走山腹，登上小山顶上的古代塔楼，可以俯瞰塞纳河的优美风景，而山腹里也正好可以躲避空袭。诺曼底登陆以后的拉锯战中，隆美尔在一次视察前线过程中遭遇盟军空袭，出了车祸，头骨骨折，回到乌尔姆郊外多瑙河边海尔林根镇的家里休养。1944年刺杀希特勒的7月20日事件之后，纳粹认定隆美尔参与了反对希特勒的密谋，于是从最高统帅部派了两名将军来隆美尔家里，逼迫他服毒自杀，交换条件是不公布隆美尔参与密谋这件事，不株连家庭。

隆美尔被逼自杀以后，纳粹在乌尔姆大教堂为他举行了隆重国葬，代表希特勒主持国葬的是老资格的西线总司令伦斯德元帅，但伦斯德并不知道隆美尔死亡的真相，也和一般群众一样以为隆美尔是伤重不治身亡。7月20日刺杀希特勒的反抗分子的确和隆美尔有接触，而且隆美尔的参谋长施派达尔中将是密谋集团的核心人物之一，他活到了战后并成为西德国防军的要员，因此无论战时的纳粹政权，还是战后的西方盟国，都以为隆美尔的确参与了反抗希特勒的密谋。但是战后以隆美尔的传记作者、英国历史学家戴维·欧文的《狐狸的踪迹》一书为代表的比较新的研究证实，隆美尔其实并没有参与密谋，最多是个知情不报之罪。换句话说，他被牵扯了进去但罪不至死，是冤枉的，隆美尔始终都忠于纳粹政权。无论如何，在今天的德国，隆美尔的历史形象是正面的。今天在乌尔姆上游河边的海尔林根镇墓地里，还能找到隆美尔的墓，笔者专门去造访过那里，墓碑比较好找，因为上面有德国非洲军的棕榈树标志。镇子外他服毒自杀的地方，今天有一处纪念碑，用原石砌成，上面有铜制铭牌。隆美尔的非洲军制服和著名的风镜，现在陈列在明斯特市的德国坦克博物馆里。隆美尔的儿子，曼弗雷德·隆美尔在1970年代到1990年代连续担任了20多年斯图加特市市长。

绝大多数游客在来乌尔姆之前，应该都不知道爱因斯坦或隆美尔是这里的人，也不知道拿破仑的乌尔姆战役。他们来这里的原因是乌尔姆大教堂，目前全世界最高的教堂。你在全城的任何地方都绝不会迷失方向，抬头就能看见乌尔姆大教堂高耸入云的哥特式塔楼。我们在前文讲述过弗莱堡、斯特拉斯堡、科隆几座莱茵河畔的哥特式大教堂，后面还会讲到维也纳市中心著名的卡尔大教堂，但在高度上，都要对乌尔姆这座161.5米高的单塔甘拜下风。科隆大教堂拥有全世界最高的双塔，157米，也仅是全欧洲第二高教堂。乌尔姆这座塔楼排名第一。它从1377年开始建造，当时乌尔姆位于多瑙河商路和从德国南下意大利的商路交叉口，又是帝国自由市，也就是直属于皇帝，在德国议会有自己的代表，不受任何诸侯管辖，所以是一座非常富庶的城市。

他们从一开始就想把乌尔姆大教堂建成全世界最高最大的教堂。其实最初的蓝图也没有想过把塔楼造到161.5米这么夸张，随着建造的进行，计划和蓝图也在不断改进。我们知道，中世纪任何一座大教堂的建造都要倾注全城几百年的人力财力物力，如果能在200年左右建成就算是神速了。这座乌尔姆大教堂也是如此，它在整个15世纪，由出自一个家庭的祖孙三代主建筑师，主持了100年的建设，而且这三代里的爷爷还刚刚参与过斯特拉斯堡大教堂的建筑。开工200年以后的1540年代，因为德意志境内宗教战争，也因为地理大发现使得商路从多瑙河转移到了大西洋，乌尔姆的经济地位衰落了，没有足够的财力完成建设，半途停工，此时教堂的主体已经完成，塔楼盖了100来米高。等到19世纪人类终于拥有了完成这项建筑壮举的技术和机械，1850年代继续建造，到1890年全部完工，整个过程超过500年，让人不得不为之赞叹。

我有很多朋友都抱怨过，在欧洲看各种教堂会导致严重的审美疲劳。在欧洲各地，为什么任何城市的主要景点都会包括教堂呢？或许是因为无论中外，古代人类建筑的教堂、寺庙都是当时人们智慧和劳动的结晶，人们出于虔诚或者说迷信，总要把自己最高最好的东西拿来奉献给神祇。于是教堂就成了欧洲最精美和宏伟的建筑。在今天不信仰基督教的笔者来看，教堂体现着精神和信仰的伟大力量。如果说"建筑是凝固的交响乐"，那么古代的宏伟教堂，就是一部对人类战胜自然、超越自我的恒心和毅力的赞美乐章。

在大教堂之外，乌尔姆城并没有特别多地保留古代城市风貌。1944年12月英国皇家空军轰炸乌尔姆，城市的中心几乎完全被毁，大教堂只挨了一颗炸弹轻微受损，可以说是个奇迹，有人说当时盟军轰炸故意避开了大教堂，也有人说轰炸机根本就是以大教堂为瞄准中心，结果周围的建筑物全都炸毁了，教堂反而没事。以我对二战期间轰炸机瞄准设备的了解，我知道前一种说法是不可能的，当时的轰炸不可能做到那么高的精度；倒是后一种说法的可靠性还高一些。但后一种解释也不对，因为那次轰炸的主要目标是附近的两家汽车工厂和兵营，并非市中心居民区。既然我不是基督徒，那还是把教堂的完整归因于单纯的运气吧。今天乌尔姆教堂周围的旧城区保留了一定数量的老建筑，最漂亮的当属市政厅，原来的房子建于16世纪，外墙上有非常漂亮的壁画，今天还能看到它的风采。此外沿河一带也保留了一段城墙和一座古代城门，我们可以想象一下 1630 年代的德意志三十年战争和 1805 年的拿破仑战争时期这座城市的样子。值得一提的是乌尔姆公共图书馆，它是一座玻璃现代建筑，三层以上完全做成金字塔的样子，跟周围的市政厅和红瓦屋顶的老房子大异其趣，任何游客都不会错过这栋醒目的建筑。

  我第一次去乌尔姆就是为了来看乌尔姆教堂，第二次来乌尔姆则是为了探访一处更加隐秘的胜地：维布林根修道院图书馆（Wiblingen Abbey library）。我在前文曾介绍过莱茵河上游瑞士的圣加伦修道院图书馆，当时提到过，我作为读书人，喜欢欣赏美轮美奂的知识殿堂，尤其是欧洲巴洛克时代内饰华丽的图书馆，就算看不懂里面的善本古书，仅仅欣赏巴洛克时代图书馆的内部装饰也好。于是 2016 年我专门在欧洲各地参观了很多此类图书馆，本书范围内会提到其中的四处，前文的瑞士圣加伦修道院图书馆、这里的维布林根修道院图书馆、后面将会提到的蓝色多瑙河瓦豪河谷中的奥地利克莱姆斯修道院图书馆、奥地利皇宫图书馆都在其列。此外不属于莱茵－多瑙流域的还有巴黎国家图书馆阅览室、葡萄牙科因布拉大学、西班牙马德里郊外的埃斯科里亚宫、捷克布拉格市中心的国家图书馆、城堡山背后的斯特拉霍夫修道院、奥地利林茨以南山间的两座修道院（圣弗洛里安和埃德蒙修道院），都是在 2016 年夏天那次长途旅行中完成的。

  维布林根是我那次旅行的最后一站，它是多瑙河右岸的一座小镇，古代不属于左岸的乌尔姆，现代城市扩展后成了郊区的一部分。今天在乌尔姆火车站前坐 3 路或者 8 路公共汽车都可以直接到河对岸的维布林根修道院门口。镇子很安静，街上行人极少，修道院就在镇中心，建于 11 世纪，没有康斯坦茨湖畔的圣加伦或者莱歇瑙岛修道院那么古老，当时属于本笃派修会，当然修道院的房子最初也是罗曼式的。1710 年代整个修道院重修，建筑改成了当时流行的巴洛克式奢华风格，今天修道院的正门和外墙是粉红色的，门洞很宽，门顶是浅浅的半圆拱。这里在拿破仑战争以后已经还俗，不再是修道院了，现在政府部门占用了一部分，乌尔姆大学的医学院占用一部分，但是游客可以参观华

乌尔姆维布林根修道院图书馆

丽的巴洛克式教堂和图书馆。图书馆分两层，二楼的栏杆呈波浪形的曲线，支撑二楼走道的那些柱子，柱头镀金，地板是大理石拼镶的，一楼摆放很多白色大理石女神雕塑，姿态妩媚，配饰和腰带都镀金。天花板上的天顶画也极为富丽堂皇。

布伦海姆大战：哈布斯堡皇朝的早期历史和法德争霸

从乌尔姆沿多瑙河再向下游大约 60 公里，左岸有一个只有 1000 多居民的镇子布林德海姆 (Blindheim)。布林德海姆这个名字是现代改的，以前这里叫作布伦海姆，曾经有名到什么程度呢？新西兰有座城市叫作布伦海姆，英国牛津郊外丘吉尔首相出生的府邸叫作布伦海姆宫，全都是以这个村庄命名的。1704年，神圣罗马帝国、英国和法国在这里打了一场布伦海姆战役，是法德千年争霸史当中一场具有阶段性决定作用的会战，分别成就了英国和奥地利的一代名将，马尔巴勒公爵约翰·丘吉尔和欧根亲王。

查理曼大帝的三个孙子曾在 843 年签订《凡尔登条约》三分帝国，东西法兰克王国的查理曼子孙分别绝嗣以后，从加洛林王朝变成其他王朝，就可以分别被称为德意志王国和法兰西王国了。事实上法兰西这个国号，本身意思就是法兰克人的国家。中间的中法兰克王国，包括意大利、勃艮第、低地国家（现在的荷兰、比利时、卢森堡），就是法德争夺的地区，1000 年以来都是这样。

在这场千年争霸的前 300 年，一般总是德意志王国占上风，962 年德意志王国的奥托大帝建立神圣罗马帝国的时候，将从中法兰克王国分裂出的洛林、意大利囊括在内了，到萨里安皇朝又把勃艮第第二王国收入囊中，等于是整合了当年的东、中两个法兰克王国，"三分天下有其二"。可是后来几百年的大趋势就开始逆转，法国是欧洲第一个完成中央集权的国家，而帝国的皇帝们在和教廷跟各大诸侯的斗争中屡屡受挫，帝国从奥托皇朝的中央强权变成了14—15 世纪卢森堡皇朝和哈布斯堡国王们时代那种脆弱的邦联。

在古代世界，中央集权与封建制度相比，代表了历史进步的方向，有助于国力提高，中国之所以在 2000 年的时间里领先欧洲，就是因为从秦汉时代就完成了欧洲各国到 18 世纪才基本完成的中央集权。因此法国的国力逐渐强盛，对阿尔萨斯、洛林、瑞士西部、低地国家、意大利各地开始了与神圣罗马帝国长达数百年的争夺和蚕食过程。

既然本书前面在施派尔大教堂和卢森堡的章节里，从头追述了帝国从奥托皇朝、萨里安（法兰克尼亚）皇朝、霍亨施陶芬皇朝到卢森堡皇朝和几位哈布斯堡家族的德意志国王交替的王朝历史，涵盖神圣罗马帝国千年的前一半，后 500 年的神圣罗马帝国，将成为哈布斯堡皇朝的舞台。我想，这里应该合适来聊聊哈布斯堡皇朝的前半段，在这个阶段的开始，哈布斯堡皇帝似乎已经拿下了意大利，并且通过联姻对法国形成合围之势。可是随即在三十年战争中一败涂地，太阳王路易十四成为全欧洲的主宰，沿着法德边境全线向莱茵河步步紧逼。1704 年的布伦海姆战役，双方终于达成了一个势力均衡的标志。尽管在后世的拿破仑时代和两次世界大战中，法国和德国的实力对比此消彼长，有时候甚至极度的倾斜，但每次最终都回到了路易十四晚期达成的均衡位置。

在卢森堡那一节，我们说到1437年卢森堡家族的最后一位皇帝西格蒙德驾崩，他身兼皇帝和波希米亚、匈牙利、克罗地亚三个国王，死后无子，卢森堡皇朝结束。西格蒙德皇帝的女婿就是奥地利公爵，哈布斯堡家族的阿尔伯特二世，他当选为下一任德意志国王。我们知道，在卢森堡皇朝开始之前，就曾经有过三位来自哈布斯堡家族的德意志国王，其中第一位鲁道夫一世，为家族攫取了奥地利，成为家族后来600年的牢固基地，他的儿子阿尔伯特一世是瑞士独立英雄威廉·退尔时代的国王，被刺以后才开始了100多年的卢森堡皇朝。以上两位哈布斯堡家族的德意志国王都没有当上皇帝，死后都埋在施派尔大教堂，是那里埋的四位皇帝、四位国王中的两位国王。

卢森堡家族的末代皇帝西格蒙德死后，女婿哈布斯堡家族的德意志国王阿尔伯特二世也没有当过皇帝，他曾经以奥地利公爵的身份帮助岳父皇帝打胡斯战争，后来也继承了岳父的波希米亚、匈牙利、克罗地亚王位，和西格蒙德一样以匈牙利的布达城为宫廷。他死后只有一个遗腹子继承奥地利，当选下一任德意志国王的是哈布斯堡家族的另一支，内奥地利公爵腓特烈，是他的堂弟。此人1440年在法兰克福当选为德意志国王，1452年去罗马由教皇加冕为意大利国王和神圣罗马帝国皇帝腓特烈三世。他是历史上倒数第二个由教皇加冕的皇帝，也是最后一个在罗马加冕的皇帝。他活了将近80岁，在那个时代是了不起的高寿，统治53年，这是个欧洲风云激荡的时代：在他统治期间，文艺复兴在佛罗伦萨开始。1453年奥斯曼帝国攻陷了君士坦丁堡，英法百年战争结束，卡斯特尔女王伊莎贝拉和阿拉贡国王斐迪南结婚，之后他们统一西班牙，完成了从穆斯林手中收复整个西班牙半岛的伟业。但是这位皇帝似乎在这个大时代当中的存在感不强，大家看英法百年战争、文艺复兴、奥斯曼帝国西侵方面的史书，都很少提到这位腓特烈三世皇帝。

腓特烈三世皇帝专注于整合自己家族领地的事务：第一，过去100年哈布斯堡家族分为两支，分别领有奥地利本土和内奥地利，也就是今天奥地利南部的卡林西亚、施泰里亚等地。他自己属于内奥地利的那一支，他堂兄、上一任德意志国王阿尔伯特属于奥地利大公那一支，留下了一个遗腹子，由腓特烈皇帝担任摄政。他就一直想要把堂侄的领地夺过来，重新统一哈布斯堡的奥地利。同时，这个遗腹子堂侄还拥有匈牙利王位继承权，作为摄政的腓特烈皇帝，对欺负孤儿寡母，顺便拿下匈牙利王位也有很大的兴趣。可是匈牙利贵族不想让哈布斯堡的任何一支再掌王权，他们一边抗击土耳其入侵，一边推举自己的大英雄匈雅迪为王。匈雅迪和他的儿子"乌鸦王"马加什两代匈牙利国王都是战争英雄，跟皇帝争夺匈牙利王位，还争夺波希米亚王位，甚至打败了皇帝，把维也纳都占领了。后来这位腓特烈三世皇帝很窝囊地逃到南方格拉茨去避难。可是他活得长呀，一个人把匈雅迪、马加什父子两代匈牙利国王都给熬死了，马加什死后，他不费吹灰之力收复了奥地利。当然，腓特烈三世皇帝丢掉了前面好几代卢森堡皇朝和哈布斯堡家族拥有的波希米亚跟匈牙利两顶王冠，但匈牙利当时正面临着土耳其的步步紧逼，两代之后，匈牙利当时的国王在奥斯曼帝国大军的攻杀之下败亡，匈牙利和波希米亚王冠终究又戴回到哈布斯堡皇帝的头上，那是腓特烈的重孙。匈牙利和哈布斯堡皇朝的恩怨，以及匈牙利国王居然能打进维也纳这些具体细节，我们在讲到匈牙利布达佩斯的时候再细聊。

腓特烈三世皇帝虽然在战场上很少打胜仗，但在联姻方面却独具慧眼：前文在讲述卢森堡历史的时候曾提到过，今天的荷兰、比利时、卢森堡，那时候统称尼德兰，是个低地国家，由法国的勃艮第公爵家族掌握。末代勃艮第公爵大胆查理在向瑞士扩张的时候战死，尼德兰传给了唯一的女儿玛丽。这个时代就是腓特烈三世皇帝的时候，皇帝跟大胆查理明争暗斗，当时查理还没死，被皇帝说服，把女儿嫁给了皇子马克西米利安。于是，整个尼德兰地区后来就通过玛丽，传给了哈布斯堡家族。这可是一个非同小可的外交胜利，因为当时在欧洲，尼德兰地区是首屈一指的富庶之地，除了意大利就是尼德兰了，就这样哈布斯堡家族通过继承尼德兰，为将来进一步扩张势力取得了财源。

1493 年，差不多在哥伦布发现新大陆和西班牙统一的前后，腓特烈三世皇帝驾崩，终于结束了长达 53 年的统治。他虽然不是一个英明神武的统治者，还有些窝囊，可是把这半个世纪做个前后对比，你就会发现，哈布斯堡家族的统治者当中，他真的是个特别会算计，闷声发大财夺取实利的主子。

腓特烈三世的儿子是马克西米利安一世，1477年娶了尼德兰的女继承人勃艮第家族的玛丽，5年后妻子坠马身亡，勃艮第公爵庞大的领地被法德两边瓜分：勃艮第地区回归法国，而尼德兰给了帝国。1492年西班牙完成统一，马克西米利安皇帝跟西班牙的共治国王女王夫妇，斐迪南和伊莎贝拉结成儿女亲家，这对小夫妻后来无福当上皇帝皇后：马克西米利安的儿子菲利普死得比皇帝早，所以日后马克西米利安的孙子，也就是斐迪南和伊莎贝拉夫妇的外孙，哈布斯堡家族的查理五世，就以皇帝的身份继承西班牙王位，这是哈布斯堡历史上势力最强大的一段时间，通过联姻，先继承了欧洲第二富庶的尼德兰，下一代又得到了欧洲当时武力最为强大的西班牙（当时西班牙的步兵方阵几乎天下无敌），外加西班牙的整个美洲殖民帝国！

马克西米利安在父亲腓特烈死后的1490年，开始和法国争夺欧洲最为富庶的意大利，从此开启了绵延70多年的八次意大利战争。笔者在上一本书《阿尔卑斯山的彼方：意大利行走札记》里，系统讲过当时意大利本土的美第奇家族、罗马教廷、米兰公爵、文艺复兴的艺术大师们，和法国、皇帝这两大外来强权在意大利这70年战争中的恩怨纠葛。在此不做赘述，只需要强调，马克西米利安皇帝开启的意大利战争，是为了和已经从百年战争的浩劫中恢复过来的法国争霸，八次意大利战争绝不是这一代能够了结的恩怨。总的来说，马克西米利安皇帝一开始处于下风，法国国王查理八世采取主动。过了两代人的时间，当帝国加上了西班牙的武力跟尼德兰的财力，哈布斯堡家族就完全压倒了瓦罗亚家族。马克西米利安皇帝和英国国王亨利八世是同时代人，他们联手在1513年的马刺之战中打败过法军，而亨利八世，就是那位前后娶过6位妻子，为了教皇不允许离婚，就一怒之下让全国改信新教，开创英国国教会，后来还把两位王后斩首的传奇国王。他的女儿，就是开启英国一代盛世的伊丽莎白一世。

马克西米利安皇帝在教皇朱理二世的同意下，开始启用"当选皇帝"的头衔，也就是说，此后当选就行，不需要经过教皇加冕的程序了。因为皇太子菲利普早死，1519年马克西米利安驾崩后，接替他的是皇长孙——19岁的查理五世皇帝。查理五世是欧洲近代史上最有权力的人，也是欧洲史上继查理曼大帝和奥托大帝之后，最有权力的皇帝。他从祖母那里继承了尼德兰，从祖父那里继承了皇位，从外公外婆那里继承了西班牙和几乎整个美洲！

著名的西班牙殖民者科尔特兹和皮萨罗为他征服了美洲的印加帝国。依靠从美洲源源不断运来的白银，和尼德兰的贸易财富，查理五世和同时代的马丁·路德开启的新教改革做斗争，和奥斯曼土耳其历史上最强大的苏莱曼大帝对抗。他跟法国文艺复兴时的国王弗朗索瓦一世在意大利决一雌雄，甚至在1525年的帕维尔战役中俘虏了法国国王。当时查理五世才25岁，10年以后他又吞并了米兰公国，从此在意大利彻底压倒法国势力。提香给他画过好几幅著名的肖像画。我们前面提到，在莱茵河畔的沃姆斯召开帝国议会期间，马丁·路德应召前来自辩，被皇帝宣布为异端，这位皇帝就是查理五世。后来德意志的新教诸侯结成"施马尔卡尔登同盟"，查理五世皇帝在处理德意志内部新教旧教矛盾的时候恩威并施，并不是一味采取高压手段，在霍姆斯他就容忍了新教的萨克森公爵保护马丁·路德，没有处死路德。他曾经团结所有诸侯一致对外，在意大利战争中打败法国，在匈牙利和海上抗击土耳其帝国的进犯。后来宗教矛盾激化之后，他也在缪尔伯格战役中大败新教诸侯的施马尔卡尔登同盟。提香为查理五世画的最有名的一幅肖像，就是1547年他47岁时，在战役中披甲执矛，策马冲锋的英姿。

但是查理五世皇帝太强大了，也必须在太多的战线上同时作战。历史学家保罗·肯尼迪在名著《大国的兴衰》里就指出，哈布斯堡西班牙帝国的衰落始于查理五世的顶峰时代，即便拥有新世界白银的支持，帝国的野心仍然远远超出资源的许可范畴，导致帝国过度扩张。查理五世和英法两国文艺复兴的一代名王亨利八世，弗朗索瓦一世，土耳其的苏莱曼大帝，文艺复兴三大师达·芬奇、米开朗琪罗、拉斐尔同时代。那个时代的欧洲局势很有意思，就像一盘围棋：哈布斯堡帝国拥有德意志、西班牙、尼德兰，对法国形成包围之势，从那时起，法国历代国王的既定国策，就是联合更靠东的土耳其，反过来包围奥地利，致力于打破哈布斯堡对它的合围。而哈布斯堡家族呢，再联合更靠东的波斯帝国萨法维皇朝，又构成对奥斯曼土耳其帝国的两面夹击。查理五世要同时对付太多条战线，这始终是一个问题。当年罗马帝国也是疆域太辽阔，一个统治中心根本顾不过来，于是戴克里先皇帝在结束三世纪危机之后，把帝国两分，发明了"四帝共治"。查理五世也套用同样的策略：他在生前就把庞大的哈布斯堡帝国一分为二，让儿子腓力二世继承西班牙王位，弟弟斐迪南一世继承德意志国王和帝国皇位。这个划分看上去是自己儿子吃亏，其实不然，查理五世还是很偏心的：西班牙是欧洲最强大的国家，还拥有美洲的财富，尼德兰这块富庶之地也给了西班牙。弟弟斐迪南虽然拥有皇帝的虚衔，但德意志比尼德兰穷得多，同时还要面对土耳其帝国的进攻。

查理五世的亲弟弟斐迪南一世皇帝，在兄弟俩很年轻的时候就代替哥哥当上了奥地利大公，一直以哥哥的名义在德意志代行统治权。他这么做还有一个便利条件，就是他们的爷爷，马克西米利安一世除了和西班牙联姻之外，还给孙子斐迪南定了一门巧妙的娃娃亲，和当时波希米亚兼匈牙利国王家族联姻。在1526年灾难性的莫哈克战役中，匈牙利王国的抵抗被苏莱曼大帝的土耳其帝国彻底打垮，国王战死，波希米亚、匈牙利、克罗地亚三顶王冠，就因为联姻而由斐迪南继承，落回到哈布斯堡家族的头上。这样，斐迪南正好统领奥地利、匈牙利、德意志，构成哈布斯堡帝国的东半部，和奥斯曼土耳其帝国死磕。1529年查理五世皇帝29岁，弟弟斐迪南大公26岁，苏莱曼大帝35岁，那年苏莱曼大帝挥军西进，直抵维也纳，斐迪南在皇兄不在的情况下，直接指挥了第一次维也纳围城战的防御行动，成功守住了城池。1557年57岁的查理五世彻底退休，去西班牙内陆的一座修道院隐居，次年病死，弟弟斐迪南大公成为皇帝斐迪南一世。查理的宫廷在布鲁塞尔，他对尼德兰和西班牙的事务更加重视，斐迪南皇帝的宫廷在维也纳，从十几岁开始就以哥哥的名义代行德意志的统治权，他对新教的政策也比哥哥灵活和容忍。缪尔贝格战役打败了德意志新教联盟以后，斐迪南出面和德意志诸侯签订和约，确立了各个诸侯有权在自己的领地内决定宗教信仰，这是个相当宽容的妥协办法，所以斐迪南在德意志诸邦的威望，反而高于哥哥查理五世，他在德意志范围内对各个诸侯相当容忍，但在奥地利、匈牙利、波希米亚这三个属于哈布斯堡家族领地的国家，施行集权统治。

斐迪南一世的儿子是马克西米利安二世皇帝，他是第一个不在亚琛加冕的德意志国王，跟堂兄西班牙国王腓力二世的关系也不好，因为腓力二世想要争夺皇帝的头衔，让马克西米利安只当德意志国王，据说还给堂弟下过毒。马克西米利安二世时代，欧洲发生了几件特别重大的历史事件，首先是1568年尼德兰17省中的北部7省起义（这就是日后的荷兰），反抗西班牙国王腓力二世对新教的不容忍态度。荷兰的独立战争旷日持久，是拖垮西班牙王国的主要原因。然后是奥斯曼帝国从海上西侵，1571年雷班托大海战，基督教联军几乎全歼土耳其舰队，遏制了土耳其海上的侵略步伐。在法国，弗朗索瓦国王的儿子、亨利二世国王在和侍卫长比剑的时候出了事故意外身亡，他的三个儿子弗朗索瓦二世、查理九世、亨利三世先后登上王位，全都年轻轻死亡没有儿子，法国的瓦罗亚王朝绝嗣。亨利二世的王后，三位年轻国王的太后卡特琳·德·美第奇为了阻止女婿波旁家族的新教徒亨利继位，在1572年发动了圣巴托罗缪日大屠杀。这就是大仲马小说《玛尔戈王后》的历史背景。以上种种，都发生在马克西米利安二世皇帝一朝。

马克西米利安二世当权12年，1576年病死以后，长子鲁道夫二世、次子马希亚斯相继当上皇帝。兄弟俩一反父亲和祖父的宗教宽容政策，对新教特别无法容忍，很可能因为鲁道夫二世在整个11—19岁的青少年时期是在舅舅兼堂叔、西班牙国王腓力二世的宫廷里受的教育。他们和英国历史上一代名主伊丽莎白女王同时代，就是在他们的时代，1588年腓力二世派出的西班牙无敌舰队被伊丽莎白女王的英国海军打败，从此英国和荷兰的国力蒸蒸日上，哈布斯堡长支的西班牙开始衰落。鲁道夫二世算是个昏君，不太过问政事，喜欢各种科学知识，比如化学（炼金术）和天文学（星相），还喜欢研究各种机械和珠宝，支持开普勒研究天文。他非常喜欢艺术，鲁道夫二世皇帝到处收藏北方文艺复兴著名画家老勃鲁盖尔和丢勒的画作，请开创巴洛克绘画的意大利大师卡拉瓦乔作画。关于北方文艺复兴，我们后面在讲纽伦堡的时候还会提及。鲁道夫二世开始的皇家收藏，后来传到近现代，构成了我们今天在维也纳艺术历史博物馆看到的名画收藏的核心。他还令人制作过一顶皇冠，叫作鲁道夫二世冠，是以后历代哈布斯堡家族皇帝加冕用的皇冠，今天可以在维也纳霍夫堡皇宫的珍宝馆见到。这个时代也是法国预言家诺查丹玛斯的时代，据说诺查丹玛斯还给鲁道夫皇帝做过预言。这位皇帝的生活是如此多姿多彩，就像中国历史上的李后主和宋徽宗，绝对是荒疏政事的艺术家君主，结果还真是被弟弟马希亚斯篡了位。马希亚斯一开始替哥哥鲁道夫二世皇帝绥靖匈牙利，逐渐掌握朝中实权，1606年干脆宣布皇帝发疯了，自己摄政，更在1612年哥哥死后成了皇帝，兼任波希米亚、匈牙利、克罗地亚国王。

这兄弟两人都对新教采取完全不容忍的态度，哥哥鲁道夫是因为在西班牙宫廷受的教育，弟弟马希亚斯是受的旧教耶稣会教育。他们的迫害，激起了德意志各地的新教徒反抗，最终酿成马希亚斯朝开始的德意志三十年战争。这是一场全欧洲大战，从1618年打到1648年，马希亚斯皇帝本人是看不到结局了，他死于战争开始以后的第二年1619年。兄弟俩都没有儿子，皇位传给了另一个弟弟的儿子，就是他们的侄子斐迪南二世。马希亚斯皇帝开始在维也纳修建皇家墓穴，和郊外的美泉宫。我们后面讲到维也纳的时候，会浓墨重彩地写这两处景点。

斐迪南二世皇帝也没能看到德意志三十年战争的结局，他病死于1637年，传位给儿子斐迪南三世。所以，德意志三十年战争横跨了哈布斯堡家三代人。始作俑者鲁道夫和马希亚斯这对兄弟是最应该为战败负责的：他们的爷爷查理和斐迪南兄弟也都是皇帝，施行的宽容政策本来已经让哈布斯堡走上了通向欧洲霸权的道路，他们的父亲马克西米利安二世也是一个开明的皇帝，但到了这对兄弟败家子手里，其冥顽不化，非要把勉强愈合的宗教伤口撕开，搞什么思想纯正，逼反新教诸侯的同时，也把欧洲各地的新教诸侯牵扯进来，最后被同样信奉旧教的法国釜底抽薪、反戈一击，使得德意志四分五裂。

德意志三十年战争的时代，大致和明亡清兴这段时间重合：德意志三十年战争是1618—1648年，开战的那年，正好是努尔哈赤以"七大恨"誓师进攻明朝的节骨点。李自成攻破北京、清军入关是1644年，德意志三十年战争结束的1648年，是多尔衮摄政，追剿南明政权的时候。德意志三十年战争的导火索在波希米亚首都布拉格：波希米亚人大多数信仰新教，不愿意让极端守旧的皇帝兼任波希米亚国王，在一次民变当中，把皇帝派来的官吏扔到王宫的窗外，史称"第二次扔出窗外事件"。顺便说一句，第一次发生在200年前，是布拉格人听说卢森堡皇朝的西格蒙德皇帝在康斯坦茨宗教大会烧死了新教思想家胡斯，把皇帝的官吏扔出市政厅窗口，开始了绵延近20年的"胡斯战争"。波希米亚人邀请信仰新教的选帝侯之一、普法尔茨选帝侯菲德列来当国王，菲德列前来上任，被皇帝手下的天主教联盟总司令提利伯爵和列支敦士登亲王在白山战役中击败。德意志新教徒的失利牵动了全欧洲新教徒的心，同样信奉新教的丹麦国王举兵入侵神圣罗马帝国。这次，提利伯爵指挥德意志天主教诸侯联军，捷克贵族瓦伦斯坦公爵又用私人财产为皇帝招募了一支属于皇家的大军，并从提利手中接过指挥权，就任帝国军队总司令，一举打败了丹麦国王、德意志内部新教的雇佣军，和匈牙利北部半独立的特兰西瓦尼亚新教君主三支军队。一时间，似乎这场宗教战争就要结束了。但这场战争最大的英雄才刚刚登场，他就是帝国以外，远在北欧的瑞典国王古斯塔夫-阿道夫。这位瑞典国王锻造了一支全新的近代化军队，和他同时代的英国资产阶级革命中涌现出来的"护国主"独裁者克伦威尔也锻造了一支近代化的"新模范军"，这两支军队可以说是开了欧洲近代军事革命的先声。瑞典国王古斯塔夫-阿道夫被后世的军事学家认为是欧洲近代军事之父，他指挥瑞典军队介入德意志内战，同时瓦伦斯坦因为跟斐迪南二世皇帝不和辞职。提利伯爵指挥帝国军队在1631年的布莱登菲尔德战役中，败给瑞典国王古斯塔夫-阿道夫，他身受重伤，退到多瑙河边的英戈尔施塔特城被围困，伤重而死。瓦伦斯坦公爵受命再次出山和瑞典国王古斯塔夫-阿道夫对阵，在1632年的吕岑会战中，瑞典军再次获胜，但是一代将星古斯塔夫-阿道夫在混战中阵亡。奇怪的是，瓦伦斯坦此后并没有趁瑞典国君新丧而发起反击，反而拥兵自重，想要夺取帝国的实权，趁乱实践自己统一德意志的异志，1634年被斐迪南二世皇帝派人刺杀于波希米亚。瓦伦斯坦和古斯塔夫－阿道夫两人死后，瑞典军队在霍亨林登战役大败，战争似乎再次会以皇帝和天主教一方的胜利作为结束。但是，此时隐藏在德意志新教背后的大老板出场了，他就是主政法国的黎塞留红衣主教。

当时法国已经是波旁王朝：前文提到过的瓦罗亚家族绝后，尽管王太后发动了圣巴托罗缪日大屠杀，但女婿亨利·波旁还是逃过一劫，最终以改宗天主教作为交换条件，登上了法国王位，这就是一代名王亨利四世，也是波旁家族的第一位法国国王。亨利四世的儿子是路易十三，路易十三的首相是红衣主教黎塞留。在大仲马的小说《三个火枪手》里面，路易十三的王后安娜和英国的白金汉公爵有私情，火枪手们出发英国为王后取回可能令私情败露的信物，一路上排除了奸臣首相黎塞留主教的种种干扰。这部小说就是用的这个历史背景。但是小说半真半假：黎塞留非但不是奸臣，简直是法国历史上首屈一指的伟大政治家。他很清楚法国的利益在于打破哈布斯堡家族的包围，尽管法国是天主教国家，他自己还是红衣主教，但是为了国家的利益，黎塞留一直暗中支持德意志新教联盟，给皇帝使绊子。后来瑞典新锐军队也告失败，法国就走上了前台，正式出兵对皇帝和西班牙国王作战。1642年和1643年，路易十三黎塞留和君臣先后去世，继任首相马扎然辅佐5岁的小国王路易十四，依靠法国强大的军事和财政力量最终打赢了德意志三十年战争。这场战争使得整个德意志分裂成300多个独立的小诸侯，尼德兰北部7省从西班牙统治下独立成为荷兰，西班牙朝廷财政破产，奥地利皇帝的威望一落千丈，神圣罗马帝国再也不可能统一了。

德意志三十年战争结束的时候，奥地利皇帝是斐迪南二世的儿子斐迪南三世。其实他比父亲更加务实也更能干，战争的失败是欧洲的大势所趋，经济政治各方面的实力打不过法国，跟他个人的关系不大。在登基之前，他曾参与过刺杀前任帝国军队总司令瓦伦斯坦公爵，并自任军队总司令，在将领辅佐下打赢了诺德林根战役，算是个能干的皇帝。德意志三十年战争当中皇室虽然惨败，但还有两点幸运之处：其一是当时土耳其国内也正在经历内乱，无暇和法国夹攻哈布斯堡帝国；其二是战争的破坏虽大，基本局限于德意志诸邦，哈布斯堡家族自己的地盘奥地利、波希米亚、匈牙利的西部受到的影响稍小。这就为哈布斯堡帝国日后的恢复埋下了伏笔。

法国那边呢，不但打赢了德意志三十年战争，而且这位 5 岁登基的路易十四在马扎然首相的辅佐下，平定贵族叛乱，稳定内政，建立起强大的中央集权的财政税收体系。有了钱，法国就能拥有一支数量和装备上冠绝全欧洲的军队，再加上路易十四朝前期指挥法军的蒂雷纳元帅和孔代亲王皆是一代名将，因此路易十四亲政以后，整个 17 世纪后半期沿着东部边境频频对帝国诸侯发动进攻，吞并阿尔萨斯和洛林，全线推进到莱茵河一线，甚至在 1690 年代的普法尔茨继承战当中，越过莱茵河占领过海德堡等地。前面我们提到沿着莱茵河谷和海德堡，很多宫殿和城堡都成了废墟，大部分就是太阳王时代法军攻略莱茵河导致的。

但奥地利这边在 17 世纪后半期也没有闲着。斐迪南三世开始加强家族领地的皇权（奥地利、波希米亚、半个匈牙利），建立起常备军。1657 年斐迪南三世驾崩，长子早逝，便传位给次子——更加能干的利奥波德一世皇帝。利奥波德在位近 47 年，常年两线作战：西边对付太阳王路易十四，东边对付复兴的奥斯曼土耳其帝国。西班牙虽然和奥地利出于同宗，但在尼德兰对付荷兰起义跟背后支持的法国上，已经筋疲力尽，根本帮不上什么忙。但利奥波德皇帝在他的时代里多了一个强有力的帮手：英国。当时的英国早已过了伊丽莎白女王和莎士比亚的黄金时代。女王一生未嫁，死后传位给表亲——苏格兰的斯图亚特家族，从此英格兰苏格兰统一，但是英国爆发革命，查理一世上了断头台，护国主克伦威尔独裁。这一段是德意志三十年战争期间的事情。克伦威尔死后，斯图亚特王朝流亡的查理二世在太阳王支持下复辟，所以英法关系一度很好。也就在这个时代，英国跟新独立的荷兰在海上争霸，英法联起手来打击荷兰，结束了荷兰的黄金时代。可是斯图亚特王朝在查理二世之后的国王詹姆斯二世想在国内恢复天主教的统治地位。要知道，英国从伊丽莎白女王的父亲，亨利八世的时候就改宗新教的英国国教会，詹姆斯国王一下子得罪了全国人民，于是1688年"光荣革命"，英国驱逐亲法的詹姆斯二世，迎接新教徒荷兰的奥兰治亲王威廉为国王。这一下子，欧洲局势剧变：本来亲法的斯图亚特王朝的英国，变成跟荷兰站在一起反对太阳王。路易十四被孤立了。英国的支持对皇帝意义巨大：英国完成了资产阶级革命，他们的财力比法国更强，而奥地利皇帝要强军，缺的就是钱。利奥波德皇帝面对的第一个危机是匈牙利叛乱加上土耳其大举入侵。当时土耳其经过三代科普鲁鲁家族大宰相的复兴图强，已经恢复了国力，正赶上哈布斯堡统治的那部分匈牙利国土贵族叛乱，引土耳其进攻奥地利，于是1683年大宰相卡拉·穆斯塔法统率十几万大军围困维也纳。这就是第二次维也纳围城战。

　　这次重大的战役过程，我们后面聊维也纳的时候再详细讲，但围城战的结果是欧洲军队一劳永逸地打败了土耳其。德意志诸侯联军在总司令——流亡的洛林公爵指挥下，会合来援的波兰国王索比斯基，在维也纳城下大败土耳其，大宰相逃回后方被苏丹处决。此后欧洲各国兴起了新的东征土耳其热潮，史称神圣同盟战争，到1699年双方讲和的时候，哈布斯堡是最大的赢家：不仅在道义上站在征讨异教徒的制高点，连太阳王也不敢公然反对它，而且光复了匈牙利全境。

　　在西线，太阳王的法国过于强大，引起英国、西班牙、荷兰、德意志帝国联手反制。前文提到1689年，太阳王要为自己的弟媳妇争取普法尔茨选帝侯爵位的继承权，打过莱茵河，遭欧洲列国联手抗击，结果双方平手，法国放弃了对选帝侯位子的要求，因为太阳王盯上了下一块更肥的肉：西班牙王位的继承权。

　　此前100多年，西班牙国王一直是查理五世皇帝的儿子腓力二世的后代，哈布斯堡家族的长支。皇帝这一系因为是查理的弟弟斐迪南的后代，反而是幼支。现在，哈布斯堡在西班牙的末代国王是个智障者，而且生不出后代。而太阳王的第一个妻子是西班牙公主，因姻亲关系，太阳王主张由自己的孙子继承西班牙王位。奥地利这边，皇室同样和西班牙是近亲，利奥波德皇帝主张由二皇子继承西班牙王位。西班牙归属波旁家族还是哈布斯堡家族，决定着欧洲的势力平衡，况且西班牙还领有尼德兰没有独立出去的10个省（大致相当于日后的比利时），意大利南部的西西里和那不勒斯王国，美洲的殖民帝国，这都是富庶之地。西班牙人自己的态度呢？他们为了自己国家的前途，想要傍一个大款，所以主张由法国波旁王室来当国王。1701年，利奥波德皇帝刚刚结束了跟土耳其的战争，马上和欧洲所有列强联起手来，对太阳王统治下的法国开展了一场大战：西班牙王位继承战。它将决定欧洲未来的归属。

战争的头两年双方打成僵局。1704年，就在我这次探访的布林德海姆，当时叫作布伦海姆的小村庄，爆发了战争的决定性会战：布伦海姆战役。当时奥军总司令是一代名将欧根亲王，已经在之前对土耳其的战争中打出了名气。他在德意志南部，面对法国和巴伐利亚联军，兵力占劣势。另一个战场是尼德兰。在这里，英国的马尔巴勒公爵约翰·丘吉尔指挥英国和荷兰联军，也在跟法军对峙。丘吉尔和欧根亲王虽然在不同战场，但都不是甘心接受僵持现状的人。丘吉尔出奇谋，突然甩开面前的法军，甚至提前不告诉荷兰盟友，指挥部下沿着莱茵河边一路上溯，千里无后方大跃进，出乎法国人的意料，从北方战场跳到南方战场和欧根亲王的奥军会合，两支兵力联合起来，实力和南方战场的法国、巴伐利亚联军相当，可以有所作为了。

8月的一天，法军和英奥联军在多瑙河北岸的布伦海姆村外摆开战场，法军面对下游方向，右翼依托河边的布伦海姆村，村前有条小河，河背后是缓缓上升的草坡，地形对防御极为有利。中央和左翼各自依托村庄，左翼顶点有森林掩护，英奥联军迂回不过去，只能正面强攻。英奥联军面对上游方向，马尔巴勒公爵指挥河边的左翼，面对布伦海姆村，欧根亲王指挥内陆的右翼，同时发动强攻。英奥联军总兵力比法军少，地形又不利，关键是法军的素质还优于联军，指挥左右两翼的两位法国元帅高枕无忧，根本不担心对手的攻势会得逞。联军马尔巴勒公爵和欧根亲王两位统帅素称名将，战役一开始的表现仅仅是指挥部队不计代价地正面猛攻，似乎不像是一代名将的风范，但这其实是在故意调动对手。随着战况越来越激烈，两翼的法国守军逐步抽调中央步兵增援两翼作战，尤其在法军右翼顶点，河边的布伦海姆村，更是集中了全军主力，战线中央只剩下全部的骑兵预备队和 6 个营步兵看守。联军两翼的进攻伤亡惨重，但是成功地调动了法军主力并且将他们牢牢钉死在两翼。激战一整天以后，联军于第三天下午 5 点突然亮出底牌：全军骑兵 72 个中队和步兵 18 个营的预备队，相当于全军三分之一的兵力中央突破，法军防线中央的骑兵被驱散，步兵只有 6 个营还全都是新兵。说起来太阳王麾下的法军的确了不起，6 个营新兵居然也能死战不退，最后保持方阵队形，全部战死在阵地上。但联军的指挥棋高一着：先在地形不允许机动，总兵力稍占劣势的情况下，积极进攻调动对手，制造出空当，然后全力一击中央突破，再从中央向左迂回，把法军主力密集包围在布伦海姆村里，法军根本发挥不出数量优势。这一仗是整个 18 世纪最著名的一仗，也决定了西班牙王位继承今后 10 年的走向——太阳王称霸欧洲的脚步，在布伦海姆被逼停，欧洲列强的势力均衡局面从此恢复。

整场战争在布伦海姆战役以后断断续续又打了将近 10 年。利奥波德一世皇帝在布伦海姆战役第二年驾崩，继承人是两个儿子，约瑟夫一世和查理六世。约瑟夫一世是长子，在位 6 年以后出天花驾崩，也没能看到战争的结束。他只有两个女儿没有儿子，所以由弟弟查理六世继位。查理六世就是和法国竞争西班牙王位的那位皇子，原先没有想到自己会继承皇位。等到他 1711 年登基之后，最重要的盟友英国顾虑，如果哈布斯堡打赢了战争，继续奥地利—西班牙联合包围法国的形势，其未来可能成为欧洲霸主，这是英国不愿意看到的，所以退出了战争。没有英国的财政支持，奥地利也打不下去，于是 1714 年欧洲列强结束了西班牙王位继承战，尽管欧根亲王和马尔巴勒公爵分别指挥部队，在战场上一次次打败法军，最终还是由太阳王的孙子继承了西班牙王位。难道波旁家族继承了西班牙，就意味着法国最终获胜了吗？这场战争的实质，其实根本不在于西班牙王位的归属，而在于欧洲列强联合遏制了法国扩张的势头。西班牙人本身希望法国人当国王，在战争的头两年，反法同盟也根本没有对继承权提出异议，奥地利坚决主张继承权其实是后来的附加条件。这场战争中，联军的目的始终是防止西班牙帝国的全部资产都落到法国手中。所以，波旁家族虽然得到了王位，但是西班牙所属的两块欧洲最富裕的地区，尼德兰和意大利南部的那不勒斯，都转归奥地利所有，并且西班牙承诺未来绝不和法国合并。这个结果是双方都可以接受的妥协。在布伦海姆战役之前，太阳王路易十四一直在欧洲大陆采取咄咄逼人的侵略扩张态势。而此战之后，法军在战场上连连失败，虽然并不会导致法国的崩溃，但是注定了今后的欧洲，法德争霸将恢复从前的均势，法国从唯一超级大国变成了列强之一。

今天，多瑙河边的布林德海姆小镇宁静悠然，根本看不出这里曾发生过决定欧洲未来格局的大战，村里也找不到纪念当年战役的战场博物馆。我只匆匆开车在村子周遭转了转，踏勘一下地形。300年了，周遭形势变化不大，作为法军当年中央和左翼支撑点的两个村落已经找不到了。但是防线面前的小溪还在，小溪以西渐渐隆起的坡地还是一样。我没有在布伦海姆战场停留多长时间，继续向多瑙河下游75公里的英戈尔施塔特（Ingolstadt）进发。

英戈尔施塔特

英戈尔施塔特在巴伐利亚算是一座比较大的城市，人口将近14万，在巴伐利亚排名第五。位于北岸的老城区古代风貌原样保持得比较好，不像乌尔姆基本上是一座现代化城市。但我后面会讲述巴伐利亚的其他几座历史风貌保存更加完整、风景更加秀丽的城市。英戈尔施塔特作为古城，在这方面不算特别突出。它在历史文化方面有其他出名的地方。我前面提到，德意志三十年战争中，第一位出任帝国军队总司令的提利伯爵，是仅次于瓦伦斯坦的名将。在1631年布莱登菲尔德战役中，对阵近代军事之父——瑞典国王古斯塔夫-阿道夫，结果战败受伤，就是退到英戈尔施塔特这里，最后伤重不治，死于围城之中。但英戈尔施塔特城防坚固，后来成了极少数没有被瑞典军队攻破过的德意志城市之一。

另一个出名之处是，19世纪英国女作家玛丽·雪莱，也是诗人雪莱的遗孀，写过一部至今特别有名的科幻恐怖小说《弗兰肯斯坦》，就是以英戈尔施塔特为背景，说某一位叫作弗兰肯斯坦的医学狂人一手制造出了一个人类，但是造得不好，制造出来的奇形怪状的怪人反过来想要消灭这位制造者。我也不知道为什么雪莱夫人要把这个故事的背景，放到这样一座与世无争的中等城市。直到今天，英戈尔施塔特还挺为自己是虚构故事的发生地而自豪的，在旅游纪念品店总能看到以《弗兰肯斯坦》为主题的纪念品。雪莱夫人的文学才华不亚于她英年早逝的诗人丈夫。在19世纪，掀起一股中世纪怀旧风尚，我们曾经提到过当时建筑学上面仿造中世纪的"哥特复兴风格""罗曼复兴风格"，比如伦敦的议会大厦和塔桥。在文学领域，当时同样有"哥特式小说"这个风潮，可以认为这种小说就类似惊悚恐怖小说。比如雪莱夫人的这部《弗兰肯斯坦》，还有爱伦·坡的惊险侦探小说，和描写吸血鬼德拉库拉伯爵的小说《德拉库拉》，这些都是直到今天仍然流行的哥特式小说代表作。

不过我来英戈尔施塔特的真正目的，是去参观这里的奥迪汽车博物馆。德国奥迪汽车现在是大众汽车公司旗下独立运营的分公司，它的总部就在英戈尔施塔特。说起来，奥迪的历史比大众要早：创始人奥古斯特·霍赫（August Horch）开办了他的第二家汽车制造厂，他10年前在科隆开办过另一家厂。霍赫的第二家厂后来跟其他三家汽车制造厂合并，1932年组成今天的奥迪。所以奥迪汽车的标志四个圆环，意思就是四家合在一起的汽车厂，而创始人霍赫这个姓，德文的意思是"听"，把这个词翻译成拉丁文就是奥迪，汽车的牌子就是这么来的。不过当时奥迪的厂址不在巴伐利亚，而在德国东部。

奥迪汽车公司现在是德国大众集团的一部分。按照销量来说，德国大众是如今全世界销量最大的汽车品牌，不但超过了美国通用，而且在2016年以后也超越了日本丰田。不过大众汽车的历史比其他德国主要公司都短得多，1938年希特勒在德国推广低价的家用汽车，这才催生了大众汽车公司，当时大众汽车是纳粹的国有企业，拥有者是德国劳工阵线，也就是纳粹党的工会组织，当时大众项目请到了波尔舍（Porsche）博士来做首席设计师，这个名字在香港翻译成"保时捷"，也就是保时捷汽车的创始人。波尔舍团队里设计大众汽车著名的甲壳虫外形的，就是当时奥迪公司的总设计师。可以说大众汽车是当时集德国汽车行业精英搞出来的国家项目。大众汽车的总部在德国北部，柏林以西的沃尔夫堡，也有他们自己的大众汽车博物馆，我在 2014 年还去看过。当然，战后大众汽车公司与纳粹国家脱钩了，一开始由英国占领军接收，为英国人生产军用汽车。1948 年英国人想把大众公司无偿赠送给美国福特汽车公司，福特的总裁来德国看过，觉得这家公司一文不值，当场就拒绝了。于是大众汽车作为私营企业独立发展，变成了今天的世界第一。

奥迪汽车的历史也很有戏剧性，因为战前它位于德国东部，1945 年被苏联解放以后，苏军拆走了工厂里的所有机器运回国，奥迪汽车完全消亡了。40 年代后期，奥迪汽车原来的经理人员跑到德国南方的美军管理区，在巴伐利亚政府的资助下重新建立奥迪公司，这才是今天英戈尔施塔特的奥迪总部。1960 年代德国大众收购了奥迪公司。奥迪原来在德国东部那个被苏军拆空的工厂原址，随着东德的建设也恢复了生产，两德统一之后，这个在原址上重建的公司也被大众收购，现在奥迪的战前战后两个分身，竟然又统一到了大众的旗下，属于同一家公司了。

除了德国大众的总部在柏林附近以外，德国那些著名汽车公司的总部都在南部，而且都有博物馆。笔者曾逐个参观过慕尼黑的宝马博物馆、斯图加特的奔驰和保时捷两个博物馆、英戈尔施塔特的奥迪博物馆和沃尔夫堡的大众博物馆。日本的本田、丰田，意大利的菲亚特、兰博基尼、法拉利博物馆也都去过。所有这些博物馆各有特色，论布展水平，个人最喜欢的是菲亚特和奔驰两处。奥迪汽车博物馆坐落于旧城以北 3 公里的公司总部，是一座现代化的三层圆形玻璃大楼，和周围其他建筑群的风格颇为统一。这里能够看到的汽车中，最好的是那些 1920—1930 年代的豪华敞篷汽车，完全没有批量生产的汽车那种千篇一律的雷同感，每一辆都像是手工生产精心打磨的艺术品。另外几辆引人注目的展品是所谓"都市概念车"，公司为探索未来汽车外形的发展方向而制造的实验品，从未量产，每个型号仅此一辆，每一辆看上去都圆乎乎的，像是科幻电影里的汽车。

英戈尔施塔特旧城中心还有一处漂亮的地方——圣母玛利亚胜利教堂，是由阿萨姆兄弟建造的。阿萨姆兄弟是 18 世纪德国南部的建筑师，兼雕塑家和画家，他们兄弟俩是洛可可风格建筑在德国最杰出的代表，兄弟两个多才多艺，经常一起工作而且一手包办建筑工程的雕塑、壁画装饰，这样建筑的整体效果特别和谐统一。他们在巴伐利亚留下了很多教堂，由他们设计的教堂在德国称为"阿萨姆教堂"，每一座的内部装饰都会让你惊掉下巴。比如这座英戈尔施塔特的圣母玛利亚胜利教堂，天顶画是明亮的浅色系，光是画框就蜿蜒复杂至极。这就是巴洛克建筑发展到晚期出现的洛可可风格的特点之一：永远不用直线，用复杂卷曲的缠枝花叶来掩饰边框的直线，角上往往还有画出来的立体小天使，一只脚伸出框外，却不是画出来的，而是立体的雕塑，这样让你根本分不清天顶壁画边上是雕塑还是平面的绘画，让人觉得饶有兴味。如果你和我一样喜欢看阿萨姆兄弟的洛可可室内装饰风格，在巴伐利亚就有好几座教堂可以看，如果只来得及挑一座参观，我建议去多瑙河下游方向 50 公里的维尔滕堡修道院，因为那里不仅有阿萨姆兄弟的建筑，还有著名的啤酒。

维尔滕堡修道院

多瑙河离开英戈尔施塔特之后，从向东逐渐改向北流，这一路的河面变窄，沿途的山也逐渐高耸。河水在这一段山谷里左冲右突寻找出路，在维尔滕堡修道院附近，竟然由南向北紧急拐了一个 180 度的发夹弯，把右岸围成一处半岛，维尔滕堡修道院就坐落在这处急转弯形成的半岛上，被河水包围，周围是连绵青山。这里离更下游的雷根斯堡古城 30 公里，离上游英戈尔施塔特 50 公里，最好是自驾，也可以坐定点的游轮来。笔者非常喜欢这个地方，因为这里幽静，外国游客很少，却有很多德国游客来这里看这座修道院教堂，还有德国最古老的修道院啤酒厂，出产的啤酒特别好喝。

维尔滕堡修道院是整个巴伐利亚最古老的修道院，建于 617 年，相当于唐朝，欧洲当时还是墨洛温朝的法兰克王国时代，这座修道院比前面讲过的康斯坦茨湖畔的瑞士圣加伦、德国莱歇瑙、乌尔姆郊外的维布林根修道院都更加古老。但是修道院在18世纪初聘请阿萨姆兄弟主持重建了整个修道院建筑,所以今天你来这里,一眼看上去不会觉得这里的建筑有多古老。洛可可风格是巴洛克风格发展到晚期的称谓,所以很多这个时期的建筑,有的书上称为晚期巴洛克,甚至简单地只说是巴洛克,也有的称为洛可可,其实都不算错。巴洛克艺术风格在基本建筑外形比例上,秉承意大利文艺复兴风格,不像哥特建筑那么高耸,讲究平衡,这座修道院占地面积很大,只有四层楼,外表上看不出什么特殊的。更加讲究的巴洛克建筑,比如教堂和宫殿,会在墙上和屋顶上做很多曲线飘逸的人物雕塑,把正门做成凸出来或者凹进去的弧形,两边有立柱,门楣上方两侧用弧线山墙装饰。但是无论如何,巴洛克在外形上绝不像哥特式那么令人一见倾心。如果说哥特式的功夫做在外形上,巴洛克建筑的真正功夫,是在室内装饰上。

巴洛克风格的教堂,是17世纪上半叶从罗马兴起的,当时被教会用来对抗方兴未艾的新教改革运动,把建筑,尤其是教堂里的圣坛做得令人惊叹,强调戏剧性效果,开创巴洛克建筑风格的大师是贝尼尼和波洛米尼。笔者在上一

维尔滕堡修道院教堂天顶画

本书《阿尔卑斯山的彼方：意大利行走札记》里，详细讲过贝尼尼在罗马的建筑。今天在意大利和奥地利、德国南部巴伐利亚这些历史上信奉旧教的地区，都可以看到很多巴洛克风格的华丽教堂，最著名的例子就是梵蒂冈圣彼得大教堂。它的外形是文艺复兴风格，但内部装饰由贝尼尼一手设计，属于纯正而华丽的巴洛克风格。另外，后面讲到维也纳的时候，还有很多巴洛克风格的杰出教堂，这里就不再赘述了。

洛可可作为晚期巴洛克的极端化，把富丽的装饰风格推向了极致，变得有些烦琐。教你一个最简单的分辨巴洛克和洛可可的办法：看柱子——如果柱子还是直的，那是巴洛克，如果柱子是螺旋状的，那是洛可可。就像这座维尔滕堡修道院的教堂，主圣坛两侧的柱子就是螺旋柱。圣坛中央的圣乔治杀龙的雕像金光闪闪，无论是圣坛雕塑还是教堂里作为装饰的浮雕，所有人物完全没有中世纪绘画雕塑里的那种板正和肃穆，永远是在运动之中，把古希腊雕塑中的动态平衡发挥到极致，比古希腊更加富于戏剧性。是的，"戏剧性"，这就是巴洛克—洛可可建筑、绘画雕塑的关键词。人物的情绪特别饱满，运动也很激烈，看他们的衣服褶皱复杂，似乎是永远鼓满的风帆。再看头顶上的壁画，和主圣坛雕塑背后的壁画，你会发现，洛可可绘画特别喜欢用白色、浅粉、浅黄、嫩绿这些淡色，映衬得整个室内都明亮起来。整个室内装饰的色调喜欢用白色和金色，彰显富丽堂皇。这就是经典的洛可可——复杂、华丽、纤巧，永远不用直线，到处都是缠枝纹和镀金的洛可可！

阿萨姆兄弟的教堂是德国南部洛可可建筑的顶峰。除了英戈尔施塔特和这里维尔滕堡修道院的教堂，在巴伐利亚和巴登－符腾堡还有很多，如果推荐一处最容易去的，那就是慕尼黑市中心的阿萨姆教堂。阿萨姆兄弟晚年居住在慕尼黑，这座闹市中的小教堂是他们兄弟俩做礼拜的地方，没有人出钱让他们做装饰，这座教堂完全是他们俩自掏腰包修建的。所有晚期巴洛克—洛可可风格的教堂，从外表看来并不起眼，但是如果你在街上见到一座门脸不大的教堂，外墙竟然用粉红色，那真的值得探头进去看看，它很可能是一座洛可可风格建筑，拥有令人窒息的华丽内部。

维尔滕堡修道院圣乔治教堂圣坛

只要去过德国的游客肯定都去过慕尼黑。城里有很多著名景点,像市政厅、宫廷啤酒屋(Hofbrauhaus)、伊萨河边、王宫、宝马博物馆、奥林匹克体育场、宁芬堡宫,还有名闻天下的啤酒节。但每次有朋友问我慕尼黑有什么推荐,我总是推荐这座市中心的阿萨姆教堂。从市政厅出发,顺着市政厅大门的方向步行只需要 5 分钟,地址在山德林格(Sendlinger)大街 32 号,这里免费参观,可知道它的人却很少,很奇怪。

我推荐维尔滕堡修道院的理由除了阿萨姆兄弟的教堂,就是啤酒了,来一次景点,自然风景、人文景点、口腹之欲同时得到满足,简直完美。这家修道院的啤酒厂据说是全世界最古老的,从 1050 年它的修道士们就开始酿啤酒了,相当于我们的宋仁宗、包公案那个时代。而且他们酿出的黑啤在 21 世纪还几度获得世界啤酒杯大奖,因而自称是世界上最好喝的啤酒。所以一定要选在天气暖和,可以坐在室外的季节来这里。修道院院子里就是啤酒花园,天气好的时候长条木凳上坐满了德国游客,人人手中一大扎啤酒。他们有各种啤酒出售,如果只选一种,那当然是点黑啤,德文叫 Dunkel,香甜可口,有果木甚至蜂蜜的香气。我也就是在那次去维尔滕堡修道院的时候,才开始喜欢喝德国啤酒的。

既然这里是巴伐利亚,那么顺便聊聊啤酒,正是最合适的地方。我在本书的前文莱茵河篇,还有意大利的那本书里,都谈了很多葡萄酒的学问。的确,我自己对葡萄酒和各种西洋烈酒比如白兰地、威士忌、伏特加、杜松子酒、朗姆酒之类了解得多,也喜欢喝。但是从小不爱喝啤酒,觉得那东西太苦,不爱"吃苦"。最近 10 年在欧洲旅行多了,觉得欧洲啤酒最好的产地有四个:英国爱尔兰、捷克西部、德国、比利时。我对食品和机械工业都很好奇,喜欢看各地的博物馆,所以去过全世界很多啤酒公司的总部博物馆,包括阿姆斯特丹的喜力、哥本哈根的嘉士伯、不来梅的贝克、都柏林的吉尼斯、美国圣路易斯的百威、国内的青岛,这些公司啤酒博物馆也都去过。所有的啤酒博物馆,在参观结束之后一定会有品尝的环节,所以我也算喝过不少,始终只是作为知识性的了解,因为不喜欢苦味和啤酒花微带腥气的味道,对啤酒爱不起来。直到在维尔滕堡尝试了黑啤，从此就特别喜欢喝香甜的啤酒。但是啤酒的种类太多，按照颜色、酒精度、酿造过程、加不加啤酒花，有各种不同的分类和称呼。更复杂的问题在于，同样的啤酒种类在不同国家有不同叫法。我住在美国，英美基本是同一个叫法体系，可是我开始学习欣赏啤酒是在欧洲，德国对啤酒的叫法跟英美不同，我在德国喜欢的某种啤酒，回家问波士顿的啤酒屋，服务员听不明白。而国内对啤酒的叫法就更不一样了。啤酒里面的学问不比红酒少。

我的理解是，啤酒在欧洲最初是因为围城战的需要才越来越普及的。因为古代攻打要塞很难，往往用围困的方法，守卫要塞最关键的一点就是保证饮水，水源比粮食还重要。当然围城里有水井最好，但水源可能会被敌人下毒，很多要塞依靠收集雨水作为水源，饮水的长期保存就很成问题。所以欧洲的很多防御堡垒会酿低度的酒精饮料来代替水源，比如啤酒和葡萄酒，既能解渴，又耐储藏，实际上啤酒原料里的啤酒花等苦味物质的确有防腐功能。1516年，也就是哈布斯堡皇朝查理五世皇帝的时代，巴伐利亚公爵在境内发布一条法律，规定啤酒制造过程只能放水、大麦、啤酒花这三种原料，当时还不知道酵母在酿酒中起的关键作用，后来法律经过修改，又加入了酵母。这条法律是为了保持啤酒风味的纯正，经过历代修改，直到今天在德国仍然有规定啤酒成分的法律，这也成就了巴伐利亚啤酒的盛名。

啤酒种类太多，我自己不敢说都能搞清楚，如果全都解释，这里的篇幅也不够。我想，最简单的办法就是按照国内酒桌上通行的所谓"黑啤、白啤、黄啤"的简单颜色分类，来划分出一个粗略的体系。酒的颜色，取决于原料中麦芽呈现出来的颜色。白啤德文叫Weissbier，笔者2007年第一次去慕尼黑，在著名的宫廷啤酒屋（Hofbrauhaus）第一次尝试，因为它的颜色比较浅，苦味也轻，是我能喝得习惯的第一种啤酒。它的颜色来自原料配比：一半的小麦兑一半发芽的大麦，然后在室温下发酵，所以酿出来的啤酒颜色较浅。如果按照最初1516年的巴伐利亚法律严格地讲，加了小麦酿造的白啤不能称之为啤酒了。

黄啤其实是国内的一种不严谨的说法，英文和德文没有这个词，一般情况下，黄啤对应的是浅色拉格（Pale Lager）啤酒或者浅色艾尔啤酒（Pale Ale）。两种啤酒的主要区别是发酵温度：拉格是低于10度的冷发酵，也是世界啤酒的主流。国内几乎所有主流牌子，不管是青岛、燕京、雪花等都是拉格啤酒。嘉士伯、贝克、喜力、墨西哥的科罗纳、美国的百威、米勒这些国际大牌也是拉格。其中德国和捷克的天气冷，啤酒发酵的时候，巴伐利亚人还能把它们放在阿尔卑斯的山洞里，酿成以后也在天然的低温环境冷藏，水质又好，所以拉格啤酒在德国很出名。尤其是捷克西部的皮尔森城，那里酿出了全世界第一种色泽金黄的拉格啤酒，使用更多的啤酒花。在德语世界，这种色泽金黄，啤酒花加量的浅色拉格啤酒，被称为皮尔森（Pilsner）啤酒。说来有趣的一点是，在捷克本地有一家啤酒公司叫作百威，从13世纪就开始酿造啤酒。而19世纪德国移民去美国圣路易斯建立的啤酒公司，现在已经是全世界最大的啤酒企业，但他们的主打品牌百威啤酒，和捷克的啤酒重名了，所以美国百威不能在欧盟大多数国家使用这个品牌，只能使用简称Bud。我们今天去捷克旅游，可以专门尝尝捷克的百威啤酒，和在美国、中国喝到的美国百威，不是一个厂家，但种类方面都是浅色拉格，也就是中国所说的黄啤，德国所说的皮尔森啤酒。

另一种黄啤是浅色艾尔啤酒，在英国和比利时比较流行，它跟拉格啤酒的不同在于用室温发酵。从前的艾尔啤酒不加啤酒花，不过现在也加了。艾尔啤酒在国内和美国的大品牌找不到，但是啤酒屋所谓的"精酿生啤"，你如果看原包装桶上面的英文标签，很多都是艾尔啤酒。事实上，无论拉格还是艾尔啤酒，都是按照发酵温度分类的，本身都有各种颜色。所以所谓"黄啤"是个很随意的说法，只是指的拉格和艾尔啤酒当中的浅颜色的酒。只有德语中的皮尔森啤酒保证是黄啤。

我自己最爱的啤酒是黑啤，德文叫Dunkel，其实就是英文Dark，黑的意思。但是英美不这么叫，他们叫作Stout，强壮的意思，特指酒精度数高的黑啤，其实德系的黑啤和英美的黑啤口味差别也很大。黑啤从琥珀色、暗红色，到黑红色接近全黑，各种颜色都有，一般是深颜色的拉格，颜色来自熏烤麦芽，麦芽烤得颜色渐深以后再进行低温发酵，德国黑啤会有很重的果味甚至巧克力味，所以吃不了苦的我最喜欢喝。黑啤在英美叫作 Stout，最初不是指的黑颜色，而是酒精度高：一般啤酒会在 5 度左右，高度啤酒总在 6—7 度甚至有 10 来度的。后来 Stout 的意思才变成了黑啤，指的颜色。英美语言里的 Stout 是高温发酵的，这点和德国黑啤不同，在 25 度以上的高温下，酒桶顶部会聚集泡沫，所以高温发酵又叫作"顶部发酵"，低温发酵又叫作"底部发酵"，其实发酵过程在整个酒桶里一直存在，并不是说只在酒桶顶部或者底部，所以我写的时候，只用低温、室温、高温的说法，不愿意用"顶部发酵""底部发酵"之类术语误导大家。酵母在比较高的温度下会产生其他物质，赋予酒体各种奇妙的果味和香味，英美体系没有德国的啤酒成分法律，他们甚至会加入其他原料，生产出巧克力黑啤，牛奶黑啤等。这些都是我爱喝的，尤其是美国东北部盛产蓝莓，这里的蓝莓啤酒风味绝佳。但此类啤酒都是当地产销，不容易在量产的大牌酒厂找到。只有一种黑啤我接受不了，那就是世界著名的吉尼斯啤酒。英国和爱尔兰人喝啤酒喜欢苦味，所以吉尼斯啤酒属于爱尔兰式的干黑啤，所谓"干"，跟干红干白葡萄酒一个意思，就是把糖分抽取掉。所以吉尼斯黑啤很苦。笔者专程去都柏林市中心的吉尼斯啤酒老厂博物馆游览过工厂（1930 年代以后吉尼斯总部搬到了伦敦），也喝过一两次，始终不习惯。不知道为什么，我喝红酒的时候不喜欢甜的，喜欢干红，但啤酒却喝不了爱尔兰式"干黑"。

古城雷根斯堡

多瑙河从维尔滕堡修道院向东北方向继续蜿蜒 30 公里之后，便来到古城雷根斯堡。这座城市保存得古色古香，全城都被列入了联合国世界遗产名录。从多瑙埃兴根起，德国境内我重点写过的城市全都在多瑙河北岸，好像雷根斯堡是第一座位于右岸的城市。它在历史上一向是巴伐利亚最重要的城市，数百年的时间里都是巴伐利亚公国的首府，其重要性超过慕尼黑。1663 年以后，

雷根斯堡市政厅帝国议会会址

帝国议会即雷根斯堡市政厅

神圣罗马帝国的议会一直设在雷根斯堡的市政厅，由不定期在帝国各地召开的议会，变成了固定在雷根斯堡的常设议会。所以，我在雷根斯堡的第一站，就是去市中心参观帝国议会所在的旧市政厅。

当时是德意志三十年战争以后，帝国处于恢复期。从前 700 年，皇帝曾在帝国很多城市召开过议会，比如在莱茵河畔沃姆斯那一节，我们说起过查理五世皇帝在沃姆斯召开议会，传唤马丁·路德。议会的代表除了皇帝和选帝侯，还有直属于帝国的各地诸侯，包括独立修道院、大主教教区这些教会诸侯，还有"帝国自由城市"。这些城市不属于任何诸侯，直接听命于皇帝，基本上我们提到过的德国稍微出名一点的城市，历史上都曾经做过"帝国自由城市"。此外，还有所谓"自由骑士"，是低级贵族，但也不依附于任何大贵族，只臣属于国王和皇帝，并可以出席帝国议会。1648 年德意志三十年战争结束，德意志新教诸侯们为了限制皇帝的权力，在和平条约里规定，皇帝必须无条件遵守帝国议会做出的决议。可是皇帝也有对策，条约没有规定什么时候召开议会，他就可以不开。1652 年斐迪南三世皇帝在雷根斯堡召开过一次为期两年的帝国议会。1663 年利奥波德皇帝召开议会，商量针对土耳其帝国入侵的防御预算，从此帝国议会就再也没有休会，一直到 1806 年神圣罗马帝国瓦解为止，开了 140 多年，当然皇帝诸侯也不可能常驻雷根斯堡开会，平常都是派常驻代表出席，会址就在雷根斯堡的市政厅二楼。

今天的雷根斯堡市政厅是一栋黄色的古老建筑，因为室内陈设太古老，不允许自由参观，只能散客登记成团，由市政厅的人带领讲解，定点入内参观帝国议会的会场。会场不大，里面座位也不多，从地板到桌椅全是木质，看上去也并不舒服，走上去吱吱作响。据讲解员说，正面中间的座位属于皇帝，或者皇帝的代表，两侧"主席台就座"的自然是各大选帝侯，当时在德意志三十年战争结束以后从 7 个增加到 8 个，新增的一个是巴伐利亚。后来又增加了第 9 名汉诺威。沿着大厅周围一圈的椅子摆在台阶上，比中央的座位稍高，这是大诸侯的座位。大厅中间一排排像教堂一样的木制长椅，是小贵族、自由城市、自由骑士的座位。

雷根斯堡瓦尔哈拉纪念堂内部

市政厅帝国议会会址附近就是雷根斯堡大教堂，这座教堂是 13 世纪末期开始兴建的哥特式教堂，200 多年以后到 16 世纪初基本建成，不过最后最高的两个钟塔一直到 19 世纪才算全部完工，算起来前后也有 600 来年。它比较有趣的一点是外墙很白，应该是最近几年经过水洗，冲洗掉了经年的尘土，不像科隆大教堂那样远看上去黑乎乎的，非常陈旧的样子。

旧城里保存了很多颜色鲜艳的半木梁古老民居，二战期间这里有生产德国著名战斗机梅塞施密特 109 式的工厂。1943 年 8 月，美国第 8 航空队出动了 376 架 B-17 飞行堡垒轰炸雷根斯堡和施魏因富特。那是一次著名的行动，美军轰炸机损失率高得骇人听闻，60 架轰炸机被击落或者坠毁，另有数十架受伤。德国的战斗机工厂受到重创，幸好雷根斯堡古城本身受的损失不大。直到今天，雷根斯堡古城的建筑还是古代的原样，因此被列入了联合国世界遗产名录。全城最著名的一处古迹是市中心河边的古桥。这座桥远看上去并不起眼，大概有十几个桥洞，河面上有 6 拱。它的可贵之处在于年代古老，它在 1135 年动工，花了 11 年时间建成，当时萨里安皇朝刚刚结束，正是霍亨施陶芬家族和韦廷家族争夺德意志王位的时候。那个时代相当于我们的宋朝，差不多是岳飞抗金的年代。

中世纪全欧洲有好几座重要的石桥都以雷根斯堡石桥为模板，包括泰晤士河上的伦敦桥、德累斯顿的易北河桥，还有阿维尼翁那座著名的罗讷河断桥。在好几百年时间里，这座桥是上游乌尔姆到下游维也纳几百公里之间，多瑙河面上唯一的一座桥梁，这座桥打通了德意志到南方意大利的商路，确保了雷根斯堡几百年的商业繁荣地位。当然，这样一座古桥当年就是严加防卫的要塞，城市在桥边设有收费站，向水、陆两道的行商收取关税。

以前在桥两边和中间，总共有三座堡垒塔楼，今天河北岸的桥头堡和桥中间的塔楼都已经毁坏无存了，只有市中心这边的桥头堡还保留着。塔楼不算太高，一左一右有两栋古老的大房子，分别刷成浅绿色和黄色，在古代是盐仓。古时候食盐缺乏，盐是和真金白银一样的硬通货，也是财富的象征，这么大的盐仓充分说明这座城市古代的富庶程度，还有交通枢纽的地位。在桥头千万不要错过盐仓边的一个看上去很简朴古旧的简易餐馆，它是一座绿色的平房，顶上有特别大的红瓦屋顶，门口好几排木头桌椅，叫作"雷根斯堡香肠厨房"，专门做烤香肠快餐，看上去不起眼，它很可能是全世界持续开张的最古老的餐馆：它最初就是在河边为建造石桥的工人做饭的食堂，想想看，从岳飞、秦桧、宋高宗那个年代一直开到今天的餐馆！在接近900年的历史面前，"百年老店"算得了什么？香肠是德国的国菜，德意志各地都有当地著名的变种，大小、颜色、肉的种类都不一样，我们前面提到过细长的弗莱堡香肠，在雷根斯堡，也有雷根斯堡肠（Regensburger Wurst），是短粗的浅黄色，用瘦的猪肉细末混合香料，做成香肠以后先经过烟熏再煮熟。

德国是一个肉食民族，经常有朋友戏称德国菜就是中国的东北菜，一样大块吃肉，一样喜欢用酸菜乱炖。东北有血肠，德国人也爱吃血肠，区别是中国的血肠有时候放进糯米，做成糯米血肠；德国血肠里会加进牛舌、燕麦和面包屑以提升口感。东北菜里的主要原料之一是酸菜，那也是德国的国菜，区别在于东北酸菜用大白菜制作，德国酸菜（Sauerkraut）是用卷心菜做的，它们的作用同样是为大块吃肉的硬菜解腻，增加维生素和纤维素，不过德国酸菜腌制的时候加了糖，是酸甜口的，这点东北人未必能适应。东北菜的一个特色是炖菜，猪肉炖粉条、猪肉炖酸菜、乱炖，等等，正好德国菜也喜欢荤素搭配地乱炖，前面在说阿尔萨斯的德国风味菜的时候，提到慢火陶罐煮熟的贝克奥夫（Baeckeoffe）乱炖，跟东北乱炖不是挺像的吗？还有德国的国菜酸味炖牛肉（Sauerbraten），是把大块的肉腌过，再煮熟跟土豆丸子、酸菜、紫甘蓝之类蔬菜一起，浇上肉汤端上桌子。跟它对应的东北菜应该是"大丰收"：大块肉炖烂了和土豆、油豆角、玉米一起端上桌。东北人喜欢把猪肘子炖得烂烂的，德国北部的特色菜也有一款慢火炖猪肘子，有人把它叫作"德国咸猪手"。但提到猪肘子，巴伐利亚这边的传统菜就不是炖，而是慢火烤得外脆里嫩的烤猪肘，德文叫作 Schweinshaxe，直译就是猪腿，肘子事先经过长时间腌渍入味，烤好了外皮酥脆，内里的肉应该是软嫩多汁的，配上土豆和酸菜，绝对是巴伐利亚菜里面最受中国人欢迎的美食。但是在巴伐利亚吃烤猪肘子一定要找到当地人认可的餐馆，因为这是一道功夫菜，搞不好的话会把里面的肉烤得很硬，如同嚼橡皮。而且一定要趁热赶紧吃，最好是两三个人分着一下子把它吃完，因为肘子皮刚烤出来的时候又脆又香，放冷了就会变得很硬，根本咬不动。

从雷根斯堡老城顺流而下大约 10 公里，在河左岸的半山坡上，有一座希腊式"万神殿"，被称为瓦尔哈拉。看过前文莱茵河部分《尼伯龙根指环》故事梗概就会知道，瓦尔哈拉是瓦格纳歌剧中大神建造的殿堂，各地战场上阵亡的英烈住在里面，换句话说，就是英烈祠和万神殿。这座建筑是 19 世纪的巴伐利亚国王路德维希一世建造的，当时正是浪漫主义和新古典主义盛行的时候，像尼伯龙根之歌史诗这些中世纪的英雄主义故事非常受欢迎，再加上拿破仑战争之后，德意志民族主义复兴，重新统一德国的呼声高涨，巴伐利亚国王建造这座纪念建筑，也是顺天应人。它仿造雅典卫城的巴台农神庙，从白色大理石材质和尺寸都让人仿佛能看到 2500 年前巴台农神庙完整无缺时的样子。因为瓦尔哈拉纪念堂顺着山势而建，背后与山坡上的道路平齐，从停车场走过去是平地。但是它的正面下临多瑙河，如果从河边的船码头爬山，要登 100 多级白色大理石台阶爬上山坡。

纪念堂内部空间开敞明亮，彩色大理石拼镶的地板，粉红色大理石墙壁，沿墙壁摆放着德意志民族和神圣罗马帝国历史上 130 多位政治、文化名人的胸像。雕像全部用白色大理石制作，尺寸统一，每座胸像上刻着名字，这是一部德意志的历史。如果你对历史有兴趣，又有时间的话，不妨慢慢地一个一个看过来，测试一下自己对这些名字能了解多少。笔者当时就试着做过这样一个自我测验，老实说，有些名人胸像摆放的位置太高，我看不清楚上面的名字。那些我看得到名字的人像，我也还是认不全。这些历史名人并不都是王公大臣和军事将领，还包括了科学家、作家、思想家、音乐家，也有女性，比如玛丽亚 – 泰蕾莎女皇。不仅包括德意志人，历史上属于德意志民族的也算，比如瑞士、瑞典、荷兰，还有领导荷兰独立的奥兰治亲王威廉。大厅正中间是路德维希一世国王的坐像。这座德国历史名人堂落成于 1842 年，也就是中国第一次鸦片战争期间。后来德国统一后又发生了很多大事。所以在路德维希国王生前，就开始在名人堂里新加名人像了，比如落成之后第 6 年增加了宗教改革的发起者马丁·路德。这个趋势一直延续到今天，物理学家普朗克的像，就是 2019 年新加入的。

第六章　莱茵—美因—多瑙运河畔的三座古城

多瑙河流到雷根斯堡，就快要离开德国境内了，最后一站是德奥边境的山城帕绍。但在进入奥地利之前，笔者还想要回过头来，描述一条沟通莱茵河与多瑙河两大水系的重要水道——莱茵—美因—多瑙运河。它把本书所写的两条德意志民族的文化长河直接沟通，让内河船只得以从大西洋沿岸的阿姆斯特丹，一直开到罗马尼亚境内的多瑙河入海口，这是一条内河航运和旅游的黄金水道，一般游轮的路线是从荷兰境内的莱茵河水系上溯，经过中莱茵河谷，到法兰克福附近，美因河汇入莱茵河的地方不再沿莱茵河上溯（也有的游轮公司会再向莱茵河上游的海德堡拐个弯），转而沿着美因河向东上溯，进入德国中部腹地的东法兰克尼亚地区，在班贝格附近再从美因河开进其支流里格尼茨河，从这里沿着里格尼茨河扩建的运河水道南下，经过纽伦堡，一直向南汇入多瑙河。这条运河水道流进多瑙河干流的地点在维尔滕堡修道院上方不远的地点，从这里，可以一直沿多瑙河顺流而下抵达黑海。这条运河沿线会经过三座极为美丽，而且保存完好的大中型城市：维尔茨堡、班贝格、纽伦堡，是游轮路线的宠儿，又沟通了莱茵—多瑙两条大河，笔者实在不愿意舍弃运河两岸的风光就径直离开德国境内。

第一节　维尔茨堡

"猎巫运动"的发生地

从莱茵河开往多瑙河的游轮路线会从美因河口离开莱茵河干流，经过法兰克福市，继续沿美因河上溯。从这里向东，进入历史上的法兰克尼亚东部山区，从文化地理的概念上来说，这一路属于东法兰克尼亚。作为当年构成德意志王国的五大基干公国之一，法兰克尼亚公国在中世纪早期就已经分崩离析了，沿途的维尔茨堡、班贝格在历史上都是独立的主教诸侯辖区，纽伦堡是帝国自由城市。到19世纪初拿破仑战争期间，它们的独立地位被取消，归并进了巴伐利亚王国。所以直到今天，这一路在行政区划上仍属于巴伐利亚，可是你如果把这些地方的人称为巴伐利亚人，就如把苏格兰人称为英国人一样，技术上并没有错，但当地人肯定会皱眉头。

美因河上游的东法兰克尼亚是山区，森林茂密，人口相对稀少，河流在山间左冲右突，寻找山谷的出口，突破山势的封锁向西流去，在山间拐过好几个S形的大弯。维尔茨堡是美因河向上游方向经过的第二座著名城市，第一座当然是离河口不远的法兰克福。

维尔茨堡在历史上是一座由诸侯大主教统治的城市。我们前文讲过的几乎所有稍微具备一点规模和名气的城市，历史上都曾经做过帝国自由城市，也就是直属于皇帝管辖的"直辖市"，唯独维尔茨堡，从来没有直辖过。在三十年战争期间的1630—1632年，这里曾发生过德国历史上最严重的"猎巫运动"：在16世纪末17世纪初，欧洲有一段天气寒冷、食物匮乏、民生特别艰辛的时期，德意志历史上是个穷地方，民间怨气大。加上当时1517年由马丁·路德发动的宗教改革已经在民间全面铺开，整个欧洲新教旧教的宗教矛盾甚至战争此起彼伏，所以民间的情绪容易走向极端，把社会不公或者民生艰难归罪于意识形态上的异己分子，于是出现了迫害犹太人、迫害吉卜赛人、迫害新教徒的狂热情绪，而各地诸侯如果是信仰天主教的极端分子，也乐于诱导民间情绪为自己所用，竟发展到民间无端端地试图找出行巫术者，这些被指为巫师的有男有女，以女人居多，平日可能行为言语出格一点，于是就有人指控他们行巫术，得罪了上帝，是一切灾难的起因。

在那半个世纪，此类民间歇斯底里的猎杀巫师运动在四座德意志城市最严重：1590 年代的特里尔、1610 年代中北部的富尔达，还有就是我们将要讲到的这两座城市：维尔茨堡和班贝格。这几次猎杀巫师运动，每次在每个城市都处死了一两百到上千的被指控者。今天回头来看，人世间哪有什么巫术？所有的指控只不过是群体性的歇斯底里大发作，在群体性的歇斯底里当中，充分释放人性中的恶，在光天化日之下展露无遗，也是人类历史上最黑暗的篇章之一。今天的我们，对历史上如此匪夷所思的荒诞事件，绝不是嘲笑那时候的人愚昧无知，而是应该反思，为什么古今中外类似事件屡见不鲜？纳粹时代屠杀犹太人的狂热，法国大革命以后 1793 年热月党人专政的滥杀，1990 年代卢旺达发生的无差别种族屠杀。无论时代和国家，人性中的野蛮与恶毒不时地被时代的歇斯底里所唤醒，得到推波助澜。我们应该反思的是，这种群体作恶的社会现象成因是什么？如何用制度、理性和文明，来压制无政府、非理性和野蛮事件？

"浪漫之路"向南

今天的维尔茨堡是一处非常漂亮的旅游城市，是纵贯南北的"浪漫之路"旅游线路上的节点，沿着"浪漫之路"向南，可以依次造访德国中南部著名的罗腾堡、诺德林根、丁克尔斯图尔，一直向南延伸到慕尼黑和新天鹅堡。本书的主题是莱茵河和多瑙河两岸风光，对这条"浪漫之路"不能展开，就只详细写写维尔茨堡这一座城市。

基本上说，维尔茨堡旧城在南北向的美因河以东，城市最值得去的景点正好在旧城一东一西两个端点。城东是 18 世纪建成的晚期巴洛克风格的主教宫，现在是联合国世界遗产，城西河上有一座玛丽石桥，过了桥上山，山顶上是维尔茨城堡，18 世纪以前维尔茨堡大主教住在山上的城堡里。这一东一西两处是全城最美的地方。山顶城堡里面有大主教府邸博物馆，但是不一定非要参观，城堡本身是 18 世纪风格，不是中世纪那样的古堡。来这里最主要的理由，是从城堡俯瞰脚下的美因河和美因河对岸旧城的美丽红屋顶。古城全貌尽收眼底，拥有最好的摄影角度。

1803 年拿破仑战争期间，维尔茨堡主教辖区被世俗化，划归巴伐利亚王国。1945 年二次大战接近尾声的时候，英军出动轰炸机群，对维尔茨堡进行了无差别的燃烧弹轰炸，全城几乎彻底毁灭，维尔茨堡是座中等城市，市区没有德累斯顿那么大，如果按照城市建筑毁灭的比例来算，被毁灭的程度，要超过著名的德累斯顿大轰炸。战后维尔茨堡很快进入重建，它的外围城区没有按古代的面貌复原，但是旧城的核心区域是完全整旧如旧，保持了古代风貌，所以今

维尔茨堡洛可可风格的大厦

天我们看到的维尔茨堡，是一座重新焕发生命活力的古城，从城堡山上看下去，一片红屋顶的中世纪古城，风格古雅而统一，令人赏心悦目。因为维尔茨堡战后很快就开始重建，当时城里的青壮年男性不是阵亡就是还关在盟国的战俘营里，城里的妇女承担了几乎所有战后重建的繁重体力劳动。

从城堡山上下来步行过河，这座冯丽石桥也是非常精美的杰作，它建成于1540年代，后来在18世纪巴洛克艺术风格盛行的时候，又在桥栏杆上添加了风格飘逸的巴洛克式人物雕塑，今天的这座桥，让人觉得和罗马圣天使桥、布拉格查理桥、海德堡内卡河桥一样，充满艺术气息，给清澈湍急的河面留下一道瑰丽的飘带。

过河以后，可以自西向东步行横穿旧城，维尔茨堡旧城面积不大，东西横穿可能也就五六百米的样子，在路上，你一定不会错过圣母教堂，它的哥特式塔楼、屋顶、立柱、窗框，所有纵向线条都是粉红色，墙体是白色，色调搭配特别醒目，也特别漂亮。这座教堂其实体量并不大，也不是城里最高级别的主教座堂，大教堂更靠东，也在步行线路上，但是这座玛利亚教堂是最漂亮的，远远超过主教座堂。我们知道哥特式教堂以纵向线条高耸和石工雕刻复杂取胜，但是所有著名的哥特式大教堂，从巴黎圣母院到科隆大教堂，全都是石料本色，只有这座教堂的配色既醒目又干净，而且特别好地突出了钟塔高耸入云的精细石工，显得轻巧。如果不是尖塔、尖拱顶、石工雕刻这些明确无疑的哥特式特征元素，单看红白配色，我会以为这是一座18世纪洛可可风格的小教堂。实际上它建造于14世纪，是标准的哥特式建筑，但我估计应该是18世纪搞的粉刷。当然，它在二次大战中也几乎完全损毁，今天我们看到的教堂经过了重建。

红白两色教堂的背后有一座浅黄色的大房子，一楼是本城的游客信息中心。它是建于18世纪的洛可可风格宫殿建筑。你看看浅黄色的墙面用色，还有正立面上每一扇窗户四周卷曲的花叶装饰纹样就能知道，什么叫作洛可可风格建筑——它的装饰性花纹如此细碎复杂，而且很少用直线。

城东尽头两层灰黄色石质巴洛克大厦，就是维尔茨堡的统治者，大主教的

维尔茨堡圣母教堂

王宫。在欧洲各地旅游，你可以看到很多王宫，数量仅次于教堂，可能也会产生审美疲劳。这座大主教宫有其特殊之处，故而在众多王宫里脱颖而出获得联合国世界文化遗产的认证。从外表看，它并不高大，事实上，巴洛克式建筑秉承了文艺复兴建筑强调比例和谐的风格，长、宽、高的比例让人视觉上相当舒服。它的戏剧性在于内部装饰。走进这座大厦，它最精华的地方一览无余，就是大楼梯和楼梯顶上的天顶画。整座宫殿的设计师之一是巴洛克时代德国著名建筑师巴尔塔萨·诺依曼（Balthasa Neumann），这座大楼梯是他的杰作，天花板上的壁画是意大利巴洛克时代著名画家提埃波罗（Tiepolo）画的，提埃波罗是威尼斯画派的最后一位大师，在他之前威尼斯画派的三位大师提香、委罗内塞、丁托列托属于晚期文艺复兴风格，提埃波罗已经是巴洛克/洛可可画风的代表人物。这座大厅头上脚下都有看头：在任何一座巴洛克式宫殿里，主楼梯都是最重要的地方，发挥着迎宾大厅的作用。这里脚下的梯级很宽，每一级的高度很低，这是为了方便当时的宫廷贵妇们迈着小碎步，平缓地上下台阶，一定要仪态万方不动声色，就像在水面上滑行一样，绝不能显得气喘吁吁。

提埃波罗的这幅天顶画作于1752年，是全世界面积最大的天顶壁画，他用色轻巧透明，画出了水彩画的效果。你注意春天顶画的四边和四角，经常会有画中的立体人物，一部分延伸出画面，在屋檐上垂下的手臂或者腿脚，其实是真正立体的雕塑。四个角上每个角的两座雕塑都是立体的，但是画框会出现画成立体的人物跟这些雕塑重叠，这种画框雕塑连接画面上立体画法的小伎俩，是提埃波罗和其他很多洛可可画家喜欢玩的三维错觉把戏，让观众对天花板上的壁画产生出难辨真假的立体感。你注意到没有，整个楼梯空间的天花板，如此大的面积下面没有一根立柱支撑，这样就不会遮挡楼梯上观众欣赏画的视线。在二楼上有回廊，可以转一圈仔细欣赏这幅画：四边画的是美洲、非洲、亚洲、欧洲的场景：两个短边是美洲和欧洲，两个长边是亚洲和非洲。非洲女神是黑人，半裸着骑在骆驼上，画面左边有鸵鸟，右边的白胡子老头从画面里垂下一条腿来，手里摇橹，一只陶罐打翻了，正往下滴水，这是象征着尼罗河父亲为非洲带来水源。另一条长边上，亚洲女神骑着大象，远处山顶上有十字架，象征着亚洲是基督教的发源地。欧洲女神斜倚在一头大白牛身上，因为神话传说中宙斯就是化作一头牛抢走了欧罗巴女神的。画面正下方好像坐在屋檐上，被身边的狗嗅着的那位，就是宫殿的设计师诺依曼。画家提埃波罗本人呢，在左角两尊雕塑之间露出一张脸。美洲人头戴印第安羽毛冠半裸着坐在鳄鱼身上。画面中央部分，画的是驾着太阳车，发出万道金光的太阳神阿波罗，还有手举双蛇标志的赫尔墨斯等希腊诸神，前来向维尔茨堡大主教致敬。大主教的画像带椭圆形画框，就在欧洲那个边的上方。

在大主教宫中的各个部分，最令人印象深刻的除了主楼梯天顶画，还有王座大厅和宫中小教堂，都是晚期巴洛克极尽华丽的风格，用很多大理石做立柱和地板，王座大厅不但采光好，而且用了很多镜子增加景深、提高亮度。王座大厅天花板和小教堂的圣坛画，也都出自提埃波罗的手笔。小教堂里面所有金光闪闪的构件，都是用真金打造成极薄的金箔贴面。

最后附带说一句，现任国际奥委会主席巴赫，就出生于维尔茨堡。

第二节　班贝格：低调的魅力小城

德国最美的小城

在我的评价里，班贝格（Bamberg）是德国最美的小型城市，就像法国阿尔萨斯的科尔马一样。也许罗腾堡可以和班贝格相提并论，不过这里的名气远没有罗腾堡那么大，所以游客少很多，气氛也就更好。班贝格全城都被列入了联合国世界遗产名录，反而罗腾堡并不在名录上。

美因河继续向上游东北方向拐过几个弯以后，来到支流雷格尼茨河（Regnitz）的河口，莱茵—美因—多瑙运河就利用雷格尼茨河道，向它的上游，也就是南方离开美因河，从这里南下汇合多瑙河。在雷格尼茨河口附近坐落着班贝格。这座小城地点偏僻，在群山环抱之中被保护得很好，至今还是中世纪的风貌。最漂亮的地点是它的市政厅，就建在河水中央：雷格尼茨河道在市中心这里分了个岔，河中心有片小沙洲，两段河床上分别有桥，桥中间就是作为中央桥拱的市政厅，就像一艘船，船头正对着河水流过来的方向。恰好在上游方向另有一座桥，那里就成了拍摄河中市政厅最佳的角度。这座市政厅建于1386年，传说，统治班贝格的大主教不批给市民任何一片土地来建立市政厅，因为一个城市的市政厅是城市平民自治的机构，它可以挑战诸侯主教的权威。所以市民们集思广益，在河中心打木桩制造了一小片人工岛，在岛上建造市政厅。这座市政厅的房子，的确比脚底下的地基大得多，上游方向是突出的半木梁房子，下游方向墙上画满了壁画，这些壁画是市政厅另一个引人入胜的地方。

班贝格城区跨越雷格尼茨河两岸，是建在七座小山丘上的城市，因为罗马号称"七丘之城"，历史上班贝格又是一座隶属于大主教诸侯的城市，所以被戏称为"德意志的罗马"。现在这七座山丘每一座顶峰都有一间规模宏伟的教堂。尤其是在河流左岸最高的一座小山上，集中了班贝格主教座堂、主教旧宫、新宫三栋宏大的建筑，三座建筑之间有大广场，条石铺地，还有宫殿的玫瑰花园，从花园远眺全城地势起伏，一片红顶瓦房民居，还有很多处高耸的教堂钟塔，目力所及看不到现代建筑的踪影，非常美丽。

这座山顶上，旧主教宫里是历史博物馆，新主教宫里是班贝格国家图书馆，如果不是为了从鲜花盛开的玫瑰花园俯瞰全城，拍些美丽的照片的话，我个人觉得这两座宫殿也不是一定要进去参观。但大教堂值得进去看看。班贝格在中世纪早期隶属于维尔茨堡大主教的教区，当时德意志王国的范围没有后来那么大，东法兰克尼亚再往东就是边区，更东面的波希米亚人和匈牙利人当时还没有完全皈依基督教，所以开创神圣罗马帝国的奥托皇朝，其末代皇帝圣徒亨利二世为了向东拓展领土和传教方便，在1007年把班贝格附近地区从维尔茨堡大主教区中独立出来，单独建立班贝格大主教区，因为当时罗马教廷还处在奥托皇朝皇帝的控制之下，后来法兰克尼亚皇朝亨利四世时代那样你死我活的皇权和教权的斗争，是100多年以后的事情，所以班贝格单独建立主教教区的时候，皇帝亨利二世亲自前来主持，教皇也从意大利赶来，两位统治者都赐予班贝格数不清的礼物、土地和权力，有100来年的时间，班贝格主教甚至不臣属于帝国，而归罗马教廷直辖——当然这么大的特权后来被取消了。所以在11世纪，班贝格大主教的政治地位极高，城市也非常富裕。亨利二世的宫廷当时就在班贝格，皇帝夫妇死后埋在班贝格主教座堂里面，今天在大教堂就能看到他们夫妇的合葬棺。教皇克莱门特二世也埋在这座教堂。这座教堂是在13世纪建造的第三座，不是亨利二世皇帝时代建的。

13世纪在法国已经兴起了哥特式建筑，但是班贝格在山区里，没有那么时髦，所以这是德国最后一座拥有四座塔楼的罗曼式教堂。教堂里亨利二世夫妇合葬的石棺本身就是艺术品，是1500年代维尔茨堡最好的雕塑家雷曼施耐

德 (Riemanschneider) 的作品，当然它并不是最初的石棺。德意志、法国、英国历史上，各自有且仅有一位国王被教会封为圣人：法国是和霍亨施陶芬朝末代皇帝"世界奇迹"腓特烈二世同时代的路易九世，他领导了两次十字军东征，也死在北非；英国是在诺曼人征服之前的爱德华国王，爱德华死于1066年，诺曼底公爵威廉在同一年入侵并征服了英国。德意志就是这位亨利二世了。作为圣徒，大概都会非常虔诚，不干凡人喜欢干的事情吧。反正英国的圣爱德华，跟德意志的亨利死后都没有子女，于是各自的王朝就此终结。另外，在教堂外面的立柱旁边，有一尊骑士的雕像，是细高的哥特风格，大家可以注意一下这尊骑像，它现在已经成了班贝格城市的象征，明信片、冰箱贴上都有很多。

雕像作者没有刻上这是谁，于是1000年来众说纷纭。当然最普遍的说法是亨利二世皇帝。也有人说，是比他晚100多年的霍亨施陶芬家族第一位德意志国王康拉德三世，因为康拉德也埋在这座教堂里。这座石雕在古代是彩色的，当然现在用肉眼已经分辨不出来了，有人通过现代光谱手段分析雕像上的古代颜色，从而推断这座雕塑，其实不是任何一位埋在这座教堂的名人，而是11世纪的匈牙利国王圣斯蒂芬，他曾率领匈牙利皈依基督教。

古宅"小威尼斯"

除了教堂王宫和市政厅以外，班贝格的老城民居里面也有很多好玩的地方，比如市政厅旁边西岸的"小威尼斯"，是一排整洁漂亮的半木梁古宅。笔者在城里闲逛的时候，被市中心一家装饰豪华的古宅门口的招牌吸引住了。它居然叫作"梅塞施密特旅馆"，我大为惊讶，要知道梅塞施密特109是二次大战中德国最著名的战斗机，多少击落过100架以上敌机的德军超级空中王牌都是驾驶它，难道名字的重合是巧合吗？直到看见墙上有一块德文铭牌，上面写着"1923年飞机设计师梅塞施密特博士、教授在这栋房子里建立了自己第一间公司"。

这栋房子还真是梅塞施密特家族的祖屋，建造于15世纪，当时并不是梅塞施密特家的财产。1832年梅塞施密特家族买下这栋房子开了一个酒馆，同时经营旅馆。虽然飞机设计师威利·梅塞施密特出生在法兰克福，并不在这栋宅子里，但这里是他度过幼年时期的地方。1923年他从慕尼黑大学毕业之后，开了自己第一家公司，公司的地址，按照《大英百科全书》的说法是在奥格斯堡，按照家族的说法，就在家乡的祖屋里。无论如何，今天这栋房子还是由他的家族后代经营着，是一家四星酒店，我看到《孤独星球》旅行手册还推荐过他们家的酒店餐厅。不过现在酒店的老板不姓梅塞施密特，是通过女儿传承的，姓氏不同，但仍然是酒店的第六代传人。我当时就想，下次再来班贝格一定要吃住都在这里，亲身体验一下著名飞机设计师家族的祖传酒店和餐厅。

在邻近大教堂和主教宫广场的多米尼克大街6号，有一家价格亲民的餐厅和酒馆叫作施兰克拉（Schlenkerla），从1405年就在这里了。提到它是因为班贝格有一种特别的啤酒，叫作Rauchbier，直译是"烟熏啤酒"，是这里的特产。从颜色上来说，它应该算是黑啤，也就是德文的Dunkel。上一章说过，啤酒的颜色是由麦芽成分决定的，麦芽在发酵前都要烤干水分，黑啤是因为所用麦芽烤干的火候更深。现代啤酒在烤干麦芽的时候，绝大多数都用窑烤，不见明火。烟熏啤酒是一种古法，直接用明火烤干麦芽，酿出来的啤酒颜色灰黑，但是不苦，仔细回味会有烟熏的焦香，是我很喜欢的啤酒口味，出了班贝格，在其他地方很难喝到烟熏的啤酒了。

第三节　纽伦堡

纽伦堡最美的四张风景照

运河沿着雷格尼茨河继续上溯，向南延伸，在富尔特（Furth）附近进入雷格尼茨河的支流莱德尼茨河（Rednitz）上溯，然后离开现成的河道，向东南方向穿越法兰克尼亚汝拉山脉，连接上多瑙河的支流阿尔特缪尔河（Altmuhl），

纽伦堡夜景

纽伦堡城堡

在维滕堡修道院上方不远处汇入多瑙河。在穿越山脉的这一段，运河达到全程海拔最高点 406 米，这也是全世界可供商业航运的最高的人工运河，之后缓缓下降到多瑙河水系。在这段南北向运河的中间点附近，就是德国历史名城纽伦堡。

如果说班贝格是德国最美的小城市，纽伦堡就是德国最美的大城市，而且这个冠军很少有争议：德国大城市当中慕尼黑、柏林、汉堡、斯图加特、科隆都无法与之相提并论，因为纽伦堡的古城在战后重建得非常板正，连城墙都没有拆。几乎所有德国中型以上城市，在 19 世纪都拆掉了城墙以利于城市交通发展，而且在现代军事中，城墙在大炮面前已经完全失去了防御价值。可是那些保留了古代城墙的小城市，比如罗腾堡、诺德林根，遗留的城墙都是今天吸引游客的一大要素。在德国所有大中型城市里，纽伦堡是唯一一座仍然拥有古城墙的城市，而且有两道。另一个令古城风景增色的原因是它有一条佩格尼茨河贯穿古城，还顺势引河水在某些地方营造了护城河。水光潋滟倒映着古建筑，为城市平添几分秀色。

纽伦堡火车站离古城很近，就在东南城门外，一出车站就能看到马路对面巨大的圆柱形红砖城塔。这道城门叫作国王之门（Konigstor），城门塔楼也叫国王塔。进了第一道城门以后，在第二道城门之前有一片空地，古代是通关检查行商们等候的区域，现在建起了很多中世纪仿古的店铺，卖各种食品和旅游纪念品，很多仿造中世纪的陶器、铜器、皮具都是前店后厂制作的，并非从中国浙江的小商品市场批发而来。在第二道城门之前还有一道无水的护城壕，在这里你可以看到欧洲中世纪比较完整的防御体系是什么样的。走进这道城门，可以沿着大街直接向北穿越旧城，终点是城北山头的纽伦堡城堡，这一路上有很多古典的建筑规模都很大，还有很多教堂：在新教改革之前，光纽伦堡城区就有 9 座修道院。所有这些老屋和教堂几乎都有讲究，都有看点，但笔者并不想把本书写成一部旅游指南，没有足够的篇幅把每一处重要景点的来龙去脉都事无巨细一一介绍。我只想把两条大河沿岸这些名城最重要的历史脉络整理出来，把德意志和东欧的文脉呈现在读者面前，所以太琐碎的景点就不赘述了。

纽伦堡城里风景最美的地方集中在横贯城市的佩格尼茨河两岸。从南城门沿着南北主街走过去，不远处就会过桥，从桥边向右看，你能看到对岸一座红色砂岩的 15 世纪老房子横在水中，岸边垂杨柳装饰着古屋在水中的倒影。更妙的是，这座宅邸仿佛是建在桥上一样，它和水面接触的部分并不是实心，而是建在两座拱上面，于是水面上的拱顶和水中的倒影，就会连成完整的椭圆形。我觉得这是纽伦堡城里最美的四张照片之一，最能体现出流水古城的风韵。它是 14 世纪城里的富商捐给市政府救治穷人的医院，叫作圣灵医院，如果沿着河向圣灵医院的方向再多走几步，还可以看见城墙的残存部分跟河流交汇处的水上防御工事。

接着沿南北主干线国王大道往前走，主广场非常宽阔，每年 12 月 9 日左右到圣诞节前，这里会举办繁华的圣诞市场。圣诞市场是德意志地区的传统，近些年随着文化交流，欧洲和北美有些城市也这么做：在教堂、市政厅前的广场搭上小木屋，卖各种各样的特色小吃和圣诞工艺品，尤其要喝一杯热气腾腾加了肉豆蔻香料的红酒，德文叫作 Gluewein。这是德意志地区的过年习俗，而

纽伦堡圣灵医院

纽伦堡的圣诞市场是德国最大的。在这座广场上，可以拍摄到纽伦堡最美的四张照片中的第二张：广场中心的水井上有一座镀金的哥特式尖塔，如果站在它西侧，在傍晚西斜的阳光下，用东边的圣母教堂正立面作为背景，是最好的哥特式建筑场景。这座流光溢彩的喷泉就叫作"美丽喷泉"，名字够直白的。仔细看它从下到上分为几层，每层都有不同的彩色卡通人物，反映了14世纪的世界观和价值观。最底下一层塔基上有内、外两圈人物，最外围雕像是象征着世俗的艺术，有天文学、哲学、音乐等等，这些小人像膝盖上都写着拉丁文说明，告诉你这尊雕塑象征什么学问或者技艺——当然你得懂拉丁文才行。比他们坐得高一点的塔基内圈塑像是《圣经新约》四大福音书作者，还有古代教会的四大奠基人，包括希波的圣奥古斯丁、格里高利一世教皇，等等。这说明教会的神学比那些世俗的学问和技艺更加核心。然后再看塔本身的雕塑。最下面一层，但还是高于塔基的两圈人物，是古代英雄和统治者：七大选帝侯和九位古代英雄。这九位英雄里有三位基督徒，包括英国的亚瑟王、法兰克的查理曼大帝；有三位旧约犹太英雄，比如大卫王；有三位基督教诞生之前的古代异教徒统治者，比如恺撒大帝。这一层象征着世俗的统治权力。塔尖上层的塑像，是八位基督教先知，比如摩西、以赛亚。当然，先知是高于世俗权力的。

这座喷泉建成于1396年，相当于中国明朝初年。这座水井金塔不但本身华丽，就连周围一圈黑铁栏杆都很精美，也是古代巧匠精心打造的，造型极为复杂。广场上的圣母教堂正立面也非常漂亮，尤其是大门上方的自鸣钟，每天中午12点报时都有小人走出来游行，那里面核心的人物是卢森堡皇朝的查理四世皇帝，在他周围巡游的是七大选帝侯，因为正是查理四世1356年颁布的《金券诏书》规定了七大选帝侯的组成。查理四世皇帝在纽伦堡这座城市有非常高的地位，几乎和他在布拉格古迹里的重要性不相上下。

纽伦堡在中世纪就是一座商路上的手工业城市，1356年卢森堡皇朝的查理四世颁布《金券诏书》，规定三僧四俗七大选帝侯制度，就是在纽伦堡颁布的，所以纽伦堡的教堂和很多遗迹，都和七大选帝侯有关。查理四世还规定，德意志国王和皇帝应该固定在法兰克福选举，当选国王去亚琛大教堂加冕，之后来纽伦堡召开他统治下的第一次帝国议会。当然，以上这一套程式并非一成不变，实际执行起来总是有欠缺，但起码可以说明，纽伦堡就和法兰克福、亚琛一起，成了中世纪中期帝国最重要的三座城市之一，甚至可以说是帝国的非正式首都。我们今天去布拉格旅游会感觉到布拉格到处都留下查理四世皇帝的痕迹，比如波尔塔瓦河上的查理桥、布拉格大学叫作查理大学。查理四世皇帝的宫廷在布拉格，他第二钟爱的城市就是纽伦堡，在这里待的时间仅次于布拉格。查理四世的次子，卢森堡皇朝末代皇帝西格蒙德更进一步规定，帝国的全套仪仗，就是加冕用的皇袍、皇冠、宝剑、金球等，要保存在纽伦堡城堡。200多年以后新教改革开始，德意志三十年战争兵联祸结，而且纽伦堡市民归属了新教，所以哈布斯堡皇朝的帝王才把帝国议会的会址南迁到信奉天主教的多瑙河畔的雷根斯堡，把皇家礼仪袍服搬到维也纳皇宫。所以今天我们在维也纳市中心的霍夫堡皇宫珍宝馆里，才能看到所有这些皇冠权杖等宝器。

从城市主广场继续往北走200多米就到了城堡山，地势缓慢上升。这座山既不高也不陡，跟莱茵河畔那些高踞于陡峭山巅的古城堡大异其趣。纽伦堡城堡是一组占地面积很大的建筑群，山坡顶上城堡门外，古代作为谷仓和马厩的

纽伦堡镀金水井

地方，现在是一座青年旅舍，地点非常方便。城堡里面可以参观，但特别精彩的文物不多。城堡山上最好的一点是可以居高临下拍摄古城的全景，这是纽伦堡古城四张最美照片中的第三张。

走下城堡山向西转弯，沿着西半边城墙走到山下，快到平地的时候，你会看见一条横街，其中第一栋白墙红梁的半木梁式房子特别醒目，周围一般都会聚集很多游客。在房子面前侧面的一小片广场坡地上，有一只巨大的黄铜兔子。这里就是北方文艺复兴时期，德意志地区最出名的画家丢勒的故居。

丢勒和北方文艺复兴绘画源流

我们知道，中世纪艺术之后，15世纪从意大利开始了文艺复兴运动，17世纪初为了和新教改革争夺群众，又开始了巴洛克艺术风潮。这两次艺术潮流，意大利半岛都得风气之先，然后新潮艺术才逐渐传播到北方德意志、法国、尼德兰等地区，东欧和英伦三岛接受得更晚一点。就文艺复兴来说，1641年佛罗伦萨圣母百花教堂的大穹顶在布鲁内莱斯蒂主持下完工，宣告文艺复兴的开始，然后鼎盛时期三位大师达·芬奇、米开朗琪罗、拉斐尔当中，最年长的达·芬奇生于1452年，最后一位离世的是米开朗琪罗，死于1564年。文艺复兴之风向北越过阿尔卑斯山传播，引起德意志和尼德兰的文艺复兴，历史上叫作"北方文艺复兴"，北方文艺复兴最早一批大师，像德意志的丢勒、老克拉纳赫、老霍尔拜因，都生于1460—1470年代，和意大利文艺复兴三大师同时代。只有尼德兰的老勃鲁盖尔比他们早了一代人的时间。北方文艺复兴又分为两个中心，德意志本土和更靠北的尼德兰，主要是安特卫普城。在德意志，丢勒和老克拉纳赫、老霍尔拜因这三位是同辈人，他们的艺术不仅限于绘画，而且比意大利的文艺复兴多了一个版画印刷。前面我们在莱茵河的美因茨那章讲过，当时正好古登堡发明了机械印刷术，所以版画大量发行，它是跟意大利不同的一种艺术形式。另外就是宗教改革，1517年马丁·路德新教改革正赶上北方文艺复兴最早一批大师的晚年，他们或多或少都和新教运动有点关系，像老克拉纳赫本人就是马丁·路德的挚友，直接出手帮他印刷宣传品，制作版画，还给马丁·路德一家画肖像。所以宗教改革和版画，这两点是意大利文艺复兴没有的。不过丢勒和老克拉纳赫的画风，明显看得出跟文艺复兴三大师纯熟的技法不同，他们或多或少都带有哥特风格的残留。建筑方面，德意志文艺复兴的著名建筑包括前面莱茵河部分提到的海德堡城堡，以及离纽伦堡不远的奥格斯堡市政厅和福格尔之屋。总的来说，尼德兰和德意志的文艺复兴建筑不多，几乎可以说是从中世纪哥特风紧接着就跳跃到巴洛克风格了。德意志文艺复兴主要是体现在绘画和印刷版画这两种艺术形式上面。

法国的文艺复兴基本上源于一个人：弗朗索瓦一世国王。在意大利战争期间，他从米兰请回了达·芬奇和其他意大利艺术家，在枫丹白露、卢瓦尔河流域大造行宫。所以法国文艺复兴是绘画不强，辉煌的建筑反倒很多。英国僻处海外，文艺复兴开始得更晚，要到16世纪后半期的伊丽莎白女王时代，代表人物是文学方面的莎士比亚。

以上是北方文艺复兴的一个综述。在纽伦堡，文艺复兴就意味着一个人：阿尔布雷希特·丢勒。他1471年生于纽伦堡，其实比米开朗琪罗还大一岁，比拉斐尔大12岁，丢勒出名很早，跟达·芬奇、拉斐尔、威尼斯画派的开山鼻祖贝里尼都有书信联系。丢勒的父亲是个金匠，1455年才从匈牙利移居纽伦堡。那个时代的金匠可以说是全能手艺人，比如开创文艺复兴的佛罗伦萨圣母百花教堂洗礼堂"天堂之门"系列浮雕的作者吉贝尔蒂、大穹顶的设计师布鲁内莱斯蒂、雕塑家多纳泰罗，这几位意大利文艺复兴的开派祖师，全都是金匠。丢勒有个教父是印刷工匠，后来成了德意志最成功的印刷商人，开了24家连锁印刷工坊。丢勒从小跟父亲学金匠手艺和素描，跟教父学版画和印刷。他出名很早，20来岁就以版画出名了，当时来说，版画比油画容易出名，因为可以大量印刷复制。木版画和金属蚀刻画他都做。丢勒一生画过不少自画像，第一幅就是1493年在他22岁时候的自画像，现在收藏在巴黎卢浮宫。一般来说，北方文艺复兴的那些大师跟意大利大师不同，意大利人喜欢研究透视、比例、光线等各种科学道理，研究风气比较浓，最极端的例子就是达·芬奇了，

卢浮宫收藏的《丢勒自画像》

丢勒木刻画《忧郁》

其实与其说达·芬奇是画家，还不如说他是科学家、发明家。北方的画家们穷究原理的少，大多数都是只顾画画，匠人作风更重些。这里面只有丢勒是个例外，他喜欢钻研的个性，颇有几分达·芬奇做派，曾经研究过光线追踪的科学原理，研究绘画中的透视、比例，甚至延伸到研究数学，还写过光学专著。丢勒有些行为在当时的人看来颇为怪诞，比如他会在自己的画作上签名，当时的画家自认为只是匠人，从不留名的。又比如他会画一些没有人出钱请他画的东西，比如丢勒故居门口的那只大铜兔子，就是因为丢勒而著名的兔子绘画。在当时的人看来，这简直就是怪癖：画画是为了挣钱，你给兔子画肖像，谁付你钱呀？没有钱你浪费颜料浪费时间做什么？其实丢勒画动物、画人体局部、画自己都是为了钻研比例。1502年他画的一幅兔子水彩画在细节上极为精准，甚至每一根毫毛的位置方向都对，让人叹为观止之余，还会生出疑问：他究竟是怎么做到的？后人猜测说他可能真的抓了一只兔子在画室里画，不过动物不像人，不可能静止不动。所以也有人猜测他先在野外画一幅写生草图，然后拿一只死兔子在室内添加细节。因为丢勒很注意观察动物的细节，所以靠凭空想象作画的本领也很厉害：1515年他听说葡萄牙王室从海外殖民地运来一只欧洲人从没见过的动物叫作犀牛，他仅仅看了一个在场者的文字描述，就凭空想象画出一只犀牛，而且居然很准确。这幅犀牛图在德国反复印刷，以后好几百年德国的幼儿识字读本上，都印着丢勒画的大犀牛。1512年哈布斯堡家族的马克西米利安一世皇帝请他出任皇室画家，给自己画像，还负责监督生产大型版画。1520年皇帝驾崩，皇帝的孙子查理五世继位，身兼西班牙国王，宫廷在布鲁塞尔。丢勒为了争取新皇帝的订货，确保自己宫廷画家的年金，从纽伦堡沿莱茵河去布鲁塞尔，顺便游历尼德兰。那个时候尼德兰北部是新教地区，就是日后的荷兰，丢勒在那个时候开始接触新教思想，后来并不清楚他有没有改宗新教，不过丢勒确实在1520年曾经想过给马丁·路德画像来着。1504年他画了一组版画《亚当和夏娃》后来在1507年画成了油画，是丢勒的名作之一，现在收藏在马德里的普拉多博物馆。丢勒还有些版画宗教色彩很浓，但是有很多神秘的寓意，后人很难猜透。比如1512年的《骑士、死亡与魔鬼》、1514

年的《圣热罗姆》和《忧郁》。他画《忧郁》的那年正好母亲去世，画上用了大量象征主义手法，情绪表达很明确，但细节却很难看懂。丢勒的这栋旧居是1509年买下来的，即便今天也是一座非常宽敞的豪宅，可见他20来岁成名以后始终过着优裕的生活。今天在故居里，你可以看到几乎所有丢勒的代表作，不过这些画没有一幅是原作，都是复制品。纽伦堡唯一的一幅原作在本城的德国历史博物馆里面。他的油画本来就不多，大部分画作都收藏在欧洲各大博物馆。1528年57岁的丢勒在纽伦堡去世，不算高寿。

既然说到北方文艺复兴，不妨在这里提一下其他几位绘画大师。老卢卡斯·克拉纳赫只比丢勒小1岁，但是很长寿，1553年去世的时候超过了80岁。他是当时德意志最成功的艺术家，甚至超过丢勒，他也是少年成名，22岁已经凭借版画印刷出名，应邀成为萨克森选帝侯、明智者腓特烈的宫廷画家，此后一生都是萨克森的宫廷画家，为好几代选帝侯服务，画行猎图，也画教堂祭坛画。1509年他给马克西米利安皇帝和未来的查理五世皇帝（当时还是少年）画肖像，比丢勒还要早3年。我们知道，萨克森选帝侯、明智者腓特烈本人信奉马丁·路德开创的新教，查理五世皇帝在沃姆斯召开帝国议会，召马丁·路德赴会自辩的时候，就是萨克森选帝侯保护了路德不至于受到当年胡斯火刑处死的下场。会后路德逃到选帝侯一处偏僻山里的城堡——瓦特堡躲起来，潜心把拉丁文《圣经》翻译成普通人能读懂的德文。在整个过程中，老克拉纳赫都是路德的挚友。他们都住在德国东部的维滕堡（Wittenberg），老克拉纳赫为路德画过很多肖像，还为路德翻译的德文《圣经》做木版插画。他是路德夫妇的证婚人，和他们第一个孩子的教父。即便明智者腓特烈去世之后，老克拉纳赫仍旧受到后代萨克森选帝侯的器重，两度担任维滕堡市长。他对后来的选帝侯也是忠心耿耿。1547年新教诸侯的施马尔卡尔登同盟被查理五世皇帝在缪尔贝格战役击败（提香为那次战役中的皇帝画过一幅著名的披甲执矛骑像），萨克森选帝侯、明智者腓特烈被俘。战后皇帝和新教诸侯和解，80岁高龄的克拉纳赫还跑去请求皇帝释放选帝侯，甚至愿意自己陪选帝侯坐牢。1553年81岁的老克拉纳赫亲自接选帝侯出狱，同年病死于魏玛城。老克拉纳赫的两个儿子都是画家，女儿还是德国文豪歌德的祖先。不过老克拉纳赫画了太多版画，受版画影响，他的油画特别善于勾勒形体，但不是特别擅长于处理画面的光影和色彩。

老汉斯·霍尔拜因比老克拉纳赫和丢勒都大十来岁，生于1460年的奥格斯堡，离纽伦堡倒不算太远。他的父亲和叔叔都是著名画家。他画宗教画，明显有晚期哥特式拉长的痕迹，直到后来才转向文艺复兴风格。其实他的儿子小汉斯·霍尔拜因比父亲更有名，是16世纪最伟大的肖像画家之一，跟老霍尔拜因学画，出师以后在瑞士巴塞尔画教堂的宗教壁画。可是当时新教改革了，本来路德派的新教允许画神像，可是在瑞士的新教属于更加激进的宗派，不允许教堂出现任何人像。总体来说，新教改革的确在全欧洲的新教国家范围内，砸了很多画家的饭碗。小汉斯·霍尔拜因就被逼离开巴塞尔，去英格兰，受到宫廷大臣和亨利八世王后安妮·博琳的欢迎，成为英王亨利八世的御用画家。亨利八世就是那位娶过6位妻子，砍了其中两位王后的头，为了和原配离婚，不惜和教廷决裂发动宗教改革的国王。安妮·博琳就是他的第二任王后，后来被砍了头。历史教科书采用的亨利八世、权臣托马斯·摩尔、托马斯·克伦威尔流传到今天标准像，都是小汉斯·霍尔拜因画的。

此外，北方文艺复兴还有一位老彼得·勃鲁盖尔，不是德国人，是佛莱芒文艺复兴的主要画家，以安特卫普城为中心进行创造。他特别擅长画比利时农村的民间题材，一般都是雪景或者农民的舞蹈、婚礼，让人们看到16世纪市井生活的真实场景，可以说是欧洲版的张择端《清明上河图》。按说他那种风格和题材，当时很难受到上流社会的青睐，写《艺苑名人传》的意大利画家瓦萨里对他评价就不高。可是艺术嘛，"民族的就是世界的"，这话一点不假。可能就因为他画的民间题材很朴实很生动，后世的收藏家特别喜欢，尤其是鲁道夫二世皇帝到处搜集他的画作。所以老勃鲁盖尔的画作，今天全世界收藏最多的就是维也纳艺术历史博物馆了。关于老勃鲁盖尔的画，我们留待讲维也纳时再详谈。

这一批北方文艺复兴画家到了16世纪后半叶，要么去世，要么因为新教改革砸了饭碗。到 17 世纪，罗马又兴起了巴洛克艺术风格，最先是从建筑上由波洛米尼和贝尼尼等几位大师开创的，绘画方面是卡拉瓦乔。这股巴洛克之风吹过阿尔卑斯山，传到欧洲其他地方开枝散叶：在西班牙，就是委拉斯贵支；在尼德兰分成了荷兰跟比利时两派。荷兰是新教，只能画人物肖像，就是前文写阿姆斯特丹国家博物馆时候提到的伦勃朗、维米尔、哈尔斯这些人的荷兰黄金时期绘画。在南部的西班牙领地尼德兰，就是宫廷画家鲁本斯，凡戴克，老勃鲁盖尔的儿子彼得·勃鲁盖尔和老扬·勃鲁盖尔、孙子小扬·勃鲁盖尔这个家族。因为维也纳是那个时代的皇廷，鲁本斯、委拉斯贵支这些巴洛克时代的大师都有很多作品是为了哈布斯堡家族画的，我们等到维也纳那一章，再来详细讲述巴洛克绘画的大师和作品。

离开丢勒故居继续沿着西城墙向南走，可以看到规模很大的城门堡垒防御设施。接下来过一条大马路，就回到了佩格尼茨河边，这里是城西的下游，你会看到一座悬索步桥，它是欧洲大陆上最早的一座悬索式铁桥，建于 1832 年，旁边紧贴着中世纪的水城门要塞工事，建造它用来守护河流穿过城墙的这个部分，是城墙防御体系的一部分。站在这座窄桥的中间，向城中心眺望，河面从前方的低矮水闸倾斜下来，远处有一道公路桥，背后是古城的天际线。从西向东望：如果是夕阳西下金光万道的时候，古老的城市沐浴在金色的晚霞之中。或者天黑以后，从这里拍摄市中心灯火勾勒出的桥梁和建筑倒映在河面。这就是纽伦堡旧城最美的四张照片中的最后一张。

说起纽伦堡的美食，最有名的一样是纽伦堡香肠。德意志地区的香肠多种多样，前面介绍过弗莱堡香肠、雷根斯堡香肠，还有法兰克福香肠、维也纳香肠。纽伦堡的特产香肠是最小的一种，7—9 厘米长，一条也就是半两重的样子，它属于德国香肠里面肉馅香肠（Bratwurst）这个种类，也就是用搅碎的肉馅填充的香肠。和肉馅香肠相对的种类可以有血肠、填充肉皮等内容，比如说杂烩的猎人香肠（Jegerwurst）。纽伦堡香肠的特殊味道可能来源于它用墨角兰做调味料，那是一种欧洲人常用的香料，中餐里面没有。纽伦堡人对他们的香肠特产非常自豪，自称"小的才有味道"，跟中国人常说"浓缩的都是精华"异曲同工。现在这种香肠享受原产地法律保护，也就是说，只有在纽伦堡生产的这种香肠，才能够标上"纽伦堡香肠"的品名。因为它太小了，一条吃不饱，在街上的零食摊和肉铺一般都会写着：一个面包夹三条，或者3条、6条烤肠一份菜之类的文字。

纽伦堡与纳粹有关的那段历史

古城纽伦堡并不总是岁月静好。正因为它在神圣罗马帝国时期的中心地位，纳粹上台之后，这里成为纳粹运动的中心之一。希特勒把他的"千年帝国"称为第三帝国，因为第一帝国是神圣罗马帝国，第二帝国是普鲁士1871年统一德国建立的德意志帝国。他要让纳粹运动和重要的古代帝国的政治中心发生联系，以强调政权的合法性。在第一帝国最重要的几个城市当中，查理曼大帝的首都亚琛似乎是最合适的，可是它在比利时边境上。维也纳是后500年的帝国首都，但属于奥地利，德奥1938年才合并。只有纽伦堡最合适，它正好处于当时德国版图的中心位置。甚至在纳粹1933年掌握政权之前，就把纽伦堡作为1927年和1929年全国大会的会址，掌权以后，从1933年到1938年，更是每年固定在纽伦堡举行全国党代会，每一次都是数十万人的宏大集会。1934年的纳粹党全国代表大会，由著名的御用导演莱尼·里芬施塔尔拍摄成纪录片《意志的胜利》，直到今天还能在网上下载到。一个纽伦堡党代会，另一个1936年柏林奥运会，是纳粹党宣传手段上的里程碑。笔者收藏了这两部纪录片，不得不承认，单纯从艺术水准和宣传效果上来说，女导演里芬施塔尔是天才，很多今天拍电影的手法，像移动机位、航拍、高速摄影，都是她发明出来的。可能很多人没有意识到，今天每届奥运会前固定的火炬接力活动，也是由纳粹在1936年柏林奥运会前发明的宣传手段。

今天在纽伦堡古城外，东南方向3公里有一大片空地，当年纳粹全国党代会的会场就在这里。二次大战爆发前的30年代，希特勒要御用建筑师施佩尔负责在这一大片环湖空地上建设纳粹党全国大会总部会场，一切都要按照希特勒的那种现代派审美观来搞：线条简洁有力，多用石料，仿造古罗马的古典样式，并且把规模放大 5—10 倍。在二战爆发前已经完成的就是齐柏林体育场，可以容纳 14 万人。更大的党代会总部会场建了一半，就因为战争爆发停工了。今天的党代会总部大部分是荒废的，有一角利用起来，建成纳粹历史的博物馆。可是因为德国去纳粹化的法律，它不能叫作博物馆，所以正式的名称是"纳粹历史档案中心"，其实就是博物馆。从古城以东或者火车站坐 9 路有轨电车 10 分钟就能到纳粹历史档案中心门前。这座博物馆在巨大而乏味的纳粹党全国大会未完成的旧址里面只占了一个角落，但是经过现代建筑的改装，顶楼伸出来一段玻璃廊桥，稍稍打破单调的感觉。博物馆里面用各种多媒体方式追溯纳粹的发家史，和给德意志及欧洲各国人民带来的灾难。对于特别熟悉二次大战史的笔者来说，内容并没有什么新意，陈列也没什么好看的，倒是如果做专业的历史研究，应该可以联系这里，能阅读到丰富的文献资料。我来这里的主要目的，是看看当年的建筑和会场。

这座未完成的巨型党代会会场，半是用作集会的体育场，半是党部办公大楼，呈马蹄形，马蹄开口对着湖面，从街上看纳粹历史档案中心这一面是圆弧形，三层高的红色砂岩大厦，仿造罗马圆形竞技场。在圆弧的内圈是集会所用的场地，根据留下来的设计图纸显示，如果阶梯式看台完全建成的话，将可以容纳 5 万人在里面集会，相当于大半个古罗马圆形竞技场，或者半个举办北京奥运会的鸟巢体育场的容量。根据施佩尔的设计，圆形会场建成以后还要覆盖顶盖，并在顶盖上留下透明的天棚，用自然光进行照明。而阶梯式看台下方的空间，才是我们今天看到的三层高的外观，用作纳粹党部办公大楼，今天大部分已荒废，只一个角用作了博物馆。在纪录片《意志的胜利》里面，纳粹党纽伦堡集会的会场就在它旁边，叫作齐柏林体育场，可以容纳 14 万人，也是一个庞然大物，希特勒、戈林、鲁道夫·赫斯等纳粹头面人物就在它的主席台上检阅冲锋队游行。从影片里可以看到，主席台上方有一个巨大的纳粹党万字党徽，1945 年美军占领纽伦堡以后炸掉了纳粹标记。今天齐柏林体育场可以免费参观，水泥看台年久失修，看上去荒废多年的样子。

纽伦堡可以说是从头至尾见证了纳粹的兴亡。战后著名的纽伦堡审判会场，今天也可以参观，但是离老城中心和纳粹党代会会址都还远，在新城里，离火车站5站地铁。它是纽伦堡高等法院里的一个审判庭，因为高等法院日常还是要工作的，如果偶尔审判庭不够用的话，有时候也会占用当年纽伦堡审判的那间纪念厅，所以去参观前如果想确保审判庭当天开放，最保险的日子是周末。在一楼买了票以后，有电梯直接上到当年审判庭的楼层，中间是办公区域，电梯不停。审判庭只是一间屋子，面积也不大，还保持着当年的陈设，和照片上的差不多。历史上的纽伦堡审判，第一批最重要的战犯起诉了22人，像希特勒、戈培尔、希姆莱这些人都在被捕前后自杀，这些人不算。这22人当中，纳粹劳工阵线领导人莱伊在判决前自杀了，所以总共判决了21人。其中12人被判处绞刑，以戈林为首，但戈林在判决之后，行刑之前自杀。还有一个判处绞刑没能执行的是纳粹党务首脑马丁·鲍曼。他其实是在柏林战役最后的突围过程中死于混战，可是没有找到尸体，当时缺席判处绞刑，无法执行。后来1973年在柏林火车站的施工工地挖到白骨，经过1998年的DNA验证，确实是鲍曼的尸体，原来他在纽伦堡审判前就已经死于战场。算下来，21名宣判的战犯当中，12人判处绞刑，实际执行10人。有3人判决无罪释放，包括希特勒上台之前的总理巴本、德国银行总裁沙赫特。剩下来的7名战犯，4名终身监禁，3名有期徒刑。有意思的一点在于，即便名垂青史的纽伦堡审判也有"冤假错案"：第7名被执行绞刑的国防军最高统帅部作战部长约德尔上将，原本只是个纯粹的军人，判处死刑很大程度上是因为他处于军方的核心位置，必须签署希特勒给军队下达的屠杀命令。纽伦堡审判当时，美军就对判决有意见，6年以后的1953年，德国和法国的法庭分别宣布约德尔无罪，撤销纽伦堡军事法庭的判决。

　　我觉得学法律和外交的朋友应该去纽伦堡看看当年军事法庭的旧址。这里可以说是国际公法里战争罪行，尤其是反人类罪的诞生之地。在法学上，纽伦堡审判创造了很多先例，在英美法系当中，法律不是由法条组成，而是由判例组成的，纽伦堡审判的判例，有很多本身就是今天国际法的基础。后来联合国在荷兰海牙建立了常设的国际法院，职能就类似于当年临时性质的纽伦堡军事法庭。国际法院曾经运用纽伦堡审判确立的法律原则，审理了南斯拉夫、波斯尼亚、卢旺达、南非发生的反人类罪行。让屠杀得以被揭露，让正义得以伸张，这就是纽伦堡审判给后世留下的最大精神财产吧。

第七章　从帕绍到蓝色多瑙河

　　莱茵—美因—多瑙运河在流经 172 公里后汇进了多瑙河，河水滔滔而下，经过维尔滕堡修道院、雷根斯堡，来到德国和奥地利的边境城市帕绍（Passau）。在这里，多瑙河汇集了上游第一大支流因河（Inn）。事实上，因河给多瑙河带来的水量比多瑙河干流本身更大。不仅如此，在帕绍还有一条较小的伊尔茨河（Ilz）跟多瑙河汇流，这样就形成了两国交界、三河汇流的形胜之地。

　　古代的道路交通不便，即便有路，也不是像今天这样平整的柏油路面。而走水路会比陆路容易得多，所以无论中外，所有古代名城一定会在河边，河流促进了产品的异地交换，贸易市场和行政中心形成古人的聚居点，于是产生了城市。所以说，河流孕育了人类文明。帕绍这里更是山川形胜，得天独厚，三条河流在这里汇聚，为城市提供交通便利的同时，也带来了自古的商业繁荣和思想碰撞。古罗马时期，帕绍就是帝国防御多瑙河对岸蛮族的重要节点。欧洲大混乱尘埃落定后，法兰克王国统一了大部分欧洲。在查理曼大帝建立加洛林皇朝的法兰克帝国，还有奥托大帝整合东、中法兰克王国建立神圣罗马帝国的时候，东法兰克/德意志王国的"五大基干公国"里没有奥地利。早期中世纪那个时候，奥地利还是蛮荒之地，帕绍作为巴伐利亚公国的东端，当时就是帝国的边区，正在逐渐向东拓展。所以帕绍在好几百年的时间里，都是整个德意志王国最大的主教辖区，管辖整个奥地利和巴伐利亚的大部分。像维也纳、萨尔斯堡主教辖区，都是后来随着奥地利地区建立了几个重要的德意志公国以后才分出来的。

第一节　德奥交界，三河汇流

三条河流的汇合处

这里汇集着三条河流：多瑙河干流位于中间，从西向东流淌。因河从西南方向向东北流淌，和多瑙河呈锐角交汇。因河的水量大于多瑙河，河床也很宽，所以在因河多瑙河交汇处，形成了一个狭长的半岛，地势和莱茵河、摩泽尔河交汇处的"德国之角"类似。帕绍老城就在这片半岛上。就在这个河口处，伊尔茨河从北向南注入多瑙河，它只有60来公里长，水量也没有另外两条大河那么多，但是河水清澈见底。在多瑙河北岸、伊尔茨河以西是大山，山上有古代的城堡，那里是俯瞰半岛上旧城风景最佳的地方。

当你站在帕绍旧城，面对两条大河交汇形成的夹角，左手是莱茵河，右手是因河，你可以明显看出因河的水比莱茵河清澈，河水在交汇处一开始不相容，左边是灰绿色，右边是深绿色，经过一两公里以后才逐渐水乳交融形成一体。帕绍在1662年经过一场大火，老城被烧毁殆尽。那个时代帕绍很富有，不但贸易渠道四通八达，而且这里的手工业也有名，尤其是帕绍打造的刀剑兵器有自己特殊的徽记，是那个时代质量的保证，有点中国龙泉宝剑的意思。所以帕绍城花得起重金从意大利请来建筑师和绘画雕塑方面的艺术家，用17世纪最流行的巴洛克风格重建城市。

今天我们看到的这座城市不像纽伦堡、班贝格、雷根斯堡这些城市，完整地保留了中世纪的风貌，而是更像意大利的城市：民居多为用砖砌的四五层楼房，外墙喜欢刷成鲜艳的颜色，市政厅、主教宫、大教堂这些大型纪念碑建筑并不高，体量大，比例比较和谐。全城最醒目的，莫过于有三座绿色洋葱头顶盖钟楼的圣斯蒂芬教堂。这座白色的教堂坐落在半岛中央山脊中段，从里到外是典型的意大利巴洛克式建筑，尤其是它的内饰金碧辉煌，用了很多大理石做装饰，圣坛用黑色大理石做底子，镀金花纹装饰，天花板上有漂亮的壁画。尤其是它的管风琴世界闻名。管风琴是欧洲基督教堂最重要的乐器，虽然看上去和钢琴一样是键盘乐器，但发音原理不同：钢琴里面是通过小槌敲击琴弦发声，本质上是一种弦乐器，而管风琴的每一根钢管都有不同的音阶音色，是纯粹的管乐器。发音管越多，奏出的音乐表现力就越丰富。通常一座教堂的管风琴，琴键会有三五排之多。一般教堂管风琴的位置会在教堂内部大门上方，和圣坛后殿唱诗班座席的两个外侧。在帕绍大教堂里，如果你抬头看大门上方的管风琴，可能看不出它有多大规模。其实它在教堂里分成好几处，总共有 17774 根发音管，光是控制这些发音管的键盘就分在 6 处。这是古代世界最大的管风琴，直到 20 世纪才被美国费城的管风琴超过。很多游客专程来欣赏圣斯蒂芬教堂的管风琴音乐会，每年旅游季节，这里至少每天中午都会演奏一场。

帕绍另一个好玩的去处是玻璃博物馆，它在市政厅街对面的维尔德曼酒店里，这家酒店本身也是几百年的建筑，一直都是酒店，但是从 1880 年代开始关闭了一百年，大厦被用作帕绍的法院。所以真正作为酒店重新开业也就是 1980 年代的事情。玻璃博物馆和酒店是同一个主人，这个博物馆据说拥有全欧洲最大规模的玻璃工艺品收藏，从三十年战争之后不久的 1650 年代一直收藏到 1950 年代，不过大多数藏品风格还是以 19 世纪欧洲新古典到 20 世纪初新艺术运动（Art Nouveau）为主。

这是一家真正的博物馆，不是那种号称博物馆，实际上却要你买他们的工艺品的旅游陷阱。玻璃制品本身就可以做得美轮美奂，而这里的藏品，更可以让你看到玻璃艺术的无限可能性。其中很多成套器皿上的玻璃浮雕和刻花，根本就不是简单的吹制可以做出来的。我很早就在美国参观过纽约州的康宁玻璃博物馆，也看过威尼斯的玻璃制作工坊。真正让我对玻璃这种材质大开眼界的，一处是帕绍，还有一处是哈佛大学自然历史博物馆里的植物标本。

这两处博物馆各有千秋：哈佛大学的玻璃博物馆，当初是19世纪两位植物学教授从玻璃工艺最发达的波希米亚请来工匠，为大学的植物学系制作标本。此后父子两代人用了几十年的时间，制作出数千件玻璃标本作为哈佛大学授课的教具，今天成了全世界独一无二的珍宝。那里最令人称奇的一点是：这些标本根本不像玻璃。它们像是真的植物，你也可以怀疑它们是塑料做的，或者是蜡做的，面粉捏的，唯独想不到这些是玻璃。这就是玻璃的无限可能性。

而在帕绍的玻璃博物馆，我看到的是作为单纯艺术品的玻璃，它不像工业制品那么讲究实用的功能性，很多展品都是只做一套，不可复制的，材质上也不闪闪发亮。因为玻璃本身是亮晶晶的，所以用磨砂或其他工艺做出来的浮雕，就给人真正的艺术品的高级感。这两座玻璃博物馆都有一个关键词作为共同的联系点——波希米亚。历史上全世界最好的玻璃匠人在波希米亚，也就是今天的捷克。哈佛大学的植物学教具出自波希米亚匠人之手，帕绍这里近代也是以玻璃制作工业著名，其技艺也是从北边不远处的波希米亚传过来的。事实上从帕绍驱车向北60公里就是捷克边境，从这里去捷克最美的小城捷克克鲁姆洛夫（Chesky Krumlov），比从布拉格或者维也纳去的距离更近。帕绍城早年玻璃工业的发展，跟它得天独厚的水路交通和贸易中心地位是分不开的。

在玻璃博物馆里，还保留了两个"茜茜公主房间"。19世纪的奥匈帝国皇后伊丽莎白，也就是著名的茜茜公主，一生喜欢到处旅行。她曾在1862年在这家酒店住过8天，跟父母姐姐团聚。后来酒店把皇后当初住过的房间原样保留下来作为纪念，现在也在玻璃博物馆的范围内，在这里可以看到皇后轻车简从旅行时候的日常用具，看起来比维也纳霍夫堡皇宫里的陈设跟普通人的距离更近。关于茜茜公主和她的丈夫，弗兰茨-约瑟夫皇帝的事迹，我们下一章在维也纳还要从头细说。

林茨与远郊的集中营、修道院

多瑙河进入奥地利西北部的第一座大城市是林茨，奥地利西北角的这一片叫作上奥地利，跟以维也纳为中心的下奥地利、西面的以因斯布鲁克为中心的远奥地利相对。林茨就是上奥地利的首府，今天它仅次于维也纳和南部的施泰里亚首府格拉茨，是奥地利第三大城市。因为林茨地理位置偏西，每次奥地利的大公兼皇帝跟东方强邻的战事不利，就会"西狩"，跑到林茨来避难。前文提到过哈布斯堡家族的第四位德意志国王、第一位神圣罗马帝国皇帝、在15世纪下半叶统治德国半个世纪之久的腓特烈三世，在1480年代跟匈牙利的乌鸦王马加什争夺匈牙利，打不过乌鸦王，连维也纳都被匈牙利的黑甲军占领了，于是逃到林茨，在林茨城堡避难，后来又去了南方的格拉茨。1683年维也纳围城战的时候，利奥波德一世皇帝也是跑到林茨建立临时政府，让手下的将军们和波兰国王继续和土耳其大军周旋。

林茨的特色食品是一种甜食——林茨蛋糕（Linzer Torte），据说是世界上第一款用地名来命名的蛋糕，它看上去像果酱派，里面充满蔓越莓果酱，周围撒上切片杏仁，再撒上粉糖，在咖啡厅里切成块出售。它通常是在圣诞节前的食物，不过现在游客增多，平时也能吃到。所以去林茨不要错过这款蛋糕。

不过林茨作为城市给我的印象并不深刻，也许奥地利美丽的大型城市太多了，不用说维也纳和萨尔斯堡，就连格拉茨和因斯布鲁克这两座同一级别的城市，各自的特点都比林茨更为突出：格拉茨的城堡和那座超现代的，看上去有点怪异的玻璃大厦博物馆；因斯布鲁克则有施华洛世奇水晶博物馆和"金亭"。

林茨也有好几座内饰华丽的巴洛克式教堂，但是并不突出。给人印象最深的城市地标，莫过于中心广场上的圣三一石柱，那其实是一座洛可可式的白色大理石纪念碑，顶上用镀金雕塑装饰，两个人形分别是圣父圣子，中间发出万道金光的太阳中心有一只鸽子，象征圣灵，合起来就是三位一体。碑座下面是喷泉。这座纪念碑建成于1713年，是为庆祝瘟疫消退而献给教会的礼物。在

林茨圣三一纪念碑

大广场上还有 19 世纪奥地利音乐家安东·布鲁克纳的旧居。布鲁克纳是德意志音乐进入浪漫主义时期的代表人物，跟瓦格纳、李斯特、德彪西这些人不仅同时代，而且风格属于一个流派。跟他们同时代的勃拉姆斯则被同代人当作典雅的传统派的代表，和巴赫、贝多芬并称"德意志音乐 3B"，与瓦格纳、布鲁克纳这一派分庭抗礼。布鲁克纳出生于林茨附近，一生都以林茨为活动中心。今天在林茨不但有布鲁克纳的故居，还有布鲁克纳国际音乐节。

其实林茨城的另一位历史名人比布鲁克纳有名得太多了，但是当地人似乎不怎么愿意提起。他就是阿道夫·希特勒。有个德国笑话说奥地利人的狡猾和对待历史的实用主义态度："他们成功地让世人以为希特勒是德国人，而贝多芬是奥地利人！"其实希特勒的家乡还就在奥地利和德国边界上，他出生于布劳瑙镇，布劳瑙属于上奥地利州，如果从德奥交界的德国帕绍城沿着因河上溯50公里，就到了因河河畔的布劳瑙，而因河在这一段就是德国和奥地利之间的界河。又因为奥地利本来就是德意志神圣罗马帝国的首善之邦，只是1866年普鲁士打败了奥地利才强行把它排除在新德国之外的，从根源上德国奥地利就是同文同种，所以有人误认希特勒是德国人，倒也不奇怪。希特勒少年时代搬家到本州的首府林茨居住，从9岁到18岁都待在林茨，所以他的青少年时代，包括小学和中学都是在林茨上的，中学毕业以后去维也纳讨生活。因为希特勒在维也纳混得不如意，所以他当了元首之后，一直都偏爱林茨而痛恨维也纳。他有计划要用纳粹那种宏大的建筑彻底改变林茨的面貌，把林茨建成宏伟的"元首之城"——幸亏希特勒没有得逞，否则林茨的文脉就全毁在大而无当的纳粹纪念碑式建筑手里了。

　　希特勒有一个时期特别喜欢同乡布鲁克纳的音乐，搜集了很多他的手稿，准备建成布鲁克纳图书馆，还组建了林茨的布鲁克纳交响乐团。在林茨南郊10公里的山里，有一座叫作圣弗洛里安的镇子，镇上有座很大的修道院。布鲁克纳少年时期在这里参加少年唱诗班合唱团，后来还当过这里的教堂管风琴演奏家。布鲁克纳死后也埋葬在家乡的圣弗洛里安修道院。希特勒在二战期间把修道院的洋和尚们赶走，准备把这里作为布鲁克纳图书馆和纪念中心，还好付诸行动前战争就结束了。战后圣弗洛里安修道院归还给修道士。

　　我去林茨的时候，还专门去看过这座圣弗洛里安修道院。圣弗洛里安是2世纪末的奥地利人，是罗马军团的高级军官。当时正是戴克里先皇帝两分帝国，搞四帝共治的时候，相当于中国的西晋八王之乱那个时期。戴克里先皇帝迫害基督教，圣弗洛里安因为信仰基督教而殉难，后来他成了消防员的主保圣人。不但在这里，而且在欧洲各地跟圣弗洛里安有关的教堂或者修道院里，都可以看见用水浇灭教堂大火的武士雕像，那就是圣弗洛里安了。据说圣弗洛里安的遗体就埋在这座修道院里。但我来这里不是为了圣者，也不是布鲁克纳。我是专程前来参观它的教堂图书馆。

2016年夏天，我在欧洲做了一次世界最美古代图书馆之旅，前文提到过的瑞士圣加伦修道院、德国乌尔姆的维布林根修道院都是同一次去的。这座修道院最早建于9世纪，18世纪初进行过重建，当时正是巴洛克风格盛行的时期，所以今天我们看到的修道院教堂和图书馆都华丽无比，还有一座雕梁画栋的大理石会议厅，很值得专程从林茨来一趟。不说别的，光是修道院的教堂和大理石厅，就比林茨城里的教堂和市政厅更漂亮。修道院图书馆藏书14万卷，其中绝大部分是古代的手抄善本图书。这里的书架漆成栗色，每个书橱上方正中间的字母用镀金的花体字，在富贵之外也显得配色沉稳。天花板上的壁画以蓝黄粉等浅颜色为主色调显得明亮，和暗色系的书架形成对比。书架的边角都有圆弧形，配以木雕，彰显着巴洛克时代复杂的装饰性特征。最有意思的是暗道：秘密的暗格、暗道是欧洲古代家具和室内设计非常引人入胜的一个特点。图书馆很贴心地给你打开了几扇暗门，圆弧形的书架有一部分可以打开，门背后有铁质螺旋楼梯可走上二楼，还可以径直通往图书馆外面。参观欧洲王宫和修道院之类建筑，这类暗道机关见过不少，不禁感叹，历史上欧洲的那些王公大臣、主教神父，究竟隐藏了多少秘密呢？

林茨附近另一处值得一提的景点是多瑙河下游20公里处的毛特豪森集中营（Mauthausen）。纳粹时期在欧洲各地建立过很多死亡营，不但屠杀犹太人，也屠杀德国境内的持不同政见者和占领区的异己分子。其中有些集中营在战时就已经被纳粹自己毁灭了罪证，也有很多留下来作为博物馆，警醒后人。这些被留下来能在今天看到的纳粹集中营，包括波兰克拉科夫附近的奥斯威辛－伯克瑙、柏林北郊的萨克森豪森、魏玛城外的布痕瓦尔德、慕尼黑郊外的达豪，跟汉诺威附近的伯根－贝尔森。以上这些纳粹集中营的遗址，笔者每一处都曾去过，它们各有自己的特点，其中真正的灭绝营，无疑要数奥斯威辛－伯克瑙。它唯一的宗旨就是把德国占领下各地的犹太人集中转运到这里加以杀戮。所以奥斯威辛集中营杀人最多，比较确切的估计在110万以上。德国境内的萨克森豪森、达豪集中营死亡人数各3万多，布痕瓦尔德5万多将近6万，这几处最初都是关押政治犯的集中营，不是专门的灭绝营。

毛特豪森集中营

安妮·弗兰克遇难的那座伯根－贝尔森集中营原先是战俘营，关押了很多苏军战俘，死亡人数高一些，超过 7 万。这些都和奥斯威辛集中营不在同一个数量级上。奥地利的毛特豪森集中营最大的特点不是屠杀，而是强迫劳动。它是遍布于奥地利和巴伐利亚的 100 多个较小集中营组成的体系的一个总部，在毛特豪森本部关押的大多是政治犯，尤其是纳粹有计划地灭绝波兰的整个知识分子阶层，大批波兰知识分子被运送到这里通过强制劳动进行灭绝。从 1938 年德奥合并到战争结束，毛特豪森集中营本部死了 3.7 万多人，由 100 多个集中营组成的系统在战争期间总共关押过 32 万人，死亡人数大约在 16 万。

毛特豪森小镇坐落在山下多瑙河边不远，集中营不在镇上，在 2 公里外的一处山顶，周围森林茂密。我去的那天是个 6 月份的晴天，其实周围风景很好，难以想象这样的田园风光，当年竟是人间地狱。和我参观过的大多数其他德国集中营一样，这里当年的旧营房大多数已经拆毁，留下几栋用来展示当年集中营囚徒的悲惨生活，室内有照片和说明，可以看到住宿区、刑场、所谓的医疗室。红砖砌的焚尸炉在其他集中营也能看到，这个并不稀奇，而著名的毒气室是其他集中营看不到的。为了安抚即将被毒杀的囚徒，集中营把骗人的把戏做足，室内真的能看到淋浴喷头和控制水流的阀门拉手。实际上那些拉手根本不可能放出水来，在囚徒们莫名其妙等待水来的时候，毒气就从管道灌进了室内。集中营门外有一面山坡，坡底是采石场。这座集中营从采石场起家，把囚犯劳力供应给第三帝国的很多企业牟利，其中不乏战后非常著名的德国企业。毛特豪森和其他德国集中营最大的不同在于它非常赚钱，不仅仅因为囚犯劳动力几乎没有成本，而且囚徒们从事的各项工作产出也很高。希特勒计划在附近的林茨大兴土木搞建设，因此需要大批石料，囚徒们要从山下的采石场背起50多公斤重的石块，一个接一个排队走上这186级台阶。大多数人都无法承受如此严酷的体力劳动，只要前面有一个人摔倒，往往会像多米诺骨牌一样带倒后面一长串人滚落台阶。很多集中营的囚徒就是这样死在残酷的强迫劳动中。

我写这本书的初衷，是介绍我所熟悉和热爱的德意志和东欧其他国家的历史文化。像毛特豪森这样德意志民族历史上丑陋的一页，是无法回避的历史，也是启迪人们思索的命题：如何把权力装进制度的笼子，避免独裁者利用大众传媒宣传工具煽动整个民族的狂热和仇恨？怎样确保理智和文明，一定会战胜愚昧和野蛮？德意志是一个坚毅顽强，严守纪律的民族，就连以冷静著称的德意志人都曾被狂热的民族主义和种族仇恨误导，以科学和精确的手段，跟着希特勒犯下人类历史上最为恐怖的罪行，这难道不应该令全世界其他民族深思和警醒吗？

第二节　蓝色多瑙河

瓦豪河谷和杜恩施坦

多瑙河从林茨蜿蜒东流100多公里，来到联合国世界文化遗产名录中的瓦豪河谷（Wachau）。这段40公里长的多瑙河谷，两岸群山舒缓，绿树葱茏，向阳的山坡上铺满了葡萄种植园。周围还有中世纪的城堡残骸、宏伟的修道院，和美丽的小城镇。在整条多瑙河上，瓦豪河谷和塞尔维亚—罗马尼亚交界的铁门峡谷，是风景最美的两段，跟铁门峡谷相比，瓦豪河谷虽雄奇不及，但更有文化上的风韵，它和莱茵河的精华中莱茵河谷颇为相似，也是华尔兹之王约翰·施特劳斯热情讴歌的《蓝色多瑙河》。

虽说多瑙河总体走向是从西向东，但在瓦豪河谷这40公里，河流改向北流，河谷入口是梅尔克镇（Melk），出口是克莱姆斯镇（Krems），这两个点是河谷里最大的城镇，也是最多游客的所在，而我最喜欢的地方是谷中靠近克莱姆斯的一座小村庄，叫杜恩施坦（Durnstein）。

大多数游客来瓦豪河谷的梅尔克镇，是专程看右岸悬崖顶上的巴洛克式修道院。这座修道院的来历不一般，他是公爵家族赠送给修会的宫殿。很多人知道奥地利是哈布斯堡家族的世袭领地，但奥地利并不是一开始就在哈布斯堡统治下的。在神圣罗马帝国初建的时候，奥地利是边地伯爵领地，由奥托二世皇帝封给了巴本贝格伯爵家族。1156年霍亨施陶芬家族的红胡子腓特烈一世皇帝把边地伯爵领地升格为公国，奥地利公爵仍然由巴本贝格家族世袭。又过近

从杜恩施坦废墟俯瞰多瑙河

百年，在红胡子腓特烈一世的孙子、"世界奇迹"腓特烈二世皇帝死前不久的 1246 年，末代巴本贝格家族的奥地利公爵在战斗中阵亡，没有子嗣，之后是 1250 年腓特烈皇帝死后混乱的大空位时期。前文提到过，经过 20 来年大空位时期，德意志诸侯选出了出身并不显赫的哈布斯堡伯爵鲁道夫当德意志国王，此后哈布斯堡家族和卢森堡家族交替掌权一段时间。这位新德意志国王鲁道夫·哈布斯堡趁机为自己家族拿下了无主的奥地利公国。这就是此后 600 多年哈布斯堡家族牢牢掌握奥地利的开端。

1089 年，也就是第一次十字军东征正在酝酿的时代，出于宗教狂热，当时还是边伯的巴本贝格家族把位于梅尔克多瑙河边山上的城堡捐献给教会，建立了一座本笃派修道院。从 1089 年到今天，时间过去了 900 多年，这里仍然是修道院，当然山顶的中世纪城堡早已不存。18 世纪初修道院彻底重建，建筑完全采用当时流行的巴洛克式，所以今天我们从河面上远远看去，200 多米高的悬崖顶上，盘踞着体量巨大的宫殿式建筑，通体刷成明亮的黄色，在奥地利，人们把这种颜色称作"肖恩布伦金色"，名字是从维也纳城西肖恩布伦皇宫的颜色而来（也就是美泉宫）。在修道院大门前有宽广的平台，凭栏远望，脚下的城镇和远方蜿蜒向东的多瑙河尽收眼底，视野非常开阔。修道院内部非常漂亮，有修道院博物馆、教堂和图书馆。它的图书馆，也是笔者 2016 年那次旅行中认定的"欧洲最美图书馆"之一，在古代就享有盛名，收藏了 10 万卷古代手抄本，规模比林茨以南的圣弗洛里安修道院图书馆稍小，但在世界上更有名，那是因为这里收藏了 750 多卷 1500 年之前，古登堡刚刚发明机械印刷术时候，欧洲最早的印刷书籍，其中有一部完整的《古登堡圣经》。前文我们在莱茵河畔美因茨说到古登堡的印刷术和《古登堡圣经》的时候提到过，这是欧洲第一部批量印刷的图书，流传到今天每一部都价值连城。梅尔克修道院的这部《古登堡圣经》是两卷本，1925 年修道院为了整修筹款，把它卖给了伦敦的古籍商人，当时的价格 10 万美元，是一笔巨款，创造了世界书籍售价的纪录。一年以后，这部完整的《古登堡圣经》经过两次转手，由费城的一位富有的女继承人捐献给耶鲁大学图书馆。据说今天全世界完整的《古登堡圣经》总共只有 21 部，每一部价值超过 3000 万美元。我们在耶鲁大学图书馆仍然能见到这部梅尔克修道院的《古登堡圣经》展出。

虽然在梅尔克修道院图书馆看不到《古登堡圣经》，但看看它的华丽装潢也不虚此行，毕竟我看不懂古籍，只知道它的名气而已，这图书馆立柱柱头和二楼游廊支撑构件的金光闪闪，我一眼就能看明白！虽然这里用了很多镀金装饰，屋顶也有美丽的天顶壁画，但金色雕像用得比乌尔姆的维布林根和林茨的圣弗洛里安两座修道院少，就显得低调一些。藏书室的书架和游廊、壁柱用深黄色，比圣弗洛里安修道院的栗色显得轻盈而明亮。

修道院的博物馆里有圣物匣、院长礼服等宝物，但给我的印象不深。在这里比图书馆更加华丽的是修道院教堂，用了很多镀金来装饰圣坛，加上大理石雕塑，给人纸醉金迷的感觉，总觉得不像是出家人该有的样子。尤其是正面的圣坛和侧面半空中的布道坛，金光闪闪晃得人睁不开眼睛。在这里你可以真切地感觉到，就整体水平而言，奥地利的巴洛克式教堂，比德国南部巴伐利亚的，要高一个档次，更加豪华。就整个欧洲而言，信奉旧教的意大利和奥地利的巴洛克建筑，室内装饰水平是最高的。西班牙和法国就要差一个档次。法国的哥

梅尔克修道院外观

特式建筑领先全欧洲，但教堂对巴洛克风格不是很感冒。西班牙虽然也有很多巴洛克教堂，但在 17 世纪西班牙已经衰落了，限于财力，它的教堂远不如意大利和奥地利奢华。反而是 17—18 世纪的美洲殖民地，那些最好的教堂，比如墨西哥、古巴哈瓦那、巴西里约热内卢的，因为本地贸易发达，财力更胜于西班牙葡萄牙本土，教堂也盖得非常华丽。德国北部和西部是新教，跟英国、瑞士和北欧一样反对天主教会的奢靡。德国南部巴伐利亚的教堂呢，在巴洛克时代比不上奥地利和意大利，但是晚期洛可可风格却很突出，比如多瑙河上游我们看到过好几座阿萨姆兄弟设计的教堂，在全世界范围内都是顶尖的。

离开梅尔克修道院继续沿着瓦豪河谷向北方下游驶去，就到了我最喜欢的杜恩施坦村（Durnstein）。多瑙河在这里从向北转而向东流淌，左岸是连绵的群山，山坡向阳，成片整整齐齐的葡萄园沐浴在阳光下。整个瓦豪河谷是奥地利最好的白葡萄酒产区，奥地利和德国一样，红酒不如白葡萄酒出名，这里的干白最好，葡萄种类除了和莱茵河沿岸一样的雷司令，还有绿维特利纳（Green Vetliner），这是奥地利独有的一种葡萄，酿出来的酒以类似于各种香料的味道见长，比如鲜明的胡椒香气，兼有柑橘类水果的果香。绿维特利纳葡萄容易长霉，这倒给它做贵腐甜酒提供了便利。所以瓦豪河谷的白葡萄酒大多数是干白，也有一些很好的甜酒。这种葡萄酒窖藏的潜力大，换句话说收藏得越久会越值钱。平常喝酒的人会说陈年老酒很香，对中国白酒来说这句话是普遍真理，但对葡萄酒来说，并不是每种酒都适合窖藏的，要查专业的书才能决定。有些酒讲究的就是喝当年的新酒，不能窖藏，比如葡萄牙专门有一种 Vinho Verde 白葡萄酒，直译过来就是"新酒"的意思，酒精度比一般的葡萄酒低很多，微微有气泡，有很清新的花果香，最适合刚学着喝葡萄酒的人。如果把葡萄牙的 Vinho Verde 拿来窖藏，那真的是笑话了。

另一方面，法国波尔多地区很多酒庄的酒，越藏越值钱。波尔多地区索特内著名的贵腐甜白葡萄酒、匈牙利的托卡业甜白（Tokaj），也是窖藏的好酒。另外，葡萄酒窖藏需要保持一定的温度湿度，而且收藏的年份和产区都有讲究：既然要收藏十几年甚至几十年，那一定要找好的年份。同一个产区因为每年雨水天气不同，酿出来的酒质量都不一样，有专门的工具书来查某个产区哪些年是好的年份，哪些年份一般般。此外，葡萄酒放在酒瓶里面窖藏未必是一种好的方法，因为窖藏的目的是让葡萄酒继续发生化学反应，获得更加成熟圆润的口感，甚至从与橡木塞或者酒桶的常年接触中获得新的口味。放在酒瓶里，酒体和木塞接触的面积有限，最好的办法，其实还是放在酒窖的酒桶中——这就不是一般的富裕人家能够具备的家庭条件了。当然，并非每一种适合窖藏的酒都应该在酒桶里，酒桶放长了橡木气息太重，有的酒的口味并不适合橡木香气，这又需要查专业书来决定，不是我们一时半会儿能在这里说清楚的。

在杜恩施坦这个河湾处，左岸山脚下没有多少平地，只够修筑一条公路，村庄在不太高的半山腰，只有一条主路横贯，在进村的西口有座古代修道院，规模不大，它蓝色的塔楼很醒目，可以给多瑙河上往来的驳船当灯塔。村庄道路两旁用石头垒成院墙，里面的房子都挺小，但收拾得干干净净，阳台上种满盛开的鲜花，屋顶多用棕红色的瓦片，整个镇子显得非常古雅。村庄东口有小道和石阶通向山坡上方的杜恩施坦城堡废墟。我专程来村子就是为看一眼这处废墟。我们前文讲到过，12世纪末"四大名王战中东"的第三次十字军东征，结果巴巴罗萨腓特烈一世皇帝在路上淹死，法国国王菲利普二世（菲利普·奥古斯特）和英国"狮心王"理查一世闹别扭提前回国，剩下狮心王和萨拉丁两大名王战个平手。在这次十字军东征过程中，有一场阿克围攻战，是十字军的胜利，当时巴本贝格家族奥地利公爵利奥波德五世的部队率先登城，在城墙上插上了奥地利旗帜。狮心王作为总司令身先士卒，也是很早登上城头的突击队之一，他认为自己作为总司令应该享有在城头上插旗的特权，把奥地利旗帜拔下来，顺手丢进壕沟里，从此英国国王和奥地利公爵就结下了梁子。

1192年，十字军东征结束，狮心王化装潜行穿越欧洲回国，路上被人认出，遭到奥地利公爵利奥波德扣押，就关在这座杜恩施坦堡里。当时在欧洲关押十字军战士是非法的，所以是秘密关押，英国宫廷并不知道国王关在哪里。有个并不靠谱的传说：狮心王是中世纪最出色的骑士，作为骑士不但要作战勇敢，还要会写诗唱歌，这是向贵妇献殷勤的基本技巧。就在他出征之前，刚作完一首诗歌，内容和旋律只有他身边亲近的大臣知道。于是英国宫廷派出大臣和骑士满欧洲找国王，就用这首歌做接头暗号。某一天，一位英国骑士路过杜恩施坦，弹唱了这首诗的上句，听到城堡里传来下句的应和，这才知道国王的关押地点，立刻赶回去报信。

其实以上只是传说故事，关押国王的事情迟早要公之于众，否则怎么勒索赎金呢？不过这么做的代价和压力也是巨大的，狮心王在这里只被关了三个多月，奥地利公爵就受不了了，因为教皇把他革除教籍。于是在1193年3月，奥地利把英国国王押到莱茵河畔的施派尔，交给皇帝亨利六世继续关押。这位亨利六世是红胡子腓特烈一世的儿子，世界奇迹腓特烈二世的父亲。他也因为扣押十字军领导人而被教皇施以惩罚。狮心王又被关了将近一年，英国王太后阿基坦的埃莉诺最后付了15万银马克把儿子赎出来。15万银马克大约相当于5万公斤的银子，如果按照中国古代16两为1斤，那就是白银160万两，相当于英国国库两三年的总收入——别忘了当时英国国王还拥有法国三分之一的土地！

多瑙河的颜色

今天这座古城堡虽只剩下废墟，但仍然值得一看，古时候从城堡到下面山坡上的杜恩施坦村有设防的城墙工事连接，村子本身也是有城墙的。站在城堡废墟上俯瞰多瑙河，展现在你面前的青山绿水全景画，和800年前被关押的狮心王理查从窗户看出去的景色一模一样。只是今天的河面上多出了很多货运驳船，和低矮宽大、船身很长的内河豪华游轮。从瓦豪河谷到维也纳，再到布达佩斯这一段多瑙河，游客最多，游轮也最繁忙。但是你会注意到河水的颜色：约翰·施特劳斯的《蓝色多瑙河》多少年来大家耳熟能详，这首曲子就是描写的瓦豪河谷的景色。但多瑙河的河水并不是蓝色的啊！

我小时候看20世纪80年代初期的《世界之窗》杂志，至今记得里面转载过一篇有关文章，说的就是多瑙河的河水颜色：喜欢较真的人真的曾统计过一年当中多瑙河在这一段河道的颜色。而早在 1935 年奥地利有过统计，那个时代多瑙河在一年中有 6 天是棕色的，55 天是浊黄色，36 天是浊绿色，49 天是鲜绿色，47 天是草绿色，24 天是铁青色，109 天是宝石绿，37 天是深绿。所以呢，"蓝色多瑙河"其实应该被称为"绿色多瑙河"才对。不过那是 20 世纪 30 年代的统计，在工业化污染更严重的今天，也许不再是这样了吧。

说来好笑，《蓝色多瑙河》在维也纳首演的时候，风评不佳，当时就已经有乐评人抓住这个题目说事儿了。讽刺作家丹尼尔·施比莱尔写道："指挥家施特劳斯先生在他最近的华尔兹舞曲中，诙谐地、富有幽默感地描绘了这条死气沉沉的、单调乏味的多瑙河。现在我倒要再去那条'美丽的多瑙河'畔散散步了。"那么难道圆舞曲之王施特劳斯是个色盲吗？很多施特劳斯的研究者都认为，这个标题来自匈牙利诗人卡尔·贝克的诗句。他在诗里写道："这是多瑙河两岸的幸福吗？啊！我祖国的蓝眼睛，你充满了德意志的忠诚和土耳其军团炽热的火焰。我赞美你，这深情的洪流。""在美丽的蓝色多瑙河畔有着我宁静、幽美的故乡。"施特劳斯圆舞曲的标题灵感，可能是出自这些诗句。

《蓝色多瑙河》维也纳首演反响平平，这倒也没让小约翰·施特劳斯太难过，这首曲子当时是作为合唱曲目的，同时另一首他钟爱的圆舞曲《艺术家的生涯》首演大获成功。所以施特劳斯就把这首曲子抛诸脑后了。不久他率团去巴黎巡回演出，刚开办不久的《费加罗报》给他做广告，建议他演奏一首巴黎人从未听过的新作品，这使他赶紧打电报回维也纳要来乐谱，将合唱曲改编成为管弦乐曲，结果在巴黎博览会一炮而红，听众为之疯狂。回到维也纳之后，曲子"墙内开花墙外香"，又香回了墙内，对乐谱的需求大到超过了印刷中镌刻的铜版磨损速度，新的乐谱铜版还没做好，旧的铜版已经磨损到不敷使用了，这真是现代版的"洛阳纸贵"。

既然谈到《蓝色多瑙河》，就顺便说说圆舞曲之王约翰·施特劳斯父子的故事。老约翰·施特劳斯和兰纳一起普及了华尔兹舞曲，是 19 世纪晚期德意志浪漫主义音乐的代表人物。他 1804 年生于维也纳郊外的利奥波德城（现在已经是维也纳的一个区了），父亲经营一家小酒馆兼旅店，在他 7 岁的时候母亲去世，12岁的时候父亲又在多瑙河里淹死了，人们纷纷猜测他是死于自杀。在那个时代人们的认知当中，自杀在基督教里是严重的罪行，死后要下地狱的。想来这些童年不幸给约翰的性格塑造留下了阴影，影响了他以后的人生道路。约翰此后跟着继母生活，所幸继母再婚以后，继父倒是个挺和蔼的人，还挺喜欢约翰，他希望约翰学点能养家糊口的实在手艺，于是把他送去跟一个书籍装订匠学手艺，他不喜欢胶水的气味，不愿干活，经常拿着继父送他的小提琴跟酒馆里来来往往的流浪艺人学些曲子。有一次偷跑出来，在卡伦贝格山上的维也纳森林里一个人拉琴的时候，他遇到在那里散步的波兰音乐家波利扬斯基，音乐家对他那把玩具似的小提琴挺感兴趣，对他的天分也有信心，就跟继父说情，愿意免费给约翰授课，继父倒也开明，接受了音乐家的提议。

此后约翰展现出惊人的天分，仅仅一年就让老师没有东西可教了，15岁作为专业乐手加入了迈克尔·帕默乐团，认识了同乐团的约瑟夫·兰纳。后来兰纳离开乐团自己拉起一支三重奏小乐团创业，两把小提琴一把吉他。没过多久，1824年20岁的约翰也加入了兰纳乐坛担任中提琴手。虽然他们这个简陋的乐队当时只能在咖啡馆演出，和今天的酒吧驻唱歌手差不多，但他们几个人同甘共苦，兰纳创作的圆舞曲让乐队大受欢迎，很快一支乐队壮大成了两支，约翰也当上了指挥，并在兰纳的鼓励下尝试自己创作圆舞曲，其中第一支作品还是假借兰纳的名义上演的，居然大受听众欢迎。此后就一发不可收拾，两人分别创作新的华尔兹舞曲，同时也开始给舞曲起个标题，这样会更有销路。

短短一年的时间，维也纳的公众对这两位音乐新星的才华议论纷纷，结果把他们两个推到了对立面，约翰·施特劳斯出来自己组建乐队，并在1826年的维也纳狂欢节一炮打响。这支施特劳斯乐队在整个欧洲的舞台上大放异彩，并传给了他的儿子们，直到1901年在他的幼子爱德华·施特劳斯手里才解散。也就在这个刚刚出名的时期，老约翰·施特劳斯和妻子安娜结婚，他们后来总共生了7个孩子，长子就是后来的"圆舞曲之王"小约翰·施特劳斯，还有约瑟夫、爱德华，后来都是成功的音乐家。

安娜虽然没有受过什么教育，但她天生对音乐具有敏锐的理解能力和欣赏力，后来她独自培养出三位大音乐家。不知道因为什么样的心理，老约翰不希望自己的儿子也走音乐这条路，但孩子们很小却就都表现出出色的音乐天赋，老约翰却把长子，未来的"圆舞曲之王"送去学习银行业，约瑟夫从军，爱德华进了外交界。从三个儿子的职业可以看出，老约翰当时已经成名，生活境遇和社会地位都有了极大提高，他的乐队蒸蒸日上，到1830年发展成8支乐队，雇用了200多名乐师，并形成了维也纳华尔兹的独特风格。1833年，19岁的德国青年理查德·瓦格纳在施特劳斯乐队常年演出的斯伯尔舞厅聆听了演出，他后来写道："我将终生难忘施特劳斯的每一支圆舞曲在这些好奇的人当中所激起的近乎歇斯底里的反响。让人欣喜若狂的无疑是音乐而不是美酒。"也就在这个成名成功的阶段，老约翰飘了，开始迷恋上情妇，后来干脆收拾东西搬去和情妇同居，两人一起也生了5个孩子。

1830年代，老约翰率领乐团到波兰、莱比锡、德累斯顿、布拉格等德意志音乐重镇巡回演出，到处受到欢迎。而等到他1837年首访巴黎的时候，连他自己心里也没底。毕竟巴黎成为欧洲的文化首都已经200多年了，当时正是各路艺术精英荟萃的时代，走在街头你就能撞见音乐家柏辽兹、肖邦、李斯特，喝个咖啡没准邻座就是作家雨果、巴尔扎克、大仲马，听场歌剧可能会撞见画家德拉克洛瓦。那正是《基度山伯爵》的时代，七月王朝的镀金时代。一开始老约翰有点紧张，为了对法兰西表示一份敬意，他选了法国作曲家奥柏的《假面舞会》序曲作为音乐会开始曲，然后就开始把自己的作品奉献给法国听众。在巴黎人看来，他的作品如此富有异国情调，和谐悦耳，显而易见能够拨动听众的心弦。1838年夏天，乐团来到伦敦参加维多利亚女王的加冕大典，行将登基的公主随着乐曲起舞，从此以后圆舞曲风行英伦三岛。

安娜和丈夫分居以后，带着几个孩子独自生活。小约翰·施特劳斯早在6岁的时候就能在家里的钢琴上弹奏出自己构思的圆舞曲，当时他的父母还在一起，老约翰禁止孩子们进行一切音乐活动，回家发现儿子练习小提琴，竟然用鞭子狠狠打了儿子一顿。但是母亲安娜支持孩子，给孩子请家庭教师上音乐课。小约翰·施特劳斯完成了职业学校的学业，进入银行工作了一段时间以后，在

1844 年 19 岁的时候步入音乐界，拉起了一支乐队。当时他的父母早已分居，又在那一年正式离婚，老约翰放出话来，任何演出场所给儿子提供场地，以后就别想自己的乐队上门。这样一来，小约翰·施特劳斯就只能招聘一些失业的乐师，把首演定在城外的 Dommayer 赌场，结果获得了疯狂的欢迎。在首次登台的音乐会上，他演奏了父亲的著名作品，作为和解和请求宽恕的信号，也演奏了自己的作品《母亲的心》，向到场的安娜致敬。从此以后，维也纳音乐圈就有了两位约翰·施特劳斯，各自率领乐队互相竞争。

1846 年，老约翰·施特劳斯被奥匈帝国皇帝任命为宫廷舞会音乐总监，这对音乐家来说，是俗世最高的职位和荣誉。父子两人的竞争不久扩展到政治领域：当时是 1848 年欧洲革命前夜，父亲支持保皇派，写成了一生中最著名的作品《拉德茨基进行曲》，为帝国喝彩。这首进行曲现在是每年维也纳新年音乐会固定的加演压轴节目。而新年音乐会固定的倒数第二首加演节目，就是小约翰·施特劳斯的《蓝色多瑙河》。当时奥匈帝国仍然占有北意大利，拉德茨基元帅是帝国意大利战场总司令，最后一代的帝国柱石，率军平定了意大利革命和独立风潮。笔者的上一本书《阿尔卑斯山的彼方：意大利行走札记》里，详细写过拉德茨基的事迹。他死之后，奥地利帝国基本就没有再独力打过什么胜仗。

小约翰·施特劳斯是同情革命者的。1848 年革命迫使奥皇退位，传位给自己的侄子，年轻的弗兰茨-约瑟夫皇帝，就是后来娶了茜茜公主的那位。新皇登基第二天，小约翰就在音乐会上演奏《马赛曲》，结果被警察局传唤，还坐了几天牢。新皇帝可能也因为这个原因，一开始并不欣赏他，在老约翰·施特劳斯死后，不愿意把宫廷舞会音乐总监的职务给他的儿子小约翰。直到 1863 年新皇帝才跟小约翰和解，任命他为宫廷舞会音乐总监。1849 年，老约翰因猩红热病逝，儿子给父亲举办了一场隆重的葬礼。第二年父子两支施特劳斯乐队合并。1853 年有一段时间小约翰的身体不好，他说服弟弟约瑟夫放弃工程师的工作，来乐队代替自己出任指挥。1862 年幼弟爱德华也加入了乐队。

可能因为小时候受到父母婚姻破裂的影响，小约翰一直不愿意进入稳定的家庭生活，宁愿保持不固定的男女关系。直到37岁的1862年，才和第一位夫人亨利埃塔悄悄地结婚。当初这段婚姻并不被外界看好：亨利埃塔绰号"吉蒂"，比他大7岁，当时已经44岁了，曾经是享誉欧洲的歌唱演员，40岁时离开舞台，做了一位伯爵的情妇。小约翰的母亲对这桩婚姻不满意是可以理解的，他的出版商也持反对态度：因为吉蒂离开伯爵的时候拿到一笔可观的分手费，出版商担心小约翰·施特劳斯结婚以后不愁吃穿，过于舒适的生活会妨碍他的写作。身边亲友虽然不满意，但是没有公开反对。

结果证明，这段婚姻是小约翰·施特劳斯一生中最幸福，也最高产的时期。妻子的财富使小约翰·施特劳斯得以从日常的演出中完全解脱出来，悉心致力于作曲，吉蒂本人就是一位出色的音乐家，会不时提出一些颇有见地的修改意见，并且鼓励他朝交响乐的格局发展。这是一个为他日后创作大型交响圆舞曲打下根基的阶段，在他后来创作的交响圆舞曲中，最为著名的有《蓝色多瑙河》《维也纳森林的故事》《春之声》《皇帝圆舞曲》，这些作品已经摆脱了对华尔兹舞蹈的从属依附，从音乐的角度来说，它们已经取得了自己独立的地位。而且很早的时候，施特劳斯母亲安娜第一个启发他去注意瓦格纳的和声中对半音阶的运用。后来瓦格纳的音乐风格对于施特劳斯的影响，在他后期的作品中也越来越明显。

1872年小约翰·施特劳斯夫妇的美国之行是一件妙趣横生的事情。笔者住在波士顿，今天的波士顿算是美国最有文化历史底蕴的城市之一了，尤其波士顿交响乐团名列美国"五大"之一，小泽征尔曾任音乐总监。可是在施特劳斯那个时代，新大陆对于维也纳和巴黎来讲，还是个蛮荒的文化沙漠，有钱而无知，热情而粗俗。当时欧洲人对美国的看法，你去读读任何一本儒勒·凡尔纳有关美国的小说就明白了，尤其是《从地球到月球》，我觉得跟今天我们看沙特、阿联酋暴发户的眼光差不多。1872年波士顿举办世界和平狂欢节和音乐节，邀请小约翰·施特劳斯共襄盛举，前来指挥自己的作品。一开始他对远渡重洋有所顾虑，怕晕船，可是美国人开出的10万美元的价码实在诱人，外加支付他们夫妇、所有仆佣，甚至宠物狗的全部旅费。

结果小约翰·施特劳斯竟然很享受这次横渡大西洋的旅程，因为他发现自己不晕船，风急浪高的时候餐厅里往往只有他一个人在大快朵颐。波士顿音乐节的主人过分热情，为小约翰·施特劳斯集结了一整支音乐大军让他指挥：2000 名乐师外加 2 万人的合唱团，搞来一个直径 6 米的"鼓王"、十几米高的管风琴，音乐会现场的观众座席有 10 万人——比北京鸟巢还大。这么大的乐队，看不见指挥怎么办？美国人也有办法：让圆舞曲之王站在像个瞭望塔一样的高台上，有 100 名副指挥，用望远镜注视着他，再把他的每一个动作传达给自己负责的部分。遇到强拍，整个乐队就像万炮齐鸣一通乱轰，素来强调音阶准确的小约翰·施特劳斯只能望天兴叹。

走是走不脱的，如果扫了美国人的兴，当地黑帮会以私刑伺候，于是，小约翰·施特劳斯勉为其难地在 10 万观众面前，指挥了十几场这种乱哄哄的演出。可是美国听众大为赞叹，他成了轰动一时的英雄人物，妇女们竞相来信索取小约翰·施特劳斯的头发珍藏起来。其实他哪里有那么多头发呢？男仆们夜以继日地回复粉丝来信，寄给她们一个个洒过香水的信封——里面装着一两根从随行的宠物纽芬兰狗身上剪下来的长毛。他启程离开波士顿的时候，狗狗已经被剪秃了！

小约翰·施特劳斯和夫人享利埃塔的感情一直很好，直到 1878 年夫人突发心脏病去世，享年 60 岁，据说原因是受到了她的一个私生子的勒索。几个月以后，53 岁的小约翰·施特劳斯第二次结婚，娶了 26 岁的演员安洁莉卡·迪特里希，她拥有惊人的美貌，但是生活放荡，两人的婚姻很快破裂。但是奥地利是天主教国家，不允许离婚。所幸有皇室人员介绍他认识了萨克森-哥达-科堡公国的大公恩斯特。萨克森-哥达-科堡公国是德意志的一个新教公国，新教可以离婚，于是施特劳斯放弃奥地利国籍并改宗路德派新教，恩斯特大公亲自宣布他和第二任妻子离婚，一个月以后，他正式娶了已经相爱几年的第三位妻子阿黛尔，她是一位银行家的女儿，受过良好教育，当时 22 岁，是个寡妇，有一个女儿。她使小约翰·施特劳斯安然地度过了晚年。他的晚年创作能量依然旺盛，得到瓦格纳和勃拉姆斯双方的推崇——瓦格纳和勃拉姆斯是当时德意志音乐不同流派的代表人物，互相之间水火不容。小约翰·施特劳斯和勃拉姆斯是好朋友，他的第三任夫人阿黛尔曾请勃拉姆斯送几本自己最有名的作品的印刷本并签名留念，勃拉姆斯送来的是《蓝色多瑙河》，并在标题下方作者栏签名写道："不幸，作者不是约翰·勃拉姆斯。"

1899年74岁的小约翰·施特劳斯最后一次指挥自己的轻歌剧《蝙蝠》，演出结束后回家途中着凉后来转成肺炎，最终病逝于维也纳家中妻子的怀里。今天，他的镀金全身雕像在维也纳的城市公园，雕塑展现他正在演奏小提琴，周围是白色大理石的画框。金光闪闪的雕塑让人不禁感叹："那真是一个逝去不再来的镀金时代啊！"

"圆舞曲之王"的墓，就在维也纳中央公墓中的音乐家墓地，那里埋葬着德意志音乐界首屈一指的大师们，施特劳斯家族的约翰父子，约瑟夫、爱德华两代的家族墓地，在其中占有显赫的一席之地。今天，维也纳国家歌剧院每逢新年都会上演小约翰·施特劳斯创作的轻歌剧《蝙蝠》；维也纳新年音乐会固定的加演压轴曲目，倒数第二曲是小约翰·施特劳斯的《蓝色多瑙河》，

施特劳斯纪念碑

由维也纳国家芭蕾舞团外景伴舞，最后一曲是老约翰·施特劳斯的《拉德茨基进行曲》。

有一个传说：小约翰·施特劳斯去世的那天下午，维也纳城市公园里正在举行一场音乐会。一曲终了时，有人上前对乐队指挥克雷姆萨轻轻耳语几句，指挥默然片刻，然后对第一小提琴手说了几句话，第一小提琴手再传达到整个乐队。乐师们更换了曲谱，弦乐手在乐器上加了弱音器。指挥没有向听众宣布下一首曲目，乐队奏起了流芳百世的《蓝色多瑙河》，速度极为徐缓，音量始终没有高出叹息的声音。听众们明白过来了，尔后默默散去。就这样，维也纳获悉了小约翰·施特劳斯去世的噩耗。

第八章 维也纳：多瑙河的女皇

有人说，"维也纳像个没有身体的大脑"，这是个很形象的比喻：无论就声名、文化、艺术、历史哪个方面，维也纳在欧洲名城当中的地位，绝对可以和巴黎、伦敦、罗马平起平坐，可是它所在的奥地利，却是个平静安详的默默无闻的欧洲小国。维也纳显赫的地位，灿烂的文化，得益于500年间作为德意志神圣罗马帝国和奥匈帝国首都的历史。哈布斯堡家族数百年的经营，使得今天的维也纳，看上去仍然是18世纪帝国鼎盛时期的气象，仿佛仍是那座巴洛克式皇城，散发着奢华、气派、充满文化气息。笔者在全世界最喜欢的城市就是维也纳，曾经有缘在那里前后住过6—7个月的时间，至少在旧城的有限范围以内，可以夸口说看到任何一张旧城街道建筑的照片，都可以说出是在哪里拍的。在我看来，维也纳这座城市不但有不输于巴黎的堂皇，而且更加安全，没有巴黎圣德尼区或者东站北站那样的地方，物价也比巴黎便宜许多，更不像罗马这么杂乱拥挤。所以在我个人的评价中，它是全球名城中第一宜居之所。

维也纳是一座精彩的帝王之都，就像同时代做了700年中国首都的北京一样，到处都沉淀着皇朝的历史，皇朝时代留下的宫殿和博物馆，是了解这座城市文脉最主要的两条线索之一，而另一条线索，自然是漫步街头巷尾，流连于音乐和美食之中的世俗乐趣了。

第一节　帝都维也纳：皇宫与博物馆

美泉宫

维也纳有两座主要的皇宫，就像故宫和颐和园，一为帝王的正式居所，另一处是夏宫别院一样，老城中心的霍夫堡皇宫相当于故宫，城西的美泉宫（Schonbrunn，有的书上直接用音译肖恩布伦宫）就是皇家夏宫。如果在柏林，我们可以毫不犹豫地说，郊外的波茨坦王宫远比市内的夏洛腾宫更精彩。但是在维也纳，市中心的霍夫堡皇宫和皇室夏宫肖恩布伦宫却各有所长，难分轩轾。在普通游客当中，倒是历史较晚的美泉宫更加著名。在16世纪的时候，这里还不属于维也纳城区，马克西米利安二世皇帝买下这片地，后来德意志三十年战争期间，这里成了皇家打猎的地方，相当于热河的避暑山庄。不过今天我们看到的恢宏宫殿，建成于18世纪玛丽亚－泰蕾莎女皇时代。那是奥地利国力鼎盛的年月。欧洲17世纪末18世纪上半叶，宗教战争尘埃落定，王朝战争的规模和破坏力有限，各国都经过一段时间休养生息，加上思想解放运动和巴洛克艺术风潮，欧洲各国都有一个国力日强、文化鼎盛的时代。在法国是太阳王路易十四时代，英国是乔治王时代，普鲁士是腓特烈大帝，俄国是叶卡捷琳娜大帝，奥地利就是玛丽亚－泰蕾莎女皇时代。

上次在多瑙河德国境内的布伦海姆大战那一节，我们讲述了哈布斯堡皇朝前面一半的历史，一直讲到17世纪末的有为皇帝利奥波德，在东线打赢了决定性的1683年维也纳围城战，乘势反攻，一举收复匈牙利全境，甚至攻下了土耳其帝国在欧洲部分的支撑点——贝尔格莱德。在西线，利奥波德皇帝联合英国、荷兰、巴伐利亚诸强，制止了太阳王路易十四称霸欧洲的扩张势头。在1704年的布伦海姆大战中，一代名将奥地利的欧根亲王和英国的马尔巴勒公

美泉宫镜厅

爵约翰·丘吉尔联手，大败法军，最后迫使太阳王在西班牙王位继承战中做出妥协，虽然西班牙王位是归了法国波旁家族太阳王的孙子菲利普五世，但是西班牙帝国在欧洲的遗产，尤其是南北意大利、富庶的弗兰德斯（后来的比利时）都转归奥地利的皇帝所有。那个时代，是哈布斯堡历史上军事武力最强大的时期。

但是能与太阳王路易十四分庭抗礼的利奥波德皇帝，并没有活着看到西班牙王位继承战的结束。1705年他病逝以后，长子约瑟夫一世和次子查理六世先后登上皇位。约瑟夫一世死的时候只有两个女儿，没有儿子，所以传位给了弟弟查理六世。西班牙王位继承战是在查理六世的手里才最终结束的。查理六世在位近30年。在利奥波德皇帝和约瑟夫、查理这父子三人的朝代，有欧洲第一名将欧根亲王坐镇，奥地利的军事威望达到最盛。但是查理六世皇帝跟他哥哥一样，也只有两个女儿活到成年，所以，真正的哈布斯堡家族，到查理六世手里就断绝了男嗣，此后的皇朝，一定是跟查理六世驸马家族的姓。

我们知道，无论法国还是神圣罗马帝国，根子上都是法兰克人的国家，根据法兰克人古老的萨里安法，女子没有继承权，所以我们从未见到法国有女王，神圣罗马帝国有女皇帝。英国、荷兰、俄罗斯这些国家不是法兰克人的国家，不受萨里安法管束，所以这些国家都有女王、女沙皇。其实，当时哈布斯堡皇帝占据的那些领地，像弗兰德斯、奥地利大公国、波希米亚王国等等，很多都遵循萨里安法，查理六世一旦驾崩，他只有女儿，各地要分开来按照亲属关系的远近，分别决定由哪家姻亲或者远亲来继承，那哈布斯堡的帝国岂不是分崩离析了？于是查理六世在位 30 年的时间，主题就是做一件事：为长女玛丽亚－泰蕾莎将来君临整个帝国做铺垫。首先皇帝为公主招了一位驸马，就是洛林公爵弗兰茨。前面讲莱茵河部分的时候提到过，洛林公国历史很悠久，既是查理曼大帝孙子三分帝国时候，中法兰克王国的一部分，后来中法兰克王国分裂，又成为组成东法兰克王国（德意志王国）的五大基干公国之一。洛林公爵家族拥有查理曼大帝的血统，门第甚至比哈布斯堡皇家更高。100 年前法国在德意志三十年战争中获胜的时候，夺取了本属于帝国的阿尔萨斯和洛林，洛林公爵流亡到皇帝的宫廷。1683 年维也纳围城战的时候，帝国军队总司令就是那一代的洛林公爵查理五世，他跟波兰国王索比斯基合作，在围城战打败奥斯曼土耳其军队。然后查理公爵仍然作为帝国总司令指挥收复匈牙利的反攻作战。那个时候，欧根亲王只有 20 来岁，是他手下的骑兵团长。后来太阳王路易十四在和皇帝的战争中认栽，把洛林还给了洛林公爵。这次玛丽亚－泰蕾莎公主所嫁的驸马，就是这一代洛林公爵，是当年维也纳围城战的胜利者，查理公爵的孙子。不久，在另一场欧洲的王朝战争——波兰王位继承战当中，驸马洛林公爵弗兰茨把公国让给法国国王路易十五的老丈人，后来洛林并入法国。作为交换，前洛林公爵得到了意大利中部佛罗伦萨以为中心的托斯卡纳大公国，因为正好曾发动了文艺复兴的美第奇家族的托斯卡纳大公爵绝后了。

　　查理六世皇帝做的第二件事情，就是颁布《国事遗诏》，宣布哈布斯堡的家族领地不可分割，必须作为整体一起传给女儿，当然，神圣罗马帝国的皇帝大位除外。查理皇帝为了让列强承认这个身后安排用尽余生之力，做出了很多不必要的让步，比如为了换取英国支持，自动结束奥地利的海外殖民开发公司。

　　1740 年查理六世皇帝驾崩，23 岁的玛丽亚－泰蕾莎继承了奥地利大公、匈牙利兼克罗地亚国王、波希米亚国王、米兰公爵、那不勒斯国王等哈布斯堡家族世袭领地的头衔。当然，依据萨里安法，她不能当神圣罗马帝国的女皇。本来在她父亲生前答应得好好的欧洲列强，现在全都反悔，都想从奥地利的各个领土中分一杯羹。这场战争就是奥地利王位继承战。

年轻的女王既没有政治经验，又不懂军事，而且没有钱养军队。欧根亲王死去不久，朝中没有大将。她要面对的，除了各国列强，更有下一代欧洲第一名将、普鲁士国王腓特烈二世。注意：这位普鲁士国王腓特烈二世是德意志诸侯，勃兰登堡选帝侯虽早已升格成了普鲁士王国，但仍然是选帝侯，普鲁士王国就是在他手里一跃成为欧洲列强之一，后人因为他战功彪炳，尊称其为"大帝"。500年前，神圣罗马帝国中世纪的霍亨施陶芬皇朝末代皇帝也叫腓特烈二世，绰号"世界奇迹"，那也是一代名王。所谓"腓特烈二世"的意思，其实就是"第二个名叫腓特烈的君主"。所以帝国的腓特烈二世皇帝，跟普鲁士王国的腓特烈二世国王，绝对不是一个人，他们差500年呢，一定要把这两位区分开。

玛丽亚－泰蕾莎女王唯一拥有的，就是她个人钢铁般的意志力，绝不屈服的精神。她抱着自己刚出生的儿子（未来的皇帝）去匈牙利出席议会，成功取得了匈牙利人民和军队的支持。普鲁士国王腓特烈二世从她手里夺走了西里西亚省（今天属于波兰），她起初不愿意认输，但在遭到法国、巴伐利亚、萨克森围攻以后，只得割让西里西亚，先换取普鲁士退出战争，再全力跟其他国家周旋。因为玛丽亚－泰蕾莎作为女性不能登上皇位，选帝侯们选举她的敌人，巴伐利亚选帝侯查理－阿尔伯特为神圣罗马帝国皇帝查理七世，新皇帝甚至占领了她的世袭领地波希米亚首都布拉格。查理七世是500年近代史上唯一一位不是出自哈布斯堡家族的皇帝，所幸这位皇帝只当了三年就驾崩了，当时奥地利王位继承战都还没有结束。此后，女王的丈夫，前洛林公爵，现任托斯卡纳大公爵，洛林的弗兰茨被选举为新的皇帝弗兰茨一世。所以，玛丽亚－泰蕾莎的丈夫和儿子这一系传承的皇朝，虽然也叫哈布斯堡皇朝，应该不姓哈布斯堡；而是姓洛林，严格地说，此后的神圣罗马帝国，还有以后的奥匈帝国，应该被称为哈布斯堡—洛林皇朝。而玛丽亚－泰蕾莎本人，虽然依照萨里安法不能当女皇，实际上，她时刻掌握朝政，从不让丈夫或儿子参与决策，也是帝国事实上的掌舵人。况且"女皇"和"皇后"在欧洲语言中是同一个词Empress。因此，即便她并非真正的女皇，无论实质上还是名分上，笔者在下文都将使用"女皇"来称呼她。

1748年，经过8年拉锯战，女皇领导奥地利坚持了下来，尽管在战场上败多胜少，尽管屈辱地把富有矿产的西里西亚省割让给了普鲁士腓特烈大帝，可她居然曾经占领巴伐利亚首都慕尼黑，并且从路易十五的法国手中夺回了弗兰德斯（比利时）。最重要的是，这个在列强环伺之下的弱女子稳稳地坐在本应属于自己的皇位上。

有道是，"君子报仇十年不晚"，女皇并非君子，却也卧薪尝胆8年，联合新崛起的俄罗斯与法国，在1756年对同样年轻的普鲁士国王腓特烈发动了"七年战争"，意在收复西里西亚省。这一次，经过8年休养生息，女皇拥有了更强的军事和经济实力，文有霍格维茨、考尼茨，武有道恩、劳顿、莱西等新一代名将，这是一个很强的班底，虽说其中没有一个人能单打独斗战胜一代传奇腓特烈，但起码不难自保，在占据兵力优势的情况下，也能让腓特烈尝到失败的苦头。这场七年战争，成就了普鲁士国王腓特烈"大帝"的一代战神美名。他一个人面对俄、法、奥三大强国，屹立不倒，甚至屡屡获胜，当然最后寡不敌众被逼到山穷水尽，连柏林也被占领。就在他差一点要自杀的当口，俄国政局突变，他和腓特烈化敌为友。玛丽亚-泰蕾莎意识到已拿不回西里西亚，只好讲和。欧洲大陆上的列强仍然是谁也奈何不了谁。但是在海外，七年战争成就了大英帝国的"日不落"地位。英国是普鲁士唯一的朋友，和法、俄、奥为敌，但不参与大陆作战，从法国手中一举拿下整个印度和北美，赚了个盆满钵满。从此欧洲新的两个列强，普鲁士和俄罗斯各就各位，取代西班牙的强国地位，欧洲形成英、法、俄、普、奥五强并立的均势地位，英国在大陆以外，以第一强国的实力保证大陆上的四强谁也不能独自称霸世界。

七年战争结束于1763年，相当于乾隆年间，不久俄国的叶卡捷琳娜大帝登基，这时法国国王是路易十五，奥地利是玛丽亚-泰蕾莎女皇，俄国是叶卡捷琳娜大帝，普鲁士是腓特烈大帝。哪个国家都不敢在战场上轻举妄动，玛丽亚－泰蕾莎和普鲁士腓特烈大帝都在此后的几十年里专注内政建设，走富国强兵之路，几乎不动干戈。在宗教政策上，女皇是个虔诚的信徒，不容忍新教，但是她牢牢把控住帝国的权力，绝不让罗马教廷染指，把耶稣会从国家机构驱逐出去。女皇和同时代的普鲁士腓特烈大帝相比，在治国理政和宗教信仰上都更加保守，她不接受理性主义，查禁了伏尔泰和卢梭的书。而腓特烈大帝从当王子的时候就是伏尔泰的笔友。玛丽亚－泰蕾莎在国内的改革相当务实，她大大提高了军队和国家机构的效率，任命霍格维茨为总理大臣，后来是考尼茨，负责整军并加强中央政府机构，完善财税体系，她还建立了维也纳医科大学，提倡防疫，带头让自己的孩子接种天花疫苗，立法用锡代替铅做饮食器皿，因为当时的科学已经发现铅做的饮食器皿有毒。女皇在国内推行强制性的世俗小学普及教育（与宗教学校相对），6—12岁的孩子无论男女都要上学。她还推行高等教育，女子教育，军事、外交、公务员的职业培训教育。玛丽亚－泰蕾莎的时代，在奥地利历史上是一个经济和文化的盛世。纵观世界强国的历史，一个国家总是在野蛮的军事扩张方面先达到顶峰，在扩张停止以后，才迎来文化的盛世。奥地利的军事顶峰出现在利奥波德皇朝，文化盛世就在玛丽亚－泰蕾莎朝，前后有半个多世纪的时滞。

玛丽亚－泰蕾莎女皇在位40年，前20年的婚姻生活接连生了16个孩子，其中13个活到成年。在她统治初期的奥地利王位继承战和七年战争时代，她几乎总是有孕在身，怀着孩子总领朝政。她的丈夫，洛林公爵弗兰茨一世皇帝死于1765年，比她早死15年，此后余生，女皇总是穿黑色丧服，把寝宫刷成黑色，剪短头发，不再看戏，退出一切公众活动。他们的儿子约瑟夫二世当选为下一任皇帝，同时也是女皇在各处家族领地的共同统治者。新皇的思想开明，智力上也超过母亲，更想有所作为，但世界观和母亲直接冲突。女皇个性强硬，朝局一直牢牢把控在她的手中。1780年玛丽亚－泰蕾莎女皇去世之后，约瑟夫二世皇帝亲政，在位10年进行全面改革，在短时间之内大量发布新法，他的出发点是好的，可是改革太过急切，弄得内外一团乱麻，有些新政，比如解放农奴，因为操之过急，竟然遭到农奴本身的反对。其实呢，笔者认为玛丽亚－泰蕾莎女皇和约瑟夫二世这对母子，跟慈禧太后和光绪这对母子颇有相似之处。西太后本身是极有政治天赋的统治者，否则不会在 1860 年代内有太平天国，外有第二次鸦片战争的乱局里，闯出了后来"同光中兴"这个小盛世。重用曾国藩等汉人大臣虽然是她的政治死敌肃顺等顾命八大臣的政策，但她极有度量又有识人之明，不但沿用了这个政策，而且坚持下去，重用李鸿章、左宗棠、张之洞、盛宣怀等一批批洋务名臣。只是西太后虽有能力，毕竟限于自己的阶级地位，她不可能去打倒清政府建立共和国，她的地位决定了她只能对老大帝国修修补补地维持下去。而且在慈禧太后的时代，封建帝国在历史上的大势已去，单凭西太后和李鸿章，他们再有能力，也无力回天。这就是西太后跟玛丽亚－泰蕾莎女皇的异同之处：她们都有政治天赋和能力，也有权力欲，而且都很保守，富国强兵却不想动摇皇朝的国本。但在 18 世纪中后期的欧洲，天命尚未离开奥地利，玛丽亚－泰蕾莎完成的，是已经滞后的中央集权过程，这个过程在法国，太阳王路易十四比奥地利早 100 年就已经完成了。在奥地利，从利奥波德皇帝才开始补课，到玛丽亚－泰蕾莎才补完课。此时法国又领先一步开始了理性主义，到了资产阶级革命的前夜。奥地利要从女皇的儿子约瑟夫二世皇帝，才又开始追赶理性主义这个大潮。从这个意义来说，他们母子两代，是顺历史大势而为的。而慈禧和光绪想要振兴清帝国，则已经早被时代抛弃了，注定失败。约瑟夫皇帝年轻的时候赞助过莫扎特，和伏尔泰还有法国百科全书派的学者们保持通信联系，而且受到普鲁士腓特烈大帝的开明思想影响，主张宗教宽容，信仰自由，废止酷刑，解放农奴。但他的精神导师腓特烈大帝早就看出他年轻气盛，热情太高却拿捏不准改革的分寸，对外又太具有侵略性，急于通过领土扩张提高帝国威望，反而会破坏列强势力均衡，招来国内外的反对。以上种种性格特点，是不是和百日维新时候的光绪皇帝特别像？区别在于，约瑟夫皇帝没有在母亲在世的时候和母亲决裂，并后来独自执政 10 年，虽说遭到很多反对和挫折，总算实现了一部分政治主张。光绪的下场就悲惨多了。

约瑟夫二世皇帝在位的最后一年，法国爆发 1789 年大革命，妹妹玛丽－

安托瓦内特是法国王后，处境险恶。约瑟夫皇帝还没有来得及营救妹妹妹夫就去世了。他没有儿子，继位的是弟弟利奥波德二世，但也只有短短两年就去世了。这兄弟两人都是思想上非常开明的皇帝，他们和年轻的法国革命者拿破仑、年老的俄军名将苏沃洛夫、暮年的女沙皇叶卡捷琳娜大帝、音乐天才莫扎特和海顿生活在同一时代，哥哥约瑟夫还请莫扎特为自己写歌剧，创作自己葬礼上的清唱曲。他们死后继位神圣罗马帝国的是弟弟利奥波德的长子弗兰茨二世皇帝。他将要面对法国大革命掀起的狂飙：首先是姑姑姑父，也就是法国的路易十六和王后玛丽－安托瓦内特在1793年走上断头台，然后是一世枭雄拿破仑横扫欧洲。1805年弗兰茨二世皇帝和俄国沙皇亚历山大一世联手，对战法兰西皇帝拿破仑，奥斯特里茨大战史称"三帝会战"，史无前例地出现三位皇帝"同台竞技的盛况"，结果俄奥大败。1806年，弗兰茨二世皇帝解散了神圣罗马帝国，另行组建奥地利帝国。因为这是一个新的帝国，他是名叫弗兰茨的第一位奥地利帝国皇帝，所以从此以后，他叫作弗兰茨一世。作为神圣罗马皇帝，他是叫作弗兰茨的第二位皇帝，第一位弗兰茨是他的爷爷、玛丽亚－泰蕾莎女皇的丈夫洛林公爵，所以同一个人，有两个名号：神圣罗马帝国末代皇帝弗兰茨二世，和奥地利帝国开基皇帝弗兰茨一世。

以上，就是从962年奥托大帝建立神圣罗马帝国到1806年帝国解散，这800多年的历代皇朝简述。关于奥地利帝国、弗兰茨－约瑟夫皇帝和茜茜公主夫妇的故事，我们后面接着说。

现在让我们回到玛丽亚－泰蕾莎女皇的美泉宫来。

就规模而言，路易十四的凡尔赛宫当仁不让排名欧洲王宫第一，维也纳的美泉宫仅次于凡尔赛宫位列第二，马德里王宫排名第三。我听当地导游说，美泉宫外墙所用的芥末黄色后来被很多国家的宫殿建筑效仿，至少在德语区，多数宫殿都用这种黄色，被称作"肖恩布伦金色"。

美泉宫的内部和外部形成鲜明对比，完全是两种不同的风格。如果单从外面来看，是非常规整的三层大厦，除了屋檐上站着的白色雕塑，既没有大穹顶也没有尖顶，显得相当沉闷，起码比它模仿和试图超越的凡尔赛宫单调多了。

实际上，朴素的外表掩藏了美泉宫华丽的内在。这个简单规整的外部形象是19世纪初，末代神圣罗马皇帝和第一位奥地利帝国皇帝弗兰茨下令重新装修的。当时欧洲流行简约大方的新古典风格，所以外表看起来这么朴素。内部是弗兰茨的祖母，玛丽亚-泰蕾莎女皇时代就已经奠定的基调，早半个世纪，欧洲正盛行无比豪华复杂的晚期巴洛克—洛可可风格，所以美泉宫内部的豪华令人惊叹。虽然宫里禁止拍照，依靠官网图片和拿到的简介，我依然能回想起几处印象特别深刻的厅堂来。其中有镜厅，仿造太阳王路易十四在凡尔赛宫布置的镜厅，也是大幅的落顶长窗面对一排巨型镜子，但用色基调是洛可可时代流行的金、白两色，天顶壁画和墙上的装饰用很多镀金的细枝条花纹，极尽复杂之能事。另一处让我印象特别深刻的地方，是"中国厅"。在18世纪的洛可可时代，欧洲各国王室曾经流行过一阵他们想象里的"中国风"。大家在慕尼黑、柏林、巴黎等地王宫里经常会看见一些不伦不类的"中国古董"，比如瓷器的"中国人偶"，或者青花瓷上画着留辫子的中国人，却是大鼻子。很多地方的王宫花园也会有中国亭子。这是因为17—18世纪有不少传教士来中国，带回很多对中国宫廷和市井生活的描述，但当时中欧之间贸易规模不大，交流还是有限，欧洲人单纯凭借浪漫的想象，描绘这个东方的神秘国度。现在作为游客，仔细看那时候的所谓"中国风"，很多形象真的很可笑。这间"中国厅"的墙用深色护墙镶板，上画中国花鸟，每幅镶板和油画周围的画框都镶金，因为整个墙壁用黑色做底，给本来显得轻浮的洛可可风格平添了几分沉稳的感觉。

另一间红色沙龙也让我记得很清楚，并非因为装修华丽，而是这里发生过一段故事：1762年6岁的音乐神童莫扎特由父亲带着在全欧洲巡回演出，一直演到玛丽亚-泰蕾莎女皇的美泉宫里，皇室听莫扎特演出时的场地就在这间沙龙。关于这次演出，有好几种不同版本的有趣传说：据说女皇听得非常高兴，小莫扎特也人来疯，这是他的第一次宫廷音乐会，演奏完毕，兴奋的小莫扎特竟然跳到女皇的膝盖上，拥抱亲吻了女皇，女皇对孩子的越礼行为不以为忤。当时泰蕾莎女皇给小莫扎特出了道考题，让他不看琴键盲弹，莫扎特完成得毫无压力。但他太小了，从琴凳上往下滑，掉到地板上，皇家公主玛利亚-安托瓦内特只比莫扎特大2个月，当时也才7岁，过去把莫扎特扶起来，牵回琴凳。莫扎特高兴地说："你对我真好。等我长大了要和你结婚！"周围所有人都对这童言无忌哈哈大笑，传为一段佳话。16年之后，莫扎特在1778年去巴黎巡回演出，当时玛丽-安托瓦内特公主已经是路易十六的王后了。历史没有记载莫扎特是不是给法国的国王王后演奏过，我们只知道他当时曾申请过法国宫廷乐师的职位，但是没被录用。莫扎特死于1791年底，并没有看到差不多两年以后玛丽-安托瓦内特上断头台。

美泉宫的花园面积广阔，维也纳动物园也在这里。在花园中轴线上有一片高地，下方是海神喷泉：中间手拿三股叉的海神站在喷泉遮盖的石洞顶端，象征站在海神车上，从水底升起。两边四匹拉车的白马，马上各有一个手持武器或海螺的小孩形象，这应该是神话中的海神之子特里同。在高地顶端，有一排柱廊，是玛丽亚-泰蕾莎女皇喜爱的登高俯瞰维也纳城区之处。关于这片花园有一点值得特别提出：每年五六月份，在山坡的草地上，维也纳爱乐乐团都会举行一场免费的夏季夜间露天音乐会，每年露天音乐会的指挥都是国际顶尖人物，过去几年有祖宾·梅塔、杜达梅尔、劳林·马泽尔等人，这是不亚于新年音乐会的乐坛盛事，而且是免费的。

霍夫堡皇宫

既然讲到皇室夏宫美泉宫，自然下面一定会紧接着讲旧城市中心的霍夫堡皇宫。霍夫堡规模极大，历代不断加建，它跟故宫不同，不是单一的博物馆，它的各个建筑加在一起，再加上皇宫前后广场、花园、剧院，面积占到整个老城四分之一强，包括现在的奥地利总统府也只占用了霍夫堡的一座楼而已，平时总统府并不对外开放。霍夫堡皇宫分成很多个博物馆分别开放，甚至还有修道院和国家图书馆。我会逐个简单介绍其中大部分可以参观的博物馆，它们有各自的特色，一两天是看不过来的，只看你自己喜欢哪个方面了。就笔者个人而言，觉得最好看的是两处：皇家珍宝馆和图书馆。

霍夫堡皇宫里的珍宝馆（Schatzkammer）是展览国之重器的地方，这个国不是指今天的奥地利，而是千年神圣罗马帝国。这里展陈的皇家礼仪重器是每次皇帝即位的加冕典礼上，拿出来穿戴陈列的礼器，不但体现皇家威仪，还有昭示皇权神授的政权合法性的功用。比如说，很多对《圣经》有所了解的人可能都听说过"隆金努斯之矛"，就是圣矛，耶稣基督钉在十字架上的时候，罗马士兵隆金努斯用这个矛戳了基督的肋骨一下。圣矛的矛头就摆在珍宝馆里，它是断的，中间用黄金镶起来。摆在圣矛旁边的就是真十字架的一块残片，这段木头的中部还有一个钉子洞。真十字架就是耶稣基督被钉死在上面的那个大十字架，相传古罗马君士坦丁皇帝让基督教合法化以后，皇太后海伦娜去圣城耶路撒冷朝圣，在圣墓发现了真十字架。中世纪十字军东征时代，真十字架在灾难性的哈丁战役大败之后，被萨拉丁麾下的穆斯林夺走，从此消失于历史。现在世界各地有不少教堂声称拥有真十字架的残片，光我去过的地方，就有巴黎圣母院、米兰大教堂和这里。此外，还有米兰大教堂的圣钉子、蒙扎大教堂存放的意大利王冠里面的另一枚圣钉子、巴黎圣母院的荆棘冠、都灵大教堂的裹尸布、比利时布鲁日的圣血、罗马大圣母教堂（Santa Maria Maggiori）里的圣摇篮木片，这都是跟耶稣基督诞生或者受难有关的圣物。笔者本身不是基督徒，只是喜欢旅游，又好奇，喜欢到处追逐看这些圣物。平时谈起这些见闻的时候，也总有人问我：你总不至于相信这些圣物是真的吧？我不是考古专家，我不知道。其实，我相信与否没有任何意义，只要广大基督徒相信它是真的，那就不妨当作真的吧。信仰这东西，其实没有什么真假对错之分，你认为你的信仰是对的，别人不一定这样认为。世上没有绝对的真理。对他人的信仰，只要做到宽容和尊重，也就可以了。

不过在皇宫珍宝馆里有一样宝物，我们可以很有把握地说那不是真的。这是传说中的神兽，独角兽（长角的马）头上的角，有2米多长呢。我要是告诉你"故宫里有只麒麟的标本"，你能信吗？实际上，那是一种独角鲸的牙齿，它生活在极圈以内的北极海，极少有人见过，所以古代就被人当作祥瑞了。无论是耶稣基督的遗物，还是独角兽的角，这些珍宝都是用来证明君权神授，为皇家合法性站台助威的工具。

珍宝馆里更多的宝物肯定是真的，是历代相传的皇冠宝剑等仪仗用品，比如查理曼大帝的皇冠，查理曼大帝登基的礼仪用剑、礼仪手套。在珍宝馆的墙上有一幅查理曼大帝穿戴全套行头的画像，看上去活像一张扑克牌。如果你也有同样的想法，那么恭喜你，答案正确——扑克牌的老K，原型就是查理曼大帝，确切地说是红桃K。其他三张老K呢？黑桃是以色列的大卫王，梅花是亚历山大大帝，方块是罗马开国皇帝奥古斯都·屋大维。不过这只是很多说法中的一种而已，笔者就听说过扑克牌的老K原型还有恺撒大帝、霍亨施陶芬皇朝的"红胡子"腓特烈一世、英国的亚瑟王。当然了，这些传说完全没法考证，也只能当作茶余饭后的谈资罢了，不能当真。当真地说，扑克牌在欧洲起源的过程中，各个时期各个地方的JQK的画像都不一样，原型应该有各地不同的版本。

在珍宝馆里还有历代皇帝所用的典礼冠冕、袍服、宝剑、权杖，比如近代哈布斯堡皇帝加冕并没用查理曼大帝冠，而用了鲁道夫二世冠，在这里就能看见。比较有意思的一件宝物，是法国拿破仑皇帝的儿子罗马王（拿破仑二世）小时候的金摇篮。

既然说到皇家/王家仪仗，英语里叫作Crown Jewel，直译叫作"王冠珠宝"，可以顺便聊聊欧洲各地能看到的王家仪仗。我个人品评，霍夫堡皇宫珍宝馆里的神圣罗马帝国这一套，既有仪仗，又有宗教圣物，综合质量是最好的。其次是伦敦塔里的英国王冠珠宝和克里姆林宫里的俄罗斯沙皇仪仗。英、俄两国的皇室重器胜在价值连城：英国王冠和权杖上，有库里南一号和二号钻石。克里姆林宫那套，除了伊凡三世开始称沙皇的Monomach皇冠那顶皮帽子略显寒酸以外，其他陈列品包含数不清的钻石，可劲儿往上造。但是英、俄两国的皇室仪仗历史都比奥地利短得太多：俄国沙皇的皇室珠宝是从伊凡三世称沙皇开始的，那是15世纪。英国的王冠珠宝，在狮心王理查的弟弟"失地王"约翰手里丢了，当时约翰国王跟属下的贵族男爵伯爵们打内战，打了败仗，不但被迫签署《大宪章》，还丢了王冠珠宝，真够窝囊的。现在游客在伦敦塔里看到的，是从那以后再次逐渐积攒起来的宝物。

奥、俄、英三国的皇冠仪仗稳居欧洲前三位。丹麦的王冠珠宝在哥本哈根的罗森堡城堡展出，瑞典的在王宫地下的博物馆展出，都比较简单。在爱丁堡城堡，我们可以看到苏格兰的王冠和象征王权的"命运之石"，两者都是失而复得。"命运之石"是从英国还回来的，王冠被藏在夹壁墙里，到19世纪才被重新发现。各国的王室仪仗里面，法国是最为可惜的。在法国大革命期间，一部分珍宝被冲进凡尔赛宫的乱民抢走，后来革命政府决定，剩下的这些王冠珠宝是封建王权的糟粕，把上面的宝石全都取下来分别拍卖。所以，今天我们在卢浮宫看到的法国王冠珠宝，上面镶嵌的宝石全都是赝品！

以上还只是我在近些年周游列国的时候，亲眼看到的各国仪仗重器，还有很多没有看到过的，就不赘述了。其实如果不把眼光局限于欧洲的话，土耳其帝国的皇室重器，其历史价值就绝不亚于霍夫堡皇宫里面。在伊斯坦布尔中心的托卜卡比皇宫珍宝馆里展出的这批重器，不但有苏丹的冠冕袍服、著名的"托卜卡比匕首"，还有一些宗教上的圣物，是属于先知穆罕默德的遗物。说了这么多关于各国的传国重器，我们中国呢？虽然今天我们可以在故宫博物院看到古代帝王的皇冠皇袍，但我们中国传统和欧洲不同，皇冠、袍服、玉玺这些，每位皇帝登基会有新的，一般不沿用旧的传家宝。唯一象征君权神授的传世宝物，应该只有和氏璧做的"传国玉玺"可以够格，可惜传国玉玺历秦汉隋唐1000多年，在五代十国的战乱中消失，此后也就没有类似的象征皇权的传世宝物了。

在霍夫堡皇宫里，第二个我个人最喜欢的地方，是皇家图书馆。其实在霍夫堡的半圆形新宫有一处现代的奥地利国家图书馆，我说的不是这里，是旧宫侧面的皇家图书馆。这里单独向游客开放，千万不要因为它叫作"图书馆"就以为很沉闷，无足挂齿。事实上如果论皇家气派，这里比霍夫堡的皇室居所更富丽堂皇。前文提到过，我在2016年曾穿梭欧洲好几个国家，做"世界最美图书馆"之旅，书里也描写过奥地利的梅尔克、圣弗洛里安，德国乌尔姆的维布林根，瑞士的圣加伦图书馆，但是在我看过的所有古代图书馆里面，当得起"最美"称号的天下第一，毫无疑问是霍夫堡皇家图书馆。几乎所有很美的修道院图书馆都是18世纪的洛可可风格，皇家图书馆则是稍早的巴洛克式，更加大气、开敞，除了雕塑壁画这些必定会有的装饰以外，还用大理石和大量镀金饰件跟周围书架的颜色相映衬和对比，色调显得和谐优雅，皇家图书馆的气派比大学、修道院都要大得多了。这里除了看图书馆的装潢以外，沿走道两侧的玻璃展柜里，有很多皇家的书，装帧大量使用金珠宝石、丝绒羊皮等高档材料，光看看这些"皇帝之书"也已经够赏心悦目的了。

除了我个人最喜欢的这两处霍夫堡皇宫里的展陈以外，一般游客理解的"参观宫殿"，当然是参观霍夫堡皇宫里面开放的皇家起居所用的宫室。这里的皇室起居区虽然也豪华，但不如美泉宫的室内那么好看，因为美泉宫的室内装饰是18世纪后半期玛丽亚－泰蕾莎女皇时代流行的洛可可风格，霍夫堡皇宫大部分房间则保留了19世纪后半期弗兰茨－约瑟夫皇帝和伊丽莎白皇后（茜茜

维也纳国家图书馆

公主）在世时的风格，那时流行的是比较朴素的新古典。洛可可和新古典相比较，自然是洛可可更夺人眼球了。但霍夫堡皇宫也有它不可错过的原因，那就是弗兰茨-约瑟夫和茜茜夫妇在这里留下的生活痕迹。

前文叙述到末代神圣罗马皇帝弗兰茨二世，在被拿破仑打败以后，于1806年解散了帝国。两年以前的1804年，他用哈布斯堡家族的世袭领地：奥地利、波希米亚、匈牙利、克罗地亚、米兰、托斯卡纳、弗兰德斯等地，另行组建了奥地利帝国，此后，他就以弗兰茨一世的名义专心担任这个新的奥地利帝国皇帝。之后他还经过好几年的失败，甚至在1809年被拿破仑再次占领了维也纳，甚至把女儿玛丽亚-路易莎公主嫁给拿破仑，还被迫和法国结盟进攻俄国。但是最终欧洲列强联手打败了拿破仑。在战后的维也纳和会上，因为奥地利在击败拿破仑的战争中出力最多，奥地利外交大臣梅特涅亲王成为和会的主导者。这位弗兰茨皇帝的高祖父是洛林公爵，是曾在1683年维也纳围城战中担任帝国总司令的名将查理。作为名将之后，皇帝自己虽然没有上过战场，但皇帝的弟弟卡尔大公却显示出相当高的军事天赋，1809年他指挥军队在维也纳郊外的阿斯佩恩—艾斯林战役中战胜了拿破仑，那是拿破仑生平第一次吃败仗，也是第一次有一位拿破仑麾下的法兰西元帅阵亡的战役（拉纳元帅，他的墓现在在巴黎万神殿的地下墓穴）。可惜不久卡尔大公的奥军又在瓦格拉姆战役被拿破仑打败。弗兰茨皇帝和卡尔大公的另一个弟弟，约翰大公，后来也出任过奥军总司令。但是弗兰茨皇帝担心两个弟弟拥兵自重，功高震主，所以始终不太信任他们。弗兰茨皇帝在位期间，由海顿在1797年谱曲献给皇帝的歌曲《上帝保佑弗兰茨皇帝》成为帝国国歌，后来改过词，直到今天仍然是德国国歌。1835年67岁的弗兰茨皇帝去世，在位43年。

弗兰茨一世的长子斐迪南一世生于1793年，性格温和，但是有些智障，所以由叔叔路德维希大公和梅特涅亲王辅佐，当了13年皇帝。到1848年欧洲革命，首相施瓦岑贝格亲王劝他退位，也劝皇帝的弟弟弗兰茨不要继承，转给自己的儿子，也就是皇帝的侄子，18岁的弗兰茨-约瑟夫，斐迪南皇帝从善如流。他虽说有些智障，但并不傻，反而知足常乐，退位以后一直活到

1875 年，82 岁高龄才去世。

弗兰茨 - 约瑟夫皇帝继任的时候才 18 岁。他就是电影《茜茜公主》三部曲里面年轻的皇帝。他 13 岁从军，此后养成了一生穿军装，奉行军事化生活的习惯。1848 年叔叔退位以后他没有马上继位，而是跟随拉德茨基元帅在意大利作战（就是老约翰·施特劳斯作《拉德茨基进行曲》为之歌颂的那位战争英雄）。战争间隙，他去因斯布鲁克跟避开革命、从维也纳撤离的宫廷会合，在那里第一次认识了 10 岁的茜茜公主。弗兰茨 - 约瑟夫继位以后，匈牙利发动独立战争，皇帝请求沙皇俄国出兵干预，镇压了匈牙利独立运动，并开始在匈牙利实行 19 年的军事管制。弗兰茨 - 约瑟夫皇帝 1853 年爱上了 15 岁的茜茜公主，第二年结婚，这就是电影里的情节。作为皇帝，他反对君主立宪分享权力。就在认识茜茜公主那一年，有一名匈牙利爱国者趁他在维也纳城墙散步的时候，从背后用匕首进行刺杀，幸亏皇帝常年穿的军装高领很硬，挡开了致命的一击，刺客被逮捕处决。后来在皇帝被刺的地方建立起一座漂亮的哥特式感恩教堂，叫作感恩教堂（Voltive Church），就在今天环城路的肖滕内（Schottentor）地铁站前面，跟维也纳大学相邻，现在还能参观。

但是弗兰茨 - 约瑟夫皇帝在位的整个 19 世纪后半期，世界已经进入了民族国家的时代，帝国已经不适应历史潮流了。他是个勤政的好皇帝，但仍然在国际上屡遭挫败。1859 年第二次意大利独立战争，当时撒丁国王以割让萨伏伊、尼斯为代价，换取法国皇帝拿破仑三世出兵支持（拿破仑三世是拿破仑的侄子），在索尔夫里诺战役中，法国皇帝拿破仑三世和撒丁国王维克托 - 艾曼纽尔都在战场上，击败了同样御驾亲征的弗兰茨 - 约瑟夫皇帝，夺取了以米兰为中心的伦巴第地区。瑞士人杜南就是因为亲眼看到这次战役之后伤兵的惨状，才创立了国际红十字会。1866 年普奥战争，普鲁士总参谋长毛奇元帅在柯尼格拉茨战役中击败奥军，从此把传统上的德意志首邦奥地利排除出德国统一的进程。不久，1871 年普鲁士又在普法战争中击败法国，法国皇帝拿破仑三世下台，德国完成统一。同时撒丁王国也在 1866 年奥地利败给普鲁士时，趁火打劫夺走了威尼斯、托斯卡纳，意大利全境独立统一呼之欲出。1867 年弗兰茨 - 约瑟夫结束了 1848 年革命以后对匈牙利 19 年的军事统治，修改宪法，让匈牙利成为和奥地利平起平坐的独立国家，组建二元君主国，也就是奥地利和匈牙利各有一套国会、内阁等国家机器，在帝国内部平等。从此奥地利帝国改名奥匈帝国。

弗兰茨-约瑟夫皇帝在位 68 年，是欧洲历史上在位时间第三长的统治者（头两位是太阳王路易十四和英国女王伊丽莎白二世），也是哈布斯堡家族统治时间最长的皇帝。但是他的个人和家庭生活却颇为不幸。他和茜茜公主的婚姻，有一个像电影里一样童话般美丽的开局，结婚以后他一直深爱皇后。但是公平地说，皇帝皇后各自的性格缺陷妨碍了他们婚姻的幸福。在皇帝这边，是过于刻板无趣，典型的德意志式自律，在皇后这边，是过于自我任性，一有不如意就沉浸在自己锻炼身体、美容、旅行的爱好当中。罗密·施奈德主演的系列电影里，茜茜公主美丽活泼，不喜欢受刻板的宫廷礼仪约束。实际上也确实如此，她几十年都非常在意保持自己的身材和容颜，在美容上所花的时间和精力多到偏执的地步。皇后陛下生过 4 个孩子之后，直到 50 多岁上，腰围还只有不到 50 厘米。

贵为帝国皇后，茜茜的生活并不幸福。她和皇太后的关系一直不好，她的丈夫弗兰茨-约瑟夫皇帝其实很爱她，但是皇帝是个以国事为重的勤奋的统治者，更重视对国家的责任。所以皇后经常感觉到被冷落被忽视，以后几十年大多数时间都是和皇帝分居，游历帝国各处，用旅行来排遣心中的苦闷。她甚至容忍皇帝从 1885 年开始一直维系的和演员卡特琳娜·施拉特的感情，据说这段感情是柏拉图式的。今天的我们，如果说某某和某某保持"柏拉图式的精神恋爱"，我的评论肯定是："你当自己是白痴还是当我傻？"但放在 19 世纪，弗兰茨-约瑟夫这个人身上，我还真有一两分相信。传说中茜茜公主和匈牙利首相安德拉西伯爵也有恋情，这个查无实据，更加不靠谱。

今天在霍夫堡皇宫里，有专门的茜茜公主博物馆，我印象特别深的几件遗物，有她常年出门旅行所用的专车车厢，还有皇帝平时的办公桌，桌上有皇后的照片。皇帝办公室有一张很窄的行军床，他经常在那里过夜，每天只睡三四个小时。

弗兰茨-约瑟夫绝对是个勤奋的好皇帝,当时直到今天,都相当受奥地利人爱戴。皇帝的勤奋是传奇性的,他每天早上5点起床开始工作,接见帝国各阶层的任何来访者,每人限制5到10分钟的时间,一个上午要接见50人以上,而且接见的时候皇帝从来都是站着的,他的记忆力惊人,能够记住所有这些人的名字和有求于他的事务。今天在霍夫堡皇宫里,除了他书房的大办公桌、行军床之外,还能看到他用的站立式的办公桌,和今天很多高科技公司里面现代化的站立式电脑工作台颇为相似。

皇帝皇后生了4个孩子,其中只有一个儿子——皇储鲁道夫,他婚姻不幸福,婚外情又不容于皇帝,在1889年31岁的时候,和情妇双双自杀身亡。这给皇帝皇后很大的打击,因为按照天主教信仰,自杀的人死后要下地狱的。皇后从此精神一蹶不振,一直都穿黑衣。

皇帝的二弟马克西米利安大公原是成功的帝国海军总司令,建设海军颇有成就。1864年接受拿破仑三世邀请去当墨西哥皇帝。当时因为1861年英、法、西三国联军入侵墨西哥讨债,正好美国内战开始,其自顾不暇,没有精力抗议欧洲列强入侵美国的后院。战后英国和西班牙撤军,法国留下来想要吞并墨西哥,拉这位奥地利帝国的皇弟当幌子。马克西米利安大公被法国人忽悠当上墨西哥皇帝才知道,原来墨西哥并不太平,共和派始终在斗争,而且背后有美国人撑腰。不久美国内战结束,支持墨西哥共和派总统的力度增大,1866年法军撤离,结果这位奥地利出身的外来皇帝,被墨西哥共和派推翻,遭到逮捕处决。此后,因为二弟和唯一的皇太子先后身亡,皇帝立三弟的儿子斐迪南大公为皇储。但斐迪南大公要和地位较低的贵族苏菲结婚,皇帝反对,1900年甚至没有出席皇储的结婚典礼,两人关系搞得非常僵。1914年皇储斐迪南大公在萨拉热窝被刺杀,引发了第一次世界大战,据说老皇帝私下向自己的女儿承认,侄子被刺另立皇储,自己反而觉得松了一口气。

1898年,60岁的伊丽莎白皇后旅行途中,在日内瓦湖畔遇刺身亡。今天在皇宫里,还能看到刺客杀死茜茜公主所用的凶器,一把改锥。当时她在日内瓦湖畔上船之前，当地的欢迎人群非常拥挤，秩序比较混乱。刺客冲上来刺了她一下，正中心脏，刺客当场被随从擒获。当时皇后的注意力可能高度集中在欢迎人群，加上胸衣马甲太紧，压迫血液回流，所以当场出血很少，没有感觉什么异样。直到上船以后安静下来，才发现自己受了致命伤。

1870年代巴尔干半岛各民族针对土耳其统治者的起义风起云涌，1878年在德国首相俾斯麦调停下，俄、奥结成针对土耳其的同盟，俄国吞并了罗马尼亚，奥地利吞并了波斯尼亚—黑塞哥维那，此举引起独立国家塞尔维亚的民族主义者不满，1914年在萨拉热窝刺杀奥匈帝国皇储斐迪南大公，引发了一次大战。此时的皇帝仍旧是弗兰茨－约瑟夫，新皇储是皇帝三弟的孙子卡尔大公，被刺的斐迪南大公的侄子。

第一次世界大战进行到一半的1916年11月，86岁的弗兰茨－约瑟夫皇帝病逝于美泉宫。他一生受人爱戴和尊敬，直到今天，他的墓前还有保皇党人持续献花。新皇卡尔一世接受了一次大战战败，帝国解体的苦果，战后流亡瑞士，后来再次流亡葡萄牙的马德拉斯岛，1922年病逝，终年39岁。这就是奥地利帝国和哈布斯堡皇朝的终结。

既然了解了哈布斯堡皇朝的来龙去脉，请允许我斗胆向读者推荐一个也许不太受人待见的霍夫堡皇宫景点：皇室地下墓穴（Kaisergruft）。我知道很多人忌讳参观坟墓，我自己是个百无禁忌的人，特别热衷于在全世界参观名人墓。这个地方在霍夫堡皇家图书馆门前不远的新市场侧面（Neuer Markt），是卡普钦派修道院的地下墓室，从德意志三十年战争前不久的马希亚斯皇帝开始把这里开辟为哈布斯堡家族的墓地，这里安葬了从德意志三十年战争到一次大战的300年间历代皇帝。因为笔者对哈布斯堡皇朝从15世纪马克西米利安一世皇帝以后的500年历史相当了解，这个地方对笔者来说，是和皇家珍宝馆跟图书馆并列的三大必看景点之一。但是一来大多数国人有点忌讳坟墓，二来这里只有历代皇帝的青铜棺材而已，如果你对这些皇帝的生平事迹不那么了解，也看不出什么名堂来，所以这个地方，并不适合向别人推荐，只是笔者自己特别喜欢罢了。在皇家的地下墓穴中，你可以看到最早的一位皇帝，是德意志三十年战争开始时的马希亚斯夫妇,简朴的青铜棺放在一起,几乎没有什么装饰,只雕刻着衔圆环提手的狮子头像,下面有四条狮子腿,把棺材架起来。也可以看到和太阳王路易十四分庭抗礼,在维也纳围城战中一举打败土耳其帝国大军的利奥波德一世皇帝,他的棺材正中间有一个戴着皇冠的骷髅头,这个富有宗教意味的装饰点出了这位皇帝的虔诚。在欧洲的教堂和墓地,常常能见到戴王冠或者主教帽的骷髅形象,象征无论人间的权力多大,到头来都是一场空,意在教导人们在上帝面前要谦卑。最引人注目的莫过于玛丽亚-泰蕾莎女皇和丈夫弗兰茨皇帝合葬的宽大的青铜棺。当时是巴洛克—洛可可的时代,他们的棺材顶上装饰繁复非常精彩,棺顶上有两人相拥的雕塑,两人之间还有一个小天使正在给他们戴上皇冠。人气最旺的棺材,应该就是弗兰茨-约瑟夫和茜茜公主夫妻,还有他们的儿子,自杀的鲁道夫大公的三口棺材,他们摆在一起,外面有玻璃罩保护,目前四时鲜花不断。弗兰茨-约瑟夫的弟弟马克西米利安是唯一的一个外国君主,他的棺材也很好辨认,顶上系着红白绿三色墨西哥国旗颜色的绶带,还有墨西哥国徽装饰。

我觉得来霍夫堡皇宫的游客,基本上都会去参观皇宫的房间,也会有兴趣看皇家珍宝。但是皇家图书馆和墓穴两处,就属于特色鲜明,喜欢的人(比如我自己)会非常喜欢,但未必适合不感兴趣或者看不懂的游客。霍夫堡皇宫的庞大建筑体系内,还有很多博物馆,笔者自己也不敢说全都参观过,只能尽自己见过的那些部分简单介绍每一处的特点,至少读者可以根据自己的兴趣决定去看哪些。

维也纳皇宫里有两支表演团体,至今是各自领域中全世界的翘楚,一支是维也纳童声合唱团,另一支是西班牙马术学校,都是当年哈布斯堡皇室建立的。维也纳童声合唱团的学校和排练演出厅今天不在宫里,而在多瑙河上的一座岛上的奥尔花园,他们常年在霍夫堡皇宫的教堂举行音乐会,地点就在皇宫珍宝馆旁边。我们暂且放一放,集中到下一节维也纳音乐圣殿里再说。西班牙马术学校的表演,是奥地利文化的一种独特的体验,在其他地方很难看到。欧洲古代的贵族生活,不单单是养尊处优拥有特权这么简单,伴随着特权的,一定是严苛的义务，比如作战、保护属地的老百姓。贵族上战场所需的盔甲马匹武器都得自备，日常训练当中，马术和剑术一样是不可缺少的基本技艺。皇家更是如此，不但要有好马，还要有精湛的骑术。近代以后骑兵在战场上的作用越来越小，很多战场上的实用马术就逐渐演变成了观赏性的马术，比如今天奥运会上的障碍赛马、盛装舞步，最早都来源于欧洲贵族作战和礼仪上的需要。哈布斯堡宫廷的马术学校当初是由文艺复兴时代欧洲最有权力的人——皇帝兼西班牙国王查理五世建立的，既训练马匹，也训练骑术。不过历史文件中第一次提到这所宫廷马术学校是在1570年代，查理五世的侄子，马克西米利安二世皇帝时代。作为宫廷的骑术学校，所用的马一定要威风凛凛，必须是欧洲最好的。当时哈布斯堡皇室兼任西班牙王位，最早皇家马场的马匹来自西班牙，所以在奥地利皇宫里的骑术学校才会叫作"西班牙"。传统上，皇家马场位于今天斯洛文尼亚的利皮查村，所以这里培养出的皇家专供马匹叫作利皮赞马（Lipizzaner）。最初150年，利皮查马场的马都是西班牙纯种马，到18世纪中期，玛丽亚-泰蕾莎女皇的丈夫，弗兰茨一世皇帝对马匹育种很感兴趣，用西班牙马、阿拉伯马等四种不同的优良骏马培育出今天特殊的利皮赞马种。这个村子离意大利威尼斯边境不远，属于喀斯特山区，今天去斯洛文尼亚旅行的话，还可以去那里参观马场。哈布斯堡帝国末期因为拿破仑战争的战乱，还有第一次世界大战之后奥匈帝国解体，利皮查不再属于奥地利，马场也迁移了，今天霍夫堡皇宫西班牙马术学校培育利皮赞纯种马的马场在奥地利南部的施泰里亚省。

西班牙马术学校冬天经常举行马术表演，夏天旅游旺季反而没有演出，因为他们夏天会在下奥地利省的户外马场训练马匹。马术表演的票不容易买到，但是在正规表演之外，日常训练和彩排也可以买票参观。我去看的那次表演就是训练场次。表演场地是一个地面铺满细沙的长方形大厅，观众座席在二楼以上的看台，先有骑士介绍马匹和训练程式，然后有单人、双人、四人和列队的马匹表演，最多到16匹马。我看到的所有利皮赞马都是纯白的高头神骏，骑士穿深绿色双排扣燕尾骑马服，像是帝国时代骑兵的军装，头戴拿破仑式的三角帽，白色长裤套长筒马靴。坐在新古典的白色大理石大厅看台上，欣赏一场古装的盛装舞步马术表演，就像是回到哈布斯堡帝国鼎盛的18—19世纪，那是一种绝无仅有的奇妙文化体验。

霍夫堡皇宫西侧靠近环城大道，是19世纪扩建的新宫，它呈半圆形围出宫前的英雄广场，广场上遥遥相对两座著名统帅的骑马像，其中面对广场的那座是欧根亲王，18世纪初在布伦海姆战役打败路易十四，并对土耳其帝国屡战屡胜的利奥波德朝和查理六世朝的帝国柱石。骑像上的欧根亲王端坐马鞍，手擎元帅杖，意气风发，气定神闲，正合他欧洲第一名将，平生未尝一败的身份。欧根亲王对面的那座，是100年后拿破仑战争时期的卡尔大公，弗兰茨一世皇帝的亲弟弟，正是他在1809年维也纳城外多瑙河边的阿斯佩恩战役让拿破仑吃了生平第一场败仗。塑像刻画战役最紧张的时刻，查理大公看到部队正在后退，亲自举起一面军旗跃马向前冲锋，回身召唤士兵们"跟我来"的场景，和欧根亲王踌躇满志的气质相比，这尊雕塑更有动感，抓住戏剧性时刻紧张的瞬间张力。

新宫里有奥地利国家图书馆，这是现代的图书馆，可以办图书卡借书，跟旧皇宫皇家图书馆不同。还有四座博物馆，其中古代乐器博物馆和人类学博物馆我也没有去参观过，只去过非常感兴趣的另外两座：一座是皇家盔甲和兵器博物馆，那里陈列了哈布斯堡历代皇帝的盔甲，有早期哈布斯堡家族皇帝马克西米利安、斐迪南一世、斐迪南二世的盔甲，和后来的皇帝比如1683年维也纳围城战时候的利奥波德一世，19世纪茜茜公主的丈夫弗兰茨-约瑟夫皇帝等人的武器，此外还有很多制作非常精巧的皇家兵器，以冷兵器为主，而枪械的重点在于镶金嵌银，用象牙、珊瑚之类制作枪托的专供皇家使用的工艺品枪。这里也是个值得参观的军事类博物馆。第二座博物馆叫作以弗所博物馆。以弗所是今天土耳其境内，小亚细亚半岛上著名的旅游城市，古罗马时代是帝国亚洲行省的首府，我早在2009年就去参观过那里的古罗马城市遗迹，尤其是塞尔修斯图书馆的大理石正立面特别令人震撼。为什么会在维也纳的皇宫里出现这么一座土耳其古罗马遗址的博物馆呢？原来在19世纪，考古学刚刚在欧洲兴起，德国、奥地利、英国、美国等发达国家的学者去土耳其、希腊、埃及等国考古，挖掘出的宝藏不完全归东道国所有，最早是可以完全运回国的，后来跟东道国政府协商，也可以分成。当时那些东道国对本国领土上的地下古迹并不感兴趣。伦敦大英博物馆里的巴台农神庙浮雕、哈利卡纳索斯陵墓雕刻，柏林柏加蒙博物馆里的古希腊祭坛雕塑和巴比伦古城门，纽约大都会艺术博物馆里的古埃及神庙，包括敦煌藏经洞里的珍贵文物，都是这么来的，当时各个东道国要么根本没有立法保护，任由外国学者发掘，要么达成协议作价卖给外国考古队，或者发掘出的文物在外国考古队与东道国政府之间分成，总之都算合法交易。就拿维也纳的以弗所博物馆来说，奥地利帝国的考古专家从1895年开始就参与了以弗所古代遗迹的发掘，苏丹阿卜杜拉－哈米德二世把大部分发掘成果赠送给奥地利，建起这座博物馆。土耳其帝国立法禁止文物出境是1907年的事情，此前的10年间，奥地利考古队进行过7次发掘，获得的成果组成这座博物馆的收藏。这里最精彩的展品，是古代世界七大奇迹之一，女猎神阿特弥斯神庙里的祭坛雕塑。阿特弥斯是古希腊神话中宙斯的女儿，罗马神话里叫作狄安娜，既是处女狩猎女神，也是月亮女神，跟太阳神阿波罗是孪生双胞胎。这里的阿特弥斯女神立像却长了很多很多乳房，简直让人产生密集恐惧症，这是有原因的：古代地中海东岸是人类文明的起源地，好几个古文明互相影响，古罗马神话的神祇就照抄古希腊，改个名字而已。古希腊的神祇也有其他古文明的影子。这座阿特弥斯像，其实融合了美索不达米亚和古埃及的大地与丰饶女神，很多的乳房象征多产，反映上古人类的生殖崇拜。在阿特弥斯神庙祭坛的雕塑里，还能看到传说中亚马孙女战士的浮雕形象。

　　霍夫堡皇宫建筑群范围内最后一座博物馆是阿伯丁那博物馆（Abertina），位置很显眼，就在维也纳国家歌剧院背后，正对着著名的萨赫饭店（Sacher Hotel）。它的平台比门前马路人行道高出很多，平台上矗立着弗兰茨－约瑟夫皇帝的青铜骑像，他不像英雄广场上的欧根亲王和查理大公那么神采飞扬，而是静静地立马在高地上，注视着脚下繁忙的交通主干线上人来车往。阿伯丁那博物馆原先是皇帝驸马、萨克森公爵阿尔布莱希特的府邸，后来归哈布斯堡皇室所有。现在作为艺术博物馆，它拥有全世界最大最好的素描收藏，前文提到丢勒画的大兔子素描就收藏在这里，还有达·芬奇为画《最后的晚餐》打的素描草稿。另一大类收藏是印象派画家的作品。现在阿伯丁那博物馆的陈列更多偏向于现代艺术。笔者对现代和后现代艺术基本上一窍不通，只去阿伯丁那博物馆参观过一次印象派画展，印象派大概是我能接受的绘画流派的时间下限了，除了那一次以外，我没有去阿伯丁那参观过更现代的画展。

博物馆广场

从霍夫堡皇宫的西门英雄广场出来，就到了环城大道。街对面是博物馆区，遥遥相对的艺术史博物馆和自然历史博物馆围成一片大广场，广场中央是玛丽亚-泰蕾莎纪念碑，在纪念碑顶上坐落着泰蕾莎女皇像，碑下部正面站着首相考尼茨亲王，四周的骑像是女皇座下的武将——道恩元帅、莱西元帅、劳顿元帅等人。

维也纳博物馆广场
玛丽亚-泰蕾莎纪念雕像

两座巨型博物馆都建于弗兰茨-约瑟夫皇帝当政的 19 世纪后半期,当时维也纳的城墙拆了,建设环城路,于是临近环城路的霍夫堡皇宫就有了向外拓展的空间,除了环城路范围内的新宫英雄广场,在环城路对面还规划了这两座巍峨壮丽的博物馆和玛丽亚-泰蕾莎广场。先说自然历史博物馆:笔者对恐龙、古生物、矿石这些东西并不十分热衷,但却专门去维也纳自然历史博物馆,就为了亲眼看一座又小又丑的雕像——"维仑道夫的维纳斯"。

这尊雕像 1907 年发掘于"蓝色多瑙河"瓦豪河谷的维仑道夫村,离河谷东口的克莱姆斯不远。它是迄今为止所知的,最早的欧洲艺术品,属于史前人类,在约公元前 3 万年,换句话说,那是旧石器时代,比周口店的山顶洞人更加古老。所谓"维纳斯",其实只是开玩笑的命名。有些艺术史书籍,把它作为人类艺术的开山鼻祖。这个雕像颇能反映原始人类的审美观:面目不清,四肢模糊,却特别夸张了胸部、臀部、大腿这些和生殖有关的部分,大概对那时候的人来讲,眉清目秀曲线玲珑都不重要,能生孩子才是最美的。

艺术史博物馆,我觉得是维也纳城里除了霍夫堡以外,最好的博物馆。这里一进门就能看到大楼梯上威尼斯雕塑家卡诺瓦(Canova)所作的巨型希腊英雄忒修斯(Theseus)杀死人头马雕塑。文艺复兴大师作品当中最著名的,当属拉斐尔的《草地圣母》,还有意大利开创巴洛克绘画的大师卡纳瓦乔(Caravaggio)的名作《大卫提着巨人歌利亚的头》。

笔者在前一本书《阿尔卑斯山的彼方:意大利行走札记》里,详细追溯过意大利文艺复兴艺术的来龙去脉。本书前面纽伦堡那一节,写到丢勒故居的时候,还聊过文艺复兴在德意志的影响,就是"北方文艺复兴",包括丢勒、老克拉纳赫、老霍尔拜因、老勃鲁盖尔这些画家。文艺复兴之后,教廷为了对抗宗教改革,特别扶持了巴洛克艺术,从罗马的贝尼尼、波洛米尼的建筑开始,绘画方面开先河的是卡拉瓦乔。这股巴洛克艺术之风立刻风靡欧洲。在神圣罗马帝国范围内,巴洛克艺术又分两派。本书上篇莱茵河部分写阿姆斯特丹的时候,介绍了其中比较平民化和世俗化的那一派,就是荷兰黄金时代绘画,包括伦勃朗、维米尔、哈尔斯这些人。另一派可以说是皇家派,以弗兰德斯,也就是比利时为中心，在西班牙和奥地利的哈布斯堡皇室支持下，走向神话和史诗性的风格。

这一派因为都是史诗性的大画，对今天的观众来说，看起来非常过瘾。我觉得看这一派皇家巴洛克的作品，全世界最好的博物馆有两个，维也纳艺术历史博物馆是一个，另一处就是西班牙马德里的普拉多博物馆。因为这一派的大师，像鲁本斯、委拉斯贵支（Velazquez），都是为马德里或者维也纳的哈布斯堡宫廷作画的。比如在这里你可以看到巴洛克时代大师鲁本斯的《马克西米利安一世皇帝像》《毛皮大衣》。在《毛皮大衣》那幅画里，一个裸体女孩半披着一件黑色裘皮大氅，露出很白的皮肤，身材胖胖的非常肉感。这是鲁本斯画女人体的一贯风格，一眼就能认出来。而这位模特据说就是鲁本斯的妻子。

鲁本斯是弗兰德斯人，生于1577年，也就是查理五世皇帝的侄子，马克西米利安二世皇帝统治时代的雷班托大海战之后几年。他10岁丧父，12岁随妈妈搬到安特卫普。当时弗兰德斯属于西班牙统治，他在安特卫普学画，1598年22岁出师，之后游学意大利，在曼图亚和罗马临摹过卡拉瓦乔的画作，并且建议曼图亚公爵和安特卫普的教堂购进卡拉瓦乔的画作。鲁本斯后来回安特卫普，成为西班牙派出的尼德兰总督、哈布斯堡家族大公阿尔伯特七世的宫廷画师。当时总督宫廷在布鲁塞尔，鲁本斯的工作室仍然留在安特卫普。他的工作室有很多人替他接活和画画，他在工作之余，还有时间精力兼做欧洲各个宫廷之间的外交官，社会地位高于一般的画家。今天在比利时安特卫普的鲁本斯故居，就是当年他的大型工作室所在地。另一位后来在英国闯出大名堂的宫廷肖像画家凡戴克，当时就是鲁本斯工作室的学生。鲁本斯的画不是达官贵人的肖像，就是希腊神话题材，他的名作《被捆绑的普罗米修斯》现在在费城艺术博物馆。1621年他为法国国王路易十三的王太后，也就是亨利四世的续弦王后玛丽·德·美第奇（亨利四世的原配是瓦罗亚王朝的公主，大仲马小说里的玛尔戈王后）作的生平系列画，现在在卢浮宫里。1624年，他作为西班牙驻尼德兰总督的代表，在英国、法国、荷兰、西班牙进行穿梭外交，被西班牙国王菲利普四世封为贵族，他画的菲利普四世肖像，现在就在维也纳艺术历史博物馆里。从那幅肖像上，你能看出明显的"哈布斯堡下巴"，就是明太祖朱元璋式的"地包天"面相。"哈布斯堡的下巴"和"波旁家族的鼻子"并称欧洲王室两个最突出的面貌特征。1630年英国国王查理一世（就是后来上了断头台的那位）封鲁本斯为骑士。1630年代，鲁本斯在西班牙出差期间，和马德里宫廷与自己身份对等的一代大师委拉斯贵支以画会友，成了很好的朋友。这十年鲁本斯的画更加肉感，收藏在维也纳艺术历史博物馆里的《维纳斯的狂欢》（Feast of Venus），马德里普拉多博物馆的《美惠三女神》《帕里斯的裁决》，都借希腊神话为名，画的差不多就是色情画，和刚才提到的《毛皮大衣》一样，模特全都是他年轻的续弦妻子。虽说鲁本斯笔下的全裸女体充满了肉感的诱惑，但你看他的《被捆缚的普罗米修斯》，男性人体极少全裸，表现得充满动感，暴烈而有力。鲁本斯死于1640年，也就是说，他的全盛期正好是荷兰宣布独立，德意志三十年战争的时代。

另一位巴洛克时代的宫廷绘画大师是西班牙的委拉斯贵支。在维也纳艺术历史博物馆里有两幅小女孩的肖像画很有意思：因为西班牙国王菲利普四世的女儿玛丽亚－泰蕾莎公主跟利奥波德皇帝订了娃娃亲，西班牙宫廷每隔一段时间就送一幅公主的肖像给她的小未婚夫，未来的利奥波德皇帝，从小到大没有间断。全套肖像的作者是西班牙大画家委拉斯贵支。今天你在维也纳和马德里普拉多博物馆都能看到这个系列肖像画。注意得把这位西班牙公主，和100年后的玛丽亚－泰蕾莎女皇区分开，玛丽亚－泰蕾莎女皇是利奥波德皇帝的孙女，也就是说，画上的这位西班牙公主，未来的神圣罗马帝国皇后玛丽亚－泰蕾莎，是后来玛丽亚－泰蕾莎女皇的奶奶。

委拉斯贵支比鲁本斯小22岁，生于1599年。他被公认为西班牙历史上最伟大的画家，名望地位之高，甚至超过后世的戈雅和毕加索。他生于塞维利亚，父亲是公证人。从小在塞维利亚师从样式主义（Mannerism）的名画家潘切科（Pacheco），并娶了师父的女儿。他从1620年代早期开始出名，1623年正好国王菲利普四世的宫廷画家刚死，于是奉召前往马德里，先给宫廷牧师画像，然后获得了国王肖像的订货，画好以后国王特别满意，于是奉命搬去马德里当上了宫廷画家。1628年鲁本斯来访，委拉斯贵支带鲁本斯去埃斯科里亚宫看西班牙王宫里收藏的提香的画，在两人的交谈当中，鲁本斯启发委拉斯贵支去意大利学习。1629年委拉斯贵支画了生平第一幅神话题材油画《酒神的胜利》，现在收藏在普拉多博物馆。1635年完成名作《布列达的投降》，现在也在普拉多博物馆。委拉斯贵支除了担任画师，还是西班牙王家的宫廷收藏买手，所以能支配大笔金钱。1649年委拉斯贵支第二次去意大利，在收购艺术品之余，还为教皇英诺森十世画像，这幅画现在收藏在罗马潘菲利画廊，因为英诺森十世出身于潘菲利家族。1651年委拉斯贵支回到西班牙以后担任宫廷总管。1656年他画出另一幅名画《宫娥》，现在也在普拉多博物馆。《宫娥》里面的主人公，就是西班牙国王菲利普四世的公主玛丽亚-泰蕾莎小时候，也就是维也纳艺术史博物馆里系列肖像画的主人公。他把国王王后画在镜子里面，又把自己画了进去。后来，毕加索用自己的方式，临摹了44幅《宫娥》，笔者在巴塞罗那的毕加索博物馆看到其中非常著名的一幅毕加索的《宫娥》，是立体主义的。如果你看过上面提到的几幅代表作，或者至少见过图片，就会感受到委拉斯贵支非常善于运用极端的明暗对比，这一点和荷兰画派的伦勃朗、意大利开派祖师卡拉瓦乔有异曲同工之妙。委拉斯贵支死于1660年，生前虽然享有盛名，但死后他的画在西班牙以外默默无闻，所以19世纪初，拿破仑的法军占领西班牙期间，委拉斯贵支的画没有被法国人抢走。直到拿破仑战争之后，他的画才开始在整个欧洲出名。

既然提到鲁本斯和委拉斯贵支，那就顺便再说一位同时代的宫廷画家凡戴克。他也是出身于安特卫普的巴洛克派画家，跟鲁本斯是同乡，但他成名却是在英国，绝大多数作品今天都在英国，以王家私藏和国家画廊为主，总共有40多幅。他出生于1599年，比鲁本斯小22岁，跟委拉斯贵支同岁。凡戴克的父亲是富有的丝绸商人，他自己19岁学画出师以后，在鲁本斯工作室做首席助手和分包画家，也有一种说法认为凡戴克从13岁起就跟鲁本斯学徒了。凡戴克离开鲁本斯画室以后也有意大利游学经历，回到安特卫普又待了5年。

他属于既有技术，情商也高的人物，当时就已经开始出名，混上层的贵族社交圈子游刃有余，1630年就成为西属弗兰德斯的宫廷画家，和师父鲁本斯是同事。1632年应英王查理一世邀请第二次去伦敦，在那里被封为贵族。英王查理一世身高只有5英尺，也就是不到1.5米，凡戴克作为英国的宫廷画师，得宠的技巧之一，就是把国王画得身材修长而伟岸，这一点和委拉斯贵支不同。委拉斯贵支的画总是很写实，前面说过，我们能从他的画中看出西班牙国王菲利普四世的"地包天"下巴。但从凡戴克的画里，你绝对想不到英国国王查理一世身高不到1.5米！直到今天，在欧美各大艺术博物馆都能看到凡戴克画的英国国王、王室成员和其他贵族肖像。他一生画过40幅查理一世，30幅王后，在卢浮宫还有凡戴克画的红衣主教黎塞留肖像，直到今天，这幅黎塞留肖像仍然是历史书上他的标准像。1641年，就在英国内战爆发前夕，凡戴克病逝于伦敦，埋在圣保罗大教堂。在维也纳艺术历史博物馆里，也有一幅凡戴克画的英王查理一世立像。

在维也纳艺术历史博物馆，还有一批重要的收藏，比巴洛克绘画早一个时代，是北方文艺复兴时期，弗兰德斯画家老勃鲁盖尔的作品。这点令人稍感惊讶，因为老勃鲁盖尔最擅长画比利时农村的雪景、农民聚会打猎之类的群像场景，看上去不太符合皇家的审美情趣。

老勃鲁盖尔在今天荷兰的布列达或者附近乡村出生，我们并不知道他的具体家庭背景，生年也不确定，应该在1525—1530。他属于文艺复兴时代，比伦勃朗、鲁本斯、委拉斯贵支这些巴洛克画派的大师早一代，一直在安特卫普和布鲁塞尔作画。他的画一般是农村题材，高视角群像，群像之间没有必然联系，铺满画面，画面带景物，反映当时农村的生活场景，让人看到普通人的日常生活，可能就是由于这种情趣和皇家的生活太不相同了，所以反而受到皇室的青睐。虽然写《艺苑名人传》的意大利画家瓦萨里对老勃鲁盖尔的绘画技法评价不高，可是当时和他死后的收藏家们特别青睐于他的画，尤其是德意志三十年战争之前的鲁道夫二世皇帝收藏得特别多。能够确定是老勃鲁盖尔真迹的油画大概只有40幅，鲁道夫皇帝就有12幅，现在这些画都在维也纳艺术历史博物馆，包括他最有名的《农民舞蹈》《农村婚礼》《雪中猎人》，还有老勃鲁盖尔的宗教画《圣保罗的皈依》和著名的《巴别塔》，都在维也纳。当时安特卫普有个富家客户请他画的一年十二个月系列组画，今天存世的有5幅，其中《雪中猎人》画的是12月或者1月；《阴天》画的是2月或者3月，《牲畜归栏》画的是10月或者11月，这三幅都在维也纳艺术历史博物馆。纽约大都会博物馆收藏的《收获者》画的是8月。布拉格城堡里的《收获稻草》画的是6月或者7月。老勃鲁盖尔满门画家，从他的丈人丈母娘起就是画家，他两个儿子都是画家，在他死的时候还太小，大一点以后是跟外婆学画画的。老勃鲁盖尔的孙子、重孙、曾孙也都是画家。

此外，维也纳艺术历史博物馆里收藏的稀世珍品，还有伦勃朗的一幅自画像、荷兰画家维米尔的《绘画的艺术》，以及鼎鼎大名的切里尼金盐瓶。切里尼是意大利文艺复兴晚期著名的金银匠和雕塑家，他的雕塑《珀修斯举着蛇发女妖墨杜萨的头》现在就放在佛罗伦萨市政厅广场廊柱上。他的一生充满传奇色彩，被法国文豪大仲马写进小说《阿斯加尼奥》里面，这本书有中文版，实际的主人公不是阿斯加尼奥，而是他的师父切里尼，描写的就是切里尼应法国国王弗朗索瓦一世邀请去法国宫廷工作的冒险故事。就在这个时期，他为弗朗索瓦国王制作了一个雕刻精巧的金质盐瓶。这个盐瓶特别有名，因为2003年它从维也纳艺术历史博物馆被偷走，博物馆悬赏百万欧元寻找金盐瓶，三年以后窃贼自首，根据供述，从外省的森林里找回了金盐瓶。因为这桩传奇的窃案，这件宝贝很可能是整个博物馆里最有名的收藏品了。

美景宫

前文我们聊过多瑙河畔1704年的布伦海姆古战场，也提到过霍夫堡新宫前英雄广场上矗立的欧根亲王骑像。欧根亲王1683年从军参加维也纳围城战的时候，正值哈布斯堡皇室逐步完成中央集权，国力军力冉冉上升的利奥波德皇帝时代，经过18世纪初跟法国和土耳其的数次战争，确立了奥地利军事强

第八章 维也纳：多瑙河的女皇

美景宫上宫外景

国的地位，此后 20 多年没有大的战争。欧根亲王暮年再次出征指挥了波兰王位继承战，这是一场规模较小的王朝战争，对欧洲局势影响不大，奥地利和路易十五的法国妥协讲和，只是玛丽亚－泰蕾莎的丈夫，洛林公爵放弃洛林，转为托斯卡纳大公爵，法国吞并洛林公国。欧根亲王死于 1736 年，终年 74 岁，这期间经过了利奥波德皇帝的两个儿子，约瑟夫一世和查理六世两位皇帝，是奥地利军事力量的强盛时期。

维也纳城东南的美景宫 (Bevedere) 是欧根的王府，是一座非常精美宏大的巴洛克风格建筑。欧根和他的英国战友马尔巴勒公爵约翰·丘吉尔年轻的时候在贵族军官里都算很穷的，经常入不敷出，后来累建军功，无论是国家赏金还是获得的战利品，都足以使他们富可敌国。那个时代华丽的巴洛克风格在欧洲宫殿建筑中风行一时，以路易十四的凡尔赛宫为巅峰，马尔巴勒和欧根各自在英国和奥地利也建造了堪称典范的巴洛克式宫殿。马尔巴勒的公爵府在英国牛津郊外 10 来公里，叫作布伦海姆宫，就以 1704 年史诗性的布伦海姆大捷命名，设计师是路易十四凡尔赛宫的三位主建筑师之一范布伦，后来二战时期的英国首相温斯顿·丘吉尔就出生于布伦海姆宫。欧根亲王的府邸在维也纳老城东南，占地面积很大，因为在一个缓坡上，分为上宫和下宫两座主要建筑，中间隔着一座长形的大花园。美景宫上宫的入口靠近老城的卡尔教堂广场，而下宫出口已在老城范围以外，街对面就是维也纳的主火车站，再往前步行10分钟就到军事历史博物馆。

美景宫上、下两处的功能区分一直都不是很清楚，笔者第一次来这里参观的时候是2008年，当时美景宫的常设展览分成巴洛克艺术博物馆、克里姆特博物馆、中世纪艺术博物馆几个部分，再加上临时展览。主要的陈列在离老城更近的下宫。后来这十几年又去过两次，每次的展览位置都有变动，各个陈列的名称、博物馆的划分也在变，几次造访的印象叠加起来，搞得我脑子里一团糨糊，连花园两边的两栋建筑哪个是上宫，哪个是下宫都混淆了。写作的时候借助美景宫的官方网页，总算搞清楚各个主体展览的位置和划分。个人觉得，美景宫里最漂亮的房间在下宫，就是离旧城更近的正门那座大厦，里面的大理石大厅宽敞明亮，深红色大理石映衬着天花板上的太阳神阿波罗壁画，尽显巴洛克建筑的气派。欧根亲王一生没有结婚，他死后产业留给侄女继承，他的继承人把美景宫卖给了玛丽亚-泰蕾莎女皇。女皇接手以后，在下宫又按照当时的洛可可审美风格装饰了金厅，也是一间漂亮的房间，用很多镜子和瓷器装饰，壁纸是黄金色的，上面的装饰花纹细碎而复杂，华丽到让人有点透不过气来。

上宫入口处的楼梯底部大厅刷成全白，柱子用大力士负重的雕塑形象，这是巴洛克建筑喜欢的手法。我记得原先克里姆特博物馆是在下宫的，现在所有美泉宫的画作不再划分成不同的博物馆，统一叫作美泉宫博物馆，都在上宫展出。克里姆特是19世纪末20世纪初著名的"新艺术运动"画家，在维也纳也叫"分离派运动"，美景宫拥有全世界最大的克里姆特画作收藏，包括那幅用金粉作画的著名的《吻》。但是他的画属于现代艺术范畴，我们等到下一节专门描绘维也纳现代派艺术绘画和建筑的时候再说吧。

军事历史博物馆

从美景宫靠南的上宫大门出来，马路对面就是维也纳主火车站，从主火车站左侧绕过去步行 10 分钟左右，向左一拐，就到了奥地利军事历史博物馆。这里有奥地利历史上最系统全面的战争文物陈列，博物馆的建筑本身就是 19 世纪帝国时代的兵工厂，后来专门进行改建，在弗兰茨－约瑟夫皇帝时代就已经成了军事历史博物馆，建筑外观装饰繁复，借用了不少东罗马拜占庭建筑样式的元素，比如壁柱和圆顶，内部的镀金马赛克，再加上一些哥特建筑元素，看上去很像威尼斯的建筑（威尼斯建筑同样是混合了拜占庭和哥特两种风格），尤其那些雕饰复杂的漂亮花窗，还有屋檐上意大利式的开花城堞。军事历史博物馆不但展示兵器和历代名将的文物，更是一座奥地利历代统帅名人堂。整个一楼中庭有 14 根镀金立柱，每根立柱四面都有历代名将和君王统帅的大理石立像，立像上方有简介说明这是谁。那位鹰钩鼻戴宽檐帽的，就是哈布斯堡帝国的奠基人，马克西米利安皇帝。还有德意志三十年战争前期的帝国军队总司令提利伯爵，他是瓦隆人，瓦隆是今天比利时的一部分，1631 年在和瑞典国王古斯塔夫－阿道夫对阵的布莱登菲尔德战役中阵亡。当然还有瓦伦斯坦公爵，帝国常备军的缔造者，德意志三十年战争中的一代名将。战后蒙特库科利元帅接手总司令职务，按照瑞典军队的模式进行军事改革，打造出一支战斗力强劲的现代军队，这成为日后哈布斯堡帝国走向鼎盛的武力基础。这些名将的立像，都可以在军事历史博物馆一楼大厅的立柱四周找到。

奥地利军事历史博物馆的大楼梯和二楼中庭富丽堂皇，是 19 世纪帝国时代经典的奢华造型，屋顶镀金，装饰着夸耀帝国以往战功的壁画和天顶画。主要的陈列在二楼，按照时间排列，就从瓦伦斯坦和德意志三十年战争开始讲起。这里可以看到提利伯爵的佩剑和勋章。还有一封沾血的信件，是 1632 年帝国军队和瑞典军队吕岑战役前一天，总司令瓦伦斯坦写给骑兵司令巴本海姆元帅的指示信。巴本海姆是提利和瓦伦斯坦手下的急先锋，统率骑兵极为得力，但

奥地利军事历史博物馆建筑外观

往往有勇无谋，他的立像也在一楼的名将堂中。那次吕岑战役瑞典获胜，但瑞典国王，一代名将古斯塔夫-阿道夫阵亡。帝国这边，巴本海姆也阵亡了，当时他口袋里还揣着这封信，信纸周围的大片深色斑点，就是巴本海姆元帅的血迹。

德意志三十年战争结束于1648年，此后半个世纪，是法国太阳王路易十四主宰欧洲政治版图的时代，哈布斯堡皇室一方面重建军队和经济，在奥地利、波希米亚、匈牙利这些哈布斯堡家族的世袭领地里加强中央集权，一方面在东线抵挡土耳其帝国，在莱茵河一线抵挡法军的步步紧逼。这就来到了利奥波德皇帝的时代。1683年土耳其大军横扫哈布斯堡统治下的匈牙利残山剩水，直抵维也纳城下，利奥波德皇帝仓皇逃至奥地利西部，先退到林茨，再逃到帕绍。维也纳城下一战，德意志和波兰联军大破土耳其军队，宰相卡拉·穆斯塔法逃回贝尔格莱德（今天的塞尔维亚首都是当时土耳其在欧洲的主要据点），被苏丹赐自尽。有一位名叫欧根的青年，就在这次战役前夕投入奥地利军队保卫维也纳，他就是日后的欧洲第一名将，萨伏伊的欧根亲王。

1683年维也纳围城战胜利及之后奥地利军队反攻匈牙利的行动，是200多年以来欧洲军队第一次对土耳其作战大获全胜的经验，从此以后，哈布斯堡帝国就确定了向东而不是向西去建立多民族帝国的总战略。在这个过程里，欧根亲王从维也纳围城战反攻阶段的中级军官，4 年以后就晋升到将军，维也纳围城战十年以后，30 岁的欧根亲王获得元帅军衔，1697 年出任东线匈牙利战场的总司令，独立指挥对土耳其作战，在赞塔战役（Zanta）中大获全胜，歼灭土耳其主力，阵斩其大宰相，甚至缴获了苏丹本人的大帐和金库，声名鹊起。不久又在西班牙王位继承战当中，在布伦海姆、马尔普拉奎特等著名战役中击败了路易十四的法军。今天奥地利军事历史博物馆二楼的第二展厅，以欧根亲王和西班牙王位继承战为主题布置陈列，能看到欧根亲王的佩剑和胸甲、赞塔战役中缴获的土耳其苏丹本人的营帐，欧根颇以这套战利品为傲，后来在各地战场上总是带着它自用。

此后欧根亲王再度挥师东向，1716 年和 1717 年两次歼灭两任土耳其大宰相指挥的土军，并占领了土耳其帝国在巴尔干地区的政治中心贝尔格莱德，从此他"当代欧洲第一名将"的地位不可动摇，至死都身兼战时总司令、帝国战争会议主席和内阁首席的位置。博物馆里有一门臼炮（现代迫击炮的雏形）很有意思，它叫"贝尔格莱德炮"：1717 年欧根指挥奥军围攻土耳其死守的贝尔格莱德城堡，这是土耳其在东欧的政治军事枢纽，三面环水易守难攻，但是奥军非常幸运，这门炮打出的一枚炮弹碰巧就击中了城堡里土军的弹药库引起大爆炸，结果土军死伤惨重，弹药告罄只好出城投降。

在利奥波德朝的辉煌军事胜利之后，时间来到 18 世纪中后期的玛丽亚－泰蕾莎女皇时代。泰蕾莎女皇从 1740 年统治到 1780 年，和普鲁士的腓特烈大帝、俄罗斯的叶卡捷琳娜大帝同时代，她留给后世更多的是文治而非武功，不过在她 23 岁刚刚登基那年，却被迫和欧洲列强打了一场奥地利王位继承战，同时与德意志内的诸侯普鲁士、萨克森、巴伐利亚，还有世仇法国作战，但泰蕾莎女皇硬是凭着不屈的精神和政治手腕，苦斗 8 年坐稳宝座，她作为女人，虽然不是战场上的名将，但是在国家政治事务中的坚强和智慧，实际远超任何一代奥地利皇帝。她保住皇位付出的唯一代价，是把西里西亚省割让给了同在 1740 年登基的，比她大 5 岁的普鲁士国王腓特烈大帝。玛丽亚－泰蕾莎用 8

年时间站稳脚跟，再回头跟普鲁士清算夺去西里西亚之仇，史称七年战争。这次战争中，奥地利军队总司令道恩（Daun）元帅，独当一面的青年将领劳顿（Laudon）和莱西（Lacy）两位元帅都算是杰出的人才。这三位奥地利统帅的个人物品也保存在军事历史博物馆二楼展厅中。这里能看到道恩元帅的签名印章；劳顿元帅佩戴的玛丽亚－泰蕾莎骑士团大十字勋章、佩剑和绶带。这两次战争之后，玛丽亚－泰蕾莎一朝再不动刀兵。

1789 年法国大革命爆发，之后拿破仑当上第一执政官，拿破仑战争的大潮最终冲垮了中世纪的千年神圣罗马帝国。哈布斯堡皇帝弗兰茨另组奥地利帝国坚持战斗，经过多次反复，最终和欧洲列强一起战胜了拿破仑。奥地利帝国在 1809 年虽然战败，但皇弟卡乐大公曾在阿斯佩恩战役送给拿破仑生平第一次败仗。在 1814 年的胜利中，奥地利出兵最多，所以联军总司令由奥地利的施瓦岑贝格亲王出任。在维也纳的军事历史博物馆，卡尔亲王和施瓦岑贝格亲王两人的立像，在一楼的历代统帅雕像林中占据突出的位置，分别在一楼主楼梯入口的左右两侧。二楼展厅里，施瓦岑贝格亲王的元帅杖、手杖剑、肩章、勋章等私人物品也赫然在列。

时间来到 19 世纪，欧洲民族意识的觉醒，决定了多民族大一统帝国的末日，无论哈布斯堡的皇帝们多么勤奋、多么励精图治，无奈都已经注定了失败的命运。但这个过程拖得很长，1848 年欧洲革命没能打垮奥地利帝国，相反，皇帝换上了 18 岁的弗兰茨－约瑟夫，沙场老将拉德茨基元帅在意大利打败了独立运动，把意大利的独立推迟了 20 年。在今天的奥地利军事历史博物馆中，有这样一段文字形容拉德茨基和他的战友们："文迪施－格拉茨亲王、耶拉契奇伯爵和拉德茨基元帅三个人，被视为战胜 1848 年革命，和 1848—1849 年战争胜利的象征。他们三人姓名的首字母 WIR 在德文里是'我们'的意思，这个合称反映了当时帝国陆军团结一致共度时艰的自我意识。"关于这段历史，奥地利军事历史博物馆里有关于"WIR 我们"三人组的介绍和照片，中间是年纪最轻的耶拉契奇，左边是文迪施－格拉茨亲王，右边是拉德茨基。博物馆里保存了拉德茨基元帅的军装、佩剑、勋章和画像。

整个军事历史博物馆里最引人注目的陈列，一定与弗兰茨－约瑟夫皇帝晚年时，引发第一次世界大战的萨拉热窝刺杀事件相关。弗兰茨－约瑟夫皇帝是长寿的，却也是不幸的，家国悲剧交织而来，1889年皇储鲁道夫自杀，1898年皇后伊丽莎白遇刺。1864年他的二弟马克西米利安大公应邀去墨西哥当皇帝，却在1867年被墨西哥反对派推翻并被枪决。皇太子自杀以后，弗兰茨－约瑟夫立三弟的儿子斐迪南大公为皇储。1914年皇储斐迪南大公夫妇在波黑首府萨拉热窝市中心游行的时候，被塞尔维亚人普林西比枪杀，这次刺杀事件引爆了第一次世界大战，其结果是哈布斯堡、德意志、俄罗斯三个帝国的毁灭。

军事历史博物馆里，有当年大公夫妇被刺时乘坐的敞篷汽车，还有斐迪南大公当时身穿的军装，弹孔和血迹其实在军装右领口基部，很小，放在展柜里很难看到。左胸的长破口，是手术前切开军装所致。刺杀用的手枪原物也在这里。

整体上说，这座军事历史博物馆的文物陈列空间不算大，但是珍贵文物众多，而且按照时间顺序安排得极好，一遍走下来，真正有"一眼千年"的感觉。哈布斯堡帝国的历史脱胎于中世纪的德意志神圣罗马帝国，极盛于近代欧洲的

斐迪南大公夫妇被刺时乘坐的汽车

皇权时代，在民族主义的时代洪流中灰飞烟灭。它的200年历史是欧洲建立统一的多民族帝国梦想的延续。自从马其顿的亚历山大大帝和罗马帝国以后，这个梦想从来没有实现过，但一直有人在尝试。也许，如今维也纳市中心霍夫堡皇宫和皇家墓室两个博物馆，是从头到尾回顾哈布斯堡帝国最好的地方。

第二节 世界音乐之都

古典音乐圣地维也纳

维也纳这座城市，就是古典音乐圣地的同义词。这是和德意志音乐在古典音乐史上的崇高地位分不开的。此外笔者觉得还有一个原因，就是奥地利本身作为在现代世界保留古典音乐的传统，提供了比其他任何国家更好的文化环境。其实说到音乐传统，米兰、巴黎、伦敦的历史积淀也很厚重，尤其是意大利乐派在音乐史上的地位不亚于德意志乐派。如果说到当今世界的严肃音乐水平，至少纽约、伦敦、柏林的爱乐乐团，水平和维也纳一样也都是全世界顶尖的。笔者去过所有这些城市，而且全都是多次地造访，多年以后，的确感觉只有在维也纳，才有那种典雅的氛围，让人觉得这座城市就是让欣赏古典音乐变得如此自然，一点也没有矫揉造作附庸风雅的负罪感。我觉得这可能跟城市的整体文化氛围有关：纽约、巴黎、伦敦作为世界级的大都会，文化上的多样性肯定超过维也纳，但是古典与现代、主流与N次元的多样性潮流过于纷繁复杂，城市的生活节奏又快，无论如何营造不出维也纳这样相对慢步调、协调一致的优雅文化氛围。

先不提音乐，让我们想象一下这幅场景：暮春5月的下午5点，你走在维也纳旧城的街上，身边当当当地驶过有轨电车，周遭的建筑是新古典和巴洛克风格的老房子，在去国家歌剧院听晚上7点钟的音乐会或者歌剧的路上，你觉得时间还早，可以去歌剧院背后的萨赫饭店的餐厅，在那里的红丝绒椅子上坐一会儿，吃一份萨赫蛋糕，点一杯甜白葡萄酒。在这样的场景之下，再想象你穿着听音乐会的正装，甚至打着领结，当你步行穿越市中心的街道走向国家歌剧院的那一路，是不是毫无违和的感觉？甚至当你穿着这副行头，刚下地铁或者有轨电车，突然感觉内急，你知道国家歌剧院门前地铁站地下一层有一处很大的公共厕所，你也不会介意穿着这身正装走进去的，因为那个公共厕所本身就很有名，一直播放古典音乐，已经成了一处网红景点。你穿正装打领结一本正经地走在维也纳街头，没有人会惊异地回头看你，没有人会觉得你不正常。

然后你再换个城市场景，想象自己从纽约中央公园西南角穿越街道走向西66街的林肯中心去听晚上纽约交响乐团的音乐会，如果穿上一本正经的行头，是不是觉得很不自在？更不用提穿着这一身坐纽约的地铁了。大家可以注意一下，在美国的古典音乐会和维也纳的古典音乐会上，分别有多大比例的观众穿正装和礼服长裙，冬天有多大比例的观众把大衣和外套存在衣帽间？我注意过，维也纳人比其他地方的人对听古典音乐这件事更有仪式感，更把它当成一回事。欣赏古典的东西，需要仪式感，需要静下心来，这就是我说的文化氛围的异同。这就是区别。

维也纳国家歌剧院在环城路的中段，正门离卡尔教堂广场不远，侧面是卡特纳街，那是一条很热闹的购物步行街。它是一座仿文艺复兴式的建筑，从宽高的比例来看，并不显得十分高大。19世纪建造歌剧院的时候，公众本想把它做成一个里程碑式的建筑（巴黎国家歌剧院加尼埃宫，就在它之后几年完工），但是落成之后，新闻界批评不断，觉得这座歌剧院看上去过于低矮，不够气派，不够巍峨。弗兰茨–约瑟夫皇帝有一次被媒体问到对新歌剧院做何感想，他发了几句牢骚，结果被报纸大肆宣扬，歌剧院的两位建筑师思想压力过大，一位羞愧自杀，另一位得了肺结核，也死了。皇帝颇感内疚，从此以后，无论媒体再问他对任何工程的感想，皇帝再也不公开评论，总是说："很好，很强大。"

其实，弗兰茨–约瑟夫皇帝是个厚道人哪。

因为巴黎国家歌剧院加尼埃宫、维也纳国家歌剧院、米兰斯卡拉歌剧院这三座可以说是全世界顶级的歌剧院，笔者自己心里面也常常把这三座顶级歌剧院互相比较一番。我不是古典音乐的内行，比较不出音乐水平，只是都去看过演出，只能比较一下建筑的外观和内部装饰而已，纯属外行看热闹。从外观上说，米兰斯卡拉歌剧院是最低调的；内饰的华丽程度，维也纳的和米兰的不相上下，但加尼埃宫要远远超越其他两座，尤其是加尼埃宫的剧场中厅大圆顶图案，由现代艺术家夏加尔设计，给古典的歌剧院平添几分抽象派色彩，但它的用色又能融入周围金红两色的古典装饰基调，不能不说是神来之笔。

维也纳国家歌剧院很早就在每一个座位上都装有好几种语言的台词翻译显示屏，这给观众带来不少便利。歌剧院上演外国语言的原作应该算是国际惯例，尤其因为意大利在歌剧历史上的地位举足轻重，很多歌剧都是意大利语，即便是美国或者中国自己的演员在本国演出，往往也用意大利语唱，如果换了语言，气息和声音就很难做到符合原作的神韵。很多歌剧院是用大屏幕在舞台上方或者两侧打出字幕，但这里在每个座位甚至站位上都安装翻译器，还是方便不少。

是的，维也纳国家歌剧院有"站位"，就是在每场演出之前一个半小时，票房会出售最高一层环形看台的当场演出站票。笔者当年最早一次去维也纳，就买的这种票，看了约翰·施特劳斯的歌剧《蝙蝠》。每年新年前后，国家歌剧院都会演出这部歌剧，是他们的保留节目。站位的位置特别高，所以当地人戏称是"挂在屋顶上的票"，跟相声《卖挂票》里说的异曲同工。

世界第一流的歌剧院和音乐厅大多数都会有类似的低价票，给当地的年轻人，起到普及推广高雅艺术的作用。我忘了巴黎和纽约的情况，但记得很清楚当年第一次去米兰的时候，我也买过斯卡拉歌剧院的最后一分钟低价票。笔者读博士的城市是美国费城，后来在波士顿工作。费城和波士顿的交响乐团也是世界顶级乐团。在20世纪初的美国最初的"三大乐团"，就是纽约爱乐乐团、波士顿交响乐团、费城交响乐团。到20世纪中期，又加入芝加哥和克利夫兰交响乐团，合称"五大乐团"（Big Five），虽然比不上维也纳、柏林、伦敦的，但也是美国最好的古典乐团了。在费城读书的时候，住处离音乐厅只有一个街区，当时每周二和周四都有7美元的当场演出票。后来到波士顿教书，波士顿交响乐团音乐厅的演出没有类似的常规低价票，但是记得前几年有过一种"20 under 40"的演出票，就是只要年龄在40岁以下，就可以以20美元的价格买票，每人每次限购两张。我就是用这种票连续看了波士顿交响乐团演出的全套《贝多芬九部交响曲》，一共四场系列音乐会。

维也纳国家歌剧院除了歌剧和音乐会以外，每年一度的歌剧院舞会也是维也纳的保留节目。每年的舞会都在2月份，更像是一场奥斯卡颁奖典礼加巴黎名媛成人舞会混合的上流社会社交狂欢，唯一不同的在于一般人也可以参加，只要愿意付出300多欧元的入场券，并且能抢到入场券就行。奥地利的电视台会有直播，我只在电视上看过舞会的直播实况。一夜之间国家歌剧院的一楼观众座位全部拆除，架起一层地板，高度和舞台齐平，歌剧院就变成了一座华丽的舞厅。每年的参加者超过5000人，很多政商和演艺界的名人会来，奥地利总统和总理会在晚上10点舞会开始前入场，在看台的正面包厢入座，乐队奏奥地利国歌。之后会有芭蕾舞和歌剧选段演出，维也纳国家芭蕾舞团的总部也在国家歌剧院里。舞会开始，第一支舞一定是由刚刚长大成人踏入社交界的少男少女组成的，大约有180对，女生一定身着白色礼服长裙，男生穿燕尾服。我看直播的那一届，男生穿的全都是古典军装的燕尾服。这些成人礼舞蹈的参加者必须有一定的社会地位和背景，事先经过申请和层层挑选，并经过专业舞蹈学校的训练才能参加。这个环节应该很像媒体报道中的巴黎名媛踏入社交界舞会。此后舞会全面开始，一直到第二天清晨6点以后才结束。

但维也纳的古典音乐、舞蹈、歌剧绝不仅仅是保留给这类"上流社会"欣赏的，国家歌剧院在夏天会在剧院侧面，正对卡特纳大街的人行道上竖立巨型屏幕，免费向公众转播歌剧、音乐会、芭蕾舞演出。夏天去维也纳的游客只要注意他们的官方网页，很可能会偶遇一场免费的世界顶级演出团体的高水平演出。

类似的夏日演出，还有前文提到的，维也纳爱乐乐团每年6月在美泉宫花园大草坪上举办的免费露天音乐会，也是由世界著名的指挥大师执导。

每年夏天我个人最喜欢的露天音乐活动在维也纳市政厅前的广场，那里有将近 3 个月的时间，每周都会有好几天晚上放映露天音乐电影，不仅如此，在电影广场前面，正对着环城路的通道和草坪上，还有很多卖食品和酒的摊位，各国的美食都有，既能吃到烧烤，也能吃到维也纳炸猪排，或者西班牙 Tapas，还有日本寿司、泰国菜。市政厅在发放摊位执照的时候就考虑到各种民族食品多样性搭配。最好的酒呢，一是冰镇的白葡萄酒，二是西班牙的水果 Sangria。维也纳的夏天一般来说不会很热，在户外买好吃喝，可以拿到阶梯形看台上边吃边看艺术电影或者演出，也可以在草坪上的就餐区先专心地吃完，再去看演出。这是夏天消暑的好方式。

每年 6 月份在多瑙河中狭长的沙洲岛上也有类似于狂欢节的演出活动，这里叫作 Donau Insel，是在多瑙河主航道和运河之间形成的一条细长的沙洲岛，地铁在这里就有一站。长达 3 公里的一段沙洲上会有很多场摇滚音乐会，这是青年人狂欢的场所，跟内敛典雅的古典乐不沾边，也有很多小吃和露天餐厅。在这里，啤酒和烈酒甚至大麻会比葡萄酒更受欢迎，晚上八九点钟人最多的时候同时会有六七台摇滚音乐会，人们会随着音乐起舞，宣泄过剩的精力。这里代表着维也纳活力的一面。

当然，提起维也纳的音乐，大家最先想起的一定是新年音乐会和金色大厅。中央电视台从 20 世纪 90 年代开始每年直播维也纳爱乐乐团的新年音乐会，在很多人的印象当中，金色大厅和纽约的卡内基音乐厅一样，是音乐的圣殿。后来也有很多报道说，国内有些不那么入流的音乐团体为了蹭金色大厅的名望，花费重金租借金色大厅的场地进行演出，卖不出去票就不惜大量赠票，只为了日后能在简历中写上"曾在维也纳金色大厅演出"，给自己镀一层金。这些报道出来以后，大家对金色大厅演出也就不那么崇拜了，甚至会有几分警惕："你去金色大厅演出过，掏了多少钱？"实际上的真相往往在两者之间。

维也纳金色大厅所在的音乐之友协会音乐厅大厦位于卡尔教堂广场，紧邻着维也纳科技大学，对门是维也纳"分离派"展览馆，背后是卡尔教堂，地点非常好。它是世界顶级的维也纳爱乐乐团的基地音乐厅，内部有不止一个音乐厅，金色大厅是其中最大的一个，有 1700 多个座位和 300 个站位，总共能容纳2000听众。每年的新年音乐会都在这里举办。这里也是维也纳爱乐乐团举行大型音乐会的主场地。另外还有一个勃拉姆斯厅，大约600个座位，作为中型音乐会的场地，其他三个较小的音乐厅可以演出室内乐。作为维也纳爱乐乐团的基地音乐厅，音乐之友大厦毫无疑问是古典音乐的圣殿。同时这里也是商业演出的场所，尤其是夏天爱乐乐团不在演出季节，会出访世界各地进行巡回演出，这里也会接待很多来维也纳巡回演出的外国团体，其中有些团体是世界顶级的，盛名不下于维也纳爱乐乐团，比如柏林爱乐乐团、波士顿交响乐团，但也并非所有团体都是如此。所以你就要懂得挑选演出。维也纳听众对古典音乐的鉴赏力很高，观看演出的热情也高，不仅仅限于古典音乐，事实上，任何文艺演出只要水平够高，在维也纳都不愁没有知音，笔者在维也纳看过不少高水平音乐、舞蹈、歌剧演出，每场都是满座。高水平古典音乐会和歌剧的爆满程度，在美国的纽约、波士顿、费城这些城市都是很难想象的。所以衡量一场维也纳的音乐会水平如何，如果你不是此中内行的话，一个简单的标准就是看它有多少票是赠票，赠票比率和艺术水平呈反比。对于不了解某些演出赠票率的观众呢，最简单的办法，就是去金色大厅看维也纳爱乐乐团的演出。毕竟那里是维也纳爱乐乐团的主场。

当然，最难买到的音乐会票，就是每年的维也纳爱乐乐团新年音乐会票了。维也纳国家歌剧院和爱乐乐团这两个音乐团体互相独立，却有着紧密的联系：维也纳爱乐乐团的音乐家，都是从国家歌剧院乐团里面挑选出来的，必须已经在国家歌剧院乐团里面服务了三年以上，才有资格申请加入爱乐乐团。维也纳爱乐乐团不设固定的音乐指导，每年聘请客座指挥指导这一整年的音乐会，这位当年指导是由团员共同评选出来以后加以聘请。而国家歌剧院的音乐指导固定由一位音乐大师常年任职。笔者在金色大厅欣赏过维也纳爱乐乐团平日的音乐会，也梦想有朝一日能亲临新年音乐会的现场看演出，相信很多朋友都有和我一样的愿望，但很遗憾，几乎不可能。这根本就不是钱的问题，因为新年音乐会只有一场，近些年增加了新年下午和除夕两场音乐会，总共也只有三场，6000个座位而已。很多维也纳的世家有保留票，占去其中很大一部分。剩下的座席给全世界的音乐爱好者预订也还不够，所以必须提前将近一年时间，在前一年 1 月份，去维也纳爱乐乐团的官方网页上登记抽签，要等抽中了以后才可以买票。平常的游客，谁会在某一年 1 月去登记抽签一年以后的新年音乐会呢？只有真正的古典音乐发烧友，而且有充裕的时间和金钱才能做到。笔者曾经登记过七八次，没有一次被抽中的。幸好，全世界很多国家的电视台都会直播维也纳新年音乐会，还是看电视直播比较现实。

古典音乐的发展和兴盛，时间比绘画短，绘画艺术兴盛的历史，又晚于建筑艺术：泛欧洲的建筑艺术风格可以从古希腊黄金时期算起，最不济也可以追溯到公元 1000 年以后的罗曼式。绘画艺术史，如果不算中世纪教堂的圣像画，一般都是从乔托开始讲文艺复兴绘画。而我们今天所称的古典音乐，成型和兴盛于德意志乐派的产生，从"音乐之父"巴赫起算，才是 18 世纪的事情。德意志乐派之前并非没有音乐，至少意大利文艺复兴音乐还有教堂的赞美诗都更早，但它们的影响力和达到的艺术高度远远比不上 18 世纪的巴洛克音乐。

德意志音乐最早的兴盛期，出现在 18 世纪初的巴洛克音乐，最著名的大师是巴赫和亨德尔。巴赫被尊称为"音乐之父"，主要活动于魏玛和莱比锡。亨德尔先在汉堡工作，然后长期生活在英国，还归化成了英国公民。他们的音乐是德意志音乐的第一个高峰，也是巴洛克音乐最著名的大师，但和维也纳关系不深，就不在这里赘述了。

音乐史的各个潮流兴替，节奏比绘画要快得多。巴赫和亨德尔在世的 1740—1750 年代，还处于他们的创作高峰期，普法尔茨选帝侯已经把宫廷从海德堡移居曼海姆，他在曼海姆建立起一支规模庞大的宫廷乐队。在巴赫和亨德尔晚年和去世不久的 1750—1770 年代，曼海姆宫廷的乐队连续出现很多位优秀的作曲家和乐师，他们共同开创了"曼海姆乐派"，它属于古典乐派时代的早期，奠定了现代交响乐四个乐章基本形式，提高了乐团中管乐器的地位，把交响乐团的规模从 20 多人扩大到 40 多人，第一小提琴手作为乐团首席乐师的地位，也是由曼海姆乐派开始形成的。在歌剧领域，格鲁克改变了传统的意大利歌剧，为德意志音乐里的歌剧开创出一条新路。格鲁克是第一位定居在维也纳的德意志音乐大师级人物。曼海姆乐派和格鲁克的创作高峰期是1750—1760年代，他们共同构成了古典乐派的早期，为天才莫扎特的到来铺平道路。

1770—1780年代，是维也纳古典乐派的巅峰时期，以维也纳为活动中心的莫扎特和海顿两位大师在音乐史上的地位，犹如达·芬奇和拉斐尔两位文艺复兴大师在绘画史上的地位。其实莫扎特和海顿都不是维也纳本地人，莫扎特出生于萨尔斯堡，至今在萨尔斯堡街上还到处都是莫扎特牌巧克力，可见当地人对莫扎特引以为傲的程度。海顿的家乡在奥地利与匈牙利边境的村庄。他们两个的音乐生涯后来都以维也纳为中心成名成家。这就是维也纳作为帝国首都所具有的海纳百川的包容力量。就像如今在北京成名成家的文化大师，其实也没有几个是真正的北京人，都是来北漂闯出了一条成功之路，是一样的道理。笔者在萨尔斯堡和维也纳都参观过莫扎特故居博物馆，其中维也纳的莫扎特故居位置就在旧城中心点的圣斯蒂芬教堂背后，特别方便。海顿在维也纳也有故居博物馆，地点在火车西站附近。

音乐之都的音乐家们

萨尔斯堡格特里德街（Getreide）街9号的莫扎特故居，正是莫扎特1756年出生的地方，他在7个孩子里最小。莫扎特肯定拥有遗传的音乐天赋，他的父亲来自奥格斯堡，是个作曲家，后来当上了萨尔斯堡诸侯大主教的宫廷乐师，出版过一本成功的小提琴教科书。小莫扎特的姐姐玛丽亚–安娜也是7岁开始学习键盘乐器，3岁的莫扎特就在旁边看，四五岁就能自己创作短的乐曲了。1762年6岁的莫扎特和10岁的姐姐作为神童开始在欧洲巡回演出，从巴伐利亚公爵马克西米利安三世在慕尼黑的宫廷开始，一直演到玛丽亚–泰蕾莎女皇在维也纳和布拉格的皇宫，前文我们聊过小莫扎特在美泉宫向玛丽–安托瓦内特小公主求婚的趣事。莫扎特8岁写出了自己的第一交响曲，14岁在米兰写出第一部歌剧。结束巡回演出之后，基本上整个1770年代，莫扎特就在萨尔斯堡大主教的宫廷担任乐师，但是他的工资不高，而且宫廷没有条件上演大型歌剧，所以莫扎特总想着跳槽去经济更为发达，机会也更多的维也纳或者慕尼黑。在此期间，1777年他创作的钢琴协奏曲被后人认为是突破性的杰作。

1782年莫扎特26岁，玛丽亚-泰蕾莎女皇去世之后两年，她的儿子约瑟夫二世举行正式登基大典，莫扎特陪萨尔斯堡大主教去参加庆典见到了皇帝，皇帝请莫扎特为自己创作音乐，给了他一份兼职工作，但不是正式的宫廷乐师。大主教和他的父亲都不希望莫扎特跳槽，结果莫扎特还是辞职留在了维也纳，所以跟家庭和前雇主都闹得很不愉快。但莫扎特在维也纳的生活可以称之为一帆风顺，他很快成为维也纳最好的键盘乐手，上演自己的歌剧新作也获得了成功，还结了婚。1784年莫扎特结识海顿并成为朋友，两人偶尔会在维也纳即兴演出弦乐四重奏，莫扎特还创作了献给海顿的弦乐四重奏。1780年代莫扎特在维也纳开的个人独奏音乐会都很成功，每次都会首演自己新创作的钢琴奏鸣曲。莫扎特人长得瘦小苍白，眼睛很大，小时候出过天花，所以脸上有麻子。他喜欢养狗、鸟和马之类宠物。在金钱方面莫扎特虽已经发家致富了，可是他生活奢侈，还是经常入不敷出。从莫扎特故居的位置就可以想象得到，圣斯蒂芬教堂旁边，那么中心的位置，房租一定很贵。1785年莫扎特开始转向歌剧创作，1786年《费加罗的婚礼》在维也纳上演，1787年在布拉格首演了《唐璜》。皇帝约瑟夫二世任命他作为兼职的宫廷作曲家，只需要为年度的宫廷舞会写舞曲，所以工资并不高，莫扎特还要自己额外写很多作品挣钱养家。也有说法，讲莫扎特入不敷出是因为他的妻子康斯坦丝要求太高，逼着他多出版作品多挣钱。就在那一年，莫扎特有可能见过初次来维也纳的青年贝多芬，19世纪有一部贝多芬传记说他见过莫扎特并即兴演奏，获得了莫扎特的高度赞赏，但是这个说法没有出处，而且莫扎特和贝多芬各自的信件等第一手资料、同时代人的回忆，都没有提到这次见面，所以查无实据，暂且存疑吧。莫扎特在世的最后一年很多产，写出了歌剧《魔笛》，还有著名的未完成的《安魂曲》。

1791年12月莫扎特英年早逝，终年35岁。关于他的死因有各种猜测，最著名的一种，是当时的宫廷首席乐师萨列里嫉妒莫扎特，不但给他施加种种精神压力，甚至亲自下毒害死了莫扎特。这个说法在萨列里1825年去世之前就传开了，萨列里本人甚至为此精神崩溃过，1830年甚至连俄国大文豪普希金都写过以这个谣言为蓝本的短篇悲剧《莫扎特与萨列里》，是他的"四小悲剧系列"里的一篇。1979年英国作家写出音乐剧《阿玛德斯》，也采用这个说法，不久拍成同名电影，并获得1984年奥斯卡奖，中文翻译成《莫扎特传》。因为电影获奖，萨列里出于嫉妒害死莫扎特这个说法非常普及。其实这完全是编造的谣言。一方面，萨列里本人当时也是很有才华的音乐家，还占据着宫廷乐长的显赫位置，而且是莫扎特的前辈。莫扎特的才华肯定远高于萨列里，却只是兼职的宫廷作曲家，要嫉妒也应该是莫扎特嫉妒萨列里才对。其次萨列里本身作为成名前辈，一向很愿意提携年轻人，贝多芬、李斯特、舒伯特都是他的学生，因为舒伯特家境贫寒，萨列里教舒伯特还是免费的，这样的一个人，为什么偏偏会容不下同样作为后辈的莫扎特呢？最后一个理由更重要：莫扎特死的时候35岁，孩子还没有长大成人，后来正是由萨列里教莫扎特的儿子小阿玛德斯学习音乐的。

今天在霍夫堡皇宫临近环城路的花园里，有一尊莫扎特纪念碑，用白色大理石雕成，莫扎特高高地站在纪念碑基座上，微微张开的两臂，和基座两旁的小天使雕塑构成一个稳定的金字塔构图。春、夏两季，纪念碑面前的草坪上用红花拼出高音符号。

18世纪末期"维也纳古典乐派"两位巨擘，是莫扎特和"交响乐之父"海顿。海顿不仅是交响乐之父，而且发明和奠定了室内乐的演出形式，可以说也是弦乐四重奏之父。他不仅是莫扎特的良师益友，也教过年轻时代的贝多芬。海顿比莫扎特大20多岁，父亲是个民间音乐家，自学过竖琴。在发现孩子的音乐天分以后，海顿6岁时就送他离家去学音乐。海顿几乎是完全自学成才的，维也纳市中心圣斯蒂芬教堂的音乐总监发现了7岁的海顿，把他和弟弟召进教堂的童声合唱班，唱了9年赞美诗，就在那里学习音乐和其他学校里的知识。海顿17岁以后变声，没法再混童声合唱团，据说玛丽亚-泰蕾莎女皇去教堂的时候，特别跟合唱团的指挥抱怨，说海顿唱歌和乌鸦叫一样！后来他因为淘气恶作剧被赶出乐团，只得到处打零工，在为一位意大利作曲家做随从的时候，才真正学习了作曲基础知识，还给当时的总理大臣霍格维茨在波希米亚总理府教堂演奏管风琴。1753年海顿20岁出头，创作的第一部歌剧《瘸魔鬼》上演成功，从此出名，兼职在皇帝的宫廷音乐会和皇家教堂节日音乐会上做乐师，但不是常任的，属于兼职性质。

海顿在1761年为匈牙利大贵族埃斯特哈奇亲王当乐长。在过去200年土耳其帝国占领匈牙利大半领土，哈布斯堡皇帝占领匈牙利西部的时候，埃斯特哈奇家族就是匈牙利贵族中铁杆的哈布斯堡派，好几位埃斯特哈奇伯爵出任过匈牙利总理大臣。此时匈牙利全境已经从土耳其统治下光复，埃斯特哈奇家族是哈布斯堡统治下最重要的匈牙利贵族。此后30年，海顿一直为埃斯特哈奇家族工作，直到生命终点。起初他住在匈牙利的埃斯特哈奇家族领地，专门为亲王进行创作，雇主喜欢某一种乐器，他就大量写这种乐器的乐曲，后来亲王喜欢上了歌剧，他就写歌剧，让雇主在领地办剧院。因为海顿住在匈牙利乡间，和维也纳的音乐潮流隔绝，所以他不得不自己摸索创新，误打误撞形成了自己的音乐风格。1784年海顿在维也纳认识了莫扎特，两个人偶尔一起演奏弦乐四重奏，对对方的才能推崇备至。

1790年海顿的老雇主去世，新埃斯特哈奇亲王实行裁员减薪，海顿作为宫廷乐长的工资减少了，活儿更少，故而获准长期离开亲王的匈牙利领地，于是两次去伦敦巡回演出，在英国爆得大名，当时伦敦到处演奏海顿作品，他还在牛津大学接受荣誉博士学位，并首演了《牛津交响曲》。海顿去伦敦途中路过莱茵河畔的波恩，在那里结识了年轻的贝多芬，后来贝多芬来到维也纳跟海顿学习音乐。

1795年海顿从英国回到维也纳时已经是名人，他在埃斯特哈奇家族的职务算是兼职，大部分时间待在维也纳，就是在此期间，海顿写了《上帝保佑弗兰茨皇帝》，这首乐曲的曲调，今天仍然是德国国歌（今天奥地利国歌的音乐是莫扎特作曲的）。海顿一生待人诚实慷慨，尤其对自己领导下的宫廷乐师和仆人。因为小时候穷过，所以他做生意很精明，特别能跟出版商谈合同，赚起钱来毫不手软。他和莫扎特一样小时候得过天花，脸上有麻子。

本书前面莱茵河部分写贝多芬的时候提到过，1760 年代后期和 1770 年代初期，德意志的音乐和文学上短暂兴起过一段"狂飙突进运动"，那是从古典主义进化到浪漫主义的一个初期浪漫主义运动，贝多芬是其中的一份子，海顿和文学方面的歌德一样，当时曾受到过这种早期浪漫主义风格的影响，不过后来回归到古典主义的平和舒缓风格上来。海顿在"狂飙突进"时期写的作品包括《哀悼交响曲》作品第 44 号、《告别交响曲》作品第 45 号等，能听得出来他偏爱用小调作曲，热情大胆的特征，但只在 1771—1972 年。整体来说，海顿一直都是维也纳古典主义的大师。1790 年代海顿受英国之行的影响，乐曲中经常引用民间小调，比如 12 部伦敦交响乐，和后期的四重奏作品。

海顿在 1809 年 5 月，拿破仑大军占领维也纳期间在家病逝，埋在埃斯特哈奇家族位于埃森施塔特领地的教堂墓地。

莫扎特和海顿的维也纳古典风格之后，德意志音乐迎来了承上启下的天才贝多芬。前文在写莱茵河畔波恩的时候已经介绍过贝多芬，这里不再赘述。音乐上的流派交替，比绘画和建筑节奏快得多，从巴赫、亨德尔的巴洛克音乐，到古典乐派早期的曼海姆乐派，再到维也纳古典乐派巅峰的莫扎特和海顿，然后是贝多芬承接古典乐派，开启浪漫主义音乐，到 1820—1830 年代早期浪漫主义音乐舒曼、门德尔松、勃拉姆斯、李斯特、瓦格纳这批人，前后总共就是百来年的时间。如果把莫扎特和海顿比作文艺复兴三大师里的达·芬奇和拉斐尔的话，"乐圣"贝多芬更像是米开朗琪罗——不但因为他作品中蕴含的巨大力量，而且因为米开朗琪罗晚年也开启了新的绘画风格：你可以仔细观察佛罗伦萨的圣洛伦佐教堂里，由米开朗琪罗设计的劳伦提安图书馆（Laurentian Library），当时已经显现出拉长比例进行夸张的样式主义苗头（Mannerism）。有些艺术史甚至把米开朗琪罗称作第一位样式主义大师，虽然这种说法不是主流，但至少说明米开朗琪罗晚年偏离文艺复兴风格，进行了开创性的实验。这一点音乐史上承上启下的贝多芬跟他的地位有点类似。

在今天的维也纳，有一处古典音乐的圣地，在乐迷心里应该不亚于国家歌剧院和音乐之友金色大厅，那就是中央墓地。这处墓地在维也纳郊外，坐地铁可以到达，面积有 2.5 平方公里。其实它的历史不长，1870 年代才规划建成。建成以后，几乎所有埋在维也纳的著名音乐家的墓，全都迁来这里集中安葬。所以，在维也纳中央墓园，你可以看到历代音乐大师的墓碑和纪念碑济济一堂。虽然中央墓地面积巨大，但音乐家墓地只是其中非常集中的一小片，它的中心地带呈半圆形排列，圆心位置是莫扎特纪念碑，莫扎特并没有埋在这里。他死的时候埋在圣玛丽墓园，是一座平民墓地，十年之后就会被平掉，当时只有贵族墓园才不会"清场"，所以近百年后中央墓地建成的时候，已经找不到他当初埋葬的地方了。这里的莫扎特纪念碑是青铜的，碑座上的雕塑是一位垂首哀悼的少女形象。

在莫扎特纪念碑的正前方两侧分别是贝多芬和舒伯特的白色大理石墓。贝多芬的墓碑呈埃及方尖碑形状，基座上写着贝多芬的名字，碑身正中间是镀金的竖琴徽记。舒伯特的墓碑上是一面浮雕，音乐女神正在给大师戴上桂冠，还有一个小天使站在身前。

前面提到的莫扎特、海顿、萨列里、贝多芬，全都不是维也纳人，他们之所以汇聚到维也纳成名立万，是因为这里在 18 世纪是欧洲音乐的中心。在贝多芬以后，德意志音乐进入浪漫主义时期，早期的浪漫主义音乐家里，"歌曲之王"舒伯特是正宗的维也纳本地人，他 1797 年出生于今天维也纳的第 9 区，父亲是教区学校的校长，共有 14 个兄弟姐妹，其中 9 个夭折。舒伯特出生的时候，莫扎特刚去世 6 年，海顿还在世，贝多芬刚进入创作旺盛期。舒伯特跟父亲学小提琴，跟哥哥学钢琴，几个月就超过了父兄，家里再请别人教他音乐，据他的老师说，其实没有真的教过他什么，舒伯特不用学就会了。这也是一个天才儿童。舒伯特 11 岁开始师从当时的宫廷音乐总监萨列里学习音乐，就是电影《莫扎特》里嫉妒莫扎特的那位。虽然舒伯特家里穷，但萨列里爱才，就决定单独教授舒伯特乐理和作曲，而且不收学费。顺便说一句，萨列里的墓，也在中央墓园里面。

舒伯特 17 岁起在父亲的学校里面当老师，可是他不喜欢这份工作，于是离开学校，到处找朋友接济，免费吃住，那几年他的创作数量大爆发，开始有了一定名气，朋友们帮他介绍出版和工作的机会，1818年经人介绍，舒伯特给海顿的老主顾，埃斯特哈奇亲王家的两位小姐当音乐教师并且为她们歌唱。海顿当时已经去世了。舒伯特的歌曲创作才华在1820年代开始吸引公众的注意，经济上也宽裕了许多。舒伯特被称为"歌曲之王"，其实他写了1500多首各种类型的作品，其中不乏7部大部头的交响乐，还有6部交响乐没有完成。他写过11部歌剧或者轻歌剧。不过他的大部头作品生不逢时，写的歌剧没有一部成功的。当时的公众兴趣已经转向以罗西尼为代表的意大利派歌剧（罗西尼是歌剧《威廉·退尔》的作曲者），对德国歌剧缺乏兴趣。1822年舒伯特认识了贝多芬和歌剧《自由射手》的作者韦伯，业已成名的贝多芬十分赏识其才华。贝多芬的死对舒伯特打击颇大。舒伯特是贝多芬葬礼上的抬棺者之一。舒伯特只比贝多芬晚死一年，1828年3月26日是贝多芬去世一周年，为纪念贝多芬，他举行了一生唯一的一场个人作品音乐会，大获成功，他却在那年的11月去世，享年只有31岁，比莫扎特的寿命还短。后来1888年贝多芬和舒伯特都迁葬到中央墓地。前文在林茨那节提到过的奥地利音乐家安东·布鲁克纳出席了两位的迁葬仪式，并探手进棺材捧住了贝多芬和舒伯特两位天才的头骨。在舒伯特死后10年，舒曼发现了他的C大调交响曲并让门德尔松在莱比锡首演。同为萨列里学生的舒伯特的师弟李斯特，后来也演出过很多他的歌曲作品，普及了舒伯特的音乐。

在舒伯特、舒曼、门德尔松、李斯特、肖邦这些浪漫主义音乐大师的时代里，有一位与其他人的曲风显得有点格格不入，他就是勃拉姆斯。勃拉姆斯出身于德国北部汉堡，成名于莱茵河畔的杜塞尔多夫，当时他受到主办音乐评论杂志的罗伯特·舒曼的极力推荐，还爱上了舒曼的夫人克拉拉·舒曼，后来罗伯特·舒曼精神抑郁进了精神病院，不久逝世，这个过程中勃拉姆斯一直陪伴着舒曼夫人。在勃拉姆斯离开舒曼夫人之后，1862年定居维也纳，此后他一直待在维也纳。勃拉姆斯的曲风典雅，和巴赫、贝多芬合称德意志音乐"三B"，但也因此被那个时代引领潮流的新德意志乐派评论为"过时老套"，而新德意志乐派的领军人物是李斯特和瓦格纳。双方还有一场关于浪漫主义和古典主义的大论战，勃拉姆斯和约阿希姆发表过宣言，公开抗议瓦格纳音乐中过度泛滥、过犹不及的地方。勃拉姆斯作为19世纪德意志浪漫主义时代的异类，中年以后一直住在维也纳，创作的鼎盛时期也在维也纳，他死后也埋在中央墓地，就在莫扎特、贝多芬、舒伯特三座纪念碑侧面的一排，墓碑是白色大理石的，勃拉姆斯墓碑上的胸像留着大胡子，左手翻阅乐谱，右手支着头部，正在沉思。

这一排音乐家墓碑全都是浪漫主义音乐大师级的人物，差不多和勃拉姆斯同时代。勃拉姆斯墓左手旁边就是维也纳城的骄傲，圆舞曲之王小约翰·施特劳斯。施特劳斯的墓碑比勃拉姆斯复杂多了，正上方是音乐家的肖像，周围卷曲的花枝缠绕，颇有18世纪洛可可的复古风格。肖像下方站立着音乐女神，女神右手在拨弄金色竖琴，左手揽着一只倒下的陶罐，罐子里的水流下来，就像喷涌而出的灵感，洒满水罐下方写着施特劳斯夫妇名字的碑文。

整个施特劳斯家族两代音乐家的墓全都在这里：父亲老约翰·施特劳斯是黑色大理石的三角形墓碑，金色墓志铭，正中间白色浮雕头像，显得庄严肃穆。小约翰·施特劳斯的大弟约瑟夫·施特劳斯的墓碑也是黑色大理石金字，但碑前有一尊白色大理石的哀悼女像，一手拿竖琴，一手支头；幼弟爱德华·施特劳斯的墓是白色尖拱顶的哥特式神龛，正中镶嵌的墓碑是黑色大理石的。

在维也纳中央墓园，我还找到了约瑟夫·兰纳的墓。20世纪现代音乐家阿诺德·勋伯格的墓也在这里，他比小约翰·施特劳斯要晚整整一辈，逝世于20世纪中期，墓碑的雕塑特别现代风格，是一个白色的立方体，截去一个角立在地上。在维也纳其他重要的音乐家当中，安东·布鲁克纳没有埋在维也纳，而在他家乡林茨郊外圣弗洛里安修道院里，我们前面提到过。古斯塔夫·马勒埋在维也纳，但不在中央墓园。

中央墓园埋葬的名人，并不仅限于音乐大师们。在墓园正中心的圆顶教堂门前有一片圆形的大理石纪念墓地，周围有两红一白三道鲜花组成奥地利国旗颜色的花坛环绕，这里是政治家墓地，其中有一处是库特·瓦尔德海姆的墓，他在1972—1981年担任两届联合国秘书长，卸任之后1986年到1992年出任过奥地利总统。

1950年的经典黑白电影《第三个人》，以维也纳作为故事背景，影片结尾的场景很有名，就是在维也纳中央墓地取景拍摄的：墓园中心笔直的大道，两侧巨树成林，已经是晚秋，一片萧瑟，落叶纷飞，女主人公从远处走近，经过等在路边一辆破车旁的男主，没有看一眼，径直走出镜头，中央墓地秋季的落叶大道是这个长镜头的最后一幕。

第三节　维也纳的现代艺术

"分离派"的艺术

维也纳的历史积淀深厚，气质雍容典雅，但绝对不是一个让人感觉古板的化石城市。实际上，整个20世纪有很多现代艺术的经典作品诞生于维也纳，这是一座经常背离传统，产生惊世骇俗的前卫艺术的城市，在20世纪的现代艺术史上，维也纳的地位不亚于巴黎和纽约。

在市中心卡尔广场，维也纳爱乐乐团总部音乐之友大厅对面，有一座引人注目的方形大楼，方正的白色正立面，屋顶有一只巨大的金色圆球，用金色月桂叶交织包裹成一只金球。这是"分离派大厦"，"维也纳分离派运动"是现代艺术史上的重要一页。笔者在2010年第一次去那里参观的时候，对现代艺术一无所知，我的第一点疑惑就是："分离，从哪里分离？为什么分离？"

其实在参观这座展览馆之前两年，我就已经看过分离派第一任主席，古斯塔夫·克里姆特的画作了，那是在美景宫的克里姆特博物馆。我承认自己对现代艺术完全无法欣赏，毕加索蓝色时期以后的作品，像《格尔尼卡》《亚威农少女》我也慕名去看过原作，可是看不出哪里好，就算读了分析文章也没觉得有多好。巴塞罗那的米罗博物馆里，我对着那些长线和几何形状的构图一脸蒙，不禁疑问道："这也叫艺术？我也画得出来啊。它好在哪里呢？"但是对克里姆特的风格，我还是一见之下就觉得好看，这算是我能够欣赏的极少数现代画家之一吧。像笔者这样现代艺术的门外汉也能欣赏克里姆特，其实是有必然原因的。克里姆特生于1860年代，在他年轻学画的时候，印象派刚刚兴起，法国新古典主义最后一位大师安格尔也才去世不久。安格尔的《土耳其浴室》《泉》《大浴女》这些画作轮廓清晰，用笔工整，形象甜美，参观巴黎卢浮宫和奥赛博物馆的时候，我都是能够欣赏的。克里姆特最初学的也都是古典画派的那一套，经过相当严格的训练，最初克里姆特在维也纳出名的原因，从帮助老师为新落成的维也纳艺术历史博物馆画壁画开始，后来在维也纳环城路一圈各种纪念碑式的宏伟建筑上，画了很多装饰性的壁画和天顶画。他曾因为装饰宫廷剧院的成功，得到弗兰茨－约瑟夫皇帝的嘉奖。克里姆特在1890年代开始形成自己的绘画风格，他的画既典雅又充满大胆的性暗示，那个时代他为维也纳大学主楼做的中厅天顶画，被舆论界斥之为色情图画，最后没有被采用。不过克里姆特那时候已经成名了，是官方支持的分离派运动的主席。

说到"分离派运动"，是1895年前后克里姆特等一批艺术家退出学院派的艺术家协会，自己搞了一个比较前卫的艺术团体，展览各种流派的不出名的青年画家的作品。克里姆特是第一任主席，也是分离派协会杂志的主编。从这个源头上来说，所谓维也纳分离派，跟法国的印象派形成的原因差不多。想当年印象派就是不见容于学院派，进不去年度绘画沙龙，就自己在会场之外搞了一个新派画作的展览。维也纳分离派最初也是没有自己特定的宗旨，对所有流派风格的前卫艺术一视同仁地加以鼓励。要知道当时是19—20世纪之交，奥地利还是帝国时代，不像法国早就是共和国了。而皇帝和官方不仅不打压分离派的离经叛道，而且加以鼓励。今天我们看到的这座分离派展览馆，地点如此靠近市中心，就是因为官方给了他们直接的支持，把地批给分离派建立展览中心。由此看来，当时的维也纳一点也不顽固守旧，反而具有相当大度的包容精神。

不过今天我们提到维也纳分离派作品，是指特定的一种绘画和建筑风格，它算是世界范围内"新艺术运动"在奥地利的分支。新艺术运动（Art

Nouveau）是法文，Nouveau 就是新的意思，它的装饰性很强，而且不喜欢用直线，喜欢取法于圆圆弯曲的自然界的线条，就算建筑物也要避免直线。这种风格，明显是对 19 世纪占统治地位的新古典主义的反动。新古典主义摒弃掉洛可可风格的柔靡和复杂，在建筑上复兴了古希腊神庙建筑的三角门楣和立柱，在绘画、家具等室内装饰方面，强调复兴古希腊的简洁，线条硬朗，轮廓明晰。可是到了 19 世纪末 20 世纪初，艺术潮流再来一个反复，"新艺术运动"最有名的几个例子可能大家都耳熟能详，只是不知道它们属于这种风格而已：一个例子是巴塞罗那的高迪的建筑。你看圣家教堂、米拉之家这些经典的高迪建筑，哪有一条直线？除了曲线以外，高迪还讲求装饰繁复的效果，和建筑物的寓意，比如圣家教堂正立面密密麻麻的雕塑，还有巴特罗之家整栋房子做成圣乔治杀龙的寓意。另一个 20 世纪初新艺术运动的例子，是美国的珠宝家具公司蒂芬妮。蒂芬妮最著名的设计是彩色玻璃台灯罩，你看那些蓝绿色拼镶玻璃制成的台灯和玻璃制品、玻璃窗，哪有一处直线条？而且色彩和图案相当复杂，装饰感十足。"新艺术运动"在奥地利的表现，就是"维也纳分离派"的作品，在德国和北欧被称作"青年运动"。在我看来，"新艺术运动"青睐的那些曲折的花叶枝条装饰图案，类似于 150 年前洛可可的室内装饰艺术。换句话说，艺术的潮流又流行回来了。怪不得我觉得自己还能看得懂，甚至喜欢克里姆特的绘画！

克里姆特就是新艺术运动，或者说维也纳分离运动在绘画方面的一面旗帜。他的画虽然有点抽象，至少我还能看得出来他画的是什么。而且 1900 年代他在创作的巅峰时期，引进了拜占庭和威尼斯古代的黄金马赛克风格，用金箔作画，搞色彩和玻璃、金箔等不同材料的拼镶，这样的画挂在墙上当然酷炫，让人有点眼花缭乱的感觉。眼花缭乱之余，画面上的女体白皙温润，面目清晰，也很性感。所以我会觉得克里姆特的画作"好看"。请原谅我在这里再次忍不住吐槽毕加索，暴露一下自己的无知：其实毕加索也受过极好的专业训练，绘画功底极扎实，可是他非要把漂亮的老婆和情人画成两只鼻子三只眼睛的"立体"丑八怪，真的有意思吗？

克里姆特最著名的代表作《吻》《朱迪思和霍洛弗尼》《卡玛尔宫公园大道》现在都在美景宫，那里有全世界最大规模的克里姆特画作收藏。另一幅"黄金时期"的代表作《阿黛尔·布洛赫·鲍尔像》20世纪90年代之前也在美景宫，但它是纳粹掠夺犹太银行家得来的赃物，经过漫长的法律程序归还给原来主人的后代，这位后代立即转手在艺术市场上拍卖，当时是2006年，1.25亿美元的售价创造了当时油画拍卖的世界纪录。现在这幅画在纽约。分离派展览馆在今天也仍然是展出前卫艺术家作品的美术馆，在这里也有一幅克里姆特的名作《贝多芬壁画带》，是1901年分离派展览馆筹备第14届作品展的时候，克里姆特画在墙上的装饰画，后来一直保留下来。

克里姆特画作《朱迪思和霍洛弗尼》

克里姆特有一个学生叫埃贡·席勒，也是分离派著名的画家，他的画和克里姆特风格迥异，几乎所有著名作品都是人像，看上去瘦长变形，神情忧郁，让人感觉画中人物有种颓废的病态，也算自成一格，闯出了大名。师徒两人都在一次大战之后1918年的西班牙流感中染疫去世，埃贡·席勒当时只有28岁。

在分离派展览馆金球的下方，大门正中间的位置，用金色大字镌刻着维也纳分离派的格言："Der Zeit hire Kunst. Der Kunst ihre Freiheit"。笔者想了很久，把这两句话翻译为："把艺术赋予每个时代，把自由赋予每种艺术。"或者也可以译作："每个时代有自己的艺术，每种艺术都需要自由。"

在克里姆特之外，还有一位建筑大师奥托·瓦格纳，也是维也纳分离派的主将。这位瓦格纳跟德国音乐家，写《尼伯龙根指环》的那位理查德·瓦格纳毫无关系，碰巧姓氏相同而已。在现代建筑史上，奥托·瓦格纳的地位相当于柯布西耶和包豪斯学派，都是有自己鲜明思想和理论体系，开宗立派的一代宗师。分离派展览馆大楼的设计师奥尔布利希就是瓦格纳的学生。在市中心这片地方最容易被看到的奥托·瓦格纳的作品有两处，都在卡尔广场附近。一个是卡尔广场地铁站的出口，另一个是纳什市场旁边的三栋雕花描金的漂亮公寓楼。

1889年瓦格纳出版了划时代的名作《现代建筑》一书，提出自己的建筑理念，和建筑设计师的培养思路。不久之后，1890年代弗兰茨-约瑟夫皇帝治下的维也纳城市中心大兴土木，推倒城墙建设环城路，除了沿环城路兴建大量宏伟的建筑以外，还要设计沟通原先内城和外城，把整个大维也纳地区连接起来的有轨电车和地铁公交系统。瓦格纳受命作为总规划师负责这个项目。瓦格纳雇用了70名艺术家来设计公交站点的建筑，那个时代的维也纳比今天的现代化城市讲究得多，新建的公共交通设施不是立个公交站牌，盖个玻璃盒子做地铁站就行了，帝国政府和公众对一切新兴的城市基础设施，既有功能上的需要，也有美学上的追求。瓦格纳的学生奥尔布利希（分离派展览馆的设计师）和约瑟夫·霍夫曼都参与了公交站点的设计。其中卡尔广场地铁站的地面站房，就是奥托·瓦格纳本人设计的作品，今天在卡尔广场上，你能看到仍然在使用的绿白两色站房，中间大门上方有一座镀金雕花的圆拱门，门檐下和墙的上部用向日葵花纹带装饰，多少会让人想起分离派展览馆里克里姆特画的壁画带。这种取材于自然界花草的装饰性纹样，正是世纪之交新艺术风格的表现手法。正是这座建筑，让我第一次看到的时候就发出感叹，维也纳真是一座伟大的城市，街头巷尾随时能看到艺术，当你不经意地走出一座拥挤的地铁站，回头一看，竟然就邂逅了大师的杰作。

从卡尔广场分离派展览馆门前的那条街向西南方向步行100米，来到著名的纳什市场，这是维也纳最著名的食品自由市场，可以在这里买生鲜果品，也

瓦格纳设计的大厦

瓦格纳设计的地铁站

可以吃到各国的小吃。当你在纳什市场逛街的时候，一抬头，可能会注意到马路对面两栋六层公寓楼的正立面，花红柳绿地装饰得分外妖娆。这里连续的三栋公寓楼也是奥托·瓦格纳的作品，他本人当年就住在其中一栋公寓楼里。如果你仔细观察公寓楼外墙面的话，可以分辨出其中一栋的外墙用琉璃瓷砖装饰，布满红色鲜花图案，每两扇窗户之间都有红花绿叶图案。这种瓷砖外墙不仅可以做成颜色鲜艳的装饰纹样，还有实际应用：用高压水龙简单冲洗就可以完全清洗外墙了。它旁边的公寓楼外墙面用金色装饰花纹，最高一层楼每扇窗户之间有金色的圆形浮雕，浮雕上方饰以金色棕榈叶，从远处看起来，棕榈叶加上圆形浮雕像是金色的菠萝一样。菠萝下方是金色垂挂装饰线，有点像是金色的菠萝挂上了多层项链。

纳什市场对面的公寓和卡尔广场地铁站建筑的装饰性都很强，体现出典型的维也纳分离派早期风格，也就是新艺术运动的装饰风格。其实瓦格纳成名的原因倒不在于此，他在做这两处建筑规划的时候，已经在1894年出版了《现代建筑》一书，在书里他反而倡导应该摒弃历史式样（指的应该是19世纪流行的哥特复兴、罗曼复兴、仿巴洛克这些复古建筑风格），慎用过度强调装饰性的新艺术风格，提倡形式为功能性需要服务。这个主张和后来两次大战之间德国的包豪斯设计学派观点异曲同工，是非常超前的。事实上可以说，我喜欢的这两处瓦格纳作品，是他实践还没有跟上自己理论的时候，比较滞后的作品。奥托·瓦格纳后来在1900年代设计的另一个代表作，维也纳邮政储蓄银行大厦，就简洁得多，更能体现《现代建筑》里的思想。但是没办法，笔者个人的欣赏品位如此，就是偏向于装饰性强的巴洛克、洛可可、新艺术运动这些风格，对简洁的包豪斯风格无法欣赏。

如果读伏契克的《好兵帅克》，你会觉得当时的奥匈帝国是个反动、守旧、顽固、摇摇欲坠的老大帝国，社会上层昏聩，底层贫苦。可是当你看到19世纪末20世纪初的维也纳的时候，你又会对这个皇朝的末世得出完全相反的结论：思想活跃、政府包容，文化上百花齐放，基建投资欣欣向荣。到底哪一种印象是正确的？也许都是对的，只不过反映了当时那个社会复杂性的不同侧面罢了。至少我知道，一次大战之前奥匈帝国在建筑领域的超前性，即便今天看起来也能令人瞠目结舌。

四个大煤气罐

既然提起超前的建筑理念和 19 世纪的建筑，在这里再给大家介绍一个我喜欢的小众景点，很少有外地游客去过：四个大煤气罐！

从维也纳城区前往机场途中，老远就能看见四个外套红砖墙的巨型煤气储藏罐，这是 19 世纪末弗兰茨－约瑟夫皇帝时代留下来的东西，每一个直径 60 米，高 70 米，像是巨型城堡，当年是供应城区市民的主要燃气来源，到 1980 年代当然已经弃之不用了，可是当年建造煤气罐的时候，工程是精雕细刻做出来的，厚重的红砖外墙具有丰富的线脚和细部装饰，窗户都是圆拱结构，仿罗曼式，古色古香，能体现那个时代仿古建筑风格的历史风貌，可以说是 19 世纪工业化初期那个时代的纪念碑。于是，现代的维也纳市政府搞了一项前无古人的改造工程，把四个煤气罐改造成四座公寓楼联结起来，建设成集商住、餐饮、购物、娱乐为一体的住宅小区！2000 年前后改造项目落成，里面总共有 800 套公寓，70 套学生公寓，底座几层是商业、娱乐、办公用房，包括音乐厅、电影院，地下一层由购物街把四个煤气罐串联起来。这里虽然离中心城区远，可是 3 号线地铁有一站煤气表站（Gasometer）直接通到煤气罐地下，交通很方便，如果在维也纳有时间的话，我很推荐去那里看看，吃顿饭，或者像我那样，吃个冰激凌，看看 19 世纪煤气罐改成的 21 世纪公寓和购物街，也是全世界绝无仅有的文化体验呢。

维也纳随处是艺术品，好看而且好玩，不但地铁站、煤气罐本身就是景点，就连垃圾处理厂也是网红！我再推荐一个小众的好玩去处，就是维也纳垃圾处理厂。这里在维也纳旧城北面，离多瑙河不远，地铁有一站，出站走到地面，一下子就看到垃圾焚化站深蓝色的烟囱，烟囱上还有一个黄金马赛克做成的金球！烟囱下面的整座建筑用深蓝和灰白色块搭配，每种颜色的色块边界都是不

维也纳垃圾焚化炉热力站

维也纳煤气罐公寓

规则的曲线，墙面上装饰着草莓、梨子等各种形状色彩不同的图案，整座建筑物每一处棱角直线顶上都有金色的球体做装饰，看见这个建筑，你简直不敢相信自己的眼睛，像是来到一个童话世界。这里不仅是维也纳垃圾处理的集中地，而且焚烧产生的热量还能被循环利用作为市政暖气的能量来源。这座充满童趣的垃圾焚烧处理站的德文名字和英文一样，叫作 Incinerator，所以在维也纳的 Spittelau 区，随便在网上一搜 Spittelau incinerator 就能轻易找到它的图片和位置介绍。笔者看到这种与众不同的建筑以后，对它的设计者百水（Hundertwasser）发生了浓厚的兴趣，顺藤摸瓜，又去维也纳城东的百水公寓和维也纳艺术馆参观他设计的其他作品。

百水是个特立独行的奇人。他最著名的作品是建筑，但他不仅仅是位建筑设计师，还会画画，设计国旗、邮票、硬币，设计很多科技环保项目，又是个著名的环保主义社会活动家，很难给他的职业贴上一个标签。他的本名叫作弗雷德里希·施托瓦塞，后来自己取了一个艺名，叫作 Friedensreich Regentag Dunkelbunt Hundertwasser，这个长长的名字每个词都是有意思的，如果按照字面一个词一个词翻译，叫作"和平帝国·阴雨天·暗色·百水"，于是他出名以后，人们都用他的艺名姓氏百水来称呼。从名字就能感觉到，这是一位特立独行的奇人。

他生于 1928 年，1938 年纳粹德国吞并奥地利的时候他才 10 岁，而且他母亲那边是犹太人。奥地利犹太人在纳粹统治之下的日子，困难程度可想而知。还好他在德奥合并之前就已经跟父亲那边受洗成为天主教徒。为了掩盖自己的犹太血统，百水甚至加入过希特勒青年团。考虑到那个时代正是他形成人生观世界观的青少年时期，可以想见，纳粹推崇的那种整齐划一的集体主义精神，正好激起百水的叛逆精神，这种对规范的背叛、对规则的蔑视，贯穿他后来一生的艺术创作。战后百水毕业于维也纳艺术大学，本行是学画画的，到 50 年代开始涉足建筑设计领域。无论是建筑设计还是平面设计，百水拒绝任何理论，讨厌任何直线，他的名言是"直线是人性堕落的形式"，只有曲线才符合自然。所以他设计的建筑，你很少能看到直线，几乎都是七扭八歪，加上明亮的色彩，满溢着天真童趣还有奔放的想象力。维也纳垃圾处理场远程供热站，是他成名以后90年代晚期的作品，当时他倾全力支持维也纳市政府变废为宝的举措，免费设计了这个项目。

维也纳城里另有两处特别能体现百水自由随性理念的建筑，非常漂亮，笔者推崇备至，那就是百水公寓（Hundertwasswr Haus）和维也纳艺术馆。这两处建筑在旧城最东面的乌拉尼亚大厦，维也纳河汇入多瑙河主河道的这个点，越过维也纳河继续向东走10来分钟的路。百水公寓当初是维也纳市政府建造的廉租房公寓，1977年请百水设计改造旧公寓，1985年改造项目完成，现在里面住的大多是艺术家，内部不开放参观，但仅仅从外面观察，已经足以让人瞠目结舌。首先是墙上和屋顶上满眼的绿色。这些树不仅种在屋顶花园，也不仅仅是在阳台上，有些树居然是从窗户里长出来的。这体现了百水要人类与自然和谐相处的理念。门厅的柱子非常特殊，每一根柱子的材质、颜色、形状都不一样，有上半部是蓝色瓷砖马赛克拼贴出来的，下半部是深绿色瓷瓶，也有红砖材质，还有玻璃材质的。整个公寓墙面没有两个窗户的大小、形状完全相同，在建造过程中，百水让住户参与设计，自己决定窗户的形状、大小、颜色。这种做法本身就是对整齐划一、先设计然后用户被动接受这种常规模式的反抗。墙面色彩基调是红黄蓝白四种颜色的色块，勾勒出每一层的地板轮廓线，居然没有一处地板是平的，因为纯平的地板是直线，是人类的规则，是"违反自然的规则"！虽然我们不能入室参观，但室外有一处小喷泉，这里的地面也略有起伏，就像海浪一样。喷泉背后是过街骑楼，通向社区广场，支撑过街骑楼的立柱也各自不同，完全打破了整齐划一的建筑传统。

不能入内参观百水公寓，我还是有些遗憾，不过在同一条街上，离这里只有2个街区之隔，是百水先生设计的另一处作品维也纳艺术馆，也叫百水博物馆，这里可以参观。它的外观也有不同的一层立柱，黑白两色不规则的大片色块处理更加时尚。艺术馆里收藏很多百水的美术设计作品，有绘画、工艺设计、建筑草图，在这里多看看能更加深入了解他的想法和理念。一楼有咖啡厅和餐厅，也都用马赛克拼镶做地板，空间悬挂很多绿色植物。有空可以坐下来喝杯

百水博物馆

咖啡,好好回味一下。

看百水的作品,很自然地会拿来和巴塞罗那高迪的米拉之家、奎尔公园、圣家教堂这些建筑做个对比。他们有很多相似之处,尤其是蓝色马赛克的长椅,维也纳艺术馆和巴塞罗那奎尔公园的几乎一模一样。事实上百水的确受百年前高迪的建筑影响很大,同时又加上了自己的环保和自然主义、表现主义理念。笔者非常欣赏百水的作品和理念,但是并不全盘接受。其中最难以理解的是他对平整地面的摒弃。人类要和大自然和谐共处是很好的想法,可是,在人类的历史中不是还有征服自然、改造自然这个主题吗?平整地面是为了生活更便利舒适,古代没有柏油铺路的技术和材料,只能黄土垫道或者镶嵌石板,但也尽力把道路做平,为的就是让交通运输通畅。只有出现了高质量的高速公路和铁轨,跑车和高铁才能飞驰起来。这些都是"违反自然规则"的人为的东西,但你能忍受住在地面不平的公寓里,饭桌和椅子只有三条腿能着地吗?很多好的理念,过犹不及,也要做到适可而止,借用一句讽刺素食者的笑话:"人类花了几百万年进化到食物链的顶端，不是为了倒回去吃草的"。

但百水先生的建筑，我还是非常喜欢的。三年前开车去德国马格德堡游览，在市中心看见一栋粉红色的七扭八歪的巨型公寓楼，不规则的形状、屋顶上的金球、不同形状材质的立柱、起伏不平的地面……一望便知是百水先生的可爱作品，看他的建筑，就好像在看孩子的涂鸦漫画。回去查资料发现果然如此。这是1999年百水生前设计的最后一个建筑项目，叫作"马格德堡绿色城堡"。第二年他在乘坐豪华游轮"女王玛丽二号"途中病逝了，按照他的理念，人们将他埋葬在新西兰的一棵树下，也就是进行了树葬。5年以后，这座马格德堡绿色城堡公寓楼落成。

第四节　漫步维也纳，边走边吃

环城一周

维也纳的旧城是一个半圆形，东北边多瑙河呈一条线，是半圆形的那条弦。半圆形的圆周就是维也纳旧城的环城大道。那就让我们从弦的中点，也就是半圆形的圆心位置开始吧。这里叫作瑞典广场，是旧城北端，维也纳我最喜欢的三家冰激凌店之一就在这里。德语把冰激凌店叫"冰沙龙"（Eissalon），不但可以买冰激凌，更重要的是要有店堂和室外露天座位，坐下来边吃边聊才有意思。瑞典广场的冰激凌店最好的一点就是室外空间够广，绿树成荫，即使没有座位也可以坐在旁边的花坛边上，只要不是冬天，笔者每次坐1号线地铁路过这个地方的时候，总会下地铁，跑上地面吃一份冰激凌再走。

说起维也纳中心城区的冰激凌店，在旧城里逛的时候，口味最好的冰激凌大概是扎诺尼家的了，原文叫作Zanoni and Zanoni，店主是从意大利北部加尔达湖畔移民来维也纳的，从1971年开店，名气和规模都越做越大，是很正宗的意大利软冰激凌，口味浓郁，有很多不同的口味，也有蛋糕、甜点、咖啡和一些简餐。我记得他家至少有两处分店，一处在城西环城大道上，好像离维也纳大学和市政厅不远，还有一处是最初的店面，就在从瑞典广场走向中心点圣斯蒂芬教堂的那条"红塔街"（Rotenturmstrasser）上，我如果在旧城里逛街，路过那里会去买一份3个球的纸杯，边走边吃。

但我私下以为，维也纳全城最好吃的冰激凌在提希（Tichy）冰激凌店。坐红线1号地铁向南一直到终点站罗伊曼广场（Reumannplatz），一出站，隔着一个小街心花园，就看见马路对面的公寓楼上特大的Tichy店名招牌。这里店堂很宽敞，冰点的种类也很多，但我向来必点的只有一样：冰元宵（Eisknoedel）。在奥地利和捷克，Knoedel是一种用土豆粉做的面食，和我们的元宵差不多，形状类似，就是个头比元宵大一些，如果吃咸的，里面可以有肉馅，如果吃甜食，里面裹的是杏子酱，煮熟以后可以冰镇，吃的时候外面撒一层粉糖。但是Tichy的冰激凌Knoedel不同，主料是用冰激凌代替了土豆粉做"元宵"的皮子，里面裹的可以是杏子或者覆盆子酱，外面不撒糖霜，而是裹上一层碎果仁代替，换句话说，是冰激凌版的费列罗巧克力。一份三个，个头很大，一般人大概两三个朋友一起点一份，再来点饮料就好了。我对于甜食和冰激凌这么痴迷，当然从不愿意与人分享，每次我都是自己一个人吃完一份三个球，外加一杯冰咖啡。

在德国和奥地利，以及捷克、匈牙利这些受德意志文化影响很深的地方，点"冰咖啡"也有讲究。在美国、日本，所谓冰咖啡，就是普通的咖啡加冰镇。如果在美国，有的店里更简单粗暴，你点冰咖啡，他会往热咖啡里使劲加冰块，先强行把它变冷，然后再变冰镇。我有朋友从奥地利来美国，在附近的唐恩都乐（Donkin Donuts）连锁店点过一杯冰咖啡，看着店员用冰块把热咖啡强行变成"冰咖啡"大吃一惊：这简直是典型的美国式野蛮行径！在德语世界，"冰咖啡"是一款特定的冷饮，你在任何一家咖啡馆点Eiskaffee，应该是一个长形的高脚杯，冰咖啡里漂浮着香草冰激凌，顶上一片巧克力脆饼干插在一球发泡奶油上，有些发泡奶油上面还会撒巧克力粉，有些没有。因为高脚杯很长，还会给你一把长柄银勺来舀冰激凌和发泡奶油。

第八章　维也纳：多瑙河的女皇

　　吃完了冰激凌继续逛市中心。瑞典广场是开往多瑙河下游布拉迪斯拉发和布达佩斯的快船码头，沿河向东走不远，到达维也纳河汇入多瑙河的河口，有一座白色建筑，一端呈圆形，背后有座塔楼，塔楼顶是一个圆球，这是乌拉尼亚大厦，是一座天文台，还有电影院、剧院和儿童火车博物馆。这栋建筑也是新艺术风格，是奥托·瓦格纳的学生设计的。这是环城大道的东边起点。

　　环城大道曾是维也纳的城墙，在1526年和1683年两次土耳其大军围城期间，曾保护这座城市，击退来犯之敌。但进入19世纪，随着军事科技的发展，城墙已经失去了防御作用，反而妨碍交通，把城内和城外大多数居民隔绝开来，所以全世界很多城市都拆掉了城墙。当时的考虑是城市发展的需要，交通的畅通，并没有考虑太多历史文脉。而中国的南京、西安、荆州、襄阳等地则把古代城墙完整地保存下来，今天它们不仅是旅游景点，而且体现着古城的历史风貌，是城市文脉的一部分。北京在新中国成立后把内外城墙全都拆毁，只留下正阳门等寥寥几处遗迹，殊为可惜。维也纳拆毁城墙的决定是1857年弗兰茨-约瑟夫皇帝做的，那个时代还没有保护城市历史风貌的意识，不过此后30年，沿着城墙拆除以后平整出来的环城大道，建成了很多纪念碑规格的宏伟建筑，新哥特式、新罗曼式、新文艺复兴、巴洛克、新古典，百花齐放，它们只有一个共同点：体量宏大，气派十足。虽然风格各异，可是混搭在一起，再加上大道两侧绿树成荫，路上当当作响的有轨电车驶过，整体上竟然颇为协调。维也纳中心城区整个列入了联合国世界遗产名录，环城大道上的建筑风貌也是其中不可或缺的组成部分。

　　从乌拉尼亚大厦沿环城大道走，下一幢巨型政府大厦门前广场上，有拉德茨基元帅的青铜骑像，这座大楼在一次大战之前是帝国陆军部，现在好几个政府部门在这里办公。前文在介绍维也纳军事历史博物馆的时候，曾简单提到过拉德茨基元帅，他是哈布斯堡帝国的最后一位英雄。1848年欧洲革命，在奥地利帝国统治下的意大利各地掀起了独立运动。当时意大利北部从西到东，一个是独立的皮埃蒙特王国，就是欧根亲王的老家萨伏伊公国，以都灵为中心，一个是以米兰为中心的伦巴第地区，最东面是以威尼斯为中心的维内托地区。

伦巴第和维内托都属于奥地利帝国。意大利中部有一些小公国像帕尔马、曼图亚，还有以佛罗伦萨为中心的托斯卡纳大公国，这也都是奥地利的势力范围，皇帝本人还兼任托斯卡纳大公爵。再往南以罗马为中心，是独立的教皇国。意大利半岛南部那不勒斯和西西里岛都是波旁王朝的西班牙的辖地。总体来说，意大利半岛上只有教皇国和一个萨伏伊家族的皮埃蒙特王国是独立的，北部中部是奥地利的，南部是西班牙的。所以皮埃蒙特王国就承担起了意大利民族统一的所有希望。

意大利民族主义最初以"青年意大利党"和"烧炭党"为中坚，小说《牛虻》的背景就是这段时间。1848 年，皮埃蒙特王国趁着全欧洲革命的热潮，利用意大利高涨的民族热情，向奥地利宣战，想要夺回意大利北部的伦巴第和维内托。可惜他们这次遇到了拉德茨基元帅。当时他担任奥地利驻意大利军队总司令，已经 81 岁高龄。皮埃蒙特王国向奥地利宣战的时候，意大利各地爱国人士群起响应，而拉德茨基分散在各地的驻军只有 5 万—7 万人，他娴熟地收拢部队，放弃米兰公国大部分地区，向东退到以维罗纳为中心的"要塞四边形"死守，掩护身后东边的威尼斯地区，还有向北通往奥地利本土的通道。当时他的处境的确是四面楚歌，就连身后的大本营威尼斯都被意大利爱国者占领，成立了共和国。等奥地利本土的骚乱大致平息，派米援军会合以后，他再一举反攻，大败皮埃蒙特军队，收复失地并攻进皮埃蒙特本土，还镇压了威尼斯起义。这就是"第一次意大利独立战争"失败的过程。现在的人受到那个时代《牛虻》、《斯巴达克思》、裴多菲的诗歌等文艺作品的影响，会以为奥地利帝国在意大利、匈牙利的统治是非常残暴的，其实不是这样，战后拉德茨基担任了近 10 年北意大利总督，到 91 岁高龄才离职，他作为战胜者在北意大利实行怀柔政策，悄悄放跑了威尼斯围城中的爱国者，也不去骚扰音乐家威尔第、罗西尼这些意大利著名的民族主义人士。当时为了庆祝拉德茨基的胜利，老约翰·施特劳斯创作了《拉德茨基进行曲》，令歌颂者和被歌颂者都获得了永世令名。

拉德茨基骑像隔着马路对面，也就是环城路的内城那一边，有一座比街边建筑退后很远的白色大楼，奥地利邮政储蓄银行大厦。这栋楼是建筑大师奥托·瓦格纳的代表作之一。

沿着环城路继续前行，外围一侧有一座两层中间局部三层的文艺复兴式红砖大厦，是维也纳应用艺术博物馆。环城路每一段都有不同的名字，从河口的乌拉尼亚大厦到应用艺术博物馆，这一段叫作施图本环形路（Stubenring），过了博物馆，环形路外侧是城市公园，所以下一段环形路叫作公园环形路（Park Ring）。维也纳城市公园跨越维也纳河两岸，面积很大，这里最著名的景观，是人人来维也纳都会合影留念的小约翰·施特劳斯纪念碑，镀金的"圆舞曲之王"正在拉小提琴，音乐家留着浓密的八字胡，乱蓬蓬的头发，显得神采飞扬。在镀金立像周围一圈是白色大理石的拱门，上面密布着飞天仙女的浮雕。在城市公园里不仅有小施特劳斯纪念碑，还有舒伯特的纪念碑，是一座白色大理石坐像，安东·布鲁克纳的纪念碑也在这里。公园里有天鹅湖，接近尽头的草坪上一座巨型花钟，钟背后有一座淡黄色小楼，是意大利文艺复兴式样，中部两层，叫作库尔沙龙（Kursalon），是一座音乐厅，还有四座舞厅，1860年代建成的时候，这里举行的第一场音乐会就是小约翰·施特劳斯指挥的。另外大家走过的时候可以注意一下城市公园的地铁站，这座站房也是奥托·瓦格纳的作品。

城市公园走到尽头，环形路的名字也从公园环城路变成了舒伯特环城路，这段舒伯特环城路不长，走到尽头是旧城的东南角，本来已经很宽阔的路面陡然更加开阔，路口有很多有轨电车的铁轨纵横交错。这里向城市外围方向拓宽成了一座广场，在广场的路口有一座骑像，这是施瓦岑贝格广场，骑像当然也就是1813—1814年指挥奥军战胜拿破仑，进军巴黎的联军总司令施瓦岑贝格亲王。他的住宅宫殿就在广场旁边。而施瓦岑贝格广场的远端尽头，有一座苏军战士雕像，士兵右手举着旗帜，左手挂一面金色盾牌。立像面前有喷泉，背后是半圆形的柱廊拱卫。这座苏军战争纪念碑是为了纪念二次大战结束的时候，解放奥地利和维也纳的苏军的。当年解放维也纳的部队是科涅夫元帅麾下乌克兰第一方面军，战后科涅夫担任驻奥地利苏军总司令，朱可夫担任驻德国苏军总司令。不过按照盟国之间的协议，苏联并没有把奥地利包括到铁幕后面，撤军以后奥地利成为一个中立的民主国家，经济获得了极大发展，这也是奥地利的幸事。在苏军解放纪念碑后面，是欧根亲王的美景宫入口。

我们回到环城路继续绕城，过了施瓦岑贝格广场之后，舒伯特环城路改名为卡特纳环城路（Karntner Ring），刚过广场出口，外围那一边有一座豪华饭店，名为帝国饭店，这座大厦是淡黄色，正面 7 层高，正中间有希腊神庙式的三角门楣，还有浮雕，一望而知是新古典风格建筑。这栋建筑在 1860 年代落成的时候是符腾堡国王在维也纳的行宫，但符腾堡国王只住了 5 年就转手卖出了，从 1870 年代直到今天，这里是维也纳最豪华的酒店，当年的大门可以让两匹马拉的马车直接驶进前厅。室内陈设保留 19 世纪的古风，巨大的水晶枝形吊灯从天顶画装饰的大穹顶挂下来，到处都是丝绒、大理石、手工制作的雕像。作为维也纳最豪华的酒店，英国女王、日本天皇等外国元首访问奥地利的时候下榻于此，这些都不稀奇，最有趣的逸闻是"希特勒的逆袭"：1907 年到 1913 年这段时间，18 岁的希特勒离开林茨，来维也纳讨生活。他想报考维也纳艺术学院但是两次落榜，招生主任建议他改考建筑学院，可是希特勒没有读完中学，没有报考资格。以后这五六年希特勒在维也纳混得穷困潦倒，间或打打小工，在街头卖自己画的明信片，也在帝国饭店打过工。30 年以后的 1938 年，纳粹德国吞并奥地利，元首希特勒又回来了，而且就下榻在当年自己打过工的帝国饭店！除了希特勒以外，1943 年盟军登陆意大利本土，意大利国王发动政变推翻并逮捕了墨索里尼，并和盟国谈判停战。墨索里尼被德军伞兵空降解救以后，也曾经暂时住在帝国饭店。

如果维也纳有哪家酒店的豪华程度能和帝国饭店一较高下的话，那只能是布里斯托饭店了，就在卡特纳环城路帝国饭店的斜对过，紧邻着维也纳国家歌剧院。布里斯托饭店是一座 6 层新古典式白色建筑，1892 年开业，也只比帝国饭店晚 19 年而已。

从布里斯托饭店和国家歌剧院横穿环城路，再往南稍微走一点，就来到卡尔教堂和卡尔广场。前文曾经介绍过卡尔广场上的维也纳音乐之友大厦金色大厅，是爱乐乐团的基地音乐厅。它对面是维也纳分离派展览馆。这两处就不再赘述了。维也纳分离派展览馆背后有一座红色 4 层楼的巴洛克式大厦，正门面对着环城路边的席勒广场，广场正中心的青铜立像当然是诗人席勒。这栋大楼是著名的维也纳艺术学院主楼，上一节提到过的奥托·瓦格纳、埃贡·席勒、百水都毕业于此，希特勒1907年和1908年两次报考这里的绘画专业均名落孙山。

　　说到卡尔广场得名的原因，卡尔教堂不可不提。这座建于18世纪上半叶的教堂被公认为维也纳最美的教堂，维也纳的很多明信片上都用卡尔教堂正立面大圆顶和门前两根像华表一样的螺旋浮雕圆柱的图案，它已成为维也纳城市的象征。1716年有一场瘟疫刚刚结束，当时的皇帝是利奥波德皇帝的次子，玛丽亚－泰蕾莎女皇的父亲，查理六世。他为了感谢天主下令修建卡尔教堂，卡尔是指皇帝的主保圣人卡尔·巴托罗缪。这座教堂在20年之内就完成了，18世纪的技术比中世纪强太多了，中世纪那些罗曼式、哥特式大教堂，一盖起来动不动就是好几百年。教堂的设计师是埃拉赫(Erlach)，在维也纳的巴洛克建筑词典里，有两个特别显赫的名字：埃拉赫是其中之一，他主持建造了卡尔教堂、美泉宫、皇家图书馆。另一个名字是希尔德布兰特（Hildebrandt），他主持建造了美景宫、施瓦岑贝格宫、格拉本街上的圣彼得大教堂。这两位建筑师是同时代人，都生活在利奥波德皇帝及他的两个儿子马克西米利安二世和查理六世皇帝的时代，都是设计富丽堂皇的巴洛克建筑的能手。埃拉赫设计卡尔教堂的时候并不局限于当时流行的巴洛克风格，借用了很多其他建筑元素：教堂大门口一排立柱和三角门楣，明显模仿古希腊神庙，19世纪流行的新古典风格建筑都是这么做的，而埃拉赫比他们超前了半个世纪还多。卡尔教堂门前两根像华表一样的立柱，是模仿古罗马图拉真皇帝的记功柱，图拉真记功柱原件今天还伫立在罗马城遗迹。在卡尔教堂两根记功柱的柱身上，也有螺旋浮雕。这两根立柱绝对是整座教堂的点睛之笔：没有它们，卡尔教堂从外形上就没有这么高的辨识度，跟欧洲各地成百上千的巴洛克式圆顶教堂没有什么分别。有了这两根立柱，卡尔教堂就成了维也纳的城市名片。在今天巴黎市中心旺代广场的青铜记功柱，是当年拿破仑用奥斯特里茨战役缴获的俄奥联军大炮熔铸而成，就是模仿了图拉真记功柱。埃拉赫又比拿破仑时代的新古典名作早了半

维也纳巴洛克风格

个多世纪。尽管有以上这些超前于时代的新古典风格元素，但从整体上看卡尔教堂的绿色大圆顶、两侧较矮的塔楼顶上的弧线，还有屋顶外墙上面站立的雕塑，整座教堂仍然是典型的巴洛克式建筑。

从卡尔广场沿着 Wienzielle 街继续向西南方走 100 来米，是维也纳最著名的自由市场纳什市场（Naschmarkt），在这里的小食品店里能买到各种巧克力、海鲜、香料，还有很多小餐馆，能吃到全世界各地的特色菜，更有维也纳的当地菜，无论是逛街饿了吃顿午餐，还是傍晚的时候走过来，在晚霞映照下喝杯酒，都很舒服。纳什市场街对面的公寓楼就是前文提到的奥托·瓦格纳设计的新艺术装饰风格的著名作品。

让我们走回卡尔广场和环城路。环城路口的维也纳国家歌剧院，标志着内城的最南端，跟最北端的瑞典广场遥遥相对，也就是说，环城路到国家歌剧院已经走了一半，卡特纳环城路从这里开始改名叫作歌剧院环城路。从这里开始的半环，沿街内城的方向被霍夫堡皇宫体系的各个部分所占据。过了歌剧院右手先要经过一座大花园，这是霍夫堡的皇宫花园，莫扎特纪念碑和碑前用鲜花拼成的高音符号就在这座花园里。再往前走是霍夫堡皇宫的新宫和英雄广场，环城路外圈和霍夫堡皇宫相对的是博物馆广场，有自然历史和艺术历史两座巨型博物馆，这一段环城路的名字由歌剧院环城路变为皇宫环城路，我们在第一节都已经介绍过了。继续前行，皇宫环城路的名字再变成大学环城路，马路外圈在过了自然历史博物馆之后，隔着一座三角形的花园，你能看到奥地利最高法院的四层平顶白色新古典式样的大厦。继续沿着环城路前行，外圈最显眼的建筑，是高踞在台基上的白色议会大厦，正面入口是仿古希腊神殿，门前两侧的坡道很长。欧美国家几乎所有的最高法院和议会大厦都喜欢用新古典风格，因为它看起来简洁有力，庄重严肃。巴洛克风格的大厦固然外观更漂亮，但线条过于复杂，外墙和屋顶站着好多屈曲的雕塑，美则美矣，不够庄严。

这座白色的议会大厦在弗兰茨－约瑟夫皇帝时代和奥地利共和国时代，都是国会两院办公的所在。它面前两侧深色的铜像是骑手驯服烈马，象征着理性驯服本能和暴烈的原始冲动。正门口有白色喷泉雕塑，仔细看一眼，很容易认出喷泉上方头戴金冠胸前挂着金饰的，是希腊神话中的智慧女神雅典娜。她一手执矛，另一手举着胜利女神。既然议会是民主机构，而民主制度的先驱是古希腊，建立好的政治制度又需要足够的智慧，雅典娜女神作为议会装饰的主题再合适不过。在雅典娜女神脚下纪念碑基座两侧坐着一男一女雕的是什么不容易看出来，我看到的资料上说是象征了议会的立法权力和行政机关的执法权力，两者都需要智慧。比行政和立法再低一层的基座上，正面和侧面各有两尊男女坐像，他们象征着奥地利帝国（包括波希米亚）的四条主要河流：多瑙河、因河、易北河、伏尔塔瓦河，换句话说，这四条河流象征全国各地。其余的雕塑形象是装饰性的小天使和海豚图案。

下一座纪念碑式建筑，美丽程度丝毫不亚于议会大厦。它高昂的尖塔一望而知是哥特式的。因为环城路上所有的建筑都是19世纪下半叶拆除城墙以后的作品，所以叫作新哥特式，或者哥特复兴式建筑。这是维也纳市政厅。市政厅正中高耸的尖塔看上去很像布鲁塞尔市政厅的尖塔。前文提到过，每年夏天

维也纳市政厅夜市和音乐电影

我最喜欢的露天音乐活动就在维也纳市政厅前的广场，每周都会有好几天晚上放映露天音乐电影，还有夜市可以吃到世界各国的美食美酒。在市政厅广场对面，隔环城路与市政厅相望的半圆形白色建筑也很漂亮，它不和市政厅的尖塔比巍峨，但巴洛克式的繁复雕刻却很耐看。这里是皇宫剧院，奥地利的国家剧院，主要上演舞台剧。作为剧院，自然就不需要像议会大厦和法院那样讲求外表简单庄重，复杂的装饰很适合它艺术殿堂的地位。

在环城路外圈，过了市政厅以后，下一座大型建筑是维也纳大学的主楼。维也纳大学建于1356年，是德语世界最古老的大学，近100年内教授里面出了15位诺贝尔奖获得者，其中包括物理学家薛定谔，很多对量子物理一窍不通的朋友可能也听说过"薛定谔的猫"这个典故，还有经济学家海耶克。今天维也纳大学主楼的大厅里没有克里姆特当年引起争议的天顶画。克里姆特画的三幅画被认为过于色情，被维也纳大学拒收，后来在二次大战期间，画的草稿被纳粹烧掉了。维也纳大学门前有一尊金色雕塑，是里本贝格纪念碑，纪念碑呈埃及方尖碑形状，碑身底部是约翰·冯·里本贝格的镀金浮雕头像，纪念碑顶部的镀金雕塑，是胜利女神举着桂冠。里本贝格是 1680 年代的维也纳市长，他监督改造了当时维也纳的城防工事，1683 年维也纳围城战之前城里刚刚流行过一次黑死病，他领导市民成功渡过这次瘟疫。围城战期间他也是维也纳市长，以身作则率领市民冒着土耳其军队的枪林弹雨加固工事、救死扶伤、扑灭城里民宅被土军炮弹击中燃起的大火。非常遗憾，历史上没有留下关于市长里本贝格生平的记载，他和守城的军事指挥官施塔尔亨贝格同样是围城战的英雄，但和施塔尔亨贝格不同，他的身体难以支持他工作的意志，带病工作 5 个星期之后，他在围城战最激烈的时刻病逝，没能见到城市得到拯救。维也纳大学和市政厅对面的宫廷剧院，在 19 世纪以前是城防体系中的一处棱堡，正是 1683 年围城战中土军的主攻方向，这里的战斗最激烈，所以里本贝格市长的纪念碑会放在这里。

维也纳大学再向前，大学环城路改名为肖滕环城路（Schottenring）应该是原来的城墙在这里有一座肖滕门的缘故，这是环城路最后的一段，从维也纳大学下一个路口开始，直到最西边的多瑙河边，完成了一个半环。在肖滕路开始的地方，路边花园叫作弗洛伊德公园。弗洛伊德的故居和博物馆，就在肖滕环城路下一段外围，西北方向不远处。弗洛伊德是犹太人，也毕业于维也纳大学，在维也纳工作了大半生，成名也在这里。他的家和诊所离环城路这么近，每天沿着环城路散步是他著名的一个习惯，很可能《梦的解析》和精神分析的很多观点，都是他在环城路上散步时灵光一现的产物。1938 年纳粹德国吞并奥地利，弗洛伊德逃到伦敦，当时他的口腔癌已到晚期，1939 年 9 月，第二次世界大战爆发之后三个多星期弗洛伊德病逝于英国。所以今天在伦敦也有弗洛伊德的故居博物馆，不过算起来，弗洛伊德在伦敦也只住了一年多一点的时间。

弗洛伊德公园对面有一座高耸挺拔的新哥特式教堂，这就是我们前面介绍弗兰茨－约瑟夫皇帝生平的时候提到过的，皇帝即位不久在城墙要塞散步的时候遇刺，大难不死，后来修建环城路的时候，在他遇刺的地点修建的感恩教堂

（Voltive Church）。建教堂的资金来自奥匈帝国全国范围的捐款，建成之日正好给皇帝和皇后茜茜公主的银婚纪念日献礼。可见奥匈帝国当时虽然已经日落西山，但民众还是很爱戴皇室的。

内城漫步

沿环城大道绕城一周以后，现在让我们走进维也纳老城，仔细探访这座联合国世界遗产古城的内核。首先我们可以退回城南的国家歌剧院。歌剧院正立面对着环城大道，在它背后与之隔街相对的是萨赫饭店(Sacher Hotel)，地点特别显眼：你看大街上哪里有一大堆人在门口排队等位子的，就是附属于饭店一楼的萨赫咖啡馆了。人们排队是为了萨赫饭店一款特别的巧克力蛋糕，叫作萨赫蛋糕（Sacher torte）。如果你不想排长队，最好在网上事先订位。但就算要等上两个小时，我觉得也值，因为萨赫蛋糕是当年茜茜公主和弗兰茨皇帝钟爱的甜点。它是巧克力海绵蛋糕，双层之间夹一层薄薄的杏子酱。蛋糕外面裹上一层巧克力壳，每一块蛋糕上还有一块圆形的巧克力徽章，在盛蛋糕的小磁碟上还有一朵发泡奶油，和银勺跟一杯水一起端上来。这里的就餐环境也非常优雅，保持着19世纪末贵族沙龙的典型装修，红丝绒面的椅子和靠墙沙发，水晶枝形吊灯，红色绸缎作为护墙镶板，墙上张挂着弗兰茨－约瑟夫皇帝和伊丽莎白皇后的画像。萨赫饭店最初在1876年开张时候的老板，是给皇室做甜品供应商的，他的父亲就是糕点师，曾做过首相梅特涅亲王的助理厨师，据传说，当年梅特涅亲王命令他发明一样美味的蛋糕，于是就有了萨赫蛋糕的制作方法。这位创始人本身在开办前几年，曾在城里更加老牌的甜品店德玛尔(Demal)实习。60年以后萨赫家族破产，把经营权出让，所以今天的萨赫饭店并不是由创始家族在经营。破产之后，创始人的儿子又在德玛尔甜品店当上了厨师，于是把萨赫蛋糕的制作方法带到德玛尔。20世纪中期，萨赫饭店的所有者和德玛尔甜品店双方打起了官司，争夺"正宗萨赫蛋糕"的冠名权，从二战之前一直打到战后，最后在60年代达成和解：萨赫饭店的蛋糕独家保有"正宗"

的冠名权，德玛尔的蛋糕可以冠名为"爱德华·萨赫蛋糕"——爱德华是蛋糕和饭店的创始人的名字。

顺便说一下德玛尔（Demal）糕点店，也是市中心历史最悠久的甜品店，就在霍夫堡皇宫正门正对面的 Kohlmakt 街 7 号，离开皇宫大门只有 40 米远，1786 年就开张了，比萨赫饭店的历史还早 100 年，那时候玛丽亚－泰蕾莎女皇刚死不久，莫扎特还活着！19 世纪德玛尔甜品店是弗兰茨－约瑟夫夫妇的皇家甜品供应商。

回到萨赫饭店：从国家歌剧院到萨赫饭店，接着走向旧城中心点的圣斯蒂芬大教堂，这条步行街叫作卡特纳街，是旧城的南北向主街道。沿着卡特纳街往市中心方向走，右手路边有个巴洛克式的小教堂，这是马耳他骑士团的教堂（Maltesekirche）。一般人在这条街上忙着购物，不会去注意这个不起眼的小地方。笔者小时候读过骑士团在罗得岛围城战和马耳他围城战里，对抗土耳其大军的英雄事迹。这个骑士团最初是十字军骑士们在圣城耶路撒冷建立的"医院骑士团"，正式名字叫作圣约翰骑士团，从事救死扶伤的任务，后来演变成军事组织，和圣殿骑士团、条顿骑士团，并列中世纪三大骑士团。后来穆斯林大军在萨拉丁领导下占领耶路撒冷，再过 300 年，土耳其人灭亡拜占庭帝国占领君士坦丁堡，医院骑士团退到爱琴海的罗得岛，经过土耳其优势海陆军的长期围城战，撤出罗得岛，退到中地中海的马耳他岛。在马耳他岛打了欧洲历史上最有名的围城战，而且战胜了土耳其大军，守住马耳他。骑士团也被称为"马耳他骑士团"。虽说骑士团在 19 世纪初被拿破仑赶出了马耳他岛，此后拿破仑失败，英国占领马耳他，骑士团国家不复存在，但作为一个国际组织，圣约翰骑士团恢复救死扶伤的职能，今天的总部在罗马，甚至仍然是联合国的正式成员。这座小教堂是圣约翰骑士团当年驻神圣罗马帝国首都的大使馆一样的机构，今天我还是带着崇拜英雄的心情进来瞻仰遗迹的。在这座教堂内外，到处可以见到"马耳他十字"标记，就是十字架的四个端点，全都做成燕尾式的分岔，这样十字架总共有 8 个尖角，是马耳他医院骑士团的特殊徽记。

继续沿卡特纳街向前，会走到全城中心点，圣斯蒂芬教堂。这是一座哥特式教堂的杰作，也是天主教维也纳教区的主教座堂。它从12世纪就矗立在城市的中心点，那时候还是霍亨施陶芬皇朝开始的时候，也是中国历史上南北宋交替，岳飞抗金的年代。现在的这座哥特式教堂是在这个中心地点上建的第三座，在14世纪就已经建成，相当于元朝，700年来几乎从头到尾见证了哈布斯堡皇朝的兴衰。教堂里面靠近圣坛的地方有两层高的腓特烈三世皇帝陵墓，腓特烈三世是哈布斯堡家族当上皇帝的第一人，他之前的鲁道夫和阿尔伯特只是德意志国王，并未加冕皇帝。腓特烈三世就是那位在15世纪后半期统治罗马帝国半个多世纪，把维也纳丢给了匈牙利的"乌鸦王"马加什国王，他是最后把自己的对手全都熬死的长寿君主。就是他在位的时候，让维也纳教区从帕绍大主教管辖下独立出来，成立了奥地利自己的主教区，维也纳大主教区的总部座堂就是这里。所以腓特烈三世皇帝在这座教堂有特殊的地位。除了他以外，18世纪初期欧洲第一名将欧根亲王的墓，也在圣斯蒂芬教堂里。

圣斯蒂芬教堂最漂亮的除了高耸入云的尖塔以外，就是屋顶的琉璃砖图案。整个屋顶用23万块彩色琉璃瓦拼出黑白黄绿四色菱形图案，屋顶一侧有双头鹰标志，这是哈布斯堡皇室的徽号，另一侧是两只黑鹰，分别叼着维也纳和奥地利的标志：维也纳城徽是红底白十字，而奥地利国徽是红底白横杠。

圣斯蒂芬教堂和莫扎特一家紧密关联，莫扎特的婚礼、孩子受洗、他的葬礼全都在圣斯蒂芬教堂举行，这是因为他很长时间就住在教堂旁边，当年他的故居，今天的莫扎特博物馆就在圣斯蒂芬教堂侧后方，非常容易找到。

前文一路谈吃，总是聊维也纳的甜点，维也纳人的确是出了名的喜爱咖啡和蛋糕，也精于制作甜点。但是主菜如何呢？很多人都听说过"维也纳炸猪排"，这是维也纳的一道名菜，城里每家餐馆都会供应，其中不乏百年老店。我个人的选择，是莫扎特故居博物馆附近，同在圣斯蒂芬教堂背后的菲格穆勒（Figlmuller），在这个小巷有两家店，从1905年开张到现在，菲格穆勒家族已经经营到第四代了。其实正宗最原始的维也纳炸肉排（Schnitzel）这种食品，应该是用小牛肉，牛身上接近后臀尖的特定部位的肉，用锤子捶松以后再裹上面包糠油炸。这样做出来的肉排肉质松软。用猪肉做也可以，但是算简版。所以，维也纳炸肉排（Schnitzel）这种食品，应该译成炸肉排，牛肉猪肉都可以，而不是猪排。上海人对这道菜想必不陌生，上海传统的改良西餐里，炸猪排蘸辣酱油也是一道名菜。要论起渊源，的确是这里的炸肉排（Schnitzel）。19世纪末上海开埠，各国的餐饮纷纷进驻，1890年苏州河以北的虹口区有德裔商人开了一家"德大西菜社"，德大的名字，是"德国大菜"的意思。这家西餐馆的历史比淮海路上的红房子还老。红房子是1935年开张的，做法餐。德大最初不在上海市中心这里，1918年德国在一次大战中战败以后店主将店转卖给中国人经营，民国期间搬到南京路。德大既然是做德国菜系，把维也纳肉排介绍到中国也就不奇怪了，他们用的是猪排，取名"德大猪排"，在上海滩做成了著名品牌。当然，无论是任何西菜，在中国一定都经过了口味调整，所谓"海派西餐"自成一家，和原创国的口味早已不同，就像是在美国的大多数中餐馆，在国人眼里他们做出来的菜根本不能称为中餐一样。上海的炸猪排都加辣酱油，而且最正宗是泰康黄牌，这也是上海的老牌子。其实辣酱油是英国的东西，原型是英国"沃斯特郡酱汁"（Worcestershire sauce），后为经过上海人改良。不言而喻，在维也纳吃的正宗炸肉排，是不会搭配辣酱油的！既然正宗的"维也纳炸肉排"应该是小牛肉，菲格穆勒这里用的也是猪排，所以他们的菜单上并不声称自己做的是维也纳肉排，而是"菲格穆勒schnitzel"。

除了维也纳炸肉排，维也纳另一样著名的大菜是Tafelspitz，中文简单翻译成清炖牛肉，千万不要把它和四川名菜水煮牛肉搞混，维也纳人煮牛肉不用郫县豆瓣爆炒，他们更多的工夫花在选材上面。维也纳城最好也最老牌的清炖牛肉餐馆是普拉胡塔（Plachutta），在老城和城郊有好几家分店，最方便的一家可以从莫扎特故居向东走，快到环城路东段。你翻阅他们的菜单可以发现，奥地利人把牛身上各个部位细分成20种名目，只有靠近后臀尖的那一块才能用来制作正宗的清炖牛肉。其实这还是简版的画法，为了食客看清楚，没敢分得太细。笔者看到有一份资料上说，奥地利人几乎把一头牛身上每一块肌肉都单独起了名字，光是一条后腿，奥地利屠夫可以说出16个不同部位的不同名字，而且知道每一个部位怎么做最好！幸亏在普拉胡塔餐馆，你不需要学习一条后腿的 16 个德文单词，简单地点 Tafelspitz 套餐就好了。你将会得到一锅已经炖煮了 3 个小时以上的牛肉和清汤，连着小铜锅一起端上桌。没错，"连锅端"，这就是当年弗兰茨－约瑟夫皇帝的吃法：先喝一盅从锅里盛出的清汤，然后捞出大块炖煮得恰到好处的牛肉，放在盘子上，配菜的标准配置有苹果酱、辣根酱、撒上青葱末的酸奶油、切碎的烤土豆。根据套餐不同，还会有大骨棒，可以吸食骨髓。

吃饱喝足以后，回到圣斯蒂芬教堂门前，向西走是步行街格拉本（Graben）大道。冬天圣诞新年前后，格拉本大道上挂着巨大的宫灯，灯火通明绚丽极了。维也纳旧城随处可见巴洛克风格的建筑和雕塑，直到今天仍然让人感到帝国的华丽风格和浓郁的文化气息。游客绝不会错过格拉本街正中间竖立的一处纪念碑雕塑，黑死病纪念碑。在利奥波德一世皇帝时期，1679 年维也纳发生了一场大瘟疫，后来的历史证明，那是维也纳历史上最后一次大规模瘟疫爆发。瘟疫结束以后，皇帝决定在格拉本街上建造一座感恩纪念碑。后来几易其稿，建造过程拖了几年，就到了维也纳围城战，工程暂停，等造好的时候已经是 1694 年了，前后用了 15 年，是中国的康熙年间，在法国则是太阳王路易十四统治时期。于是这座纪念碑不仅纪念维也纳城战胜瘟疫，也纪念在围城战中击溃土耳其大军的战功。

仔细观察这座纪念碑可能会引发人的密集恐惧症。这座纪念碑大致呈金字塔状，由许多的云朵和小天使构成碑身。在碑身靠近中间的地方，手中托举金色皇冠的人像就是利奥波德皇帝。纪念碑顶上用镀金装饰，像太阳一样发射出万道金光的是圣灵，因此碑顶上是圣父圣子圣灵三位一体造型。有的资料上说这是巴洛克风格，但巴洛克风格讲究对称，这座黑死病纪念碑线条如此繁复，不讲究对称，应该是晚期巴洛克变体的洛可可风格才对。当然，我知道艺术史的书上都说欧洲洛可可风格是 1730 年代才从法国开始的，这座黑死病纪念碑早了起码 30 年。但是如此屈曲复杂的不对称造型实在不像巴洛克风格。联想起 1730 年代建造的卡尔教堂那古希腊神庙式的正门，同样比新古典的开始年代提早了 20 年，我宁愿把它们看作超前于时代的，对新艺术风格的探索。

维也纳以咖啡馆著称，在格拉本大道南侧，稍稍走进多罗西小街（Dorotheer Gasse）的街口，就能看见哈维尔卡（Hawelka）咖啡馆。这是家真正的维也纳传统咖啡馆，它和后面我要介绍的小红帽咖啡（Julius Meinl）和中央咖啡馆不一样，没有堂皇的装修，幽幽暗暗的，但是让人感觉舒适而随意。真正传统的维也纳小咖啡馆就应该是这样的。晚上灯光昏黄，室内色调沉暗，椅子是硬木的，并不舒适，墙纸已经被香烟熏得发黄。这种古旧和随意，是维也纳传统而不媚俗游客的一面。如果想要体验真正的维也纳咖啡馆文化，我倒是更愿意推荐这一家。哈维尔卡老先生和太太1939年开了这家咖啡馆，战后满目疮痍的维也纳城里，这也是最早恢复营业的咖啡馆之一，今天仍然由他们的子孙经营着。在战后的五六十年代，这里的文化氛围吸引了当时维也纳很多精英作家和艺术家、音乐家，百水先生就是这里的常客。这里给我的印象，就像19世纪巴黎的花神咖啡馆一样。我在第一次来维也纳之前四年，就在美国旅游频道萨曼莎·布朗的《走遍欧洲》（Passport to Europe）系列里看过介绍这里的专题，制作节目的2004年，90多岁高龄的哈维尔卡老太太还健在，会时常亲自来店里看看，和客人打招呼。最搞笑的一点是，老太太喜欢"拉郎配"，看见店里独自坐着的男女，就和他们聊天，把他们和店里其他独坐的客人招呼到一起。她为咖啡馆平添了好多亲切的人情味。2008年笔者第一次来维也纳，去哈维尔卡喝咖啡的时候，和当地人聊天，得知老太太已经于2005年去世了。老板哈维尔卡老先生仍然健在，有时候还会坐在店门口欢迎客人。后来到2011年老先生也已仙去，享年101岁。今天这家咖啡馆还由他们的儿子在经营，店里的招牌甜点果酱面包（Buchteln）是一种源自他们家乡波希米亚的果酱夹心甜面包，是哈维尔卡老太太的独家秘方改良过的，仍然由他们的子女继承下来。

在格拉本街上，走过中间的黑死病纪念碑，快到尽头菜市街（Kohlmarkt）横街之前向右手看，有一座教堂比沿街的楼房都要更退后一些，因为沿街的空间寸土寸金，所以它的门脸儿很窄，只能看到白色的正门和两侧钟楼局促地挤在一起，头上顶着一个巨大的绿色大穹顶，就像一个大头小身子的人，两条手臂被夹在狭窄的胡同里，进退不得的情形。虽然听起来真的有点滑稽，等你进去看看，会忍不住 Wow 的一声，发出惊叹。这就是维也纳的圣彼得教堂，由跟埃拉赫齐名的巴洛克时代建筑大师希尔德布兰特设计，他也是美景宫的建筑师。圣彼得教堂内部是巴洛克式豪华装饰的杰作，在有限的空间里把教堂内部做成椭圆形，挑高空间，立柱基本全都做成了壁柱，侧边的小礼拜堂进深做得很浅，这样把大厅空间最大化而且视线完全无遮拦，壁柱顶端的柯林斯式柱头和墙壁高处的饰带用了很多镀金装饰，把视线向上引导，大穹顶上有复杂的天顶画，而且天顶分几层逐级向上收缩，结果参观者完全不会感到空间的局促，反而会被高大的空间和豪华的装饰所震撼。笔者当初正是在这座教堂里第一次体会到，从整体来说，奥地利境内巴洛克式建筑的水平比德国南部要高。

走到格拉本大街西边的尽头街口，这是维也纳最著名的咖啡公司之一，小红帽咖啡馆的门店。这家公司建立于1862年，在进入21世纪前创始人家族将其转手给了另外的东主，所以现在并不是创始人后代在经营。他们主业是批发销售高档成品咖啡，在维也纳各大超市和食品店都可以见到小红帽咖啡馆的咖啡出售，有点像星巴克在舒尔茨转向经营咖啡连锁店之前的经营模式，这里的咖啡店是他们少数的门店之一，可以坐下来喝一杯他们家自己品牌的咖啡。维也纳的咖啡文化，在全世界只有巴黎可以与之相提并论。有一个流传甚广的说法，讲维也纳人喝咖啡的习惯，就来自1683年的围城战。在此之前，欧洲并不流行咖啡，那是土耳其人喜欢的饮品。围城战期间，奥斯曼土耳其大军随营带来了大批咖啡，被击溃以后，维也纳人用这些缴获的咖啡开了第一家咖啡馆，从此以后咖啡才在维也纳和整个欧洲盛行起来。

实际上这个传说是编出来的。笔者三年前翻译过一部描写1683年维也纳围城战的专著，叫作《双头鹰与新月》，里面正巧专门考证过这个传说：不错，土耳其是比欧洲更早流行喝咖啡，直到今天土耳其咖啡和咖啡占卜也是世界咖啡文化里的一大流派。但要说到维也纳围城战和维也纳人喝咖啡的习惯，那就不对了。在围城期间，奥军有一批信使，或者叫侦察兵，冒险偷越土军大营，为城内的奥地利守军和外围援军传递消息，其中有一个信使名叫格奥尔基·科尔契茨基，确切国籍不见于史料，猜测应该是波兰人或者塞尔维亚人，有一个在维也纳广泛流传的故事，说此人在围城战之后把喝咖啡的传统介绍到了奥地利，开了维也纳第一家咖啡馆。实际上咖啡这种来自近东的饮料早在 1663 年就有记载在维也纳出现了，科尔契茨基作为信使是很勇敢，但是喜欢自吹自擂，跟咖啡传到维也纳没有任何关系，他也不是维也纳第一家咖啡馆的主人，维也纳第一家咖啡馆在围城战结束之后很久才出现。只是作为对他英勇服役的奖赏，当局授予他在街上煮咖啡卖给路人的权利而已，所以他是个当街卖咖啡的小贩。

从小红帽咖啡馆门店向左转走上煤市街，右手会路过前面提到过的德玛尔甜品店，这条街是维也纳的奢侈品牌购物街，古驰、路易威登、蒂凡尼等大牌的专卖店集中在这条街上，继续向前走 40 米就到霍夫堡皇宫大门口。从宫门口向右手转弯上绅士街（Herren）。这条街因为就在皇宫门口，历史上集中了很多宫廷重要贵族的豪宅，比较著名的像哈拉赫家族、金斯基家族、匈牙利的巴提亚尼家族，宅邸都在这条街上。沿绅士街步行 100 米左右，在两条路线的分岔口中间那座大厦，就是维也纳最大的咖啡馆中央咖啡馆，也是百年老店，始建于 1860 年，至今超过 160 年。从 19 世纪后期开始，这里是维也纳知识分子的聚会场所，其中有作家、艺术家，也有流亡的外国政客、革命分子。据说列宁和托洛茨基流亡维也纳的时候，都是这里的常客。尤其是托洛茨基，1907 年到 1914 年一直住在维也纳，他泡在中央咖啡馆里读书编辑报纸的事迹已经出了名，当时一位奥地利的政治家讽刺革命不可能发生的时候说："谁会去发动革命呢？难道是中央咖啡馆里的托洛茨基先生？"几年以后，十月革命爆发，托洛茨基不但是革命的发动者，而且是苏联红军的最高指挥官！希特勒在维也纳谋生的时间是 1907—1913 年，和托洛茨基几乎同时，笔者查不到确切资料，不知希特勒是不是也喜欢来中央咖啡馆，更不知道希特勒有没有在中央咖啡馆见过成天泡在这里的托洛茨基，两人有没有点头之交。当时希特勒穷困潦倒，连吃饭都有困难，按说不可能有闲暇泡咖啡馆，但是也难说，传统的维也纳咖啡馆并不是高消费场所，即使付不起房租的人，也可以在这点杯咖啡消磨一整天。

今天维也纳中央咖啡馆看上去一点也不平民化，高大的店堂空间，天花板上的肋拱图案和立柱相连，装饰得很漂亮，细小的古典装饰元素，展现出典雅的风格。中央摆放四面玻璃柜，展示新鲜的甜点。正对着大门的两尊立像，是弗兰茨－约瑟夫皇帝和伊丽莎白皇后。不过，任何一个游客都肯定会被靠近门口的一位秃头老先生的塑像吸引，他身穿黑色礼服打着领结，坐在椅子上微微侧身，似乎正要和哪个熟人打招呼。这是19世纪后期到20世纪初的维也纳作家阿尔滕贝格，跟列宁、托洛茨基是同时代人，他的作品我没有读过，但是听说过此人的一句名言："如果我不在咖啡馆，就在前往咖啡馆的路上。"怪不得他的塑像会永远坐在中央咖啡馆里呢！

维也纳人喜欢喝咖啡，也精于制作甜点。有些欧洲传统甜点你根本想不到居然原产地是在这里。比如我们在写多瑙河发源地，德国黑森林地区的时候，介绍过黑森林蛋糕，其实是维也纳人发明的，因为顶上那一圈红色樱桃像黑森林传统民族服装的女帽装饰，所以才起名黑森林蛋糕，今天很多人都以为是黑森林地区的原产。同样的误解还有苹果馅饼（Strudel），在北美有很多人以为苹果馅饼是德国人的发明，其实是奥地利人发明的，维也纳做得最正宗。

围城外的风景

维也纳中心城区最有意思的那些点，我们已经逐一踏勘过来。现在可以出城，去多瑙河畔和维也纳森林了。多瑙河在旧城北面从西向东流过，但在市中心这一段河道变得复杂：多瑙河的主河道在19世纪经过多次整治，现在已经是笔直的，但是保留了一部分原来向北凸出的弯曲旧河道，这样在多瑙河旧河道和裁直的主河道之间，形成一个岛，叫作恺撒缪仑（Kaisermuhlen），这是维也纳的国际区，联合国全球四个中心之一就在这里。在多瑙河取直的主河道中间有一条狭长的沙洲岛，前文提到过每年夏天多瑙河沙洲岛音乐节在这里举行。所以主河道又被分为两部分。主河道再往南，是一条半圆形的多瑙运河，运河跟主河道又围出一大片岛屿叫作普拉特岛，维也纳经济与商业大学的新校园和游乐场都在普拉特岛上。多瑙运河南岸才是维也纳旧城。

　　从旧城中心坐红色的 1 号线地铁直接向北，过了河边的瑞典广场以后，要连续 4 个地铁站才能直线贯穿多瑙河，第 5 站到达多瑙河北岸的卡格朗（Kagran）地铁站。首先第一站是普拉特岛，这个岛的面积比维也纳旧城大好几倍，近代一直都是少有人迹的森林岛，一度被辟为皇家猎苑，直到 18 世纪末玛丽亚－泰蕾莎女皇的儿子，开明的约瑟夫二世皇帝才下令允许一般民众上岛游览，而打猎活动一直持续到 1920 年代。岛上除了维也纳经济与商业大学的新校园，前文提到的维也纳童声合唱团的学校也在岛上。但最著名的还是历史悠久的游乐园。普拉特岛地铁站和火车站的出口就在游乐园门口，这里最吸引人的是一座著名的维也纳摩天轮（Riesenrad）。如果单纯从高度上说，著名的伦敦眼、天津眼这些都比它高很多，但它们都是 21 世纪现代工程的产物。维也纳摩天轮比它们早了 100 年，建成于 1897 年，是英国人设计建造的，是为了向 1898 年弗兰茨－约瑟夫皇帝统治 50 周年庆典献礼的工程。它高度 65 米，其实在当时也还不是全世界最高，英国、法国、美国都有比它更高的摩天轮，但英、美两座摩天轮建成 10 年就被拆除，巴黎的摩天轮也在 1920 年拆除。有趣的是，一次大战期间 1916 年维也纳的摩天轮也接到了拆除的命令，可是帝国政府没有钱去拆，就这样一直保留了下来。从 1920 年巴黎摩天轮拆除以后，维也纳的摩天轮保持世界第一高度直到 1980 年代中期。在二战刚刚结束的 1945 年，城市一片废墟，百废待兴，这座高耸的建筑当年就被修复，象征着维也纳人重建家园的信心。维也纳摩天轮的 15 座红漆木制车厢看起来古色古香的，现在已经是维也纳的城市名片之一了。它之所以出名，很大程度上是因为那部经典的悬疑片《第三个人》，反派和主人公摊牌的一场戏就是在摩天轮轿厢拍摄的。另外 007 詹姆斯·邦德系列的第 15 部电影，1987 年提摩西·达尔顿主演的《黎明杀机》里，邦德和他的女友在维也纳摩天轮上有一段浪漫情节。

　　1 号线地铁在普拉特岛上有两站，都在地下，然后会钻出地面，在河中心的多瑙沙洲（Donauinsel）停一站，这站高架在空中，是欣赏过河风景的好地方，如果是夏天的傍晚，从这里下车就是夏季音乐狂欢节会场的中段最热闹的地方。

越过主河道之后，下一站多瑙缪仑岛也是地面高架车站，正好停在联合国中心门口。联合国在欧美发达国家的三个中心，纽约、日内瓦、维也纳都向游客开放，笔者全都去参观过。纽约联合国总部是秘书处、联合国大会、安理会所在地；日内瓦的联合国中心当初是两次世界大战之间联合国的前身国际联盟的总部；维也纳联合国中心是国际原子能机构的办公地点，这里参观的内容和其他两处联合国中心大同小异，也有会议厅、各国的礼物纪念品之类。比较有意思的是这处联合国中心的来源：当时是20世纪70年代末，奥地利的瓦尔德海姆担任联合国秘书长，通过他牵线搭桥，维也纳市政府把岛上这一大片地皮以1马克的租金永久出租给联合国。

在多瑙河北岸的旧多瑙河道，这里有很多游艇，岸边的树木非常茂密，不像是经过刻意的修建，绿树掩映着河水，多了几分自然的韵味。地铁过河以后从这一站卡格朗（Kagran）下车出站以后，可以改乘公共汽车，沿河岸向东去阿斯佩恩，或者继续向北去瓦格拉姆。这两个地方是拿破仑战争中著名战役的发生地，现在都还有博物馆和纪念碑。

1805年的乌尔姆战役和"三帝会战"奥斯特里茨战役之后，拿破仑打败俄国和奥地利，紧接着在耶拿战役击溃普鲁士，主宰了整个德意志和中欧。弗兰茨皇帝在1806年解散神圣罗马帝国，另组奥地利帝国，被迫和拿破仑讲和。但是奥地利并不服气，慢慢地积攒实力，任命皇弟卡尔大公为总司令整编军队。正好1807年拿破仑侵占葡萄牙，1808年又废黜西班牙的波旁王室，让自己的哥哥约瑟夫·波拿巴当上西班牙国王，引起西班牙大起义，葡萄牙的盟国英国乘机派兵登陆伊比利亚半岛。在英国的财政支持下，奥地利再次对法宣战。双方在巴伐利亚境内进行五场血战，拿破仑五战五胜，乘胜追击打进奥地利本土，继1805年之后第二次占领维也纳。但是卡尔大公率领奥军主力已经放弃维也纳，退到多瑙河北岸。为了追歼奥军主力，拿破仑行动太快，没有集中优势兵力就打算敌前渡河，他没有想到卡尔大公在几次失败之后没有消极避战，反而在河对岸的阿斯佩恩和艾斯林两个村子之间摆开阵势，放拿破仑大军渡河，准备半渡而击。当时维也纳这一段多瑙河跟今天的地形不同，河道蜿蜒曲折，有很多大小岛屿。拿破仑先从右岸的维也纳东郊渡过大部分河道，占领离对岸很近的洛鲍岛，5月21日中午，拿破仑亲率先头部队拉纳元帅的第2军和马塞纳元帅的第4军共3万法军通过浮桥登上对岸，抢占岸边阿斯佩恩和艾斯林两个居民点，掩护桥头阵地的后续部队过河，马上遭到卡尔大公亲率8万奥军反攻。双方反复争夺两个村落，在战斗最紧张的时候，卡尔大公看到部队后退，举起一面军旗亲自带队冲锋。这就是霍夫堡皇宫英雄广场上卡尔大公骑像抓住的那个瞬间。同时奥军顺流放出火船烧毁法军浮桥，彻底孤立了渡河的法军先头部队。第二天法军大部队渡河达到7万人，但两处居民地被奥军夺占，指挥骑兵冲锋的拉纳元帅中炮阵亡。他是拿破仑麾下诸元帅中第一个阵亡的，死后被埋葬在巴黎万神殿的地下名人墓中，和伏尔泰、卢梭、雨果、巴尔扎克、居里夫人这些法国历史上的伟人在一起。这一天入夜时分法军认输，撤回洛鲍岛。这是拿破仑生平第一次打败仗，当时全欧洲震动，在法军占领下的欧洲各地不再相信拿破仑不可战胜的神话，人心思变。这个时候，拿破仑迫切需要一场胜利来稳定军心。

经过一个多月备战，拿破仑在洛鲍岛上集结起足够的兵力，卡尔大公从岸边后退到北面，离岸边更远的瓦格拉姆村摆开阵势，想要趁法军刚刚渡过河立足未稳，集中两翼兵力包围法军。但是拿破仑将计就计从下游更远的地方渡过多瑙河，然后集中兵力中央突破。换句话说，卡尔大公的确把拿破仑装进了网里，但是却拉不起网，反而被法军打穿了网底。这就是瓦格拉姆战役。这次战役决定了1809年的战局。奥地利再次求和，割地赔款，弗兰茨皇帝还把女儿玛丽亚-路易莎公主嫁给拿破仑，被迫和法国结为盟国。此后两国有3年和平时期，1812年拿破仑纠集普鲁士、奥地利等被胁迫的同盟国共50万大军远征俄国，结果惨败。普鲁士、奥地利反戈一击，再次和英国、俄国结成反法同盟，并最终在1814年击败法国，迫使拿破仑退位。1815年拿破仑从被流放的爱尔巴岛潜回法国复辟，三个月之后在滑铁卢战役中再次败北，第二次退位以后流放到南大西洋的圣赫勒拿岛，永远离开了法国。

从 Kagran 地铁站坐公共汽车沿多瑙河北岸向下游 3—4 公里，就到了阿斯佩恩。今天阿斯佩恩早已成为维也纳城市的一部分，有一座"阿斯佩恩之狮"雕塑纪念 1809 年的战役，这座纪念碑是在战役之后将近 50 年的 1858 年落成的，整体造型有点像瑞士卢塞恩的瑞士雇佣兵纪念碑那尊狮子雕塑。在"阿斯佩恩之狮"的背后，街角上是小小的圣马丁教堂，教堂外面有阿斯佩恩战役阵亡将士和参战部队的纪念碑，还为阵亡的法军元帅拉纳立了一块黑色的大理石纪念碑。教堂院子里有一座写着 1809 博物馆的白色小房子，博物馆免费参观，但并不是每天都开。今天的阿斯佩恩和艾斯林是城市的一部分，完全看不出当年战役的地形，就连洛鲍岛，在整治河道以后也和北岸连成一片，不再是一个岛屿，现在是一座森林，在森林小径里骑自行车是个很不错的游览方式。瓦格拉姆在离河岸更远的北面，也可以从 Kagran 地铁站坐另外一部公共汽车前往，战役博物馆在瓦格拉姆的火车站侧面。这两座博物馆里面都陈列一些当年战争留下的遗物，比如断剑、头盔、枪支、军旗，还有一些双方指挥官的文物，解释战役过程的说明和地图。不过解说只有德文，没有英语。

维也纳城外春夏踏青的最佳去处，莫过于城西卡伦贝格山坡上的维也纳森林了，小约翰·施特劳斯有一首著名的《维也纳森林的故事》圆舞曲。维也纳森林绵延 40 多公里，一般游客也就去一两个点，最普遍的游览方式是坐 38A 路公共汽车到卡伦贝格山顶，在这里有很多森林步道四通八达，是骑车和远足的好去处，其实卡伦贝格山不高，才 400 多米，但从这里可以俯瞰维也纳旧城的全景。古时候就有很多达官贵族和文化名人喜欢来这里散步。1683 年维也纳围城战的时候，城里被围的奥军在施塔尔亨贝格将军指挥下坚守城池，今天的维也纳市政厅、皇宫剧院这一段城墙棱堡是攻防战最激烈的地方。卡拉·穆斯塔法大宰相指挥土军把维也纳旧城团团围住。帝国军队总司令洛林公爵查理在城外，指挥会合了巴伐利亚、萨克森选帝侯等诸侯带来的德意志诸邦勤王联军，还有波兰国王索比斯基带来的波兰援军，总共 6 万多人组成解围集团，由波兰国王统一指挥，当年就是先占领从卡伦贝格山到多瑙河边这一连串高地，从维也纳森林的山坡上居高临下发起冲锋，一鼓作气击溃了土耳其围城大军。

今天我们从卡伦贝格可以一路沿山坡走下山，如果是夏天的话，卡伦贝格山坡上有很多当地的葡萄酒庄。前文蓝色多瑙河瓦豪河谷那一段我们曾提起过，并不是每一种葡萄酒都适合窖藏的，有很多葡萄酒更适合喝当年的新酒。维也纳森林、卡伦贝格山上的这些酒庄盛产白葡萄酒，就适合每年喝新酒，夏夜这里的酒庄很多都会开设室外露天餐厅，在这里喝酒庄自酿的新酒、吃当地美食实为一件心旷神怡的事情。

第九章 从斯洛伐克到匈牙利

第一节 布拉迪斯拉发

斯洛伐克的历史

维也纳旧城北端，与瑞典广场毗邻的多瑙河边，有快船码头，一个半小时就可以直达斯洛伐克首都布拉迪斯拉发市中心。两座首都之间相距不到60公里，坐火车40分钟可到，但我还是推荐沿着多瑙河顺流而下，这是优雅自在的交通方式，把维也纳、布拉迪斯拉发、布达佩斯三座都城串联起来。斯洛伐克可能是欧洲最年轻的国家，东欧剧变以后，捷克和斯洛伐克和平友好地达成协议各自独立，1993年布拉迪斯拉发成为新独立的斯洛伐克的首都，斯洛伐克这个弱小而平和的民族，历史上第一次独立成了国家。

从地理上来看，斯洛伐克西边是奥地利，南边是匈牙利，北部和捷克接壤，历史上这三面强权无论哪一方压倒其他两方的时候，斯洛伐克就被最强的那个国家统治。作为多瑙河水道上的贸易重镇，同时还是喀尔巴阡山盆地跟神圣罗马帝国之间陆路交通的关卡，斯洛伐克几乎在欧洲正中央，从来都是四战之地。

从民族归属上来分类，斯洛伐克和捷克都属于西斯拉夫人。古罗马时代，虽说帝国以莱茵河—多瑙河一线为疆界，但在强盛的时代，经常会跃出疆界征讨大河对岸的"蛮族"，公元6年，罗马帝国第二位皇帝提比略就曾从这里渡河，征讨夸狄人。电影《角斗士》开头，老皇帝战胜蛮族的情节，是马可·奥里略皇帝率军渡河，在三次"马可曼尼战争"中战胜日耳曼族系的马可曼尼人、夸狄人的情景。皇帝的哲学名著《沉思录》就是在这几次战争的戎马倥偬中写成的。这也是发生在这一带多瑙河两岸的故事。后来罗马帝国衰落了，公元4—5世纪亚洲游牧部落的匈人帝国赶走了夸狄人和汪达尔人，居住在匈牙利盆地。今天的斯洛伐克土地上居住着日耳曼族系的赫鲁利人，臣服于匈人。但匈王阿提拉死后不久，匈人帝国土崩瓦解，西罗马帝国也灭亡了，东欧的斯拉夫人各部落从公元6世纪开始，南下来到斯洛伐克和匈牙利。斯拉夫人在欧洲的分布非常广阔，大致上可以分东斯拉夫、西斯拉夫、南斯拉夫三个大群。

俄罗斯、白俄罗斯、乌克兰是东部斯拉夫，波兰、捷克、斯洛伐克是西斯拉夫。公元7—8世纪，来自亚洲的游牧部落阿瓦尔人占领匈牙利平原，斯洛伐克的西斯拉夫部落一部分受到阿瓦尔汗国的挤压，南下避祸，就形成了南部斯拉夫各部，也就是今天的塞尔维亚、波斯尼亚、克罗地亚等民族。留在当地的西斯拉夫人则臣服于阿瓦尔汗国。

公元790年代，斯洛伐克南面的阿瓦尔汗国被西面查理曼大帝的法兰克帝国消灭，但这里和奥地利离法兰克帝国的中心地带太远了，所以法兰克帝国和德意志王国的势力，一时半会儿并没有统治到这里来。在这个阶段，北面的摩拉维亚强大起来，也就是今天的捷克，于是9世纪的斯洛伐克人又成了大摩拉维亚王国的一个部分，并在这个时期皈依了基督教。但大摩拉维亚王国统治斯洛伐克的时间不长，来自亚洲的游牧部落马扎尔人占领匈牙利平原，袭扰德意志和波希米亚。最后马扎尔人被德意志的奥托大帝打败，定居下来建立了匈牙利国家。此后大部分时间里，斯洛伐克是匈牙利的一部分。也正因为阿瓦尔人、匈牙利人先后占据匈牙利平原，才从地理上阻断了西斯拉夫和南斯拉夫之间的联系。今天的斯洛伐克语，和南部斯拉夫各国的语言有相似之处。

此后几百年的中世纪，斯洛伐克都属于匈牙利王国的一部分，直到1526年灾难性的莫哈赤战役，匈牙利大部分被土耳其大军征服，剩余的匈牙利，包括斯洛伐克在内，由哈布斯堡皇帝兼任国王。在200多年的时间里，布拉迪斯拉发是哈布斯堡帝国治下匈牙利的首都，18世纪初奥军打败土耳其，匈牙利全境光复，1783年国都从布拉迪斯拉发迁回布达。所以，从中世纪到近现代的斯洛伐克历史，基本上是匈牙利历史的一部分，我们可以在后面两节匈牙利的部分仔细叙述。

19世纪民族主义在欧洲兴起，今天"民族国家""民族自决"这些概念，都是当时才形成的。斯洛伐克人既然是斯拉夫民族的一部分，有些人便主张和捷克同为斯拉夫兄弟，也有人主张自己是单独的一个民族，但无论是哪一种主张，都跟匈牙利离心离德。所以在1848年欧洲革命爆发，匈牙利争取从奥地利统治下独立的时候，斯洛伐克反而支持奥地利皇室，反对匈牙利。不过1867年弗兰茨-约瑟夫皇帝改组奥匈帝国成为二元君主国的时候，斯洛伐克还是被划归匈牙利，当地人非常不满，不信任布达佩斯的匈牙利政府。所以在一次大战之后，奥匈帝国解体，斯洛伐克和捷克两个斯拉夫民族联合组成新的国家捷克斯洛伐克。就是从1919年起，这座城市沿用了数百年的德语名字普莱斯堡，改成了今天的名字布拉迪斯拉发。如果拆字解读的话，是"斯拉夫兄弟"的意思。这个新兴国家跟匈牙利是敌对的。1938年纳粹通过《慕尼黑协定》，肢解了捷克，二次大战期间，捷克大部分国土是纳粹的"摩拉维亚保护区"，小部分国土（苏台德地区）干脆合并进了德意志帝国。斯洛伐克则独立出来，在独裁者蒂索的领导下，是轴心国的成员，他们为了争取独立，还和同为轴心国成员的匈牙利打过一仗。二次大战结束之后，捷克斯洛伐克重新恢复，和匈牙利同属于社会主义阵营，直到1989年11月的"天鹅绒革命"，捷克斯洛伐克改变政体，很快两个民族达成各自独立的分家协议，1993年元旦斯洛伐克正式建国。

从以上历史背景可以看出，斯洛伐克历史上极少独立过，大概只有公元630年前后短短20年间，趁着阿瓦尔汗国在君士坦丁堡城下打了败仗的当口，还有二次大战初期趁希特勒肢解捷克的时机，有过极短时间的独立。从 1993 年到今天，已经是斯洛伐克历史上最长的独立历程了。可能是太多民族和军队曾经征服过这里，斯洛伐克人面对世界风云变幻的态度总是很平和，即便在 19 世纪和 20 世纪民族主义情绪高涨的时代，也很少走极端。也可能是地处多瑙河中游通衢之地的地理位置，让这里的人们见多识广，具有了更国际化的视野，对狭隘的民族之见不是很在意。总之，漫步在布拉迪斯拉发街头，能够感受到这座城市的气质和维也纳跟布达佩斯都不一样：维也纳是"雍容"，气派非凡的皇都气象；布达佩斯是"自豪"，鲜明的民族自豪感处处体现；布拉迪斯拉发是"平和"：存在感没有那么强烈，但什么都有一点，什么都不缺，不是最好的，但也绝对不差，富足而自满，低调而平和。

国家剧院

布拉迪斯拉发旧城就在多瑙河边，从码头一上岸，就能看见国家剧院门前的广场。国家剧院是一座建于 1880 年代的浅黄色新古典大厦，拥有那个时代典型的优雅比例和外部装饰，非常漂亮。从这座喷泉广场走向旧城深处，并没有什么一定要造访的大牌景点，边走边吃，城里的步行街还是很舒服的，可以看到很多建于 19 世纪的新古典大厦，都是奥匈帝国时代贵族的豪宅，今天不是政府建筑，就是大型博物馆，比如国家画廊、爱乐乐团音乐厅、议会大厦这些，斯洛伐克总统府也是由当年贵族的住宅宫殿改成的。街头巷尾有一些让人不禁莞尔的雕塑，比如步行街上突然看到一个打开的井盖，从井口冒出一个头来，上半身趴在地面上，这可能会吓你一跳，其实那是一尊幽默雕塑而已。还有一个穿风衣戴礼帽的铜人像，躲在转角后露出半边身子，手持长焦相机正在偷拍。这尊雕塑叫作《狗仔队》。诸如此类的雕塑在城里随处都能见到，让人对这座城市幽默轻松的生活情调平添几分好感。

旧城面积不大，外围是现代化的新城。在旧城边缘河边山顶上，有一座四四方方的白色大厦，红色屋顶，四角有四座尖细的红顶塔楼。这里叫作布拉迪斯拉发"城堡",但是一则山并不高,二则建筑样式是一座四层大厦,占地面积很大但并不高,很难把它和中世纪的城堡联系起来。实际上,这里正是近代历史上匈牙利王廷的驻地,玛丽亚-泰蕾莎女皇等历代哈布斯堡家族的匈牙利国王和女王都在这里住过,圣斯蒂芬王冠等国之重器也曾保存在这里。从远古时代这里就有设防工事,经过多少年战乱,城堡屡次被毁。1783年匈牙利首都从这里迁回布达佩斯之后,城市的经济和政治地位下降,城堡在军事上的防御作用也消失了,这里逐渐萧条,1811年更是毁于一场火灾,此后100多年都没有修复,一直处于废墟状态,到二战以后的1950年代才由政府出资重建,基本上按照玛丽亚-泰蕾莎女皇时代的样子修复。这座城堡大厦里有斯洛伐克国家博物馆,从平台上也可以俯瞰脚下的红顶旧城、宽阔的多瑙河,还有桥头旧城边缘的圣马丁教堂。这座教堂曾是近代11位哈布斯堡家族的匈牙利国王和女王的加冕地,但外观平平无奇,它的哥特式青铜尖顶在旧城红色的楼群当中很显眼,但绝对高度并不高,教堂本身的体量也不大,内外都是典型的哥特式风格。

无论从城堡还是从码头,任何人都不会错过多瑙河上的斜拉式大桥。它是不对称结构的,只有一座高耸的桥塔,在靠近河对岸的位置,从桥塔上伸出钢索拉住桥身。桥塔塔身倾斜出一定角度,顶上有飞碟形瞭望台和餐厅。因为这个瞭望台的形状,大桥被当地人称作"UFO桥",其实它的正式名字是"斯洛伐克人民起义纪念桥",餐厅下临多瑙河面,是当地最受欢迎的晚餐地点之一,可以欣赏美丽的长河落日,还有落日下被晚霞染上金红、紫红等渐变颜色的美丽城市。我起初以为这座桥是21世纪的建筑,后来查资料才发现,它是1968年捷克斯洛伐克共和国时期设计施工,1972年就建成了,这个形状和技术的超前性,简直令人惊讶。

多瑙河对面的右岸2公里之外就是奥地利国土。布拉迪斯拉发郊区西面和奥地利接壤,南面和匈牙利接壤,作为一国首都,坐落在边境上已经很少见了。笔者造访过的国都当中,排除袖珍型的城邦国家以后,能回忆起来的只有老挝首都万象,隔着湄公河对面就是泰国。像布拉迪斯拉发这样,首都直接和两国交界，在全世界绝无仅有。只要了解斯洛伐克历史上和奥地利、匈牙利错综复杂的关系，这样的地理位置也就不难理解了。这座城市也许比不上维也纳和布达佩斯那样宏伟壮丽，但笔者非常欣赏这里的安静平和，特别是非常看好斯洛伐克未来的经济发展前景。

在整个欧洲，笔者最看好两个国家的经济前景：斯洛伐克和斯洛文尼亚。这两个国家都是地理位置优越，交通四通八达，而且很少有民族偏见，作为历史上的四战之地，对各个民族的外来移民海纳百川，又是一个中立国家，未来一定会极大地受益于全球化经济带来的贸易红利。中国过去几十年埋头经济建设，和平崛起，政治上"不折腾"的经验适合斯洛伐克。斯洛伐克人无论在国际政治还是意识形态上，都没有太强烈的倾向性，再加上国家小人口少，教育普及，经济起飞相对容易。

第二节　潘诺尼亚

西岸的匈牙利帝国

多瑙河滔滔向东，流过布拉迪斯拉发，向南不远进入匈牙利。有100多公里长的距离，多瑙河是斯洛伐克和匈牙利两国的界河，河北（左岸）是斯洛伐克，河南岸是匈牙利。在流过吉尔（Gyor）和古都埃斯泰尔戈姆（Esztergom）以后，多瑙河完全处于匈牙利境内，在瓦茨（Vac）突然右转整整90度，由东西流向改为南北流向，纵贯匈牙利西部领土，流过首都布达佩斯之后继续向南，直到流出匈牙利国界，成为克罗地亚和塞尔维亚两国的界河，仍然是南北流向。古罗马帝国的边境就是莱茵河—多瑙河。所以多瑙河这一段的右岸，在罗马时代属于帝国疆界范围以内，叫作潘诺尼亚行省，包括今天匈牙利的多瑙河以西这部分，也包括斯洛伐克和克罗地亚的一部分，其实还包括奥地利的东部。但是今天我们用潘诺尼亚这个名词，绝大多数时候还是指匈牙利境内的多瑙河西岸，几乎没有看到有书上用"潘诺尼亚"指代奥地利或者克罗地亚。这是有原因的：罗马帝国的时代之后，奥地利的历史属于德意志神圣罗马帝国范畴，克罗地亚有自己的历史，经常和匈牙利捆绑在一起。只要在匈牙利国内，多瑙河以西以东的分别仍然有意义。今天的匈牙利地区，在古代有德意志、斯拉夫、马扎尔人混居。一般来说，右岸是被称为潘诺尼亚的地方，历史上受德意志影响比较大，左岸匈牙利平原的大部分地区是受到喀尔巴阡山脉环抱的肥沃草原，特别受到来自亚洲的游牧民族的青睐，历史上阿提拉的匈人帝国、阿瓦尔汗国、马扎尔人先后都以匈牙利盆地为中心。其中马扎尔人就是今天匈牙利的主体民族。

在罗马帝国衰落，德意志蛮族纷纷入侵帝国边界的时代，阿提拉的匈人帝国是武力最为强大的一个，他们来自亚洲草原，19世纪有法国学者提出假说，认为古罗马帝国晚期的匈人，就是中国汉代的匈奴人，被汉朝击退以后离开东北亚西迁。但是这个假说相当牵强，草原上游牧民族各个部族之间人口混杂，民族融合和分裂时刻都在进行，在古代他们自己又没有文字历史。匈奴西迁从中国的史书上消失，到匈人出现在古罗马的史书上，中间这段时间完全没有记载，也没有考古证据证明这两个民族是同一个，唯一的论据只是两个民族名称的发音相近而已。其实匈人的祖先可能是中国史书上提到过的西域任何一个游牧部族，也可能是中国史书不载的部族。这个匈奴即匈人的假设，在现代也只有中国人出于民族自豪感才乐于采纳，在严肃的历史界已经没有人当回事了。所以笔者在这里有意用"匈人"来翻译西方史书上的 Huni 这个部族，也有的中国学者翻译为"胡人"，用意都是刻意避免"匈奴"这个称谓。

但是以匈牙利平原为中心的匈人帝国没有持续多久，匈王阿提拉猝死之后，他的几个儿子争夺继承权，曾经受到匈人帝国欺压和统治的东哥特人、格皮德人、阿兰人等部族纷纷背叛，联手伏击和围剿匈人，曾经在欧洲强横一时的匈人，在短短的几十年间就彻底消亡，大部分被杀光，剩下的人融入周围其他民族，匈人从此在历史上灰飞烟灭。匈王阿提拉的宫殿就是前文提到《尼伯龙根之歌》史诗传说中勃艮第王国灰飞烟灭的地方。

下一个统治匈牙利平原的，是阿瓦尔人，这个民族是中国南北朝历史上北魏以北的柔然人,《木兰辞》里面从北方入侵北魏帝国的游牧民族就是柔然人。后来这个雄霸北亚的帝国在鲜卑和新崛起的突厥打击下崩溃,不得不西迁来到欧洲,占据了今天的匈牙利,还曾经打进巴尔干半岛,突袭过东罗马首都君士坦丁堡,但是被罗马军在城下击败。柔然人在欧洲史书里叫阿瓦尔人,建立的国家以匈牙利平原为中心,就是阿瓦尔汗国,从公元6世纪到8世纪也有好几百年历史。公元790年代被查理曼大帝的法兰克帝国消灭。这段时间的匈牙利和潘诺尼亚地区,处于法兰克帝国、东罗马/拜占庭帝国的交互影响下,但是作为边缘地区,两边的统治都不太强。

后来北面的波希米亚（今天的捷克）兴起大摩拉维亚公国,一度统治过潘诺尼亚地区;巴尔干半岛北部兴起的保加尔人的保加利亚帝国也一度统治过匈牙利东部大部分土地,但大摩拉维亚和保加利亚从北面和东面的统治为时不长,很快又有一支强大的来自欧亚大草原的游牧部落马扎尔人征服了匈牙利这片土地。直到今天,很多匈牙利人会自称为匈人的后代、阿提拉的子孙。其实匈牙利的主体民族是欧洲化的马扎尔人,在他们和阿提拉的匈人帝国之间,存在500年的时代鸿沟,这段时间里,哥特人、斯拉夫人、阿瓦尔人、保加尔人、法兰克人先后定居在这片土地上。

渊源和血统

如果说匈人消亡以后留下来的血脉通过民族融合,有一部分融进了后来的马扎尔人,这也不算错,但马扎尔人里面能有万分之几500年前匈人的血统呢？不能因为匈牙利、阿提拉的匈人、中国史书上的匈奴,都有Hun字,就想当然地认为他们一脉相承。今天历史学家考证,Hungary的词根不是来源于Huni,匈人,而是来源于东罗马帝国把匈牙利的主体民族马扎尔人,称为乌戈尔人（Ungri）,拼写变体出了Hungary,这个字头的H不发音。而同时期的东罗马拉丁文献,称呼匈人则用另一个词Huni。所以匈牙利的词源和匈人的词源不同。

其实匈牙利民族完全不需要攀附历史上的匈人，他们自身马扎尔民族的历史已经足以令其自豪。9世纪末7个马扎尔人部落从亚洲入侵匈牙利地区，公元896年在阿帕德领导下征服了这片土地。记住这个时间点，因为后面我们旅行到布达佩斯的时候，会发现绝大多数布达佩斯的纪念碑级别的典雅建筑，都建于1896年，那是因为在弗兰茨－约瑟夫皇帝治下的奥匈帝国大举庆祝匈牙利立国1000年，所以才大兴土木。

公元10世纪的前半叶，异教的马扎尔人极其强大，从匈牙利出发不断西侵，是东法兰克王国的心腹大患，直到955年终于被奥托大帝在里奇菲尔德战役（Lechfeld）时击败，从此马扎尔人定居下来。里奇菲尔德战役在德意志和匈牙利历史上都是划时代的事件：在德意志史上，经此一战奥托大帝威望大增，才有后来建立神圣罗马帝国的成就。在匈牙利历史上，这场败仗标志游牧的马扎尔人开始接受定居生活，从生活方式、统治模式、宗教信仰等各方面开始欧洲化。在当时7个马扎尔部落互相不服，只是奉阿帕德的后代作为名义上的匈牙利君主。按照古老的游牧民族传统，国王的位置应该兄终弟及，但那一代匈牙利国王吉萨（Geza）立了儿子做继承人，并请求奥托皇帝从神圣罗马帝国派出传教士传播基督教。997年吉萨国王死后，他的儿子战胜并处决了叔叔，给自己改名斯蒂芬，皈依天主教。因为这个举动，斯蒂芬国王和给他加冕的大主教希尔德布兰特死后都被罗马教廷封圣。匈牙利建国的前300年，首都在多瑙河畔的埃斯泰尔戈姆（Esztergom）。

多瑙河在进入匈牙利最初那150多公里河道仍然是从西向东流淌，先经过右岸的吉尔城。吉尔本身离南岸有一点距离，并不直接位于河岸。这里在16—17世纪奥斯曼土耳其帝国和哈布斯堡帝国来回拉锯的时代，是一处著名的要塞，因为在潘诺尼亚地区的奥匈边境附近，古代地势低平，遍布湖泊沼泽，吉尔要塞占据沼泽地中间地势较高之处，是附近几条大道的交会点。守住这里就支撑住了多瑙河以南奥匈边境的整条防线。1683年维也纳围城战之前，区区数百名奥军守在这里，土耳其大军人数纵有10万之众，但在要塞周围有限的开阔地却发挥不出兵力优势，在向维也纳突击的过程中没能拿下吉尔。虽说土耳其大军为了快速突击维也纳，还是能绕过吉尔继续推进，但后勤供应始终受到极大影响，后来围城战失败，土军退兵途中在这里也遇到了极大麻烦。

在吉尔要塞以东90公里，多瑙河下游的右岸，是匈牙利古都埃斯泰尔戈姆。从维也纳顺流而下行船至此，游客一定不会错过右手边山顶上巨大的圆顶教堂，还有教堂边山坡上沐浴在阳光下熠熠发光的红屋顶城堡工事。埃斯泰尔戈姆应该算是一座中等规模的城市，但就旅游资源来说，在匈牙利绝对是一座大城。城堡山下的老城分为两片，绝大部分在山的上方，另外城堡山脚下到河岸之间的这一小条，被称为"水城"，古代是在山上主教区跟王宫城堡里面工作的臣工们聚居之所。

山顶教堂气势恢宏，它的巨大圆顶跟柱廊，从河对岸远处就能分辨清楚。教堂的墙是灰黄色的，装饰很少，朴素简洁，背向河面的希腊神庙式主入口，一望而知是18世纪末19世纪初流行的新古典风格。的确如此，这座教堂19世纪才修建，1869年教堂完全落成的祝圣典礼上，李斯特还为它写过弥撒音乐。但其实山顶的大教堂已经是历经战火，几毁几建。早在972年埃斯泰尔戈姆成为匈牙利王都以后，历代匈牙利国王大多数在这里加冕。当然，最早的一次，是公元1000年元旦，圣斯蒂芬国王的加冕礼。传说那次加冕是由时任教皇西尔韦斯特二世派出特使，专程送来圣斯蒂芬王冠为国王加冕，所以圣斯蒂芬王

匈牙利古都埃斯泰尔戈姆

冠此后成为历代匈牙利君主必须拥有的国家权力的象征，是匈牙利最神圣的物品，今天放在布达佩斯议会大厦大圆顶正下方供人瞻仰。但公元1000年加冕就用到了圣斯蒂芬王冠，这也只是一个传说而已，真实性存疑。另一种说法认为圣斯蒂芬王冠其实是1070年代在君士坦丁堡制作，由拜占庭皇帝交给当时的匈牙利国王吉萨一世，还有一种说法是由12世纪末贝拉三世国王制作的。

无论如何，圣斯蒂芬国王加冕以后，匈牙利历史在新千年开启了全新的篇章。他本人打破兄终弟及的草原民族政治传统，是长子继承制的受益者，上台以后在全国强制基督教化，改用拉丁字母书写马扎尔语言。所以今天的匈牙利语虽然用拉丁字母拼写，但语言本身属于乌拉尔语系，无论语法还是单词发音规则，跟周围其他国家区别非常大，尤其是欧洲人先名后姓，而匈牙利人先姓后名，这一点和亚洲相同。圣斯蒂芬国王着手把匈牙利改革成一个欧洲式的封建国家，分封伯爵领地。此后匈牙利在12—13世纪的历代国王都是阿帕德的子孙，所以称为阿帕德王朝。1102年，匈牙利征服克罗地亚王国，匈牙利国王兼任克罗地亚国王，并且此后世袭了800年，身兼两个国王的卡洛曼一世不在埃斯泰尔戈姆，而在贝尔格莱德加冕。1172年到1192年在位的贝拉三世国王强大而富有，因为匈牙利不仅土地肥沃、气候温和，适合农业生产，而且富有各种矿物，尤其是生产白银。贝拉三世所处的欧洲第二次十字军时期，匈牙利的国库收入超过了法国，征服了克罗地亚、波斯尼亚，令塞尔维亚称臣，换句话说，也就是打击了巴尔干地区拜占庭帝国的力量，为罗马天主教扩充了地盘。当然，这跟当时拜占庭帝国本身面对塞尔柱突厥入侵，形势内忧外患有关系。稍后的1204年，第四次十字军甚至占领了君士坦丁堡本身。1205—1235年在位的安德鲁二世国王集结了3万大军参加1217年的第五次十字军。1222年他在国内颁布一份金券诏书，是匈牙利的宪法，也是欧洲大陆上第一部限制王权的宪法，只比英国的失地王约翰签署《大宪章》晚了7年。安德鲁二世的金券诏书规定王权附属于王冠所体现的国家，贵族有极大的特权，和国王分享国家统治权。它的副作用就是开启了此后几百年匈牙利贵族目无朝廷，中央政权软弱无力的弊端。总体来说，这200多年是匈牙利历史上极其强盛的时代，以 1235 年加冕的贝拉四世最初几年为顶点。但 1241 年蒙古帝国拔都汗西征，匈牙利军队面对拔都汗的大军，在莫西（Mohi）战役大败，贝拉四世从战场上逃跑，人民遭到屠杀，但蒙古军没带攻城设备，无法占领城防坚固的埃斯泰尔戈姆，而且很快就因为窝阔台大汗去世而撤军。此后贝拉四世在全国大举建设石头城堡和城墙，防止蒙古军卷土重来。贝拉四世把宫廷从埃斯泰尔戈姆迁到布达，埃斯泰尔戈姆结束了作为匈牙利首都的历史。

在今天的埃斯泰尔戈姆城堡山上，临河那一侧还能看到很多古代城墙的痕迹，也许并没有贝拉四世所在的 13 世纪那么古老，但也足以令人缅怀起中古时代埃斯泰尔戈姆作为首都，扼住多瑙河咽喉的荣光。跟山顶体量巨大的教堂相比，城堡山不算高，步行上山也不会很累，汽车可以沿着石子路一直开到大教堂门前。灰白两色的大教堂外部朴素，内部是用大理石装饰的，看上去更像巴洛克风格。两侧的礼拜堂和教堂法器室供奉着很多金银制的圣物匣，这些圣物匣的雕工非常精致，匈牙利历代基督教圣人的遗骨遗物在里面。

从山顶大教堂可以俯瞰城市和多瑙河。在上游方向有一座铁路桥横跨河面，那座桥也是埃斯泰尔戈姆城的象征之一，19 世纪末弗兰茨 – 约瑟夫皇帝统治时期修建，用皇帝和伊丽莎白皇后的第四个孩子，玛丽亚 – 瓦勒里娅公主的名字命名。河对岸是斯洛伐克。但是一次大战以后建立的捷克斯洛伐克跟匈牙利的关系一直不好，因为匈牙利是奥匈帝国的两大主体之一，而捷克斯洛伐克、克罗地亚、罗马尼亚都和匈牙利有领土纠纷，大部分是帝国时代的遗留问题。所以 1945 年德军撤退时炸断了玛丽亚 – 瓦勒里娅桥之后，捷克斯洛伐克和匈牙利虽然同属华约集团，但始终互有敌意，都不修这座桥。直到 2001 年斯洛伐克和匈牙利都是欧盟成员国以后才重新建好这座桥。这座桥的兴建、废弃、修复，可以具体而微地反映出东欧这些国家和民族之间微妙而复杂的关系。

大教堂侧面是古代的王宫城堡，看起来好像是教堂的附属建筑，实际上占地面积很大，大部分建在比山顶低一点的山坡上面。贝拉四世迁都去布达以后，这里留给了埃斯泰尔戈姆的大主教。虽然不再是都城，但这座城市仍旧是全国的宗教中心，因为埃斯泰尔戈姆总主教仍旧是王国境内的首席神职人员，统领全国各个主教区，执掌着给历代国王和女王加冕的权力。14世纪早期阿帕德王朝绝嗣，开始由贵族选举国王，虽然也经过像拉约什一世（即路易一世，在不同的语言中，同一个名字发音不同，译成中文也就不一样。最明显的例子就是德文的卡尔、英文的查理、西班牙文的卡洛斯，其实都是同一个名字。路易是法文，德文里叫作路德维希，匈牙利文叫作拉约什。既然是匈牙利国王，我们在这里就用拉约什这个名号）、乌鸦王马加什这样强大的国王，但大多数国王都会为了选举而削弱王室权力贿赂贵族，在欧洲历史上，波兰和神圣罗马帝国就是这么毁掉的，匈牙利也不例外。16世纪，土耳其大军在莫哈赤战役中摧毁了匈牙利王国的军队，国王阵亡，苏丹苏莱曼大帝几乎占领匈牙利全境，哈布斯堡皇室接手匈牙利的残山剩水，埃斯泰尔戈姆就成为哈布斯堡帝国和土耳其帝国反复争夺的边塞，无论哪一方想要顺流而下或者逆流而上，埃斯泰尔戈姆都是扼住多瑙河的要点，所以城市历史上几毁几建，这座城堡到近代已经残破不堪，几乎完全掩埋在地下。二次大战以后开始发掘城堡，所以今天我们在这里看到的拱门、塔楼、建筑物都是中世纪的遗物，大多数是罗曼建筑风格时期王宫的原物，看上去比19世纪重建的大教堂更古老。这里现在是属于匈牙利国家博物馆体系下的城堡博物馆。

　　从山顶大教堂俯瞰的另一面是红色屋顶的埃斯泰尔戈姆旧城。全城的古代建筑风貌保存得很好，虽然没有布达佩斯那么华丽，但还是有很多新古典跟巴洛克式的建筑，还有很多石子路，感觉旧旧的，历史感十足。市政厅在上游方向，离玛丽亚－瓦勒里娅大桥不远，它本身看上去是一座低矮但是很长的两层楼黄色新古典式建筑，入口大门上方刻着城市的徽记，侧面还有一座喷泉。市政厅面对的广场叫作塞切尼广场，广场正中有三根柱子的高大纪念碑象征基督教的三位一体。广场四周的建筑大多是巴洛克时代留下来的，倒是比市政厅更耐看。

　　从古都埃斯泰尔戈姆顺流向东40公里，来到多瑙河拐弯处，河流在这里受到喀尔巴阡山脉的阻挡，从东西向转为向正南方向流去。瓦茨城就在这个大转弯的外角，河流的左岸。从这里往南35公里就是首都布达佩斯，瓦茨城本身已经属于佩斯郡，所以夏天很多布达佩斯的居民会当天往返瓦茨，把这里作为周末度假的去处。这里感觉上比埃斯泰尔戈姆更小一点，实际上人口比埃斯泰尔戈姆多，感觉小是因为没有那么多的纪念碑式建筑，市中心的风格很统一，大多数古老建筑都是巴洛克风格的，比喧闹的布达佩斯安静，稍显沉闷。全城主要的两处景点都在18世纪玛丽亚-泰蕾莎女皇时代建成，这是因为在土耳其帝国占领匈牙利大半国土的时期，瓦茨属于土耳其占领区，到维也纳围城战之后的1684年才被奥军解放，随后开始大兴土木搞重建。瓦茨主教座堂建成于1770年代，作为巴洛克建筑显得非常低调朴素，外观的两座钟塔方方正正的，内部用浅黄和白色，显得很干净明亮，装饰不复杂，也只有从圣坛上方的天顶壁画能看出典型的巴洛克风格来。城北河边进城大道上的凯旋门也不宽，并没有很多装饰性的雕刻，比新古典式建筑还要朴素。门楣正上方用拉丁文镌刻着好几行铭文，虽然我看不懂，但是铭文最后的罗马数字记年MDCCLXIV我还是看懂了：M是1000，D是500，两个C各是100，LX是50+10，IV是5-1，合起来是1764年，正好符合迎接玛丽亚-泰蕾莎女皇驾临瓦茨这个时代背景。瓦茨城还有一处旧城墙很有意思：中世纪的石制圆塔和半堵石墙被整合进后来建造的公寓楼里，用色鲜艳的近代房子和暗沉的中世纪石墙形成鲜明对比。

第三节　布达佩斯

城堡山

整个多瑙河流域仅次于维也纳的第二大繁华都市是布达佩斯，这恰合奥匈帝国时代布达佩斯城仅次于维也纳的二元君主国首都地位。布达佩斯的城市建筑和文化氛围，和维也纳一样都是巴洛克和新古典样式的，这当然是在哈布斯堡王朝二元帝国时代，受奥地利皇室的影响。直到今天，布达佩斯的咖啡馆文化，仍然是欧洲除了巴黎和维也纳之外最好的。

整体上说，布达佩斯的布局和布拉格相似：都是一条河把市中心分为东西（布达佩斯是多瑙河，布拉格是伏尔塔瓦河），河东是老城，河西两座山峰，靠北的山上有王宫，靠南的山头叫作 Gellert，山顶是远距离拍摄王宫山和对岸老城的好地方。所以，我在记忆中有时候会混淆布达佩斯和布拉格两座名城。

城堡山下，多瑙河上，链子桥是布达佩斯城市的象征，连接河东佩斯城的罗斯福广场（Roosevelt Ter）和河西布达城。河左岸佩斯城一侧上游 2 公里处，大红圆顶的白色建筑，就是匈牙利议会大厦。

在古代布达和佩斯是两座城市，中间相隔的这条多瑙河太宽，直到 19 世纪都没有一座固定的桥梁，一直用浮桥连接，冬天河流封冻，浮桥要收起来，可是冰面又冻不结实，行人无法过河。19 世纪的某一个冬天，匈牙利大贵族塞切尼伯爵（Szechenyi，英雄广场背后著名的塞切尼浴场也是他建造的）因为河流解冻，一个星期无法过河，缺席了他父亲的葬礼。后来塞切尼伯爵就出资建造了这座链子桥，永久性地把两岸连接起来。

二战末期的布达佩斯战役当中，纳粹炸毁了多瑙河上的所有桥梁。今天的链子桥和布达佩斯的所有多瑙河桥梁，都是战后重建的。

走过链子桥，来到城堡山下的缆车。其实山既不高也不陡，1870 年建造这座河边通往王宫的轨道车，是为了方便那些天天上山修建王宫的工人们，今天这些古色古香的轿厢对游客来说特别有吸引力，坐轨道车上山，一边上升，一边可以回头拍摄脚下的多瑙河、链子桥、和桥对岸的佩斯城。

城堡山顶上有王宫和广场，过去是匈牙利历代国王的宫殿，兼作防御工事。

一走出缆车站，没到王宫之前，看见的是一座乌鸦雕像，不知道有没有人注意到？

除了王宫之外，城堡山顶的第二大建筑——马加什教堂（Mattias），门前也有乌鸦纪念碑，而且仔细看，乌鸦嘴里还叼着一枚戒指。看来，乌鸦是匈牙利王室的吉祥物。这是为什么呢？

在这里暂停一下，顺便聊聊匈牙利的历史故事和传说，应该是挺合适的。

话说蒙古入侵以后，惊魂未定的匈牙利国王贝拉四世把宫廷从埃斯泰尔戈姆迁往布达，开始亡羊补牢，在全国修筑城堡、要塞。这就是今天布达佩斯城堡山上王宫要塞的由来。

半个世纪之后，匈牙利国王安德鲁三世在1301年去世，阿帕德王朝就此绝嗣。匈牙利贵族们趁此机会攫取王室的财富和权力，国内大乱。当时欧洲各大国里面，法国国王是美男子菲利普四世，就是消灭了圣殿骑士团，控制教皇，把教廷迁往阿维尼翁的那位国王；德意志国王是哈布斯堡的阿尔伯特一世。此时也就是瑞士联邦威廉·退尔争取独立的时代。争夺匈牙利王位的有好几家，最后的胜出者是法国安茹家族的查理一世，他出自法国王室的幼支安茹家族，曾祖父就是被西西里农民起义"晚祷钟声"事件赶出西西里岛的那不勒斯国王查理一世。但匈牙利新王查理一世花了20多年才把国内不服管束的各大贵族安抚下来或者加以征服。这半个世纪仍然是匈牙利的兴盛时期，这个匈牙利历史上的"金雀花王朝"共两代国王，查理一世和路易一世（按照匈牙利语发音就是拉约什一世）。查理国王独断专行，从不开国会，利用占当时全世界产量三分之一的银矿加强王室军队，查理和拉约什父子统治下的匈牙利，是14世纪欧洲大陆上最强大的政权之一，甚至超过控制教廷的法国。匈牙利国王争夺意大利南部的那不勒斯王位，让波斯尼亚和塞尔维亚称臣，迫使威尼斯撤出达尔马提亚海岸，在摩尔达维亚建立属国。1370年拉约什大帝更被选举为波兰国王。可是好景不长，波兰、匈牙利、克罗地亚国王拉约什大帝死于1382年，他没有儿子，强大的金雀花王朝绝嗣，女婿卢森堡家族的西格蒙德为争取王位，向匈牙利的贵族做出很多让步，把王室地产的一半送给贵族们当礼物。虽然西格蒙德如愿当上匈牙利兼波希米亚的统治者，甚至后来还登上神圣罗马帝国的皇位，但他在匈牙利国内作为国王的地位非常脆弱，1401年西格蒙德国王甚至短期被匈牙利贵族们囚禁起来。

内忧继之以外患，拉约什大帝时代受到匈牙利统治的巴尔干民族信仰东正教，不服天主教匈牙利的统治，向奥斯曼土耳其帝国称臣并且求援，引狼入室。1390年土耳其入侵匈牙利南部边境，西格蒙德国王率领十字军在1396年的尼科波利斯战役中大败。幸亏不久以后奥斯曼苏丹"雷霆"巴耶济特在安卡拉之战中被瘸子帖木儿打败当了俘虏，土耳其暂停扩张，让欧洲赢得喘息。

1437 年西格蒙德国王兼皇帝又死后无子，卢森堡皇朝绝后，王位传给女婿，哈布斯堡家族的阿尔伯特二世，两年以后阿尔伯特又病死，本该是阿尔伯特的遗腹子拉斯洛五世继承，但拉斯洛年纪太小，其表叔，哈布斯堡家族的第一位皇帝腓特烈三世想要篡夺奥地利和匈牙利的统治权。匈牙利贵族们以大贵族匈雅迪为首，选举波兰国王弗拉迪斯劳兼任匈牙利国王。就在这个各方争夺王位的节骨眼上，土耳其再次大举入侵。

综观土耳其帝国兴起时期西进的几百年历程，抵挡土耳其征服欧洲的主力，先后是三个王朝：第一道防线是拜占庭，也就是东罗马帝国。土耳其跨过达达尼尔海峡进入欧洲之后，围攻君士坦丁堡将近一个世纪，始终拿不下来，只得先越过君士坦丁堡，开始征服巴尔干。1453 年君士坦丁堡终于陷落，千年帝国拜占庭灭亡。

然后，抵挡土耳其沿着巴尔干半岛入侵欧洲的第二道防线，主力就是匈牙利王国，这次抵挡了快 150 年。1444 年罗马教廷组织"瓦尔纳十字军"讨伐土耳其，在瓦尔纳战役中再次大败，波兰兼匈牙利国王弗拉迪斯劳阵亡，此后匈牙利国会承认当年阿尔伯特的"遗腹子拉斯洛"为国王，由匈雅迪摄政。所以匈雅迪一面主持抵御土耳其的入侵，一面和跃跃欲试始想要争夺匈牙利王位的腓特烈三世对抗。

匈雅迪大将军并不是王族，却因为屡立战功，成为基督教世界的英雄。他和阿尔巴尼亚的斯堪德贝格，瓦拉几亚的（今天属于罗马尼亚）"吸血鬼"德拉库拉伯爵，摩尔达维亚的斯特凡大公，差不多处于同一时代，当时的战略格局是以匈雅迪的匈牙利军团居中，左翼是瓦拉几亚和摩尔达维亚，右翼阿尔巴尼亚在土耳其背后袭扰策应，共同对付奥斯曼帝国西侵。

1453 年，奥斯曼帝国最终征服君士坦丁堡，苏丹"征服者穆罕默德"二世下一步全力西向，进攻匈牙利的多瑙河防线，防线的中坚支撑点是今天的贝尔格莱德。1456 年，土耳其围攻要塞，匈雅迪率军驰援，这一战非常关键，当时的教皇下令，欧洲所有罗马天主教国家，每天中午 12 点一齐鸣钟，为战争的胜利祈祷。匈雅迪一战大胜，不但击退土耳其大军的入侵，而且确保以后70年都把土耳其牵制在多瑙河防线上。直到今天，天主教堂还在中午12点鸣钟，就是那一年留下来的传统。不过，匈雅迪本人也在战役期间染上瘟疫，不久就病死了。

　　下面就是"乌鸦王"的传说：匈雅迪生前只做过摄政王，按说没有王室血统，没有资格竞争王位，何况国王"遗腹子拉斯洛"已经16岁可以亲政了。但是匈雅迪生前众望所归，他的儿子们也不免功高震主。其实马加什只是匈雅迪的次子，当时15岁。他的哥哥被国王"遗腹子拉斯洛"逮捕处决，他自己也被捕。但不久16岁的国王也暴毙，有说法是被国王的表叔、觊觎匈牙利王位的腓特烈三世皇帝所害，但现代的研究说法是其实国王早就得了白血病。布达佩斯的贵族和平民马上选举马加什为新国王，但他当时正被囚禁在波希米亚宫廷（前国王遗腹子拉斯洛兼任奥地利公爵和波希米亚国王），而布达佩斯也有其他候选人对王位虎视眈眈。这时，需要马加什尽快赶回来即位。传说中，他的母亲放飞一只神奇乌鸦从匈牙利飞到布拉格，嘴里叼着一只象征王权的戒指，马加什得到消息连夜脱身，赶回布达佩斯即位。所以，他的名字，就叫Matthias Corvinus，Corvinus是拉丁文乌鸦的意思，乌鸦成了国王的吉祥物。

　　"乌鸦王"马加什打败了国内拥戴皇帝腓特烈三世的一派贵族，加强中央集权的财税系统，稳固南方对土耳其的防线。他建立起一支"黑甲军"，是欧洲第一支常备职业化军队。马加什在东南方向跟土耳其讲和，回头在西方和波兰争夺波希米亚王位。之后跟腓特烈三世皇帝兵戎相见，打败皇帝并占领了维也纳，当上了奥地利公爵兼波希米亚国王。现在我们在布达山上参观的王宫，大部分是马加什国王建设的。

　　1490年乌鸦王马加什病死，几年之内，王位选举制的弊端再次显现。贵族会议再也不想要一个乌鸦王似的强大君主，之后的国王受制于贵族会议，被迫减税，解散"黑甲军"自废武功，匈牙利贵族们侵吞王室地产，几乎处于无政府状态。同时，土耳其那边即位的，却是著名的苏莱曼大帝。1521年苏莱曼大帝拿下贝尔格莱德，入侵匈牙利本土，1526年爆发灾难性的莫哈赤战役，来自波兰的匈牙利国王拉约什二世阵亡，大部分国土，包括布达佩斯，都被土耳其帝国占领。剩下的部分国土上，拥戴奥地利公爵斐迪南为匈牙利国王，这位新王就是神圣罗马皇帝兼西班牙国王，强大的查理五世皇帝的弟弟，后来的皇帝斐迪南一世。

以上就是匈牙利后来一直受哈布斯堡家族统治的缘起。从此，欧洲抵挡土耳其西进的第二道防线的匈牙利彻底崩溃，重担落到第三道防线的奥地利神圣罗马帝国哈布斯堡家族的身上。这第三道防线也遭到过严峻考验，历史上土耳其大军两次围攻维也纳，均未攻克。1683年第二次维也纳围城战之后，强弱之势互易，欧洲列强（主要是奥地利和后来崛起的俄罗斯）步步反攻土耳其200年，直到1918年奥斯曼土耳其帝国土崩瓦解。

坐轨道车上山，看过引领马扎尔历代国王的神乌鸦雕塑之后，就到了王宫大门口。城堡山上盖要塞和王宫，开始于蒙古入侵之后的贝拉四世。这座大王宫的基本格局，则是鼎盛时期乌鸦王马加什确立的，所以基本上是文艺复兴式样。不过这座宫殿历史上毁过两次：1680年代维也纳围城战之后，哈布斯堡大军乘胜反攻布达佩斯，围攻城堡山，炸掉了土耳其守军的弹药库，王宫被毁之后重建。1945年苏军解放布达佩斯之战，德军死守城堡山，王宫又一次毁于炮火。

今天在王宫里有匈牙利历史博物馆。王宫正面的大阳台风景最好，可以登高俯瞰多瑙河对岸佩斯城全景，包括美轮美奂的国会大厦和链子桥。王宫前面那尊骑像，是18世纪初奥地利军队总司令、欧洲第一名将欧根亲王。他指挥奥地利军队一直反攻到贝尔格莱德，在西线，也屡次战胜法国的太阳王路易十四。

王宫背面的雕塑更好看，是巴洛克—洛可可风格，雕的是乌鸦王马加什出猎图。

从王宫沿山顶往北走，路上会看见牌子，指向"地下医院隧道入口处"。因为城堡山里历来岩洞很多，后人把山腹里这些岩洞打通，加以人工修筑，做成易守难攻的地道体系，二战末期纳粹死守布达佩斯，城堡山里的地道体系不但是防御工事，而且容纳了德军野战医院。现在里面经过整理，可以参观。

城堡山顶北端有两处非常漂亮的建筑。一座是乌鸦王马加什教堂，仔细看屋顶就会发现它跟维也纳市中心的斯蒂芬教堂相似，也有彩色折线花纹装饰。这座教堂尖顶上，也有前文所提的嘴衔戒指的乌鸦雕像。不过教堂门口的骑像不是马加什，而是公元1000年登基的匈牙利第一位基督教国王圣斯蒂芬，比乌鸦王早了将近500年。

还有一座在城堡山面向多瑙河的陡坡上，全城最漂亮的中世纪堡垒——渔人堡。这里最适合晚上来拍夜景，无论从河岸仰视渔人堡全景，还是在山头侧看工事，都有像童话一样梦幻的色彩。其实这个堡垒也不是真的打仗用的，看它童话梦幻般的外形就知道它华而不实：最早，为了防御土耳其入侵，布达城全民皆兵，这里的确有防御工事，而且是由多瑙河的渔夫组成民兵负责防守，所以叫作渔人堡。不过现在我们看到的漂亮建筑，是1896年弗兰茨-约瑟夫皇帝治下，匈牙利庆祝建国1000年时候改造的成果，那时候布达城太平盛世，所以改造以后装饰性大过实用性。这渔人堡的7个圆锥塔顶，象征当年7个马扎尔部落的游牧帐篷。

布达佩斯的渔人堡

布达佩斯夜景

从缆车站走到渔人堡，基本上就看完了整个城堡山上的主要景点，沿着渔人堡正面的大楼梯下山，在河边有鱼市，还有一座漂亮的教堂。

如果想要夜游布达佩斯，除了渔人堡的夜景，我觉得更应该登上旁边的盖勒特山（Gellert），可以从远处拍摄城堡山和佩斯旧城，以及多瑙河上桥梁的全景。盖勒特山下有著名的盖勒特温泉浴场，山顶有苏军纪念碑，山顶夜间的照明很好，感觉很安全，只是晚间游人寥寥，还是多加小心为好。

左岸佩斯老城

佩斯城第一不容错过的地方，毫无疑问是匈牙利国会大厦，它是1896年为庆祝建国1000年的时候在哈布斯堡治下兴建的纪念碑建筑，高96米，是仅次于伦敦议会大厦的全世界第二大议会建筑。19世纪末，西方新浪漫主义盛行，仿古的新哥特、新罗曼风格大行其道，这座匈牙利国会，和伦敦的国会大厦、塔桥一样，都是最纯正的哥特复兴风格——不过加上了一个新文艺复兴式的大圆顶。国会大厦里面只能跟随有组织的定期解说团入内，议会内部装饰富丽堂皇尤胜外部，当年光镀金就用去40公斤黄金，而且在中央大圆顶的正下方，陈列着象征匈牙利主权的圣斯蒂芬王冠。

这顶王冠，据说就是公元1000年，教皇送给第一位皈依基督教的匈牙利国王圣斯蒂芬一世的王冠（前文提起过，此事有争议），后来历代国王都用它加冕。近代匈牙利多次被外来势力侵略，16世纪为了躲避土耳其大军，圣斯蒂芬王冠被秘密转移去西部的临时首都布拉迪斯拉发，忙中出错，王冠顶上的十字架被盛它的铁盒盖碰歪了。这是一次事故，并非故意如此，因为之前所有古籍里的匈牙利王冠画像，顶上十字架都是直的。不知道为什么后世没有把歪的十字架纠正过来，搞得我在参观的时候一直以为歪十字架是故意为之，有什么典故。1945年5月，象征匈牙利王权的珠宝（包括王冠、宝剑、权杖、地球）隐藏在匈牙利西部乡间，被西线美军第86步兵师发现，保护王冠珠宝的匈牙利王家卫队反对苏维埃，便把这批王室重器交给美军保管。所以从1945年开始，这顶王冠保存在美国诺克斯堡国库黄金贮藏库里，就是007电影《金手指》里说的诺克斯堡金库，直到1978年，美国总统卡特访问匈牙利，把这批王冠珠宝送回布达佩斯。

布达佩斯国会大厦外面的广场，以1848年欧洲革命时期匈牙利爱国志士科苏特（Kossuth）的名字命名，广场上有他的立像。这就要说到匈牙利近代史上的一个重要时期——1848年革命。

1683年奥地利联合德意志诸侯、波兰、威尼斯等天主教联盟国家，从维也纳城下发起反攻，气势如虹，1718年匈牙利全境光复。趁此泰山压顶之势，皇帝迫使匈牙利贵族们组成的议会同意取消选举弊端，让哈布斯堡家族世袭国王。领导匈牙利反叛的贵族拉科奇流亡波兰、法国、土耳其。在匈牙利历史上，拉科奇被视为一位爱国者，反抗来自奥地利的外族压迫。此后100多年，在玛丽亚-泰蕾莎女皇等几任哈布斯堡君主治下，匈牙利仍然有过起义或者说叛乱，但国家经济基本上欣欣向荣。到19世纪，整个欧洲的民族主义兴起，1848年革命是民族主义和民主主义的大爆发。在这场革命前后，四位匈牙利爱国名人走出了四条不同的人生和政治轨迹，真实地体现了大浪淘沙的革命大时代画卷。

第一位是塞切尼伯爵，也就是链子桥和塞切尼温泉浴场的命名者，匈牙利大贵族，他家世代豪富，其父就是匈牙利国家图书馆和国家博物馆的创始人。塞切尼本人学富五车，主张实业救国，推动温和的政治改革，反对1848年的激进武装革命，想在哈布斯堡帝国框架内发展匈牙利的独立地位。1848年之前，塞切尼是德高望重的议会大贵族首领,同时期议会下层阶级的代表就是科苏特，两人都是匈牙利的爱国者，但政见不同，时常在议会唇枪舌剑，私人关系很糟糕。塞切尼伯爵平安度过了1848年的革命战争，却在1860年因为忧郁症而自杀。科苏特比塞切尼伯爵小12岁，1802年生，1848年领导革命的时候才46岁。他是新教徒，下层贵族出身，从国会议员助手干起，凭借演讲写作天赋在议会中成为政治领袖。1848年革命爆发，3月，智障但善良的斐迪南一世皇帝批准建立匈牙利立宪政府，由巴特雅尼（Batthyany）领衔，向匈牙利议会负责，科苏特在新政府中出任财政部长。但科苏特并不满足，他倡导人民武装起来反抗奥地利统治，绝不妥协。在巴特雅尼辞职以后，科苏特在9月份当上"国防委员会主席"，实际就是整个匈牙利革命政府的总负责人。奥地利政府军步步紧逼，科苏特的革命政府撤到东北部城市德布勒森，并带走了象征国家的圣斯蒂芬王冠。11月斐迪南一世皇帝退位，18岁的新皇弗兰茨-约瑟夫宣布自治政府和科苏特均为非法，科苏特干脆在1849年发布独立宣言，彻底和奥地利决裂，一度取得军事胜利，5月份甚至占领了首都布达。但随着俄国进行干预，俄奥两强夹攻匈牙利，最终革命被镇压，科苏特下台以后流亡土耳其，之后又去了英国、美国和意大利，成为世界著名的流亡革命者，1894年病逝于都灵。科苏特扮演的是上层革命者的形象，虽然失败了，个人结局并不比温和的爱国者塞切尼伯爵差。

比塞切尼和科苏特都更加著名的基层革命者、青年诗人山多尔·裴多菲就不同了。他生于1823年，出身贫寒，父亲是村里的屠夫，也开旅馆和酒馆。其实裴多菲祖籍不是匈牙利，是来自斯洛伐克或者塞尔维亚的移民。他受教育不多，15 岁辍学，诗才纯是天生，1841 年上大学，1842 年发表第一首诗，那年 11 月开始用笔名裴多菲。1844 年在佩斯城出版诗集开始出名。1846 年结婚并开始参加政治俱乐部参与革命。换句话说，1848 年革命爆发的时候，裴多菲还是一个籍籍无名的 25 岁毛头小伙子，充满热情，容易冲动，参与起草了"12 点要求"，并创作出街头口口相传的《民族之歌》，这首诗后来成为匈牙利的国歌歌词。裴多菲加入革命军队，为保卫独立的政府而战，1849 年 7 月底在和俄军的战斗中阵亡，尸体始终没有找到。裴多菲的道路跟科苏特又有不同，是典型的"革命军中马前卒"的道路。后来李斯特曾为他的几首诗谱曲。

1848 年匈牙利革命被皇帝和俄国沙皇联手镇压之后，皇帝在匈牙利实施军政府统治。1867 年解除军管，建立二元帝国。所谓二元帝国，就是奥地利、匈牙利两国独立平等，各有一套议会、政府，共同拥戴弗兰茨－约瑟夫皇帝组成帝国。第一任匈牙利首相是安德拉西伯爵。安德拉西伯爵和裴多菲同岁，也是 1823 年生人，和塞切尼一样是大贵族出身的革命者。他走出了大革命时代的第四条道路：1848 年革命之前，安德拉西很年轻，也容易冲动。他在革命前受到过前辈塞切尼伯爵的提携，但更倾向于激进革命，跟科苏特他们政见相合，支持革命并和裴多菲一样投笔从戎，抵抗克罗地亚加拉切奇的军队。安德拉西曾奉革命政府派遣出使土耳其。革命失败以后流亡伦敦、巴黎，被缺席判处死刑，流亡 10 年。到此为止，安德拉西的人生轨迹和科苏特基本相同。但他后来走了一条妥协的道路，1858 年回国，1865 年出任国会副议长，主持起草 1867 年的二元帝国宪法。他规划的奥匈二元帝国实现以后，其成为皇帝的首席功臣，出任独立的匈牙利王国首任首相，主抓军事和外交。此后更是作为整个帝国的外交政策主要制定者，代表奥匈帝国跟欧洲列强在国际舞台上折冲樽俎。总体上说，安德拉西伯爵在外交上是个保守主义者，想帮助奥地利向东南欧扩张，跟沙皇俄国敌对，但不信任南部斯拉夫各国的民族主义，所以他代表皇帝出席 1878 年德国首相俾斯麦主导下的柏林和会，试图联合英法德，限制俄国对土耳其帝国的步步紧逼，并占领了波斯尼亚—黑塞哥维那。安德拉西伯爵 1879 年辞职，一生完成了从革命者到政权主导者的华丽转身，大权在握，俨然人生赢家。坊间有传说他还是伊丽莎白皇后，也就是茜茜公主长期的秘密情人，但是并无实据。毕竟，皇后在政治和感情上一直偏爱匈牙利，而安德拉西伯爵作为匈牙利顶级的政治家，跟皇后少不了打交道，甚至有一段时间天天给皇后送鲜花，宫廷对他们的关系有所猜测，也算情理之中。

看够了匈牙利1848年的风云人物，让我们回到科苏特广场。这座广场在1848年革命之后百余年的1956年再次成为世界瞩目的革命中心，那就是著名的匈牙利事件。今天在广场上，有一座纪念碑，还有长明火炬，纪念当年的反苏群众运动。一面匈牙利国旗，上面布满弹洞，是当年苏军开进布达佩斯，镇压匈牙利人民时打的，今天仍在国会大厦前的旗杆上高高飘扬。

1956年的匈牙利事件，今天回过头去看，是匈牙利人民争取自由，反抗外来和国内双重压迫的群众运动——至少匈牙利人是这么看的。1956年一年之内，东欧社会主义阵营发生过波兰的华沙事件和匈牙利事变两件大事，当时中国对两者的态度截然不同：中国强烈反对苏联出兵干涉波兰内政，但是却支持苏军出兵镇压布达佩斯的反抗，后来60年代"文革"中打倒刘邓的时候，还曾指责邓小平是"中国的纳吉"。纳吉是当时匈牙利改革派领导人、政府总理，苏军镇压了匈牙利事变之后，逮捕并处决了纳吉。今天，在科苏特广场另一端，和国会大厦遥遥相对的地方，有一座雕塑，纳吉站在一座拱桥的顶端，回头遥望议会广场。在今天的匈牙利，纳吉被视为和科苏特、裴多菲一样为自由解放而献身的民族英雄，有很多纪念1956年事变和纳吉的纪念碑，也有街道和学校被命名为纳吉。从纳吉像再向外走，下一片广场中心，有苏军纪念碑，当然这不是纪念苏军1956年镇压匈牙利事件，而是纪念1945年苏军从纳粹德国手中解放匈牙利。

让我们从科苏特广场回到河边。在国会大厦以南靠近链子桥的方向，有座设计别致的纪念碑：河岸上十几双铜铸的被遗弃的鞋子。这座碑并不高大，但是设计别出心裁，好像鞋子的主人刚刚脱下鞋来，淹没在滔滔多瑙河水中一样。事实也的确如此：纳粹德国占领匈牙利之后推行种族灭绝政策，这座纪念碑是为了纪念二战期间被德国人和匈牙利本土的法西斯组织"箭十字"大批屠杀的匈牙利犹太人。

它的历史背景是，一次大战之后，奥匈帝国解体，作为战败国主体之一的匈牙利虽然获得了完全的独立，可是它跟周边曾经受它统治的捷克斯洛伐克、罗马尼亚、南斯拉夫这些新独立的国家都有领土纠纷，吃了不少亏，还成为世仇。两次大战之间，匈牙利人的心路历程有点像德国，他们也选出了一位独裁者做首脑——霍尔蒂经常被外界讥笑为"一个内陆国家的海军上将"，其实一点都不可笑。匈牙利虽然是内陆国家，但战前奥匈帝国可是有海军的，而且霍尔蒂作为帝国最后一任海军总司令，可以说是战功赫赫。虽然二战期间匈牙利和罗马尼亚、保加利亚、斯洛伐克等东欧国家一样都在轴心国阵营，但是罗马尼亚的安东尼斯库、匈牙利的霍尔蒂、斯洛伐克的蒂索，和希特勒都不完全是一条心。希特勒为了控制霍尔蒂、安东尼斯库这些仆从国的独裁者，在匈牙利、罗马尼亚也暗中支持更极端的法西斯政党，作为制衡工具。霍尔蒂政权努力保持自己内政和外交主权的独立性，尤其是内政方面，匈牙利的箭十字党被霍尔蒂宣布为非法，而且匈牙利对本国的犹太人也没有进行大规模迫害。霍尔蒂自称是个反犹主义者，但事实是，到1943年匈牙利还有80万犹太居民，在希特勒的压力下，霍尔蒂把10万犹太人送进劳动营，但是没有进行大规模屠杀。后来东线战局不利，霍尔蒂与盟国停战，结果被德军推翻，遭到希特勒逮捕，匈牙利箭十字党上台，开始推行恐怖统治，44万犹太人被送往奥斯威辛集中营，成千上万的犹太人在匈牙利国内被处决。

在佩斯旧城河边，还有一座巨型的圣斯蒂芬大教堂，其实不算古建筑，和国会大厦一样，也是1896年千年纪念时兴建的纪念建筑，顶高96米。教堂里面，据说保存着圣斯蒂芬国王的左手。

从多瑙河边的圣斯蒂芬教堂往东北方向英雄广场去的这条安德拉西大道沿线，也有不少景点，串起了李斯特广场和李斯特雕像、"恐怖统治博物馆"、国家大剧院等值得一看的地方，而且有好几家著名的餐馆和咖啡馆，可以考虑至少坐单程古老的地铁感受一下，这条沿安德拉西大道地下的M1线地铁，它本身也是古董，是世界上第二条，欧洲大陆第一条地铁线。全世界第一条地铁线，是伦敦从滑铁卢桥到贝克街的贝克卢线（Bakerloo），今天还在使用。你如果参观伦敦贝克街上的福尔摩斯博物馆，然后在贝克街站坐地铁，就能够看到"世界最早的地铁站"的纪念牌。然后，布达佩斯这条地铁线，为了庆祝1896年千年纪念兴建，仅仅晚于伦敦地铁，是欧洲大陆上最早的一条线。乘坐这条地铁线，会觉得怎么地下的车站，离地面这么近，似乎也只有一人高？里面的车厢，是古色古香的木制车厢，像老式有轨电车。

布达佩斯的建筑像维也纳，安德拉西大道上也有一座看上去很相似的国家歌剧院，它跟维也纳国家歌剧院还真是近亲，当时叫作布达佩斯王家歌剧院，跟维也纳的表兄弟一样，都是19世纪后期的新古典式建筑，只比维也纳歌剧院晚了15年。而且，19世纪末伟大音乐家、维也纳国家歌剧院乐团和爱乐乐团的音乐指导古斯塔夫·马勒，也担任过布达佩斯王家歌剧院的音乐总监。

歌剧院再往东北不远，马路右手是李斯特广场和李斯特音乐学院。

很多人都认为弗兰茨·李斯特是历史上最伟大的钢琴家，他发明了交响诗和主题变奏。李斯特1811年生于匈牙利肖普朗（Sopron）郡，现在是奥地利和匈牙利的边境，他父亲就会多种乐器，在埃斯特哈奇家族的尼古拉二世亲王宫廷当乐师。我们记得海顿就是埃斯特哈奇宫廷的乐长，比李斯特的父亲年纪大，两人还相识。李斯特本人也是音乐神童，1820年9岁的时候就在布拉迪斯拉发和家乡肖普朗登台演出，之后得到资助去维也纳学钢琴，他的老师就是贝多芬的学生。他还和莫扎特的对手萨列里学过音乐。李斯特11岁在维也纳的音乐会登台演出，认识了贝多芬和舒伯特。12—13岁陆续发表钢琴变奏曲作品。李斯特16岁搬去巴黎住过5年，就是在这个时期，他在巴黎接触了很多杰出作家和思想家，比如雨果、拉马丁，他以教授钢琴和作曲为生，很少创作，1832年李斯特在巴黎听了帕格尼尼的小提琴音乐会对其大为倾心，痛下决心在钢琴方面要成为堪与帕格尼尼在小提琴方面媲美的大师。1830年的巴黎是欧洲的文化中心，李斯特在巴黎还认识并受到肖邦浪漫主义的影响，钻研并掌握当时新开发的钢琴技法。他的感情生活也是丰富多彩，1833年认识玛丽·德·阿格尔格（Marie d'Agoult）伯爵夫人，两人相爱，1835年伯爵夫人跟他私奔去日内瓦，并生了女儿，取名科西玛（Cosima）（她先嫁给指挥家冯·比洛，后来闹婚变，嫁给《尼伯龙根指环》系列的作者，歌剧大师瓦格纳）。4年以后，李斯特为了给波恩的贝多芬纪念碑筹款，开始欧洲旅行，伯爵夫人带着孩子回到巴黎。李斯特巡回欧洲8年极为成功，如愿以偿成为和帕格尼尼一样，在一种乐器上无与伦比的大师，整个欧洲为之疯狂。当然，无论是帕格尼尼还是李斯特，他们的成功不仅有个人技巧的原因，也归功于个性方面的戏剧化，也就是"人来疯"，演奏的时候表情动作很丰富，甚至即兴改编乐谱，主要演奏自己的作品。李斯特将欧洲巡回音乐会的巨额所得捐献了很多，尤其是他帮助建立了匈牙利国家音乐学院，也就是今天的李斯特音乐学院。1847年卅始，音乐演奏方面功成名就的李斯特隐退舞台，开始转向专心作曲，在德国小城魏玛一住就是12年，今天在魏玛旧城边缘还有李斯特的故居。

李斯特虽然个人生活作风不那么检点，总闹点绯闻什么的，但却非常虔诚，曾搬到罗马并住在修道院里，接受了低级的圣职，是方济各修会的助祭，不过没有正式出家当修道士。1866年李斯特为弗兰茨－约瑟夫皇帝和伊丽莎白皇后加冕匈牙利国王王后的大典谱写音乐，1867年在典礼上演奏。

说起李斯特和匈牙利的联系，主要就是在晚年指导国家剧院，和在音乐学院教学。1871年首相安德拉西伯爵就鼓动皇帝把李斯特请回布达佩斯，永久指挥匈牙利国家剧院乐团。1875年又出任王家音乐学院首任院长，不过他既没指挥过国家剧院乐团演出，也没常住布达佩斯，只是每年冬天来讲课和指挥音乐会，平时常住罗马和德国魏玛，在意大利、德国、奥地利三地穿梭。有一件趣事：1886年德彪西住在罗马，特别在音乐会上为李斯特演奏由李斯特谱写的《浮士德交响曲》，据说李斯特当场睡着了！1886年李斯特在参加女婿瓦格纳主办的拜罗伊特音乐节的时候得肺炎去世，享年74岁，他的墓在拜罗伊特，并不在匈牙利。

由此可见，李斯特虽然是匈牙利的伟大钢琴家和作曲家，但他的音乐，其实是德意志风格：他学习音乐就是在维也纳，后来长住巴黎和德国魏玛，回匈牙利的时间并不多，而且李斯特还是"新德意志乐派"的代表人物，这跟柴可夫斯基虽然是俄罗斯作曲家，但他的音乐也是德意志风格一个道理。所以"俄罗斯音乐之父"不是柴可夫斯基，而是名气稍小的格林卡。

在德意志音乐的浪漫主义时代，因为贝多芬已经把交响乐这种音乐形式写到了极致，李斯特、柏辽兹的情境音乐都算是另辟蹊径，瓦格纳更走了跨艺术门类做歌剧戏剧的道路。李斯特的作品以钢琴曲为主，以难度著称，他创造了交响诗这种音乐形式，可以说是单乐章的交响乐团音乐，集中叙述一个场景，场景可以是诗歌、故事或者一幅画，这是浪漫主义运动中把诗、画、音乐结合起来的实践。李斯特教学生不收学费，很大程度上是因为饮水思源，他自己当年学习音乐也没交学费，再加上他不缺钱，所以对学生非常好，他在匈牙利国家音乐学院的时候，虽然名义上是院长，但教的学生都算自己的私人学生，他自己不收学费，学生也不用给学院交学费。学院不会追究此事，因为李斯特会从自己开音乐会的收入中捐献很多钱给学院。

离开李斯特音乐学院，继续沿着安德拉西大道向城市外围走，下一个博物馆更有意思，它叫作"恐怖之屋"（House of Terror）。什么事儿这么恐怖，要专辟博物馆纪念呢？纳粹统治——还有冷战半世纪苏联的统治。二战的大部分时间里，匈牙利是轴心国成员，这栋房子是当时匈牙利法西斯政党箭十字党的秘密警察总部，解放以后，又是匈牙利国家秘密警察总部，所以现在成了"恐怖之屋博物馆"，也算实至名归。

其实说句公道话，二次大战之后匈牙利的铁幕统治还真算是宽松的，匈牙利党没那么紧跟莫斯科，当时整个东欧集团，一个东德一个匈牙利，经济发展水平最高，苏联人、东欧其他国家的人，把来布达佩斯购物视为体验"资本主义的窗口"。不过现在看看匈牙利人、捷克人自己对那段历史的重现和反思，还真是触目惊心。博物馆一楼大厅居中是一辆苏军的T-54坦克，名叫59式主战坦克，是华约部队镇压1956年匈牙利事件的主要武器，周围的墙上，贴满了3200人的照片，这些人都是在这栋房子地下的监牢里被迫害致死的匈牙利爱国志士。当时，作为秘密警察总部，无论短短半年的箭十字时代，还是长达将近半世纪的冷战时代，这栋房子里有囚禁、刑讯、处决的牢房，跟莫斯科的旧克格勃总部卢比扬卡监狱差不多。

英雄广场和塞切尼浴池

从佩斯的多瑙河边，沿着安德拉西大街走到尽头是英雄广场。广场和背后的城市公园是除城堡山之外，整个布达佩斯第二片景点集中的地方，世界上最著名的塞切尼温泉浴场就在城市公园里。

前文说过，笔者一直都觉得布达佩斯给特别像维也纳和布拉格。这种相似表现在巴洛克和新古典的建筑，表现在看上去非常相似的国家歌剧院，也表现在英雄广场。维也纳的英雄广场在霍夫堡皇宫新宫门口，有欧根亲王和卡尔大公的骑像。布达佩斯的英雄广场呢，中间独立纪念碑的基座上，雕刻了开国之主阿帕德，和7个马扎尔部落首领的骑像，柱子顶上站的那个镀金雕像，是大天使长加百列。背后拱廊共有14座雕像，是匈牙利历史上的英雄人物志。

对照我前面写的简短匈牙利历史，你可以大致认出英雄广场拱廊的这14个雕像是谁。从左至右按时间顺序：左半边的七位都是国王，其中头五位是阿帕德的直系后裔，公元1000年到1300年的匈牙利国王，头两位都封圣了，所以雕像的头顶有圆形光环。其中左起第一位是皈依基督教的圣斯蒂芬国王。第二位是11世纪后半期的匈牙利国王拉斯洛一世，是第三位卡勒曼一世的叔叔，他的主要事迹是战胜了游牧民族库曼人，并给第一批匈牙利人封圣，包括第一位的斯蒂芬国王。第三位卡洛曼征服了克罗地亚，从此匈牙利国王兼任克罗地亚国王。第四位安德鲁二世领导过第五次十字军。第五位是蒙古入侵以后重建匈牙利和布达城的贝拉四世。第六位是阿帕德王朝绝后，经选举和姻亲继承的手段，从法国来的金雀花王朝的匈牙利国王。最后一位就是拉约什大帝，身兼波兰、匈牙利、克罗地亚国王，西格蒙德皇帝的岳父。

右半边七个呢，头两位是匈雅迪和他的儿子乌鸦王马加什，后面五位换过：广场建成的时候，是奥匈帝国时代，后五位是奥地利的君主，包括匈牙利被土耳其占领半壁江山以后，接任于危难之际，结果在1529年打退了苏莱曼大帝

布达佩斯塞切尼温泉浴场

对维也纳第一次围攻的斐迪南一世皇帝、1683年在维也纳城下战胜土耳其大军第二次围城的利奥波德皇帝、查理六世和玛丽亚－泰雷莎女皇父女二人、弗兰茨－约瑟夫皇帝。后来匈牙利独立，这些奥地利君王摆在这儿看着不是滋味，所以，最后五位并非英雄广场建成时的原装，都是匈牙利近代争取民族独立时候的英雄，其中最后一位是科苏特，领导布达佩斯1848年革命的人物。

英雄广场侧面有艺术博物馆。拱廊背后，则进入了城市公园区域，里面有座非常漂亮的古堡，掩映在绿树和湖水之中，其实，这座匈雅迪总督城堡（Vajdahunyad）也是千年纪念的建筑物，并非真的古董，它的名字里有匈雅迪，基本格局是以特兰西瓦尼亚山区匈雅迪家族城堡为蓝本设计的，除此之外，它还想要混合进匈牙利各地不同时期、不同风格的城堡样式，所以你如果比较懂欧洲建筑的话，仔细看这座建筑：正门尖拱是哥特式，左边比较高的那座塔楼比例匀称，应该是文艺复兴式，右边的塔楼明显是中古的罗曼式——罗曼式、哥特式、文艺复兴式、巴洛克式的各种元素，它上面全都有。最有趣的一点在于，当初建造这座城堡的时候只是为了千年纪念展览会临时搭建，没有想着永久保留，用木头模板和纸板做个样子。可是它如此漂亮，受到各界称赞，市政府不久就把临时的木头城堡拆了，干脆用石头做成真正能流传几百年的城堡。

绝大多数游客去城市公园的原因，还是去布达佩斯（也是全世界）最著名的温泉浴池。这里的塞切尼浴场，和多瑙河西岸盖勒特山下的盖勒特浴场，是布达佩斯最经典的泡温泉之处。如果来布达佩斯而没有去过塞切尼温泉，你都不好意思说自己去了布达佩斯。

温泉外面有一圈姜黄色的巴洛克式建筑，里面有大厅、休息室、按摩室、洗澡换衣服的地方，那里的票包括三小时桑拿，游泳池和温泉池，但是不包括按摩。塞切尼温泉从早上6点开到夜里10点，笔者建议最好是白天游览一天之后，傍晚五六点钟来这里泡两个小时，然后在附近吃饭。温泉的建筑物围绕着温泉区，有好几个水池，最大的最凉，那是游泳锻炼的地方。其他两个都标了温度，温度比较低的那个有喷泉，水下喷头，比较好玩。池子里有漂浮在水面的国际象棋，如果你会玩，可以跟当地的老头们杀上一盘，就算语言不通，也能很快地融入当地人群里去了。其实，室内也有温度更高的温泉池，而且据说矿物质含量更高，对健康更有益。不过我还是觉得室外的池子更好玩，我去的时候是1月份，夜间的天气非常冷，还飘点雪花，泡在室外温泉里的感觉舒服极了。

革命雕像纪念馆

说到匈牙利人对战后那半个世纪现代历史的反感，还有一个很好玩的地方，革命时代雕像纪念馆，很典型地反映了今天匈牙利对历史的反思，和反思时带点幽默讽刺的轻松态度，是个有趣的文化现象。在社会主义时代，很多国家都树立起马恩列斯等革命导师的塑像，还有很多现实主义的宣传雕塑，匈牙利和中国都不例外。咱们国家当年到处都是领袖塑像，现在大部分拆掉了，小部分还站在那里。匈牙利呢？他们几乎拆除了所有社会主义时代的革命雕塑，但是这些雕塑全毁了又可惜，毕竟那反映了一个时代，而且有些还挺有艺术价值，另外一些虽然艺术价值不高，甚至很幼稚，却也能博人一笑。于是，匈牙利人搜集了很多革命时代的宣传雕塑，集中在一块儿，办了这么一个革命雕像纪念馆。这种雕塑园需要很大的展示空间，没法开在市中心，所以还比较远。去那里的最好办法，是到市中心的商业中心Deak广场坐直通革命雕像博物馆的通勤车。

大门口的迎宾雕塑，任何一个经过社会主义时代，或者看过老电影《列宁在1918》的朋友都不会陌生。那是伊里奇同志经典的演讲手势，有人开玩笑说是"招手叫出租"。哪天没事，你想不想也上街用这个姿势拦辆出租？肯定很好玩的。

雕塑园里个人觉得最有艺术价值的雕塑是《贝拉·库恩领导人民》。中间那个领导者，是一次大战以后领导匈牙利共产党夺权的贝拉·库恩，他的革命被霍尔蒂政权镇压，但是贝拉·库恩本人后来死于20世纪30年代斯大林的大清洗。在雕塑中，库恩正在指挥布达佩斯民众（群雕左侧的群像）变成苏维埃战士（群雕右侧的持枪者）走上前线。不过，艺术家在这里玩了个花活儿：他在贝拉·库恩的身后添了一个路灯杆，这个灯杆看上去毫无必要，其实，在匈牙利语中，路灯杆经常用来隐喻绞刑架——库恩最后的确被斯大林同志处决了。艺术家和文人，很多都自视甚高，觉得比一般人聪明，在作品里隐藏些戏谑的因素，扬扬得意地欺负你看不出来——说到这儿，你有没有联想起库哈斯设计的中央电视台"大裤衩"？

雕塑园里另一个非常著名的作品是《工人阶级高举苏维埃旗帜奔向未来》，一个工人手里抓着一面飘扬的旗帜正在飞奔，动感十足。可是雕塑家忘了一点：布达佩斯的温泉洗浴文化深入人心啊，于是，当年在布达佩斯，人们对它做出的另一番解释是：浴池工人飞奔着去追泳客："别忘了穿上你的遮羞布！"

整个雕塑园规模最大的一尊雕塑只剩下了残骸，但就算人像只剩下一只靴子，它仍然是所有雕塑中最雄伟的那一只，因为这不是普通的靴子，这是伟大的斯大林同志的靴子，脚底下踩着匈牙利党和国家领导人呢！这原先是斯大林的全身立像，就建在英雄广场，每年国庆日，匈牙利党和国家领导人站在斯大林像下面，检阅门前大街上的军队分列式和游行队伍。它的地位相当于莫斯科红场上的列宁墓。所以我说"斯大林脚下踩着匈牙利党和国家领导人"。1956年匈牙利事件，愤怒的群众把斯大林的塑像拉倒，只剩下这双靴子。在旁边的小屋里，有这尊雕塑原来的样貌，还有被推倒时候的历史照片。

餐馆与咖啡馆

任何一座伟大的城市如果缺了美食美酒，那么景色再美都是有缺憾的。匈牙利的葡萄酒、美食、咖啡都有特色。匈牙利的葡萄酒，名闻欧洲还远远早于意大利和西班牙，算是老资格了。主要的红酒产区有两个，一个在西南部巴拉顿湖周围，还有一个在东北部，埃格尔镇（Eger）的"公牛血"（Bikaver）很有名。埃格尔是座挺漂亮的山区小城，离布达佩斯130公里，有一段令当地人颇为自豪的历史。当时是1541年，土耳其大军已经占领匈牙利大部分地区，作为独立国家的匈牙利大势已去，土耳其4万大军围攻埃格尔要塞，城里守军只有2000人，可是埃格尔围城战打了40天，连妇女都参战，从城头上往敌人的头顶倒开水，土耳其大军居然攻不下埃格尔城。这个区域自古就是产酒区，围城战之前城堡里自然也储存了大量红酒，既可以作为鼓舞士气的饮料，而且不会腐坏，可以代替饮水。守城战士大量饮用红酒，攻城的土耳其军看见守军男人的胡子上，沾染了很多红色的液体，于是就传出谣言，说这些匈牙利守军喝的是公牛的血，能增加力量和勇气，否则怎么会不知疲倦地顽强守城呢？在欧洲，人们相信公牛很有力量，公牛的血就相当于兴奋剂，有点像我们谚语说"跟打了鸡血似的"。从此以后，埃格尔产区出的红酒，就叫作埃格尔公牛血（Egri Bikaver）了。

除了红酒，匈牙利出产贵腐类的甜白葡萄酒"托卡业"（Tokaj），不但甜，而且味道非常香。所谓"贵腐"（Noble rot），是一种真菌长在葡萄皮上，把葡萄皮腐蚀出很多小洞，使里面的水分蒸发，这样葡萄汁的糖分浓度就高，再加上真菌的作用，酿出来的酒既甜且香，风味独特。最著名的贵腐甜白葡萄酒，来自法国索特内（Sautney）产区，那里属于波尔多大区，19世纪波尔多评选红酒，像拉菲、拉图这些优胜者，也就是后来国内喝酒的人耳熟能详的所谓"五大名庄"，但在这五大名庄之上，1855年第一次评选出的唯一一家特一级酒庄——吕萨吕斯堡（Chateau d'Yquem of Lvsa Lvsi），有时候国内翻译成"滴金酒庄"，出产的却不是红酒，而属于索特内地区的贵腐白葡萄酒。起码在美国市场上，笔者从来没见过便宜的索特内贵腐酒，不用说名酒庄，最便宜的都要50美元半瓶（375毫升）装。而匈牙利的托卡业，从非常便宜到非常贵，各种档次都有。同时，托卡业也是晚收葡萄酒，跟加拿大和德国的冰酒也算一个类型。德国、加拿大冰酒也是甜白，不靠真菌腐蚀，而是把葡萄留到秋冬季节晚收获，让水分蒸发，提高糖度，因为收获的时候都下冰霜了，所以叫冰酒。匈牙利托卡业，兼有法国索特内贵腐和加拿大冰酒的特点，早在17世纪就已经是欧洲各国王室的宠儿。买托卡业要注意瓶子标签上从3到6标准桶（Puttonyos）之间的数字，这个标的是每桶基酒加了多少加仑桶装的这种贵腐葡萄所酿，数字越高当然也就越贵——不要误会成是"3星，4星，5星"，那6标准桶怎么办呢？其实托卡业里还有一种最高级别的精华酒（Aszu Esszencia），相当于8标准桶，纯贵腐葡萄汁酿的，不加勾兑，酒精含量很低，跟啤酒差不多，糖度很高，极为昂贵。在欧洲近代史上，托卡业身份尊贵，瑞典王室曾经只喝托卡业，在19世纪的小说里有时候能找到痕迹：大仲马描写法国大革命前夕的小说《王后的项链》，全书开场80岁的黎塞留亲王（《三个火枪手》里黎塞留红衣主教的侄孙）设宴招待微服出行的瑞典国王，要特意在全法国搜集当年从神圣罗马帝国宫廷流出的顶级"托盖葡萄酒"。这里的"托盖葡萄酒"就是托卡业。

说起匈牙利的国菜美食，人人都知道土豆牛肉汤（Goulash）。在德国、奥地利或者周围的斯拉夫各国的餐馆里，你如果点Goulash，是加了白色酸奶油的红红的浓汤，一个汤配点面包绝对能吃饱，都不用点主食。而在匈牙利，正宗的Goulash是清汤，当然，土豆牛肉和红红的辣椒肯定少不了。顺便说辣椒，匈牙利叫Peprika，和其他地方的辣椒品种不太一样，他们吃饭少不了辣椒，不但菜里面放，桌上除了盐和胡椒瓶子，还摆辣椒粉。但是笔者感觉匈牙利菜并不辣，不但赶不上湖南、四川菜，也不像墨西哥菜或者泰国菜那样有很多本身就非常辣的名菜。匈牙利辣子粉并非完全由辣的辣椒制作，更多来自彩椒，取它的香气、醒目的装饰性颜色。我曾经出于好奇单独尝过匈牙利餐馆里的辣椒粉，竟然可以空口吃下去。如果是在墨西哥，我这样吃辣椒粉肯定会昏死过去。当然，也有的匈牙利传统菜色本身应该是辣的，比如"渔夫汤"（Haloszel），就是各种多瑙河鱼加上西红柿和辣椒炖的鱼汤，也是这里的特色美食。

犹记得隆冬在塞切尼浴场的小雪中泡温泉的那天夜里，顶着一头湿漉漉的板儿寸从浴场出来，没戴帽子，穿过灯火通明的英雄广场，一个人抬头望着路灯下洋洋洒洒的细密雪花，周围安静极了。从英雄广场正面那条很宽的横街，乔治·多萨（Dozsa Gyorgy）大道左手走不多远，看到一家挂着成串红红的辣椒，装修很像乡间民居的餐馆，叫红辣椒餐厅（Paprika Vendeglo），名字里面就有辣椒，听上去不错。推门进去，里面真的很像匈牙利乡村的猎户，店里有草叉一类农具，有灶台，还有猎枪。坐下来先喝一份菜炖牛肉，再点野味传统菜，比如烤鹿肉、野猪肉这类，就像到了中国东北，又温暖又能吃得饱饱的。那一天里，我一个人从大清早游览城堡山，一路走过塞切尼链子桥、佩斯城，沿着安德拉西大街一路游览过来，到英雄广场，走的步数有三四万步，中午也没有时间坐下来吃饭，这一天就很累了，到6点多钟，正好在塞切尼温泉浴场泡两个小时，疲劳缓解之后，肚子也该饿了，这时候正好乘着夜色，走到附近的餐馆吃一顿野味，这一天可以说非常完美。我想，这不就是一个人旅行的好处吗？——不必顾及旅伴的体力，想走多久，想什么时候吃饭都由自己，四面八方，任意为之，只需要和自己的感受对话，旅途的感悟会浮印得更加清晰。

到布达佩斯还有一个事情必须亲身体验，那就是咖啡馆文化。全世界范围内，巴黎和维也纳的咖啡馆是最好的，不仅因为咖啡和蛋糕美食，更是因为文化。匈牙利在维也纳统治之下数百年，这里的咖啡馆，不亚于维也纳的。在瓦茨（Vaci）大街以北平行的迈克尔·查理（Karolyi Mihaly）大街9号，有家中央咖啡馆（Central Kavehaz），是一家非常老式、很文艺的咖啡馆，门口摆着200年前那种黄铜做的手冲咖啡机，显得古色古香，感觉非常19世纪，因为它对面就是布达佩斯大学图书馆，平时顾客有很多是大学生和教授。另外一家富有文艺气息的咖啡馆，是李斯特广场附近，歌剧院旁边的博物馆咖啡厅（Muvesz），也是老字号了，因为旁边就是歌剧院和音乐学院，历来匈牙利的文人墨客爱上这儿来，据说也是诗人裴多菲喜欢的咖啡馆之一。

第三家咖啡馆气派非凡，定位类似于维也纳的中央咖啡馆：水晶吊灯，富丽堂皇，当然价格也稍昂贵，在布达佩斯几乎没有人不知道这家格博德（Gerbeaud）咖啡馆，1858年开业，150年历史的地标咖啡馆，这里的店堂中心有架钢琴，据侍者说，原本是为泰坦尼克号定造，可是完工晚了，没赶上泰坦尼克号的首航。第四家在布达的城堡山顶上，叫罗斯伍姆（Ruszwurm），马加什教堂出来那条街，往多瑙河的反方向走一点，据说是布达佩斯历史最悠久的一家，1827年开业，倒不像格博德那么富丽堂皇，而是有点家庭气氛，室内有老式的立式陶瓷取暖炉。

在所有布达佩斯的咖啡馆里，除了咖啡和简餐，我觉得有一样蛋糕应该至少品尝一次，杜布蛋糕（Dobos Torte）是布达佩斯城对维也纳萨赫蛋糕的回应，也是19世纪由当地甜点师发明出来，经过弗兰茨－约瑟夫皇帝和伊丽莎白皇后品鉴的著名蛋糕，已经成为布达佩斯的特色，它是6—7层海绵蛋糕，每层之间夹上巧克力黄油酱，顶上覆盖碎果仁，然后整块蛋糕顶上再用一层晶莹透明的深黄色焦糖加以封印。19世纪末布达佩斯的甜点师约瑟夫·杜布发明这款蛋糕，以自己的名字命名，足以和维也纳城的萨赫蛋糕分庭抗礼。

第四节　莫哈赤

小城莫哈赤的历史

多瑙河从布达佩斯向正南方向流淌200公里，快到克罗地亚边境的时候，会在右岸经过一座看上去不起眼的小城莫哈赤。稍懂匈牙利历史的朋友都不应该错过这里，因为莫哈赤曾两次决定过匈牙利的国运。

莫哈赤城区很小，有一些古建筑，看上去年久失修，笔者其实只在城区小住一晚，把这里当作访古之旅的中转站而已，真正的目的地是西南方向 8 公里的古战场。

1526 年被认为是匈牙利历史上中世纪和近代史的分野，也是此后 500 年匈牙利人心头永远的痛。中世纪的匈牙利富有而强大，不说历史上的匈人帝国和阿瓦尔汗国，单说马扎尔人建立匈牙利以后的历史也曾辉煌一时。匈牙利王国朝廷的年收入一度超过法国，即便在阿帕德王朝绝嗣，开始选举国王以后，14、15 两个世纪仍然还有拉约什大帝，匈雅迪、马加什父子两代横霸东欧，拳打土耳其，脚踢奥地利的辉煌。"乌鸦王"马加什死后，匈牙利贵族选举了一位好好先生，来自波兰雅盖洛王朝的波希米亚国王拉迪斯拉夫来兼任匈牙利国王，此公智力并不低下，但急于拉拢支持自己的匈牙利贵族，跟哈布斯堡家族争夺波希米亚和奥地利，于是慷慨地把属于王室的地产和税收权馈赠给国内贵族，他对任何来自贵族的请求都是"好，没问题！"，在他任内，匈牙利贵族的税负减少了 80%。没有钱就没有军队，黑甲军也在他的统治下解散，城堡要塞不是被拆除就是被废弃，防务废弛。到 1516 年拉迪斯拉夫国王去世，儿子拉约什二世即位的时候，匈牙利是一个内部四分五裂，贵族各行其是的国家。

与此同时，土耳其历史上最强有力的苏丹之一，苏莱曼大帝在 1520 年即位。苏莱曼大帝的曾祖父"征服者"穆罕默德二世在 1453 年占领君士坦丁堡以后乘胜向匈牙利扩张，但是 1456 年的贝尔格莱德围城战却败在"乌鸦王"马加什的父亲，大将军匈雅迪手下。此后 70 年匈牙利把土耳其侵略者拒于国门之外。但苏莱曼当上苏丹以后土耳其大军更加积极地西侵，蚕食匈牙利南部多瑙河防线，1521 年占领多瑙河防线的支撑点贝尔格莱德。当时处在土耳其帝国东、西两端有两个强国：萨法维朝的波斯帝国、波兰—立陶宛联盟，但它们都新败于土耳其，被迫签订合约，跟土耳其处于和平状态，苏莱曼大帝不必担心东线和西、北两个战略方向。那个时代的欧洲大战略背景也影响了土耳其和匈牙利的关系：当时正是哈布斯堡家族查理五世皇帝最强大的时候，他身兼帝国皇帝和西班牙国王，跟同样强大的法国国王弗朗索瓦一世争夺意大利的控制权连连得手。1525年著名的帕维亚战役，弗朗索瓦一世战败被俘，靡费巨万才把自己赎回去，从此以后法国在跟皇帝之间的意大利战争中就处于下风，急需联合外来势力夹击皇帝，于是弗朗索瓦一世就派人出使伊斯坦布尔，请求苏莱曼大帝从哈布斯堡帝国的背后出兵，入侵欧洲。苏莱曼大帝为人绝非火中取栗之辈，但他本来就跃跃欲试想入侵东欧，来自法国的邀请正中下怀。1526年，苏莱曼大帝亲自率军越过多瑙河，向匈牙利腹地杀来。

波兰国王拉约什二世当时最好的策略是避其锋芒，用坚壁清野的战略拖住土耳其大军，只要坚持到冬天，土军后援补给不济必然撤军，来年匈牙利会得到欧洲各国更多的援军，也有机会抓住休战时机修筑城堡。但这只是我们今天事后诸葛亮的看法。在刚满20岁的拉约什二世看来，跟土耳其之间多年的非正式边界战争是一个消耗国家资源的无底洞，况且国内贵族势力时时处处给自己拆台，忙于内斗根本无视外患大敌，国家实力越来越弱，打持久战越来越没有底气，最终难免失败的命运，还不如趁军队实力尚在，集结全部可用的力量寻求决战，只要决战决胜，将一劳永逸地解决外患问题。换句话说，莫哈赤战役是双方一致寻求主力决战的结果，但事前的战略形势并不平等：匈牙利这边是孤注一掷，赌上了国运。土耳其那边即便输了也是暂时的挫败，积累实力过段时间还能卷土重来。这有点像1942年日美中途岛大战前的战略形势：日军输不起这次决战，而美军就算输了，还可以后退到夏威夷坚守。

就这样，匈牙利和土耳其两支大军在莫哈赤以南，多瑙河边遍布沼泽和草地的战场相遇了。匈牙利军2.5万到3万人，贵族骑士们配备精良的重型盔甲，虽然带着80多门大炮，但基本的组织和战术还是一支中世纪军队。土耳其军大约6万，他们的大炮远远多过欧洲任何一个王国，还有精锐的步兵近卫军，配备火枪。不过土耳其军队也有弱点：他们仍然是一支封建军队，隶属于中央的近卫军毕竟人少，骑兵多数是由各个封建主出兵组成的，还有大量被征服的巴尔干各民族的仆从军，这些仆从军的战斗力堪忧。同时代的史书上对莫哈赤战役的具体过程记叙并不详细，大致上是土军在酷暑中远道赶到战场，匆匆布阵，早已在战场上严阵以待的匈牙利军队却没有利用这个机会冲锋，因为乘人之危是不够骑士精神的。土军中的巴尔干仆从军率先发动冲锋被击溃，匈牙利军发动反冲锋，右翼一度冲到土军战线中央，甚至有枪弹打中苏莱曼大帝的胸甲。但苏莱曼大帝冷静地调集预备队近卫军，并利用数量优势从左、右两翼把匈牙利军队向中央挤压，并利用火力优势大量杀伤。战斗从午后一两点开始，一直打到天黑，匈牙利军的左翼率先崩溃，国王拉约什二世在黄昏以后撤离战场，却在过一条小河的时候落马，因为身上盔甲太重站不起来，最终淹死在沼泽里。匈牙利阵亡1.4万人，占接近总兵力一半，其中有1000多名骑士。中世纪匈牙利军队的精华就这样被打断了脊梁。

苏莱曼大帝虽然打了胜仗但并不相信这就是匈牙利这个一度强大的对手的全部实力。他以为被打败的只是匈军前哨，所以没有发起有力追击还在严阵以待，准备迎击敌人的后续部队。此后土耳其大军一路北进，占领布达城，并没有待太长时间又撤了回来。土耳其真正牢牢占据布达，要等到15年以后的1541年。但匈牙利的命运已经在那一天注定了，此后土耳其直接占领匈牙利东部半壁江山。匈牙利北部的特兰西瓦尼亚（今天属于罗马尼亚）由半独立的诸侯统治，而这位诸侯向苏丹称臣。拉约什国王的妹夫、哈布斯堡家族的德意志摄政、查理五世皇帝的弟弟斐迪南大公被选为匈牙利国王（就是以后的斐迪南一世皇帝），只能统治西部不到三分之一的残山剩水，国都也迁到布拉迪斯拉发。从此以后将近400年，匈牙利失去了独立地位，不是被土耳其统治，就是在哈布斯堡皇朝的治理之下，直到1918年第一次世界大战结束。

国殇的纪念

今天在莫哈赤城南8公里当年的战场上，有一座纪念公园，这片地方不算太大，有一座两层楼高的圆形玻璃建筑，楼顶成圆拱顶，地面那一层有一半是镂空的，只用立柱支撑。这座小楼前方有一座半圆形的镂空大门，但没有墙，孤零零地站立在原野上。这个门和小楼实际上是模仿圣斯蒂芬王冠的造型，二楼有咖啡厅和简单的展览，一楼镂空的一半室外地面上有当年战役形势示意图。在纪念馆对面大片草地上，中央做了一处地下圆形博物馆，只有一层，中央露天的部分有一座水井，正中是一个雕塑，呈裂开的花苞形状。地下博物馆前方草坪上是花坛，还有大片抽象的铁柱，每一根从 2 米到 5 米多高不等，上面雕着十字弓、狼牙棒，还有很多看不出是什么意思的花纹，看上去有点像图腾柱，东倒西歪地插在地面上。这些图腾柱象征战役中被杀的 1.4 万名阵亡将士。再往远处就是山坡和原始森林了。这片地方在 1960 年代发掘出两处大型集体墓葬，出土大量盔甲兵器等遗物，应该是当年战后得胜的土军埋葬阵亡匈牙利官兵的地方，所以会在 1976 年被选为纪念公园，而且后来设计的建筑都很低矮，恰如其分地体现着国殇的主题。

1526 年 9 月的莫哈赤之战固然是匈牙利的国运之殇，也是每一个匈牙利人学习历史的时候，避不过去的惨痛一页。但这里发生的事件，并不全然如此哀伤。1687 年的第二次莫哈赤战役同样也决定过匈牙利的国运。当时是 1683 年维也纳围城战之后，德意志诸侯的反攻气势如虹，统率帝国军队的总司令是洛林公爵查理，还有巴伐利亚选帝侯和巴登-巴登侯爵，除了波兰国王索比斯基不在，其他将领几乎是原班人马。年轻的欧根亲王在军中从 4 年前的骑兵团长晋升到中将军衔，是冉冉升起的新星。这支帝国军队和土耳其大宰相统率的土军主力再次遭遇于莫哈赤，而且是土军趁奥军转移阵地的时候主动出击，集中全部兵力攻打对方左翼一半人马，土军还是被奥军击退，然后离开阵地的奥军右翼回援发动反击，彻底击溃土军。第二次莫哈赤之战在历史上的名声没有第一次那么响亮，影响也没有 400 年这么深远，但也决定了匈牙利和土耳其两国在此后很长时间的国运走向：土军崩溃逃回后方哗变，大宰相镇压不住，离开军营潜回首都，旋即被苏丹处死。新任大宰相和陆续回到伊斯坦布尔的近卫军首领商议，废黜苏丹穆罕默德四世，另立苏莱曼二世为苏丹。此后相当长的时间土耳其野战军处于瘫痪状态。匈牙利虽然没有立即实现全国光复，但统一之势已不可逆转了。

第十章 塞尔维亚和克罗地亚

第一节 大河东流

山海边的克罗地亚

多瑙河在德国南部和奥地利的部分属于上游，从斯洛伐克开始，自北向南流经匈牙利，接着向南构成克罗地亚和塞尔维亚的边境，最终遇到南方巴尔干山脉的高山阻隔，无法继续向南注入就近的亚得里亚海，于是在巴尔干半岛的北门口向东转了一个90度的弯，再次变成东西走向，跟巴尔干山脉北麓平行，横穿巴尔干半岛，最终流进黑海。在多瑙河横穿巴尔干半岛北部边缘的中途，沿着河流南方形成屏障的巴尔干山脉和北方纵贯罗马尼亚境内的东喀尔巴阡山脉相会，因为南方有巴尔干山脉阻挡，多瑙河无法向南进入巴尔干半岛，就只能从纵横两座大山的交界处左冲右突，"挤"出一条向东的通道，这就是塞尔维亚和罗马尼亚交界的铁门峡谷。从斯洛伐克到铁门峡谷，是多瑙河的中游。这一段既有山川险峻，也有富饶的平原和壮丽的大都市。和上游德国、奥地利沿岸的德意志文化相比，多瑙河中游在民族文化上有更强的多样性，无论语言、服装、美食和历史，一方面仍然受强势的德意志文化影响，另一方面又呈现出多姿多彩的民族特色。当然，民族文化的多样性，也就决定了它们之间在历史和宗教上存在错综复杂的矛盾，可以说，巴尔干和近巴尔干各国之间，没有两个国家之间是传统友好的，像匈牙利、保加利亚、土耳其、希腊这几国之间，说是"世仇"都毫不过分。所以20世纪的巴尔干半岛被称为"火药桶"，一点就着，一爆炸就震动全世界。

多瑙河从莫哈赤南边不远处流出匈牙利国界，此后有180多公里蜿蜒曲折于克罗地亚和塞尔维亚边境的山峡之间，这段边界线如果在地图上拉直的话，其实只有百来公里，是克罗地亚东北的一个小角落。克罗地亚是笔者百去不厌的国家，它的精华在于西边亚得里亚海沿岸数百公里山海相映，海边的岛屿就像绿宝石点缀在海岸近旁。尤其是最近10年连续剧《权力的游戏》热播，很多镜头是在克罗地亚沿海的杜布罗夫尼克取景的，更让亚得里亚海岸成了全欧洲趋之若鹜的度假天堂。

与西部相比，克罗地亚中部的首都萨格勒布不算热门，很多游客都是从欧洲各地直接飞杜布罗夫尼克。其实萨格勒布本身的历史和建筑都很丰富，从萨格勒布还可以很方便地北上斯洛文尼亚的布莱德湖，南下亚得里亚海岸途中，还可以顺道游览欧洲版的"九寨沟"十六湖区，作为首都，萨格勒布是克罗地亚被低估的一座宝藏城市。克罗地亚东北角，多瑙河西岸不远处的奥西耶克城就更加默默无闻了。在克罗地亚的这个角落，多瑙河蜿蜒曲折，直线距离100公里左右的河道，实际拉长到将近200公里，沿河两岸克罗地亚和塞尔维亚两国向来就有边界争端：塞尔维亚主张两国以河道中央为界，但这一段多瑙河在近代经过整修取直，克罗地亚主张按照整修之前的旧河道中央线为界，其中包括了好几处河东岸塞尔维亚实际控制的小区域。本来这些争议的地方加起来也不大，140平方公里而已，况且既不富饶，也不是什么战略要冲。但两国之间的关系从两次世界大战到今天一直都紧张，于是本应该不难通过协商解决的矛盾，上升到民族利益国家尊严的高度，现在看起来，解决的前景遥遥无期。

近代史上，南斯拉夫国家组建于一次大战结束，奥匈帝国崩溃以后，南斯拉夫对外在南北东三个方向，跟匈牙利、保加利亚、希腊都有领土纠纷，内部几个组成部分之间的矛盾激烈程度，比对外矛盾犹有过之。如果把巴尔干半岛称作一个大火药桶，南斯拉夫内部更是火药桶的中心，历史、种族、宗教种种矛盾，剪不断，理还乱。现在回头来看，铁托真的是牛人，能把这些世仇的大杂烩各族笼络在一起，捏成一个统一的国家，而且赢得了国际上东西方各派的尊敬。强人死后，南斯拉夫内战迁延近10年，最终一变为七：塞尔维亚、克罗地亚、斯洛文尼亚、波斯尼亚和黑塞哥维那、黑山（音译是门地内哥罗）、北马其顿，再加上一个没有被联合国承认，但被欧盟大多数国家承认的科索沃。

渊源与矛盾

笔者去过上面说的所有七个国家，有些地方去过好几次，对这些民族矛盾的渊源有所了解。巴尔干各民族的历史渊源、民族仇恨、宗教冲突来源太久了，一直要从罗马帝国和民族大迁徙时代说起。话说罗马帝国东西分裂以后，东帝国和西帝国的分界线，就在巴尔干北部，罗马尼亚—塞尔维亚—克罗地亚—斯洛文尼亚这东西一线上。北边西边，属于西帝国，首都在罗马；南边属于东帝国，首都在君士坦丁堡（今天的伊斯坦布尔）。这条分界线，造成了两个后果。一是宗教：边界线附近，今天斯洛文尼亚、克罗地亚的地区，信奉罗马天主教，所以就跟今天的西欧亲近。而塞尔维亚、马其顿这些靠东靠南的地方，跟着君士坦丁堡的希腊帝国，信东正教。二是民族大迁徙的问题：罗马帝国时代，本来这里的原住民族是伊利里亚人、色雷斯人（斯巴达克就是色雷斯人）、希腊人。到公元475年，西罗马帝国先灭亡了，东罗马帝国还继续存在1000年，直到1453年被土耳其人灭掉。那么在巴尔干北部，这个东西帝国交界的地方呢，就有各种各样的蛮族入侵。这些蛮族，有些来了又走了，带走了劫掠品，可是没留下什么痕迹，比如历史上著名的阿提拉的匈人、东哥特人和西哥特人、阿瓦尔人（中国历史上的柔然帝国），后来都消亡了，要么被杀光，要么融入其他民族销声匿迹。另有一些民族，一直在巴尔干半岛居住到今天。

所以现在的巴尔干半岛，是个不同民族的七巧板拼图，大致上，可以分为这么几个系统：（1）现在的希腊，包括正宗的马其顿人，在巴尔干半岛南部，是当年东罗马帝国的核心区域，受蛮族入侵影响小，今天仍然是希腊人，顶多是到了近代，受土耳其统治，有很多土耳其移民。可是到一次大战之后，奥斯曼帝国崩溃，现代土耳其成立，土耳其境内的希腊人和希腊境内的土耳其人，来了个背井离乡的大交换。所以，希腊境内的民族，算是比较单纯。（2）今天的阿尔巴尼亚人，是罗马帝国时代当地的伊利里亚人、色雷斯人等原住民族的综合体，跟斯拉夫民族不是一个系统。这就成了今天科索沃（主要是阿尔巴尼亚人）、阿尔巴尼亚和塞尔维亚矛盾的来源。（3）后迁移进来的斯拉夫人。这是一个大体系，包括塞尔维亚、克罗地亚、波斯尼亚、斯洛文尼亚，这些人跟俄罗斯人、乌克兰人一样，都是斯拉夫民族，所以叫作"南斯拉夫"，意思是"南部的斯拉夫人国家"。那么，为什么斯拉夫人分南北，不能连成一片呢？因为匈牙利：公元7—9世纪，来自亚洲草原的游牧部落马扎尔人战斗力特别强大，他们定居在今天的喀尔巴阡山和匈牙利平原，形成了匈牙利国家。匈牙利是亚洲草原的部落，不属于斯拉夫民族，他们把斯拉夫人隔开了。（4）东边的保加利亚，主体是古代当地的色雷斯人，然后加入了后移民过来的斯拉夫人和古代保加尔人，三者混血。其中保加尔人属于亚洲游牧部落，不是斯拉夫人。这三个主体民族融合，后来又采用斯拉夫文，接受了斯拉夫文化，形成独特的保加利亚民族。所以，保加利亚人文化上近似于斯拉夫民族，但是血统上又有区别，和南斯拉夫体系中的塞尔维亚在历史上和今天也有政治矛盾。

说清了巴尔干大致的宗教和民族区别，再来具体看塞尔维亚和克罗地亚的矛盾：

其实，克罗地亚人、塞尔维亚人、斯洛文尼亚人、波斯尼亚人都是斯拉夫民族，同文同种。我曾经问过当地人：克罗地亚语和塞尔维亚语是不同的语言吗？他们说，原本是同一种斯拉夫语，只不过克罗地亚独立以后，要强调自己民族的特殊性，这二三十年生造出不少特殊的单词而已。克罗地亚和塞尔维亚的矛盾，主要是在历史和宗教上：克罗地亚和斯洛文尼亚人信奉罗马天主教，历史上受匈牙利国王统治，而匈牙利后来是哈布斯堡家族奥地利帝国的一部分，所以斯洛文尼亚、克罗地亚跟西方尤其是德意志诸邦的关系相当亲近。土耳其统治以后，17—18世纪奥地利帝国向土耳其反攻的时代，斯洛文尼亚和克罗地亚都是"首先解放"的地区。所以，在历史文化和宗教方面，克罗地亚和斯洛文尼亚比较德意志化。这点跟正宗斯拉夫的塞尔维亚不太一样。二战期间，克罗地亚人跟纳粹德国合作。1990年代独立以后，斯洛文尼亚和克罗地亚也更亲近欧洲，它们在南斯拉夫各国中率先加入欧盟，斯洛文尼亚最西化，经济很发达，货币也用欧元。克罗地亚改用欧元还要再等几年。

克罗地亚国家的精华地区在西部，多瑙河沿岸仅仅是克罗地亚东北一小段边境，本书就不再赘述多瑙河沿岸的克罗地亚部分。在这里，多瑙河遇到南方巴尔干山脉的阻挡，向东拐弯，改回东西流向，横穿塞尔维亚版图的北部伏伊伏丁纳省。伏伊伏丁纳首府诺维萨德（Novi Sad）是多瑙河流经的第一座塞尔维亚城市。诺维萨德是塞尔维亚第二大城市，地跨多瑙河两岸，是座漂亮的中等城市，其实它的历史并不长：河右岸40米高的小山上坐落着一座低矮的近代城堡，它是1690年代奥地利开始反攻土耳其占领的匈牙利那个时代修建的，此前多瑙河南岸这部分城区叫作彼得罗瓦拉丁（Peterovaradin），山上已经有座中世纪城堡，1690年代奥地利拆除了旧城堡，按照17—18世纪火炮时代的要求修建了目前我们看到的防御工事。本书上篇写莱茵河畔沃邦元帅修建斯特拉斯堡要塞的时候提到过，中世纪高大的城堡和一线式高耸的城墙在火炮面前已经不堪一击，17世纪后半期沃邦和他同时期的欧洲军事工程师们把新的堡垒筑成低矮敦实的星形堡，强调地下隧道系统，不但可以防炮，而且能给自己的炮兵阵地构筑出交叉火力体系。所以1690年改建的这座彼得罗瓦拉丁城堡，从河面上看去并不给人高大威严的印象，但却被称作"多瑙河上的直布罗陀"。堡垒建成后不久，1716年欧根亲王统率8万奥军在这里大胜两倍于己的土耳其大军，战后乘胜进军，拿下土耳其在多瑙河流域防御的关键点贝尔格莱德要塞。当时匈牙利刚刚光复不久，克罗地亚和塞尔维亚北部的伏伊伏丁纳省，当时也是匈牙利统治下的一部分。这场彼得罗瓦拉丁战役一劳永逸地消除了土耳其反攻匈牙利的威胁。

但当时彼得罗瓦拉丁还是一座单独的城市,诺维萨德根本不存在。奥地利治下的领地不容忍东正教,彼得罗瓦拉丁城里只允许罗马天主教徒居住。信奉东正教的塞尔维亚当地人就移居河对岸,建造了一座新的村镇,诺维萨德的字面意思就是"新村",起初只有100多个居民,当时还有一个名字更直白,叫作"塞族人的城市",它作为城市的历史只从1748年获得城市地位算起,到今天也只有200多年。在19世纪诺维萨德发展得越来越大,以至于跨过多瑙河,并吞了原来的彼得罗瓦拉丁。现在彼得罗瓦拉丁和南岸山上的城堡,都已经是诺维萨德的一个区了。作为一座19世纪获得巨大发展的城市,诺维萨德旧城里有很多新古典,欧洲浪漫主义时期仿哥特、仿罗曼、仿文艺复兴风格的旧建筑,街道规划得很整齐。从诺维萨德继续向东南方向,多瑙河在平原上奔流100多公里,来到塞尔维亚和南斯拉夫首都贝尔格莱德。

第二节　贝尔格莱德

"白城子"

贝尔格莱德(Belgrade)如果用拆字法望文生义的话,Bel是白色的意思,grad是城市,合起来就是"白城子",跟中国东北的一座城市重名。说实话,南斯拉夫七国的七座首都,笔者觉得只有萨拉热窝堪称真正的旅游热点城市,其他六座都不以旅游景点见长,主要是休闲的氛围很好,贝尔格莱德尤其如此。贝尔格莱德的景点,没有一处给我非常深刻的印象,但是我经常觉得那里轻松的文化氛围,不亚于苏黎世、布鲁塞尔、日内瓦这些欧洲名城。它值得你放慢脚步,在这里多盘桓几日,欣赏它的生活质量。

如果说贝尔格莱德有唯一一处绝对不可错过的景点,那就是承载了城市

600 多年战火沧桑的卡勒梅格丹（Kalemegdan）要塞，这座城堡地势险要，是全城唯一一座能追溯到 17 世纪之前的建筑物，也是塞尔维亚历史具体而微的缩影。

贝尔格莱德在多瑙河右岸，一条主要的支流萨瓦河也在这里汇入多瑙河，萨瓦河口靠多瑙河下游方向，两条河流形成一个夹角，贝尔格莱德旧城就在这个夹角上，在夹角尖端有一片地势较高的悬崖下临河口，是一道控制多瑙河航运的天然屏障。从古至今，悬崖上的这座卡勒梅格丹要塞就是贝尔格莱德的核心。它背对城市的一面是一个缓坡，从老城一路走来，你会觉得要塞只是一座公园而已，可是如果从多瑙河上仰视，要塞的气势就显现出来了。

远在古罗马人控制巴尔干之前，这里就建筑了防御工事，古罗马帝国时代，整个塞尔维亚并非单一的行政区，分属于潘诺尼亚、马其顿、达契亚、达尔马提亚等几个行省，是罗马帝国最繁华的中心地带，有 17 位罗马皇帝出生于今天的塞尔维亚境内，包括第一位将基督教合法化的君士坦丁大帝，他生于贝尔格莱德以南的一座城市。另外，塞尔维亚境内的 Sirmium 城还做过帝国首都，不过为时很短：戴克里先大帝在 3 世纪末两分帝国，东罗马和西罗马各有一位正皇帝尊号奥古斯都，一位副皇帝尊号恺撒。戴克里先自己是第一任东帝国的奥古斯都，他的女婿盖勒里乌斯（Galerius）是东帝国第一位恺撒，在戴克里先退休以后晋位成奥古斯都。盖勒里乌斯的首都就在 Sirmium。后来西罗马帝国亡于 476 年，塞尔维亚这里属于东罗马 / 拜占庭帝国，6 世纪大批斯拉夫人受到游牧民族阿瓦尔人的压迫，从斯洛伐克、匈牙利纷纷南下，进入东罗马境内的色雷斯和伊里利亚地区，也就是今天巴尔干半岛北部，保加利亚、塞尔维亚、阿尔巴尼亚这些地方，跟当地的达契亚人、伊里利亚人、色雷斯人融合，逐渐形成今天的南斯拉夫民族。塞尔维亚这片地区的早期中世纪史，就是在交替地被北方的阿瓦尔人、匈牙利人（他们相继占领了匈牙利平原）和东方的拜占庭帝国、保加利亚帝国统治中度过的，尤其是公元 681 年建立的第一保加利亚帝国在巴尔干半岛上称霸将近 500 年，有时候向拜占庭的正统称臣，有时候又想取而代之，关于保加利亚帝国的历史，我们下一章再详细说。塞尔维亚呢，在第一保加利亚帝国强大的时候臣服于保加利亚人，保加利亚帝国衰落下去的时候，则建立自己的大公国，直接臣服于拜占庭皇帝。

870年半独立的塞尔维亚接受了基督教，878年在史书上第一次出现贝尔格莱德这个名字，在此之前，古罗马史书上这座城市叫作辛吉杜努姆（Singidumum）。1018年保加利亚第一帝国最终被复兴的拜占庭灭掉了，再过100年罗马帝国的正统继承者拜占庭帝国也开始衰落，甚至在1204年被第四次十字军攻陷了君士坦丁堡，巴尔干半岛出现权力真空，于是塞尔维亚在这个时期开始强大起来，1219年涅曼季奇王朝（Nemanjic）颁布了塞尔维亚第一部宪法，开始升格为王国，东正教的圣人萨瓦就是这个时代的王子和东正教主教。100多年以后，1331年到1355年之间在位的涅曼季奇王朝塞尔维亚国王斯蒂芬－杜尚更进一步，于1346年加冕"塞尔维亚人和希腊人的皇帝"。

这100多年的国际形势是，东边的拜占庭帝国已经被小亚细亚半岛上塞尔柱突厥、奥斯曼突厥，还有西欧十字军轮番折腾得奄奄一息，无力统治巴尔干半岛了，半岛东部的保加利亚人趁机复兴，建立第二保加利亚帝国，但是第二帝国不像几百年前的第一保加利亚帝国那么强盛，塞尔维亚王国把保加利亚人挡在国门之外绰绰有余。北边信奉罗马天主教的匈牙利王国非常强大，当时是拉约什一世大帝的时代，已经征服了同为南斯拉夫民族的克罗地亚，匈牙利国王兼任克罗地亚国王。不过塞尔维亚对于匈牙利来说太远，又僻处内陆，匈牙利国王的兴趣在于跟威尼斯争夺巴尔干半岛西边亚得里亚海沿岸富庶地区的控制权。所以在巴尔干半岛北部中间的塞尔维亚王国，有足够的生存空间。这就是13—14世纪塞尔维亚王国强盛的时代背景。但巴尔干半岛的权力真空不可能无限期延长下去，东方一个更强大的威胁已经出现在地平线上，那就是奥斯曼土耳其帝国。

斯蒂芬－杜尚国王称帝标志着塞尔维亚国家强盛到了顶点，1331年杜尚死后，他的儿子在位的时候塞尔维亚王国就开始衰落了，1370年代分裂成几个部分。当时土耳其帝国基本征服了拜占庭在巴尔干东南角的剩余国土，只留下君士坦丁堡孤零零一座坚城，然后又征服了第二保加利亚帝国，继续西进，

1389 年在塞尔维亚南部的科索沃战役中决定性地战胜塞尔维亚人，几十年前强盛的塞尔维亚帝国的主要继承者，大公拉扎尔战死，塞尔维亚今后几百年的命运在科索沃之战后被决定下来。继承大公位的拉扎尔的儿子成为土耳其的臣属。贝尔格莱德以南被土耳其占领，但贝尔格莱德本身是塞尔维亚大公拉扎列维奇的首都。这位拉扎列维奇也是一个乱世枭雄，经常在不同阵营之间变换效忠对象。在他父亲拉扎尔阵亡的 1389 年科索沃战役之后仅仅 7 年，匈牙利国王西格蒙德（就是后来的卢森堡皇朝皇帝）领导十字军试图反攻土耳其，在 1396 年尼科波利斯一战大败，注定了整个巴尔干半岛在以后 300 年都光复无望，那次战役中，拉扎列维奇在土耳其一边作战，而且是左右胜负的决定性力量。关于那场战役，我们下一章会详细聊聊。

但是土耳其大胜欧洲联军之后仅仅 5 年，一代雄主"雷霆"巴耶济特被东方的帖木儿打败，甚至被俘，土耳其在欧洲的侵略步伐停顿了好几十年。这段时间里，拉扎列维奇又和匈牙利结盟，建造城堡，加固城墙，名义上臣服于匈牙利王国，又赢来一个小繁荣期。1450 年代土耳其帝国继续扩张，"征服者"穆罕默德二世苏丹在 1453 年占领君士坦丁堡，灭亡了拜占庭这个千年帝国，继续北侵匈牙利，塞尔维亚的大部分国土被土耳其占领，可是匈牙利大将匈雅迪在 1456 年贝尔格莱德围城战中坚持了下来，击败土耳其军队，再保贝尔格莱德 70 年在欧洲人手中。总体上说，整个 15 世纪塞尔维亚南部被土耳其占领，北部是匈牙利统治下的半独立属国。

1521 年又一代土耳其伟大的苏丹苏莱曼大帝终于占领贝尔格莱德，1526 年在决定命运的莫哈赤战役中击溃匈牙利王国最后的抵抗，国王战死，土耳其帝国完成了对整个巴尔干半岛的征服过程，历时近 200 年。贝尔格莱德此后 100 多年成为土耳其帝国在欧洲最重要的防御支撑点，其中心地位超过了匈牙利的布达城。就城市规模而言，贝尔格莱德也是土耳其帝国境内仅次于伊斯坦布尔的第二大城市。

战火时代

巴尔干半岛各国的历史都可以分为两部分：土耳其之前的古代史和土耳其占领及光复的近代史。1683年维也纳围城战之后，奥地利军队乘胜反击，第一个光复的自然是匈牙利，匈牙利以前统治的斯洛文尼亚和克罗地亚也很快光复。塞尔维亚的复国过程就非常曲折，历经将近200年，这座贝尔格莱德城堡也是几经易手。1688年德意志帝国诸侯趁维也纳围城战之后反攻的气势，一鼓作气拿下贝尔格莱德，当时欧根亲王还是军中普通将领，统率德意志联军的是巴伐利亚选帝侯。但1690年被土耳其夺回。1710年代匈牙利已经全境光复，但土耳其想要反攻，主动发起战争，在上一节提到的诺维萨德城下的彼得罗瓦拉丁战役中，欧根亲王阵斩土耳其大宰相，顺势进军贝尔格莱德。欧根亲王围攻贝尔格莱德城堡的时候有件趣事：那时候离维也纳围城战不过一代人的时间，土耳其大军实力还很强，绝不像100年后的"西亚病夫"土耳其那样，谁都可以欺负。欧根亲王预料在城下会有一番恶战。没想到，奥军一门迫击炮，偶尔一发炮弹，击中土军的火药库，引起大爆炸，贝尔格莱德要塞就在1717年轻易陷落了，整个欧洲为之震惊。今天这门神奇的幸运之炮还保存在维也纳的陆军博物馆里供人瞻仰，其实它的尺寸很小。

不过幸运这种事情，也不是一直照顾某一方的：20年后欧根亲王去世，1739年土耳其反过来围攻奥地利的贝尔格莱德城堡，也是凑巧一炮，轰掉了奥军弹药库，结果奥军投降。贝尔格莱德再次落入土耳其之手，不仅如此，奥地利还丢掉了罗马尼亚南部的瓦拉几亚和波斯尼亚的北部地区。此后1740年玛丽亚－泰蕾莎女皇继位，不得不为自己的皇位合法性跟欧洲列强大打出手，这就是奥地利王位继承战争，无力东向收复失地。经过皇位继承战和七年战争，玛丽亚－泰蕾莎女皇坐稳皇位之后虽然开创了奥地利的鼎盛时期，但她对外奉行和平政策，没有再发动对外战争，直到1780年她去世，儿子亲政的时代，在七年战争的元勋旧将劳顿元帅指挥下，奥地利和新兴的俄国共同向土耳

贝尔格莱德城堡面临多瑙河

其宣战，1788年收复贝尔格莱德和塞尔维亚全境。但是这时已经到了法国大革命的当口，奥地利和俄国虽然拥有劳顿这样的宿将和苏沃洛夫这样的新星，但列强都在担心地注视着法国的动向，无心跟土耳其继续作战，仅仅3年以后的1791年，奥地利跟土耳其讲和，退出了刚刚征服的巴尔干半岛大片地区，包括贝尔格莱德。这座城市再次回到土耳其统治下。后两次土耳其夺回贝尔格莱德之后，都残暴地夷平了整座城市的居民区，尤其是1791年这次在塞尔维亚人看来，奥地利大军不败而败，土耳其不胜而胜，历史上一向把解放希望寄托在奥地利皇室身上的塞尔维亚人大失所望，纷纷转而寄希望于新兴的欧洲强权俄国，而且塞尔维亚和俄国都是东正教国家，这就为100多年以后的第一次世界大战埋下一个遥远的伏笔。

　　拿破仑战争期间，塞尔维亚人在1804年和1815年两次起义赢得自治权，土耳其保有名义上的宗主地位，但土军继续驻扎在卡勒梅格丹要塞直到1867年才撤走。塞尔维亚大公国的独立地位在1878年获得列强承认，1882年升格为王国。此后，新独立的塞尔维亚跟北邻匈牙利、东邻保加利亚关系都很恶劣，尤其是和保加利亚的关系：1885年为了反对保加利亚南部和北部合并，两国打了一仗，塞尔维亚战败。1912年塞尔维亚、希腊、保加利亚、罗马尼亚共同对曾经的宗主土耳其帝国宣战，把土耳其赶出整个巴尔干半岛，这是第一次巴尔干战争，可是一年以后因为保加利亚想要独吞大部分前土耳其割让的地区，跟曾经的盟友塞尔维亚、希腊、罗马尼亚又打了第二次巴尔干战争，结果保加利亚战败，塞尔维亚、罗马尼亚、希腊瓜分战利品。再过一年，仇恨奥匈帝国占领波斯尼亚的塞尔维亚爱国者刺杀奥匈皇储斐迪南大公，引发第一次世界大战，一年之内全国都被德奥联军占领，全国人口的28%，男性的58%死亡，损失率在一战的各个参战国中最高。直到一次大战结束，塞尔维亚的苦难终于告一段落，合并克罗地亚、波斯尼亚等地组成了大南斯拉夫王国。二次大战期间南斯拉夫一开始保持中立，1940年因为国内亲纳粹的摄政王被推翻，遭到德军入侵，全国再次沦陷，直到铁托发动的游击战争在1945年拯救了这个国家。从土耳其和奥地利争夺贝尔格莱德的时代，直到二次大战结束，有统计说卡勒梅格丹要塞总共经过大大小小155次战役的考验！

今天，久经战火的卡勒梅格丹要塞是一座大公园，不用门票，城墙宽大而低矮，面对城市这一面拥有护城壕，而且做成多角星形堡。这是典型的17—18世纪火炮时代的要塞样式，跟中世纪高大的城堡大异其趣。不过，有一座侧门入口两旁是两座圆形塔楼，塔楼顶端还有城墙垛口，看上去仍然是古代城堡的原样。要塞内部绿草如茵，可以俯瞰萨瓦河流入多瑙河的交汇处。在公园的大草坪上有两处建筑物很有意思，一处是砖房，里面有一口古罗马时期的井，它非常宽大，沿着井边筑有螺旋坡道，提水的人和驴子可以沿着坡道下到井底。这样的大型古代水井很少见，笔者记忆中，只在意大利托斯卡纳的山城奥维埃托（Orvieto）看到过类似的井。不过这口井在我去的时候没有开放给游客。另一处是草地上一座六角形的小房子，像个亭子但是用围墙围起来了。它是1716年在彼得罗瓦拉丁战役中被欧根亲王击败阵亡的土耳其大宰相的墓。

城堡入口附近的城墙工事和塔楼里，开辟了塞尔维亚军事博物馆。它的露天武器广场，就在护城壕沟里，摆放很多坦克、装甲车、大炮。博物馆的建筑，利用城堡的一座碉堡塔楼。它的收藏品包括1999年和北约的战争中，南斯拉夫军队缴获的美军悍马吉普。原来还有一架被击落的F117隐形战斗机残骸，那是全球首次也是唯一一次实战击落隐形飞机，所以相当轰动。不过现在那架F117隐形战斗机的残骸，已经移到贝尔格莱德机场附近的航空博物馆里展出。关于1999年北约轰炸塞尔维亚，和误炸中国驻南斯拉夫大使馆的事件，直到今天也是众说纷纭，事情的真相始终扑朔迷离。有一种说法是当时南联盟的战机在空中巡逻，偶然目视发现了月光下的隐形战斗机。F117虽然对雷达隐身，但机身的折线外形气动性能不佳，速度快不起来，一旦被发现很难规避导弹，于是就这么瞎猫碰上死耗子地被击落了。但是这个传说疑点很大：当时北约对南联盟禁飞，有什么塞尔维亚战斗机可以升空巡逻而不被先进的北约战斗机立刻击落呢？还有一种未经证实的谣言，说当时中国用新研制的雷达，能够看见"隐形"飞机，帮助了南联盟军队击落F117，结果引起美军报复，"误炸"中国驻南斯拉夫大使馆的通信中心。不过，这些都是小道消息，当不得真。20年前被炸的中国驻南联盟大使馆旧址已经被废弃，它在萨瓦河对岸的贝尔格莱德新城，而中国大使馆搬迁到了别处，但这里现在还有一座小的纪念碑，不时有中国游客前来献花致敬，说明中国人民并没有遗忘当年的烈士。

从卡勒梅格丹城堡南门出来，马上就走到旧城最繁华的街道上，塞尔维亚中央银行大厦就在附近，远远还能看到宏伟的东正教堂主教座堂萨博纳教堂（Saborna Church）的巴洛克式塔楼。在主教座堂马路对面有主教住所和塞尔维亚东正教会博物馆。但是塞尔维亚最大最漂亮的教堂并不是这座，而是旧城更靠外围的圣萨瓦大教堂，它于1935年开工，到今天还没有完全建成。它外观宏伟，是整个塞尔维亚最大的东正教堂。其实，也是整个巴尔干最大的教堂。圣萨瓦（Sava）是12世纪塞尔维亚涅曼季奇王朝创始人国王的幼子，也是塞尔维亚东正教总主教区的第一位总主教，就是他在1219年起草颁布塞尔维亚最早的宪法，奠定了国家在宗教和政治上的独立地位。他死后被封圣，300多年以后，土耳其统治期间的1594年，塞尔维亚人起义反抗土耳其，苏丹穆拉德三世镇压起义之后，当众焚烧了圣萨瓦的遗骨作为报复。后来塞尔维亚复国，就在圣萨瓦的墓地以及焚烧遗骨的地方建造圣萨瓦教堂作为永久的纪念。1935

年动工的时候，王国政府计划不但要建成总主教座堂，而且要把规模做成全世界最大的东正教堂，以彰显南斯拉夫在东正教世界的中心地位，不久二次大战中断了施工，战后和平时期，共产党政府对这种东正教的宏伟建筑不感兴趣，所以工程一直停滞到 1984 年才继续展开，1989 年大圆顶在地面建造完工以后，整体吊装到位，在当时是一件了不起的工程奇迹。现在的圣萨瓦教堂主体结构完全竣工了，可是内部还在装修，计划要做成 12 万平方米的镀金马赛克，规模直追世界著名的威尼斯圣马可大教堂和伊斯坦布尔索菲亚大教堂，所以现在还在施工，笔者去参观的 2016 年，里面开放做弥撒的面积有限，大部分是施工区域，据说镀金马赛克工程得到来自俄罗斯的大力援助，俄国总统普京来看过好几次。从这座教堂，也可以看到近现代塞尔维亚从亲近西方尤其是奥地利，转向亲近同为东正教国家的俄罗斯的一个侧面，这种趋势并不因为意识形态的变化而受到影响。

时空交错的建筑

漫步在贝尔格莱德旧城，你会发现这里虽然也有很多宏伟的纪念碑式建筑，但年代和形式并不古老，因为奥地利和土耳其的反复争夺，城市多次毁于兵火，今天贝尔格莱德街头的建筑历史基本不会早于 18 世纪，多数是 19 世纪国家经济恢复以后建造的新古典、浪漫主义（仿古哥特、罗曼式）建筑。最显眼的两栋，分别叫作"新宫"和"旧宫"，都是 19 世纪的王宫，在同一片广场上，隔着草坪和花坛遥遥相对，今天旧宫是贝尔格莱德市议会，新宫是塞尔维亚总统府。看到这两座建筑物，让我想起回到国内在上海的外滩，或者天津的解放南路，看到那些巨型的银行建筑时的感觉。事实上的确如此，无论外滩还是贝尔格莱德，这些大厦大多数吸收了古典主义、文艺复兴、哥特等几种怀旧风格的元素，形成 19 世纪浪漫主义时期的一种折中风格，不过旧宫和新宫要早半个世纪，是 19 世纪后半期的建筑，上海和天津的那些银行大厦多数建成于 20 世纪初，跟欧洲的流行趋势相比还有些滞后，在风格上的确是很相像的。

19世纪末到20世纪初，怀旧的浪漫主义建筑在西欧开始被"新艺术风格"取代，在德国奥地利和俄国，就是我们在维也纳那一章说到的"分离派"风格。与此同时，塞尔维亚民族主义自豪感，还催生了复兴古老拜占庭建筑风格的民族特色建筑，圣萨瓦大教堂是其中一个例子，但拜占庭复兴的例子也不仅这一个，在旧城大道上，任何一位游客都不会错过一栋白色为地，大红色勾勒出门廊、半圆拱券的漂亮建筑，它虽然只有三层楼高，正立面也不宽大，却非常引人注目。这栋楼现在为武克基金会（Vuk Foundation）所有，1879年建成以后近一个世纪都是塞尔维亚教育部。仔细端详这栋楼的正立面，它的纵向线条，还有墙上装饰的纹章跟人脸雕像，其实应该算是很明显的"分离派"，也就是新艺术运动风格，但是屋檐上跟窗户顶端的半圆拱显露出强烈的拜占庭式教堂的古风。塞尔维亚在19世纪流行拜占庭复古特色的建筑，除了反映民族自豪感，其实也反映出一点那个时代向俄国靠拢的政治背景。沙皇俄国从18世纪就不断向巴尔干半岛扩张，当地各民族急于摆脱土耳其帝国统治的同时，因为古代受拜占庭帝国统治的关系，都信奉东正教，因此跟俄国多了一层亲近关系。

贝尔格莱德武克基金会建筑

加上塞尔维亚对奥地利在 18 世纪几次解放国土又退出感到失望，于是立国以后迅速向沙俄靠拢，在建筑领域，拜占庭怀旧风其实也正是东正教的集体记忆，共同的宗教和斯拉夫语言，是拉近塞尔维亚、保加利亚跟俄罗斯之间关系的纽带。

除了拜占庭怀旧的民族样式，19 世纪末 20 世纪初的塞尔维亚，给我们留下更多纯正的新艺术风格漂亮建筑。离新宫和旧宫北面 500 米的路边，有一座绿白两色的酒店，是非常漂亮的新艺术风格，也就是分离派建筑，很长时间内都是贝尔格莱德唯一一座四星级酒店。这座莫斯科酒店 1905 年开始设计，当时投资方是俄国的一家保险公司，所以是私人投资，大厦叫作俄罗斯宫，莫斯科酒店起初是俄罗斯宫大厦里的一个部分，后来生意越做越大，占据了整个俄罗斯宫。它门口人行道上的喷泉建于 1860 年，比莫斯科酒店的历史更早。之所以说它是非常纯正的分离派建筑，因为审查大楼设计方案的三人委员会中一位委员就是奥托·瓦格纳，他是我们在维也纳那一章提到的维也纳分离派建筑大师。大厦正立面的装饰主题是"俄罗斯的荣耀"，有海神尼普顿和三叉戟的形象，象征俄国在黑海上战胜土耳其。这座建筑落成的时候塞尔维亚正和奥匈帝国打一场"猪的战争"，其实就是贸易战，奥匈帝国禁止进口塞尔维亚的猪肉，而猪肉是塞尔维亚当时主要的出口产品。所以莫斯科酒店落成，多多少少也象征塞尔维亚向俄罗斯转向。

这座莫斯科酒店在二次大战纳粹占领期间曾经被用作盖世太保的当地总部，换句话说，笔者小时候看到的南斯拉夫电视连续剧《黑名单上的人》，背景应该是这栋建筑，当然事实上拍摄地点并不是这里。1974 年，莫斯科饭店推出一款甜点"莫斯科蛋糕"（Moskva Snit），一炮而红，直到今天都是酒店咖啡厅的保留菜式，它是一款 6 层水果蛋糕，其中两层分别有碎樱桃和菠萝混合奶油夹心，顶上点缀杏仁片和整杏仁，即便不住在这家酒店，也可以来这里的咖啡馆坐坐，品尝这款具有世界知名度的甜点。

贝尔格莱德还有一处名胜——铁托墓，在笔者必到的名单上。铁托的墓地在旧城往南 3 公里的城外，离萨瓦河岸不远，坐落在一个安静的山坡上，并不奢华。这里有座花园，铁托生前喜欢在这儿搞园艺。山坡脚下有一座纪念博物馆。从博物馆背后的小道上山，路边有一座铁托立像，从这里走上半山坡，花园里有一座简单的平房叫作"花之屋"，房前是喷泉，铁托的白色大理石墓，就在"花之屋"中央。

"花之屋"里还有一个很有趣的展览：铁托生前，每年生日的时候，全国各个青年团体会举行火炬接力长跑，象征性地为铁托祝寿。虽然听上去有些个人崇拜的味道，但毕竟这是长跑，对人民健康还有益，而每次不同民间组织搞的长跑活动，所用的火炬形状都不相同，跑完了会把火炬作为礼物送给铁托。在铁托墓旁的展览厅，展出成百上千支火炬，制作极为精美，创意十足。此外在铁托墓花园沿着山坡小道，另有一列长长的房屋，展出各国首脑送给铁托的国礼。

铁托元帅真的是个强人啊。前面说过，南部斯拉夫民族各个国家，互相之间种族矛盾、宗教矛盾、经济利益冲突、历史积怨，所有这些矛盾都有好几百年的根源，好像没有道理能统一到一个国家中。铁托呢，从无到有创建南斯拉夫人民军，和德国人打，靠自己的力量取得胜利，还能把斯大林和红军的影响

铁托墓花之屋

拒之门外。然后再把这些国家硬给捏到一起，团结了几十年。建设的道路独立自主，可以说是经济发展水平最高的社会主义国家，赢得了东西方各个阵营的广泛尊重。铁托本人年轻的时候在奥匈帝国的军队当兵，在第一次世界大战的战场上，依靠个人勇敢在1915年成为弗兰茨－约瑟夫皇帝麾下全军最年轻的军士长，这可是一刀一枪打出来的成绩。后来铁托在前线受重伤被俄军俘虏，被送到乌拉尔山做苦役，在俄国参加了十月革命，加入布尔什维克，并结了婚。1920年铁托和他的俄国妻子奉派回到南斯拉夫。铁托是个个性很强的人，他自己其实是克罗地亚人，但是战后他上台所推行的政治路线，是维护大南斯拉夫的统一，压制各加盟共和国的分离倾向，尤其注意打压南斯拉夫内部势力最大的塞尔维亚。正是铁托把信奉伊斯兰教的塞尔维亚人定义成了一个新的民族——波斯尼亚人，成立了一个波黑共和国。当然波斯尼亚这个地名古已有之，1878年柏林和会之后，奥匈帝国就是占领了波斯尼亚—黑塞哥维那地区。但历史上波斯尼亚是个地名，不是民族名，一战之前波斯尼亚的穆斯林仍然被认为是塞尔维亚人，否则奥匈占领波斯尼亚，又怎么会引起大塞尔维亚主义分子的愤怒，做出刺杀皇储，引发第一次世界大战的举动呢？一次大战之后成立南斯拉夫王国，国名也叫作"斯洛文尼亚、克罗地亚和塞尔维亚的南斯拉夫王国"，很明显，国家内部只承认三个民族。直到第二次世界大战以后铁托当权，起初南斯拉夫国内的人口普查，还没有"波斯尼亚"这个民族选项。正是铁托采纳了当时波斯尼亚党的领导人的建议，开始单独定义"波斯尼亚"这个新的民族，他的用意就是抑制大塞尔维亚的人口和地盘。北马其顿共和国，原来也是塞尔维亚的一部分，说塞尔维亚语中的马其顿方言，也给定义成了马其顿族，单独成立共和国。铁托在世的时候，这些划分能抑制大塞尔维亚思想，能维持国家统一。可是后来独立战争的时候，各个部分打得更热闹。

在国际上，也有很多人把铁托当作修正主义分子，因为他不买斯大林和苏联的账，1948年就和苏联分道扬镳。冷战时期，公认效率最高最厉害的情报机构，不是克格勃和中央情报局，而是三个中等国家的情报机构：以色列摩萨德、东德和南斯拉夫。曾经有个笑话，说铁托给斯大林写过一封信，"敬爱的斯大林同志，请你不要再派人来刺杀我了，如果再不停止的话，我也会派人礼尚往来了"。然后，这种行为就停止了……

从1991年底的南斯拉夫解体开始，到今天已经30多年了，南斯拉夫—塞尔维亚经历了翻天覆地的变化。1998年北约轰炸南斯拉夫联盟，2000年，塞尔维亚人上街游行，推翻米洛舍维奇政府，米洛舍维奇本人被送上海牙国际法庭，在法庭审理他种族清洗的罪行期间，他死于狱中。笔者来塞尔维亚旅行之前，对塞尔维亚的印象还停留在1990年代，以为这是一个反美反西方的国家，所以非常惊讶于他们对西欧各国护照和美国护照免签证。其实，今天的塞尔维亚已经采用议会民主制，是一个努力融入欧洲的国家，它的政府亲西方，2009年正式提出加入欧盟的申请。2012年3月塞尔维亚正式获得欧盟成员国候选身份，此后的7年间，塞尔维亚从欧盟候选援助项目总共获得30亿欧元的入盟前经济发展援助，有望在2025年前后正式加入欧盟。

其实，贝尔格莱德的主要景点算不上特别精彩，你如果去这座城市，我建议一定慢下来，听听音乐会，看看街上的老式建筑，在街边喝咖啡，夜里去酒吧夜店疯一下，你一定会喜欢这座城市的。

第三节　铁门峡谷

铁门天险

多瑙河自西向东横贯塞尔维亚北部，因为塞尔维亚的国土呈东西窄南北宽的纺锤形，多瑙河在塞尔维亚境内的里程并不算很长，300多公里，贝尔格莱德差不多处于正中间的位置。从贝尔格莱德继续向东150公里到达罗马尼亚边境，这里就是世界著名的铁门峡谷。从地理方面来说，这里是东西向的巴尔干山脉和南北向的南喀尔巴阡山脉呈丁字形交会的地方，多瑙河沿着巴尔干山脉北麓平行横穿半岛根部，就必须在这里穿过纵向喀尔巴阡山余脉的阻挡，于是形成了铁门峡谷。

　　从文化历史的角度来讲，中世纪强大的匈牙利王国在西北面，在很长的时间里统治着今天罗马尼亚西北部的特兰西瓦尼亚地区，事实上特兰西瓦尼亚直到一次大战之后才归属罗马尼亚。匈牙利也曾经长时间统治塞尔维亚北部的伏伊伏丁纳地区。匈牙利是罗马天主教国家。而铁门峡谷以东以南，也就是今天的保加利亚和罗马尼亚南部的瓦拉几亚地区，中世纪传统上是第一保加利亚帝国和拜占庭帝国的地盘，它们的中心在今天保加利亚东南部和土耳其欧洲部分，古代称为色雷斯的地区，人民笃信东正教。本书前面提到过罗马天主教和东正教的渊源：它们都是基督教的分支，罗马帝国东、西两分之后，教会也分为两个中心，罗马大主教就是后来的天主教会教皇，君士坦丁堡大牧首则依托东罗马/拜占庭皇帝的支持。双方一开始只是权力之争，后来逐渐在神学理论和仪轨方面歧见丛生，1054年罗马大主教和君士坦丁堡大牧首互相把对方革出教门，天主教会和东正教会正式分裂。于是，铁门天险在历史上就成了划分东、西势力范围的天然界限，也是中世纪东、西两股势力反复争夺的前线。不过这都是土耳其入侵之前的历史。苏莱曼大帝抹杀了这道天然屏障的军事意义，把整个巴尔干半岛收入囊中，一直打到维也纳城下。

　　今天的铁门峡谷幽深秀丽，在群山之间蜿蜒30多公里，多瑙河左岸是罗马尼亚，右岸是塞尔维亚，分别都建立了国家公园自然保护区。塞尔维亚这边叫作德达普（Djerdap）国家公园，罗马尼亚那边就叫铁门国家公园。在铁门峡谷的西入口处塞尔维亚这边，有一座壮丽的戈鲁别克（Golubac）堡，是个热门景点，但是塞尔维亚这一边峡谷区域缺乏比较大的城市，笔者个人更推荐住在峡谷出口处铁门水电站大坝下游15公里的罗马尼亚城市塞维林（Severin）。在峡谷里面和上游附近没有桥梁横跨多瑙河，但铁门水电站大坝顶上的通道是开放的，无论塞尔维亚还是罗马尼亚的车辆，只要租车手续齐全，过桥进入另一个国家都很方便，等候过关的车辆很少，不需要排队。

　　塞尔维亚这一侧的戈鲁别克堡是整段铁门峡谷最漂亮的一处景观。在它上游方向，多瑙河河道冲进峡谷之前陡然变宽，形成一片广阔的湖面，城堡

铁门大坝的船闸

铁门峡谷戈鲁别克堡

就在湖面注入峡谷、河道急剧收窄的"闸门"处。这里的山峰很高,戈鲁别克堡在山脚下河边的一处巨岩顶端,正对多瑙河的那一面是壁立的悬崖,岩石顶上的塔楼顺着侧面的坡道,在朝向上游这一面一直延伸到水边,从岩顶到水际滩头的城墙围出三重城堡院落,城墙四周总共有大大小小 9 座塔楼,从外形看,它是真正的中世纪堡垒,和莱茵河谷那些德国的城堡相比毫不逊色。如果讲到历次征战的历史,戈鲁别克堡恐怕比莱茵河谷的德意志城堡见过更多的战事。

铁门峡谷这个地区在公元 1000 年之前的早期中世纪属于保加利亚第一帝国,后来由拜占庭帝国占领,1200 年前后拜占庭帝国衰落,连君士坦丁堡都在 1204 年被第四次十字军攻占,趁势复国的第二保加利亚帝国占领了这个地区。但是保加利亚的第二帝国不像第一帝国那么强盛,这里对于保加利亚来说太远了,1260 年代之后铁门峡谷被西边近在咫尺的新兴的塞尔维亚帝国夺取。这些都还算是小打小闹。戈鲁别克堡的大多数战争,都发生在土耳其入侵和奥地利反攻这 400 年间。前文提到过 1389 年灾难性的科索沃战役决定了独立的塞尔维亚被土耳其奴役的命运。塞尔维亚大公拉扎尔战死,他的儿子拉扎列维奇成为土耳其苏丹"雷霆"巴耶济特的附庸,在欧洲十字军试图反攻的 1396 年尼科波利斯战役中,拉扎列维奇反过来帮助土耳其大胜十字军,巴耶济特苏丹占领了戈鲁别克堡。但是随后"雷霆"巴耶济特苏丹在东方和帖木儿作战时被俘,拉扎列维奇作为塞尔维亚的统治者,又摆脱土耳其,向匈牙利国王,后来的皇帝西格蒙德输诚,西格蒙德把贝尔格莱德跟戈鲁别克堡都赠予拉扎列维奇作为奖励,让他带领塞尔维亚人为匈牙利守护边疆。拉扎列维奇死后,匈牙利国王西格蒙德收回贝尔格莱德城,但是戈鲁别克堡的守将不愿意归匈牙利管辖,向土耳其献出城池。1428 年将要登上神圣罗马帝国皇位的西格蒙德国王集结 3 万大军,携带 200 门意大利铸造的火炮水陆并进,前来围攻戈鲁别克要塞,土耳其苏丹穆拉德二世也御驾亲征前来救援,最终双方讲和,但匈牙利撤军之际后卫被土军突袭,西格蒙德险些在乱军中被俘,被女将、蒂米什瓦拉亲王的妻子塞西莉亚·罗兹戈尼(Celilia Rozgonyi)指挥水军舰只所救,为了表达感谢，西格蒙德把戈鲁别克堡赐予她。此后多年匈牙利和土耳其在戈鲁别克堡这里来回拉锯了半个世纪，大多数时候是土耳其占有城堡，1458年匈牙利"乌鸦王"马加什强大的时候曾经夺回来，"征服者"穆罕默德二世苏丹再抢回去。后来土耳其苏莱曼大帝时期，1526年灾难性的莫哈赤战役中匈牙利覆亡。土耳其在这里站稳脚跟200多年，直到1683年维也纳围城战之后奥地利反攻，这里和贝尔格莱德一样，曾经在1680年代由巴伐利亚选帝侯和在1718年由欧根亲王两度占领，但是欧根亲王死后，1738年奥地利败给土耳其。法国大革命前奥地利在和土耳其的战争中占领塞尔维亚全境，可是为了对付法国，奥地利再次在1791年退出塞尔维亚。直到塞尔维亚独立之后，戈鲁别克堡才和贝尔格莱德一起归还塞尔维亚王国。在匈牙利、奥地利、塞尔维亚和土耳其人长期拉锯的400年间，形成了当地独特的传说：戈鲁别克这个名字的来源是鸽子（Golub）的意思，传说有位名叫戈鲁巴纳的塞尔维亚姑娘非常美丽，当地的土耳其统治者帕夏看上了她，向她求爱，姑娘拒绝了残暴的土耳其统治者，帕夏恼羞成怒把她抢走，关在城堡的塔楼里，也有传说是绑在河边的岩石上，最终死于上涨的多瑙河水。

峡谷水电站

多瑙河在枯水和涨水季节，是否有传说中这么大的水位落差，这个笔者并不了解，但举世闻名的铁门水电站大坝建成以后，上游水位上涨，倒确实是淹没了城堡最靠下方河岸的部分，今天的城堡9座塔楼，有一圆一方两座都在水里。笔者造访戈鲁别克堡是在2018年秋天，这里在近现代曾经很破败，2014年塞尔维亚政府开始大规模整修，原本说2017年完工开放，但工期一直拖延到2019年。笔者来这里的时候，城堡说是有限度开放，实际上还在施工，三座塔楼和很大一部分城墙被脚手架遮住，开放的只是第一进院落和门厅，没有任何陈设，其实还是从河对面罗马尼亚，或者河中心的游船上，远远拍摄出的城堡气势非凡。2019年夏天工程竣工完全向游客开放，希望现在能看到更多的东西。这里的旅游业不太发达，这是很可惜的，无论城堡还是幽深秀丽的河谷，景色都很优美，水电站大坝又举世闻名，现在罗马尼亚和塞尔维亚之间过境也很方便。我在9月初最好的季节前来，秋高气爽，却见不到几个游客。

从戈鲁别克堡自驾开进铁门峡谷，两岸分别有一条路况良好的山间公路，可以从半山腰游览整个这30多公里的峡谷，笔者在铁门峡谷自驾的时候是初秋，有一些树叶已经开始红了，两岸大部分地方还是郁郁葱葱的深绿，偶尔有两三处河边的村落，整体感觉罗马尼亚那边峡谷里的村落比塞尔维亚这边多，所以罗马尼亚一侧的公路总的来说地势低于塞尔维亚的公路，但塞尔维亚这边经常会迎面遇到一些重型卡车，有可能是为戈鲁别克堡整修工程运输建材的，希望工程竣工以后不会有那么多卡车，否则山道不宽，遇见重型卡车还是有点提心吊胆的。

铁门峡谷大约30公里长，这个区域只有在下游出口处的铁门水电站大坝才有跨国桥梁，所以笔者当时驾车从两侧各走一遍，实际上是走了三遍：从入口处的戈鲁别克堡沿塞尔维亚一侧开车到大坝，过河进入罗马尼亚，再回头向上游方向返回戈鲁别克堡河对岸，最后还要第三次穿越峡谷，到下游罗马尼亚的塞维林城下榻。在罗马尼亚这一侧，能够很清楚地看到塞尔维亚一侧靠近上游的岩石山坡深入河面，就像长江上的采石矶、城陵矶一样，形成通航的屏障，那是整块的岩石坡，几乎没有树木，但是悬崖上很多爬藤植物的叶子比一般的树叶红得早，挂在白色的山岩上，非常醒目，河水是绿色的，秋天的天空很高很蓝，绿白红蓝四种自然界纯粹的颜色在艳阳下，随手拍照都能拍出电影大片的效果。

在河谷左岸罗马尼亚这一边，大约一半的距离，有一处深入岸边山脉深处的支流湾汊，港湾侧面的山顶上，有巨型摩崖头像雕刻，那是公元105年图拉真皇帝征服达契亚之前的国王德西巴鲁斯的头像。罗马尼亚在罗马帝国时期叫作达契亚。传统上罗马帝国的边界是莱茵河－多瑙河连线以西以南。所以帝国初期，疆界只到今天的塞尔维亚南部、保加利亚，不越过多瑙河以北。帝国初期最强盛时代有"五贤帝"之说，其中第二位图拉真皇帝的武功最盛，他越过多瑙河征服了达契亚，到了后世，斯拉夫人、马扎尔人、保加尔人、土耳其人在东南欧纷纷建国，今天只有罗马尼亚这片后来才并入帝国版图的地区，反而保留了最多的古罗马语言文化，在斯拉夫民族和来自亚洲的马扎尔民族的包围下，只有罗马尼亚语是拉丁语，罗马尼亚这个国名的意思，也就是"罗马人的地盘"。图拉真皇帝公元105年发动达契亚战争攻城略地的事迹，用连环画式的浮雕长卷，螺旋式地镌刻在"图拉真记功柱"上，至今仍矗立在罗马城中心古罗马遗迹区的北端，作为一种经典的纪念碑建筑样式垂范千古。巴黎市中心旺多姆广场上，拿破仑用奥斯特里茨战役缴获的敌军大炮熔铸成记功柱，镌刻上自己的战功；维也纳卡尔教堂门前两根浮雕大理石柱，这些都是仿造图拉真记功柱的后世经典。在铁门峡谷深处的这位达契亚国王德西巴鲁斯，就是被罗马征服前夕的当地国王，他曾率领部众成功地抵御了"五贤帝"之前图密善皇帝的进犯，也曾在公元101年图拉真皇帝发动的第一次达契亚战争中败给罗马军团，成为帝国的属国，但他仍然坚持独立方针，没有放弃民族自由，最后在106年图拉真皇帝发动的第二次达契亚战争中兵败自杀。今天的罗马尼亚人民在为传承了古罗马语言文化而感到自豪的同时，也把这位古代抵御罗马入侵的当地国王作为民族独立自由的英雄加以崇拜。其实他的本名叫作杜乐帕努斯（Diurpaneus），德西巴努斯是他第一次战胜罗马军团以后取得的尊号，意思是勇敢者。

  说起古罗马图拉真皇帝的达契亚征服史，那就必须提到铁门峡谷下游15公里处，罗马尼亚的塞维林市。图拉真皇帝给了这座城市第一个青史留名的机会，铁门水电站是这座城市第二次闻名世界的契机。1974年罗马尼亚和南斯拉夫两国合作，在铁门峡谷出口处多瑙河主河道上筑成拦河大坝，建立起当时欧洲最大的水电站。这座水电站就在塞维林郊外。开车驶过大坝顶上沟通两国的桥梁时，规定不准停车，也不准照相。不准停车的规定我理解，一方面防止阻塞交通，也是为了防止有人破坏。但两岸的水电站设施都不准照相我就不理解了。这座水电站从1968年设计施工，到1974年竣工，到今天都已经半个世纪，世界上更大的水利工程比比皆是，铁门水电站技术也不再先进，有什么可保密的呢？不过好在这个规定并没有人执行，笔者在大坝两岸的停车场，还有公路边都曾数次停车，给大坝和密密麻麻的变电塔群拍照，一直都没有警卫前来干涉。

　　开车进塞维林城的第一个十字路口，就能看到大路中央圆形花坛上有一座复杂的铁桥局部模型，它是公元 103 年两次达契亚战争之间，图拉真皇帝下令搭建的，当时图拉真刚在第一次达契亚战争中获胜，在多瑙河左岸建立起据点，但是并未占领达契亚，建这座桥就是为了一旦有事，从右岸的帝国腹地给对岸快速输送增援兵力。多瑙河在这里有 1200 米宽，这座罗马古桥用了 20 个碎石堆砌的桥墩，桥面和栏杆用橡木搭建，宽 15 米，很长一段时间内都是全世界最大的桥梁，而且 105 年建成之后，正好赶上第二次达契亚战争发挥了作用，图拉真皇帝就在那次战争中最终征服罗马尼亚全境。今天这座古罗马大桥早已毁弃，在河边还能看到 2 座桥墩，河岸上有当年罗马帝国建立的浴场、圆形剧场、兵营之类建筑物的遗迹，今天是考古发掘现场，还有一座铁门博物馆，展览铁门峡谷地区的民俗、生物、图拉真大桥的遗迹，和正在发掘的罗马驻军城市遗迹。博物馆就坐落在市中心居民区深处，但我去参观的时候并没有看到其他游客，工作人员很热情，专门有人陪着我到室外河边的斜坡上，眺望图拉真大桥的遗迹，还给我现场讲解正在发掘的罗马遗迹，让我多少有点受宠若惊的感觉。

　　塞维林这座城市在罗马尼亚本土可能也算不上一座旅游城市，但在整个铁门峡谷地区，把塞尔维亚和罗马尼亚两国都算在内，它应该是最方便的一处落脚点，它本身也颇有可看之处。在大桥遗迹和铁门博物馆附近有一座中学，在 19 世纪的东南欧，高中教育就已经算是很高的教育程度了，这座"图拉真高中"为当地培养出很多人才，其中不乏一些后来成了罗马尼亚名人的毕业生，直到今天这里的图拉真高中也是一所国家级名校。我路过的时候还特意去校园里看了一眼那座 19 世纪的图拉真皇帝胸像。

　　多瑙河在塞维林城南流过，罗马大桥遗迹、图拉真高中、中世纪的塞维林城堡，和我住的大陆酒店都在河岸一线，最远的两端之间相距不过 1000 米，这几处建筑一面向着河岸的斜坡，另一面是林荫大道，河岸的斜坡已经建成了公园，把古罗马和中世纪城堡两处遗迹都包括在内。这座酒店的位置得天独厚，虽然现在看上去已经陈旧，但大堂的装潢，那些精雕细刻的木制家具和水晶吊灯，看得出来是半个世纪以前那种接待党和政府官员的旧式高级宾馆，它面对城市的那一侧门口就有灯光喷泉，紧邻着19世纪建造的文化宫大厦和警察局，而我的房间窗户正对着多瑙河的滚滚波涛，打开窗户能听到河里驳船的汽笛声。傍晚散步的时候，就从酒店临河的那一面顺斜坡下到河岸，走上100米就看到了中世纪塞维林城堡的遗迹。古罗马帝国在公元4世纪，也就是差不多君士坦丁大帝的时代以后逐渐从达契亚撤军。中世纪罗马尼亚的这个部分属于匈牙利王国的东南前哨，这座城堡由匈牙利治下特兰西瓦尼亚或者巴纳特地区的总督修建用来防御保加利亚第一帝国的。后来保加利亚第二帝国跟拜占庭帝国都被土耳其人取代，这里又成了15世纪匈牙利的西格蒙德国王和大将军匈雅迪抵御土耳其大军北进的前哨，直到苏莱曼大帝占领塞维林，一把火毁掉了城堡，只剩下现在这一座塔楼。

除了河边这几处古迹，塞维林城里还有一处景点在北面城市中心区，是1914年建成的水塔，它高大的外形和黑色圆锥形的塔顶，很有哥特复兴跟罗曼复兴风格的气派，让我想起莱茵河畔曼海姆市中心的大水塔。两座水塔内部都可以沿石阶登上顶层，瞭望旧城的市容。我很庆幸自己在塞维林住了两晚，除了留有充裕时间在铁门峡谷里来回穿梭之外，还能在傍晚夕阳余晖的金色霞光中，慢悠悠地沿着酒店的河岸散步，走过那些古代遗迹，吹吹多瑙河上的晚风。塞维林并不在绝大多数游客的游览日程里，正因为如此，慢下脚步来独享这座小城的历史，才更构成我旅途中意外的惊喜和收获。

第十一章　奔流到海：罗马尼亚和保加利亚

第一节　尼科波利斯怀古

保加利亚和罗马尼亚的古代史

多瑙河冲出铁门峡谷之后一路东流，再无阻碍，从铁门峡谷到入海口是多瑙河的下游，河面越来越宽阔，周围地势也越来越平坦，其中第一段500多公里漫长的河道，构成保加利亚和罗马尼亚的国境线。到离黑海直线距离只剩120多公里的保加利亚希利斯特拉城，戏剧性地往北拐了个弯，离开和保加利亚的南方边界，从南向北，以和海岸平行的方向纵贯罗马尼亚国土，到罗马尼亚东北角，和摩尔多瓦、乌克兰交界的地方，散开成一片广阔的水网地带，流进大海。

多瑙河作为罗马尼亚和保加利亚界河的这500多公里，左岸是罗马尼亚，右岸是保加利亚，在200多公里的地方，保加利亚这边，会经过一座叫作尼科波尔的村镇，别看它今天只有4000居民，建筑低矮，市容也灰头土脸的，但在历史上却大大有名。1396年在这里发生的尼科波利斯大战，曾决定过整个巴尔干半岛此后500年的命运，所以，它值得我千里迢迢专程驾车来这里做怀古之游。

第十一章 奔流到海：罗马尼亚和保加利亚

今天的保加利亚和土耳其的欧洲部分，在希腊罗马古典时代叫作色雷斯，色雷斯人属于印欧人种，按照希罗多德《历史》里的说法，罗马尼亚境内的达契亚人，也是色雷斯人的一支。波斯帝国大流士大帝征服了黑海沿岸的所有地区，色雷斯人受波斯帝国统治，后来又被并入马其顿帝国。古罗马共和国强大起来，逐步征服色雷斯，斯巴达克斯是古典历史上最著名的色雷斯人，古书上说他是一个色雷斯部落的王子或者诸侯，被罗马大军俘虏当了角斗士，后来在意大利半岛发动震惊罗马世界的角斗士起义。罗马帝国建立以后，色雷斯是帝国的核心区域之一，起初没有包括多瑙河以北的达契亚，直到 105 年图拉真皇帝跨过大桥征服达契亚，今天的罗马尼亚也并入了帝国。罗马帝国统治着色雷斯行省和达契亚行省。后来民族大迁徙时代，日耳曼人、匈人、阿瓦尔人、斯拉夫人先后一波一波地入侵帝国边境。达契亚的位置太突出，难以防御，最先被罗马人放弃，但色雷斯行省是东罗马帝国绝不能放弃的地区。所幸，匈人、阿瓦尔人来了又走了，只是袭扰，没有待长。斯拉夫部落移民到色雷斯虽然长期定居下来，但是并不强大，也没有建立自己的国家。但是公元 7 世纪亚洲腹

保加利亚尼科波利斯

地的游牧民族保加尔人，注定要在这片土地打上自己永久的烙印。

保加尔人是属于突厥系统的中亚游牧民族，632年在黑海以北的大草原上建立了保加利亚汗国，后来遭到更加强悍的突厥其他部落压迫。在开国大汗的第三子阿斯巴鲁克（Asparukh）领导下西迁，先进入今天的罗马尼亚，再南下色雷斯，作为拜占庭皇帝的臣属。在681年击败拜占庭皇帝君士坦丁四世的北伐以后，皇帝被迫承认保加尔人的独立地位，这一年就被认为是保加利亚第一帝国的开始，到1018年被复兴的拜占庭所灭。这个强盛的保加利亚第一帝国延续了300多年，一度极为强盛。今天的塞尔维亚、罗马尼亚东部南北两大组成部分瓦拉几亚和摩尔达维亚，加上今天的保加利亚都是它的领土。它和拜占庭的关系时好时坏，有时候是臣属，有时候又刀兵相见。阿斯巴鲁克汗的儿子特维尔汗（Tervel）曾帮助拜占庭皇帝君士坦提尼安二世复国，作为报偿获得拜占庭帝国"恺撒"的尊号，后来他又和皇帝翻脸继续火拼。716年特维尔汗跟拜占庭皇帝提奥多西三世再次和解，共同对付新兴的阿拉伯帝国的威胁，出兵帮助皇帝防御君士坦丁堡，用希腊火击败了10万阿拉伯大军对帝国首都的围攻。到802年的克鲁姆汗，又是一位能干的英主，正好赶上西邻阿瓦尔汗国（占据匈牙利平原）被西欧法兰克帝国的查理曼大帝打得奄奄一息，于是他趁火打劫向西夹击阿瓦尔汗国，向南攻击拜占庭腹地，甚至占领阿德里安堡，直接威胁拜占庭首都君士坦丁堡，还把拜占庭皇帝尼基弗鲁斯一世的头骨做成了自己的酒杯！公元864年保加利亚汗鲍里斯一世皈依基督教，从此确立了罗马尼亚和保加利亚的基督教信仰，并且礼遇圣西里尔的弟子，采纳西里尔字母书写保加利亚文字。不过他也很精明，绝不想让君士坦丁堡的大牧首干预保加利亚内部的宗教事务，当时君士坦丁堡和罗马两个教会中心之间已经歧见丛生，但要到1054年才正式决裂，所以当时还没正式出现天主教和东正教的分裂。鲍里斯一世在两大宗教中心之间左右腾挪，为保加利亚教会争取到独立的教会地位。他因为皈依基督教的事迹，在死后被教会封圣。893年到927年统治保加利亚的西蒙大帝更加强大，他向南击败拜占庭帝国，五次围攻君士坦丁堡，但因为海上力量不足而失败。他跟匈牙利的开国君主阿帕德同时代，当时阿帕德带着 7 个马扎尔部落从亚洲南下，走的是保加尔人南侵的老路，被西蒙大帝联合草原上的佩切涅格人打败，被迫改道向西，占领了匈牙利平原。这就是匈牙利国家的开端。西蒙大帝是第一个自称"保加利亚人和罗马人的沙皇"的君主，他这个皇帝尊号，其实是"恺撒"，比神圣罗马帝国和拜占庭帝国的东、西两个皇帝还是低了半级，虽然得到罗马教会的承认，但是拜占庭皇帝和君士坦丁堡大牧首不承认。因为西蒙大帝过度扩张，四面树敌：北面草原上的佩切涅格人，西面和西北的匈牙利、塞尔维亚，南方的拜占庭，所以他死后保加利亚第一帝国因为不断的战争遭到削弱，尤其当时拜占庭正处于一个复兴的上升期，马扎尔人的匈牙利也如日中天，加上拜占庭暗中支持塞尔维亚人独立，给保加利亚帝国釜底抽薪，保加利亚第一帝国左支右绌，狼狈不堪。

西蒙大帝之后经过两代沙皇，到 10 世纪 11 世纪之交，保加利亚第一帝国又出了一位强大的沙皇塞缪尔一世，他一度恢复前代的荣光，重新征服了塞尔维亚。可惜他碰上拜占庭帝国复兴时期的一代英主巴西尔二世皇帝。1014 年巴西尔二世和塞缪尔一世两人都是御驾亲征，在决定性的贝拉西察战役中，巴西尔全歼保加利亚军队主力，塞缪尔一世从战场逃离。为了一劳永逸地打断保加利亚人的脊梁，巴西尔皇帝下令把全部 1.4 万名战俘挖去双眼，每 100 名战俘编成一队，留领头人一只眼睛带路，然后把战俘放回。这个惨无人道的举措在历史上非常有名，也的确有效：塞缪尔一世见到回来的盲人战俘，惊骇得心脏病发作当场身亡，保加利亚第一帝国再也没能恢复元气，于 1018 年灭亡。今天的保加利亚、希腊北部、罗马尼亚南部当时重归拜占庭帝国，罗马尼亚北部今天叫作摩尔达维亚的地区在佩切涅格人统治下，罗马尼亚西部的特兰西瓦尼亚山区归匈牙利统治，塞尔维亚人也获得了独立。保加利亚第一帝国这 300 多年的历程，也是逐步完成斯拉夫化的历程。帝国一开始的时候，被统治的斯拉夫人数就远远多于保加尔人，后来原住民色雷斯人、先来的斯拉夫移民、后到的保加尔统治者逐渐融合，又接受了西里尔字母和东正教，逐渐形成了保加利亚民族，这个民族今天无论从语言还是宗教上，都已经是斯拉夫民族的一个支派。在保加利亚第一帝国强盛的时候，今天的罗马尼亚是它的中心地区之一，后来大草原上属于突厥系的游牧民族佩切涅格人、库曼人相继入侵，西边匈牙利也占据了一块，逐渐形成西部的特兰西瓦尼亚、东部南边的瓦拉几亚、北边的摩尔达维亚这三大块构成今天罗马尼亚的主体部分。

拜占庭帝国的衰落

拜占庭帝国在后来 100 多年的时间里逐渐衰落，尤其是被塞尔柱突厥夺去了小亚细亚半岛、陶努斯山脉这个至关重要的兵员来源地，此后再也没能恢复元气，为了援助拜占庭帝国抵挡塞尔柱突厥，并且收复圣地耶路撒冷，西欧还在 1090 年代组织了第一次十字军，成功占领耶路撒冷。不过拜占庭的衰落缓慢而不可逆转，到 1185 年，趁着拜占庭无力统治巴尔干半岛，保加利亚人复兴了第二帝国，包括大部分的保加利亚，还有罗马尼亚南部的瓦拉几亚。拜占庭帝国只能承认新的保加利亚沙皇无力收复失地。实际上不到 20 年，拜占庭帝国自己的首都君士坦丁堡都被第四次十字军攻陷了。不过保加利亚第二帝国没有第一帝国强大，当时匈牙利人和塞尔维亚人都很强，把它的西部和北部边境限制在铁门峡谷和特兰西瓦尼亚这一线。1257 年保加利亚的阿珊王朝结束以后，保加利亚遭到蒙古西征、匈牙利、复国的拜占庭轮番进攻，逐渐衰落下去，这个时期塞尔维亚王国强大起来，瓦拉几亚和摩尔达维亚也成为半独立的诸侯国，但是真正的强者，奥斯曼土耳其在 14 世纪中期进军欧洲，开始了征服巴尔干半岛的 200 年历程。1370 年代的保加利亚分裂成几个诸侯国，根本无力抵抗奥斯曼帝国的入侵，土耳其人绕过君士坦丁堡，先占领拜占庭在欧洲的土地，然后曾于 1363 年占领保加利亚南部的普罗夫迪夫，1382 年占领索菲亚，此后没有越过多瑙河，而是向西进攻强大的塞尔维亚人。1389 年决定性的科索沃战役中塞尔维亚覆军亡国，大公拉扎尔战死，其子拉扎列维奇成为土耳其帝国的附庸。但在战斗将要结束的时候，一位塞尔维亚贵族假意投降，在战场上刺死了苏丹穆拉德一世。穆拉德的儿子"雷霆"巴耶济特即位。

在这个时候，整个多瑙河以南全都落入土耳其帝国之手，唯一的例外是孤悬敌后的拜占庭首都君士坦丁堡。一代雄主"雷霆"巴耶济特,攻灭保加利亚,让塞尔维亚剩余的诸侯称臣,数度围攻君士坦丁堡。匈牙利和罗马尼亚的瓦拉几亚、特兰西瓦尼亚成了前线。当时匈牙利国王是卢森堡家族的西格蒙德,英法两国的百年战争正处在休战期,教廷想要从法国阿维尼翁迁回罗马,结果罗马和阿维尼翁出现了并立的教皇,英、法各自支持一边。神圣罗马帝国的皇位空缺,前一位皇帝,西格蒙德的父亲查理四世已死,德意志国王兼波西米亚国王是西格蒙德的哥哥弗拉迪斯劳。就是在这样的国际形势之下,濒临亡国的保加利亚贵族们把获得拯救的唯一希望放在欧洲十字军的反攻身上。1394年罗马的教皇博尼法斯九世号召发动十字军,与切身利益相关的匈牙利国王西格蒙德当然最积极,另外因为英法百年战争休战,很多法国大贵族也愿意参加,直属教廷的三大骑士团中,条顿骑士团已经把重心转移到波罗的海沿岸,圣殿骑士团在近百年前被法国国王美男子菲利普连根铲除,剩下的医院骑士团以罗德岛为中心,也参加了这次十字军。威尼斯作为当时首屈一指的海上贸易帝国,跟土耳其之间争夺东西方贸易商路的控制权,也是土耳其的传统死敌,为十字军提供水师,当时土耳其的海军没有百年后苏莱曼大帝时那么强大,所以威尼斯的舰队控制了多瑙河河面。这次"尼科堡十字军"在科索沃战役之后七年的1396年浩浩荡荡地沿着多瑙河左岸推进,沿路会合匈牙利、特兰西瓦尼亚、瓦拉几亚的联军,用8天时间在铁门峡谷入口的戈鲁别克堡渡过多瑙河,一路沿着多瑙河右岸来到今天的尼科波尔,当年的地名叫作尼科波利斯。土耳其这边,苏丹"雷霆"巴耶济特御驾亲征,塞尔维亚附庸拉扎列维奇率领1500名塞尔维亚重骑兵也在土耳其这一边。1396年的尼科波利斯之战,十字军对土军的兵力,现代的估计是不到1万名十字军对阵12000—20000名土军。

笔者自驾走的路线是从多瑙河下游的久尔久城(Giurgiu)过桥到南岸保加利亚的鲁塞(Ruse),然后从保加利亚这边开往上游的尼科波尔,自东向西的路线,应该和当年土耳其大军迎战的路线差不多。尼科波尔今天是个村镇,离鲁塞只有130多公里,所以我没有打算在这里过夜,以鲁塞为中心,当天往返,匆匆看了一遍当年的战场。镇子的中心今天仍然紧靠河边,一条公路穿村而过,房子挺整齐的，步行穿村而过只需要10分钟时间，河面在这里非常开阔，可能有2000米宽，对岸罗马尼亚只能隐约看见一些塔吊和工厂用的高塔，没有高楼。河边只有这片狭窄的平地，公路边是一面悬崖，可以从侧面步行上山，山顶有座简单的白色方尖碑纪念当年的战役，看形制应该不是中世纪的遗物，而是19世纪或者20世纪才立起来的。当年在山头上有一座土耳其人占领的堡垒，无论河边村镇所在的平地还是堡垒所在的山顶，都绝不可能摆开双方好几万人的兵力。事实也的确如此，十字军到达尼科波利斯以后，看出山顶的城堡是控制河边渡口的关键，河边大道不是用武之地，于是在山上围困土耳其守军，主力在山头南面，也就是背对河岸的空地迎击苏丹亲率的大军。也就是说，十字军是背水列阵，万一战败后果不堪设想。

指挥十字军的匈牙利国王西格蒙德比较慎重，建议以逸待劳，让瓦拉几亚（罗马尼亚南部）的轻步兵打前锋，跟土耳其先锋的低素质轻装部队交手，等廓清前线以后，再由来自西欧的重骑兵向对方主力发起冲锋。但是统率西欧十字军的法兰西大元帅不同意，他秉承着14世纪法国骑士惯有的骄傲和盲目的英勇精神，宣布法国贵族骑士绝不能在战场上落后于任何人。就是这种盲目的勇敢，在此前和此后的百年战争里，让法国人在英国长弓手面前吃尽了苦头。会战的那天，法军率先冲锋，德意志诸邦和医院骑士团的骑兵随后，匈牙利军队主力待在后面。十字军顺利冲散了土军前哨，冲进土军主力面前的拒马阵，下马破坏土军工事，击退土军步兵，然后不经过休息，继续向前冲击南边山坡上以逸待劳的土军主力。这时一半以上的重甲骑士已经下马作战，身上的甲胄太重，再衰三竭，山坡上土耳其精锐的希帕西重骑兵顺势冲下来击溃法军，俘虏了大部分高级贵族。在山下平地两军也展开混战，土军兵多，从两翼包围，医院骑士团大团长和西格蒙德国王分别统领后续主力在两翼竭力抵抗。在两军陷入僵持的关键时刻，拉扎列维奇率领他的塞尔维亚重骑兵作为生力军投入土耳其一边，对十字军构成最后一记重击，背水而战的十字军几乎被全歼，大团长和西格蒙德国王比较幸运，退到河边乘小船登上停泊在多瑙河上的威尼斯舰队逃跑。他们害怕瓦拉几亚人向土耳其投诚，不敢从对岸走瓦拉几亚的陆路撤退，于是乘坐舰艇顺多瑙河南下，开进黑海，绕君士坦丁堡回国。经此一战，欧洲反攻巴尔干半岛的希望彻底破灭。土耳其本来可以乘胜向多瑙河对岸的瓦拉几亚和匈牙利进攻，或者回头拔掉背后君士坦丁堡这颗钉子，也许是天意使然，就在这个当口，亚洲腹地兴起了帖木儿帝国，瘸子帖木儿自称成吉思汗后裔，是突厥化的蒙古贵族，从东方入侵小亚细亚半岛，"雷霆"巴耶济特被迫从欧洲撤军迎击帖木儿。1402年安卡拉战役是草原帝国帖木儿大帝和奥斯曼土耳其"雷霆"苏丹之间的一场终极大战，结果还是中亚铁骑更胜一筹，"雷霆"巴耶济特兵败被俘，囚死中亚。匈牙利、塞尔维亚、瓦拉几亚获得了将近半世纪的缓刑期。那位塞尔维亚大公拉扎列维奇也改换门庭，作为匈牙利的属国抵抗土耳其，甚至开创了贝尔格莱德历史上一个短暂的繁荣时期。但保加利亚第二帝国在尼科波利斯战役之后，是实实在在地灭亡了。

第二节 久尔久和鲁塞

保加利亚的鲁塞

从尼科波利斯继续向下游方向大约130公里，多瑙河左岸是罗马尼亚的小城久尔久，右岸是保加利亚第五大城市，重要的河港鲁塞。我第一次听说鲁塞这座城市是在儒勒·凡尔纳的小说《多瑙河领航员》里面，小说主人公拉德科是一位家在鲁塞城的渔夫和领航员，也是为保加利亚从土耳其统治下独立而奔波于大河上下的革命者，小说的背景是1870年代保加利亚独立战争，主人公拉德科在小说开头隐瞒身份，在德国黑森林小城西格玛林根夺得钓鱼大赛冠军，以便驾船顺流而下在维也纳联系购买军火，最后回到尚在土耳其版图中的家乡鲁塞。可是多瑙河上的匪帮冒用他的真名作案，引起警界的怀疑，来自布达佩斯的警长化装成搭便船的旅客登上渔船，拉德科和警长一路驾船跟国际匪帮斗智斗勇，从接近源头的德国西格玛林根一路航行到黑海，最终取得胜利。我读这本小说的时候应该是中学时代，再加上更小的时候曾乘坐客轮在上海、南京、武汉之间多次往返，对那种河上航行的生活特别向往。

另一部跟这一段多瑙河有关的作品是 1960 年的罗马尼亚电影《多瑙河之波》，描写战争时期共产党利用多瑙河航线上的货船偷运军火，水手们和德寇与河面上漂浮的水雷做斗争的故事。电影 60 年代就在中国上映过，那时笔者还没出生，后来 80 年代国内复映，我那时候也太小没有看过这部电影。2010 年前后，我有一段时间热衷于在网上搜集老电影，有一些片子的上映年代远在我能看懂电影之前，其中之一就是这部《多瑙河之波》。那时候我已经知道，片中的主题曲《多瑙河之波》本身就是一首写作于 1880 年代的著名圆舞曲，是罗马尼亚作曲家献给祖国母亲河的深情颂歌，可以媲美斯美塔纳的《波尔塔瓦河》跟施特劳斯的《蓝色多瑙河》，恰巧这三首作品的创作时间也差不多。

上一节我们讲到 1396 年的尼科波利斯战役之后，保加利亚全境被土耳其收入囊中，过了半个世纪，在 1444 年波兰兼匈牙利国王弗拉迪斯拉夫三世还发起过一次十字军，史称瓦尔纳十字军，试图反攻巴尔干半岛，那一次瓦尔纳十字军的前敌总指挥是大将军匈雅迪。当时土耳其帝国的元气早已恢复，但 10 年后将攻陷君士坦丁堡的"征服者"穆罕默德二世苏丹还是个刚即位的 12 岁小孩，请求主动退休的父亲穆拉德二世复位，指挥军队在保加利亚海港瓦尔纳附近大败十字军，波兰国王阵亡，匈雅迪逃走。1444 年瓦尔纳战役是欧洲最后一次收复失地的努力，此后保加利亚被土耳其统治了 400 多年。

19 世纪土耳其国力衰落，在奥地利和新兴的俄国面前屡战屡败，欧洲民族主义兴起，1876 年保加利亚发动起义被镇压，《多瑙河领航员》那部小说就是以保加利亚民族起义之前作为时代背景的。1877 年已经占领大部分罗马尼亚的俄国向土耳其开战，帮助保加利亚打败土耳其占领军，建立临时政府，第二年取得了实际的独立地位，但土耳其还是名义上的宗主。因为俄国帮助保加利亚独立的这段历史，保加利亚人非常感激俄国，今天首都索菲亚市中心的大教堂，就是为了纪念俄国在 1870 年代和 1945 年两度解放保加利亚的功绩。

不过新的保加利亚国家和周边国家都有领土纠纷，向东和土耳其就不用说了，北面跟罗马尼亚争夺在多瑙河和黑海之间的这片土地，西面和南面跟塞尔维亚和希腊争夺今天的马其顿、色雷斯地区。保加利亚当时奉行军国主义，1908年起从大公改称沙皇，想要统一周边所有保加利亚民族占人口多数的土地，1912年联合同样刚从土耳其统治下独立不久的希腊、塞尔维亚、罗马尼亚向土耳其开战，几乎尽数剥夺了土耳其在欧洲的领土，这就是第一次巴尔干战争。可是保加利亚人几乎马上就因为新占土地的分配和去年的盟友希腊、塞尔维亚兵戎相见，却没有预料到北面的罗马尼亚突然参战，从背后给了保加利亚一刀，第二次巴尔干战争保加利亚战败，被迫把阿德里安堡（今天的土耳其城市埃迪尔内）归还给土耳其，萨洛尼卡等色雷斯领土归希腊，北马其顿归塞尔维亚，北方的争议领土割让给罗马尼亚。保加利亚打了败仗当然心有不甘，1914年第一次世界大战开始，既然塞尔维亚、罗马尼亚、希腊都在英法协约国阵营，那保加利亚加入德奥土耳其的同盟国也就不奇怪了，结果输掉了大战。第二次世界大战保加利亚又选错了边，一开始是中立国，1941年加入轴心国，随着战局的发展，最后由苏联军队解放了保加利亚。从以上这个简短的叙述可以看出，多瑙河下游各民族各国之间的矛盾错综复杂，任何两国之间都有领土纠纷和历史宿怨。

多瑙河下游航运非常发达，大型货船可以从入海口或者运河直接航行到这里，甚至直达铁门峡谷以下。所以鲁塞这座城市在保加利亚获得独立之后经济迅速腾飞，我从北岸的久尔久市开过1950年代建成的罗、保两国友谊大桥进入鲁塞，一下就被这座城市典雅的建筑和整洁的街心花园、喷泉震惊了。鲁塞城中心的博物馆、大酒店和城市花园挺集中，适合步行慢慢地欣赏，漂亮的建筑基本上都是19世纪建造的新巴洛克、新洛可可风格，比如红白两色的鲁塞歌剧院，正立面两层圆拱柱廊，屋顶是希腊神庙式样的三角门楣。保加利亚保险公司大厦的外表仿造了巴洛克风格。最有特色的一座建筑叫作"旧音乐高中"，我去的时候正在整修，窗户玻璃都卸掉了，不对外开放，但是从外面看去就觉得非常特别，可能是因为在巴洛克的外墙装饰风格基础上，糅合了哥特元素，塔楼和屋檐上的一列方锥形尖顶深得哥特式那种神秘主义的三昧，因为我去的时候正值黄昏，大楼里没有人，也没有窗玻璃，很容易让我联想到鬼屋，但这座老建筑就算是鬼屋，也是一座非常漂亮的鬼屋。

鲁塞城里有不少纪念性建筑都和 1870 年代的国家独立复兴相关，比如市中心广场上的解放纪念碑，碑的主题是灰色大理石柱，柱头是古希腊艾奥尼亚式，顶上站着自由女神的青铜雕塑，碑座四周的青铜狮子，有的守护着自由之盾，有的正在用牙齿撕咬奴役人民的锁链，形态非常生动。它在 19 世纪末建造，纪念刚刚获得的国家独立与自由。还有一处叫作"国家复兴万神殿"，是一座四方形的房子，顶上覆盖一座巨大的有些不成比例的金色穹顶，它是 1978 年为了纪念保加利亚独立 100 周年而建的，里面埋葬着 453 位在独立战争中捐躯的鲁塞烈士的遗骨。鲁塞的舒适和整洁令人喜出望外，笔者在保加利亚只去过鲁塞和首都索菲亚两座城市，个人觉得这里比索菲亚更整洁漂亮，城市规模虽小，但可以看的景点绝对不少，何况在鲁塞城外 30 公里，还有一处鲁塞斯基·洛姆国家公园，鲁塞斯基·洛姆（Rusenski Lom）是多瑙河的一条支流小河的名字，河流两岸 30 多平方公里的区域被划为自然保护区，去这里的主要原因，是保加利亚北部唯一一处联合国文化遗产，伊万诺沃岩石修道院就在国家公园范围里，它是一座 14 世纪的山间修道院，现在已经没有修士居住，还能看到在高于地面 40 米的悬崖上开凿出的教堂，岩石教堂里《最后的晚餐》的壁画色彩保存得很好。这个地方早在 1979 年已经被列入世界遗产名录。我在来之前没有想到鲁塞是一座内涵如此丰富，让人感觉如此舒适的城市，事后查资料才知道它被称为巴尔干半岛的"小维也纳"，确有几分神似。

和维也纳一样，鲁塞在保加利亚国内也是一个美食中心。可能因为历史上受土耳其统治时间太久，或者因为古老的保加尔人本身就是亚洲游牧民族，今天的保加利亚菜似乎受游牧民族的影响颇深，比如这里很多烤肉餐馆和土耳其一样，也叫作烤肉（Kebab）。还有酸奶，当地人会自豪地告诉你，酸奶就是保加利亚人发明的，用来制作酸奶的乳酸菌被命名为 Lactobarcillus Bulgaricus （保加利亚乳酸菌）。不过笔者对此存疑：酸奶这种乳制品似乎应该是古代草原上游牧民族为了在不断的迁徙中长期保持奶制品发明出来的，古罗马老普林尼的《自然历史》曾记载，某些蛮族知道一种方法，可以把牛奶变得浓稠，具有美味的酸度。这明显是指酸奶。比罗马时期更早，古印度、古希腊也有关于酸奶的记载。不管取信哪一种记载，肯定都远远早于保加尔人的历史，他们到公元 7 世纪才在史书上出现。无论是谁发明了酸奶，至少有一点可以肯定，酸奶在保加利亚饮食当中拥有无比重要的地位，无论汤、菜还是甜点，做什么都可以放酸奶，比如有酸奶汤，是由酸奶、黄瓜、核桃和草药制成的冷汤；再如希腊酸奶酱黄瓜，是一种包含酸奶、黄瓜、大蒜和茴香等食材的沙拉。酸奶的无处不在，似乎也能佐证保加利亚饮食和游牧民族的渊源。

另外德意志以东欧洲各国的饮食，都偏重肉食和野味，保加利亚作为东欧国家也不例外，保加利亚人更多吃猪肉和鸡肉，有牛羊肉的菜比较少，他们叫作 Kavarma 的闷罐炖肉汤可以算是国菜了，我觉得和俄国菜里的罐焖牛肉、匈牙利菜里的土豆牛肉汤（Goulash）都有类似之处，可以算作体现东欧共性的一款经典菜肴。

说到酒，保加利亚的国酒是 Rakia，是用水果酿造然后再经过蒸馏的白兰地，原料可以用葡萄、李子、杏子、樱桃、苹果，无色透明，度数相当高，一般作为餐前开胃酒。可是它的名字让我又有了其他的联想：Rakia 的发音和拼写都类似土耳其的一种烈酒 Raki，我在叙利亚、土耳其旅行的时候，都喝过当地的 Raki，是一种无色透明的茴香味烈酒，希腊也有，不过名字不同，叫作 Ouzo。这两种酒名字如此相似，同是烈酒，但一种是水果白兰地，另一种是葡萄白兰地加了茴香味道，叙利亚、希腊、保加利亚又都曾经是土耳其帝国统治下的地区，是否意味着两种酒之间有什么历史渊源呢？

除了白兰地之外，鲁塞所在的保加利亚北部普遍种植一种红葡萄叫作加姆泽（Gamza），据说原产地是匈牙利的埃格尔，我们前文提到的埃格尔"公牛血"曾经用这种葡萄，但历史上早已换成了不同品种的葡萄。今天匈牙利并不种植加姆泽葡萄，主要产区就在保加利亚北部，可能罗马尼亚南部也有一些。鲁塞当地出产的红酒大部分都用这种葡萄，酒体口感清爽，果香比较突出，我觉得有点接近白葡萄酒那种小清新的类型，会喝红酒的人在这里可以专门品鉴一番。

罗马尼亚的久尔久

和鲁塞相比，罗保友谊铁桥北岸的久尔久城显得简陋很多。城市的名字读起来很古怪，其实它是乔治这个名字的罗马尼亚拼写法。前面我们提到过，同一个来自《圣经》的名字在不同语言里发音和拼写有所不同，但来源是一样的。圣乔治是《圣经》里宰杀恶龙的勇士，也是俄国和英国皇室的主保圣人，所以在基督教各国都是个受欢迎的名字，其中乔治是英语，比如乔治·巴顿将军；在德语里是约尔根（Jurgen），比如1943年的非洲装甲集团军群司令约尔根·阿尼姆上将；在俄语里就是格奥尔基（Georgy），比如朱可夫元帅的名字就是格奥尔基·朱可夫；罗马尼亚语里就是久尔久。我在这里也住了一晚，城市的民居基本是现代的建筑，也没什么高楼，是罗马尼亚、保加利亚多瑙河边典型的中小型工业城市的格局。在市中心广场上，有一座土耳其人在1770年代建造的瞭望塔楼，高24米，塔身为六边形，到顶上戴了一个"帽子"，是伸出来的防雨屋檐，帽檐以上的塔尖部分是铅笔尖形，和土耳其形制的宣礼塔一模一样，这种铅笔头塔尖是很鲜明的土耳其特色。罗马尼亚不久独立，这座塔曾作为防火防盗的夜间瞭望塔，后来装了一座大钟，变成钟塔。广场侧面有纪念国家独立的纪念碑。久尔久作为多瑙河北岸的一座防御重镇，以前曾经有要塞城墙，在19世纪被拆毁了，但在罗马尼亚近代被土耳其统治和争取独立的斗争中，久尔久都是一座挺重要的堡垒。

本章第一节曾讲过，1389年科索沃之战，和1396年尼科波利斯之战土耳其大胜，但是苏丹巴耶济特在1402年的安卡拉之战被瘸子帖木儿俘虏，土耳其在欧洲的侵略步伐停滞了数十年。在这段时间里，多瑙河北岸的瓦拉几亚，瓦拉几亚北面的摩尔达维亚、西边的特兰西瓦尼亚这三块今天罗马尼亚的主要组成部分，还有匈牙利王国，依托多瑙河成了抵御土耳其的前线。在多瑙河以南，西有阿尔巴尼亚，东有孤悬敌后的君士坦丁堡，土耳其帝国也还没能拿下来。1444年匈牙利兼波兰国王弗拉迪斯拉夫和大将军匈雅迪率领十字军反攻，在瓦尔纳一战大败,土耳其帝国开始在多瑙河一线转入攻势,尤其是1453年"征服者"穆罕默德二世苏丹拿下君士坦丁堡之后,更加咄咄逼人。从1440到1470年代,是罗马尼亚各个部分抗击土耳其入侵,时而又向土耳其称臣的关键几十年,也是个英雄辈出的时代,比如说阿尔巴尼亚的民族英雄斯堪德贝格(Skanderbeg)、匈牙利大将军匈雅迪和"乌鸦王"马加什父子、摩尔达维亚的斯特凡大公,其中在今天名气最大的一位传奇英雄,却被传得走了样,变成了"吸血鬼"德拉库拉伯爵。其实,他在历史上真正的身份,是那个时代抗击土耳其最前线的瓦拉几亚弗拉德·德拉库拉三世,他不吸血,可是他嗜血,有个外号"尖桩刑者弗拉德"(Vlad the Impaler),最大的业余爱好就是把看不顺眼的敌人或犯人戳在尖木桩上处死。所谓"桩刑",是欧洲中世纪一种残酷的死刑:地上钉一根削尖的木桩,把活人坐着戳上去,像串烤肉一样,利用人体的自重慢慢下沉,木桩从肛门一直戳到口腔冒出来。如果这一路桩尖不戳破任何重要器官的话,那么这个痛苦的死亡过程,将持续数日之久。这还不算完,桩刑处死以后的尸体,还将留在木桩上示众,直到腐烂甚至成了骷髅,目的是杀鸡儆猴,以儆效尤,跟古罗马钉十字架有相似之处。

"尖桩刑者弗拉德",除了出名的残暴,其实还是罗马尼亚民族独立的一个英雄。他的时代,瓦拉几亚、摩尔达维亚、特兰西瓦尼亚不是一个统一国家,是在匈牙利国王和土耳其苏丹两边宗主权笼罩下的一系列诸侯,有时候倒向这边,有时候倒向那边。这个德拉库拉,在历史上也谈不上是什么正面形象,因为利益关系,他可以承认土耳其苏丹的宗主权,当土耳其大军威胁他的统治地位的时候,他自然会反抗。他的父亲就是瓦拉几亚大公,绰号德拉库(Dracu),就是龙的意思,所以德拉库拉是"龙之子"的意思。当时在多瑙河一线抵挡土耳其帝国北进的大宗主是匈牙利摄政王匈雅迪。德拉库拉的父亲在国内面临权力的挑战,便投靠土耳其苏丹,把两个儿子留在苏丹宫廷做人质,取得瓦拉几亚的统治权,后来被匈雅迪所杀。德拉库拉从土耳其借兵返国,第一次登上瓦拉几亚大公位,很快被匈雅迪击败流亡国外。曾经去投靠过表弟,摩尔达维亚的斯特凡。上年纪的朋友可能记得,有一部1975年的罗马尼亚古装战争片《斯特凡大公》，80年代曾在中国上映。斯特凡大公是那个时代抵抗土耳其大军的摩尔达维亚诸侯，他的父亲是德拉库拉的舅舅，两人是姑表兄弟，不但有过合作，斯特凡还曾经摆过德拉库拉一道，背后下绊子，直接导致吸血鬼失国，被匈牙利国王马加什囚禁了12年。

土耳其于1453年占领君士坦丁堡灭亡拜占庭帝国的时候，德拉库拉却投向匈牙利，在匈雅迪的支持下重新登上瓦拉几亚大公位，从此开始和土耳其苏丹"征服者"穆罕默德作战。匈雅迪在1456年的贝尔格莱德围城战中大败苏丹穆罕默德二世，很可能是让德拉库拉下决心跟土耳其对抗的重要原因。

德拉库拉在战争中做得最出名的一件事，就是他先主动南渡多瑙河，袭扰土耳其帝国，再设伏一举击败土耳其报复性反击的先锋军队，俘获2000土军，然后，他居然下令把所有2000名俘虏，统统用尖桩刑处死，土军统帅被钉在中间最高的一座木桩上。"征服者"穆罕默德恼羞成怒，御驾亲征，集中10万大军北渡多瑙河入侵瓦拉几亚，德拉库拉能动员的所有军队最多不超过4万人，采取打了就跑的游击战术和焦土抗战，不断袭扰土耳其大军。最后，土耳其大军在行军路上，远远看见一大片"森林"，走近一看，这是一年之前被钉死在尖桩上的2000具已经腐烂的土军尸体，有些已经变成了枯骨，被乌鸦啄食着。土耳其全军被迫从这片"森林"中间的大路穿行而过，这样恐怖的情景，只能用人间地狱来形容，它一举摧毁了土军的士气，就连刚刚征服了君士坦丁堡的伟大苏丹都为之胆寒，匆匆撤回多瑙河以南。可以说，德拉库拉是以难以想象的恐怖，战胜了土耳其大军。

故事到这还不算完，穆罕默德临走还留了一步棋：以夷制夷——扶持仍然留在君士坦丁堡做人质的德拉库拉的亲弟弟拉杜做瓦拉几亚大公，并留下军队帮助拉杜跟哥哥争夺王位。这招还真奏效，德拉库拉屡次败于弟弟之手，只好去寻求宗主匈牙利国王的支持。当时匈雅迪已死，"乌鸦王"马加什无心和土耳其帝国因为瓦拉几亚问题全面开战，反过来伪造德拉库拉通敌的证据，德拉库拉的表弟斯特凡大公在其中也起了推波助澜的作用，把德拉库拉囚禁了12年之久。12年之后拉杜已死，马加什国王又释放德拉库拉，让他在瓦拉几亚复位。这是德拉库拉第三次统治瓦拉几亚，仅仅两个月之后，德拉库拉被手下贵族刺杀，头颅被送到君士坦丁堡报功。

这就是历史上真实的"吸血鬼"德拉库拉大公的故事。

后来土耳其的势力向北步步紧逼，瓦拉几亚沦陷，更北面摩尔达维亚的斯特凡大公也曾在1475年的瓦斯卢伊战役（Vaslui）击败土耳其大军，1975年罗马尼亚电影《斯特凡大公》就是纪念那次战役500周年的献礼片。据说斯特凡大公统治摩尔达维亚47年，一生打过50次战役，只输过2仗。但是他最后也臣服于土耳其。到1526年苏莱曼大帝在莫哈赤战役打断匈牙利的脊梁之后，罗马尼亚的沦陷已经无可挽回。只有西部的特兰西瓦尼亚作为土耳其和奥地利之间的缓冲存在。不过特兰西瓦尼亚传统上是匈牙利的一部分，直到一次大战奥匈帝国解体才归属罗马尼亚，直到今天还是罗马尼亚和匈牙利关系中的一个敏感问题。

在被土耳其统治的几百年里，罗马尼亚还在1600年前后出过一位英雄"勇敢的米哈伊尔"，他是1593—1601年间的瓦拉几亚大公，那个时代土耳其在苏莱曼大帝死后进入了一段混乱和衰落的时期，同时哈布斯堡家族的皇帝也忙于对付神圣罗马帝国内部的宗教战争，利用这个间隙，米哈伊尔在1600年前后短暂登上摩尔达维亚和特兰西瓦尼亚大公的位子，把今天罗马尼亚的三个组成部分集合在一起，这也是古代史上唯一一次三个部分的统一，但为时不到一年，他依赖哈布斯堡皇帝鲁道夫二世麾下军队的助战，却在1601年被皇帝下令刺杀，最终的原因还是奥地利不想放弃特兰西瓦尼亚。

再过100年，哈布斯堡皇朝在维也纳围城战胜利之后大反攻的时代，不但兼并了特兰西瓦尼亚，还占领瓦拉几亚大部和摩尔达维亚西北部，不过这些地方在皇朝战败后被退回给土耳其。此时俄国开始强大，沿着黑海东岸向土耳其步步紧逼，虽然在俄国的冲击和欧洲民族主义方兴未艾的大背景下，土耳其治下欧洲的各个小诸侯国自治权越来越大，但俄国对罗马尼亚北部接壤地区的占领也日甚一日，尤其是今天罗马尼亚和乌克兰交界的比萨拉比亚地区在1812年由俄国占领，这片地区归属问题，直到第二次世界大战都是苏联和罗马尼亚之间的争议热点。1859 年瓦拉几亚和摩尔达维亚选择了同一个大公，在承认土耳其帝国宗主权的名义下，实现两个地区的自治和在君主个人统治下的联合。1866 年罗马尼亚发生政变，新的统治者是来自德意志霍亨索伦家族西格玛林根这一支的卡罗尔一世。当时巴尔干新独立的那些国家，像希腊、塞尔维亚、保加利亚、罗马尼亚，从德意志的诸侯里选一个君主是家常便饭，也容易被英、法、德、俄、奥五大列强共同承认。1877—1878 年的俄土战争以后，罗马尼亚和保加利亚都正式独立，1878 年列强在德国首相俾斯麦主导下开会，签订《柏林条约》正式承认这些国家的独立，不过为了照顾俄国的利益，把比萨拉比亚割让给了俄国。瓦拉几亚和摩尔达维亚大公卡罗尔成为新成立的罗马尼亚国王卡罗尔一世。

第三节　布加勒斯特

"东方的巴黎"

罗马尼亚首都布加勒斯特号称"东方的巴黎"，它并不在多瑙河岸边，但是距离不远，从久尔久到布加勒斯特只有 60 公里，可以算作多瑙河边的城市。

其实首都布加勒斯特不是罗马尼亚最好玩的地方。要看自然风景和古堡，笔者觉得罗马尼亚最美的地区是在西部，喀尔巴阡山里的特兰西瓦尼亚，那里有从中世纪一直保存完好的布拉索夫小城，有"吸血鬼"德拉库拉大公出生的"吸血鬼城堡"，还有山间要塞拉斯诺夫、匈雅迪家族的乌鸦堡。近代罗马尼亚王室的佩里什宫（Peles）王宫城堡也特别漂亮，是第一任罗马尼亚国王卡罗尔一世向同时代的德国新天鹅堡致敬之作，同为欧洲浪漫主义时代哥特复兴的杰作。在特兰西瓦尼亚地区，你可以在山间小城悠游，也可以追踪《暮光之城》里吸血鬼的传说与历史真实。那一片山区是笔者最喜欢的罗马尼亚，可惜那里离多瑙河太远，并不属于本书的范围。布加勒斯特作为罗马尼亚的首都，虽然自然风光比不上特兰西瓦尼亚山区，但胜在拥有全国最好的高等学府、最高等级的博物馆和音乐厅、最多样化的美食选择。它的历史并不长,第一次出现在史书记载里,已经是 1450 年代,"尖桩刑者弗拉德",也就是"吸血鬼"德拉库拉的临时首都。此后在土耳其统治下逐渐成为一座重要城市。直到 1878 年罗马尼亚独立,布加勒斯特才成为王国的首都,一直到今天。所以,布加勒斯特城里的精美建筑和纪念碑、喷泉,都是 19—20 世纪的产物。19 世纪巨型建筑的风格也很统一,因此被称为"东方的巴黎"。这里甚至有一座无论形状大小都很像巴黎凯旋门的建筑,在旧城中心以北大约 2 公里的博物馆区。它建于 1930 年代中期,仿造巴黎凯旋门,最初是 1878 年刚刚独立的时候为了阅兵,用木头匆匆搭建了一座凯旋门,1930 年代在原地又用石材建造了现在这座凯旋门,以纪念罗马尼亚在第一次世界大战中的胜利,和战后的国家统一。

凯旋门附近的林荫大道是布加勒斯特的博物馆区,我觉得几个大博物馆里,最值得看的是罗马尼亚农民博物馆。别看它的名字不怎么起眼,但最有特色。它把罗马尼亚各地山区的民居,照原样搬来复原,还有各种农具、纺车、手工艺品等等,把原汁原味的当地生活,展现得饶有意趣,你可以想象,这是好几百年以来,罗马尼亚山区和乡村普通人民的生活方式。如果谈论起从古到今的绘画大师作品,罗马尼亚肯定不能和巴黎卢浮宫、佛罗伦萨乌菲奇这些地方相提并论,在罗马尼亚,当然要看最有罗马尼亚特色的博物馆。还有一处博物馆,对喜欢历史和军事的朋友来说也很有特色,就是罗马尼亚国家军事博物馆。在那里你可以看到罗马尼亚历史上的英雄,比如"尖桩刑者弗拉德"、斯特凡大公、"勇敢者"米哈依尔的遗物和头像,可以看到古罗马皇帝图拉真征服达契亚的战争记录,尤其是博物馆里还复制了罗马城里图拉真皇帝记功柱上的螺旋浮雕,一段一段地详细讲解浮雕上展现的罗马军团进军达契亚的故事。军事博物馆里的兵器广场比贝尔格莱德城堡外的兵器精彩得多,因为展出了很多第一次世界大战时期的巨型火炮,尤其是大口径铁轨炮,即便在美国、德国、俄罗斯的各大军事博物馆里面都不多见。喜欢兵器的朋友不可错过。

说到第一次世界大战,不能不提罗马尼亚建国以后的第一位国王卡罗尔一世。前文说过,卡罗尔不是罗马尼亚人,是来自德国多瑙河上游的西格玛林根,姓霍亨索伦，和当时的德皇同宗，但不是一个分支。卡罗尔这个名字在德文里就是卡尔，也就是英文里的查理、西班牙文的卡洛斯，所以他的全名其实是卡尔·冯·霍亨索伦，毕业于普鲁士的军校，服役于德国炮兵部队，作为有作战经验的年轻军官，在27岁被罗马尼亚贵族选举为瓦拉几亚和摩尔达维亚大公。他是一位相当有作为的勇武国王，在1877年的俄国—土耳其战争中，卡罗尔亲自指挥俄国—罗马尼亚联军进行了普拉维纳（Plavena）要塞围城战。1878年战争胜利，罗马尼亚正式独立，卡罗尔成为罗马尼亚近代第一任国王，一直到他去世为止，那是1914年，一次大战爆发两个月，前后加起来，总共统治罗马尼亚48年，对罗马尼亚国家现代化进程功不可没。当然，这位德意志君主肯定不会太亲民，他在任的时候镇压过两次大规模农民反抗运动。不过，我在罗马尼亚的博物馆里看到，今天的罗马尼亚人民还是相当怀念和尊崇他们的老国王。

　　卡罗尔一世国王在世的时候，罗马尼亚在一次大战当中保持中立，他去世之后，侄子斐迪南一世即位，当然也属于霍亨索伦家族，但罗马尼亚在1916年加入协约国作战。虽说4个月之内就被德奥联军打得落花流水，1918年5月还投降了，但毕竟选对了边，最后成为战胜国，为罗马尼亚争取到极大利益——和保加利亚、俄国、匈牙利有争议的领土都收归囊中。两次世界大战之间的罗马尼亚领土范围，直到今天还被称为"大罗马尼亚"，很多罗马尼亚人都怀念那时候的疆域，我在久尔久小城的旅馆和餐厅里都看见过悬挂当时罗马尼亚疆域的地图。1927年斐迪南国王因癌症去世，原本应该是斐迪南的儿子卡罗尔二世当国王，但卡罗尔因为桃色事件放弃继承权，让位给自己的儿子、斐迪南国王6岁的孙子米哈伊尔一世，直到3年之后，卡罗尔二世又从国外归来从儿子手里拿回王位。反正儿子当时只有9岁，也无所谓。但卡罗尔二世不是一位得人心的国王，他对内施行独裁，外交又很失败：斯大林夺走了罗马尼亚一次大战后得回的比萨拉比亚地区，希特勒又在轴心国内部仲裁，把大片争议国土划给匈牙利和保加利亚，结果1940年卡罗尔二世被国内军事政变推翻，19岁的儿子米哈伊尔一世再次成为国王。但米哈伊尔是个傀儡，实际掌权的是安东尼斯库元帅领导的军政府。安东尼斯库积极追随希特勒，出兵苏联，罗马尼亚的普洛耶什蒂油田成为德军最重要的石油来源。这就是很多罗马尼亚二战电影的故事背景。到 1944 年轴心国大势已去，苏军打进国土，米哈伊尔国王主导罗马尼亚军方发动政变，推翻了安东尼斯库独裁，这就是老电影《橡树，十万火急》的故事，情节和 1943 年意大利国王发动政变推翻墨索里尼一模一样。但苏军占领下的罗马尼亚，岂能让米哈伊尔国王掌握实权？国王虽然被迫任命了亲苏的政府，但是他本人的立场反共，抵制政府的亲苏政策，甚至国王还罢工，拒绝签署法令，结果在 1947 年被迫退位，流亡瑞士。罗马尼亚正式成为共产党领导的国家。米哈伊尔国王在二次大战的各国领导人里非常年轻，也很高寿，一直活到 96 岁高龄，才在 2017 年去世。1989 年齐奥赛斯库被推翻的时候，米哈伊尔国王还不到 70 岁，曾回到罗马尼亚谋求王朝复辟的可能性，结果被政府逮捕，礼送出境送回瑞士。

市中心的遗迹

罗马尼亚在近代这 50 多年王朝史的痕迹，在布加勒斯特城市中心表现得最为明显。市中心有一片保留完整的旧城区，旁边的胜利大道号称布加勒斯特这座"东方巴黎"的香榭丽舍大街，风格整齐统一，以革命广场和大学广场为中心，这儿的建筑基本是 19 世纪末 20 世纪初兴建的新古典式样，尤其是布加勒斯特大学和旧王宫相对，一看就是欧洲全盛时期的典雅气象。中央陆军俱乐部是军队的文化宫，公园绿地里面的罗马尼亚雅典娜音乐厅，是一座仿希腊神庙式的古典建筑，也是国家爱乐乐团的大本营。最醒目的建筑莫过于大学广场正面黄色的宏伟建筑，那是布加勒斯特大学"卡罗尔一世"中央图书馆，大楼前就有卡罗尔一世国王的青铜骑像。

就在大学图书馆侧面，大学广场连着革命广场，1989 年导致罗马尼亚政权变色，齐奥赛斯库夫妇丧生的游行集会就发生在这里。齐奥塞斯库最后一次公开露面发表讲演，是在广场尽头的罗马尼亚共产党中央委员会大楼的大阳台上。今天这里有一座纪念碑，纪念那场革命和抗议当中死难的群众。说起这座纪念

罗马尼亚共产党总部和革命纪念碑

碑的形状，当地人形象地笑称就像是"牙签上插着一个装饰鸡尾酒用的橄榄"。

齐奥塞斯库的倒台，和夫人专权，裙带风太盛不无关系。他的夫人埃列娜不是一般意义上的第一夫人，整个 80 年代，埃列娜是罗共政治局常委，政府第一副总理，名副其实的党和国家第二号权力人物。不过笔者觉得，齐奥赛斯库夫妇虽然犯过很多错误甚至罪行，但是跟同时代其他东欧国家相比，罗马尼亚的经济还算发展得比较好，政治统治也算得上开明，起码在他执政前期的 70 年代可以这样说。尤其齐奥塞斯库 1965 年才上台，捷克"布拉格之春"的时候，齐奥塞斯库曾坚决反对苏军入侵捷克，为此不惜冒苏联军事威胁的风险。笔者个人至今都觉得，他不应该是落得这样一个一夜之间夫妻双双被捕处决的结局，比"阿拉伯之春"中下台的埃及总统穆巴拉克还惨。齐奥塞斯库和穆巴拉克的两个案例有相似之处，都是在政治局面突发危机的时刻，当权者自我膨胀，错误估计形势，应对失当，导致局面激化不可收拾的典型案例。

1989 年底罗马尼亚发生大规模反政府示威，导火索是边境城市的警察局要驱逐一名少数民族持不同政见的神父，引发抗议再蔓延到首都，当时称为"蒂米什瓦拉事件"。这个局面本身不算难于控制，可是齐奥塞斯库大概平时被吹捧惯了，以为自己平息这点风波肯定是手到擒来，过高估计自己的权力基础。他组织布加勒斯特群众在党中央委员会大楼前广场举行支持政府的集会，并亲自在大厦阳台上发表演说。他就没有想到，当时东欧许多国家已经变了，罗马尼亚人心惶惶，民意不在他那一边，搞这么个集会，就是给群众提供了示威的场合和机会。于是，齐奥塞斯库演说讲到一半，集会群众就开始起哄，后排有人放鞭炮，鞭炮听起来像枪声啊，于是放炮捣乱者被安全部队当场射杀。一场革命，就在齐奥塞斯库眼皮底下发动了。

齐奥塞斯库还想弹压局势，他仍然可以有效掌控警察和安全部队，这些部队向人群开枪导致了伤亡，当然了，政府肯定是对外宣传"一小撮恐怖分子兴风作浪，已经被镇压"。齐奥塞斯库就没有想到，这次集会他是安排了现场直播的，骚乱和开枪的场面，当场就被直播出去了，于是国内局势大乱。那天晚上还发生了一个致命的插曲：齐奥塞斯库其实根本控制不了军队！他要求国防部长动用军队镇压，遭到国防部长拒绝，齐奥塞斯库一怒之下，当场处决了国防部长，于是当天晚上军队就倒戈。

第二天上午，愤怒的群众和军人开始冲击中央委员会大楼，齐奥塞斯库夫妇慌了，在还能控制安全部队的情况下，却下令调来直升机，只带了两名保镖，在众目睽睽之下，从大楼的露台逃跑。这又是一个败招。早在罗马的查士丁尼大帝面对"尼卡暴动"的时候，皇后提奥多拉就说过这句名言"皇权是最好的坟墓"。中国古话也说"君王死社稷"，这点道理古代君王和妇道人家都懂，齐奥塞斯库却忘了：这种时候大局处于一个微妙的平衡点上，就是死也只能硬着头皮坚持，你一示弱，大势彻底瓦解。

齐奥塞斯库的直升机驾驶员呢，还是军方的人，在总统保镖枪口威逼下，一边飞一边把航向通报给地面空军电台，最后告诉齐奥塞斯库：不能再飞了，再飞地面导弹就要把我们击落。齐奥塞斯库没办法，让直升机降落在公路上，劫持平民的汽车继续外逃，而被他劫持的平民虽然大吃一惊，却坚持要自己开车送总统夫妇，然后，就一路直接开进了当地警察局。而当地警察局也是反政府的，把他们交给军方。这就是齐奥塞斯库夫妇进退失据，一错再错，外逃之后又被逮捕处决的来龙去脉。

惊心动魄的政治故事讲完了，现在让我们回来继续旅行。

齐奥塞斯库时代，还是给布加勒斯特留下了很宏伟的建筑，尤其是城南的罗马尼亚议会大厦，绝对值得游客专程参观，它虽然算不上古董，由齐奥塞斯库建成于 1980 年代，但是非常宏伟，内部富丽豪华。这栋坐落在小山顶上的巨型建筑，号称全世界最大的议会大厦，也是第二大公用建筑，规模仅次于五角大楼，内部的装潢，比五角大楼漂亮多了。五角大楼在"911"之前可以入内参观，笔者曾登堂入室参观过五角大楼，确是亲身经历的肺腑之言。参观罗马尼亚议会大厦必须跟随导游分批入内，有英语讲解。这栋大楼在齐奥塞斯库时代是一项动用国库巨额支出的纪念碑工程，说是 1984 年已经竣工，其实内部装饰工程直到今天也没有真正完工。游客可以参观上下三层楼的一些房间，几乎所有的走廊、大厅，全都由各种大理石、复杂的木雕镶板、大小水晶吊灯做装饰，丝毫不亚于任何近代的欧洲王宫，甚至尤有过之。议会大厦面前巨型广场由两栋弧形的巨型政府办公大楼围成，中间留有缺口，直面一条宽广的通衢大道，从议会大厦顶楼的阳台望出去气势磅礴，直追梵蒂冈教廷的圣彼得广场。建造这样大的工程自然会靡费巨万，在今天批评齐奥赛斯库的政治气氛下，不免被指责为面子工程。其实笔者倒觉得，只要量力而行不给民生增添太艰巨的负担，像这样的宏伟工程，传诸后世才能成为真正的时代传奇。今天我们看到的人类文化奇迹，像胡夫金字塔、凡尔赛宫，哪个不是当时统治者好大喜功

罗马尼亚议会大厦

的产物？只要不是"取之尽锱铢，用之如泥沙"，搞到"楚人一炬，可怜焦土"就好。这是一个平衡的尺度问题。至少我在参观罗马尼亚议会大厦的时候，并不会在评价这个工程的时候，为了政治正确而人云亦云地附和指责齐奥塞斯库。我反而很喜欢这座宫殿的气派。有时候我们作为外国人不了解他们的国情，但也有时候，外国人可能看问题更加客观中立。

布加勒斯特既然是首都，自然是品尝罗马尼亚各地佳肴美酒最好的城市。罗马尼亚的国菜传统食品叫作 Samarle，是用卷心菜叶子裹肉末、米饭、各种香料煮出来的。它有各种改良版，我在那里尝试过用葡萄叶裹肉菜做的，上面还用酸奶油浇汁，味道很好。罗马尼亚南部多瑙河流域，和东北部多瑙河三角洲的各种鱼汤是一绝，我们留到下一节再说。在烈酒方面，罗马尼亚和保加利亚一样喜欢各种水果白兰地，罗马尼亚语叫作促伊卡（Tuica），有的用樱桃，也有用李子、杏子、梨酿成的，在全国各地都有民间作坊生产。

罗马尼亚还出产很好的葡萄酒，这一点知道的人恐怕不多：一般人说起欧洲葡萄酒，只知道法国意大利，再懂一点的，可能知道西班牙、里奥哈（Rioja）的红酒和德国莱茵河产区的白酒。其实东欧和巴尔干地区有很多传统的葡萄酒产区，产量小，在世界上不著名，味道却很好，比如摩尔多瓦，罗马尼亚的摩尔达维亚地区，还有外高加索的格鲁吉亚，红酒在当地都很有名，只是不太为外界所知罢了。

第四节　奔流到海：多瑙河三角洲

最后的转折点

多瑙河自西向东流过几乎整个罗马尼亚—保加利亚边界，就在离海岸只剩百来公里的地方突然掉头北去，和海岸平行纵贯罗马尼亚东端国土，从东南角来到东北角，在这里再次右转流向黑海。就在这个最后的转折点，多瑙河掠过摩尔多瓦共和国最南端，它只在 300 米的距离内构成罗马尼亚和摩尔多瓦的边界，在地图上画出摩尔多瓦版图最南端的一道切线。就因为这个切点，摩尔多瓦也算是多瑙河干流流经的十个国家之一。就在这个切点上，多瑙河汇合了最后一条支流普鲁特河，从北向南注入多瑙河的普鲁特河才是罗马尼亚和摩尔多瓦大部分领土的边境线。

前文说过，罗马尼亚主要由三块地区构成：西部的特兰西瓦尼亚、东部南边的瓦拉几亚，和东部北边的摩尔达维亚。摩尔多瓦共和国历史上曾是摩尔达维亚公国的一部分，后来沙皇俄国跟土耳其帝国开战，从土耳其手中夺取这片土地合并进俄国，而摩尔达维亚的大部分则跟瓦拉几亚合组到独立的罗马尼亚国家。这片当年从罗马尼亚割让给俄国的土地，单独有个名字叫作比萨拉比亚地区，就成了后来半个多世纪罗马尼亚和俄国／苏联之间矛盾的焦点。1918 年第一次世界大战结束，俄国因为革命而解体，罗马尼亚作为战胜国夺回比萨拉比亚地区。1939 年斯大林和希特勒签订《苏德互不侵犯条约》结盟，第二年趁纳粹在西欧闪击法国之机，苏联出兵吞并了比萨拉比亚和波罗的海三国，从此和罗马尼亚视如寇仇。1941 年罗马尼亚出兵伙同纳粹进攻苏联，夺回比萨拉比亚，但是二战结束之后其再次归苏联。这里成立了摩尔多瓦苏维埃社会主义共和国，是苏联的 15 个加盟共和国之一。冷战结束苏联解体，以前的比萨拉比亚，当时的摩尔多瓦加盟共和国，就变成了今天独立的摩尔多瓦共和国。摩尔多瓦土地肥沃，拥有苏联广阔土地上难得的适合种植葡萄的气候，本来摩尔达维亚在罗马尼亚内部就具有酿造葡萄酒的传统，作为摩尔达维亚历史上一部分的摩尔多瓦，在苏联时期也就成了苏联的著名"酒窖"。笔者曾到过摩尔多瓦首都基希讷乌（Chisnau），他们和罗马尼亚境内的摩尔达维亚一样尊崇历史上的民族英雄斯特凡大公，城市中心公园就有大公的雕像，还有纪念抗击土耳其战役胜利的凯旋门。不过摩尔多瓦大部分国土，包括首都基希讷乌都在多瑙河以北，只在一个点上跟多瑙河干流有交集，所以就不再多写了。

多瑙河从摩尔多瓦向东，一路构成罗马尼亚和乌克兰的边界线。到了入海口附近地势低平，河水流速大大减缓，中上游水流湍急之时河水中裹挟的泥沙，就在入海口附近最后一段河道大量淤积，形成入海口的三角洲。无论长江、珠江、尼罗河、莱茵河，在邻近入海口的时候都会由于同样的原因形成三角洲。随着河床越垫越高，河水会不断改道、分岔，在三角洲广阔的新造泥地中夺路入海。我们记得在本书的上篇，莱茵河就分为瓦尔河、下莱茵河以及无数的小河汊和运河入海。多瑙河的水量更大，形成的三角洲地区更为广阔。在离最终入海口还有80公里的地方，多瑙河主河道一分为三：圣乔治河向东南方向入海。苏利纳河流向正东，这两条河分岔的地方，是罗马尼亚多瑙河三角洲地区的中心城市图尔恰（Tulcea）。最北面的一个分支叫作齐利亚河（Chilia），向北画出一道半圆流入黑海，因为齐利亚河的河面最宽，水量最大，一般认为这是多瑙河入海的主河道。它也是乌克兰和罗马尼亚的国境线。这三条分别入海的多瑙河分支，以及它们各自分岔和串联起来的沼泽湖泊构成了4300多平方公里的多瑙河三角洲地区，大约80%的面积位于罗马尼亚境内，20%在乌克兰境内。无论在国境线的哪一边，多瑙河三角洲都是自然保护区，而且被列入了联合国世界自然遗产名录。

多瑙河一路流经名城，深厚的历史文化积淀是它最吸引人的地方，除了在奥地利的瓦豪河谷、塞尔维亚和罗马尼亚交界的铁门峡谷之外，其他自然风景居于从属地位。但到了入海口的三角洲，自然风光和生态旅游成了吸引游客最主要的原因。三角洲地区非常广阔，水网沼泽遍布，最方便的交通工具是乘船，最好的出发地点有两处，一是罗马尼亚境内本地区的首府图尔恰，二是中间那条大的分支苏利纳河向下游64公里，更接近入海口的苏利纳城。图尔恰拥有最多最方便的住宿、餐饮和船游选择，每天出发游览三角洲风光的船期也更频繁。苏利纳则更靠近海口，保留了更多原始的渔村风光。两地之间每天有快船联通。

小城图尔恰

笔者住在图尔恰，这是一座人口只有7万的小城市，随时随地都能感受到小城安逸而舒适的气氛，城市面临多瑙河，背后有座小山，从山上俯瞰，绿树掩映中浅色的房子和红瓦屋顶色调悦目,时而探出一两座高耸的教堂钟楼尖顶。河港就在市中心旁边,港口也是长途汽车站,有连排的高层公寓楼,大概建于20世纪七八十年代,显得有些破败。如果在国内,像这样紧邻市中心,交通便利的河景楼一定是炙手可热的繁华楼盘,这里却很容易找到停车位,显然没有住满。楼群下,面对河港的一排房子有游客信息中心,也有很多旅行社,还有口味做得非常地道的餐馆。我来的时候是9月份,旅游旺季已过,码头上人很少,旅行社的办公室大多数也已关闭,不过秋高气爽,天气非常晴朗,河边停着很多游船,我随便找一艘,问船上的人,他们都可以打电话为我联系到仍然正常作业的那一两家游船公司,在电话里谈好价钱,约好明天上船的时间地点。虽然这里是个偏僻的小地方,但和旅游业有关的当地人都能讲不错的英语。

第二天登船游览多瑙河三角洲的幽深水道,船是一艘快艇,能容纳8—10名游客,开出河港之后,一头钻进了迷宫一般错综复杂的湿地芦苇和树林中。在这里,你很难感受到这是欧洲第二大河的主河道,事实上4340平方公里的整个多瑙河三角洲地区,有无数条大大小小的河道或者溪流,都可以说是多瑙河的入海口。这里拥有大片湿地,其中三分之二被芦苇丛覆盖,29万公顷的面积,使这里成了全世界最大的芦苇生长聚集区。大片的芦苇和树木根植于很浅的水面以下的泥土中,稍微深一点的地方是湖水跟河道,实际上很多河道是为了航行的便利人工拓宽出来的,有点像是芦苇和树木从中开出的胡同,四通八达,曲径通幽,在里面非常容易迷路。船长对我们要走的路线非常熟悉,但是据他说,就连他这样在本地水面生活了大半辈子的人,也不敢轻易深入不熟悉的水道太远,因为这里的水道并非一成不变。有一些看上去像是岛屿的地方,实际上是浮动的。它们由大片芦苇的根系盘根错节地交织在一起浮在水面,上面覆盖着风和水流带来的泥沙,还有腐烂的植物所化成的泥土,组成浮动的岛屿,也有鸟类在上面栖息和做窝,还经常会搁浅在某个地方待下来,但水面上涨或者变得湍急的时候,浮岛就会漂开,向下游移动,最终的归宿要么是某个浅滩,慢慢地变成陆地的一部分,要么漂进黑海。在整个过程中,它让人不易觉察地改变着周围水道的地形地貌,如果错把这些浮岛当成标明方向的陆地,就很容易在下次来的时候迷路。

　　这片湿地无法进行农业开垦，当地传统的产业是渔业，近些年旅游业越来越重要。到这里的游客中，很多人都热衷于观察鸟类或者垂钓。多瑙河三角洲湿地是鸟类的天堂，生活着300多种鸟类，包括欧洲最大的鹈鹕种群，还是欧洲最重要的鸟类迁徙中转站：每年秋天欧洲中部和北部的候鸟迁往地中海周边，都在这里落脚，休息一段时间再踏上旅程，春天候鸟又会在回程中路过这里。据说本地的水鸟和候鸟中，不乏珍稀鸟类，可惜我不懂分辨鸟类，船长有时候指给我们看某种特别稀有的鸟，我也听不懂他说的名字。其实做个吃瓜群众，随便看看周遭的风景也挺好的。当时正是初秋，天气晴朗，一路上水道两旁的树枝上栖息着不同的鸟类，我能认出来的除了鹈鹕、鸬鹚，还有鹰和天鹅。有时候航道前方慢悠悠游动的水鸟会被我们的船惊到，急急地扇着翅膀，两只脚还在水里急速划水，好像水上飞机滑翔起飞一样，滑行好一阵才飞起来，盘旋着从船头侧面飞走了。在多瑙河三角洲乘船游览的经历，有点像笔者在巴西亚马孙河边乘船游览热带雨林，不过热带地区的水网沼泽里，树木遮天蔽日，小船开进丛林河道里面，头顶已经被树冠完全盖住，看不到水面倒映的蓝天。在亚马孙丛林里行船，重点是寻找大王莲，还有鳄鱼、食人鱼等热带稀有的动物。

多瑙河三角洲的水鸟

这里是温带，水鸟是绝对的主角，河面倒映的绿树蓝天白云，也是一幅绝美的风景画，像是我想象当中的河北白洋淀。笔者在天津长大，从未去过近在咫尺的白洋淀，却游历了罗马尼亚的多瑙河三角洲、巴西的亚马孙雨林、委内瑞拉的热带河道漂流，很多喜欢旅行的人都是"灯下黑"，去过最险远的名胜，却对身边的风景视而不见，此为一例。说起来，这种有点好高骛远的心理倾向，未必限于旅行，婚姻、择业、读书，莫不如是。

百川到海

中午我们会在河流下游靠近入海口的一个小渔村停留，在当地一家渔民家里用餐。多瑙河三角洲的鱼类和鸟类一样资源丰富，据说这里有160多种鱼类，其中三分之二是淡水鱼，三分之一是海鱼。多瑙河鱼汤是这里最负盛名的美食，每家都有自己不同的做法，会用好几种鱼，各家用的鱼也不一样。回程接近终点的时候，日头开始西斜，阳光渐渐开始变得柔和，给周围的树木、建筑物和水面镀上金红色，让人想起"落霞与孤鹜齐飞，秋水共长天一色"的句子。

据说在乌克兰和罗马尼亚交界的另一条支流入海口，有一座标志性的"0公里"碑，我没有专程造访，倒也并没有觉得留下太大的遗憾：多瑙河三角洲是整个流域一处与众不同的存在，充分领略这里的自然风景和独特的生态环境才是我最在意的。多瑙河从德国的多瑙埃兴根开始，一路经过10个国家，迭经名城，在这片广阔的流域里，生活着不同的民族，其中很多民族的文化和历史都受到德意志文化的影响，同时也呈现出马扎尔、斯拉夫、保加利亚、罗马尼亚等各民族多姿多彩的文明。本书最后几章经常追溯到沿岸各个国家民族之间历史上错综复杂的积怨，但是随着沿岸大多数国家都已经成了欧盟的一份子，或者正在向统一的欧洲积极靠拢，所有历史上的领土纠纷、种族冲突，在未来也许会随着时间的流逝变得不再有意义，像这滔滔的多瑙河水一样汇聚百川，调和而包容——在多瑙河的宽广怀抱中，每一条支流原本的长短、清浊的分别不再重要，最终各种民族和文明水乳交融，会不分彼此地交织在一起，流入大同的欧洲之海。

图书在版编目（CIP）数据

行走·莱茵-多瑙河：寻找历史与现实中的欧洲／顾剑著. —西安：陕西人民出版社，2024.8
ISBN 978-7-224-15217-3

Ⅰ.①行… Ⅱ.①顾… Ⅲ.①欧洲—历史—通俗读物 Ⅳ.①K500.9

中国国家版本馆CIP数据核字（2023）第243445号

出 品 人：	赵小峰
总 策 划：	关　宁
出版统筹：	韩　琳
策划编辑：	王　倩
责任编辑：	晏　藜
整体设计：	哲　峰

行走·莱茵-多瑙河：寻找历史与现实中的欧洲
XINGZOU·LAIYIN-DUONAOHE：XUNZHAO LISHI YU XIANSHI ZHONG DE OUZHOU

作　　者	顾　剑
出版发行	陕西人民出版社
	（西安市北大街147号　邮编：710003）
印　　刷	陕西隆昌印刷有限公司
开　　本	787毫米×1092毫米　1/16
插　　页	8
印　　张	31
字　　数	460千字
版　　次	2024年8月第1版
印　　次	2024年8月第1次印刷
书　　号	ISBN 978-7-224-15217-3
定　　价	98.00元

如有印装质量问题，请与本社联系调换。电话：029-87205094